Entscheidungen

des

Reichsgerichts.

Herausgegeben

von

den Mitgliedern des Gerichtshofes
und der Reichsanwaltschaft.

Entscheidungen in Zivilsachen.

Neue Folge.

Neunzehnter Band.

Der ganzen Reihe neunundsechzigster Band.

Leipzig,
Verlag von Veit & Comp.
1909

Entscheidungen

des

Reichsgerichts

in

Zivilsachen.

Neue Folge.

Neunzehnter Band.

Der ganzen Reihe neunundsechzigster Band.

Leipzig,
Verlag von Veit & Comp.
1909

Druck von Metzger & Wittig in Leipzig.

Inhalt.

I. Reichsrecht.

II. Gemeines Recht.

III. Preußisches Recht.

IV. Prozeßrecht.

1. 1. Ist in einem Rechtsstreite zwischen demjenigen, der in der Zeichenrolle des Patentamtes als Inhaber eines ausländischen Warenzeichens eingetragen ist, und demjenigen, der, ohne im Inlande eine Niederlassung zu besitzen, klagend geltend macht, daß das durch die Eintragung des Warenzeichens begründete Recht auf ihn übergegangen sei, zugunsten des letzteren der Erlaß einer einstweiligen Verfügung zulässig?

2. Zu der Frage der akzessorischen Natur eines ausländischen Warenzeichens. Unterliegt ein im Inlande rechtsbeständig zur Eintragung gelangtes Auslandszeichen schlechthin dem ausländischen Recht, oder kommt, insbesondere für die Frage, ob das durch die Eintragung begründete Zeichenrecht auf einen anderen übergegangen ist, deutsches Recht zur Anwendung?

Gesetz zum Schutz der Warenbezeichnungen vom 12. Mai 1894 §§ 7, 10, 23.

II. Zivilsenat. Urt. v. 29. Mai 1908 i. S. L. (Kl.) w. R. (Bekl.). Rep. II. 580/07.

I. Landgericht Hamburg, Kammer für Handelssachen.
II. Oberlandesgericht daselbst.

Die französische Kongregation der Kartäusermönche stellte bis zum Erlaß des französischen Vereinsgesetzes vom 1. Juli 1901 in Frankreich, und zwar in dem Ordenshause La Grande Chartreuse bei Saint-Pierre-de Chartreuse und in Fourvoirie, den unter dem Namen „Chartreuse" bekannten Likör her. Die Kongregation besaß keine Rechtsfähigkeit; sie bediente sich deshalb für ihr Auftreten im Privatverkehr einer natürlichen Person, die der formelle Träger der Rechtsbeziehungen der Kongregation war, und zwar zur Zeit des Beginnes des gegenwärtigen Rechtsstreits des C. M. R. aus

Barcelona, auf dessen Namen zu dieser Zeit in der Warenzeichenrolle des deutschen Patentamtes 14 zu dem Geschäftsbetriebe der Kartäusermönche gehörige Warenzeichen für Liköre eingetragen waren. Vertreter des Zeicheninhabers gemäß § 23 des Warenbezeichnungsgesetzes ist der Hamburger Rechtsanwalt Dr. L. Das französische Vereinsgesetz vom 1. Juli 1901 hat in betreff bestehender, nicht anerkannter und die Anerkennung auch nach Erlaß des Gesetzes nicht erlangender geistlicher Orden, zu denen die Kartäusermönche gehören, in Art. 18 bestimmt, daß sie von Rechts wegen für aufgelöst gelten, und die Liquidation auf gerichtlichem Wege erfolgt; das Gericht hat zu diesem Zwecke einen Liquidator zu ernennen, dem alle Machtbefugnisse eines Sequesters beigelegt sind, und der das Vermögen, bzw. den Erlös aus dem Verkauf desselben bei der Staatskasse zu hinterlegen hat. Als Liquidator wurde der Kläger bestellt. Dieser vertritt den Standpunkt, daß der französische Geschäftsbetrieb der Kartäusermönche, und damit auch die zu diesem Betriebe gehörigen Warenzeichen auf ihn, bzw. das von ihm dargestellte Rechtssubjekt, übergegangen seien, wiewohl die nach Tarragona in Spanien ausgewanderten französischen Kartäusermönche nunmehr dort, wo sie unter der Firma Union agricole eine Aktiengesellschaft gegründet haben, den Likör nach ihren früheren Rezepten herstellen und ihn von dort aus unter der Bezeichnung „liqueur fabriquée à Tarragona par les Pères Chartreux" in ihren alten Absatzgebieten, auch in Frankreich, vertreiben.

Nachdem der Kläger von dem Pater C. M. R. vergeblich die Übertragung der vorerwähnten, auf dessen Namen eingetragenen Warenzeichen auf ihn gefordert hatte, erhob er Klage auf Verurteilung des R.: in die Überschreibung der Zeichen auf den Namen des Klägers in seiner Eigenschaft als Vertreters (Administrators, Sequesters und Liquidators) der Kongregation der Kartäuser zu willigen; er behauptete, daß auch diese Marken einen Bestandteil des in seiner Gesamtheit den Kartäusermönchen durch das französische Gesetz weggenommenen, ihm unterstellten Vermögens gebildet hätten.

Auch beantragte der Kläger zur Abwendung wesentlicher Nachteile während der Dauer des Rechtsstreits den Erlaß einer einstweiligen Verfügung, die von dem Landgericht durch Beschluß antragsgemäß erlassen und auf Widerspruch des Beklagten durch Urteil des

Landgerichts insoweit aufrecht erhalten wurde, als dem Beklagten bei Strafe verboten war, jene Warenzeichen zu benutzen oder über sie zu verfügen.

Gegen dieses Urteil legte der Beklagte Berufung mit dem Antrage auf Aufhebung der von ihm für unzulässig erachteten einstweiligen Verfügung ein. Er bestritt, daß die deutschen, auf seinen Namen eingetragenen Warenzeichen von dem französischen Vereinsgesetz betroffen seien, oder auch nur hätten betroffen werden sollen. Er behauptete auch: das von den Kartäusermönchen jetzt in Tarragona betriebene Geschäft sei das alte, von ihnen früher in der Chartreuse betriebene; der Kläger habe gar nicht die Möglichkeit gehabt, die geschützte Ware herzustellen; die Herstellungsart sei das Geheimnis der Mönche; dieses, das Herstellungspersonal, die Agenturen, die Kundschaft seien den Mönchen verblieben, während auf den Kläger — bzw. seinen Rechtsnachfolger, die Compagnie fermière de production et d'exploitation, société anonyme in Paris, jetzt unter der Firma „Compagnie fermière de la Grande Chartreuse" — nur die nackten Räume übergegangen seien, in denen ein neues Geschäft begründet sei.

Der Kläger behauptete demgegenüber, daß er den Geschäftsbetrieb der Kartäuser fortgesetzt habe. Auch machte er geltend, daß das Warenzeichenrecht nur eine Marke, die Heimatsmarke kenne; auf diese erstrecke sich das französische Gesetz, und somit nicht auf in Deutschland befindliches Vermögen. Der Antrag des Klägers ging auf Zurückweisung der Berufung.

Im Laufe der Berufungsinstanz verstarb der Beklagte C. M. R.; sein Erbe wurde A. L. R. in Barcelona, für den der Rechtsstreit — von dem Inlandsvertreter Dr. L. — aufgenommen wurde, und auf den auch die streitigen Warenzeichen in der Zeichenrolle des Patentamtes umgeschrieben sind.

Das Oberlandesgericht hob die einstweilige Verfügung vom 4. Mai 1905 gänzlich — auch insoweit dies nicht schon durch das landgerichtliche Urteil geschehen war — auf. Die hiergegen gerichtete Revision des Klägers wurde zurückgewiesen, aus folgenden

Gründen:

„I. Der Kläger hat in dem die Hauptsache betreffenden Verfahren die Verurteilung des Beklagten zu der Einwilligung in die

Überschreibung der auf den Namen des Beklagten eingetragenen Warenzeichen auf den Namen des Klägers verlangt und dieses Verlangen darauf gestützt, daß die durch Eintragung in die Zeichenrolle für den Beklagten begründeten Warenzeichenrechte materiell zu demjenigen Vermögen gehörten, das der Kongregation der Kartäuser durch die französische Gesetzgebung weggenommen und unter des Klägers Verwaltung gestellt sei. Mit der in dem gegenwärtigen Rechtsstreite in Frage stehenden einstweiligen Verfügung bezweckt der Kläger, die Schädigungen hintanzuhalten, die der Kläger von der Ausübung des Zeichenrechts durch den Beklagten während der Dauer des Rechtsstreits über die Hauptsache befürchtet. Es handelt sich danach für den Kläger, wie in der Hauptsache, so bei der einstweiligen Verfügung, entgegen der anscheinenden Annahme des Berufungsrichters, nicht um den Anspruch auf Schutz eines Warenzeichens (gegen Eingriffe Dritter in das Zeichen), und nicht um die Geltendmachung des durch die Eintragung begründeten Rechtes, sondern um einen Streit zweier Personen darüber, wem von ihnen das Warenzeichen zusteht, und sonach um eine Klage entsprechend der Klage des Eigentümers gegen den Besitzer auf Herausgabe der Sache (§ 985 B.G.B.), und der Klage desjenigen, dessen Recht in einem über solche Rechte geführten öffentlichen Verzeichnis nicht eingetragen ist, gegen denjenigen, für den das Recht (zu Unrecht) eingetragen steht, gerichtet auf Zustimmung (Einwilligung) zu der Berichtigung und Umschreibung des öffentlichen Verzeichnisses (vgl. § 894 B.G.B.; § 7 Abs. 1 Satz 3, § 10 W.Z.G.; § 894 Z.P.O.). Auf derartige Klagen findet der § 23 W.Z.G., nach welchem der Anspruch auf Schutz eines Warenzeichens und das durch die Eintragung begründete Recht von seiten eines im Inlande eine Niederlassung nicht Besitzenden nur durch einen im Inlande bestellten, gemäß § 3 Nr. 3 des Gesetzes in die Zeichenrolle einzutragenden Vertreter geltend gemacht werden kann, keine Anwendung. Der Vertreterzwang besteht, soweit es hier interessiert, für Klagen des auswärtigen eingetragenen Zeicheninhabers. Der Kläger ist dies noch nicht, sondern will es erst werden, ist aber durch die Weigerung des Beklagten, die Einwilligung in den Vermerk des Überganges der streitigen Zeichen auf den Kläger zu geben, verhindert, seine eigene Eintragung, und mit dieser die Eintragung seines Vertreters zu bewirken (§ 7 Abs. 1

Satz 3 des Gesetzes). Dieses Hindernis soll durch die in dem Hauptverfahren erhobene Klage beseitigt werden. Ist es danach ausgeschlossen, daß die Geltendmachung durch einen in die Zeichenrolle eingetragenen Vertreter für die Erhebung des Hauptanspruchs die prozessuale Voraussetzung bildet, so muß dasselbe gelten für den Antrag auf Erlaß einer einstweiligen Verfügung, die den Zweck der Regelung eines einstweiligen Zustandes in bezug auf das streitige Rechtsverhältnis hat, oder auch es verhindern soll, daß durch eine Veränderung des bestehenden Zustandes die Verwirklichung eines geltend gemachten Rechtes vereitelt oder wesentlich erschwert werde.

Konnte demgemäß der Kläger den gegenwärtigen Rechtsstreit selbst (durch einen Rechtsanwalt) führen, so ergibt sich aus dem Vorbemerkten zugleich auch, daß die gesetzliche Zulässigkeit von einstweiligen Anordnungen in bezug auf das hier streitige Rechtsverhältnis einem begründeten Zweifel nicht unterliegt. Es handelt sich darum, ob der Kläger, wie er behauptet, der wahre Zeicheninhaber ist, und um den Schutz, der einem solchen gegenüber dem in der Zeichenrolle als berechtigt Eingetragenen zu gewähren ist. Es ist nicht abzusehen, warum der wahre Zeicheninhaber, der dem Eigentümer einer Sache vergleichbar ist, seinem Gegner gegenüber nicht denselben definitiven und provisorischen Schutz genießen sollte, wie jeder andere, der ein ihm zustehendes Recht geltend macht. Insbesondere ist nach dieser Richtung hin auch aus dem Warenbezeichnungsgesetz eine Einschränkung der allgemein gültigen Rechtsregeln nicht zu entnehmen. Wenn § 7 Abs. 2 des Gesetzes sagt, daß der Rechtsnachfolger, auf den das durch die Anmeldung oder Eintragung eines Warenzeichens begründete Recht übergegangen oder übertragen ist, sein Recht aus der Eintragung des Warenzeichens nicht geltend machen kann, solange der Übergang in der Zeichenrolle nicht vermerkt ist, so handelt es sich dabei ersichtlich nur um von der Eintragung abhängige Rechte. Hier aber steht der Erwerb des Zeichenrechts selbst in Frage, und der Erwerb eines solchen, der Erwerb des durch die Anmeldung oder Eintragung bereits begründeten Warenzeichenrechts ist von der Eintragung des Übergangs in die Zeichenrolle unabhängig; er vollzieht sich und besteht weiter ohne Eintragung. Demgemäß kann auch der Schutz des wahren Eigentümers aus dem Erwerb des

Zeichenrechts gegen den als Zeicheninhaber lediglich Eingetragenen von der Eintragung des Übergangs in der Zeichenrolle nicht abhängig sein....

II. Der Berufungsrichter hat den Antrag des Klägers auf Erlaß einer einstweiligen Verfügung aus materiellen Gründen nicht für gerechtfertigt erachtet, nämlich weil der in dem Hauptverfahren vom Kläger geltend gemachte Anspruch — auf Einwilligung in die Umschreibung der zur Zeit auf den Namen des Beklagten eingetragenen Warenzeichen auf den Namen des Klägers — nicht begründet sei. Es ist dem Berufungsrichter zunächst in diesem Ausgangspunkte seiner Erörterungen beizupflichten. Der Antrag auf Erlaß der einstweiligen Verfügung stützt sich lediglich auf den in der Hauptsache geltend gemachten Anspruch; es kann ihm daher nur stattgegeben werden, wenn der Hauptanspruch glaubhaft gemacht ist. Der Berufungsrichter erachtet diesen nicht für begründet. Er geht dabei von der akzessorischen Natur des Zeichenschutzes eines ausländischen Warenzeichens aus, verneint aber, daß um deswillen das im Inlande eingetragene Auslandszeichen auch in allen anderen Beziehungen das Rechtsschicksal des Mutterzeichens teile; er erachtet vielmehr an sich ein Nichtübergehen der Rechte aus dem inländischen Zeichen trotz des Übergangs des auswärtigen Zeichens für denkbar. Auf Grund des französischen Gesetzes vom 1. Juli 1901 führt der Berufungsrichter aus, daß nach diesem der vom Kläger zu bewirkenden Vermögens-Liquidation eine Rechtswegnahme (der zu liquidierenden Masse) voraufgegangen sei. Hieran anknüpfend sagt er: „Diese gesetzliche Wegnahme bezog sich nur und sollte und konnte sich nur beziehen auf denjenigen Teil des Vermögens der Kartäusermönche, der sich in Frankreich befand. Sie mag sich daher auch auf denjenigen Teil der den Kartäusermönchen zustehenden Warenzeichenrechte bezogen haben, der sich in Frankreich befand; sie bezog sich jedenfalls nicht auch auf den Teil dieser Rechte, der sich in Deutschland befindet." Es kann danach, wie auch die Revision anerkennt, einem Zweifel nicht unterliegen, daß die Feststellung: es habe eine gesetzliche Wegnahme des den Kartäusermönchen gehörigen Vermögens (und zwar des in Frankreich befindlichen Teiles dieses Vermögens) stattgehabt, auf französischem, daher der Nachprüfung des Reichsgerichts nicht unterliegendem Recht beruht.

Zweifelhaft ist nach der von dem Berufungsrichter seinem Urteile gegebenen Begründung, ob auch der Satz: „Die Wegnahme bezog sich jedenfalls nicht auf den Teil der Warenzeichenrechte, der sich in Deutschland befindet“ (d. h. auf die durch die Eintragung in die deutsche Zeichenrolle begründeten Rechte) aus dem französischen Gesetze geschöpft, oder ob der Satz, wie der Revisionskläger annimmt, eine aus reichsrechtlichen Normen gezogene Schlußfolgerung ist. Unter der letzteren, dem Revisionskläger günstigeren Annahme ist das Berufungsurteil auch in dem fraglichen Satze einer Nachprüfung des Reichsgerichts unterworfen. Es ist aber auch dann nicht ersichtlich, daß dasselbe auf einem Rechtsirrtum beruhe; es ist vielmehr auch dann dem Berufungsrichter jedenfalls in dem von ihm gewonnenen Resultat trotz der von dem Revisionskläger vorgebrachten Rügen beizutreten. Diese gehen insbesondere dahin, daß der Berufungsrichter die Unselbständigkeit der deutschen Auslandsmarke und die Rechtsfolgen der akzessorischen Natur des ausländischen Warenzeichens verkannt, und auf Grund dieser Verkennung den Übergang auch der Rechte aus dem in Deutschland eingetragenen Warenzeichen auf den Kläger (eo ipso mit dem Übergange des Geschäftsbetriebes der Kartäuser auf den Kläger) verneint habe. Auch ist ausgeführt, daß, selbst wenn der Geschäftsbetrieb der Kartäuser auf den Kläger ohne die deutschen Zeichenrechte übergegangen wäre, diese dann kein rechtliches Bestehen mehr hätten, ihnen daher auch keinerlei Schutz mehr zukäme, und der Beklagte zu einem Widerspruch gegen das klägerische Verlangen nicht berechtigt wäre und an einem solchen kein Interesse mehr habe. Diesen letzteren Ausführungen gegenüber ist hervorzuheben, daß es bei dem von dem Kläger geltend gemachten Anspruch in erster Linie nicht darauf ankommt, ob und welche Rechte die Kartäusermönche, bzw. der Beklagte noch an den auf den Namen des letzteren eingetragenen Warenzeichen haben, und ein wieweit gehender (akzessorischer oder selbständiger) Schutz diesen (als den tatsächlichen Inhabern) noch zu gewähren sein möchte, sondern vielmehr zunächst und vor allem darauf, ob der Kläger dargetan hat, daß das Zeichenrecht auf ihn übergegangen sei, und er deshalb auch die Einwilligung in die Umschreibung der Zeichen auf ihn beanspruchen könne. Solange er diesen Übergang nicht bewiesen oder doch glaubhaft gemacht hat, so lange erscheint sein

Verlangen auf Einwilligung in die Umschreibung nicht begründet. Der Besitzer einer Sache hat diese nicht an jeden, der sie verlangt, sondern nur an den besser Berechtigten herauszugeben. Derselbe Grundsatz gilt auch für das Warenzeichenrecht, nach welchem nur die Löschung eines Warenzeichens (unter bestimmten Voraussetzungen) von jedem Dritten beantragt werden kann.

Anlangend den von dem Kläger behaupteten Übergang der streitigen Waren auf ihn, so ist es richtig, was von dem Berufungsgericht aber auch nicht verkannt ist, daß das Zeichenrecht nach deutschem Recht kein örtlich beschränktes Rechtsgut ist. Das in verschiedenen Staaten anerkannte Schutzrecht für ein und dasselbe Zeichen einer und derselben Person, die nur in einem der Staaten eine Niederlassung hat, ist, wie das Reichsgericht in den Entsch. in Zivils. Bd. 51 S. 267 ausgesprochen hat, kein für den einzelnen Staat schlechthin selbständiges und unabhängiges Recht. Insbesondere gilt für die Entstehung von Rechten aus der Eintragung eines Auslandszeichens im Inlande anerkanntermaßen der Grundsatz, daß die Entstehung abhängig davon ist, daß das Zeichen in seinem Ursprungslande zum Schutze zugelassen war. Aus den vorberegten Grundsätzen darf aber, wie vom Reichsgericht ebenfalls bereits in der vorbezogenen Entscheidung ausgeführt ist, nicht gefolgert werden, daß die rechtliche Stellung des im Inlande rechtsbeständig zur Eintragung gelangten Auslandszeichens nun auch weiter im Inlande schlechthin dieselbe wäre, wie die Rechtsstellung des prinzipalen Zeichens in seinem Heimatsstaate; vielmehr ist für den Inhalt des inländischen Zeichenrechts und, worauf es hier insbesondere ankommt, für die Wirksamkeit etwaiger Dispositionen über das inländische Zeichen das Inlandrecht maßgebend. Mit der rechtsbeständigen Eintragung in die deutsche Rolle ist das Zeichen insoweit in erster Linie dem deutschen Recht unterworfen. Dieses bestimmt daher auch darüber, ob und wie das durch die Eintragung begründete Recht auf andere übergehen oder übertragen werden kann. Nach § 7 Abs. 1 W.Z.G. kann dies durch Erbgang, durch Vertrag oder durch Verfügung von Todes wegen geschehen. Der Revisionskläger hat darauf hingewiesen, daß ein Übergang der Zeichenrechte auch noch in anderer als der in § 7 speziell bezeichneten Weise, z. B. durch Veräußerung eines Geschäfts im ganzen von seiten des Konkursverwalters, erfolgen könne.

Es kann dahingestellt bleiben, ob ein solcher Fall nicht unmittelbar dem § 7 des Gesetzes unterstehen würde. Es kann aber auch dahingestellt bleiben, ob dem § 7 — immer unter der Voraussetzung, daß der Geschäftsbetrieb, zu dem das Warenzeichen gehört, übergeht — nicht überhaupt eine entsprechende (und in diesem Sinne ausdehnende) Anwendbarkeit zuzuerkennen sein möchte, z. B. auf Handlungen, die im Zwangsvollstreckungsverfahren vorgenommen werden. Im vorliegenden Falle soll der Übergang der streitigen Zeichenrechte auf den Kläger nach dem eigenen Sachvortrag des Klägers und nach den von dem Berufungsrichter getroffenen unanfechtbaren Feststellungen in der Weise geschehen sein, daß durch die Gesetzgebung Frankreichs, und zwar durch ein Gesetz, das von dem Revisionskläger selbst als ein nicht über die Grenzen Frankreichs hinaus geltendes Polizeigesetz bezeichnet ist, das den Kartäusermönchen gehörige Vermögen diesen weggenommen und der Verwaltung des Klägers unterstellt ist. Das aber ist eine einseitige Maßregel des (ausländischen) Gesetzgebers, auf die die Anwendbarkeit des § 7 W.Z.G., auch wenn man eine entsprechende Anwendbarkeit des § 7 an und für sich für zulässig erachtet, wegen der völligen Verschiedenheit von den in § 7 zugelassenen Rechtsakten nicht erstreckt werden kann. Der Übergang derjenigen Rechte, die durch die Eintragung der streitigen Zeichen in die deutsche Zeichenrolle für den Beklagten (und bei Zugrundelegung des Rechtsverhältnisses des Beklagten zu dem Orden der Kartäusermönche anscheinend auch für diesen) begründet sind, ist durch jene Wegnahme und Übertragung daher nicht dargetan und demgemäß überhaupt nicht als erfolgt glaubhaft gemacht."

---

2. Greift die subsidiäre gesetzliche Regel des § 269 Abs. 1 B.G.B. auch dann Platz, wenn aus einem Konkurrenzverbot und Strafversprechen nicht auf Unterlassung, sondern nur auf die Vertragsstrafe geklagt wird?

Z.P.O. § 29.

B.G.B. § 269 Abs. 1.

III. Zivilsenat. Urt. v. 29. Mai 1908 i. S. H. (Kl.) w. H. (Bekl.). Rep. III. 558/07.

I. Landgericht Fürth, Kammer für Handelssachen.
II. Oberlandesgericht Nürnberg.

Die Frage wurde bejaht aus folgenden, den Sachverhalt ergebenden

Gründen:

„Der Beklagte trat am 16. März 1903 auf Grund eines Anstellungsvertrages vom 22. Februar 1903 als Handlungsgehilfe in den Dienst der Klägerin. In dem Vertrage hatte er sich bei einer Vertragsstrafe von 10000 ℳ unter anderem auch dazu verpflichtet, während der Dauer der nächsten drei Jahre nach seinem Austritt sich nicht für ein Konkurrenzgeschäft in Süddeutschland, namentlich Bayern, gleichviel in welcher Stellung, engagieren zu lassen. Nach der Behauptung der Klägerin hat er das Dienstverhältnis zum 1. Oktober 1906 gekündigt und ist an diesem Tage bei der Konkurrenzfirma M. in Bamberg als Handlungsgehilfe gegen 8000 ℳ Gehalt eingetreten. Die zunächst zum Landgericht Nürnberg erhobene Klage wurde wegen Unzuständigkeit des Gerichts rechtskräftig abgewiesen. Die Klägerin erhob darauf bei dem Landgericht zu Fürth Klage auf Zahlung der Vertragsstrafe mit Rücksicht auf die Tatsache, daß der Beklagte zur Zeit des Vertragsschlusses in Erlangen, das zum Bezirke des Landgerichts Fürth gehört, seinen Wohnsitz hatte. Der Beklagte erhob die Einrede der örtlichen Unzuständigkeit des Gerichts, verweigerte die Einlassung zur Hauptsache und beantragte Abweisung der Klage. Das Landgericht wies wegen Unzuständigkeit die Klage ab. Die Berufung der Klägerin wurde als unbegründet zurückgewiesen.

Der Revision war der Erfolg nicht zu versagen. Die Zuständigkeit des Landgerichts zu Fürth wird auf den § 29 Z.P.O. in Verbindung mit § 269 B.G.B. gestützt. Das Berufungsgericht stellt als unbestritten fest, daß ein Ort für die Leistung weder bestimmt noch aus den Umständen, insbesondere aus der Natur des Schuldverhältnisses, zu entnehmen sei. Es greift daher die im § 269 Abs. 1 B.G.B. ausgesprochene Regel Platz, daß die Leistung an dem Orte zu erfolgen hat, an welchem der Schuldner zur Zeit der Entstehung des Schuldverhältnisses seinen Wohnsitz hatte. Das Berufungsgericht führt aus: das hier streitige Schuldverhältnis sei die Verpflichtung des Beklagten zur Zahlung der Vertragsstrafe; diese Verpflichtung sei nicht mit dem Abschlusse des Dienstvertrages entstanden, sondern von der Tatsache der Zuwiderhandlung gegen das vertragsmäßige Konkurrenzverbot als aufschiebender Bedingung abhängig gewesen und daher erst mit dem Eintritte des Beklagten in die Konkurrenzfirma zu Bamberg zur Entstehung gelangt; die Aufstellung der Klägerin, daß es auf diese Frage nicht anzukommen habe, weil das Gesetz die Entstehung des Schuldverhältnisses im ganzen, des Anstellungsvertrages als solchen ohne Rücksicht auf die Bedingtheit gewisser Verpflichtungen im Auge habe, sei unhaltbar; auch handle es sich hier nicht um den Anspruch auf Unterlassung, welcher der Klägerin nach § 75 H.G.B. ohnehin versagt wäre, sondern die Zahlung der Vertragsstrafe sei ausschließlicher und prinzipaler Gegenstand des Schuldverhältnisses; zwar enthalte dieses im Verhältnis zum Hauptvertrag eine Nebenverpflichtung; aber mit Rücksicht auf ihren selbständigen Charakter habe die Nebenverpflichtung dem Erfüllungsort des Hauptvertrages nicht zu folgen.

Dieser rechtlichen Beurteilung kann nicht beigetreten werden. Die Konkurrenzklausel mit hinzutretendem Strafversprechen hat zwei Verpflichtungen zum Gegenstand, die in notwendigem inneren Zusammenhang stehen: das Versprechen, nicht Konkurrenz zu machen, und das Versprechen, die Vertragsstrafe zu zahlen, falls der ersten Verpflichtung zuwidergehandelt werde. Von dem lediglich durch den Eintritt einer Tatsache bedingten Strafversprechen unterscheidet sich die Konkurrenzklausel mit hinzugefügtem Strafversprechen dadurch, daß die Strafe nicht den einzigen und nicht einmal den nächstliegenden und hauptsächlichen Inhalt des Schuldverhältnisses bildet, vielmehr in erster Linie der Versprechende von einer Konkurrenztätigkeit abgehalten werden soll, und daß das Versprechen den Zweck hat, einen Zwang auf ihn auszuüben, um auf diese Weise die Erfüllung der durch die Konkurrenzklausel übernommenen Verpflichtung zu sichern. Daneben hat das Strafversprechen den Zweck, für den Fall der Nichterfüllung der Verpflichtung das Interesse des Berechtigten an der Leistung und die Ersatzleistung festzusetzen; auch enthält es eine Beweiserleichterung für die Geltendmachung des durch die Zuwiderhandlung gegen das Verbot entstandenen Schadens. Hiernach ist die Konkurrenzklausel die Hauptverbindlichkeit, das Strafversprechen eine akzessorisch hinzutretende Nebenverabredung, die von der Konkurrenzklausel abhängig ist. Wäre die vom Schuldner übernommene Hauptleistung aus materiellen oder formellen Gründen nichtig, so würde auch das Strafversprechen keine Gültigkeit haben. Das Konkurrenzverbot mit dem sich anschließenden Strafversprechen ist, wie in betreff des anzuwendenden örtlich verschiedenen Rechtes, so auch in betreff des Gerichtsstandes als einheitliches Schuldverhältnis zu behandeln. Es widerstreitet daher dem Wesen des Rechtsverhältnisses, das Strafversprechen losgelöst von dem Konkurrenzverbot als ein selbständiges Schuldverhältnis anzusehen und mit einem lediglich von dem Eintritt einer Tatsache als Bedingung abhängigen Strafversprechen auf eine Stufe zu stellen. Hiernach kann in dem für die Hauptverpflichtung gegebenen Gerichtsstand auch der Anspruch auf die Vertragsstrafe erhoben werden.

Vgl. Entsch. des R.G.'s in Zivils. Bd. 15 S. 435 und Bd. 57 S. 15 Abs. 2 mit Zitaten.

An diesem Ergebnis ändert auch die Bestimmung des § 75 Abs. 2 H.G.B. nichts, welche dahin geht, daß, wenn der Handlungsgehilfe für den Fall der Zuwiderhandlung gegen das Konkurrenzverbot eine Strafe versprochen hat, der Prinzipal nur die verwirkte Strafe verlangen kann, der Anspruch auf Erfüllung aber ausgeschlossen ist. Diese Bestimmung ist getroffen im Interesse der Handlungsgehilfen, damit ihnen ihr Fortkommen nicht unnötig erschwert werde. Das Konkurrenzverbot wird hier nicht für nichtig erklärt; nur die Klagbarkeit wird ihm entzogen. Der Zusammenhang des Strafversprechens mit der Konkurrenzklausel bleibt trotz der Bestimmung des § 75 Abs. 2 H.G.B. bestehen, da der Zweck des Strafversprechens, auf die Erfüllung hinzuwirken, fortdauert. Der Zusammenhang tritt ferner in der Anwendbarkeit des § 343 B.G.B. hervor, der bei bloß bedingtem Strafversprechen nicht Platz greifen würde, falls nicht die Vornahme oder Unterlassung einer Handlung des Verpflichteten in Frage steht (§ 343 Abs. 2). Das Konkurrenzverbot behält hiernach als klaglose Verbindlichkeit (naturalis obligatio) seine Wirksamkeit und bildet die rechtliche Grundlage für den Anspruch auf die Vertragsstrafe, und zwar auch dann noch, wenn mit der Zuwiderhandlung der Zweck des Strafversprechens, auf die Erfüllung des Konkurrenzverbotes hinzuwirken, hinfällig geworden ist; denn hierdurch entsteht kein neues Schuldverhältnis; das bisherige einheitliche Schuldverhältnis, der Zusammenhang der Strafe mit der Konkurrenzklausel besteht weiter und zeigt sich auch darin, daß die Strafe Ersatz für die Erfüllung ist.

Das Landgericht, dem das Berufungsgericht überall beitritt, hat noch erwogen: nach dem Vertrage sei der stillschweigende Wille beider Parteien dahin gegangen, daß in Erlangen keinerlei Leistung aus dem Vertrage erfolgen solle. Für diese Annahme fehlt jede Begründung; erheblich würde auch nur die positive Feststellung sein, daß an einem bestimmten anderen Orte erfüllt werden solle. Nach der Rechtsprechung des erkennenden Senats greift die subsidiäre gesetzliche Regel des § 269 Abs. 1 B.G.B. auch bei einer rechtsgeschäftlichen Verpflichtung zu einer Unterlassung Platz.

Vgl. Entsch. des R.G.'s in Zivils. Bd. 51 S. 311—315 und Urteil des III. Zivilsenats vom 14. November 1902, Gruchot, Beiträge Bd. 47 S. 919.

Das gleiche muß nach den obigen Ausführungen gelten, wenn aus dem Konkurrenzverbot und Strafversprechen nicht auf Unterlassung, sondern nur auf die Vertragsstrafe geklagt wird."

---

3. 1. Arglistige Täuschung durch Verschweigen.
2. Anfechtung und Nichtigkeit des dinglichen Erfüllungsgeschäfts.
3. Wirkung derselben gegenüber dem kaufmännischen Zurückbehaltungsrecht.

B.G.B. §§ 123, 142.
H.G.B. § 369.

VII. Zivilsenat. Urt. v. 29. Mai 1908 i. S. 1. Spediteur-Verein H. & T. (Bekl.) u. 2. Konk. H. L. (Nebeninterv.) w. S. & Gr. (Kl.). Rep. VII. 322/07.

I. Landgericht Hamburg.
II. Oberlandesgericht daselbst.

Klägerin verkaufte am 15. März 1906 der Firma H. L. in D. 250 Sack Kaffee gegen Akzept, und verlud den Kaffee auf deren Weisung vom 21. am 29. desselben Monats unter Übersendung der

Konnossemente an die Beklagte. Am 2. April kam der Kaffee in Hamburg an, am 3. desselben Monats lagerte die Beklagte ihn für die Käuferin ein und übersandte ihr Lagerscheine. Mit Brief vom 12. April verlangte die Klägerin von L., dem Inhaber der Firma H. L., Herausgabe der Lagerscheine, da er versucht habe, sich widerrechtlich in den Besitz der Ware zu setzen. Am Schluß des Schreibens erklärte die Klägerin, daß sie „die gegebene Kreditzusage anfechte, nachdem sich die völlige Kreditunwürdigkeit der Käuferin herausgestellt habe". Bereits am 10. April hatte die Käuferin ihre Zahlungen eingestellt, und am 24. desselben Monats wurde das Konkursverfahren über ihr Vermögen eröffnet.

Nunmehr begehrte die Klägerin von der Beklagten Einwilligung in die Auszahlung des beim Amtsgericht in Hamburg hinterlegten Erlöses der im Einverständnis der Beteiligten versteigerten 250 Sack Kaffee. Sie stützte diesen Anspruch an erster Stelle darauf, daß der Kaufvertrag ungültig, und das Eigentum an dem Kaffee auf die Käuferin nicht übergegangen sei, weil sie das ganze Kaufgeschäft nebst seiner Erfüllung wegen arglistiger Täuschung angefochten habe. Martin L., der Inhaber der kaufenden Firma, habe seine schon lange bestehende Insolvenz arglistig verschwiegen, und ebenso, daß er, gleichwie in anderen Fällen, den Kaffee nur angeschafft habe in der Absicht, durch dessen Versilberung in Hamburg oder Antwerpen sich Geldmittel zu beschaffen zur Deckung fälliger Wechsel, während er bei Abschluß des Geschäfts erklärt habe, den Kaffee für seine Rösterei in Danzig verwenden zu wollen.

Die Beklagte und der ihr als Nebenintervenient beigetretene Konkursverwalter beantragten Klagabweisung. Eine betrügerische Täuschung liege nicht vor. Jedenfalls werde der Eigentumsübergang durch die Anfechtung nicht berührt. Eventuell macht die Beklagte nach den Bestimmungen des Handelsgesetzbuchs ein Zurückbehaltungsrecht wegen einer Forderung von 4596,05 *M* geltend.

Das Landgericht wies die Klage ab. Auf Berufung der Klägerin änderte das Oberlandesgericht das angefochtene Urteil durch Teilurteil dahin ab, daß die Beklagte verurteilt wurde, in Auskehrung von 9240,55 *M* an die Klägerin zu willigen. Die Revisionen der Beklagten und des Nebenintervenienten wurden zurückgewiesen, aus folgenden

Gründen:

... „Die tatsächlichen Feststellungen reichen aus, um die Annahme des Berufungsrichters, daß L. sich einer arglistigen Täuschung schuldig gemacht habe, zu rechtfertigen. Wenn auch im allgemeinen eine Pflicht des Käufers, den auf Kredit verkaufenden Vertragsgenossen über den Grad seiner Kreditwürdigkeit aufzuklären, nicht besteht, es vielmehr nach der allgemeinen Verkehrssitte dem Verkäufer überlassen bleibt, sich anderweit Aufklärung zu verschaffen, so liegen doch besondere Umstände vor, aus denen der Berufungsrichter ein betrügerisches Verhalten des L. entnehmen konnte. Der seit längerer Zeit in einem für seine Verhältnisse hohen Grade überschuldete L. war gänzlich zahlungsunfähig. Er wußte, daß er Mittel zur Bezahlung des Kaffees nur durch neue Schiebungen würde erlangen können, und daß er mit Rücksicht auf die große Überschuldung keine irgendwie begründete Aussicht hatte, daß die Schiebungen noch andauern könnten. Er hatte auch beim Abschlusse des Kaufes gar nicht die Absicht, den Kaffee im regelmäßigen, ordentlichen Betrieb seines Geschäfts weiter zu vertreiben, sondern er kaufte ihn nur, um ihn möglichst rasch zu Geld zu machen und so die Mittel zur Bezahlung fälliger Wechsel zu gewinnen. L. hat nicht nur seine große Überschuldung und seine völlige Zahlungsunfähigkeit verschwiegen, sondern auch seine wahre, auf unlautere Schiebungen abzielende Absicht verheimlicht. In dieser Weise den kreditierenden Vertragsgenossen über die wirkliche Sachlage und die wahren Absichten durch Verschweigen zu täuschen, widerspricht offensichtlich den Grundsätzen von Treu und Glauben im Verkehr. Ohne Verstoß gegen den § 123 B.G.B. konnte deshalb der Berufungsrichter im Verhalten des L. ein die Pflicht zur Wahrheit verletzendes Verschweigen, eine arglistige Täuschung, erblicken.

Die Revision der Beklagten vermißt eine Feststellung des Berufungsrichters, daß die Klägerin ihrerseits das Geschäft im Vertrauen auf die Kreditwürdigkeit der Käuferin abgeschlossen habe, und daß sie es abgelehnt haben würde, wenn sie gewußt hätte, daß L. nur durch neue Kreditgeschäfte die Mittel zu ihrer Befriedigung würde erlangen können. Allein die Ausführungen des Berufungsrichters lassen darüber keinen Zweifel, daß er als erwiesen ansieht, die Klägerin würde das Geschäft niemals geschlossen haben, wenn sie die

Überschuldung und die Zahlungsunfähigkeit der Käuferin und den weiteren Umstand gekannt hätte, daß der Kaffee gar nicht zum ordnungsmäßigen Vertriebe, sondern nur zur raschen Versilberung zwecks Anschaffung von Barmitteln für fällige Wechselschulden angeschafft wurde. Hiernach erweisen sich zunächst die gegen die Nichtigkeit des obligatorischen Kaufgeschäfts gerichteten Angriffe beider Revisionen als unbegründet.

Aber auch den weiteren, gegen die Annahme der Nichtigkeit des dinglichen Erfüllungsgeschäfts, der Eigentumsübertragung, gerichteten Revisionsrügen ist der Erfolg zu versagen. Die hierauf bezüglichen Ausführungen des angefochtenen Urteils lassen allerdings die wünschenswerte Klarheit vermissen; allein sie lassen immerhin, insbesondere ... durch die Bezugnahme auf den Aufsatz von Kaufmann (Jurist. Wochenschr. 1904 S. 350), erkennen, daß der Berufungsrichter keineswegs grundsätzlich aus der Nichtigkeit des obligatorischen Rechtsgeschäfts ohne weiteres die Nichtigkeit des dinglichen Erfüllungsgeschäfts herleitet, sondern daß er in dem vorliegenden Falle der arglistigen Täuschung beim Mangel für das Gegenteil sprechender Momente als erwiesen angenommen hat, daß, wie L. nicht nur den Abschlusse des obligatorischen Geschäfts, sondern vor allem die Erlangung der Ware im Auge hatte, die Klägerin nicht nur zum Abschluß des Kaufvertrags, sondern auch zu der Lieferung der Ware durch die arglistige Täuschung bestimmt worden ist.

Es liegt aber auch eine Anfechtung des dinglichen Erfüllungsgeschäfts vor; denn das Schreiben der Klägerin vom 12. April 1906 läßt trotz des Wortlautes des Schlußsatzes unzweideutig erkennen, daß die Klägerin vor allem die dingliche Wirkung, einen etwa vollzogenen Eigentumsübergang, nicht bestehen lassen wollte. Einer besonderen förmlichen Anfechtungserklärung bedarf es nach ständiger Rechtsprechung des Reichsgerichts nicht. ...

Die Revision der Beklagten rügt schließlich, daß der Berufungsrichter das von ihr auf Grund des § 369 H.G.B. in Anspruch genommene Zurückbehaltungsrecht zu unrecht verneint habe. Sie erkennt zwar die obligatorische Natur dieses Rechtes an, und weiter auch, daß infolge dieser obligatorischen Natur von einem Erwerb des Rechts an nicht im Eigentum des Schuldners stehenden Waren auch von seiten eines gutgläubigen Spediteurs keine Rede sein kann;

sie führt aber aus, daß L. bis zur erfolgten Anfechtung Eigentümer des Kaffees gewesen, und deshalb für sie ein Zurückbehaltungsrecht vor der Anfechtung rechtswirksam entstanden sei, das durch die Anfechtung der zwischen der Klägerin und L. getätigten Rechtsgeschäfte nicht wieder beseitigt werden könne. Diese Auffassung beruht auf einer unrichtigen Auffassung des § 142 B.G.B. Nach dieser gesetzlichen Bestimmung soll das angefochtene Rechtsgeschäft „als von Anfang an nichtig angesehen werden". Nach dem klaren Willen des Gesetzes soll die Rechtslage so beurteilt werden, als sei das Rechtsgeschäft gar nicht vorgenommen. Diese Bestimmung ist auch auf das dingliche Rechtsgeschäft, insbesondere auf die zur Eigentumsübertragung erforderliche Einigung anzuwenden. Wird diese mit Erfolg angefochten, so gilt die Einigung, als von Anfang an nichtig; die Rechtslage ist so zu beurteilen, als habe eine Einigung niemals stattgefunden, als sei Eigentum niemals übergegangen gewesen. Soweit in der Zeit zwischen Vornahme des Rechtsgeschäfts und der Anfechtung ein Dritter auf Grund der für den Erwerb in gutem Glauben geltenden Grundsätze dingliche Rechte erworben hat, können diese selbstverständlich infolge der Anfechtung nicht wieder in Wegfall kommen. Das gilt aber nicht von obligatorischen Rechten, bei denen das Gesetz einen Erwerb auf Grund der Gutgläubigkeit regelmäßig nicht kennt. Das von der Beklagten hier in Anspruch genommene Zurückbehaltungsrecht ist aber ein solches persönliches Recht, das gegenüber dem Verkäufereigentum im Fall der Nichtigkeit der Veräußerung nicht durchgreift (vgl. Entsch. des R.G.'s in Zivils. Bd. 38 S. 86 und Bd. 13 S. 130)." ...

---

4. 1. Schließt der Umstand, daß der Versicherte infolge einer Ohnmacht niedergefallen ist, die Annahme eines Unfalls für die dabei erlittene Verletzung aus?

2. Verletzung als Krankheitsfolge oder als Folge von Temperatureinflüssen?

VII. Zivilsenat. Urt. v. 29. Mai 1908 i. S. Schweizerische Unfallvers.-Aktiengesellschaft zu W. (Bekl.) w. L. (Kl.). Rep. VII. 430/07.

I. Landgericht I Berlin.
II. Kammergericht daselbst.

Der Kläger war bei der Beklagten gegen Unfälle versichert. Auf einer Eisenbahnfahrt fiel er auf dem Gange des D-Zuges nieder und erlitt einen Beinbruch; er verlangt deshalb Entschädigung. Die Beklagte verweigert dieselbe; sie behauptet, der Kläger sei infolge der Überheizung des von ihm benutzten Abteils unwohl geworden; er sei, während der Zug gehalten habe, auf den Gang herausgetreten und dort ohnmächtig zusammengebrochen; da das Niederfallen durch die Ohnmacht verursacht sei, liege kein Unfall vor; zur Entschädigung sei die Beklagte auch weiter deshalb nicht verpflichtet, weil die Verletzung nach § 4 der Versicherungsbedingungen als Krankheitsfolge und Folge von Temperatureinflüssen von der Versicherung ausgeschlossen sei.

In den Vorinstanzen wurde der Anspruch des Klägers dem Grunde nach für gerechtfertigt erklärt. Die Revision der Beklagten wurde zurückgewiesen, aus folgenden

Gründen:

„Das Berufungsgericht hat in tatsächlicher Beziehung die Richtigkeit der von der Beklagten gegebenen Darstellung des Vorgangs, bei dem der Kläger den Beinbruch erlitten hat, unterstellt. Auch bei dieser im vorstehenden Tatbestande angeführten Darstellung erachtet das Berufungsurteil die Verletzung, welche der Kläger erlitten hat, für einen unter den Versicherungsvertrag fallenden und deshalb von der Beklagten zu entschädigenden Unfall.

Den von der Revision hiergegen erhobenen Angriffen ist der Erfolg versagt worden.

Es trifft zunächst nicht zu, daß das Berufungsgericht bei seiner Entscheidung den Begriff des Unfalls, wie ihn § 2 der Versicherungsbedingungen aufstellt, verkannt, diese Vertragsbestimmung nicht ausreichend gewürdigt habe, und deshalb, indem es die Ohnmacht des Klägers als Ursache des Unfalls ausschaltet, fehl gehe. Das Berufungsgericht verkennt durchaus nicht, daß die Beklagte den Kläger nur zu entschädigen hat, wenn die Tatbestandsmerkmale eines Unfalls vorliegen, und daß diese aus § 2 der Versicherungsbedingungen zu entnehmen sind. Die dort aufgestellten Tatbestandsmerkmale eines zu entschädigenden Unfalls sind aber auch in dem angefochtenen

Urteile in nicht zu beanstandender Weise als gegeben angenommen worden. Ohne Rechtsirrtum sieht das Berufungsgericht für dargetan an, daß der Kläger durch das Niederfallen eine unabhängig von seinem Willen eingetretene Körperverletzung erlitten hat, welche durch eine plötzliche, äußere, mechanische Einwirkung hervorgerufen ist. Als äußere mechanische Einwirkung kommt dabei die Berührung des Klägers mit den Wänden oder dem Boden des Ganges beim Niederfallen in Betracht. Diese Berührung verliert die ihr beigelegte Bedeutung auch dann nicht, wenn, wie das Berufungsgericht als möglich annimmt, nicht die Heftigkeit des Aufprallens selbst, sondern eine beim Niederfallen eingetretene anormale Gliederstellung den Beinbruch herbeigeführt hat; auch dann ist die schädigende Einwirkung durch das Zusammentreffen der so gestellten Glieder mit einem Fremdkörper erfolgt. In diesem Sinne sind die Ausführungen des Berufungsurteils aufzufassen; der Annahme der Revision, der Boden, auf den der Kläger gefallen, komme nur passiv in Betracht, Ursache des Sturzes sei allein die Ohnmacht, ist nicht beizutreten. Zutreffend geht das Berufungsgericht im Anschluß an das Urteil des Senats vom 3. Oktober 1899 (Entsch. in Zivils. Bd. 44 S. 149) davon aus, daß die Ohnmacht zwar den äußeren Anstoß zu dem Vorgange gegeben habe, daß der Beinbruch aber nicht durch sie, sondern durch den Sturz verursacht sei. Eine gegenteilige Auffassung ist aus dem von der Revision angezogenen Urteile des Senats vom 23. Oktober 1903 (Entsch. in Zivils. Bd. 55 S. 408) nicht zu entnehmen. Aus dem dort aufgestellten Gegensatze der äußeren Gewalteinwirkungen, auch wenn damit dasselbe wie mit äußerer mechanischer Einwirkung bezeichnet ist, zu krankhaften Vorgängen im Innern des Körpers folgt für die hier zu treffende Entscheidung zugunsten der Beklagten nichts. Auch bei voller Anerkennung dieses Gegensatzes bleibt hier die selbständige schädigende Einwirkung des Fremdkörpers, den der Kläger im Fallen berührt hat, bestehen. Diese Einwirkung ist nicht, wie die Revision meint, eine lediglich passive, sondern sie hat, da es darauf, wie die die Einwirkung ermöglichende unfreiwillige Annäherung erfolgt, nicht ankommt, eine von der Ohnmacht unabhängige, den Unfallsbegriff für sich allein erfüllende Bedeutung.

Auch in seiner weiteren Entscheidung, daß § 4 der Versicherungsbedingungen den hier in Frage stehenden Unfall von der Versicherung nicht ausschließe, gibt das Berufungsurteil zu Bedenken keinen Anlaß. Dasselbe spricht sich darüber, ob schon Ohnmachten zu den Krankheiten im Sinne des § 4 zu zählen sind und nicht bloß ein vorübergehendes Unwohlsein darstellen, nicht aus. Aber auch wenn ein Ohnmachtsanfall als Krankheit anzusehen ist, läßt die der Vertragsbestimmung gegebene Auslegung einen Rechtsirrtum nicht erkennen.

Die vom Berufungsgerichte aus dem Wortlaute und dem Zusammenhange der Bestimmung hergeleitete Unterscheidung zwischen den den inneren Lebensprozeß beeinflussenden Krankheitsfolgen und solchen Folgen, für welche die Krankheit der äußere Anlaß ist, sowie die Annahme, daß Satz 1 der Vertragsbestimmung sich nur auf die ersteren Folgen bezieht, nur sie ausschließt, sind nicht zu beanstanden. Eine solche Folge des Ohnmachtsanfalls steht hier nicht in Frage; es könnte sich nur um eine durch die Ohnmacht veranlaßte Verletzung handeln; Verletzungen sind als äußere Krankheitsfolgen aber nur, wenn sie bei Schlaganfällen oder bei epileptischen Anfällen eintreten, von der Versicherung ausgeschlossen. Die Ausdehnung dieser Ausnahmebestimmungen auf Ohnmachtsanfälle lehnt das Berufungsgericht mit zutreffender Begründung ab.

Endlich ist es auch gerechtfertigt, daß im angefochtenen Urteile die Verletzung des Klägers nicht als Folge eines Temperatureinflusses für von der Versicherung ausgeschlossen angesehen worden ist. Selbst wenn Temperatureinflüsse nicht auf die durch die natürliche Temperatur hervorgerufenen Einwirkungen zu beschränken sein sollten, greift die ihre Folgen von der Versicherung ausschließende Bestimmung hier nicht Platz. Als Folgen kommen, wie das Berufungsgericht zutreffend annimmt, immer nur die durch die Temperatur unmittelbar hervorgebrachten schädlichen Wirkungen in Betracht. Zu ihnen ist die, wie ausgeführt, lediglich durch das unglückliche Fallen dem Kläger zugefügte Verletzung keinenfalls zu rechnen." ...

---

5. Gilt die Vorschrift des § 45 H.G.B. über die richterliche Anordnung der Vorlegung der Handelsbücher einer Partei ausschließlich für Handelssachen?

H.G.B. §§ 45, 47.

VII. Zivilsenat. Urt. v. 29. Mai 1908 i. S. Kreditverein für Lothr. (Kl.) w. Fiskus v. Elsaß-Lothr. (Bekl.). Rep. VII. 449/07.

I. Landgericht Metz.
II. Oberlandesgericht Colmar.

Mittels dreier notarieller Kreditverträge bewilligte der Kläger den Eheleuten H. Geldkredite. Der Beklagte erforderte für diese Urkunden unter der Behauptung, daß die Kredite verwirklicht worden seien, die nach dem Art. 69 § III Nr. 3 des Gesetzes über das Enregistrement vom 22. Frimaire VII zu entrichtende einprozentige Schuldverpflichtungsabgabe. Die Parteien streiten darüber, ob die Verpflichtung zur Entrichtung der Abgabe besteht. Beide Vorinstanzen haben unter Feststellung dieser Verpflichtung die Klage abgewiesen. Die Revision blieb erfolglos.

Aus den Gründen:

„Die Frage, ob der Berufungsrichter das irrevisible Steuergesetz vom 22. Frimaire VII auf den von ihm festgestellten Tatbestand richtig angewendet hat, entzieht sich der Nachprüfung des Revisionsgerichts. Dagegen hat es sich dieser Nachprüfung nach der Richtung hin zu unterziehen, ob die Feststellung des Tatbestandes, wie der Kläger meint, auf Verletzung revisibeler Rechtsnormen beruht. In erster Reihe rügt in dieser Beziehung der Kläger rechtsirrtümliche Anwendung des § 45 Abs. 1 H.G.B., der bestimmt, daß im Laufe eines Rechtsstreits das Gericht auf Antrag oder von Amts wegen die Vorlegung der Handelsbücher einer Partei anordnen kann. Entsprechend dieser Vorschrift hatte der Berufungsrichter auf Antrag des Beklagten die Vorlegung der Handelsbücher des Klägers zum Beweise der Behauptung des Beklagten angeordnet, daß diese Bücher die Verwirklichung der bezeichneten, vom Kläger zugesicherten Kredite ergäben. Nachdem der Kläger die Vorlegung verweigert hatte, hat der Berufungsrichter auf Grund dieses Umstandes, in Verbindung mit anderen von ihm festgestellten Tatsachen, die Verwirklichung der Kredite als erwiesen angenommen. Einer Verletzung des § 45 hat er sich dabei nicht schuldig gemacht. Der in der Literatur mehrfach vertretenen und von der Revision geteilten Ansicht, daß der § 45 (früher Art. 37 Allg.D.H.G.B.) nur für Handelssachen gelte, — woraus die Unanwendbarkeit der Vorschrift für den vorliegenden

Fall folgen würde — ist nicht beizutreten. Gegen sie spricht schon die ganz allgemeine Fassung des § 45, welche die Anordnung der Vorlegung der Handelsbücher nicht auf Prozesse über Handelssachen einschränkt, sondern im Laufe „eines“ Rechtsstreits zuläßt. Deutlich aber ergibt sich aus § 47, daß die Vorschriften des Handelsgesetzbuchs über die Anordnung der Vorlegung der Handelsbücher nicht bloß für Handelssachen gegeben sind. Denn nach dieser Vorschrift kann das Gericht die Vorlegung der Bücher auch „bei Vermögensauseinandersetzungen, insbesondere in Erbschafts-, Gütergemeinschafts- und Gesellschaftsteilungssachen“, also in Sachen anordnen, die keine Handelssachen sind oder doch solche nicht zu sein brauchen. Daß es sich bei diesen Auseinandersetzungen um das Vermögen eines Kaufmanns handeln müsse, ist aus dem § 47 nicht zu entnehmen. Dieser erklärt die Vorlegung der Handelsbücher zur Kenntnisnahme „von ihrem ganzen Inhalt“ für zulässig, während nach der Vorschrift des § 46 bei der gemäß § 45 angeordneten Vorlegung vom Inhalte der Handelsbücher nur so weit, als er den Streitpunkt betrifft, Einsicht zu nehmen, der übrige Inhalt der Bücher aber dem Gerichte nur insoweit offen zu legen ist, als es zur Prüfung ihrer ordnungsmäßigen Führung notwendig ist. Muß also nach § 47 eine erweiterte Pflicht zur Vorlegung auch für Nichthandelssachen angenommen werden, so liegt, da auch der Wortlaut des § 45 dazu nicht zwingt, kein Anlaß vor, die für Rechtsstreitigkeiten durch die letztere Vorschrift begründete engere Vorlegungspflicht auf Handelssachen zu beschränken. Eine solche Beschränkung folgt auch nicht aus Art. 2 Einf.-Ges. zum H.G.B., wonach in Handelssachen die Vorschriften des Bürgerlichen Gesetzbuchs nur insoweit zur Anwendung kommen, als nicht im Handelsgesetzbuche oder im Einführungsgesetze dazu ein anderes bestimmt ist, während im übrigen die Vorschriften der Reichsgesetze durch das Handelsgesetzbuch nicht berührt werden. Diese Vorschrift schließt nicht aus, daß Bestimmungen des Handelsgesetzbuchs im einzelnen Falle allgemeine Geltung haben, soweit sie sich nicht ausdrücklich oder nach ihrem Wesen auf Handelssachen beschränken.

Daß die Verweigerung der nach § 45 vom Gerichte angeordneten Vorlegung nach der Absicht des Gesetzgebers nicht ohne jede nachteilige Folge für den Weigernden hat sein sollen, bedarf keiner Ausführung. Ob diese Folge sich nach § 427 Z.P.O. bestimmt — worüber in der Literatur Streit herrscht —, oder ob die Tatsache der Weigerung nach Lage des einzelnen Falles vom Prozeßrichter gemäß § 286 daselbst nach freiem Ermessen für die Entscheidung der Frage zu würdigen ist, inwieweit die nach der Behauptung des Prozeßgegners aus den Handelsbüchern ersichtlichen Umstände für dargetan zu erachten sind, kann im vorliegenden Falle unerörtert bleiben. Denn nach § 427, den der Berufungsrichter in erster Reihe für anwendbar erklärt, durfte er ohne weiteres die Behauptungen des Beklagten über den Inhalt der Handelsbücher als bewiesen annehmen. Zu demselben Ergebnis gelangt er aber auch auf Grund tatsächlicher, vom Revisionsgericht nicht nachzuprüfender Erwägungen bei der hilfsweisen Anwendung des § 286."...

---

6. 1. Nach welchem örtlichen Rechte sind im Zweifel die in einem Konnossemente übernommenen Verpflichtungen zu beurteilen?
2. Zum Begriffe der Baratterie.
3. Auslegung von Konnossementsbedingungen.

I. Zivilsenat. Urt. v. 1. Juni 1908 i. S. G. H. & Cie. (Bekl.) w. Manchester Liners Limited (Kl.). Rep. I. 385/07.

I. Landgericht Hamburg, Kammer für Handelssachen.
II. Oberlandesgericht daselbst.

Gegenüber der Frachtforderung der Klägerin machte die Beklagte eine größere Schadensersatzforderung geltend wegen Beschädigung der auf dem klägerischen Dampfer „Manchester Spinner" transportierten Leinsaat. Der Schade sollte dadurch entstanden sein, daß die in gutem Zustande verladenen Säcke zerschnitten und ausgeleert worden, und dadurch die Leinsaat beschmutzt worden sei. Auch habe man beim Entlöschen die Ware auf die schmutzige Kairampe laufen lassen. Die Klägerin berief sich auf Freizeichnung von Baratterie und die sogen. negligence clause im Konnossement.

Der Gegenanspruch der Beklagten wurde in den Vorinstanzen

zurückgewiesen. Auf ihre Revision wurde das Berufungsurteil aufgehoben, und die Sache an das Oberlandesgericht zurückverwiesen.

Gründe:

„I. Die Vorinstanzen gehen zutreffend davon aus, daß für die rechtliche Beurteilung der aus den Konnossementen sich ergebenden Verpflichtungen der Klägerin das Recht des Bestimmungshafens Hamburg maßgebend sei. Denn das Konnossement ist selbständiger Wertträger; der Aussteller verpflichtet sich durch dasselbe nach Maßgabe seines Inhalts. Wenn die Verpflichtung der Klägerin konnossementmäßig in Hamburg zu erfüllen ist, so ist in Ermangelung anderer Anhaltspunkte anzunehmen und kann namentlich von jedem gutgläubigen Konnossementsempfänger davon ausgegangen werden, daß sich die Klägerin damit dem Rechte des Bestimmungsortes unterworfen hat. Es liegt durchaus im Rahmen dieser Auffassung, wenn speziell hinsichtlich der Entlöschung der Güter in den Konnossementen hervorgehoben wird: „discharge as per custom of the port; other printed conditions notwithstanding." Mit dieser Beurteilung tritt der Senat nicht mit dem in der Entscheidung vom 4. April 1908, Rep. I. 274/07 [1], eingenommenen Standpunkte in Widerspruch. Dort handelte es sich um die Verpflichtungen aus einem gegenseitigen Vertrage, einem Seefrachtvertrage, den eine deutsche Firma mit der englischen Verfrachterin durch Londoner Makler und auf Grund der in London eingeführten Vertragsformulare abgeschlossen hatte. Hier steht die Verpflichtung aus einer einseitigen Willenserklärung in Frage, deren Erfüllung der Erklärung gemäß in Hamburg stattzufinden hat.

II. Den Vorinstanzen kann jedoch in der Auslegung, die sie dem Ausdrucke „barratry of masters and mariners" in Nr. 1 der Konnossementsbedingungen gegeben haben, nicht beigetreten werden. Nach dem eigenen Vortrage der Klägerin ist die Beschädigung der Güter darauf zurückzuführen, daß der Kapitän zum Zwecke der Stauung die in gutem Zustande empfangenen Säcke Leinsaat zum Teil hat ausleeren, zum Teil hat zerschneiden lassen. Er hat also, wohl um Platz zu gewinnen, das Frachtgut roh verstaut. Ein solches Verfahren fällt nicht notwendig unter den Begriff der barratry, und zwar weder nach englischem, noch nach deutschem Rechte. Inwieweit

[1] Abgedruckt Bd. 68 Nr. 53 S. 203 dieser Sammlung. D. E.

die englische und die deutsche Auffassung von Baratterie voneinander abweichen, kann hier dahingestellt bleiben. Namhafte englische Autoren geben dem Begriffe der barratry nach englischem Rechte eine so weite Auslegung, daß er sich von der deutschen Auffassung der Baratterie wohl kaum unterscheiden würde.

Vgl. Scrutton, Charter parties and bills of lading 5. Aufl. London 1904 S. 198; Arnould, On the law of marine insurance 7. Aufl. London 1901 Bd. 2 S. 838 flg.; Carver, Carriage of goods by sea 4. Aufl. London 1905 S. 120 flg. und die dort angeführten Beispiele, ferner Hanseatische Gerichtszeitung Hauptbl. 1893 Nr. 27.

Immer kommt es dabei auf deliktisches, weder für den Reeder voraussehbares, noch von ihm zu verhütendes Verhalten von Schiffer oder Mannschaft an, das unabhängig von ihren dienstlichen Aufgaben, und nicht, wie im vorliegenden Falle, gerade in Erfüllung oder zum Zwecke der Erfüllung von Dienstobliegenheiten beobachtet wird. Nach der historischen Entwickelung des Begriffs ist dabei in erster Reihe an ohne Vorwissen des Reeders (wenn auch in seinem Interesse) vorgenommene unredliche, dolose Handlungen zu denken, mit denen Untreue, Betrug, gesetzwidriger Eigennutz im weitesten Sinne betätigt wird. Die schlechte Erfüllung dienstlicher Verpflichtungen, zumal wenn sie, wie die Verstauung, vom Reeder kontrolliert oder durch Anweisungen geregelt werden kann, fällt als solche nicht darunter, wenn in ihr nicht zugleich eine verbrecherische, oder in dem oben bezeichneten Sinne eigennützige Handlungsweise zum Ausdrucke gelangt. In dieser Beziehung lassen aber die Klagebehauptungen die erforderlichen Anhaltspunkte für Annahme einer Baratterie vermissen.

III. Auch die Auslegung, die der Nr. 3 der Konnossementsbedingungen in dem angefochtenen Urteile gegeben wird, kann der Senat nicht für richtig halten. Das Oberlandesgericht erblickt hierin eine allgemeine negligence clause und stützt sich dabei auf die Ablehnung jeder Haftung für Schaden

„occasioned by or from any act or omission, negligence, default or error in judgment of the pilot, master, mariners, engineers or other persons in the service of the shipowners, whether on board of the said ship ... or otherwise howsoever, for whose acts they would otherwise be liable“.

Das Oberlandesgericht läßt jedoch dabei die unmittelbar vorausgehenden Worte der Konnossementsbedingungen

„whether any of the perils, causes or things above mentioned, or the loss or injury arising therefrom"

unberücksichtigt. Die vorher erwähnten Gefahren und Schadensursachen sind aber ganz speziell bezeichnet, und es ist keine darunter, unter die eine leichtfertige, übereilte Entlöschung durch Ausschütten des Gutes auf den Kai gebracht werden könnte. Gerade weil die Konnossementsbedingungen im einzelnen eine große Zahl von bestimmten Schadensursachen anführen, für welche die Freizeichnung erfolgt, ist es in Ermangelung einer dahin gehenden Bestimmung nicht möglich, eine allgemeine Freizeichnung der Klägerin für Nachlässigkeit anzunehmen." ...

7. 1. Gehört es zur gewissenhaften Erfüllung des einem Patentanwalte erteilten Auftrags wegen Erlangung eines Patentes, die Fälligkeit der Jahresgebühren für die Erhaltung des Patentes zu überwachen und den Auftraggeber darauf aufmerksam zu machen, solange der Auftrag nicht völlig erledigt ist?

2. Wann ist die zweite und die folgende Jahresgebühr für ein Patent fällig, wenn bei Beginn des zweiten oder eines folgenden Jahres das Patent noch nicht erteilt ist?

B.G.B. § 675 verb. mit §§ 278, 666.

Patentgesetz §§ 8, 9, 27.

Verordnung zur Ausführung des Patentgesetzes usw. vom 11. Juli 1891 (R.G.Bl. S. 349) § 15.

Reichsgesetz, betr. die Patentanwälte, vom 21. Mai 1900 § 5.

I. Zivilsenat. Urt. v. 1. Juni 1908 i. S. H. & B. (Kl.) w. 1. den Patentanwalt P., 2. den Patentanwalt W. (Bekl.). Rep. I. 694/07.

I. Landgericht I Berlin.
II. Kammergericht daselbst.

Die Klägerin hatte die Beklagten, die den Beruf als Patentanwälte in Berlin gemeinschaftlich ausübten, mit ihrer Vertretung beim Patentamte behufs Erlangung eines Patentes für eine von ihr erfundene Schreibfeder mit mehreren nebeneinander liegenden Spitzen betraut. Das Patent wurde durch Beschluß des Patentamtes vom 26. Oktober 1905 mit Wirkung vom September 1904 erteilt, demnächst jedoch durch Beschluß des Patentamtes vom 8. März 1906 wegen Nichtzahlung der Gebühr für das zweite Jahr des Patentschutzes für erloschen erklärt. Die Klägerin führte die Nichteinhaltung der Präklusivfrist für die Zahlung der zweiten Jahresgebühr auf ein Verschulden der Beklagten zurück und erhob Klage mit dem Antrage, die Beklagten als Gesamtschuldner zur Zahlung eines Schadensersatzes von 3106,50 ℳ zu verurteilen.

Das Gericht der ersten Instanz erklärte den Klaganspruch dem Grunde nach für gerechtfertigt; die zweite Instanz aber erkannte auf Abweisung der Klage. Auf die Revision der Klägerin wurde das Urteil des Berufungsgerichts aufgehoben, und die Entscheidung des ersten Richters wiederhergestellt.

Gründe:

... „Auf die im Prozeß erörterte Frage, ob die Patentanwälte nach völliger Erledigung des ihnen für die Erlangung eines Patentes erteilten Auftrags nach einer bestehenden Übung die Fälligkeit der Jahrestaxen überwachen und die Patentinhaber auf sie aufmerksam machen, kommt es für den vorliegenden Rechtsstreit nicht an. Denn die Beklagten haben, ehe der ihnen erteilte Auftrag vollständig ausgeführt war, die im Rahmen desselben liegenden Verpflichtungen nicht erfüllt; sie haben insbesondere die Pflicht, dem Auftraggeber die erforderlichen Nachrichten zu geben, verletzt und entgegen der ausdrücklichen Vorschrift des § 5 des Reichsgesetzes, betr. die Patentanwälte, die ihnen anvertrauten Interessen der Klägerin in einer Weise wahrgenommen, die als eine „gewissenhafte" nicht bezeichnet werden kann. Daß sie dabei auch die Nachlässigkeit ihres Beamten zu vertreten haben, der nach ihrer Darstellung ... die Patenturkunde und ihr Schreiben vom 12. Februar 1906, anstatt sie zu befördern, in seinem Schreibpulte verschlossen gehalten hat, bedarf im Hinblick auf § 278 B.G.B, keiner weiteren Ausführung. ...

Das Kaiserliche Patentamt hatte durch Beschluß vom 26. Oktober 1905 unter Zurückweisung des von der Firma E. S. erhobenen Einspruchs das Patent erteilt. Der Beschluß, gegen welchen dem Einsprechenden gemäß § 26 Abs. 1 Pat.-Ges. innerhalb eines Monats nach der Zustellung die Beschwerde zusteht, wurde den Beklagten am 1. November 1905 zugestellt. Erst am 15. dess. Mts. haben sie der Klägerin von dem Erteilungsbeschlusse Mitteilung gemacht, dabei aber weder das Datum des Beschlusses, noch den Tag der Zustellung angegeben. Da die Klägerin weitere Nachricht nicht mehr erhielt, fragte sie am 3. Februar 1906 an, wie es denn mit ihrer Anmeldung stehe; die Sache müsse doch inzwischen längst ausgelegt, und die Auslegefrist abgelaufen sein, so daß sie nach ihrer Rechnung in nächster Zeit die Patenturkunde zu erwarten habe. Darauf erwiderten die Beklagten am 7. Februar, daß die Patenturkunde noch nicht vorliege, daß sie aber, da die Einsprechenden Beschwerde nicht erhoben hätten, in Kürze zu erwarten wäre. Auch in diesem Schreiben war weder das Datum des Erteilungsbeschlusses, noch das der Wirksamkeit des Patentes, noch das der Zustellung des Erteilungsbeschlusses angegeben. Erst am 19. März erteilten die Beklagten der Klägerin folgende weitere Nachricht:

„Zu unserem tiefen Bedauern müssen wir Ihnen mitteilen, daß einer unserer bisherigen Beamten, den wir wegen Fälschungen und Unterschlagungen zur Anzeige gebracht haben, die beiliegende Urkunde Ihres Patentes Nr. 167755, sowie das Schreiben vom 12. Februar 1906, welches wir ebenfalls beifügen, nicht zur Absendung gebracht hat. . . . An demselben Tage, an welchem diese Schriftstücke hier entdeckt wurden, traf auch die beiliegende Mitteilung vom Patentamte ein, daß das Patent wegen Nichtzahlung der Gebühr für das zweite Jahr erloschen sei."

Bei dieser Sachlage ergibt sich zunächst, daß zu der Zeit, als das Patent für verfallen erklärt wurde, der den Beklagten erteilte Auftrag noch nicht vollständig ausgeführt war. Denn frühestens geschah dies mit der Übersendung der Patenturkunde, die das Patentamt den Beklagten als den Vertretern der Klägerin mitteilte. Die Patenturkunde wurde der Klägerin von den Beklagten erst mit dem Schreiben vom 19. März 1906 übersandt. Der Beschluß des Patentamts, der das Patent wegen Nichtzahlung der zweiten Jahresgebühr für erloschen erklärt, datiert vom 8. März 1906.

Das Kammergericht glaubt eine Haftung der Beklagten für das Erlöschen des Patentes deshalb nicht annehmen zu können, weil für die Beklagten keine Verpflichtung bestanden habe, die Fälligkeit der zweiten Jahrestaxe zu überwachen. Die Klägerin könne auch ... selbst nicht bestreiten, daß ihr „alle für die zweite Jahresgebühr geltenden Vorschriften, insbesondere die diesbezüglichen Bestimmungen des Patentgesetzes", bekannt gewesen seien. Sie habe durch das Schreiben der Beklagten vom 15. November 1905 erfahren, daß das Patent erteilt worden sei; hiernach habe sie annehmen können, daß der Erteilungsbeschluß spätestens an diesem Tage zugestellt worden sei, und deshalb, wenn keine Beschwerde eingelegt wurde, spätestens am 15. Dezember 1905 die Rechtskraft beschreiten würde. Die Klägerin habe ferner aus dem Schreiben vom 7. Februar 1906 erfahren, daß keine Beschwerde erhoben sei; danach hätte sie sich selbst ausrechnen können, daß die in § 8 Pat.-Ges. bestimmten Fristen von zweimal 6 Wochen für die zweite Jahresgebühr spätestens am 9. März 1906 abliefen. Sie habe sonach den Verfall des Patentes selbst verschuldet; durch ihr eigenes Verhalten sei der Kausalzusammenhang zwischen der den Beklagten zur Last fallenden Nachlässigkeit und dem eingetretenen Schaden unterbrochen.

Diese Erwägungen kann der Senat nicht für zutreffend erachten. Solange der Auftrag der Klägerin noch nicht völlig ausgeführt war, die Beklagten daher noch mit der Angelegenheit befaßt waren, hatten sie auch alles zu tun, daß das Patent, mit dessen Erlangung sie beauftragt waren, nicht vorzeitig verfalle. Sie mußten deshalb die Klägerin auf die Fälligkeit der weiteren Jahresrate aufmerksam machen; dies um so sicherer, als die Beklagten allein die Daten der Patenterteilung und der Zustellung des Erteilungsbeschlusses kannten und die Fristen hiernach berechnen konnten. Der Erhebung eines Gutachtens bedurfte es in dieser Richtung überhaupt nicht. Das erhobene Gutachten spricht aber auch durchaus nicht zugunsten der Beklagten. Vielmehr hat der Patentanwalt D. angegeben, daß nach der auf seinem Bureau bestehenden Übung der Erfinder durch die Mitteilung des Erteilungszertifikats, worin ausdrücklich auf die Fälligkeit der zweiten Jahrestaxe aufmerksam gemacht ist, auf diese hingewiesen werde, und daß dies an dem frühesten Tage geschehe, nämlich an dem Tage der Erteilung (gemeint ist wohl der Tag der Zustellung der Erteilung).

Besondere Vorschriften für die Fälligkeit der zweiten Jahresgebühr enthält das Gesetz nicht; die allgemeinen Bestimmungen in § 8, wonach die Gebühr jeweils mit Beginn des Schutzjahres zu entrichten ist, passen aber gerade für den hier vorliegenden Fall nicht, daß beim Beginn des zweiten Schutzjahres die Entscheidung über die Erteilung des Patentes noch nicht ergangen ist. Im Wege der Auslegung wird angenommen, daß, wenn erst nach Beginn des zweiten, oder eines folgenden Patentjahres das Patent erteilt wird, die Fälligkeit der Gebühr für diese Jahre erst mit der Rechtskraft, niemals aber vor Zustellung des Erteilungsbeschlusses eintrete.

Vgl. Seligsohn, Pat.-Ges. § 8 Nr. 6, § 27 Nr. 2.

Für den Laien ist dies keineswegs selbstverständlich oder ohne weiteres aus dem Gesetze zu entnehmen. Es ist nicht einzusehen, zu welchem Zwecke sich eine Partei eines Patentanwaltes bedienen sollte, wenn sie sich nicht gerade in solchen Fragen auf ihn verlassen kann. Auch ist es grundsätzlich falsch, anzunehmen, daß jemand, der einem anderen seine Rechtsangelegenheit anvertraut, diesen für die Versäumung von Fristen deshalb nicht verantwortlich machen könne, weil er sie eventuell selbst hätte beobachten können. Das Patentamt, das außer jedem Vertragsverhältnis zu dem Anmelder steht, sieht sich doch veranlaßt, im Erteilungsbeschlusse auf die Fälligkeit der Gebühren hinzuweisen. Und der Gesetzgeber selbst hat durch § 15 der Ausführungsverordnung dem Patentamte zur Pflicht gemacht, falls eine Gebühr nicht innerhalb sechs Wochen nach der Fälligkeit entrichtet ist, den Patentinhaber hiervon zu benachrichtigen. Es ist anzunehmen, daß auch im vorliegenden Falle diese Benachrichtigung den Beklagten als Vertretern der Klägerin zugegangen ist; einer Feststellung hierüber bedurfte es indes nicht, da hierdurch nur das Verschulden der Beklagten erschwert würde.

Der Klägerin zuzumuten, daß sie sich unter Kombination verschiedener Möglichkeiten die Fälligkeit der Gebühr selbst ausrechne, widerstreitet durchaus den Grundsätzen der Vertragstreue und den Bedürfnissen und Anschauungen des Verkehrs. Die Klägerin konnte und mußte erwarten, daß die Beklagten, denen sie in deren Eigenschaft als Patentanwälten ihre Angelegenheit übergeben und anvertraut hatte, ihre Interessen mit Gewissenhaftigkeit wahrnehmen würden. Deshalb kann auch von einem Verschulden der Klägerin (selbst von einem konkurrierenden Verschulden) oder von einer Unterbrechung des Kausalzusammenhangs keine Rede sein. Die Klägerin hat die im Verkehr erforderte Sorgfalt nicht verletzt. Wer einem Patentanwalt seine Sache anvertraut, muß sich darauf verlassen können, daß dieser seine Pflicht tue. Dies ist im vorliegenden Falle nicht geschehen." ...

---

8. Zur Feststellung des Begriffes der Ausstattung im Sinne von § 15 des Gesetzes zum Schutz der Warenbezeichnungen vom 12. Mai 1894.

II. Zivilsenat. Urt. v. 2. Juni 1908 i. S. G. & Co. (Kl.) w. C. & R. (Bekl.). Rep. II. 46/08.

I. Landgericht Mannheim.
II. Oberlandesgericht Karlsruhe.

In der Sache, Entsch. des R.G.'s in Zivils. Bd. 54 S. 173, hat das Berufungsgericht auf die erneute Verhandlung das Teilurteil des ersten Richters, soweit es die Beklagte verurteilte, aufgehoben und die Klage, soweit sie im Teilurteil zuerkannt war, abgewiesen. Auf Revision der Klägerin wurde dieses Urteil aufgehoben, und die Sache nochmals an das Berufungsgericht zurückverwiesen, aus folgenden

Gründen:

... „Der erkennende Senat hat in seinem aufhebenden Urteil den Rechtsgrundsatz ausgesprochen: Niemand kann eine technische Verbesserung, eine den Gebrauch und die Benutzung der Ware erleichternde Einrichtung als Ausstattung geschützt verlangen. Der für die Anwendung eines solchen technischen Elementes notwendige, oder für seine Anwendung nach Art und Zweck der Ware praktisch angemessene Teil der Aufmachung steht nicht unter dem Schutze des § 15 W.Z.G.; geschützt ist, soweit eine Anwendung technischer Elemente in Frage steht, nur die besondere, im dargelegten Sinne für die Anwendung des technischen Elementes nicht notwendige oder praktisch angemessene Gestaltung der Aufmachung, deren besondere Kennzeichnung durch Farbe, Aufdruck, und das dadurch geschaffene Gesamtbild. In Anwendung des dargelegten Rechtsgrundsatzes und der an ihn geknüpften Ausführungen wurde für den gegebenen Fall noch hervorgehoben: enthalte die Benutzung des Sternrades zum Aufwickeln von Seidenfäden und das Durchlochen dieses Rades technische Elemente, so erstrecke sich der Ausstattungsschutz nur auf die besondere Gestaltung des Rades, auf die besondere Art der Aufwickelung, soweit sie nicht technisch notwendig oder technisch angemessen sei, auf die besondere Kennzeichnung durch Farbe, Aufdruck, und den dadurch gekennzeichneten Gesamteindruck.

Wenn in jenen Ausführungen gesagt ist, der für die Anwendung eines solchen technischen Elementes notwendige, oder nach Art und Zweck der Ware praktisch angemessene Teil der Aufmachung stehe nicht unter dem Schutze von § 15 W.Z.G., so war damit ausgesprochen: nicht bloß die Gestaltung, die zur Anwendung des technischen Elementes absolut notwendig ist, sondern auch die Gestaltung, die sich nach Art und Zweck der Ware, sowie im Hinblick auf die Erfahrungen in der praktischen Verwertung jenes technischen Elementes als eine praktisch angemessene Verwertung des technischen Elementes darstellt, kann nicht den Ausstattungsschutz beanspruchen. Dagegen war nicht etwa ausgesprochen, daß eine Gestaltung, wenn sie irgendwie einem technischen Zwecke dient, dadurch schlechthin dem Ausstattungsschutze entzogen sei; vielmehr war — insbesondere durch die bezogenen Beispiele, Größe des Sternrades, Art der Aufwickelung — unzweideutig darauf hingewiesen, daß eine Gestaltung, mag sie an sich einem technischen Zwecke dienen, den Ausstattungsschutz dann beanspruchen könne, wenn ihre charakteristische Besonderheit nicht durch die Verwertung des technischen Elementes, dem sie an sich dient, bedingt ist. Jede Flasche, wie immer sie geformt sein mag, dient dem in der Flasche verkörperten technischen Elemente. Dennoch kann eine Flasche mit charakteristischer Ausbauchung dann, wenn diese Ausbauchung nicht durch die Verwertung des technischen Elementes bedingt ist, den Ausstattungsschutz genießen. Werden Knöpfe zum Verkaufszwecke auf farbige Kartons aufgenäht, so enthält das Aufnähen sicher die Verwertung eines technischen Elementes; werden aber die Knöpfe in einer Weise aufgenäht, daß sie für sich oder mit dem farbigen Untergrunde des Kartons eine charakteristische Figur, ein charakteristisches Gesamtbild ergeben, so liegt darin eine selbständige Gestaltung, die gleichfalls den Ausstattungsschutz genießen kann.

Die weiteren Ausführungen in dem früheren Urteile, unter welchen Voraussetzungen das Gesamtbild einer Warenaufmachung, die aus technisch notwendigen, oder wegen technischer Erwägungen praktisch angemessenen Gestaltungen, und aus durch solche technische Erwägungen nicht bedingten Gestaltungen zusammengesetzt ist, Ausstattungsschutz beanspruchen könne, sind nur die rechtliche Folgerung aus einem allgemeinen Rechtsgrundsatze: an technischen Elementen in der durch technische Zwecke bedingten Erscheinungsform kann auf dem Wege des Ausstattungsschutzes kein Monopolrecht geschaffen werden. Ein solches Gesamtbild kann den Ausstattungsschutz nur dann beanspruchen, wenn die Gestaltungen, deren charakteristische Erscheinungsformen nicht durch technische Zwecke bedingt sind, das charakteristische, unterscheidende Merkmal der Ausstattung bilden, welches das Gesamtbild zu dem besonderen, unterscheidenden Bilde macht. Es gilt hier das gleiche, wie bei dem zusammengesetzten Warenzeichen, das als Elemente auch Freizeichen oder Bezeichnungen der unter § 4 Nr. 1 W.Z.G. aufgezählten Art enthalten darf; nur dürfen die charakteristischen Merkmale, das Schlagwort, das durchschlagende Bild nicht Freizeicheneigenschaft haben oder unter § 4 Nr. 1 fallen. Durch eine Zusammensetzung von Freizeichen kann allerdings unter Umständen ein selbständiges schutzfähiges Warenzeichen entstehen. Die bloße Zusammensetzung von Gestaltungen, die nur durch die Verwertung technischer Elemente bedingt sind, kann dagegen den Ausstattungsschutz nicht beanspruchen, da auch diese Zusammensetzung sich als praktisch angemessene Verwertung technischer Elemente darstellt.

Dem Berufungsgerichte war danach durch das aufhebende Urteil die Aufgabe gestellt, zunächst zu den einzelnen Elementen in der Aufmachung der Klägerin festzustellen, ob ihre Gestaltung überhaupt einem technischen Elemente diene, und im Falle der Bejahung, ob ihre charakteristische Gestaltung durch technische Elemente, oder nur durch Zwecke der Ausstattung bedingt sei, sodann aber zu prüfen, ob die hiernach des Ausstattungsschutzes fähigen Elemente die charakteristischen Merkmale der Gesamtausstattung seien, und deren Gesamtbild zu dem besonderen sie von anderen Ausstattungen der gleichen Ware unterscheidenden Bilde machten. Die Prüfung, wo eine Gestaltung aufhöre, einem technischen Elemente zu dienen, und lediglich durch Zwecke der Ausstattung bedingt sei, ist an und für sich im einzelnen Falle schon um deswillen schwer, weil sich feste Grenzlinien nicht aufstellen lassen, vielmehr das eine in das andere überfließt. Die erwähnte Prüfung war für das Berufungsgericht im gegebenen Falle dadurch noch erschwert, daß gerade über die Frage, welche Gestaltung zum Durchführen des technischen Gedankens eines leichten und festen Aufwickelns von Nähseide auf ein Sternrad und eines leichten Abwickelns bei ihrer Verwendung an der Nähmaschine notwendig oder praktisch angemessen sei, dem Berufungsgerichte nur dürftiges Material vorlag.

Den Ausführungen des Berufungsgerichts mag darin beigetreten werden, daß die hier in Frage kommende Größe des Rades im wesentlichen durch technische Erwägungen bedingt ist. Die Grenzen zwischen der hier praktisch zulässigen Maximal- und Minimalgröße liegen sich so nahe, daß jede Größe innerhalb dieser Grenzen noch durch jene technischen Zwecke bedingt erscheint. Das gleiche gilt auch für die Zahl der Zacken oder Zähne des Sternrades. Ist ferner im Einzelverkauf allgemein üblich, daß Nähseide in den verschiedenen Aufmachungen eine bestimmte Länge habe, so kann in der Verwendung einer solchen Menge zum Aufwickeln auf der Sternkarte gleichfalls nicht ein des Ausstattungsschutzes fähiges Element erblickt werden.

Anlaß zu Bedenken können indes die Ausführungen des Berufungsgerichts über die Tiefe der Einschnitte und die dadurch bedingte Größe der Zacken am Sternrade der Klägerin geben. Nach den Darlegungen der Klägerin ist diese Tiefe der Einschnitte und die besondere Größe der Zacken nicht durch technische Erwägungen bedingt; denn für den technischen Zweck reichen schon weniger große Zacken zu; sie dient vielmehr nach jenen Darlegungen lediglich dem Ausstattungszwecke; durch sie soll erreicht werden, daß die Zacken über die aufgewickelte Seide weit hervorragen und in ihrer je nach der Farbe der aufgewickelten Seide verschiedenen Färbung mit dem Bilde der Aufwickelung ein charakteristisches Gesamtbild hervorrufen. Das gleiche gilt auch von dem weiteren Elemente, der Größe der nicht mit Seide bedeckten Kreisfläche. Auch hier ist das Vorhandensein einer nicht mit Seide bedeckten Kreisfläche durch technische Erwägungen bedingt; an dieser Fläche muß der Stern beim Aufwickeln festgehalten werden. Die Klägerin vertritt den Standpunkt, sie lasse in ihrer Aufmachung lediglich aus ästhetischen Rücksichten eine besonders große Kreisfläche frei; das Freilassen einer so großen Kreisfläche sei aus technischen Erwägungen nicht notwendig, aber auch nicht praktisch angemessen. Der gleiche Gesichtspunkt trifft auch zu für die Art der Aufwickelung. Das Aufwickeln von Seide auf einer Sternkarte dient sicher technischen Zwecken. Die Art der Aufwickelung kann aber, wie das Aufnähen von Knöpfen auf einem Karton, ein durch diese technischen Zwecke nicht bedingtes charakteristisches Bild schaffen, das des Ausstattungsschutzes fähig ist. Die Klägerin hat dies in eingehenden Ausführungen dargelegt, und die Annahme liegt nahe, die Richtigkeit ihrer Darlegungen durch die vorgelegten Sternkarten der Klägerin bestätigt zu finden. In allen diesen Beziehungen lag dem Berufungsgericht die Prüfung darüber ob, wo die durch technische Zwecke bedingte Gestaltung aufhört, und wo die Gestaltung, die lediglich den Ausstattungszwecken dient, beginnt. Es ist auch in diese Prüfung eingetreten. Seine Einzelausführungen lassen indes erkennen, daß es bei dieser Prüfung unzureichend den Gesichtspunkt berücksichtigt hat, die charakteristische Gestaltung eines Einzelelementes in der Warenaufmachung, das an sich auch technischen Elementen dient, könne den Ausstattungsschutz dann beanspruchen, wenn diese charakteristische Gestaltung nicht durch technische Erwägungen bedingt ist, sondern nur Ausstattungszwecken dient. Die unzureichende Berücksichtigung des dargelegten, im gegebenen Falle entscheidenden Gesichtspunktes tritt klar hervor in der zusammenfassenden Erwägung des Berufungsgerichts: „es mag richtig sein, daß die Klägerin mit großem Aufwande von Mühe und Arbeit die verschiedenen Formen gefunden und zusammengepaßt hat, und daß sie auch darauf bedacht war, damit ein dem Auge gefälliges Bild ihrer Ware zu schaffen; allein dadurch verlieren die einzelnen Elemente, aus denen sich das Ganze zusammensetzt, ihre Eigenschaft der Förderung des Gebrauchszweckes nicht". Der erwähnte Mangel führt zur Aufhebung des Urteils; denn durch ihn sind die entscheidenden Ausführungen des Berufungsurteils gleichfalls bedingt, daß das Gesamtbild der Warenaufmachung der Klägerin nicht den Ausstattungsschutz beanspruchen könne, Ausführungen, von denen es gleichfalls zweifelhaft ist, ob sie von einer richtigen Auffassung der in Betracht kommenden rechtlichen Gesichtspunkte ausgegangen sind.

Mit der Erwägung, daß insbesondere die charakteristische Gestaltung der Aufwickelung und das dadurch geschaffene charakteristische Bild nicht durch technische Erwägungen, sondern lediglich durch Ausstattungszwecke bedingt seien, sowie daß insbesondere durch diese charakteristische Gestaltung das Gesamtbild der Ausstattung der klägerischen Sternkarten zu dem ihre Ware unterscheidenden Bilde werde, konnte indes das Revisionsgericht noch nicht zu einer Entscheidung in der Sache zugunsten der Klägerin gelangen. Denn das Berufungsgericht ist in dem vorliegenden Urteile in eine Erörterung der weiteren Erfordernisse des § 15 W.Z.G. nicht eingetreten, deren Prüfung und Entscheidung überwiegend in das Gebiet der dem Revisionsgerichte entzogenen Tatsachen- und Beweiswürdigung fällt." ...

9. **1. Steht dem Grundstückseigentümer, wenn eine Briefhypothek wegen teilweiser Nichtentstehung der Forderung zum Teil Eigentümergrundschuld geworden ist, gegen den Gläubiger ein Anspruch auf Einräumung des Mitbesitzes an dem Hypothekenbriefe zu?**

2. Genügt zur Übertragung einer solchen Teileigentümergrundschuld statt der Übergabe des Briefes die Abtretung des Anspruches des Eigentümers gegen den Hypothekengläubiger auf Vorlegung des Briefes an das Grundbuchamt? Genügt die im § 1117 Abs. 2 B.G.B. bezeichnete Vereinbarung für sich allein, ohne daß wenigstens der Stammbrief dem Grundbuchamte eingereicht wird?

B.G.B. §§ 896, 931, 952, 1008 flg., 1117, 1145, 1154.

V. Zivilsenat. Urt. v. 3. Juni 1908 i. S. S. (Kl.) w. H. (Bekl.). Rep. V. 408/07.

I. Landgericht I Berlin.
II. Kammergericht daselbst.

Auf dem Grundstücke des Maurermeisters G. in B. stand für den Beklagten in Abt. III Nr. 2 eine Restkaufgeldhypothek von 52000 *M* eingetragen. In dem zugrunde liegenden Kaufvertrage hatte der Beklagte sich verpflichtet, einer aufzunehmenden Baugelderhypothek den Vorrang einzuräumen, jedoch mit der Maßgabe, daß, falls aus irgend einem Grunde diese Hypothek oder ein Teil davon sich mit dem Eigentum vereinigen sollte, die betreffende Post vom Eigentümer zur Löschung zu bringen sei, und daß zur Sicherung des Löschungsanspruches eine Vormerkung eingetragen werden sollte. Auf Anweisung des G. wurde demnächst eine in Abt. III Nr. 4 eingetragene Hypothek von 21000 *M* auf die Firma S. & G. zwecks Gewährung von Baugeldern übertragen und umgeschrieben. Gemäß dem Kaufvertrage räumte der Beklagte den 21000 *M* den Vorrang ein, jedoch unterblieb die Eintragung der Vormerkung. Auf die 21000 *M* Hypothek wurde sodann von S. & G. eine Valuta von 2500 *M* gezahlt. Nach der Behauptung des Klägers haben S. & G. weitere Zahlungen verweigert, so daß der Restbetrag zur Eigentümergrundschuld des G. geworden sein soll. In notariell beglaubigter Urkunde vom 11. Oktober 1906 übertrug G. von dem Restbetrage den Teilbetrag von 9822,20 *M*, unter Umwandlung in eine Hypothek für ein Darlehn, auf den Kläger und erklärte zugleich: er trete an den Kläger das Recht auf Berichtigung des Grundbuchs und auf Umschreibung des bevorrechtigten Teilbetrages von 9822,20 *M* sowie das Recht auf Herausgabe des Dokumentes gegen jedermann ab, insbesondere gegen S. & G., die das Dokument haben. Insbesondere bitte er den Vorrang der 9822,20 *M* vor dem Überrest im Grundbuche zu vermerken. Das Teildokument sei von seiten des Grundbuchamtes an den Kläger zu übersenden.

Nachdem der Beklagte von der Abtretung erfahren hatte, erwirkte er durch einstweilige Verfügung die Eintragung der genannten Vormerkung bei der Hypothek von 21000 *M*. Der Hypothekenbrief befand sich in Händen von S. & G. Ein Teilbrief für G. war nicht gebildet.

Der Kläger klagte auf Anerkennung, daß er die Hypothek zum Teilbetrage von 9822,20 *M* rechtsgültig als Darlehnshypothek erworben habe, und auf Bewilligung der Umschreibung dieses Teilbetrages auf seinen Namen. Der Beklagte erhob Widerklage mit dem Antrage, festzustellen, daß die Vormerkung dem Kläger gegenüber wirksam sei, und daß der Kläger demgemäß nicht berechtigt sei, wegen der 9822,20 *M* Befriedigung aus dem Grundstücke zu seinem, des Beklagten, Nachteile zu verlangen.

Der erste Richter wies die Klage ab und verurteilte den Kläger nach dem Widerklagantrage. Der zweite Richter wies die Berufung des Klägers zurück. Auch die Revision des Klägers wurde zurückgewiesen, aus folgenden

Gründen:

„Der Berufungsrichter läßt dahingestellt, ob bereits zur Zeit der Abtretung des fraglichen Teilbetrages der Hypothek von 21000 *M* für den Grundstückseigentümer G. eine Eigentümergrundschuld entstanden war.... Er erachtet auch bei Annahme des vom Kläger behaupteten Entstehens einer Eigentümergrundschuld die Klage für unbegründet und die Widerklage für gerechtfertigt, weil zur Zeit der für den Beklagten erfolgten Eintragung der Vormerkung die Teilhypothek wegen Fehlens der Übergabe des Hypothekenbriefes gemäß § 1154 B.G.B. noch nicht rechtsgültig auf den Kläger übertragen gewesen sei. In dieser Hinsicht führt der Berufungsrichter aus: eine körperliche Übergabe habe nicht stattgefunden, da die Hypothekengläubigerin S. & G. noch im Besitze des Briefes gewesen sei. Sie sei auch nicht gemäß § 1154 Abs. 1 Satz 1, § 1117 Abs. 1 Satz 2, § 931 B.G.B. durch die in der Zession von G. erklärte Übertragung des Anspruchs auf Herausgabe des Briefes gegen die Gläubigerin S. & G. ersetzt gewesen. Denn da nach der Behauptung des Klägers selbst von der Hypothek dieser Gläubigerin von 21000 *M* nur ein Teil auf G. übergegangen sei, habe dieser einen Anspruch auf Herausgabe des Briefes über die gesamten 21000 *M* nicht gehabt. Vielmehr habe er gemäß § 1145 B.G.B., der analog zur Anwendung zu bringen sei, von der Gläubigerin nur verlangen können, daß sie den Brief zur Berichtigung des Grundbuches und zum Zwecke der Bildung eines Teilbriefes dem Gerichte oder einem Notar vorlege. Die Abtretung dieses Anspruchs könne aber die Übergabe des Briefes nicht ersetzen, weil einmal der Anspruch nur ein persönlicher sei, und sodann § 931 B.G.B. einen Anspruch auf Herausgabe der Sache an den Zedenten selbst erfordere. Ferner sei die Übergabe des Briefes auch nicht gemäß § 1154 Abs. 1 Satz 1, § 1117 Abs. 2 B.G.B. durch die Vereinbarung ersetzt gewesen, daß der Zessionar berechtigt sein solle, sich den Brief vom Grundbuchamte aushändigen zu lassen. Denn zu diesem Ersatze sei erforderlich, daß das Grundbuchamt in der Lage sei, einen Teilhypothekenbrief zu bilden, und dies könne nur nach Vorlegung des Stammbriefes und Stellung des Antrages des Berechtigten auf Bildung eines Teilbriefes geschehen. Diese Voraussetzungen aber hätten weder zur Zeit der Zession vom 11. Oktober 1906 noch später vorgelegen; von S. & G. sei zwar der Brief am 23. Oktober 1906 dem Grundbuchamte eingereicht worden; jedoch sei ein Antrag auf Bildung eines Teilbriefes nicht gestellt.

Die Revision macht hiergegen zunächst geltend: es sei nicht erfindlich, weshalb der Anspruch aus § 1145 B.G.B. nur ein persönlicher sein solle; der Berufungsrichter habe nicht berücksichtigt, daß G. Miteigentümer des Hypothekenbriefes geworden sei. Selbst wenn aber der Anspruch nur ein persönlicher wäre, würde er doch unter § 931 B.G.B. fallen, da dieser nicht nur den Eigentumsanspruch, sondern auch einen persönlichen Anspruch auf Herausgabe umfasse. Ferner sei nicht ersichtlich, weshalb durch Abtretung des Vorlegungsanspruches aus § 1145 B.G.B. der Zweck des § 931 B.G.B. nicht erfüllt werden solle; die Vorlegung erfolge doch zu dem Ende, daß für den Zessionar ein neuer Brief gebildet und ihm ausgehändigt werde.

Jedoch ist dem Berufungsrichter darin beizutreten, daß ein Ersatz der Übergabe gemäß § 931 B.G.B. nicht gegeben ist. Im Falle der Übertragung eines Teiles einer Briefhypothek kann die körperliche Übergabe des Briefes an den Zessionar durch Aushändigung des gemäß § 1152 B.G.B., § 61 G.B.O. gebildeten Teilbriefes, oder durch Hingabe des Stammbriefes, oder auch durch Einräumung des Mitbesitzes an dem Stammbriefe erfolgen.

Samml. der Entsch. in Angelegenh. d. freiw. Gerichtsbark. Bd. 2 S. 83; Planck, Bem. 5 zu § 1154 B.G.B.; Turnau u. Förster, Bem. II 6 zu § 1154 B.G.B.

Befindet sich ein Dritter im Besitze des Teilbriefes oder des Stammbriefes, und steht dem Zedenten als Eigentümer des Briefes ein Anspruch auf Herausgabe gegen den Dritten zu, so kann diese körperliche Übergabe durch Abtretung des Herausgabeanspruchs gemäß § 931 B.G.B. ersetzt werden. Vorliegend scheidet bezüglich des Teilbriefes eine solche Ersatzübergabe von vornherein aus, da ein Teilbrief überhaupt noch nicht gebildet worden ist. Aber auch bezüglich des Stammbriefes ist eine Ersatzübergabe nicht erfolgt. Zwar hat G. in der Zession vom 11. Oktober 1906 das Recht auf Herausgabe des Stammbriefes gegen die Gläubigerin S. & G. an den Kläger abgetreten. Aber ein Anspruch auf Herausgabe dieses Briefes im Sinne einer völligen Aushändigung stand dem G. schon deshalb nicht zu, weil er nicht Eigentümer, d. i. Alleineigentümer, des Briefes war. Wäre allerdings trotz Übergabe des Briefes an die genannte eingetragene Gläubigerin die Hypothekenforderung im ganzen Umfange nicht zur Entstehung gelangt, so hätte G., da die Hypothek nach § 1163 Abs. 1 Satz 2, § 1177 B.G.B. zur Eigentümergrundschuld geworden wäre, gemäß § 952 Abss. 1, 2 B.G.B. kraft Gesetzes das Eigentum an dem Hypothekenbriefe erlangt, und würde ihm gegen die eingetragene Gläubigerin nach § 985 B.G.B. ein Anspruch auf Herausgabe des Briefes zustehen. Jedoch war nach den Behauptungen des Klägers selbst die fragliche Hypothek von 21000 *M*, weil die eingetragene Gläubigerin nach Zahlung eines Teilbetrages der Hypothek die weitere Valutierung verweigert hatte, nur in Höhe des nicht valutierten Betrages zur Eigentümergrundschuld geworden, im übrigen aber als wirkliche Hypothek bei der Gläubigerin verblieben. Demzufolge hatte G. an dem Briefe gemäß § 952 B.G.B. nur das Miteigentum zu dem aus seinem Hypothekenanteile sich ergebenden Bruchteile erlangt (Entsch. des R.G.'s in Zivils. Bd. 59 S. 318).

Nach den Vorschriften des Bürgerlichen Gesetzbuchs ist allerdings das Anteilrecht des Miteigentümers einer Sache auch Sacheigentum, und finden insbesondere auf die Übertragung des Miteigentumsanteiles, über den der Miteigentümer nach § 747 B.G.B. frei verfügen kann, sowie auf die Eigentumsansprüche des Miteigentümers die Vorschriften über das Eigentum an einer Sache Anwendung, soweit nicht in den §§ 1008 flg. B.G.B. für das Miteigentum Sonderbestimmungen gegeben sind (Mot. Bd. 3 S. 438; Planck, Vorbem. 3c vor § 1008, Bem. 1, 2 zu § 1011 B.G.B.). Daher hat der Miteigentümer nicht nur gegen den dritten Besitzer einen Anspruch auf Herausgabe der ganzen Sache, soweit sich nicht aus § 1011 in Verbindung mit § 432 B.G.B. Einschränkungen ergeben, sondern ihm steht auch gegen seinen Miteigentümer, wenn dieser ihm den Mitbesitz widerrechtlich vorenthält, der Anspruch auf Einräumung des Mitbesitzes zu (Entw. I § 951; Planck, Bem. 4 zu § 1011; v. Staudinger, Bem. 2 zu § 1011 B.G.B.). Nicht nur jener Anspruch gegen den Dritten, sondern auch dieser Anspruch gegen den Miteigentümer muß einem Anspruche des

Eigentümers auf Herausgabe im Sinne des § 931 B.G.B. gleichgeachtet werden, da der allein besitzende Miteigentümer nur hinsichtlich des dem anderen Miteigentümer verweigerten Mitbesitzes dritter Besitzer ist, und der den Mitbesitz beanspruchende Miteigentümer Herausgabe der Sache zum Mitbesitze nach Maßgabe seines Miteigentums verlangt (vgl. v. Seeler, Miteigentum nach B.G.B. S. 39, 40).

Demnach hätte G. als Miteigentümer des Hypothekenbriefes, wenn ihm gegen die eingetragene Gläubigerin ein Anspruch auf Einräumung des Mitbesitzes an dem Briefe zugestanden hätte, die zur Übertragung des fraglichen Hypothekenteiles an den Kläger erforderliche Übergabe zum Mitbesitze durch Abtretung des Anspruches gegen die Gläubigerin auf Einräumung des Mitbesitzes ersetzen können. Jedoch nach der Natur und dem Zwecke des Hypothekenbriefes kann dem Grundstückseigentümer, der einen Teil einer Briefhypothek, wie vorliegend, als Eigentümergrundschuld gemäß § 1177 B.G.B. erlangt hat, trotz seines Miteigentums an dem Briefe ein Anspruch auf Einräumung des Mitbesitzes gegen den im Besitze des Briefes befindlichen Hypothekengläubiger überhaupt nicht zugestanden werden. Der dem Gläubiger gemäß § 1163 Abs. 2, § 1117 Abs. 1 B.G.B. zum Erwerbe der Briefhypothek vom Grundstückseigentümer übergebene Hypothekenbrief soll demselben zur Legitimation als Inhaber der Hypothek, insbesondere bei Verfügungen darüber, dienen. Deshalb muß dem Gläubiger auch dann, wenn ein Teil der Hypothek, insbesondere infolge Nichtentstehens der Forderung, zur Eigentümergrundschuld wird, der ihm erteilte Brief zum ausschließlichen Besitze verbleiben, damit er uneingeschränkt über den ihm zustehenden Hypothekenteil verfügen kann. Müßte er dem Grundstückseigentümer und, wenn dieser, wie vorliegend, wiederum einen Teil der Eigentümergrundschuld an einen anderen überträgt, auch noch diesem den Mitbesitz an dem Briefe einräumen, so würde er Verfügungen, zu denen eine Übergabe des Briefes erforderlich ist, nicht ohne Mitwirkung der anderen Mitbesitzer vornehmen können (v. Seeler a. a. O. S. 39). Demnach muß mit Rücksicht auf die besondere Zweckbestimmung des Hypothekenbriefes als Wille des Gesetzes angenommen werden, daß der Hypothekengläubiger dem Grundstückseigentümer wegen Nichtentstehens eines Teiles der Forderung nicht den Mitbesitz an dem Briefe einzuräumen braucht. Vielmehr kann der Eigentümer nur entweder Vorlegung des Briefes an das Grundbuchamt zur Berichtigung des Grundbuchs gemäß § 896 B.G.B. verlangen, und zwar nicht nur vom Gläubiger, sondern auch von jedem etwaigen dritten Besitzer des Briefes (Entsch. des R.G.'s in Zivils. Bd. 47 S. 158), oder er kann nach §§ 749, 752, 1152 B.G.B. Aufhebung der Gemeinschaft am Hypothekenbriefe und Vollziehung der Teilung in Natur durch Herstellung eines Teilhypothekenbriefes beanspruchen (Entsch. des R.G.'s in Zivils. Bd. 59 S. 318). Dies findet eine wesentliche Bestätigung darin, daß für die Fälle des Entstehens einer Teileigentümergrundschuld durch teilweise Befriedigung, oder durch teilweisen Verzicht des Gläubigers in den §§ 1145, 1168 Abs. 3 B.G.B. besonders bestimmt ist, daß der Eigentümer die Aushändigung des Hypothekenbriefes nicht verlangen kann, der Gläubiger aber verpflichtet ist, den Brief zum Zwecke der Berichtigung des Grundbuches dem Grundbuchamte, oder zum Zwecke der Herstellung eines Teilhypothekenbriefes der zuständigen Behörde oder einem zuständigen Notare vorzulegen. Aus der Versagung des Anspruches auf Aushändigung folgt, daß dem Eigentümer in diesen Fällen dem Gläubiger gegenüber auch ein Anspruch auf Einräumung des Mitbesitzes an dem Briefe nicht zusteht, da Hergabe zum Mitbesitz eine teilweise Aushändigung ist (Planck, Bem. 3b zu § 1145 B.G.B.). Und doch ist der Eigentümer als Inhaber der Teileigentümergrundschuld in diesen Fällen gemäß § 952 Abss. 1, 2 B.G.B. ebenfalls Miteigentümer des Hypothekenbriefes. Der gesetzgeberische Grund für diese Versagung des Aushändigungsanspruches ist, daß für den Gläubiger der Hypothekenbrief in Ansehung des ihm verbleibenden Hypothekenteiles seine Bedeutung behalte, und daher von einer Verpflichtung seinerseits, dem Eigentümer die Urkunde auszuhändigen, nicht die Rede sein könne (Mot. Bd. 3 S. 759). Das gleiche trifft aber auch auf den Fall zu, daß der Eigentümer zufolge teilweiser Nichtentstehung der Hypothekenforderung eine Teileigentümergrundschuld erlangt hat. Daher ist aus den §§ 1145, 1168 B.G.B. ebenfalls zu entnehmen, daß in dem letzteren, vorliegend gegebenen Falle der Teileigentümergrundschuld dem Eigentümer gegen den eingetragenen Gläubiger ein Anspruch auf Einräumung des Mitbesitzes an dem Stammbriefe zu versagen ist, wiewohl ihm das Miteigentum an dem Briefe zusteht.

Demnach hat zur Zeit der fraglichen Zession dem Eigentümer G. ein Anspruch auf Herausgabe des Briefes im Sinne des § 931 B.G.B. gegen die Gläubigerin S. & G. in keinem Falle zugestanden.

Die Revision meint allerdings, der Anspruch auf Vorlegung des Briefes zum Zwecke der Herstellung eines Teilbriefes stehe dem Anspruche auf Herausgabe gleich. Dies verneint aber der Berufungsrichter mit Recht. Wenn § 931 B.G.B. Ersatz der körperlichen Übergabe durch Abtretung des Herausgabeanspruches zuläßt, so kann darunter nur ein solcher Anspruch verstanden werden, der dem Eigentümer das Recht gewährt, die Sache in Besitz zu nehmen und in seine Verfügungsgewalt zu bringen, und dessen Abtretung dem Zessionar die Ausübung eines gleichen Rechtes ermöglicht. Die Vorlegung des Hypothekenbriefes an die zuständige Behörde oder einen Notar erfolgt aber lediglich zum Zwecke der Abzweigung des dem Gläubiger nicht zustehenden Hypothekenteiles von dem Briefe unter Bildung eines Teilbriefes, und der Stammbrief ist, nachdem dies geschehen ist, an den Gläubiger wieder zurückzugeben. Der Vorlegungsanspruch ist also nicht ein Anspruch auf *Herausgabe* an den Eigentümer gemäß § 931 B.G.B.

Was sodann den Ersatz der Übergabe durch eine Vereinbarung gemäß § 1117 Abs. 2 B.G.B. anlangt, so kann dahingestellt bleiben, ob in der von G. in der Zession abgegebenen Erklärung, daß das Teildokument von seiten des Grundbuchamtes an den Kläger zu übersenden sei, überhaupt eine Vereinbarung im Sinne jener Gesetzesvorschrift zu finden ist. Die Vereinbarung soll durch Erteilung der Befugnis an den Erwerber der Hypothek, sich vom Grundbuchamte den Brief aushändigen zu lassen, den mittelbaren Besitz auf den Erwerber übertragen. Daher steht im Falle der Abtretung der Hypothek oder eines Hypothekenteiles eine solche, die körperliche Übergabe ersetzende Vereinbarung gleich einer Übertragung des Anspruches des bisherigen Hypothekeninhabers auf Aushändigung des im Besitze des Grundbuchamtes befindlichen Briefes. Ob deshalb im Falle der Abtretung eines Hypothekenteiles, wie vorliegend, zum Übergange des abgetretenen Teiles auf den Zessionar erforderlich ist, daß bereits ein Teilhypothekenbrief hergestellt worden und im Besitze des Grundbuchamtes ist, kann dahingestellt bleiben. Jedenfalls muß, damit die körperliche Übergabe des Briefes durch die fragliche Vereinbarung als ersetzt angenommen werden kann, mindestens hinsichtlich des Stammbriefes das Grundbuchamt den unmittelbaren Besitz und die Verfügungsmacht erlangt haben, da sonst dem Zessionar nicht der mittelbare Besitz an dem Briefe durch die Vereinbarung verschafft werden kann (Entsch. des R.G.'s in Zivils. Bd. 64 S. 313, Bd. 65 S. 64, Bd. 66 S. 210). Vorliegend aber war nach der Feststellung des Berufungsrichters weder zur Zeit der Zession noch zur Zeit der Eintragung der Vormerkung für den Beklagten das Grundbuchamt im Besitze des Stammbriefes. Anscheinend ist der Stammbrief, da nach der weiteren Feststellung des Berufungsrichters ein Antrag auf Herstellung eines Teilbriefes für den Kläger als Teilzessionar überhaupt nicht gestellt worden ist, erst infolge der die Eintragung der Vormerkung für den Beklagten anordnenden einstweiligen Verfügung von der eingetragenen Gläubigerin S. & G. dem Grundbuchamte eingereicht worden.

Demnach hatte der Kläger zur Zeit der Eintragung der Vormerkung für den Beklagten den ihm von dem Eigentümer G. abgetretenen Hypothekenteil noch nicht rechtswirksam erworben. Er muß daher gemäß § 883 Abs. 2 B.G.B. die Vormerkung gegen sich mit Vorrecht vor seinem Hypothekenanteile gelten lassen, und ist deshalb von den Vorinstanzen mit Recht mit seiner Klage abgewiesen und auf die Widerklage zur Anerkennung der Wirksamkeit und des Vorrechtes der Vormerkung des Beklagten verurteilt worden." ...

---

10. Können die Gläubiger noch Anfechtungsklage erheben, nachdem der Anfechtungsbeklagte das ihm mit der Auflage demnächstiger Rückerstattung Zugewendete wieder erstattet hat? Unterschied zwischen Scheingeschäft und Erwerb durch eine vorgeschobene Person.

VII. Zivilsenat. Urt. v. 5. Juni 1908 i. S. A. (Kl.) w. K. (Bekl.) Rep. VII. 527/07.

I. Landgericht I Berlin.
II. Kammergericht daselbst.

Die Revision des Klägers wurde zurückgewiesen, aus folgenden

Gründen:

„Der Schuldner des Klägers und frühere Ehemann der Beklagten, Oskar K., hatte eine Forderung von angeblich 65000 ℳ gegen die H.'sche Brauerei, die anscheinend bestritten, jedenfalls aber nicht sofort und ohne Prozeß einziehbar war. Um diese Forderung möglichst rasch in Bargeld umzusetzen, und sie zugleich wie ihren Erlös seinen Gläubigern zu entziehen, ging er derart zu Werke, daß er die Forderung an Wilhelm K. abtrat, von dem er zunächst als Gegenleistung nur eine Hypothek in Höhe von 20000 ℳ erhielt, daß er diese Hypothek unmittelbar auf den Namen seiner Ehefrau, der Beklagten, bestellen ließ, sodann in Olga F. eine Käuferin der Hypothek ausfindig machte, seine Ehefrau zur Abtretung der Hypothek an Olga F. veranlaßte und den von dieser gewährten Abtretungspreis von 16000 ℳ einzog, und in seine eigene Geschäftskasse einlegte. Inwieweit dies der Fall war, ist indessen streitig; im übrigen sind die erwähnten Vorgänge, sowie das Einverständnis der Beklagten mit der Vorschiebung ihrer Person als Gläubigerin der Hypothek vom Berufungsgerichte einwandfrei festgestellt. Nicht behauptet ist, daß Wilhelm K. oder Olga F. in die Gläubigerbenachteiligungsabsicht des Oskar K. eingeweiht waren; von ihnen kann weder Rückgabe der Forderung von 65000 ℳ noch Rückgabe der Hypothek von 20000 ℳ gefordert werden. Für den vorliegenden Rechtsstreit kommt nur die Beteiligung der **Beklagten** an den auf Benachteiligung seiner Gläubiger abzielenden Handlungen ihres damaligen Ehemannes in Betracht, und es fragt sich, ob sie deswegen dem Kläger in Höhe seiner Forderung von 3400 ℳ nebst Zinsen aufzukommen hat. Der Kläger hat den Antrag auf Verurteilung der Beklagten auf verschiedene Gründe gestützt. Soweit diese Stütze den §§ 826 und 823 B.G.B. entnommen ist, hat das Berufungsgericht den Kläger aus Gründen abgewiesen, auf die nicht näher eingegangen zu werden braucht, da insoweit ein Revisionsangriff nicht erhoben, und ein Rechtsirrtum des Berufungsgerichts nicht ersichtlich ist. Es bleibt nur der dem Anfechtungsgesetze entnommene Klagegrund zu prüfen.

Das Berufungsgericht ist zu dem Ergebnisse gelangt, daß der Rückgewährsanspruch aus dem Anfechtungsgesetze nur begründet ist, wenn die Beklagte von der von Olga F. bezahlten Hypothekzessionsvaluta etwas erhalten hat, und nur in Höhe des von der Beklagten Empfangenen. Dem entspricht der im Berufungsurteile der Beklagten auferlegte Eid. Das Berufungsgericht geht hierbei von folgenden Erwägungen aus: nach dem Ergebnisse der Verhandlung sei als erwiesen anzusehen, daß die Eintragung der Hypothek von 20000 ℳ auf den Namen der Beklagten nicht in Ausführung eines ernsthaft gewollten, die Veräußerung der Hypothekenforderung an die Beklagte bezielenden Rechtsgeschäfts des Oskar K. herbeigeführt sei, vielmehr nur um den äußeren Anschein zu erwecken, als wenn solche Veräußerung stattgefunden habe, obgleich sie in Wahrheit nicht vorgenommen werden wollte und sollte. Es habe sonach keine wirkliche Veräußerung der Hypothek, sondern ein nichtiges Scheingeschäft vorgelegen. Auf Grund der Nichtigkeit hätte der Kläger von der Beklagten Duldung seiner Zwangsvollstreckung in die Hypothek verlangen können, solange sie sich im Besitze der Hypothek befand und Gläubigerin zu sein schien; da sie aber nicht mehr Gläubigerin sei, sei dieses Verlangen ausgeschlossen. Haftbar sei aber die Beklagte dem Kläger, wenn sie für die Abtretung der Hypothek an Olga F. eine Gegenleistung empfangen habe. Denn die Gewährung der Gegenleistung sei wieder ein besonderes, anfechtbares Rechtsgeschäft, und ihrer Rückgewährspflicht aus diesem Geschäfte würde die Beklagte nicht genügt haben, wenn sie das ihr Gezahlte ihrem Ehemann von neuem als Darlehn gab.

Gegen die Rechtsausführungen des Berufungsgerichtes bestehen erhebliche Bedenken. Die Annahme eines Scheingeschäftes und die daraus gezogenen Schlußfolgerungen erscheinen verfehlt. Das Berufungsgericht unterscheidet nicht genügend zwischen Scheingeschäft und Geschäftsabschluß durch eine vorgeschobene Person, sowie zwischen der Schein**veräußerung** eines Vermögensgegenstandes und dem **Erwerb** eines solchen durch eine vorgeschobene Mittelsperson. Die Scheinveräußerung vollzieht sich lediglich zwischen dem Scheinveräußerer und dem Scheinerwerber, und hat, wie nicht weiter ausgeführt zu werden braucht, keinerlei rechtliche Wirkungen. Wenn dagegen jemand eine Sache oder ein Recht erwerben und diesen Erwerb nach außen hin, insbesondere seinen Gläubigern gegenüber, verheimlichen will, und zu diesem Zwecke eine Mittelsperson als Erwerber vorschiebt, so kann die Sache oder das Recht niemals durch ein Scheingeschäft, sondern nur durch ernstliche Rechtsübertragung in das Vermögen des wahren Erwerbers gelangen. Die entstehenden Rechtsbeziehungen sind aber wiederum verschieden, je nachdem der Veräußerer die Rolle des vorgeschobenen Strohmannes kennt und damit einverstanden ist oder nicht. Im ersteren Falle kann die Veräußerung an die Mittelsperson zum Schein geschehen; neben oder hinter diesem nichtigen Scheingeschäft muß aber notwendig noch eine ernstgemeinte Veräußerung an den Auftraggeber der Mittelsperson, den wahren Erwerber, vor sich gehen, bei welcher der Mittelsperson, sofern sich der wahre Erwerber nicht persönlich am Geschäftsabschlusse beteiligt, die Rolle eines offenen Stellvertreters zufällt. Auf solche Weise aber kann die hier fragliche Hypothek von 20000 *M* nicht in das Vermögen des Oskar K. gelangt sein. Nach dem oben Bemerkten ist in tatsächlicher Beziehung davon auszugehen, daß der Hypothekbesteller Wilhelm K. von den Absichten des Oskar K. keine Kenntnis hatte, daß er die Verabredung, die Hypothek solle auf den Namen der Beklagten bestellt werden, für einen ernstgemeinten Vertrag zugunsten der Beklagten ansehen mußte, und daß er dementsprechend Hypothek- (und persönlicher) Schuldner nicht des Ehemannes, sondern nur der Ehefrau K. werden wollte. Nur dieses Schuldverhältnis ist demnach zur Entstehung gelangt; die Beklagte allein ist Hypothekengläubigerin geworden. Auf den Ehemann konnte die Hypothek nur übergehen, wenn sie ihm unter Beobachtung der Vorschriften des § 1154 B.G.B. übertragen wurde. Dies ist unstreitig niemals geschehen, sondern die Hypothek wurde später von der Beklagten unmittelbar an Olga F. abgetreten. Danach steht fest, daß nicht, wie das Berufungsgericht meint, Oskar K. die Hypothek zum Schein an seine Ehefrau veräußert, sondern daß diese die Hypothek unmittelbar und ernstlich aus dem Vermögen des Wilhelm K. erlangt hat. Dieser Umstand würde nun der Gläubigeranfechtung allerdings nicht im Wege stehen. Denn da der Ehemann die Gegenleistung für die Hypothekbestellung, die zu ihrer Erlangung erforderlich gewesene Aufwendung, aus seinem Vermögen bestritten hat, so ist das Rechtsverhältnis in bezug auf die Anfechtbarkeit so anzusehen, als hätte Wilhelm K. die Hypothek für den Ehemann K. bestellt, und dieser sie an seine Ehefrau abgetreten, oder als hätte der Ehemann seine Forderung gegen die Brauerei H. zunächst der Beklagten abgetreten, und diese sie an K. gegen die Hypothek weiterveräußert (vgl. Entsch. des R.G.'s in Zivils. Bd. 59 S. 195). Die Hypothek ist auf Kosten ihres Ehemannes in das Vermögen der Beklagten gelangt.

Gleichwohl ist das Berufungsurteil aus folgendem Grunde aufrecht zu erhalten. Nach dem festgestellten Sachverhalte sollte die Hypothek nicht dauernd in das Vermögen der Beklagten übergehen, und diese nicht zur freien Verfügung darüber berechtigt sein; sie erwarb die Hypothek vielmehr von vornherein nur als Treuhänderin ihres Ehemannes und mit der (obligatorischen) Verpflichtung belastet, sie zu dessen Verfügung zu halten und auf sein Verlangen an ihn oder einen von ihm bezeichneten Dritten mittels rechtsförmlicher Abtretung herauszugeben. Lediglich diese Verpflichtung hat sie durch die Abtretung an Olga F. erfüllt. Ob die Gegenleistung von 16000 *M* von ihr selbst, oder von ihrem Ehemann, als ihrem Bevollmächtigten, oder von diesem in eigenem Namen in Empfang genommen wurde, ist gleichgültig, sofern sie nur das empfangene Geld ihrem Ehemanne herausgegeben oder seinen Weisungen entsprechend an Dritte bezahlt hat. Denn selbstverständlich hatte sie infolge des Treuhänderverhältnisses die Verpflichtung zur Herausgabe des Hypothekenerlöses in gleichem Maße, wie vorher die Verpflichtung zur Herausgabe der Hypothek. Ob die Anfechtung durch das Treuhänderverhältnis ausgeschlossen wird, solange dieses besteht, der Treuhänder die ihm übereignete Sache oder deren Wert noch hinter sich hat, bedarf hier nicht der Erörterung und Entscheidung. Denn jedenfalls kann von einer Anfechtung und einer Rückgewährspflicht des Treuhänders dann keine Rede mehr sein, wenn dieser die Sache herausgegeben hat. Es ist nicht abzusehen, inwiefern die Beklagte die Herausgabe der 16000 *M* an ihren Ehemann mit Rücksicht auf eine etwaige spätere Anfechtung hätte verweigern können.

Der vorliegende Fall ist seinem Wesen nach verschieden von den anfechtbaren Rechtsgeschäften im Sinne der Anfechtungsgesetze, bei denen der Beklagte zur Rückgewähr an den Veräußerer überhaupt nicht verpflichtet ist, sondern nur dem Anfechtungskläger gegenüber, bei denen deshalb die Anfechtung auch nur relativ, zugunsten des erfolgreich Anfechtenden wirkt, während hier offenbar *jeder* Gläubiger den Anspruch des Ehemannes auf Herausgabe der Hypothek oder der an ihre Stelle getretenen Zessionsvaluta pfänden konnte. Eine andere Frage ist es, ob nicht etwa der Treuhänder durch seine sittlich verwerfliche Mitwirkung zur Benachteiligung von Gläubigern sich diesen schadensersatzpflichtig macht; im Wege der Anfechtung aber kann dieser Anspruch keinesfalls geltend gemacht werden. Die Bemerkung des Berufungsgerichts, daß nur dann von einer Rückgewähr gesprochen werden könnte, deren Anrechnung auf ihre Rückgewährungspflicht die Beklagte beanspruchen dürfte, wenn durch die 16000 *M* anfechtungsberechtigte Gläubiger befriedigt worden seien, ist deshalb verfehlt. Und wenn, wie es den Anschein hat, das Berufungsurteil dahin zu verstehen ist, daß die Beklagte auch schon dann der Klage entsprechend verurteilt werden soll, wenn sie nur überhaupt die Zessionsvaluta in Empfang genommen hat, mag sie diese auch vollständig an ihren Ehemann herausgegeben haben, so würde hierin eine rechtsirrige Entscheidung zum Nachteil der Beklagten liegen, die nur deshalb der Aufhebung nicht unterliegt, weil die Beklagte Revision nicht eingelegt hat, und eine Abänderung des Urteils zum Nachteil des Revisionsklägers unzulässig ist. Dagegen ist die Beklagte allerdings zur Zahlung an den Kläger verpflichtet, wenn ihr Ehemann ihr die Zessionsvaluta ganz oder zum Teil dauernd und zur freien Verfügung belassen, oder, falls er sie unmittelbar von Olga F. vereinnahmt hatte, wieder ausgehändigt hat. In beiden Fällen läge eine neue, selbständige und für sich anfechtbare Rechtshandlung vor. Hat der Ehemann die von der Beklagten vereinnahmte Valuta ihr belassen, so hat er damit auf seinen Herausgabeanspruch verzichtet; dieser tritt durch die erfolgreiche Anfechtung wieder ins Leben, und es ist unbedenklich, daß in solchem Falle der Rückgewährsanspruch direkt auf Zahlung gerichtet wird. Hat er die von ihm selbst erhobene Valuta der Beklagten zu ihrer freien Verfügung ausgehändigt, so ist dies eine mit allem Vorausgehenden nur äußerlich zusammenhangende, rechtlich davon unabhängig zu beurteilende Zahlung, deren Anfechtbarkeit nach Lage der Sache keinem Zweifel unterliegen würde. Dem Berufungsgerichte ist auch darin beizustimmen, daß in diesem Falle die Beklagte ihrer Rückgewährspflicht nicht dadurch genügt hätte, daß sie etwa die erhaltene Summe ihrem Ehemanne als Darlehn gab. Denn damit traf sie eine Verfügung über ihr Vermögen in ihrem Interesse; die Darlehnshingabe wäre eine einfache Maßregel der Vermögensverwaltung, wie die Ausleihung an einen

Dritten; die Anfechtbarkeit würde hierdurch nicht beseitigt. Da aber ein Beweis für die entsprechenden Behauptungen des Klägers nicht erbracht ist, so hat das Berufungsgericht mit Recht auf den der Beklagten zugeschobenen Eid erkannt."

---

11. Ist der Rechtsweg zulässig für eine Klage auf Entschädigung gegen eine Gemeinde, die darauf gestützt wird, daß der Kläger aus dem Besitz des ihm gehörigen Grund und Bodens zugunsten der Gemeinde durch die Polizeibehörde entsetzt worden ist?

VII. Zivilsenat. Urt. v. 24. Januar 1908 i. S. Gemeinde N. (Bekl.) w. Ehel. B. (Kl.). Rep. VII. 299/07.

I. Landgericht II Berlin.
II. Kammergericht daselbst.

Im Jahre 1903 setzte die Gemeinde N. nach Maßgabe des Fluchtliniengesetzes vom 2. Juli 1875 die Fluchtlinie für die Dorfstraße in N. fest, an welcher ein den Klägern gehöriges Grundstück belegen ist. Danach fielen von dem Vorgarten oder Hofe dieses Grundstücks 14 qm in das zukünftige Straßenland. Am 17. März 1904 nahm der Gemeindevorsteher von N. eine schriftliche, von ihm und dem Kläger zu 1 unterzeichnete Verhandlung auf, in welcher dieser erklärte, daß er bereit sei, von dem ihm und seiner Frau gehörigen Grundstück eine Fläche von 12,50 qm Größe an die Gemeinde N. lasten- und schuldenfrei aufzulassen, wenn ihnen am Tage der lasten- und schuldenfreien Auflassung eine Grundentschädigung von 2 *M* für das Quadratmeter gezahlt werde. Die Gemeindevertretung beschloß am selbigen Tage den Ankauf der durch Vermessung festzustellenden Fläche für den Preis von 2 *M* für das Quadratmeter. Nach diesen Verhandlungen wurde der Zaun des klägerischen Grundstücks zurückgesetzt. Demnächst setzten die Kläger den auf Grund der erwähnten Abmachung zurückgesetzten Zaun wieder an die alte Stelle. Darauf erhielten sie eine polizeiliche Verfügung des Amtsvorstehers vom 27. Mai 1904, durch welche sie zur Entfernung des auf dem Bürgersteig errichteten Zaunes aufgefordert, und ihnen im Falle der Nichtbefolgung angedroht wurde, daß die Entfernung des Zaunes und die Herstellung des Bürgersteiges auf ihre Kosten durch Dritte erfolgen würde. Da sie dieser Aufforderung nicht nachkamen, bewirkte die Polizeibehörde die Entfernung des Zaunes und eröffnete dadurch den Bürgersteig auf der fraglichen Fläche wieder als öffentlichen Weg. Nunmehr beschritten die Kläger gegen die Gemeinde den Klageweg, indem sie behaupteten, daß die Beklagte eigenmächtig und unter gewaltsamer Wegnahme des ihr Grundstück einschließenden Zaunes von seiten der Polizeibehörde die fraglichen 14 qm sich angeeignet habe. Sie verlangten daher von der Beklagten Bezahlung des zum Bürgersteige benutzten Landes und Schadensersatz, weil ihnen durch die Wegnahme des Vorlandes Wirtschaftserschwerungen entstanden seien. Die Beklagte wendete in erster Reihe ein, daß der Rechtsweg unzulässig sei, da es sich um Enteignung nach dem Fluchtliniengesetze handle, und nach § 14 dieses Gesetzes in Verbindung mit §§ 24 flg. des Enteignungsgesetzes zunächst für die Feststellung der zu gewährenden Entschädigung das Verwaltungsverfahren stattzufinden habe. Die erste Instanz hielt diesen Einwand für begründet und wies deshalb die Klage wegen Unzulässigkeit des Rechtsweges ab. In der Berufungsinstanz änderten die Kläger ihr Vorbringen dahin, daß sie nunmehr als Schaden den Vermögensnachteil geltend machten, der ihnen dadurch entstanden sei, daß ihnen der Besitz der 14 qm entzogen wurde, und sie dadurch in ihrem Eigentum daran beeinträchtigt seien. Der Berufungsrichter erklärte den Schadensersatzanspruch der Kläger für die Zeit nach dem 27. Mai 1905 seinem Grunde nach für gerechtfertigt und verwies in diesem Umfange die Sache zur anderweiten Verhandlung und Entscheidung über die Höhe des Anspruchs an das Landgericht zurück; im übrigen wies er die Berufung zurück.

Die Revision der Beklagten wurde zurückgewiesen, aus folgenden

Gründen:

„Der Berufungsrichter hat die Einrede der Unzulässigkeit des Rechtsweges verworfen. Die Revision sucht darzutun, daß dies zu Unrecht geschehen sei; allein dieser Versuch ist vergeblich. Für die Beantwortung der Frage nach der Zulässigkeit des Rechtsweges kommt es nur auf die Behauptungen des Klägers, nicht auf deren Richtigkeit und Erweislichkeit an. Im gegenwärtigen Falle ist das Vorbringen des Klägers ein solches, daß es die Ansicht des Berufungsrichters über die Zulässigkeit des Rechtsweges rechtfertigt. Unstreitig sind die Kläger noch Eigentümer der streitigen 14 qm. Danach steht ihnen als Ausfluß des Eigentums auch an sich das Recht auf den Besitz dieser Fläche zu. Sie befanden sich auch in deren Besitz, sind daraus aber durch zwangsweise Ausführung der polizeilichen Verfügung vom 27. Mai 1904 entsetzt worden. Diese Besitzentsetzung ist zugunsten der Beklagten erfolgt; die Anwendung des § 75 Einl. zum A.L.R. ist damit seinen allgemeinen Voraussetzungen nach gegeben. Es handelt sich hierbei übrigens nicht nur um eine vorübergehende Besitzentsetzung; sondern die Kläger sind durch die polizeiliche Verfügung dauernd gehindert, Ansprüche auf Besitzeinräumung bezüglich der streitigen 14 qm gegen die Beklagte im Rechtswege geltend zu machen. Ob solche Ansprüche von ihnen mit Grund erhoben werden können, und ob sie durch verbotene Eigenmacht den Besitz erlangt hatten, aus dem sie durch die Polizeibehörde entsetzt wurden, ist für die Frage der Zulässigkeit des Rechtsweges gleichgültig. Die Bejahung dieser Frage ergibt sich ohne weiteres daraus, daß ein Anspruch aus § 75 a. a. O. von den Klägern geltend gemacht worden ist. Daß die Bestimmungen des Fluchtlinien- und Enteignungsgesetzes einem so begründeten Anspruch nicht entgegengesetzt werden können, ist von dem Berufungsrichter zutreffend dargelegt worden."

12. Kann vor Erlaß des endgültigen Schiedsspruches eine schiedsrichterliche Entscheidung, die den Charakter einer Zwischenentscheidung im Sinne des § 303 Z.P.O. trägt, selbständig mit der Klage aus § 1041 Z.P.O. angefochten, oder ein Vollstreckungsurteil zu solcher Entscheidung erlassen werden?

VII. Zivilsenat. Urt. v. 28. Januar 1908 i. S. G. (Kl.) w. Gemeinde Z. (Bekl.). Rep. VII. 185/07.

I. Landgericht II Berlin.
II. Kammergericht daselbst.

Das Reichsgericht hat diese Fragen verneint, aus folgenden Gründen:

„Die Frage, ob die schiedsrichterliche Entscheidung vom 12./13. Februar 1906 einen selbständigen Schiedsspruch darstellt, der nach Maßgabe des § 1041 Z.P.O. selbständig für sich angefochten, und dessen Vollstreckbarkeit nach Maßgabe des § 1042 Z.P.O. durch Vollstreckungsurteil ausgesprochen werden kann, war zu verneinen. Jene Entscheidung hat den Charakter eines Zwischenurteils im Sinne des § 303 Z.P.O. Der Kläger macht gegen die Beklagte einen Schadensersatzanspruch auf Grund eines mit ihr abgeschlossenen Vertrages geltend. Das Schiedsgericht hat in seiner Entscheidung vom 12./13. Februar 1906 die beiden Fragen, ob die Beklagte nach dem Vertrage, oder auf Grund besonderer Abmachungen und Vereinbarungen verpflichtet gewesen sei, die Einrichtungsarbeiten der Haltestelle so zu fördern, daß die Betriebseröffnung am 1. Mai 1904 oder an einem anderen bestimmten Tage erfolgen konnte, verneint. Mit diesem Ausspruch hat es indessen den Rechtsstreit und damit seine Aufgabe nicht für erledigt erachtet. Es hat vielmehr gleichzeitig mit Erlaß jener Entscheidung beschlossen, Beweis darüber zu erheben, ob die Beklagte nach allgemeinen technischen Regeln in Hinsicht auf die Grundsätze von Treu und Glauben die Betriebseröffnung am 1. Mai 1904, oder, wenn nicht an diesem Tage, jedenfalls vor der tatsächlich am 1. November 1904 erfolgten Betriebseröffnung hätte bewirken können. Da der Kläger seinen Schadensersatzanspruch gegen die Beklagte nur aus einer Verletzung vertraglicher Pflichten herleitet und herleiten kann, so lassen sich die Entscheidung vom 12./13. Februar 1906 und dieser Beweisbeschluß nur in der Weise miteinander vereinigen, daß das Schiedsgericht der Ansicht ist, die Beklagte habe allerdings sich nicht vertraglich gebunden und binden wollen, die Haltestelle zum 1. Mai 1904 fertig einzurichten; allein nach Treu und Glauben sei die Beklagte doch gehalten gewesen, wenn und soweit die technischen „Regeln" es zuließen, die Fertigstellung des Baues nach Möglichkeit zu betreiben, und sie sei daher dem Kläger haftbar, wenn durch ihre Schuld die Haltestelle später fertig geworden sei, als es hätte geschehen können.

Es erhellt hieraus, daß die Entscheidung vom 12./13. Februar 1906 ein Zwischenurteil im Sinne des § 303 Z.P.O. ist; denn es wird darin nur über einzelne vorweg genommene Elemente und Stücke der zukünftigen Endentscheidung erkannt. Eine solche Entscheidung stellt nicht schon für sich allein, sondern nur zusammen mit der Endentscheidung einen „Schiedsspruch" dar und kann deshalb auch nicht für sich allein, sondern nur zusammen mit der Endentscheidung den Gegenstand der Anfechtung und des Vollstreckungsurteils nach Maßgabe der §§ 1041 und 1042 Z.P.O. bilden. Die Bestätigung dieser Ansicht ergibt sich in erster Reihe aus § 1040 Z.P.O., wonach der Schiedsspruch ein solcher Spruch ist, der unter den Parteien die Wirkungen eines rechtskräftigen gerichtlichen Urteils hat. Einem Zwischenurteil der vorliegenden Art kann wegen seines unselbständigen Wesens für sich allein ohne die Endentscheidung jene Wirkung nicht beiwohnen. Gegen die Zulässigkeit der selbständigen Anfechtung derartiger Zwischenurteile spricht sodann der Umstand, daß es erst von dem Ausfall der Endentscheidung abhängt, ob die Partei, die sich durch ein solches Zwischenurteil für beschwert erachtet, an dessen Anfechtung überhaupt ein begründetes Interesse hat. Denn wenn nachher durch das Endurteil, vorausgesetzt daß ein solches im Falle des Erfolges der Anfechtung des Zwischenurteils noch möglich ist, ganz nach ihren Anträgen erkannt wird, so würde die vorherige Anfechtung des Zwischenurteils für sie überflüssig und unnötig sein. Vor allem sind gegen die selbständige Anfechtbarkeit der vorbezeichneten Zwischenurteile die folgenden Erwägungen geltend zu machen.

Nach der Rechtsprechung des Reichsgerichts hat die erfolgreiche Anfechtung eines Schiedsspruchs die Wirkung, daß ein neues schiedsrichterliches Verfahren nicht stattfindet, sondern daß nunmehr die Beschreitung des ordentlichen gerichtlichen Verfahrens den Beteiligten eröffnet ist. Wollte man die selbständige Anfechtbarkeit der Zwischenurteile im Sinne des § 303 Z.P.O. bei dem schiedsgerichtlichen Verfahren zulassen, so würde die Frage entstehen, ob die vorerwähnte Wirkung des Erfolges der Anfechtung sich bei derartigen Zwischenurteilen auf den durch sie abgegrenzten Teil des schiedsrichterlichen Verfahrens, also auf die Streitpunkte beschränkt, die den Gegenstand der Zwischenentscheidung gebildet haben. Bejaht man diese Frage, würde also nur bezüglich dieses Teils des ganzen Streitstoffes den Beteiligten, insbesondere dem Kläger, der Weg der gerichtlichen Klage offen stehen, so würde die Beschreitung dieses Weges zu den schwersten Unzuträglichkeiten führen. Wie nämlich die Verfolgung der verschiedenen Fälle leicht ergibt, so daß davon abgesehen werden kann, dies im einzelnen näher darzulegen, würde je nach dem Ausfall der beiden im gerichtlichen und schiedsgerichtlichen Verfahren ergehenden Urteile entweder das eine sich als unnötig und überflüssig erweisen, oder es würde das Nebeneinanderbestehen der beiden Urteile bedenklich und gefährlich erscheinen — so, wenn der Beklagte durch beide Urteile auf Grund derselben Schadenstatsache zu demselben Schadensersatze verurteilt würde, — oder es würden sich bei dem Abhängigkeitsverhältnis, in welchem die getrennten Teile des ursprünglich einheitlichen Rechtsstreits zueinander stehen, unlösbare sachliche Widersprüche der beiden Urteile ergeben. Dies zeigt, daß wegen der Zusammengehörigkeit des ganzen Streitstoffs erhebliche Gründe für die Verneinung der oben aufgeworfenen Frage sprechen, d. h. dafür, daß im Falle der erfolgreichen selbständigen Anfechtung eines Zwischenurteils der hier in Rede stehenden Art die Wirkung sich nicht auf den bezüglichen Teil des schiedsrichterlichen Verfahrens beschränken könnte, sondern daß das ganze Schiedsverfahren zu Falle kommen müßte, so daß die Fällung eines schiedsrichterlichen Endurteils nicht mehr stattfinden würde. Diese Folgerung begegnet aber wiederum entgegengesetzten, schwerwiegenden Bedenken.

Es erscheint nämlich nach Sinn und Zweck der Vereinbarung der Entscheidung eines Rechtsstreits durch Schiedsrichter als ein berechtigtes Verlangen jeder Partei, daß das schiedsrichterliche Verfahren zu Ende geführt wird, und daß die Schiedsrichter durch Fällung eines Endspruchs ihre Aufgabe erledigen. Wie die tägliche Erfahrung lehrt, wird die praktische Brauchbarkeit des schiedsrichterlichen Verfahrens durch die Art und Weise, wie die Bestimmungen der Zivilprozeßordnung über Anfechtung und Vollstreckbarkeitserklärung von Schiedssprüchen benutzt werden, in nicht unerheblichem Maße eingeschränkt. Es würde der praktischen Brauchbarkeit noch mehr Eintrag tun, wenn einer Partei gestattet würde, ohne ein zurzeit begründetes Interesse das schiedsrichterliche Verfahren, während es sich noch auf halbem Wege befindet, durch Anfechtung einer Zwischenentscheidung vollständig zu beseitigen. Die einzige Lösung aller dieser Schwierigkeiten ist darin zu finden, daß eine selbständige Anfechtung solcher Zwischenentscheidungen nicht zugelassen wird, sondern daß diese nur zugleich mit dem Endurteil angefochten werden dürfen. Was im vorstehenden in bezug auf die Anfechtung aus § 1041 Z.P.O. gesagt ist, gilt in entsprechendem Maße auch für den Erlaß des Vollstreckungsurteils nach Maßgabe des § 1042, und zwar allein schon deshalb, weil in diesem Verfahren die Anfechtungsgründe des § 1041 geltend gemacht werden können, außerdem aber auch, weil ein anerkennenswertes Interesse derjenigen Partei, zu deren Gunsten eine solche Entscheidung erlassen ist, vor Fällung des Endurteils sie für vollstreckbar erklärt zu sehen, nicht besteht.

Daß die Schiedsrichter irgend ein berechtigtes Interesse an der selbständigen Anfechtbarkeit oder Vollstreckbarkeit derartiger Zwischenentscheidungen sollten haben können, kann nicht angenommen werden. Da sie das Verfahren nach ihrem Belieben gestalten können, soweit die in der Zivilprozeßordnung gezogenen weiten Schranken nicht entgegenstehen, so können sie den Parteien erklären, daß sie dieselben über bestimmte Punkte nicht mehr hören wollen, und daß diese für sie erledigt seien. Sie können hierüber gewiß auch eine Entscheidung fällen, die sich dann als eine Zwischenentscheidung im Sinne des § 303 Z.P.O. in Fällen der vorliegenden Art darstellt. Diese Entscheidung muß, da sie einen Teil der Gesamtentscheidung ausmacht, auch zugestellt und niedergelegt werden, wobei dahingestellt bleiben kann, wann dies zu geschehen hat. Keinenfalls läßt dies alles aber ein Interesse der Schiedsrichter daran erkennen, daß diese Zwischenentscheidungen selbständig anfechtbar seien. Ob die Schiedsrichter an solche Zwischenentscheidungen gebunden sind, oder ob sie befugt sind, sie später wieder zu ändern oder von dem darin Erkannten abzugehen, bedarf hier nicht der Erörterung.

Zum Schlusse möge nicht unbemerkt bleiben, daß die Frage der selbständigen Anfechtung von Vorabentscheidungen über den Grund des Anspruchs (§ 304 Z.P.O.) und von Teilurteilen nach anderen rechtlichen Gesichtspunkten zu beurteilen ist, und daß die Zulassung der Anfechtung und der Vollstreckbarkeitserklärung bei diesen Urteilen sich daher nicht für deren Zulässigkeit bei Zwischenentscheidungen im Sinne des § 303 Z.P.O. verwerten läßt." ...

13. Zur Frage des ursächlichen Zusammenhanges bei konkurrierendem Verschulden.

VII. Zivilsenat. Urt. v. 28. Februar 1908 i. S. R. (Kl.) w. K. Werkzeug- u. Maschinenfabrik (Bekl.). Rep. VII. 214/07.

I. Landgericht Köln.
II. Oberlandesgericht daselbst.

Die verklagte offene Handelsgesellschaft hatte dem Kläger auf Bestellung im Juni 1902 zwei Fahrstühle für seine Ziegelei geliefert. Der Kläger nahm diese in Betrieb, ehe die polizeiliche Abnahme erfolgt war, und obgleich der Gewerberat die Benutzung wegen Mangels einer Fangvorrichtung ausdrücklich untersagt hatte. Am 19. November 1902 verunglückte ein Arbeiter des Klägers dadurch tödlich, daß, als er einen Schiebkarren mit Steinen auf die Fahrbühne schob, das Drahtseil des Fahrstuhls sich löste, und der herunterfallende Fahrstuhl ihn mit sich in die Tiefe riß. Der Kläger wurde von der betr. Baugewerksgenossenschaft auf Grund des § 136 Gew.U.V.G. in Anspruch genommen und mußte an sie einen Betrag von rund 7000 ℳ zahlen. Diesen Betrag forderte er von der Beklagten zurück, weil diese für den durch den Tod des Arbeiters herbeigeführten Schaden wegen der nicht ordnungsmäßigen Lieferung haftpflichtig sei; der Monteur der Beklagten habe nämlich das Seil mangelhaft befestigt. Die erste und zweite Instanz wiesen die Klage ab; das Reichsgericht hob das Berufungsurteil auf und verwies die Sache in die Vorinstanz zurück, aus folgenden

Gründen:

„Es handelt sich gegenwärtig lediglich um die Frage des ursächlichen Zusammenhanges. Der Berufungsrichter leugnet, daß das Verhalten der Beklagten und ihres Monteurs zu dem Schaden des Klägers in einem solchen Zusammenhange stehe, indem er ausführt, der Schaden des Klägers habe seinen Grund allein in dessen eigenem Fahrlässigkeitsdelikt; denn der Tod des Arbeiters S. würde für den Kläger keine Folge gehabt haben, wenn nicht des Klägers eigenes fahrlässiges Verhalten die Rückführbarkeit des Unfalls auf sein Handeln begründet hätte. Dieser Ansicht kann nicht beigetreten werden. Das für den Kläger schadenbringende Ereignis ist der Tod des Arbeiters S.

Der Kläger ist dadurch zu einer Vermögensaufwendung genötigt worden. Allerdings hatte der Tod des S. diese Wirkung nicht für sich allein betrachtet, sondern nur deshalb, weil der Kläger den Fahrstuhl gegen ein polizeiliches Verbot in Benutzung genommen hatte. Hätte er dies nicht getan, so würde dieser Unfall nicht eingetreten sein; der Kläger hat also den Tod des S. verursacht, und deshalb ist er für die Folgen des so herbeigeführten Todes schadensersatzpflichtig. Allein sein Verhalten ist nicht die alleinige und ausschließliche Ursache dieses Schadensereignisses. Wäre das Seil des Fahrstuhls ordnungsmäßig befestigt gewesen, so würde die verbotswidrige Benutzung des Fahrstuhls durch den Kläger ohne die jetzt eingetretenen Folgen geblieben sein; sie hätte mit anderen Worten in diesem Falle den Tod des S. nicht verursacht. Das Ereignis des Todes des S. hat also zwei Ursachen, die im Zeitpunkt des Eintritts des Ereignisses zusammenwirkten, nämlich den in diesem Zeitpunkt vorhandenen Mangel der Befestigung des Fahrstuhlseiles und die verbotswidrige Benutzung des Fahrstuhls. Denkt man eine dieser beiden Ursachen weg, so würde die andere für sich allein das eingetretene Ereignis nicht herbeigeführt haben. Die Setzung dieser beiden Ursachen fand freilich nicht gleichzeitig statt; vielmehr folgten sie sich zeitlich in der Reihe, daß die Beklagte zuerst durch das ordnungswidrige Arbeiten ihres Monteurs die Ursache der mangelhaften Seilbefestigung setzte, der dann die ursächliche Handlung des Klägers, nämlich die verbotswidrige Ingebrauchnahme des Fahrstuhls, später nachfolgte. Indessen wird hierdurch der ursächliche Zusammenhang zwischen dem Tun des Monteurs der Beklagten, das für diese wie ein eigenes gilt, und dem Tode des S. nicht unterbrochen; denn die Handlung des Klägers hat nicht selbständig für sich und unabhängig von dem Verhalten der Beklagten oder ihres Monteurs das schadenbringende Ereignis herbeigeführt, sondern nur zusammen mit dem schadenstiftenden Tun der Beklagten oder ihres Monteurs, das gerade im Zeitpunkt des Eintritts des Ereignisses seine Wirkung übte. Von einer Unterbrechung des Kausalzusammenhanges kann um so weniger die Rede sein, als das Tun des Klägers, nämlich die Benutzung des Fahrstuhls, gerade in der Richtung der Handlungen der Beklagten lag. Nach ihrem Willen und ihrer Absicht sollte die Fahrstuhleinrichtung so, wie sie von ihr hergestellt war, von dem Kläger in Benutzung genommen werden. Es kann daher, mag man sich auf den Standpunkt stellen, daß auch für das Recht jede conditio sine qua non eines Ereignisses gleichwertig als dessen Ursache in Betracht kommt, oder mag man dem einschränkenden Grundsatze der adäquaten Verursachung in einer seiner verschiedenen Ausgestaltungen (v. Kries, Rümelin, Träger) folgen, keinem begründeten Zweifel unterliegen, daß die verklagte Gesellschaft durch das Verhalten ihres Monteurs das für den Kläger schadenbringende Ereignis mit verursacht hat. In Ansehung des ersten Grundsatzes bedarf es keiner weiteren Ausführung. Bezüglich des adäquaten Kausalzusammenhanges sei nur kurz bemerkt, daß die mangelhafte Seilbefestigung ganz unzweifelhaft nach dem gewöhnlichen Laufe der Dinge die Möglichkeit des Eintritts eines Ereignisses der vorliegenden Art generell begünstigte. Nach dem Vertragsverhältnis, in welchem die Parteien zueinander stehen, ist hiernach an sich die Unterlage für einen Ersatzanspruch des Klägers gegen die Beklagte gegeben. Welchen Inhalt er hat, richtet sich nach der Art und Weise der Anwendung des § 254 B.G.B. Hierüber zu befinden, mußte dem Berufungsrichter um so mehr überlassen werden, als einerseits der § 254 seinem Wortlaute nach zwar für die Teilung des Schadens das Maß der Verursachung entscheidend sein läßt, jedoch ersichtlich auch dem Verschulden hierbei eine gewisse nicht unerhebliche Bedeutung beimißt, und andererseits die Verhältnisse zwischen den Parteien noch nicht so weit geklärt sind, um mit Sicherheit bestimmen zu können, inwieweit in ihrem Verhältnis zueinander ein Verschulden beiderseits vorliegt und in Rücksicht zu ziehen ist."...

14. 1. Kann ein von einem Kaufmann in seinem eigenen Interesse mit einem Angestellten geschlossener Vertrag, durch welchen er dessen jährliches Gehalt auf 1500 M festsetzt, während er sich gleichzeitig der Ehefrau des Angestellten gegenüber verpflichtet, dieser jährlich fortlaufend einen weiteren Betrag zu zahlen, durch die Gläubiger des Angestellten mit Erfolg angefochten werden?

2. Kann ein solcher Anspruch der Ehefrau von den Gläubigern des Ehemannes gepfändet werden?

VII. Zivilsenat. Urt. v. 3. März 1908 i. S. R. (Bekl.) w. Ehefrau D. (Kl.). Rep. VII. 286/07.

I. Landgericht Hamburg.
II. Oberlandesgericht daselbst.

Der Ehemann der Klägerin schloß, nachdem er im Jahre 1904 in Konkurs geraten war, am 31. Dezember 1904 mit der Firma W. & G., deren Angestellter er war, unter Beitritt der Klägerin einen Vertrag ab, durch den ihm von der Firma ein Jahresgehalt von 1500 *M* und seiner Ehefrau eine Summe von jährlich 1700 *M*, zahlbar in monatlichen Raten, zugesichert wurde. Der Vertrag war von der Firma ausdrücklich mit Rücksicht auf die ihr bekannte Tatsache, daß die Gläubiger des D. erhebliche Forderungen gegen ihn geltend machten, mit diesem Inhalt geschlossen worden. Die Beklagte, die gegen D. eine vollstreckbare Forderung hatte, ließ die angebliche Forderung des D. gegen die Firma W. & G. auf Zahlung des jährlichen Betrages von 1700 *M* an seine Frau, soweit diese Ende März 1906 fällig werde, bis zur Höhe ihrer Forderung pfänden und sich zur Einziehung überweisen. Die Klägerin erhob hiergegen durch Klage Widerspruch und beantragte, den erlassenen Pfändungs- und Überweisungsbeschluß für unzulässig zu erklären. Die Beklagte beantragte Abweisung der Klage. Sie focht den zwischen dem Ehemann der Klägerin und der Firma W. & G. geschlossenen Vertrag an, weil er in der der Klägerin bekannten Absicht geschlossen sei, die Gläubiger des Ehemanns der Klägerin zu benachteiligen. Die erste Instanz wies die Klage ab; der Berufungsrichter dagegen erkannte nach dem Klagantrage.

Die Revision des Beklagten blieb erfolglos.

Aus den Gründen:

„Die im Wege der Einrede erfolgte Anfechtung des von dem Ehemann D. mit der Firma W. & G. geschlossenen Vertrages ist schon allein deshalb nicht begründet, weil die Beklagte durch den angefochtenen Vertrag nicht benachteiligt worden ist. Die Inhaber der Firma W. & G. würden nämlich nach ihrem vom Berufungsrichter für glaubhaft erachteten Zeugnis den Ehemann der Klägerin nicht mehr angestellt haben, wenn er nicht ferner in geordneten Verhältnissen gelebt hätte, d. h. wenn nicht sein Gehalt so bemessen worden wäre, daß es der Pfändung durch seine Gläubiger nicht unterlag. Eben deswegen haben sie ihm nur einen pfandfreien Gehaltsanspruch in Höhe von 1500 ℳ gewährt, und im übrigen seiner Frau, die dem Vertrage beigetreten ist, einen jährlichen Betrag von 1700 ℳ zugesichert. Das Motiv dieser Handlung liegt klar auf der Hand. Würde der Ehemann der Klägerin durch Pfändung des dieser unterworfenen Teiles eines ihm gewährten höheren Gehalts von 3200 ℳ in Vermögensbedrängnis geraten sein, da er, wie er erklärt hat, mit seiner Familie von dem pfandfreien Teile eines solchen Gehalts nicht leben konnte, wovon auch die Inhaber der Firma W. & G. ersichtlich überzeugt waren, so wäre durch eine solche Vermögenslage des Ehemanns der Klägerin für die Firma die Möglichkeit von Gefahren gegeben worden, die sie unbedingt vermeiden wollte. Demgemäß lautet die Erklärung des einen der beiden Firmeninhaber ausdrücklich dahin, daß sie, wenn der geschlossene Vertrag nicht gelten würde, und sie damals die Kenntnis der Ungültigkeit gehabt hätten, den Ehemann der Klägerin entlassen haben würden. Mit Recht sagt der Berufungsrichter, daß, wenn D. infolgedessen ohne Stellung gewesen wäre, die Beklagte ebenfalls von ihm nichts erhalten hätte. Weiter hat der Berufungsrichter aber auch darin Recht, daß die Gläubiger des Ehemannes der Klägerin überhaupt kein Recht haben, den von der Firma W. & G. mit ihm geschlossenen Vertrag anzufechten. Es kann ihnen nicht die Befugnis zugestanden werden, der Firma W. & G. einen Vertrag mit solchem Inhalt aufzunötigen, wie ihn die Firma gerade nicht schließen wollte und deshalb auch nicht geschlossen hat. Die Firma wollte dem D. einen Geldanspruch nur in Höhe des Betrages von 1500 ℳ einräumen; im übrigen wollte sie seiner Ehefrau einen völlig selbständigen Anspruch auf einen Betrag von 1700 ℳ gewähren. Der Vertrag läßt hierüber nicht den geringsten Zweifel. Er lautet in dem bezüglichen Teile: „Herr D. bezieht ein festes Gehalt von 1500 ℳ. Solange Herr D. im Dienst der Herren W. & G. verbleibt, werden dieselben der Ehefrau desselben jährlich 1700 ℳ in monatlichen Raten auszahlen. Frau D. tritt diesem Vertrage durch ihre Unterschrift bei.“ Ein gegen die Firma begründeter Anspruch auf Zahlung von 1700 ℳ an ihn selbst ist hiernach nie im Vermögen des D. gewesen und kann daher auch nicht durch eine anfechtbare Handlung seinem Vermögen entzogen sein.

Der Anspruch der Klägerin ist vielmehr von Anfang an und ursprünglich nur in ihrer Person entstanden und nicht durch die Person ihres Ehemannes hindurchgegangen, also auch nicht auf dem Wege einer stillschweigend erklärten anfechtbaren Zession an sie gelangt. Allerdings bildet die Zusicherung einer Zahlung von 1700 ℳ von seiten der Firma W. & G. an die Klägerin ohne Zweifel einen Teil der Gegenleistung der Firma für die ihr von deren Ehemann zu leistenden und geleisteten Dienste; sie findet in diesen Diensten nicht etwa nur ihr Motiv. Allein deshalb liegt in dem hierauf bezüglichen Teile des Vertrages nicht etwa eine anfechtbare unentgeltliche Verfügung des Ehemannes zugunsten seiner Ehefrau; denn er hatte, wie oben dargelegt, nie einen Vermögensanspruch auf diese 1700 ℳ, konnte also auch über einen solchen nicht durch das Abkommen zugunsten seiner Ehefrau verfügen. Eine Anfechtung dieses Teiles des ganzen Vertrages, sei es der Firma W. & G., oder der Klägerin gegenüber, mit dem von der Beklagten erstrebten Erfolge, ist um so mehr ausgeschlossen, als dieses Abkommen nach dem ernstlichen, in den Interessen der Firma W. & G. begründeten Willen der Beteiligten einen *wesentlichen* Teil des ganzen Vertrages bildet, dessen Ungültigkeit daher, wie schon oben hervorgehoben, nicht zur Folge haben könnte, daß dieses Stück zugunsten der Gläubiger des Ehemanns der Klägerin zwangsweise und gegen den Willen der Beteiligten mit einem anderen Inhalt erfüllt würde, sondern vielmehr, daß der ganze Vertrag als unwirksam zu Boden fiele. Dann würde ein vertraglicher Anspruch des Ehemanns der Klägerin gegen die Firma also überhaupt nicht bestehen. Die Anfechtung würde daher erfolglos sein, und das würde in gleichem Maße gelten, möchte die Anfechtung auf das Anfechtungsgesetz, oder auf § 826 B.G.B. gestützt werden.

Übrigens sei zu diesem letzteren, von der Revision berührten Punkte bemerkt, daß von einem Verstoß gegen den § 826 B.G.B. hier keine Rede sein kann. Nach Lage der Umstände verletzten weder die Firma W. & G. noch der Ehemann der Klägerin die guten Sitten, wenn sie in dieser durch ihre beiderseitigen Interessen bedingten Art und Weise ihre Verhältnisse regelten. Die Berechtigung der Interessen der Firma liegt auf der Hand; aber auch die Interessen des Ehemannes der Klägerin waren keine unberechtigten, zunächst schon deshalb, weil er, wenn er den Vertrag mit diesem Inhalte nicht schloß, seine Entlassung zu gewärtigen hatte. Außerdem aber ist an der bereits vor kurzem vom erkennenden Senat zum Ausdruck gebrachten Erwägung festzuhalten, daß die Gläubiger eines Schuldners keinen von der Rechtsordnung anerkannten Anspruch darauf haben, daß dieser seine Arbeitskraft zu ihren Gunsten in einer Weise verwerte, die es ihnen ermöglicht, zum Zwecke ihrer Befriedigung auf das, was sich als Gegenleistung darstellt, Zugriff zu nehmen.

Kann hiernach die Einrede der Anfechtung nicht durchgreifen, so kann ebensowenig vom Standpunkt des ehelichen Güterrechts aus ein Recht der Gläubiger des Ehemanns, zum Zwecke ihrer Befriedigung die einzelnen Zahlungen der Firma W. & G. an die Klägerin zu pfänden, anerkannt werden. Der erste Richter hatte eine solche Befugnis der Gläubiger und daher auch der Beklagten angenommen, und zwar auf Grund der rechtlichen Konstruktion, daß das Recht, welches der Klägerin gegen die Firma auf Grund des Vertrages zustehe, zum eingebrachten Gute gehöre, da die Klägerin mit ihrem Ehemann im gesetzlichen Güterstande lebe, daß die einzelnen Zahlungen aber als Nutzungen dieses Rechts anzusehen seien, die nach § 1383 B.G.B. dem Ehemanne gebührten und daher der Pfändung unterlägen. Der Berufungsrichter hat die Auffassung mißbilligt, daß in dem vorbezeichneten Recht der Klägerin eingebrachtes Gut zu erblicken sei. Er ist vielmehr der Ansicht, daß nach § 1369 B.G.B. das Bezugsrecht der Klägerin sich als Vorbehaltsgut darstelle; der Wille der Firma W. & G. sei darauf gerichtet gewesen, der Klägerin ein Vorbehaltsgut zuzuwenden; daß dieser Ausdruck bei der Zuwendung nicht gebraucht sei, sei gegenüber dem erkennbar hervorgetretenen Willen ohne Bedeutung. Bezüglich der Anwendung des § 1369 B.G.B. bestehen gewisse Zweifelsfragen, nämlich ob die Bestimmung des Dritten bei der Zuwendung, daß der Erwerb Vorbehaltsgut sein soll, auch stillschweigend erfolgen kann, und ob eine „unentgeltliche“ Zuwendung im Sinne des § 1369 B.G.B. schon dann vorliegt, wenn die Zuwendung für die Ehefrau eine unentgeltliche ist, oder ob sie auch auf seiten des Zuwendenden eine solche sein muß. Es ist nicht erforderlich, über diese Fragen hier zu entscheiden; denn auch wenn man annimmt, daß es sich im gegenwärtigen Falle um eingebrachtes Gut handelt, so kann der erkennende Senat doch nicht der Anschauung beitreten, daß die allgemeine vertragliche Zusicherung der Firma W. & G., der Klägerin jährlich 1700 *M* zu zahlen, sich als die Substanz eines Rechts darstelle, dessen Nutzungen, Früchte oder Erträge in den einzelnen Zahlungen beständen. Die Bestimmungen der §§ 99 Abss. 2 und 3 und 100 B.G.B. sind weder auf die einzelnen Zahlungen aus einem obligatorischen Verhältnis der vorliegenden Art gemünzt, noch passen sie auf diese. Ob die einzelnen Gehaltszahlungen an Staats- und Gemeindebeamte, die in der Literatur öfters als „Rente" bezeichnet werden, und das Beamtenverhältnis anders zu beurteilen sind, kann hier dahingestellt bleiben. Notwendige Schlußfolgerungen sind aus der Natur dieser Zahlungen und dem Beamtenverhältnis auf die Zahlungen aus einem privaten obligatorischen Verhältnis der bezeichneten Art nicht zu ziehen. Der erkennende Senat ist hiernach der Ansicht, daß hier die einzelnen Zahlungen selbst eingebrachtes Gut sind und daher nach § 1410 B.G.B. nicht dem Zugriff der Gläubiger des Ehemanns unterliegen. Demgemäß bedarf es keines Eingehens auf die eventuelle Erwägung des Berufungsrichters, daß, wenn das Bezugsrecht der Klägerin eingebrachtes Gut sei, und die einzelnen Zahlungen als dessen Früchte zu gelten hätten, diese der Pfändung durch die Gläubiger des Ehemanns nach § 861 Z.P.O. entzogen seien, weil sie zur Erfüllung der gesetzlichen Unterhaltspflicht des Ehemanns der Klägerin gegenüber seiner Familie und zur Bestreitung standesgemäßen Unterhalts erforderlich seien."

---

15. Ist der Rechtsweg zulässig für die Klage auf Zahlung eines Geldbetrages, der in dem rechtskräftig gewordenen Entschädigungsfeststellungsbeschlusse der Verwaltungsbehörde dem Eigentümer des enteigneten Grundstückes für den Fall eines erst nach dem Zeitpunkte der Enteignung eintretenden Ereignisses zugesprochen ist?

VII. Zivilsenat. Urt. v. 10. März 1908 i. S. Th. G. (Kl.) w. Stadtgemeinde E. (Bekl.). Rep. VII. 222/07.

I. Landgericht Essen.
II. Oberlandesgericht Hamm.

Im Jahre 1898 wurde auf Antrag der Beklagten der Klägerin zur Herstellung der Gerlingstraße in E. ein Teilstück ihres Fabrikgrundstücks enteignet. Durch die Entziehung dieses Streifens wurde von dem Hauptgrundstück der Klägerin eine Fläche abgeschnitten, die bisher hauptsächlich zur Ablagerung der Fabrikabfälle benutzt worden war, und zu diesem Zweck mit dem übrigen Teile des Fabrikgrundstücks durch ein Feldbahngleis in Verbindung stand. In dem rechtskräftig gewordenen Entschädigungsfeststellungsbeschluß des Bezirksausschusses vom 20. Dezember 1898 wurde (in Spalte 8) bezüglich dieses Punktes wörtlich folgendes bestimmt: „für den Fall, daß die Gleisanlagen zu dem abgezweigten Grundstück vor der Anschüttung des letzteren zu beseitigen sind, ist der Firma Th. G. von der Stadtgemeinde E. eine Entschädigung von 15000 ℳ zu zahlen." In der Spalte 11 „Bemerkungen" hieß es hierzu: „Mit der Beseitigung der Gleise würde die Firma gezwungen sein, die Fabrikabgänge mittels Handkarren oder Wagen über die Straße zu fahren. Durch diese Umladung entstehen Mehrkosten, welche im ganzen auf 15000 ℳ geschätzt worden sind. Hierbei ist angenommen worden, daß die Firma den durch die Straße abgezweigten Teil des Grundstücks noch während 5 Jahre als Schüttungsplatz benutzen könne, wenn sie täglich 20 cbm Fabrikabgänge fortzuschaffen hat."

Nach der Enteignung wurde die Straße nicht sofort hergestellt, so daß der bisherige Zustand zunächst bestehen blieb, und die Klägerin das abgeschnittene Stück zur Ablagerung der Fabrikabgänge mittels des Feldbahngleises nach wie vor benutzen konnte und auch benutzt hat. Während dieser Zeit, nämlich am 20. März 1900, veräußerte die Klägerin einen Teil des abgeschnittenen Stückes an die Beklagte. Erst am 20. Dezember 1900 wurde das Feldbahngleis wegen der zwecks Herstellung der Straßenanlage erfolgenden Erhöhung der enteigneten Fläche beseitigt. Im Jahre 1903 erhob die Klägerin Klage auf Zahlung des Betrages von 15000 ℳ gegen die Beklagte auf Grund der Ausführung, daß der im Entschädigungsfeststellungsbeschluß vorgesehene Fall der Beseitigung der Gleisanlagen eingetreten, und daher nunmehr die für diesen Fall bestimmte Entschädigungssumme zu zahlen sei. Die Beklagte beantragte Abweisung der Klage. Die erste Instanz erkannte nach dem Antrage der Klägerin. Der Berufungsrichter verurteilte dagegen die Beklagte nur zur Zahlung von 3708,17 ℳ nebst

Zinsen und wies im übrigen die Klage ab. Gegen diese Entscheidung legte die Klägerin Revision, die Beklagte Anschlußrevision ein. Das Reichsgericht wies die Anschlußrevision zurück, aus folgenden

Gründen:

„Die Beklagte macht mit ihrer Anschlußrevision lediglich den Einwand geltend, daß der Rechtsweg für die Durchführung des erhobenen Klaganspruchs nicht stattfinde. Dieser Einwand ist unbegründet. Allerdings paßt der vom Berufungsrichter herangezogene § 14 des Fluchtliniengesetzes hier nicht, weil er sich ausschließlich auf den vorhergehenden § 13 bezieht und nur die besonders gearteten Fälle im Auge hat, in denen nach Maßgabe der Bestimmungen des § 13 der Entschädigungsanspruch fällig wird. Allein dies ist ohne Belang; denn der Rechtsweg ist nach allgemeinen Grundsätzen zulässig. Es handelt sich hier nämlich um einen rechtskräftig festgestellten vermögensrechtlichen Anspruch, für dessen Durchführung weder durch das Enteignungsgesetz, noch durch das Landesverwaltungs- und das Zuständigkeitsgesetz, noch durch eine sonstige Bestimmung das Verfahren vor den Verwaltungsbehörden oder Verwaltungsgerichten vorgeschrieben ist. Die Ausführung der Beklagten, daß das Enteignungsverfahren grundsätzlich ein Verwaltungsverfahren sei, und daß daher auch die Geltendmachung eines derartigen Anspruchs grundsätzlich nur im Rahmen dieses Verfahrens geschehen könne, ist unzutreffend. Nicht einmal die vorgängige Feststellung der aus dem Enteignungsverfahren entspringenden vermögensrechtlichen Ansprüche im Verwaltungsverfahren ist unbedingt und für alle Fälle vorgeschrieben (vgl. die §§ 16, 31 und 42 des Enteignungsgesetzes). Wenn im übrigen auch die vorgängige verwaltungsbehördliche Feststellung dieser Ansprüche die Regel bildet, so hat sie doch zunächst nur eine provisorische Bedeutung. Lediglich vom Willen der Beteiligten hängt es ab, ob sie endgültige Wirksamkeit erlangen soll. Jedenfalls aber findet sich keine Bestimmung im Enteignungsgesetz, die die unmittelbare zwangsweise Durchführung der im Enteignungsverfahren rechtskräftig festgestellten Vermögensforderungen, also deren exekutivische Beitreibung in die Hände der Verwaltungsbehörden legte. Nur mittelbar üben diese auf die Zahlung oder Hinterlegung der festgestellten Beträge einen Zwang insofern aus, als der Ausspruch der Enteignung nicht eher erfolgen soll, als bis die Zahlung oder Hinterlegung der Enteignungsentschädigung nachgewiesen ist. Wäre der Fall denkbar, daß die Enteignung einmal versehentlich ausgesprochen würde, bevor Zahlung oder Hinterlegung stattgefunden hätte, so würde den Verwaltungsbehörden die Macht fehlen, diese hinterher zu erzwingen. Solcher Zwang könnte nur im Wege des gerichtlichen Verfahrens ausgeübt werden. Das Verfahren der Verwaltungsbehörde im gegenwärtigen Falle ist nun ein außergewöhnliches. Sie hat dem von der Enteignung Betroffenen einen bedingten Entschädigungsanspruch zugesprochen, bedingt nämlich durch den erst nach dem Zeitpunkt der Enteignung liegenden Eintritt eines gewissen Ereignisses, so daß die Pflicht zur Zahlung (oder Hinterlegung) der Entschädigung erst nach erfolgter Enteignung entstand. Es darf bezweifelt werden, ob ein solches Verfahren mit dem Inhalt des Enteignungsgesetzes vereinbar ist. Gedacht ist das Enteignungsverfahren sicherlich so, daß für alle zur Zeit der Entschädigungsfeststellung (§ 25 Enteign.Ges.) erkennbaren Nachteile die Entschädigung festgestellt, und diese vor der Enteignung gezahlt werden soll (arg. § 31). Kommen hierbei Nachteile bedingter Art in Betracht, nämlich solche, deren Existenz und Umfang von zukünftigen Ereignissen abhängig sind, so muß eine Schätzung stattfinden; die Lösung der Frage, ob in solchem Falle nach Maßgabe der tatsächlich eingetretenen Umstände Entschädigung zu leisten ist, darf nicht der Zukunft überlassen werden. Im vorliegenden Falle erscheint das von der Verwaltungsbehörde eingeschlagene Verfahren um so bedenklicher, als der Nachteil, um den es sich handelt, eigentlich gar nicht in der Zukunft lag, sondern schon vorhanden war; denn die Enteignung des zur Straße bestimmten Streifens hatte an sich die sofortige Beseitigung des Feldbahngleises und damit die Entwertung des abgeschnittenen Stückes zur Folge, da die Stadt das Bestehenbleiben des Gleises nicht zu dulden brauchte. Was geschehen ist, ist vom Berufungsrichter treffend als Gewährung der der Klägerin gebührenden Entschädigung durch Naturalrestitution bezeichnet; solche Naturalrestitution braucht sich aber weder der Eigentümer noch der Unternehmer gefallen zu lassen. Im gegenwärtigen Falle ist indessen jener aus dem Rahmen des gewöhnlichen Enteignungsverfahrens herausfallende Beschluß des Bezirksausschusses von keiner Seite angefochten worden; er hat also Rechtskraft erlangt, und es kann sich nur fragen, in welchem Verfahren der darin festgestellte bedingte Entschädigungsanspruch zur Durchführung zu bringen ist. Daß dieses Verfahren nur das gerichtliche sein kann, ergibt sich aus der im vorstehenden gekennzeichneten Natur des Beschlusses und des Anspruchs, sowie aus den oben dargelegten Grundsätzen, betreffend das Verwaltungsverfahren und den Rechtsweg." . . .

16. 1. Findet die Stempelbefreiung aus § 4e des preußischen Stempelsteuergesetzes vom 31. Juli 1895 auf diejenigen freiwilligen, an die Gemeinde erfolgenden Veräußerungen der in einem Fluchtlinienplan zu Straßen und Plätzen bestimmten Grundflächen Anwendung, die nach der vorläufigen, aber vor der endgültigen Planfeststellung vorgenommen werden?

2. Ist den preußischen Gemeinden mit Erlaß des Fluchtliniengesetzes vom 2. Juli 1875 allgemein ein für allemal das Recht zur Enteignung des zu Straßen und Plätzen erforderlichen Grund und Bodens verliehen, oder erlangen sie dieses Recht erst mit dem Zeitpunkt der endgültigen Planfeststellung?

VII. Zivilsenat. Urt. v. 20. März 1908 i. S. Stadtgemeinde K. (Kl.) w. preuß. Fiskus (Bekl.). Rep. VII. 272/07.

I. Landgericht Königsberg i. Pr.
II. Oberlandesgericht daselbst.

Die Klägerin hatte durch Gemeindebeschluß vom 13. Februar 1900 einen Fluchtlinienplan für einen neuen Platz festgesetzt, durch den mehrere Grundstücke vollständig in Anspruch genommen wurden. Der Plan erhielt am 16./21. März 1900 die Zustimmung der Ortspolizeibehörde, wurde am 6. April 1900 gemäß § 7 des Fluchtliniengesetzes öffentlich ausgelegt und am 4. Mai 1900 förmlich festgestellt. Die vom 8. Mai 1900 datierte Bekanntmachung des Planes erfolgte am 13. Mai 1900 durch die Zeitungen. Infolge gütlicher Einigung mit den betreffenden Eigentümern wurden, während das Fluchtlinienfestsetzungsverfahren noch schwebte, nämlich am 30. und 31. März 1900, der Klägerin die vorbezeichneten Grundstücke aufgelassen. Die Klägerin nahm für diese Auflassungen auf Grund des § 4e des Stempelsteuergesetzes vom 31. Juli 1895 Stempelfreiheit in Anspruch. Das Amtsgericht in Königsberg, das diesen Standpunkt zunächst als berechtigt angesehen hatte, änderte später seine Ansicht und erforderte im Jahre 1905 den tarifmäßigen Stempel für jene Auflassungen. Auf Beschwerde der Klägerin hob das Landgericht diese Stempelansätze auf. Die weitere Beschwerde des Oberstaatsanwalts hatte den Erfolg, daß dieser Beschluß vom Kammergericht aufgehoben, und die Beschwerde der Klägerin gegen die amtsgerichtlichen Beschlüsse zurückgewiesen wurde. Nachdem die Klägerin die erforderten Stempelbeträge entrichtet hatte, forderte sie diese mit Klage zurück, wurde jedoch von der ersten und zweiten Instanz abgewiesen. Auf die Revision der Klägerin wurde das Berufungsurteil aufgehoben, und der Beklagte dem Klagantrage gemäß verurteilt, aus folgenden

Gründen:

„Die Ansicht des Berufungsgerichts ist, kurz gefaßt, folgende: die Vorschrift des § 4e des Stempelsteuergesetzes vom 31. Juli 1895, wonach von der Stempelsteuer befreit sind „Urkunden wegen Besitzveränderungen, denen sich die Beteiligten aus Gründen des öffentlichen Wohls zu unterwerfen gesetzlich verpflichtet sind (Enteignungen), ohne Unterschied, ob die Besitzveränderung selbst durch Enteignungsbeschluß oder durch freiwillige Veräußerungsgeschäfte bewirkt wird", habe zur Voraussetzung, daß bereits zur Zeit der Besitzveränderung eine formelle Verpflichtung der Beteiligten zur Abtretung des veräußerten Gegenstandes vorliege. Danach trete im Falle der Verleihung des Enteignungsrechtes durch Königliche Verordnung die Stempelfreiheit für freiwillige Veräußerungen bereits ein, sobald die vorläufige Planfeststellung erfolgt sei; denn in diesem Falle sei die rechtliche Grundlage der Besitzveränderung in der das Enteignungsrecht verleihenden Königlichen Verordnung gegeben. Anders liege dagegen die Sache im Falle der Enteignung nach Maßgabe des Fluchtliniengesetzes vom 2. Juli 1875. Nach § 11 dieses Gesetzes erhalte nämlich die Gemeinde das Recht, die durch die festgesetzten Straßenfluchtlinien für Straßen und Plätze bestimmten Grundstücke den Eigentümern zu entziehen, erst mit dem Tage, an welchem die Offenlegung des endgültig festgestellten Planes erfolge; demgemäß seien im Falle der Anwendung des Fluchtliniengesetzes freiwillige Veräußerungen der von der Fluchtlinienfestsetzung betroffenen Grundstücke nicht schon nach der vorläufigen, sondern erst nach der endgültigen Planfeststellung stempelfrei.

Diese Auffassung kann in den wesentlichsten Punkten nicht geteilt werden.

Auszugehen ist von der Bestimmung des § 11 Satz 2 Fluchtlin.Ges. Da das Berufungsgericht hinsichtlich des Verständnisses dieser Vorschrift dem im Beschwerdeverfahren erlassenen kammergerichtlichen Beschluß beigetreten ist und zur Begründung des Berufungsurteils auf dessen Inhalt Bezug genommen, also die Ausführungen jenes Beschlusses zu den seinigen gemacht hat, so sind diese Ausführungen im nachfolgenden als solche des Berufungsgerichts behandelt. Das Berufungsgericht macht hiernach zu diesem Punkte das Nachstehende geltend: das Enteignungsgesetz vom 11. Juni 1874 behandele in seinem ersten Titel „die Zulässigkeit der Enteignung". Nach § 2 erfolge die Entziehung und dauernde Beschränkung des Grundeigentums regelmäßig auf Grund Königlicher Verordnung, welche den Unternehmer und das Unternehmen, zu dem das Grundeigentum in Anspruch genommen werde, bezeichne. Dieser Ausspruch durch Allerhöchste Entschließung sei der Akt, durch den der Unternehmer das generelle Enteignungsrecht erlange. Die Feststellung des Planes ergänze den Plan über die Zulässigkeit der Enteignung durch Spezialisierung des Enteignungsrechts, indem sie die von der Enteignung betroffenen Grundstücke bestimme. Das Fluchtliniengesetz vom 2. Juli 1875 sehe von dem Ausspruche der Zulässigkeit der Enteignung durch Allerhöchste Entschließung ab; es lege das Befinden über diese Zulässigkeit unter gesetzlichen Voraussetzungen in die Hand der betreffenden Gemeinde. Nachdem das Berufungsgericht hierauf den Inhalt der §§ 1, 5, 7, 8 und 11 Fluchtlin.Ges. dargelegt hat, schließt es hieran die weitere Ausführung: aus dieser gesetzlichen Ordnung ergebe sich, daß nach dem Fluchtliniengesetz erst die Offenlegung des förmlich festgestellten Planes der Gemeinde das die Entziehung des Grundeigentums betreffende Enteignungsrecht verleihe; erst mit dem Beginn dieser Offenlegung seien die Beteiligten nach dem Gesetze verpflichtet, sich der aus Gründen des öffentlichen Wohls für angezeigt erachteten Besitzveränderung zu unterwerfen. An einer späteren Stelle heißt es sodann noch: abwegig sei die Auffassung, daß das Fluchtliniengesetz als solches den Titel für die Eigentumsentziehung darstelle. Auf dem Gesetze beruhe die Entziehung ebenso in den gewöhnlichen Fällen der Enteignung, wie in denen nach Maßgabe des Fluchtliniengesetzes. Um aber auf Grund des Gesetzes die Beteiligten im konkreten Falle zur Hergabe ihres Eigentums zu verpflichten, bedürfe es noch eines besonderen Ausspruchs. Zu diesem Ausspruch sei nach dem Enteignungsgesetz nur der Träger der Krone, nach dem Fluchtliniengesetz die Gemeinde berufen, und nach dem letzteren Gesetze erfolge eben der die Beteiligten verpflichtende Ausspruch durch die dem Gemeindevorstand übertragene Offenlegung des förmlich festgestellten Planes.

Die Anschauungen, die in diesen Erörterungen bezüglich des Fluchtliniengesetzes, insbesondere des § 11 Satz 2, niedergelegt sind, sind nicht zutreffend. Die Rechtslage ist die folgende: der Staat hat die Macht der Enteignung. Unter welchen Voraussetzungen, durch welche Organe des Staates, zu wessen Gunsten und in welchem Verfahren diese Macht auszuüben ist, ist in Preußen durch das Gesetz bestimmt. Danach besteht zunächst der schlechthin für jede Enteignung geltende, im Art. 9 der Verfassungsurkunde aufgestellte und im § 1 Enteign.Ges. vom 11. Juni 1874 wiederholte Grundsatz, daß die Enteignung nur aus Gründen des öffentlichen Wohles erfolgen darf. Weiter ist für den Regelfall im § 2 Enteign.Ges. bestimmt, daß dem Träger der Krone die nach Maßgabe jener Direktive zu fassende Entschließung darüber zustehen soll, 1. ob Gründe des öffentlichen Wohls es als gerechtfertigt erscheinen lassen, daß überhaupt für ein bestimmtes Unternehmen die Enteignung zur Anwendung gelange, 2. ob demjenigen Unternehmer, der darum nachgesucht hat, das Enteignungsrecht zu verleihen sei. Wird durch Entschließung der Krone einem bestimmten Unternehmer für ein bestimmtes Unternehmen das Enteignungsrecht verliehen, so bedeutet dies, daß der Unternehmer gegen die vom Gesetz mit der Vollziehung der Enteignung, also mit dem eigentlichen Enteignungsakt, betrauten Staatsorgane (Bezirksausschuß, Polizeipräsidium in Berlin) einen öffentlich-rechtlichen Enteignungsanspruch des Inhalts erlangt hat, daß sie bezüglich der für sein Unternehmen erforderlichen Grundstücke zu seinen Gunsten die Enteignung aussprechen, d. h. ihm unter Beseitigung (Vernichtung) des Eigentumsrechts der bisherigen Eigentümer das Eigentum daran verleihen, wenn bestimmte Voraussetzungen erfüllt sind. Diese Voraussetzungen sind: 1. daß die der

Enteignung zu unterwerfenden Grundstücke in einem gesetzlich geordneten Verfahren endgültig festgestellt worden sind, 2. daß die Entschädigung hierfür endgültig (oder in gewissen Fällen wenigstens vorläufig) festgesetzt worden ist, 3. daß diese Entschädigung gezahlt oder hinterlegt worden ist.

Aus dieser Gestaltung der Dinge erhellt in erster Reihe, daß die Erwägung des Berufungsrichters, auch in den gewöhnlichen Fällen beruhe die Entziehung des Grundeigentums (d. h. die Enteignung) auf dem Gesetze, nur teilweise richtig ist. Auf dem Gesetze beruht es, daß der Unternehmer auf Grund des ihm verliehenen Enteignungsrechts die Enteignung der im Planfeststellungsverfahren bestimmten Grundstücke herbeiführen kann; auf dem Gesetze beruht es auch, daß das Enteignungsrecht überhaupt durch Königliche Verordnung verliehen wird; allein nicht auf dem Gesetze, sondern lediglich auf der betreffenden Königlichen Verordnung, die das Enteignungsrecht im einzelnen Falle verliehen hat, beruht es, daß gerade dieser einzelne bestimmte Unternehmer das Enteignungsrecht erlangt hat. Lediglich auf diese Tatsache kommt es aber an, wenn dem Erwerb des Enteignungsrechts durch Königliche Verordnung der Erwerb durch Gesetz gegenübergestellt wird. Aus der dargelegten Gestaltung der Verhältnisse ergibt sich weiter, daß die von dem Berufungsgericht vorgenommene Gleichstellung des Trägers der Krone im gewöhnlichen Verfahren mit der Gemeinde im Fluchtlinienverfahren unzutreffend ist. Der Träger der Krone verleiht im gewöhnlichen Enteignungsverfahren in Ausübung staatshoheitlicher Gewalt einem Unternehmer das Enteignungsrecht; die Gemeinde dagegen ist im Fluchtlinienverfahren, was das Berufungsgericht nicht berücksichtigt hat, selbst die U n t e r n e h m e r i n. Der Gedanke ist daher ausgeschlossen, daß es Wille und Absicht des Gesetzes gewesen sein könnte, im Fluchtlinienverfahren der Unternehmerin die Machtbefugnis zu übertragen, sich selbst das Enteignungsrecht zu verleihen. Die Ausführung des Berufungsgerichts, welche dahin geht, um im konkreten Falle die Beteiligten zur Hergabe ihres Eigentums zu verpflichten, bedürfe es n o c h eines besonderen Ausspruchs, der im gewöhnlichen Falle durch den Träger der Krone, im Fluchtlinienverfahren durch die Gemeinde, und zwar durch die Offenlegung des endgültig festgestellten Planes, erfolge, ist daher schon aus dem vorstehend angegebenen Grunde verfehlt, ganz abgesehen davon, daß auch der mit dem Worte „noch“ angedeutete Grundgedanke dieser Ausführung sich auf einer unrichtigen Bahn bewegt, sowie ferner abgesehen davon, daß die Offenlegung des förmlich festgestellten Planes durch den Gemeindevorstand überhaupt keinen Ausspruch, und daher auch keinen materiell-rechtlichen, enthält, sondern lediglich einen Formalakt darstellt, an den gewisse rechtliche Folgen geknüpft sind. Zu dem allem tritt noch hinzu, daß es jeder praktischen Erwägung widerstreiten würde, wenn die Gemeinde nicht im Beginn, sondern, wie es nach der Ansicht des Berufungsgerichts der Fall ist, erst am Schlusse des endgültig beendigten Planfeststellungsverfahrens über die Zulässigkeit der Enteignung zu „befinden“ haben würde.

In Wahrheit sind nur miteinander in Parallele zu stellen, auf der einen Seite die Königl. Verordnung, auf der anderen Seite das Gesetz. Nur in bezug auf diese beiden ist ein Vergleich überhaupt möglich. Im einzelnen gleichen und unterscheiden sich beide Fälle folgendermaßen. Auch das Fluchtliniengesetz verleiht das Enteignungsrecht bestimmten Unternehmern, aber nicht, wie die Königliche Verordnung, einem einzelnen bestimmten Unternehmer, sondern Unternehmern einer ganz bestimmten Art, nämlich den sämtlichen Gemeinden der Monarchie. Ferner gewährt auch das Fluchtliniengesetz das Enteignungsrecht für bestimmte Unternehmungen, aber nicht, wie die Königliche Verordnung, für ein einzelnes bestimmtes Unternehmen, sondern für alle Unternehmungen einer ganz bestimmten Art, nämlich für die Unternehmungen der Anlegung und Veränderung von Straßen und Plätzen. Einer Erörterung ist nur die Frage fähig, ob dieses Enteignungsrecht den Gemeinden schon mit Erlaß des Fluchtliniengesetzes allgemein ein für allemal verliehen worden ist, so daß sie es seitdem besitzen, und, wenn sie von der Enteignung im Einzelfall Gebrauch machen, damit nur ein ihnen bereits allgemein zustehendes Recht ausüben, oder ob ihnen das Enteignungsrecht erst in jedem Einzelfall, und zwar erst mit dem Zeitpunkt der Offenlegung des endgültig festgestellten Fluchtlinienplanes, anfällt. Der Berufungsrichter vertritt, wenn man von seiner im vorstehenden behandelten Beurteilung der Verhältnisse im übrigen absieht, die Ansicht, daß letzteres der Fall sei. Es ist ihm zuzugeben, daß sich hierfür der Wortlaut des § 11 Satz 2 Fluchtl.Ges. und der Ort, wo diese Bestimmung in das Gesetz eingestellt ist, geltend machen läßt. Allein dem Wortlaut und der Stellung der Bestimmung im Aufbau des Gesetzes kann entscheidende Bedeutung nicht beigemessen werden. Bekanntlich ist die Fassung des Fluchtliniengesetzes in einzelnen Teilen nicht glücklich ausgefallen. Das gilt auch von der hier in Rede stehenden Bestimmung des § 11 Satz 2. Der Wille des Gesetzgebers hat daselbst einen unzureichenden, weil zu engen Ausdruck gefunden, indem in irreführender Weise mit einem unbedingt notwendigen Bestandteil ein überflüssiger Ausspruch vermischt worden ist. Ein die Rechtslage völlig aufklärendes Licht wird auf diese Dinge durch den Bericht der Kommission des Abgeordnetenhauses zum § 11 geworfen. Es heißt dort (Aktenstücke des Abgeordnetenhauses 1875 Nr. 279 S. 1706): der § 11 der Kommissionsanträge (d. i. § 11 des Gesetzes) sei neu. In den vorhergehenden Paragraphen seien die Stadien festgestellt, welche das Verfahren der Fluchtlinie zu durchlaufen habe. Das Recht der Privaten sei durch die §§ 7 und 8 gewahrt; der hier zugelassene Rekurs könne in die höheren Instanzen verfolgt werden; damit, so wäre die einstimmige Meinung der Kommission, sei die Frage, ob die Enteignung zulässig sei, entschieden, und es könnten unmöglich noch die Vorschriften der §§ 1—23 des Enteignungsgesetzes vom 11. Juni 1874 zur Anwendung kommen. Der § 2 daselbst schreibe vor, daß die Entziehung und dauernde Beschränkung des Grundeigentums durch Königliche Verordnung erfolge. Unberechenbar würden nun die Verlegenheiten und die unnützen Kosten der Gemeinden, wenn sie nach mühsamer Durchführung des Planes durch die vorgeschriebenen Stadien den größten Teil desselben mittels Verhandlungen mit den Interessenten realisiert hätten und dann an einen Punkt kämen, wo die Aus- und Durchführung plötzlich durch einen ganz neuen Faktor verhindert werden könnte. Trotz dieser Ausführungen habe der Regierungskommissar die Zustimmung der Königlichen Staatsregierung nicht zu erklären vermocht. Gerade deshalb, um diese so äußerst wichtige Frage nicht im Gesetze unentschieden zu lassen, habe die Kommission es für nötig gehalten, die ihr eigentlich selbstverständlich erscheinenden Sätze, die sie im § 11 formuliert habe, in das Gesetz aufzunehmen.

Durch diesen Inhalt des Kommissionsberichts wird folgendes dargetan: es war der übereinstimmende Wille der Kommission des Abgeordnetenhauses und der Staatsregierung, daß den Gemeinden das Enteignungsrecht zum Zwecke der Anlegung von Straßen und Plätzen unmittelbar kraft Gesetzes zustehen solle; eine Meinungsverschiedenheit bestand nur insoweit, als die Kommission der Ansicht war, daß dieser Wille des Gesetzes sich schon ohne weiteres aus dessen Inhalt ergebe, während die Staatsregierung die Meinung vertrat, daß das nicht der Fall sei, und daß daher ohne eine entsprechende ausdrückliche Bestimmung zur Ausübung des Enteignungsrechts dessen Verleihung durch Königliche Verordnung auch hier notwendig sei. Unzweifelhaft hatte die Staatsregierung mit ihrer Auffassung Recht. Aus der Struktur und Tendenz des Gesetzentwurfs folgte allerdings, daß in dessen Richtung die Abstandnahme von dem Erlasse einer Königlichen Verordnung für jeden Einzelfall und die allgemeine Verleihung des Enteignungsrechtes durch das Gesetz gelegen war. Dem Gesetzentwurfe lag nämlich die Anschauung zugrunde, daß die Anlegung und Veränderung von Straßen und Plätzen Unternehmungen seien, die überhaupt und grundsätzlich als solche des öffentlichen Wohles zu betrachten seien. Der Beschluß darüber aber, ob im Einzelfall die Anlegung oder Veränderung einer Straße oder eines Platzes zu geschehen habe, sollte nach dem Gesetzentwurfe den Gemeinden unter Mitwirkung der Ortspolizeibehörde allein maßgeblich zustehen, wobei nur den beteiligten Privatpersonen unter Gewährung einer verwaltungsbehördlichen Entscheidungsinstanz hinsichtlich der Wahrnehmung ihrer Interessen die Möglichkeit der Ausübung eines gewissen Einflusses, insbesondere auf die spezielle Plangestaltung, eingeräumt wurde.

Mit dieser Ordnung der Dinge wäre es allerdings unverträglich gewesen, wenn das Enteignungsrecht noch erst durch Königliche Verordnung hätte erworben werden müssen; denn die Königliche Entschließung erfolgt auf Grund der *sachlichen* Prüfung, ob für dieses einzelne Unternehmen aus Gründen des öffentlichen Wohls das Enteignungsrecht zu erteilen sei. Das ist der neue Faktor, von dem der Bericht der Kommission des Abgeordnetenhauses spricht. Entschied der Träger der Krone dahin, daß das Enteignungsrecht nicht zu gewähren sei, weil das Unternehmen *dieser* Straßenanlegung oder Veränderung nicht dem öffentlichen Wohle diene, so konnte damit die Aus- und Durchführung des von der Gemeinde nach dem Gesetze maßgeblich beschlossenen Unternehmens verhindert werden. Hiernach lag es allerdings in der folgerichtigen Entwicklung des Grundgedankens und des Inhalts des Gesetzes, daß den Gemeinden ohne weiteres kraft Gesetzes das Enteignungsrecht für die angegebenen Zwecke zustehen müßte; allein diese Erwägung allein hätte, ohne eine entsprechende ausdrückliche Erklärung, nicht genügt, formelle gesetzliche Geltung für sich zu beanspruchen. Deshalb war es notwendig, daß der von der Kommission des Abgeordnetenhauses, nach der Anlage des Gesetzes sachlich mit Recht für selbstverständlich erachtete, entsprechende ausdrückliche Ausspruch in das Gesetz aufgenommen wurde.

Aus dieser Untersuchung, insbesondere aus dem, was bezüglich der Königlichen Verordnung erörtert ist, ergibt sich, daß im § 11 Satz 2 des Gesetzes als notwendiger Bestandteil eine allgemeine Bestimmung enthalten ist, deren Inhalt, — indem von einer gesetzgeberisch genauen Formulierung hier abzusehen ist — sich sachlich dahin fassen läßt: durch dieses Gesetz wird den Gemeinden allgemein (ein für allemal) das Recht der Enteignung desjenigen Grundeigentums verliehen, das zur Anlegung und Veränderung von Straßen und Plätzen erforderlich ist. Was die Stellung dieser Bestimmung in dem System des Gesetzes anlangt, so hätte sie richtiger an den Anfang des Gesetzes gehört, anstatt in den § 11. Mit diesem Inhalt des § 11 Satz 2 ist in der Fassung des Gesetzes etwas verbunden worden, was eines besonderen Ausdrucks nicht bedurft hätte, nämlich der Ausspruch, daß die Gemeinde erst mit dem Zeitpunkt der endgültigen Planfeststellung das Recht erlange, den einzelnen bestimmten Grundeigentümern die durch die endgültige Planfeststellung für die Straßen und Plätze bestimmten Grundflächen zu entziehen. Es ist selbstverständlich und liegt in der Natur der Dinge begründet, daß dieses Recht, d. h. mit anderen Worten: die Anwendung des allgemeinen für das Unternehmen bestehenden Enteignungsrechts auf die einzelnen bestimmten Grundstücke, die zu dem Unternehmen erforderlich sind, dem Unternehmer nicht eher zustehen kann, als bis diese Grundstücke in einem gesetzlich geordneten Verfahren endgültig festgestellt sind. Daher gilt genau dasselbe auch für das gewöhnliche Enteignungsverfahren; auch hier erlangt der Unternehmer das Recht, den einzelnen Eigentümern die durch den Plan für das Unternehmen bestimmten einzelnen Grundflächen zu entziehen, erst mit der endgültigen Feststellung des Planes. Dieser selbstverständliche Satz ist im Enteignungsgesetz nur nicht ausgesprochen.

Das Endergebnis der vorstehenden Erörterungen ist folgendes: die Fassung des Satzes 2 des § 11 darf nicht zu der Annahme verleiten, daß den Gemeinden das allgemeine Enteignungsrecht für die Anlegung von Straßen und Plätzen erst in jedem Einzelfall, und zwar nach dem Zeitpunkt der Offenlegung des endgültig festgestellten Fluchtlinienplanes, anfiele. Für eine solche Ordnung der Dinge fehlt jeder sachliche Grund, und ebenso fehlt auch jeder sachliche Anhalt dafür, daß sie in der Absicht des Gesetzes gelegen hätte. Der Satz 2 des § 11 ist vielmehr dahin zu verstehen, daß darin der leitende Grundgedanke des hier in Betracht kommenden Teils des Gesetzes hat zum Ausdruck gebracht werden sollen, der nämlich, daß den Gemeinden kraft dieses Gesetzes ein für allemal das allgemeine Recht der Enteignung für die im Gesetz angegebenen Zwecke zustehen solle.

An zweiter Stelle handelt es sich um Auslegung der Befreiungsvorschrift in § 4e des Stempelsteuergesetzes vom 31. Juli 1895. Für das Verständnis dieser Bestimmung sind die Vorschriften der §§ 43, 16 und 17 des Enteignungsgesetzes heranzuziehen. Der § 43 ist allerdings durch die Bestimmung in § 35 Abs. 1 des Stempelsteuergesetzes vom 31. Juli 1895 aufgehoben, wie der erkennende Senat bereits früher ausgesprochen hat (Gruchot, Bd. 44 S. 1001). Der Versuch der Revision, die fortdauernde Geltung jener Bestimmung auf die Vorschrift des § 4h des Stempelsteuergesetzes zu stützen, ist von der Hand zu weisen, da der § 4h zweifellos andere Fälle im Auge hat. Indessen ist der frühere Rechtszustand auch noch für den heutigen von wesentlicher Bedeutung; denn das Stempelsteuergesetz vom 31. Juli 1895 hat in der Hauptsache keineswegs die Absicht verfolgt, etwas Neues und Anderes an die Stelle des bisher Bewährten zu setzen, sondern wollte im wesentlichen nur die gesamten auf die Stempelsteuer bezüglichen Bestimmungen kodifizieren. Nach § 43 Enteign.Ges. waren nun die nach § 17 dieses Gesetzes, d. h. die nach der vorläufigen Planfeststellung eintretenden, freiwilligen Veräußerungsgeschäfte über Grundeigentum innerhalb des vorgelegten Planes stempelfrei. Für die Annahme, daß an diesem Rechtszustande durch die Vorschrift des § 4e des Stempelsteuergesetzes vom 31. Juli 1895 überhaupt etwas, insbesondere aber etwas zuungunsten der beteiligten Unternehmer und Eigentümer, hätte geändert werden sollen, gebricht es sowohl nach dem eben berührten Charakter des Stempelsteuergesetzes, als auch speziell nach der Begründung und den Verhandlungen zu diesem § 4e schlechthin an jedem Anhalt. Die Worte in § 4e: „Urkunden über Besitzveränderungen, denen sich die Beteiligten aus Gründen des öffentlichen Wohls zu unterwerfen gesetzlich verpflichtet sind (Enteignungen)" können hiernach nicht bedeuten, daß die Stempelbefreiung der Urkunden über freiwillige Veräußerungsgeschäfte erst dann eintreten solle, wenn alle Bedingungen der Enteignung für den einzelnen Eigentümer gegeben sind, also wenn der Plan und die Entschädigung endgültig festgestellt, und letztere bezahlt und hinterlegt ist, sondern es muß im Sinne jener Bestimmung das Vorhandensein einer gesetzlichen Verpflichtung der Beteiligten, sich im Falle der Enteignung der Besitzveränderung zu unterwerfen, schon für einen früheren Zeitpunkt angenommen werden. Dieser Zeitpunkt ist nach Maßgabe des bisherigen Rechtszustandes mit der vorläufigen Planfeststellung als eingetreten anzusehen. Alle freiwilligen Veräußerungen, die nach der vorläufigen Feststellung des Planes innerhalb desselben erfolgen, d. h. die in diesem Plane für das Unternehmen bestimmten Grundstücke betreffen, sind daher vom Stempel befreit. Diese Befreiung muß in gleichem Maße, wie für das gewöhnliche Enteignungsverfahren, so auch für das Fluchtlinienverfahren gelten. Beide Verfahren gehen in bezug auf die Planfeststellung vollständig gleichen Schrittes, nur daß die beteiligten Behörden andere sind (Regierungspräsident — Ortspolizeibehörde; Bezirksausschuß — Kreisausschuß). Das Stempelsteuergesetz selbst macht zwischen den beiden Verfahren keinen Unterschied, und sachlich besteht ein solcher ebenfalls nicht. Der Entscheidungsgrund des Berufungsrichters ist in der obigen Untersuchung über die Bedeutung des § 11 Satz 2 Fluchtlin.Ges. beseitigt. Wie im gewöhnlichen Enteignungsverfahren die Königliche Verordnung, so stellt im Fluchtlinienverfahren das Fluchtliniengesetz ein für allemal die rechtliche Grundlage für die gesetzliche Verpflichtung der beteiligten Grundbesitzer dar, sich nach der vorläufigen Planfeststellung der Besitzveränderung hinsichtlich der in diesem Plane aufgenommenen Grundstücke zu unterwerfen. Diese Verbindlichkeit tritt im Sinne des Stempelsteuergesetzes im Fluchtlinienverfahren nicht erst mit der endgültigen Planfeststellung ein."

17. Kann die durch § 2242 Abs. 2 B.G.B. vorgeschriebene Feststellung der Erklärung des Erblassers, daß er nicht schreiben könne, durch die Feststellung der Schreibensunfähigkeit ersetzt werden? In welcher Weise ist die Abgabe der Erklärung des Erblassers im Protokoll zum Ausdrucke zu bringen?

IV. Zivilsenat. Urt. v. 27. Mai 1908 i. S. E. u. Gen. (Kl.) w. R. (Bekl.). Rep. IV. 457/07.

I. Landgericht Gotha.
II. Oberlandesgericht Jena.

Die am 29. Juli 1903 verstorbene Witwe S. hat am 5. Juni 1902 vor dem Amtsgericht Ohrdruf, unter Widerruf ihres früheren Testaments vom 1. Juni 1896, ein neues Testament durch mündliche Erklärung ihres letzten Willens zu gerichtlichem Protokoll errichtet. In dem Testament setzte sie den Beklagten zum Alleinerben ein und ordnete verschiedene Vermächtnisse an. Am Schlusse des Protokolls heißt es:

„Hiermit schloß die Witwe Wilhelmine Schmidt ihre letztwillige Verfügung und genehmigte sie ausdrücklich nach nochmaliger langsamer Verlautbarung. Testatrix war außerstande, dieses Testament zu unterschreiben, da sie infolge Schlaganfälle gelähmt war.

Zur Beglaubigung."

Es folgen dann die Unterschriften des Richters und des Gerichtsschreibers.

Die Kläger, welche zu den im Testament vom 1. Juni 1896 eingesetzten Miterben gehören, erachten das Testament vom 5. Juni 1902 für formungültig, weil nicht nach Vorschrift des § 2242 Abs. 2 B.G.B. als Ersatz der Unterschrift der Erblasserin deren Erklärung, daß sie nicht schreiben könne, im Protokoll festgestellt sei. Sie nahmen deshalb das in dem ersten Testament ihnen gewährte Miterbrecht in Anspruch. In erster Instanz wurde der Beklagte nach den Klaganträgen verurteilt. Das Berufungsgericht wies die Klage ab. Auf die Revision wurde das Urteil aufgehoben, aus folgenden

Gründen:

... „In der Sache selbst hängt die Entscheidung davon ab, welche Bedeutung der Vorschrift des § 2242 Abs. 2 B.G.B. beizumessen ist. Es ist hier für die Errichtung des Testaments zu gerichtlichem oder notariellem Protokoll bestimmt:

Erklärt der Erblasser, daß er nicht schreiben könne, so wird seine Unterschrift durch die Feststellung dieser Erklärung im Protokoll ersetzt.

Das Berufungsgericht hält diese Bestimmung nicht für derart zwingend, daß gerade die Erklärung des Erblassers festgestellt werden müsse. Die Feststellung des tatsächlichen Zustands der Schreibensunfähigkeit sei ein gleichwertiger Ersatz, und sei sogar mehr als die Feststellung der Erklärung der Schreibensunfähigkeit. Dem Formerfordernis des § 2242 Abs. 2 sei daher durch die im Testament getroffene Feststellung genügt, daß die Erblasserin infolge Lähmung durch Schlaganfälle außerstande sei, das Testament zu unterschreiben.

Diesen Ausführungen kann nicht beigetreten werden.

Der § 2242 B.G.B. enthält in Abs. 1 die zwingende Formvorschrift, daß das Protokoll von dem Erblasser nach Vorlesung und Genehmigung eigenhändig unterzeichnet werden muß, und läßt in Abs. 2 von diesem Erfordernis der Unterschrift nur die eine Ausnahme zu, daß, wenn der Erblasser erklärt, nicht schreiben zu können, diese Erklärung im Protokoll festgestellt wird. Schon hieraus geht hervor, daß es sich bei dieser Feststellung der Erklärung des Erblassers, in gleicher Weise wie bei der Vorschrift des Abs. 1, um eine wesentliche Formvorschrift handelt, wie dies der erkennende Senat bereits in dem Urteile vom 7. Januar 1904 (Entsch. in Zivils. Bd. 56 S. 367) ausgesprochen hat, und daß deshalb die Feststellung der Erklärung des Erblassers nicht durch die Feststellung einer anderen Tatsache ersetzt werden kann. Es ergibt auch der ganze Zusammenhang der die Errichtung des Testaments betreffenden gesetzlichen Vorschriften, daß es gerade auf die Erklärung des Erblassers für die Formgültigkeit des Testaments ankommt. Es wird nicht bloß in § 2242 Abs. 2 als Rechtfertigung der fehlenden Unterschrift des Erblassers dessen Erklärung gefordert, daß er nicht schreiben könne. Auch nach § 2244 ist zur Rechtfertigung der bei Zuziehung eines Dolmetschers gebotenen besonderen Testamentsform die Erklärung des Erblassers nötig, daß er der deutschen Sprache nicht mächtig sei. Nur in dem Falle des § 2243, wenn der Erblasser stumm oder sonst am Sprechen verhindert ist und somit das Testament nicht in der regelmäßigen Form der mündlichen Erklärung errichten kann, begnügt sich das Gesetz mit der Feststellung, daß nach der Überzeugung des beurkundenden Beamten der Erblasser am Sprechen verhindert ist. Die gleichen Vorschriften hinsichtlich der Notwendigkeit der Erklärung sind für die Aufnahme gerichtlicher oder notarieller Urkunden in den, den §§ 2242 Abs. 2 und 2243 entsprechenden, §§ 177 Abs. 2 und 178 des Reichsgesetzes vom 20. Mai 1898 über die Angelegenheiten der freiwilligen Gerichtsbarkeit gegeben. Wenn der § 179 des letzteren Gesetzes von § 2244 B.G.B. insofern abweicht, als das Protokoll die Feststellung enthalten muß, daß tatsächlich der Aussteller der Urkunde der deutschen Sprache nicht mächtig ist, so können aus dieser andersartigen Regelung, welche aus nationalen Rücksichten eine mißbräuchliche Inanspruchnahme des Dolmetschers verhüten soll (Hahn-Mugdan, Materialien zu den Reichsjustizgesetzen Bd. 7 S. 102, 162, 202 flg.), irgend welche Schlüsse für die Bedeutung der die Testamentsform regelnden Vorschriften nicht gezogen werden. Ist hiernach davon auszugehen, daß nach dem § 2242 Abs. 2 nicht das subjektive Ermessen der Urkundsbeamten darüber, ob Schreibensunfähigkeit vorliegt, sondern die objektive Tatsache, daß der Erblasser erklärt hat, nicht schreiben zu können, maßgebend sein soll, so kann eine protokollarische Feststellung, daß in Wirklichkeit der Erblasser nicht habe schreiben können, nicht genügen. Der Gesichtspunkt, daß dadurch in sichererer Weise als durch die bloße Erklärung des Erblassers die Schreibensunfähigkeit festgestellt werde, greift nicht durch. Das Gesetz will dadurch, daß es die Feststellung der Erklärung des Erblassers vorschreibt, eine klare Grundlage für die Beurteilung der Gültigkeit des Testaments bieten. Eine jede Erörterung und Beweisaufnahme darüber, ob wirklich der Erblasser am Schreiben verhindert war, soll abgeschnitten sein (Motive Bd. 5 S. 273). Der beurkundende Beamte darf sich der Verpflichtung zur Aufnahme des Testaments nicht etwa deshalb entziehen, weil er die Richtigkeit jener Erklärung bezweifelt. Ebensowenig ist zur Entkräftung des Testaments eine Beweisaufnahme darüber gestattet, daß der Erblasser nicht am Schreiben verhindert war. Diese Grundsätze würden, wenn man an Stelle der Feststellung der Erklärung der Schreibensunfähigkeit die Feststellung der letzteren selbst zulassen wollte, eine völlig willkürliche Änderung erfahren. Es würde die Gültigkeit des Testaments von dem Ausfall einer Beweisaufnahme darüber abhängig gemacht werden können, ob der Erblasser am Schreiben in einem Maße behindert war, daß seine Schreibensunfähigkeit mit Recht angenommen wurde, was im einzelnen Falle recht zweifelhaft sein kann. Will man aber eine Beweisaufnahme hierüber nicht zulassen, so enthält die Feststellung der Schreibensunfähigkeit durch den Urkundsbeamten nichts weiter als die Beurkundung seiner subjektiven Überzeugung, durch welche das Formerfordernis des § 2242 Abs. 2 B.G.B. nicht erfüllt werden kann.

Wenn das Berufungsgericht unter Hinweis auf die Rechtsprechung des Reichsgerichts hervorhebt, es sei bei Auslegung der Formvorschriften für Testamente möglichst darauf Bedacht zu nehmen, die Formungültigkeit abzuwenden, so kann diese Erwägung nicht dazu benutzt werden, um eine mit klaren Worten vom Gesetz aufgestellte, sachlich durchaus gerechtfertigte Formvorschrift zu beseitigen. In dem vom Berufungsgericht in Bezug genommenen Beschlusse des Reichsgerichts vom 15. Februar 1906 (Entsch. in Zivils. Bd. 62 S. 7) ist nur das ausgesprochen, daß im Zweifel (bei „ungenauer Gesetzesfassung") die Auslegung gegen die Häufung sachlich wertloser Formanforderungen sich zu entscheiden habe. In diesem Beschlusse sowie in dem späteren Urteil vom 8. März 1906 (Entsch. in Zivils. Bd. 63 S. 31 flg.) hat der erkennende Senat unter Hervorhebung des grundsätzlichen Unterschieds zwischen dem verfügenden Teile des Protokolls und den amtlichen Feststellungen (vgl. auch Entsch. in Zivils. Bd. 50 S. 217) angenommen, daß der in § 2242 Abs. 1 Satz 1 vorgeschriebene amtliche Feststellungsvermerk über Vorlesung, Genehmigung und unterschriftliche Vollziehung nicht einen Teil des vom Erblasser auf Vorlesung zu genehmigenden und zu unterschreibenden Protokolls bildet und deshalb den Unterschriften der Beteiligten nachfolgen kann. Diese Entscheidung ist aus dem Inhalt und dem Zweck des Gesetzes hergeleitet, während vorliegendenfalls der vom Berufungsgericht vertretenen Auslegung gleicherweise der Wortlaut und der Zweck der Vorschrift des § 2242 Abs. 2 entgegensteht.

Die von dem Urkundsbeamten im Protokolle zu treffende Feststellung, daß der Erblasser erklärt habe, nicht schreiben zu können, braucht allerdings nicht mit bestimmten, rechtsförmlichen Worten zu erfolgen. Es genügt, wie das Reichsgericht bereits öfter entschieden hat, daß diese Feststellung in irgend einer Weise aus dem Protokolle ersichtlich ist. Es genügt insbesondere, daß nach der Feststellung im Protokoll der die objektive Feststellung der Schreibensunfähigkeit enthaltende amtliche Vermerk von dem Erblasser genehmigt ist, da hieraus hervorgeht, daß diese Feststellung der Schreibensunfähigkeit seiner Erklärung entspricht (Jurist. Wochenschr. 1903 Beil. S. 30 Nr. 60; Entsch. in Zivils. Bd. 56 S. 367; Beschluß des Oberlandesgerichts Hamburg vom 18. November 1904 in der Zusammenstellung des Reichsjustizamts Bd. 5 S. 49). Und eine solche Genehmigung kann auch darin gefunden werden, daß der Erblasser das Protokoll mit einem Handzeichen versehen hat (Beschluß des Reichsgerichts vom 21. März 1907 in den Entsch. in Zivils. Bd. 65 S. 375 und der erwähnte Beschluß des Oberlandesgerichts Hamburg). Eine Feststellung der Erklärung des Erblassers, nicht schreiben zu können, kann ferner in der Beurkundung gefunden werden, daß der Erblasser nicht unterschrieben hat, weil er des Schreibens unkundig sei (Beschluß des Oberlandesgerichts Dresden vom 7. September 1905 im Zentralblatt für freiwillige Gerichtsbarkeit Bd. 6 S. 418, 419 und der angezogene Beschluß des Reichsgerichts vom 21. März 1907). Es ist aber nicht möglich, wenn der Schlußvermerk des Protokolls, wie dies hier der Fall ist, nur dahin lautet:

„Testatrix war außerstande, das Testament zu unterschreiben, da sie infolge Schlaganfälle gelähmt war",

und unmittelbar hierunter zur Beglaubigung die Unterschriften des Richters und des Gerichtsschreibers beigefügt sind, diesen Vermerk so auszulegen, daß damit die Erklärung des Erblassers, nicht schreiben zu können, beurkundet sei.

In dem Berufungsurteil ist allerdings gesagt, es sei im vorliegenden Falle festzustellen, daß die bei der Testamentserrichtung mitwirkenden Beamten mit der Bemerkung, daß die Erblasserin nicht schreiben könne, nichts anderes zum Ausdruck hätten bringen wollen und zum Ausdruck gebracht hätten, als daß die Erblasserin den Gerichtspersonen kundgegeben habe, nicht schreiben zu können. Zur Begründung dieser Annahme führt das Oberlandesgericht aus, es sei unwahrscheinlich und „völlig ausgeschlossen", daß bei Aufnahme des streitigen Testaments, die eine eingehende Unterredung des Richters mit der Erblasserin erfordert habe, zwar alles andere besprochen, die Frage der Schreibensfähigkeit aber nicht erörtert sei, obschon die Erklärung der Erblasserin das wichtigste, wenn nicht ausschließliche Mittel sei, sich hierüber zu unterrichten. Schon diese Erwägung unterliegt, wie die Revision mit Recht rügt, erheblichen Bedenken. War die Erblasserin durch Schlaganfälle gelähmt, so konnte dieser Zustand so augenfällig in Erscheinung treten, daß der das Testament aufnehmende Richter auch ohne Rückfrage bei der Erblasserin sich für berechtigt halten konnte, die Schreibensunfähigkeit infolge Lähmung anzunehmen. Der beurkundende Richter kann ferner die Lähmung von dritten Personen erfahren haben. Möglich ist auch, daß ihm die Schreibensunfähigkeit schon aus früherer Zeit bekannt oder glaubhaft war. Die Feststellung des Oberlandesgerichts, daß die Beurkundung der Schreibensunfähigkeit notwendig auf einer von der Erblasserin abgegebenen Erklärung beruhe, erscheint hiernach nicht hinreichend begründet und nicht haltbar. Sie kann den Revisionsrichter um so weniger binden, als ihr nicht aus den konkreten Umständen des Falles hergeleitete Erwägungen zugrunde liegen, sondern im wesentlichen abstrakte, im großen und ganzen für eine jede Testamentsaufnahme passende Ausführungen, welche die Nachprüfung des Revisionsrichters nicht ausschließen.

Keinesfalls können aber die Ausführungen des Berufungsrichters die Tatsache beseitigen, daß eine Erklärung der Erblasserin, nicht schreiben zu können, in dem aufgenommenen Protokolle keinen Ausdruck gefunden hat, worüber das Revisionsgericht, da es sich nicht bloß um eine Tatfrage, sondern zugleich um eine Rechtsfrage handelt, selbständig zu entscheiden hat. Hinsichtlich des Erfordernisses, daß die Vorlesung, Genehmigung und unterschriftliche Vollziehung des Protokolls festgestellt werden muß, hat das Reichsgericht bereits in dem Urteile vom 18. Februar 1904 (Jurist. Wochenschr. 1904 S. 208 Nr. 21) entschieden, daß es nicht genügend sei, wenn die tatsächliche Einhaltung der Vorschrift außerhalb des Aktes der Testamentserrichtung anderweit ermittelt werde, und daß der Nachweis im Prozesse selbst dann nicht als ausreichend angesehen werden könne, wenn sich die Überzeugung des Prozeßrichters auf Schlußfolgerungen aus dem

Inhalt der Testamentsurkunde selbst zu stützen vermöge. Das Gleiche muß auch für den gegenwärtigen Fall gelten. Möchte selbst, was hier nicht entschieden zu werden braucht, mit dem Oberlandesgericht Dresden (Zentralblatt für freiwillige Gerichtsbarkeit Bd. 6 S. 418) eine Beweisaufnahme für zulässig zu erachten sein, um für die Auslegung des Testaments, was die in § 2242 Abs. 2 vorgeschriebene Feststellung betrifft, die notwendigen Unterlagen zu gewinnen, so kann doch die Beweisaufnahme niemals dazu dienen, in die Testamentsurkunde etwas hineinzutragen, was nicht darin gesagt ist. Der Schlußvermerk in dem hier fraglichen Testamentsprotokoll ist aber ein vollständig klarer. Er besagt nur, daß die Erblasserin schreibensunfähig ist.

Das Testament entbehrt somit einer wesentlichen gesetzlichen Förmlichkeit." ...

18. 1. Zubehör eines zu einem bestimmten Betrieb eingerichteten Grundstücks; erlischt die Zubehöreigenschaft durch den Beschluß der Konkursgläubiger, den Betrieb einzustellen?

B.G.B. §§ 97. 1122.

2. Darf der Konkursverwalter Zubehörstücke eines Grundstücks, solange sie nicht von einem Absonderungsberechtigten gerichtlich oder außergerichtlich in Anspruch genommen sind, für die Konkursmasse veräußern?

K.O. §§ 4, 6, 82.
Z.P.O. § 865 Abs. 2.
B.G.B. §§ 1121, 1135.

V. Zivilsenat. Urt. v. 17. Juni 1908 i. S. O. (Bekl.) w. P. (Kl.). Rep. V. 629/07.

I. Landgericht Kiel.
II. Oberlandesgericht daselbst.

Im Konkurse des Holzhändlers R. in B. war von der Gläubigerversammlung am 23. Oktober 1905 einstimmig beschlossen worden, die von dem Gemeinschuldner auf dessen Grundstück außer dem Holzhandel noch betriebene Holzsägerei zu schließen, im übrigen das Geschäft im kleinen weiterzuführen, es aber nach vier Wochen ebenfalls zu schließen. Am 28. Oktober ließ darauf der Konkursverwalter durch den Gerichtsvollzieher fünf in dem erwähnten Geschäftsbetriebe gebrauchte Pferde versteigern, und im Januar 1906 verkaufte er freihändig eine Anzahl gleichfalls zum Geschäftsbetriebe gehöriger Gegenstände. Den Erlös mit mindestens 2163 ℳ und 700 ℳ nahm er zur Konkursmasse; die verkauften Pferde und Sachen wurden alsbald vom Grundstück fortgeschafft.

Im März 1906 wurde das Grundstück zur Zwangsversteigerung gebracht; dabei fiel an erster Stelle der Kläger mit einer Hypothek von 10000 ℳ im Betrage von 8000 ℳ aus. Der Kläger verlangte darauf vom verklagten Konkursverwalter die Herauszahlung des Erlöses aus den verkauften Gegenständen, weil diese als Zubehör des Grundstücks nach § 1120 B.G.B. für seine Hypothek mitgehaftet, und nicht zum Besten der Konkursmasse hätten veräußert werden dürfen. Gegen die Veräußerung im Januar 1906 wollte der Kläger vorher dem Beklagten gegenüber Widerspruch erhoben haben. Der Beklagte bestritt dies. Die Zubehöreigenschaft der verkauften Sachen hatte er in erster Instanz nicht bestritten; in zweiter Instanz bestritt er sie, erklärte jedoch dabei, dies nicht weiter begründen zu können. Er glaubte, sich auf das dem Konkursverwalter in den §§ 117, 127 K.O. eingeräumte Veräußerungsrecht berufen zu können, indem er behauptete, daß die Veräußerung in den Grenzen einer ordnungsmäßigen Wirtschaft erfolgt sei, nachdem die Gläubigerversammlung den Beschluß vom 23. Oktober 1905 gefaßt habe, und da die Fütterung der Pferde unnütze Kosten verursacht haben würde.

In erster Instanz wurde der Beklagte zur Herauszahlung des Erlöses mit Prozeßzinsen verurteilt; seine Berufung wurde zurückgewiesen. Auch die Revision wurde zurückgewiesen, aus folgenden

Gründen:

„Die angefochtene Entscheidung ist, ebenso wie das Urteil erster Instanz, damit begründet worden, daß der verklagte Konkursverwalter die in Frage stehenden Gegenstände, weil sie Zubehör des mit der Hypothek des Klägers belasteten Grundstücks des Gemeinschuldners gewesen seien, nicht, wie geschehen, zum Besten der Konkursmasse habe verkaufen dürfen, gleichviel, ob der Hypothekengläubiger der Veräußerung widersprochen hatte oder nicht, daß demnach die Konkursmasse in Höhe des Erlöses grundlos bereichert, und der Kläger die Herausgabe des Erlöses zu fordern berechtigt sei.

I. Von der Revision sind zunächst Bedenken gegen die Zubehöreigenschaft der verkauften Gegenstände erhoben worden. Im Tatbestand des Urteils erster Instanz ist als unstreitig hingestellt, daß das Grundstück des Gemeinschuldners als Holzhandlung, Holzsägerei und Holzlager eingerichtet war, und sowohl die in Frage stehenden Pferde wie auch die verkauften toten Sachen im Betriebe des Gemeinschuldners befindliche Zubehörstücke gewesen seien. Dies erklärt sich daraus, daß in der Klageschrift behauptet worden war, das Grundstück sei dauernd zu jenen Betrieben eingerichtet, und es seien die Pferde wie die übrigen verkauften Gegenstände dauernd dazu bestimmt gewesen, diesem wirtschaftlichen Zweck des Grundstücks zu dienen, somit dessen Zubehör gewesen, und daß der Beklagte, nach anfänglichem Widerspruch, in einem Schriftsatze erklärt hatte, diese Behauptungen nicht bemängeln zu wollen. In der Berufungsinstanz rügte der Beklagte dann allerdings, daß das Landgericht die rechtliche Natur der Gegenstände als Zubehör nicht geprüft habe, bestritt aber auch jetzt deren behauptete Verwendung nicht und erklärte, seinen Widerspruch gegen die Zubehöreigenschaft nicht näher begründen zu können. Der Berufungsrichter bemerkt nun in seinen Entscheidungsgründen, sämtliche Gegenstände seien nach den Anführungen der Parteien zur Zeit des Verkaufs Zubehör des Grundstücks gewesen, da sie unbestritten dauernd dem Zweck der auf dem Grundstück betriebenen Holzsägerei und Holzhandlung gedient hätten. ...

Bei dieser Sachlage kann nicht in Zweifel gezogen werden, daß die verkauften Gegenstände dem Geschäftsbetriebe des Gemeinschuldners gedient haben; denn darin stimmen die Parteien überein. Wenn nun das Grundstück des Gemeinschuldners dauernd für diesen Geschäftsbetrieb eingerichtet war, so läßt sich auch nicht bestreiten, daß sie dem wirtschaftlichen Zweck dieses Grundstücks zu dienen bestimmt waren. Daß sie in einem solcher Bestimmung entsprechenden räumlichen Verhältnis zu dieser Hauptsache gestanden haben, ist ebenfalls unstreitig, und damit ist dann ihre Zubehöreigenschaft zum Grundstück gegeben (§ 97 Abs. 1 B.G.B.). Die Revision vermißt die Feststellung, daß das Grundstück dauernd für den Gewerbebetrieb eingerichtet gewesen sei; allein nach dem vorstehend wiedergegebenen Sachverhalt ist der Berufungsrichter davon als von einer unstreitigen Tatsache ausgegangen.

Wenn die Revision weiter geltend gemacht hat, daß die Zubehöreigenschaft jedenfalls erloschen gewesen sei, seitdem die Gläubigerversammlung am 23. Oktober 1905, also vor den Verkäufen, beschlossen hatte, die Sägerei sofort und den übrigen Geschäftsbetrieb nach vier Wochen einzustellen, womit die Sachen aufgehört hätten, dem wirtschaftlichen Betriebe der Hauptsache zu dienen, so ist auch dieser Angriff unbegründet. Die dafür in Bezug genommene Bestimmung in § 1122 Abs. 2 B.G.B. setzt ausdrücklich voraus, daß die Zubehöreigenschaft innerhalb der Grenzen einer ordnungsmäßigen Wirtschaft aufgehoben wird. Nun mag dahingestellt bleiben, ob diese Voraussetzung auch dann noch vorliegen kann, wenn die bisherige Wirtschaftsweise ganz aufgegeben und mit einer andersartigen Benutzung des Grundstücks vertauscht wird, bei der das bisherige Zubehör entbehrlich wird. Im vorliegenden Falle handelt es sich überhaupt nicht um eine Maßregel zu Zwecken einer wirtschaftlichen Benutzung des Grundstücks, sondern um das vollständige Aufgeben seiner wirtschaftlichen Benutzung; innerhalb der Grenzen einer ordnungsmäßigen Wirtschaft im Sinne des § 1122 Abs. 2 B.G.B. konnte darum die Maßregel gar nicht liegen. Sie mag, wenigstens was die Pferde anbelangt, deren Erhaltung Kosten machte, zum Zweck einer ordnungsmäßigen Verwaltung der Konkursmasse richtig gewesen sein; aber dieser Zweck ist ein anderer als der einer ordnungsmäßigen Bewirtschaftung des Grundstücks. Zudem ist sie beschlossen worden von den Konkursgläubigern; diese konnten aber ihre Rechte gegenüber denen der absonderungsberechtigten Gläubiger nicht dadurch eigenmächtig verbessern, daß sie beschlossen, ihre Teilungsmasse durch Hineinziehung von Gegenständen zu vergrößern, die bis dahin nicht zu derselben gehörten. . . .

II. Die Revision greift auch den Standpunkt an, den der Berufungsrichter mit dem Landgericht zu der bestrittenen Frage genommen hat, ob der Konkursverwalter berechtigt sei, Zubehörstücke eines Grundstücks vor deren Beschlagnahme durch einen absonderungsberechtigten Hypothekengläubiger zum Besten der Konkursmasse zu verwerten. Der Berufungsrichter verneint die Frage und spricht dem Kläger, als in der späteren Zwangsversteigerung des Grundstücks erstausgefallenem Hypothekengläubiger, das Recht zu, die Herausgabe des Erlöses aus der Konkursmasse zu verlangen. . . . Daß der Erlös sich noch in der Masse befindet, ist unbestritten.

Der Berufungsrichter begründet seine Entscheidung in folgender Weise. Der Anspruch auf abgesonderte Befriedigung aus dem Zubehör, den der Hypothekengläubiger bei Ausbruch des Konkurses gehabt habe, sei zwar in dieser Gestalt dadurch untergegangen, daß der Konkursverwalter das Zubehör vor der Beschlagnahme durch den Hypothekengläubiger veräußert und vom Grundstück habe fortnehmen lassen; aber wenn und soweit dadurch eine grundlose Bereicherung der Konkursmasse bewirkt worden sei (§ 812 B.G.B.), habe sich jener Anspruch von selbst in den Anspruch auf Herausgabe des Erlöses, solange dieser sich noch in der Masse befand, verwandelt, auch dann, wenn der Hypothekengläubiger dem Verkauf nicht besonders widersprochen habe. Die Bereicherung der Konkursmasse sei nun in der Tat eine grundlose. Denn wenn der Konkursverwalter auch an sich berechtigt sein möge, ohne Rücksichtnahme auf die Hypothekengläubiger Zubehörstücke zu veräußern, wie der Eigentümer, so sei er darin dem Eigentümer doch nicht völlig gleichzustellen, weil er nicht bloß die Interessen des Gemeinschuldners, sondern auch die aller Gläubiger wahrzunehmen habe. Verwende er nun den Erlös zur Befriedigung der Konkursgläubiger, so bereichere er sie grundlos gegenüber den Hypothekengläubigern, die ein Recht auf den Erlös hätten, und zu deren Befriedigung er daher den Erlös in erster Linie hätte verwenden müssen. Die grundlose Bereicherung der Konkursmasse gegenüber dem Kläger ergebe sich aber auch noch aus dem weiteren Gesichtspunkte, daß der Konkursverwalter das Zubehör überhaupt nicht, namentlich nicht zuungunsten eines Hypothekengläubigers, habe verkaufen dürfen, da in § 865 Abs. 2 Z.P.O. die Pfändung von Zubehör für unzulässig erklärt sei. Der Verkauf durch den Konkursverwalter habe Dritten gegenüber die gleiche Wirkung wie eine Zwangsvollstreckung und sei dieser gleichzuachten.

Die Revision wendet hiergegen ein: wie der Eigentümer nach § 1121 B.G.B. bis zur Beschlagnahme für die Hypothekengläubiger das Recht habe, die Haftung des Zubehörs für die Hypothek durch Veräußerung und Entfernung vom Grundstück aufzuheben, so stehe das gleiche Recht nach §§ 6 und 117 K.O. dem Konkursverwalter zu. Die Ausübung dieses Rechts könne also nicht eine Rechtsverletzung enthalten gegenüber dem Hypothekengläubiger, dessen Rechte doch durch die Konkurseröffnung nicht vermehrt worden wären. Auch aus der Bestimmung in § 865 Abs. 2 Z.P.O. lasse sich nichts Gegenteiliges herleiten; das Konkursverfahren könne nicht in allen Beziehungen als Zwangsvollstreckung betrachtet werden; die Veräußerung einzelner Sachen durch den Konkursverwalter sei jedenfalls keine Pfändung, sondern eine Verwaltungsmaßregel. Mindestens hätte der Kläger sein Absonderungsrecht vor der Veräußerung geltend machen müssen, und daß dies geschehen sei, habe der Beklagte bestritten.

Diese Ausführungen können jedoch nicht für durchschlagend erachtet werden.

Richtig ist, daß der Konkursverwalter, da nach § 6 K.O. mit der Eröffnung des Konkurses das Verwaltungs- und Verfügungsrecht des Eigentümers auf ihn übergeht, nun in der Lage ist, in Ausübung des dem Eigentümer in § 1121 B.G.B. eingeräumten Rechts die dort bezeichneten Gegenstände, darunter auch Zubehörstücke — um die es sich hier allein handelt —, solange sie noch nicht für den Hypothekengläubiger in Beschlag genommen sind, von der Haftung für die Hypothek freizumachen. Damit ist aber noch nicht die Frage entschieden, was aus dem Erlöse wird. Veräußert der Eigentümer, so fällt natürlich ihm auch der Erlös zu; aber der Konkursverwalter ist nicht Eigentümer, sondern hat nur dessen Verwaltungs- und Verfügungsrecht auszuüben, und zwar nicht vorwiegend im Interesse des Eigentümers, sondern zu den Zwecken, die das Konkursverfahren verfolgt, und die am letzten Ende darauf hinauslaufen, daß die Konkursgläubiger zu ihrem Rechte kommen. Das Recht der Konkursgläubiger beschränkt sich aber auf die Konkursmasse, und es kann darum nicht die Aufgabe des Konkursverwalters sein, diese Masse auf Kosten anderer, besser Berechtigter zu vermehren. Daß dies geschähe, wenn der Masse Werte zugeführt werden, an denen noch Absonderungsrechte bestanden, liegt auf der Hand. Nun wird wohl gesagt, an den in § 1121 B.G.B. bezeichneten Gegenständen bestehe nur ein bedingtes Absonderungsrecht, nämlich nur unter der Bedingung, daß sie vom Gläubiger in Beschlag genommen seien, bevor der Eigentümer sie veräußere und wegbringe. Das ist auch insoweit richtig, als in der Tat dem Eigentümer im Interesse seiner Wirtschaftsführung, um ihn im wirtschaftlichen Interessenkampfe nicht zu sehr einzuengen, das Recht verliehen ist, einzelne dieser Gegenstände zu Gelde zu machen und der Haftung für die Hypotheken zu entziehen. Aber dabei ist schon zu beachten, daß dieses Recht, sobald es sich um Zubehör handelt, seine Schranke hat in dem Gebot ordnungsmäßiger Wirtschaftsführung; denn der § 1135 gibt den Hypothekengläubigern das Recht, gegen eine diesem Gebot zuwider erfolgende Verschleuderung von Zubehörstücken mit einer Klage auf Unterlassung einzuschreiten; und in weiterer Folge davon können sie solchenfalls den Eigentümer wegen widerrechtlicher Verletzung ihres Hypothekenrechts aus § 823 B.G.B. auf Schadenersatz in Anspruch nehmen.

Vgl. Urteil des erkennenden Senats vom 20. April 1907, Rep. V. 333/06.

Mit der Eröffnung des Konkursverfahrens ist nun aber der wirtschaftliche Kampf für den Eigentümer zu Ende; was nun folgt, dient nur den Zwecken des Konkursverfahrens. Daraus ergibt sich, daß das in § 1121 B.G.B. dem Eigentümer eingeräumte Verfügungsrecht in der Hand des Konkursverwalters eine andere Bedeutung gewinnt. Wie es sich mit Beziehung auf die übrigen in § 1121 bezeichneten Gegenstände gestaltet, ingleichen wie weit das ähnliche Verfügungsrecht des Eigentümers über Miet- und Pachtzinse, sowie über Versicherungsgelder durch den Konkursverwalter ausgeübt werden kann, ist hier nicht zu erörtern. Aber wenn der Konkursverwalter Zubehörstücke eines Grundstücks veräußert, nicht etwa in ordnungsmäßiger Fortführung der bisherigen Bewirtschaftungsweise, sondern nachdem diese aufgegeben ist, so kann das, wie schon in anderem Zusammenhange dargelegt ist, zwar eine für die ordnungsmäßige Verwaltung der Konkursmasse nützliche oder gar notwendige Maßregel sein. Aber im Interesse einer ordnungsmäßigen Bewirtschaftung des Grundstücks liegt sie dann nicht, ist darauf auch gar nicht berechnet; sondern sie soll nur dazu dienen und hat jedenfalls im vorliegenden Falle nur dazu gedient, die infolge Aufgebens der Wirtschaft überflüssig gewordenen Zubehörstücke in Geld umzusetzen. Damit kann aber die Abführung des Erlöses in die Konkursmasse nicht gerechtfertigt werden; die Konkursmasse würde vielmehr dadurch Werte empfangen, die nicht ihr zukommen, sondern den Absonderungsberechtigten, um die sie also rechtlos bereichert werden würde (§ 59 Nr. 3 K.O.). Es ist unrichtig, wenn zur Verteidigung der entgegengesetzten Ansicht zuweilen der Satz aufgestellt wird, der Konkursverwalter habe nicht bloß nach § 6 K.O. das Recht, sondern nach §§ 82, 117 sogar die Pflicht, noch nicht in Beschlag genommene Zubehörstücke zum Besten der Konkursmasse zu verwerten. Die Pflicht des Konkursverwalters in dieser Beziehung erschöpft sich in einer ordnungsmäßigen Verwaltung der Konkursmasse; zu einer grundlosen Bereicherung der Konkursmasse und Entwertung oder doch Verschlechterung der Hypotheken durch Wegbringung des Zubehörs hat er aber kein Recht und vollends keine Verpflichtung. Auch darf nicht eingewandt werden, daß nach § 4 Abs. 2 K.O. die abgesonderte Befriedigung unabhängig vom Konkursverfahren erfolgt, und daß deshalb der Konkursverwalter die Rechte der Absonderungsberechtigten nicht von Amts wegen zu berücksichtigen hat. Daraus folgt nicht, daß der Konkursverwalter diese Rechte zu verletzen berechtigt wäre und die rechtliche Macht hätte, den Absonderungsberechtigten Werte zu entziehen und der Konkursmasse zuzuwenden, auf die diese kein Recht hat.

Es rechtfertigt sich die angefochtene Entscheidung aber auch aus dem weiteren vom Berufungsgericht hervorgehobenen Gesichtspunkt, daß in § 865 Abs. 2 Z.P.O. jetziger Fassung die Pfändung von Zubehör für unzulässig erklärt wird. Der Grund ist, daß der schon im öffentlichen Interesse gebotene wirtschaftliche Zusammenhang zwischen Grundstück und Zubehör aufrecht erhalten werden soll (Hahn, Mat. Bd. 8 S. 164). Nun ist zwar die Verwertung durch den Konkursverwalter keine Pfändung; aber schon in einem Urteil des erkennenden Senats vom 6. November 1886 (Jurist. Wochenschr. 1886 S. 414 Nr. 3) ist ausgeführt, und dies ist in dem Urteil gleichfalls des V. Senats vom 12. November 1898 (Entsch. Bd. 42 Nr. 22 S. 85flg.) für den Fall eines Verkaufs von Zubehör auf Grund des § 127 K.O. noch weiter ausgeführt worden, daß eine derartige Verwertung im Konkurse materiell einer solchen gleichsteht und in Beziehung auf Dritte, denen das Gesetz ein Widerspruchs- oder ein Vorzugsrecht für den Fall einer Zwangsvollstreckung beigelegt hat, wie eine solche wirkt. An dieser Auffassung ist festzuhalten. Hiernach ist die rechtliche Stellung der Absonderungsberechtigten zu der durch den Konkursverwalter erfolgten Veräußerung von Zubehör — wenn sie sich nicht etwa als eine zur ordnungsmäßigen Fortführung der Wirtschaft gehörige Maßregel und als aus diesem Grunde zulässige Verwaltungshandlung rechtfertigen läßt, was hier nicht der Fall ist — so zu beurteilen, wie wenn die Veräußerung im Wege der Zwangsvollstreckung für persönliche Gläubiger stattgefunden hätte. In diesem Fall stände aber dem Absonderungsgläubiger das Recht zu, den Erlös für die Immobiliarmasse in Anspruch zu nehmen, oder aus ihr seine vorzugsweise Befriedigung zu verlangen, wie in dem Urteil Bd. 42 S. 90 der Entsch. des R.G.'s in Zivils. dargelegt ist, also, da die Gegenstände selbst durch deren Veräußerung und Entfernung vom Grundstück aus der Pfandhaftung ausgeschieden sind, und damit das Recht auf ihre Zurückbringung zur Immobiliarmasse erloschen ist, jetzt den Erlös zu dieser Masse zu ziehen.

Nun lag freilich in den erwähnten beiden Fällen die Sache so, daß der Hypothekengläubiger wenigstens außergerichtlich der Veräußerung durch den Konkursverwalter widersprochen hatte, und es wurde ausgeführt, daß dies genüge, um ihm das Vorzugsrecht auf den Erlös zu erhalten, während unentschieden gelassen wurde, ob dies auch der Fall sein würde, wenn kein Widerspruch erhoben wäre. Allein dies erklärt sich aus der Vorschrift in § 206 des damals maßgebenden preußischen Zwangsvollstreckungsges. vom 13. Juli 1883, wonach die Zwangsvollstreckung in bewegliche Gegenstände, die zur Immobiliarmasse gehören, freigegeben, und dem Realberechtigten nur das Recht eingeräumt war, dagegen Widerspruch zu erheben. Das ist inzwischen durch den neu eingefügten § 865 Z.P.O. geändert worden, der in seinem Abs. 2 die Pfändung von Zubehör ausschließt. Daß der Hypothekengläubiger nicht etwa auf den Weg der Beschwerde gegen die verbotene Pfändung beschränkt ist (§ 766 Z.P.O.), sondern sich ihrer mit der Widerspruchsklage aus § 771 Z.P.O. erwehren könnte — die bis zum Schluß der Zwangsvollstreckung, also bis zur Auskehrung des Erlöses an den pfändenden Gläubiger möglich ist —, das ist bereits in dem Urteil des erkennenden Senats in den Entsch. Bd. 55 Nr. 49 S. 209 ausgeführt worden. Aber angesichts dieses nunmehrigen Pfändungsverbots kann die Zulässigkeit der Widerspruchsklage nicht mehr von der vorherigen Erhebung eines Widerspruchs gegen die Pfändung abhängig sein. Die Unterlassung eines Widerspruchs würde die Pfändung nicht gültig machen, seine Erhebung wäre somit eine leere Formalität. Das Gleiche muß dann aber auch gegenüber der Veräußerung von Zubehör durch den Konkursverwalter gelten, zumal das Verlangen eines Widerspruchs hier obendrein die unerwünschte Folge haben würde, daß ein Wettlauf zwischen dem Absonderungsberechtigten und dem Konkursverwalter um das Zuvorkommen entstände, von dessen Ausfall, häufig also vom Zufall, die Entscheidung abhinge." ...

19. Steht die Regelung des persönlichen Verkehrs eines Elternteils mit dem Kinde auch dann dem Vormundschaftsgerichte zu, wenn die Ehegatten nur tatsächlich getrennt leben?

B.G.B. § 1636.
Z.P.O. § 627.

IV. Zivilsenat. Urt. v. 18. Juni 1908 i. S. Ehefrau S. (Kl.) w. S. (Bekl.). Rep. IV. 56/08.

I. Landgericht III Berlin.
II. Kammergericht daselbst.

Die Parteien, getrennt lebende Eheleute, streiten darüber, in welcher Weise die Frau mit dem bei dem Manne befindlichen Kinde verkehren dürfe. Die Frau hat im Klagewege vor dem Landgericht die Verurteilung des Beklagten dazu erstritten, daß er ihr den Sohn jeden Mittwoch und Sonnabend für die Zeit von 2—4 Uhr zuführe, ist aber auf Berufung des Beklagten demnächst vom Kammergericht mit ihrer Klage wegen Unzulässigkeit des Rechtsweges ganz abgewiesen worden. Ihre Revision wurde zurückgewiesen, aus folgenden

Gründen:

„Im Streitfalle steht, wie der Berufungsrichter hervorhebt, nicht zur Entscheidung, ob der Beklagte als Vater des gemeinsamen Kindes der Klägerin als Mutter den Verkehr mit dem Kinde zu gestatten habe. Dieses Recht wird der Klägerin vom Beklagten nicht streitig gemacht. Er wendet sich vielmehr unter Bemängelung der von der Klägerin gewünschten Besuchszeiten rc lediglich dagegen, daß sie ihr Recht gerade in der von ihr beanspruchten Weise ausüben wolle. Es handelt sich mithin nur um die nähere Regelung des persönlichen Verkehrs der vom Vater getrennt lebenden Mutter mit dem Kinde. Bei solchem Sachverhalt erachtet der Berufungsrichter in entsprechender Anwendung des § 1636 Satz 2 B.G.B. mit Recht die ausschließliche Zuständigkeit des Vormundschaftsgerichts zur Entscheidung des Streitpunktes für begründet. Er verkennt nicht, daß die soeben angezogene Gesetzesvorschrift vermöge ihrer Einordnung in die §§ 1635—1637 zunächst nur den Fall im Auge hat, daß die Ehe der Eltern aus einem der in den §§ 1565—1568 bestimmten Gründe geschieden worden ist. Er erblickt aber darin zugleich den Ausdruck eines gesetzgeberischen Gedankens, der, wie er näher darlegt, in vollem, wenn nicht in verstärktem Maße, auch auf den Fall zutrifft, daß die Ehe der Eltern zwar besteht, die häusliche Gemeinschaft aber für nicht absehbare Zeit aufgehoben ist. Es sei, wie er gleichfalls näher ausführt, nur eine Folge der historischen Entwickelung, wenn der Gesetzgeber die näheren persönlichen Beziehungen zwischen Eltern und Kindern immer nur im Zusammenhange mit dem Scheidungsprozeß, oder für die Zeit nach Auflösung des ehelichen Bandes geregelt habe. Er erwägt, daß der Prozeßrichter bei der Schwerfälligkeit des Prozeßverfahrens und mit Rücksicht auf die den Prozeß beherrschende Verhandlungsmaxime der Aufgabe gar nicht gewachsen sei, die häufig bis auf die kleinsten Einzelheiten sich erstreckenden Bestimmungen über die Art des Verkehrs zweckmäßig zu treffen, daß insbesondere der Grundsatz der Rechtskraft der Urteile es geradezu unmöglich mache, dem bei derartigen Streitigkeiten oft rasch eintretenden Wechsel der Verhältnisse gerecht zu werden. Umgekehrt gewähre das Beschlußverfahren des Vormundschaftsrichters hierfür freiesten Spielraum und biete vermöge des Offizialprinzips volle Gewähr dafür, daß die bei der Regelung des Verkehrs der Eltern mit den Kindern obenan stehende Rücksicht auf das Wohl der Kinder (Entsch. des R.G.'s in Zivils. Bd. 63 S. 238 flg.) zur Geltung gelange. Hierzu komme, daß im Laufe der Beratungen des Bürgerlichen Gesetzbuchs bei einer ganzen Reihe familienrechtlicher Vorschriften das Bestreben Anerkennung gefunden habe, die Zuständigkeit des Prozeßrichters auch da, wo der erste Entwurf hieran noch festgehalten habe, durch die des Vormundschaftsrichters zu ersetzen. So insbesondere bei den §§ 1308, 1357, 1358, 1379, 1402, 1447, 1451, 1612 verglichen mit den entsprechenden Bestimmungen des ersten Entwurfs. Der Berufungsrichter erwägt endlich noch, ob gegenüber dem § 1666 B.G.B. ein Bedürfnis für ausdehnende Auslegung des § 1636 Satz 2 gegeben sei, bejaht aber auch diese Frage, da § 1666 überall da versage, wo ein Mißbrauch des Vaterrechts, eine Vernachlässigung des Kindes, oder ein sonstiges schuldhaftes Verhalten des Vaters nicht vorliege, wie denn auch gerade im Streitfall alle diese Voraussetzungen nicht gegeben seien. Er kommt hiernach zu dem Schlusse, daß der Stellung der streitigen Vorschrift im Systeme des Bürgerlichen Gesetzbuchs entscheidende Bedeutung nicht beizumessen sei, vielmehr als Wille des Gesetzgebers erkennbar werde, daß ein zwischen den Eltern bestehender Streit über die nähere Regelung des persönlichen Verkehrs mit dem Kinde auch dann vor dem Vormundschaftsgericht auszutragen sei, wenn die Ehe der Parteien nicht geschieden ist.

Das Reichsgericht trägt kein Bedenken, sich diesen Ausführungen anzuschließen. Die Bestimmung des § 1634 Schlußsatz, wonach bei einer Meinungsverschiedenheit zwischen den Eltern die Meinung des Vaters vorgeht, besagt selbstverständlich nicht, daß die Mutter gegen eine ihr eignes Fürsorgerecht beeinträchtigende Entscheidung des Vaters schutzlos zu lassen sei. Daß ihr und zugleich dem Kinde unter den besonderen Voraussetzungen des § 1666 dieser Schutz vom Vormundschaftsgericht zu gewähren ist, stellt eben diese Gesetzesstelle außer Zweifel. Das Reichsgericht hat ferner anerkannt, daß der Frau gegenüber dem Anspruch des Mannes auf Herausgabe des Kindes auch der Schutz aus § 1354 Abs. 2 vom Prozeßrichter zugebilligt werden kann (Entsch. des R.G.'s in Zivils. Bd. 55 S. 419). Welche Wege ihr bei vorkommenden Meinungsverschiedenheiten sonst offenstehen möchten, ist hier nicht zu untersuchen. Jedenfalls enthält das Bürgerliche Gesetzbuch für den Fall, daß die Meinungsverschiedenheit sich auf die Art und Weise des persönlichen Verkehrs mit dem Kinde beschränkt, keine Vorschrift, wonach die Ehefrau mit ihrem Schutzverlangen gerade an den Prozeßrichter gewiesen wäre. Wohl aber ergeben die angezogenen Bestimmungen des Gesetzes, daß sowohl die Ausübung der elterlichen Gewalt, als auch gewisse persönliche und güterrechtliche Beziehungen der Ehegatten untereinander in wichtigen Dingen der Kognition des Vormundschaftsgerichts unterstellt sind. Es entspricht deshalb nur dem Geiste des Gesetzes, die in § 1636 Abs. 2 getroffene Zuständigkeitsbestimmung auch bei noch bestehender Ehe für anwendbar zu erklären. Ist dem so, dann muß aber, wie für den Fall vorausgegangener Ehescheidung bereits vom Reichsgericht (Entsch. in Zivils. Bd. 63 S. 238) anerkannt ist, die Zuständigkeit des Vormundschaftsgerichts auch als ausschließliche aufgefaßt werden. Insoweit bedarf deshalb das vom Senat in der Sache Rep. IV. 286/01 erlassene, in der Jurist. Wochenschr. 1902 Beil. S. 207 abgedruckte Urteil vom 23. Dezember 1901 der Einschränkung. Dagegen erübrigt sich für den Streitfall eine nähere Untersuchung, wie sich die entsprechend angewendete Bestimmung des § 1636 Satz 2 zu der dem Eherichter durch § 627 Z.P.O. nachgelassenen einstweiligen Verfügung verhalte, zumal dem Berufungsurteil entnommen werden muß, daß ein Eheprozeß unter den Parteien jetzt nicht anhängig ist. Nach dem Wortlaut des § 627 mag, wie das soeben angezogene Urteil annimmt, auch die Regelung des Verkehrs zwischen Eltern und Kindern im allgemeinen unter die Anordnungen fallen, die „wegen der Sorge für die Person der gemeinschaftlichen minderjährigen Kinder" zu treffen sind. Allein schon Abs. 3 des § 627 deutet darauf hin, daß die Regelung im einzelnen jedenfalls dem Vormundschaftsrichter zusteht. Zum mindesten aber wird der Eherichter schon mit Rücksicht auf § 940 Z.P.O. (Entsch. in Zivils. Bd. 49 S. 368 und Urt. in der Sache Rep. IV. 33/06 vom 10. Mai 1906) regelmäßig die nähere Regelung dieses Verkehrs abzulehnen haben, da das grundsätzlich hierum anzugehende Vormundschaftsgericht jederzeit und häufig sogar rascher als das Prozeßgericht erreichbar ist." ...

---

20. Ist die Bestimmung in § 41 Nr. 2 des Reichsgesetzes vom 31. Mai 1906 über die Pensionierung der Offiziere usw. dahin zu verstehen, daß sie nur auf das nach § 10 des R.Mil.Pens.Ges. vom 27. Juni 1871 zu ermittelnde pensionsfähige Diensteinkommen verweist, der § 11 dieses Gesetzes ausscheidet, und der § 9 des neuen Gesetzes anzuwenden ist?

III. Zivilsenat. Urt. v. 19. Juni 1908 i. S. v. Bl. (Kl.) w. Reichsmilitärfiskus (Bekl.). Rep. III. 504/07.

I. Landgericht I Berlin.
II. Kammergericht daselbst.

Der Kläger ist durch Allerhöchste Order vom 4. April 1896 als kommandierender General des XV. Armeekorps nach einer Dienstzeit von über vierzig Jahren, einschließlich der drei Kriegsjahre 1866, 1870 und 1871, mit der gesetzlichen Pension zur Disposition gestellt worden. Als pensionsfähiges Diensteinkommen wurde nach § 10a bis c und § 11 des R.Mil.Pens.Ges. vom 27. Juni 1871 in Anrechnung gebracht:

Gehalt			12000 ℳ
Durchschnittsservis	1980 ℳ	zur Hälfte	9990 ℳ
Dienstzulage .	18000 ℳ		
		zusammen	21990 ℳ.

Von diesem Betrage wurden $^{45}/_{60}$ = 16493 ℳ jährlich als Pension durch Erlaß vom 20. April 1896 angewiesen. Auf Grund des Reichsgesetzes vom 31. Mai 1906 über die Pensionierung der Offiziere usw. wurde die Pension von 16493 ℳ auf 16494 ℳ jährlich erhöht gemäß der Vorschrift in § 6 Abs. 4, wonach der Betrag der Jahrespension nach oben so abzurunden ist, daß bei Teilung durch drei sich volle Markbeträge ergeben.

Der Kläger macht geltend, daß nach § 41 Nr. 2 des Gesetzes vom 31. Mai 1906 der § 9 dieses Gesetzes, und nicht der § 11 des Gesetzes vom 27. Juni 1871 zur Anwendung komme. Er bringt demgemäß neben dem Gehalt von 12000 ℳ den Durchschnittsservis von 1980 ℳ ganz und die Dienstzulage von 18000 ℳ zu $^2/_3$ zum Ansatz, berechnet danach die Erhöhung der Pension auf jährlich 2992 ℳ und fordert 249,33 ℳ für den Monat Juli 1906. Die Klage wurde abgewiesen, und die Berufung des Klägers zurückgewiesen. Auch die Revision hatte keinen Erfolg.

Aus den Gründen:

„Die in den §§ 41 flg. des Gesetzes vom 31. Mai 1906 enthaltenen Übergangsvorschriften stellen den Grundsatz an die

Spitze, daß für die vor dem Inkrafttreten dieses Gesetzes aus dem aktiven Militärdienst ausgeschiedenen Offiziere einschließlich der Sanitätsoffiziere und für die Militärbeamten die bisherigen Gesetzesvorschriften in Kraft bleiben, das Gesetz also keine rückwirkende Kraft hat. Von diesem Grundsatze werden Ausnahmen zugelassen, und zwar bestimmt der § 41 unter Nr. 2:

„Die Pensionsgebührnisse derjenigen Offiziere, welche an einem der von deutschen Staaten vor 1871 oder von dem Deutschen Reiche geführten Kriege teilgenommen haben, oder die kriegsinvalide geworden sind, sind nach den Vorschriften dieses Gesetzes unter Zugrundelegung des vor dem Ausscheiden bezogenen und nach den bisherigen Gesetzen anzurechnenden pensionsfähigen Diensteinkommens festzustellen."

Was nach den bisherigen Gesetzen als pensionsfähiges Diensteinkommen anzurechnen ist, ergeben die §§ 10 und 11 des Gesetzes vom 27. Juni 1871. Nach § 10 wird als pensionsfähiges Diensteinkommen in Anrechnung gebracht:

a) das chargenmäßige Gehalt nach den Sätzen für Infanterie-Offiziere . . .,
b) der mittlere Stellen- bzw. Chargen-(Personal-)Servis,
c) für die Offiziere vom Brigade-Kommandeur einschließlich aufwärts die im Etat ausgeworfenen Dienstzulagen.

Der § 11 bestimmt, daß in Fällen, wo das pensionsfähige Diensteinkommen insgesamt mehr als 4000 Taler beträgt, von dem überschießenden Betrage nur die Hälfte in Anrechnung gebracht wird.

Aus diesen gesetzlichen Vorschriften geht klar hervor, daß es bei der Anrechnung des Durchschnittsservises und der Dienstzulage zur Hälfte zu verbleiben hat, und die Aufstellung des Klägers, daß der § 41 Nr. 2 des neuen Gesetzes nur auf das nach § 10 des Gesetzes vom 27. Juni 1871 zu ermittelnde „pensionsfähige Diensteinkommen" verweise, der § 11 dieses Gesetzes ausscheiden müsse, und der § 9 des neuen Gesetzes sinngemäß zur Anwendung zu bringen sei, unbegründet ist. Die Anwendung des § 9 des neuen Gesetzes, der vorschreibt, was „als pensionsfähiges Diensteinkommen angerechnet" wird, ist durch die in § 41 Nr. 2 enthaltene Verweisung auf das nach den bisherigen Gesetzen anzurechnende pensionsfähige Diensteinkommen ausgeschlossen.

Die in § 41 Nr. 2 vorgesehene Anwendung der Vorschriften des neuen Gesetzes hat bei Berücksichtigung der hinzugefügten Einschränkung nur die Bedeutung, daß die in den §§ 6—13 des neuen Gesetzes bezeichneten Vorteile, insbesondere die Erhöhung der Anfangspension von $^{15}/_{60}$ auf $^{20}/_{60}$ (§ 6), die Verstümmelungszulage (§ 11) und die Kriegszulage (§ 12), den Offizieren, welche an einem der in § 41 Nr. 2 angeführten Kriege teilgenommen haben, zugute kommen sollen. Dem Kläger kann daher nicht zugegeben werden, daß es der Absicht und dem Willen des Gesetzes entspreche, diese Offiziere denjenigen Offizieren gleichzustellen, die nach dem 1. April 1905 pensioniert werden, und der einschränkende Zusatz nichts weiteres besage, als daß bei der Neufeststellung der Pensionen der Kriegsteilnehmer die seit ihrer Pensionierung bei Offizieren gleichen Dienstranges und gleicher Kategorie eingetretenen Gehaltserhöhungen außer Betracht zu lassen seien. Diese Auffassung steht im Widerspruch mit dem dargelegten Inhalte des Gesetzes; sie findet auch keine Stütze in der vom Kläger in Bezug genommenen Bemerkung der Begründung des Entwurfes zum Gesetze vom 31. Mai 1906 (Stenographische Berichte des Reichstags XI. Legislaturperiode 1. Session 1903/05 Anl. Bd. 5 S. 2581): „es erscheine geboten, die Pension derjenigen Offiziere, welche an einem der von deutschen Staaten vor 1871 oder von dem Deutschen Reiche geführten Kriege teilgenommen haben, in gleicher Weise an den Wohltaten des Gesetzes teilnehmen zu lassen, wie solches durch Gesetz vom 21. April 1886 auf Anregung des Reichstags festgesetzt worden sei." Mit Recht weist das Berufungsgericht darauf hin, daß das Gesetz vom 21. April 1886, betr. die Abänderung des Militär-Pensions-Gesetzes vom 27. Juni 1871, (R.G.Bl. S. 78) nur Vorschriften über die Höhe der Pensionsquote (Anfang mit $^{15}/_{60}$ statt mit $^{15}/_{80}$ und jährliche Steigerung um $^{1}/_{60}$ statt um $^{1}/_{80}$) auf die Kriegsteilnehmer für anwendbar erklärt. Jene Bemerkung der Begründung des Entwurfes spricht daher nicht für die Ansicht des Klägers, sondern im Gegenteil für die Auffassung des Beklagten. Zur Anwendung der nach § 41 Nr. 2 rückwirkenden Bestimmungen der §§ 6 flg. des neuen Gesetzes fehlte es aber an den tatsächlichen Voraussetzungen; der § 6 kann zu einer Erhöhung der Pension nicht führen, weil der Kläger den höchsten Betrag der Pension mit $^{45}/_{60}$ schon erreicht hatte."

21. Wird beim Domizilwechsel die Legitimation des Wechselinhabers zur Klagerhebung gegen den Akzeptanten schon dadurch begründet, daß er den Wechsel einlöst? Kann derselbe sich zu seiner Legitimation in Ermangelung eines gültigen Protestes auf die Vorschrift des § 370 B.G.B. berufen?

W.O. Artt. 36, 43, 55.

I. Zivilsenat. Urt. v. 24. Juni 1908 i. S. M. & W. (Kl.) w. G. (Bekl.). Rep. I. 554/07.

I. Landgericht Bielefeld, Kammer für Handelssachen.
II. Oberlandesgericht Hamm.

Aus den Gründen:

„Das Oberlandesgericht weist die Wechselklage gegen den Akzeptanten ab, weil der zur Erhaltung des Wechselrechts nach Art. 43 W.O. erforderliche Protest bei der Domiziliatin (der Klägerin selbst) nicht ordnungsmäßig erfolgt sei. Die Klägerin, die diesen Protest am 8. April 1907 habe erheben lassen, sei zur Protesterhebung nicht legitimiert gewesen, und deshalb sei der Protest ungültig. Wie unbestritten befanden sich zur Zeit der Protesterhebung noch zwei undurchstrichene Indossamente auf dem Wechsel, die dem, die Klägerin legitimierenden, Indossamente nachfolgten, das eine an die B.'er Bank, das andere an die Reichsbanknebenstelle zu B. Die Reichsbank hat den Wechsel der Klägerin, als diese ihn bei Fälligkeit einlöste, ausgehändigt.

Die Klägerin hat in der Vorinstanz geltend gemacht, daß sie zur Durchstreichung der Indossamente nach Art. 55 W.O. berechtigt gewesen sei. Mit der Revision führt sie aus, daß zwischen der Legitimation vor und nach Fälligkeit des Wechsels unterschieden werden müsse. Allerdings werde vor Fälligkeit des Wechsels die Legitimation eines früheren Indossanten nur durch die Durchstreichung der nachfolgenden Indossamente, oder durch ein Rückgiro erbracht. Nach Verfall des Wechsels sei dies aber nicht mehr erforderlich; die Legitimation ergebe sich hier ohne weiteres durch Rückerwerb des Wechsels.

Die Auffassung des Oberlandesgerichts entspricht der feststehenden Judikatur des Reichs-Oberhandelsgerichts und des Reichsgerichts.

Vgl. Entsch. des R.O.H.G.'s Bd. 22 S. 322, und des R.G.'s in Zivils. Bd. 1 S. 33, Bd. 27 S. 43.

Hätte die Klägerin ihre Befugnis zur Durchstreichung der nachfolgenden Indossamente betätigt, so wäre sie laut Wechsel zur Protesterhebung befugt gewesen. Da sie die Durchstreichung aber unterließ, so wird durch diese späteren Indossamente ihre Legitimation zerstört. Der Akzeptant ist nicht verpflichtet, auf einen Protest wie den vorliegenden hin zu bezahlen, da der Inhalt des Protestes selbst gegen die Legitimation der Klägerin spricht (vgl. auch Staub-Stranz, W.O. zu Art. 36 Anm. 13).

Einen Unterschied zwischen fälligen und nicht fälligen Wechseln zu machen, geht nicht an. Ein nicht fälliger Wechsel kann überhaupt nicht wirksam mangels Zahlung protestiert werden. Klägerin meint offenbar den Protest nach Verfall und Einlösung; sie übersieht aber, daß nach Art. 43 die rechtzeitige Protesterhebung zur Erhaltung des Wechselrechts gegen den Akzeptanten erforderlich war. Die Klage gegen den Akzeptanten hat beim Domizilwechsel den Charakter einer Regreßklage; sie ist daher durch die Beobachtung der zur Erhaltung dieses Rechts erforderlichen Formalitäten bedingt. Es genügt nicht, wie Dernburg, Preuß. Privatrecht 5. Aufl. Bd. 2 § 271 S. 828 unter Berufung auf die Entsch. des R.O.H.G.'s Bd. 24 S. 123 flg. annimmt, daß der Wechselinhaber den Wechsel eingelöst hat; allerdings wird, wenn der Indossant den mangels Zahlung protestierten Wechsel und den Protest inne hat, vermutet, daß er den Wechsel eingelöst habe (vgl. Dernburg a. a. O. Fußnote 2). Der Protest muß aber ein ordnungsgemäßer sein. Es trifft durchaus die Erwägung zu, welche das Reichsgericht in Bd. 27 S. 43 seiner Entscheidungen in dieser Beziehung anstellt: „Wäre der Protest auf Anstehen der Reichsbank erfolgt, so würde die Klägerin ... durch den Besitz des Wechsels und der den gesetzlichen Anforderungen entsprechenden Protesturkunde zur Anstellung der Wechselklage legitimiert sein. Hätte die Reichsbank, statt eine einfache Quittung auszustellen, den Wechsel auf die Klägerin indossiert, oder die letztere vor der Präsentation des Wechsels die vorhandenen Indossamente ausgestrichen, so würde, wenn der Beklagte trotzdem nicht bezahlt hätte, der aufgenommene Protest den gesetzlichen Anforderungen entsprechen. Bei der gegebenen Sachlage fehlt es aber an den formellen Voraussetzungen."

Die Revisionsklägerin glaubt sich auf die Bestimmung des § 370 B.G.B. berufen zu können. Da die Reichsbank auf dem Wechsel quittiert habe, so sei die Klägerin dadurch, daß sie im Besitz des Wechsels und der Quittung sei, auch ermächtigt, zu protestieren und Zahlung vom Beklagten zu verlangen. Diese Auffassung verkennt, daß, wie schon hervorgehoben, die Protesterhebung zur Erhaltung des Anspruchs gegen den Akzeptanten erforderlich war, und daß hierbei natürlich nur eine gültige Protesterhebung berücksichtigt werden kann. Die Legitimation zur Protesterhebung wird aber durch die in § 370 B.G.B. aufgestellte Vermutung nicht erbracht. Sie richtet sich nach wechselrechtlichen Grundsätzen. Die Vorschrift des § 370 B.G.B. verallgemeinert die in dem früheren Art. 296 H.G.B. enthaltene Bestimmung im Interesse der Erleichterung des Verkehrs. Die Aushändigung der Quittung gilt als Ermächtigung zur Empfangnahme des quittierten Betrags. Die formalen Vorschriften der Wechselordnung über die Erhaltung und Geltendmachung der Wechselrechte gegen den Akzeptanten eines Domizilwechsels werden durch sie nicht berührt." . . .

---

22. 1. Liegt darin, daß der Käufer nach Ablauf einer vom Verkäufer für die Auflassung gesetzten Frist auf dessen Verlangen das Grundstück unter Vorbehalt von Schadensersatzansprüchen zurückgibt, eine vertragsmäßige Einigung über die Nichterfüllung des Kaufs? Wird dadurch die Fristbestimmung hinfällig, mit der der Käufer Beseitigung von Mängeln verlangt hat?

2. Enthält der Verzug mit der Entgegennahme der Auflassung einen Verzug mit der Abnahme des Grundstücks (Schuldnerverzug)? Ist die Entgegennahme der Auflassung eine Hauptleistung, die die Anwendung des § 326 B.G.B. begründet?

3. Muß die Fristbestimmung für die Auflassung unter allen Umständen die Angabe eines bestimmten Auflassungstermins enthalten?

B.G.B. §§ 326, 433 Abs. 2.

V. Zivilsenat. Urt. v. 24. Juni 1908 i. S. Pr. (Kl.) w. B. (Bekl.). Rep. V. 424/07.

I. Landgericht II Berlin.
II. Kammergericht daselbst.

Am 6. Mai 1905 kaufte der Kläger durch notariellen Vertrag vom Beklagten das Grundstück Deutsch-W. Bd. 72 Bl. 2138, dessen Wohngebäude erst im Rohbau fertig gestellt war, für 492000 ℳ, zahlte 20000 ℳ bar an und verpflichtete sich, das nach Übernahme von 375000 ℳ Hypotheken verbleibende Restkaufgeld von 97000 ℳ, dessen Zahlung am 1. April 1914 erfolgen sollte, mit 5 % zu verzinsen und hypothekarisch sicherzustellen. Übergabe und Auflassung sollten spätestens am 3. Januar 1906 vorgenommen werden, bis dahin sollte der Beklagte den Bau auf eigene Kosten vollenden. Die Verkaufskosten mit Einschluß des Stempels und der Umsatzsteuer übernahm der Kläger und bezahlte sie in Höhe von 5086 ℳ.

Nachdem im August 1905 das Haus polizeilich abgenommen und am 1. Oktober 1905 von den Mietern bezogen worden war, erfolgte am 30. Dezember 1905 die Übergabe. Der Kläger rügte verschiedene Mängel, versprach aber in einem Schreiben von demselben Tage, am 3. Januar die Auflassung entgegenzunehmen, falls der Beklagte sich verpflichte, die Mängel abzustellen. Obwohl der Beklagte sich dazu bereit erklärte, erschien er im Auflassungstermin nicht. Nach weiteren Unterhandlungen verpflichtete sich der Kläger in einem zweiten Schriftstück vom 27. Januar 1906, am 29. dess. Mts. die Auflassung ohne jede Widerrede, und zwar auch dann entgegenzunehmen, wenn sich in der Zwischenzeit erhebliche oder unerhebliche Mängel herausstellen sollten. Gleichwohl fand er sich am 29. Januar zur Auflassung nicht ein, weil — wie er angab — die alten Mängel noch nicht beseitigt seien. Am 8./9. Februar und 24. Februar 1906 setzte er dann wegen verschiedener, in diesen Schreiben namhaft gemachter, später in einem Gutachten des vereidigten Sachverständigen Sch. vom 23. März 1906 zusammengestellter, Mängel dem Beklagten eine Frist bis zum 30. April mit der Androhung, daß er, wenn die Mängel bis dahin nicht beseitigt seien, die Annahme der Leistung ablehnen und von den nach § 326 B.G.B. ihm zustehenden Rechten Gebrauch machen werde.

Der Beklagte hatte in einem Schreiben vom 24. Februar 1906 den Kläger aufgefordert, in der Zeit vom 28. Februar bis zum 3. März 1906 die Auflassung in Empfang zu nehmen, und dabei bemerkt, daß er in dieser Zeit täglich von 12—1 Uhr zur Verfügung stehe; den Tag, wo die Auflassung bewirkt werden solle, möge der Kläger rechtzeitig mitteilen; nach Ablauf der Frist werde der Beklagte die Auflassung ablehnen und Schadensersatz wegen Nichterfüllung fordern. Am 6. März 1906 schrieb der Beklagte dem Kläger, daß er ihn wegen allen durch die Nichterfüllung des Vertrages entstandenen Schadens in Anspruch nehme, und verlangte zugleich Rückgabe des Grundstücks und Rechnungslegung. Zu dieser Rückgabe und zur Rechnungslegung erklärte sich der Kläger unter Vorbehalt seiner Schadensersatzansprüche durch Schreiben vom 9. März 1906 bereit und gab noch an demselben Tage das Grundstück zurück.

Anfang Mai 1906 hat dann der Kläger auf Rückzahlung der angezahlten 20000 *M*, und Ersatz der gezahlten Kaufkosten von 5086 *M* sowie der Kosten des Gutachtens des Sachverständigen Sch. von 75 *M*, unter Abrechnung des Überschusses aus der Grundstücksverwaltung, den er auf 4097,42 *M* berechnete, somit auf Zahlung von 21063,58 *M* nebst 4 % Zinsen seit dem Tage der Klagezustellung geklagt. Der Beklagte hat die Rechnung des Klägers zum Teil bemängelt und seinerseits Schadensersatzansprüche zur Aufrechnung gestellt, die sich hauptsächlich auf die Nichteintragung und Nichtverwertbarkeit der Restkaufgelder-Hypothek gründen.

Das Landgericht verurteilte den Beklagten zur Zahlung von 15902,50 *M* nebst 4 % Zinsen seit der Klagezustellung und wies die Mehrforderung ab. Nachdem beiderseits Berufung eingelegt worden, wies das Kammergericht unter Zurückweisung der klägerischen Berufung die Klage auf die Berufung des Beklagten gänzlich ab.

Der Revision des Klägers wurde stattgegeben, aus folgenden

Gründen:

„Das Landgericht hatte nur den Rückforderungsanspruch des Klägers, nicht aber die beiderseitigen Schadensersatzansprüche für begründet erachtet, weil es von der Annahme ausging, daß beide Teile den einfachen Rücktritt vom Vertrage gewählt hätten. Das Berufungsgericht hat sich dem nicht angeschlossen, hält jedoch aus einem andern Grunde sowohl die beiderseitigen Schadensersatzansprüche, als auch den Rückforderungsanspruch des Klägers für unbegründet. Es führt aus, daß in der Einigung über die Rückgabe des Grundstücks eine Vereinbarung über die Aufhebung des Vertrages nicht zu finden sei; beide Teile hätten sich Schadensersatzansprüche wegen Nichterfüllung des Vertrages vorbehalten, und eine Einigung darüber sei nicht erzielt. Einseitig aber könne keine der Parteien aus § 326 B.G.B. das Recht, vom Vertrage abzugehen (die Erfüllung abzulehnen), in Anspruch nehmen. Der Kläger nicht, weil er den Ablauf der von ihm gesetzten Frist nicht abgewartet, vielmehr vorher das Grundstück zurückgegeben habe. Der Beklagte nicht, weil auf seiten des Klägers im wesentlichen nur Gläubigerverzug vorliege; die Nichtannahme der Auflassung, die nach dem Schreiben des Beklagten vom 24. Februar 1906 allein in Betracht komme, stelle sich zwar auch als Nichterfüllung der nach § 433 Abs. 2 B.G.B. dem Käufer obliegenden Abnahmepflicht dar; es handle sich aber dabei nicht um eine Hauptleistung, die nach der Rechtsprechung des Reichsgerichts die Anwendung des § 326 B.G.B. rechtfertigen könne. Überdies aber entspreche das Schreiben vom 24. Februar 1906 nicht den Anforderungen des § 326 B.G.B., weil für die verlangte Auflassung kein bestimmter Termin festgesetzt worden sei. Demnach bestehe der Vertrag zu Recht, und die mit der Klage erhobenen Ansprüche seien unbegründet.

Von diesen Ausführungen sind diejenigen, die eine Vereinbarung über die Aufhebung des Vertrages verneinen, trotz der von der Revision dagegen gerichteten Angriffe, nicht zu beanstanden. Wenn auch beide Teile tatsächlich darüber einig waren, daß der Vertrag nicht erfüllt werden solle, und deshalb die Übergabe des Grundstücks rückgängig machten, so fehlt es doch nach der Feststellung des Berufungsrichters an einer vertragsmäßigen Einigung über die gänzliche oder teilweise Aufhebung (Nichterfüllung) des Vertrages. Jeder Teil machte eigene, mit dem Standpunkt des Gegners unvereinbare Rechte geltend und verneinte die Berechtigung des gegnerischen Standpunktes. Das Übereinkommen beschränkte sich auf die Rückgängigmachung des Besitzwechsels; im übrigen kam es, wie der Berufungsrichter ohne Rechtsirrtum angenommen hat, zu keiner Einigung (Jurist. Wochenschr. 1907 S. 671 Nr. 4).

Dagegen konnte dem Berufungsrichter darin nicht beigetreten werden, daß den Parteien das Recht, auf Grund des § 326 B.G.B. die Erfüllung abzulehnen und Schadensersatz wegen Nichterfüllung zu fordern, nicht zustehe. Was zunächst den Beklagten anlangt, so enthält dessen Schreiben vom 24. Februar 1906 eine ausreichende Fristsetzung im Sinne des § 326 B.G.B. Es ist, wenn Auflassung verlangt wird, nicht unter allen Umständen notwendig, daß ein genau bestimmter Auflassungstermin festgesetzt wird; es genügt vielmehr, wenn der die Frist Bestimmende sich bereit erklärt, innerhalb der Frist mit dem andern Teil einen Termin zu vereinbaren und in diesem Termin zur Auflassung sich einzufinden (Entsch. des R.G.'s in Zivils. Bd. 66 S. 431). Diesem Erfordernis aber entspricht das Schreiben vom 24. Februar 1906. Sodann ist es zwar richtig, daß die Rechte aus § 326 B.G.B. nur bei Schuldnerverzug geltend gemacht, und daß ein Schuldnerverzug auf seiten des Klägers nur in der Nichterfüllung der Abnahmepflicht des § 433 Abs. 2 B.G.B., zu der bei Grundstücken nicht bloß die Übergabe, sondern auch die Auflassung gehört (Entsch. des R.G.'s in Zivils. Bd. 53 S. 70 und Urteil vom 2. Januar 1907, Rep. V. 203/06, auch Förster-Eccius, Preuß. Privatr. Bd. 2 § 125 Anm. 42), gefunden werden kann. Auf die Abnahme von Grundstücken und auf die Auflassung insbesondere können jedoch nicht ohne weiteres die Grundsätze übertragen werden, die vom Reichsgericht in den Entsch. in Zivils. Bd. 53 S. 161, Bd. 57 S. 112 für den Handelsverkehr mit beweglichen Sachen aufgestellt sind. Wenn man auch nicht so weit geht, die Entgegennahme der Auflassung unter allen Umständen für eine die Anwendung des § 326 B.G.B. rechtfertigende Hauptleistung zu erklären, vielmehr zugibt, daß die Auflassung unter Umständen ebenfalls eine rein formale, nebensächliche Leistung sein kann, so ist sie es doch keinesfalls im vorliegenden Falle. Denn es hing nicht nur die weitere, in dem Schreiben vom 24. Februar 1906 allerdings nicht besonders erwähnte, für den Beklagten sehr wesentliche Eintragung der Restkaufgelderhypothek davon ab, sondern sie war auch nach § 416 Abs. 2 B.G.B. die Vorbedingung für die Befreiung von den im Kaufvertrage durch den Kläger übernommenen Hypothekenschulden von 375000 ℳ.

Unzutreffend sind aber auch die Ausführungen des Berufungsrichters über die klägerische Fristbestimmung. Lagen die Voraussetzungen dieser Fristbestimmung im übrigen vor, was nicht erörtert ist, so konnte auf den Fristenlauf die Rückgabe des Grundstücks, die nach der Annahme des Berufungsrichters am Vertrage nichts änderte, keinen Einfluß üben. An der Abstellung der Mängel hinderte sie den Beklagten nicht. Die Frist war zur Zeit der Erhebung der Klage abgelaufen, und damit der Anspruch auf Erfüllung ausgeschlossen (§ 326 B.G.B. und Entsch. des R.G.'s in Zivils. Bd. 52

S. 92). Der Kläger konnte nur eins der beiden übrig bleibenden Rechte wählen und hat über seine Wahl in der Klage keinen Zweifel gelassen.

Aus allen diesen Gründen war das Berufungsurteil aufzuheben, und die Sache an die Vorinstanz zurückzuverweisen."

---

23. Findet das preußische Gesetz über die Verjährungsfristen bei öffentlichen Abgaben vom 18. Juni 1840 (G.S. S. 140) auf die an den Schlesischen Freikuxgelderfonds (Verordn. v. 9. März 1830, G.S. S. 48) abzuführenden Ausbeutebeträge Anwendung?

V. Zivilsenat. Urt. v. 24. Juni 1908 i. S. Schles. Freikuxgelderfonds (Bekl.) w. Aktiengesellsch. Donnersmarckhütte, Oberschles. Eisen- u. Kohlenwerke (Kl.). Rep. V. 630/07.

I. Landgericht Breslau.
II. Oberlandesgericht daselbst.

Die Klägerin ist Eigentümerin mehrerer Kohlenbergwerke in Oberschlesien, auf denen für den Beklagten, den Schlesischen Freikuxgelderfonds, eine Freikuxberechtigung in Höhe von 2/128 der Ausbeute lastet. Infolge der im Jahre 1903 gemachten Entdeckung, daß während der Jahre 1882—1902 der dem Beklagten zukommende Ausbeuteanteil irrigerweise in Höhe von insgesamt 126489,49 ℳ nicht zum Ansatz gekommen war, ordnete das den Beklagten vertretende Oberbergamt die nachträgliche Abführung dieser Summe von seiten der Klägerin an den Beklagten an. Die Klägerin leistete die verlangte Zahlung unter Vorbehalt und klagte demnächst auf Rückgewähr des Gezahlten, indem sie geltend machte, die Nachforderung sei, da es sich bei dem fraglichen Ausbeuteanteil des Beklagten um eine öffentliche Abgabe handele, nach §§ 5, 14 des Gesetzes vom 18. Juni 1840 verjährt. Der erste Richter wies die Klage ab; der zweite Richter verurteilte den Beklagten nach dem Klagantrage. Auf Revision des Beklagten wurde das erste Urteil wiederhergestellt, aus folgenden

Gründen:

„Im Gegensatz zum ersten Richter hält der Berufungsrichter die §§ 5, 14 des Verjährungsgesetzes vom 18. Juni 1840 auf den vorliegenden Fall für anwendbar, indem er ausführt: nach dem Wortlaut des § 14 und nach der Entstehungsgeschichte des erwähnten Gesetzes habe durch die fragliche Bestimmung grundsätzlich jede öffentliche Abgabe, die dem § 14 entspreche, getroffen werden sollen. Nach diesem Prinzip sei das Gesetz vom 18. Juni 1840 überall anzuwenden, wo nicht zwingende Gründe gegen die Anwendung sprächen. Ein solcher Ausnahmefall liege bei der Freikuxgelderabgabe nicht vor. Sie besitze steuerartigen Charakter, und zwar weise sie die Merkmale einer das Bergwerk, also Grundeigentum, belastenden direkten Steuer auf. Wenngleich sie nicht nach Jahressätzen erhoben werde, so gelange sie doch periodisch in regelmäßigen Fristen und nach einem bestimmten, ein für allemal feststehenden Maßstabe an dem Ertrage zur Hebung. Diese Auffassung der Freikuxgelderabgabe als einer Grundsteuer sei auch in § 3 des die Verwaltung des Schlesischen Freikuxgelderfonds regelnden ministeriellen Regulativs vom 24. März 1868 (Min.-Bl. f. d. innere Verw. S. 134) insofern zur Geltung gelangt, als danach in Nachbildung steuerrechtlicher Bestimmungen, insbesondere nach Analogie des § 11 des Gesetzes vom 12. Mai 1851, betreffend die Besteuerung der Bergwerke, ein „Abonnement" für die Entrichtung der Freikuxgelder auf die Dauer von einem Jahre bis zu drei Jahren bewilligt werden könne. Den erwähnten ausschlaggebenden Gesichtspunkten gegenüber sei es bedeutungslos, daß bei Anwendung der kurzen Nachforderungsfrist des § 5 des Gesetzes von 1840 das unstreitig den Freikuxberechtigten zustehende Recht auf Rechnungslegung verkümmert werde. Denn der Rechnungslegungsanspruch erscheine überhaupt nur als ein Nebenanspruch, durch den die zeitliche Dauer des Hauptanspruchs nicht berührt werde, dessen Bestand vielmehr umgekehrt von dem Bestande des Hauptanspruchs abhänge. Desgleichen sei der von dem Beklagten erhobene Einwand, daß angesichts der Möglichkeit, den Schluß der Ausbeute auf Jahre hinauszuschieben, der Freikuxberechtigte durch eine solche Maßregel leicht um sein ganzes Recht gebracht werden könne, deshalb nicht zutreffend, weil die Nachforderungsfrist des § 5 des Verjährungsgesetzes sich nach dem Jahre bestimme, in dem die Ausbeute geschlossen werde. Endlich sei auch verfehlt die Annahme des Beklagten, daß in der Feststellung des Betrages der während der Jahre 1882—1902 zu wenig abgeführten Freikuxgelder eine nachträgliche Steuerveranlagung liege, gegen die die Klägerin zur Vermeidung des Verlustes ihres Rückforderungsrechts binnen drei Monaten die in § 1 des Verjährungsgesetzes vorgesehene Reklamation hätte anbringen müssen. Denn die Versäumung der Reklamationsfrist habe nur für das Verwaltungsverfahren Bedeutung; den zivilrechtlichen Konditionsanspruch lasse sie unberührt.

Wenn die Revision zunächst die letztere Annahme als rechtsirrig bezeichnet, so hat sie darin zwar unzweifelhaft Recht. Dieser Umstand kann ihr jedoch nicht zum Erfolge verhelfen, da, wie der Berufungsrichter an anderer Stelle zutreffend ausführt, die erwähnte Defektenfeststellung überhaupt keine die Reklamationsfrist in Lauf setzende Nachtragsveranlagung, sondern eine einfache Nachforderung im Sinne des § 5 des Gesetzes ist. Unbegründet ist auch der Angriff der Revision, der sich dagegen richtet, daß der Berufungsrichter den § 14 des Gesetzes zur Anwendung gebracht und nicht vielmehr die Freikuxgelder als eine unter § 1 fallende staatliche (landesherrliche) Abgabe behandelt habe. In die letztere Kategorie gehören nur solche Abgaben, die nach ihrer Zweckbestimmung zur Befriedigung der unmittelbaren Bedürfnisse des Staates dienen sollen und aus diesem Gesichtspunkt erhoben werden. Das trifft bei den in Rede stehenden Freikuxgeldern nicht zu. Sie werden von einer staatlichen Behörde eingezogen, aber nicht für Staatszwecke verwendet, sondern in der in der Königl. Verordnung vom 9. März 1830 näher bestimmten Weise an Schulen und kirchliche Institute verteilt. Der Staat fungiert danach bei der Verwendung der Freikuxgelder gewissermaßen nur als Treuhänder; eigene Rechte übt er in bezug auf sie nicht aus. In der Sache selbst ist es übrigens belanglos, ob eine öffentliche Abgabe, deren Verjährung nach dem Gesetz vom 18. Juni 1840 in Frage steht, als eine unmittelbar landesherrliche, oder als eine für anderweite öffentliche Zwecke aufzubringende anzusehen ist. Denn, wie die aus den bezüglichen Akten des preußischen Staatsministeriums, die bei der mündlichen Verhandlung vorgelegen haben, ersichtliche Entstehungsgeschichte des Gesetzes ergibt, hat der auf Anregung des Justizministers v. Kamptz in den Entwurf eingefügte § 14 lediglich die ursprünglich nur für staatliche Steuern aufgestellten Verjährungsgrundsätze auch auf andere öffentliche Abgaben ausdehnen wollen, die dieselbe steuerliche Natur haben, aber nicht dem Staate zufließen. Man ging davon aus, daß bei gleicher qualitativer Beschaffenheit einer öffentlichen Abgabe die bloße Verschiedenheit der Person des Hebungsberechtigten eine unterschiedliche Behandlung in der Verjährungsfrage nicht rechtfertige. Keinenfalls bestand die Absicht, nicht-staatliche Abgaben auch dann, wenn ihnen der steuerliche Charakter fehlte, dem Gesetze zu unterwerfen.

Die Entscheidung des vorliegenden Rechtsstreits hängt hiernach davon ab, ob die in Rede stehenden Freikuxgelder die Natur der in den §§ 1, 5 des Gesetzes vom 18. Juni 1840 erwähnten „Grundsteuer" haben. Das war, entgegen der Annahme des Berufungsrichters, zu verneinen. Mögen auch die von diesem hervorgehobenen Merkmale — Erhebung in bestimmten, regelmäßigen Fristen und nach einem bestimmten, festen Maßstabe — gegeben sein, so fehlt es doch an dem weiteren, für den Begriff der Grundsteuer nicht minder wesentlichen Merkmal, daß die Höhe der Steuer vor oder beim Beginn des Kalender- oder Etatsjahres, für das sie zu entrichten ist, festgestellt und dem Steuerpflichtigen bekannt gemacht sein muß. Dieses Begriffserfordernis tritt in § 1 des Gesetzes insofern besonders klar hervor, als hier auch von solchen Steuern die Rede ist, zu denen, abweichend vom Regelfall, keine vorgängige Veranlagung stattfindet. Gleichwohl muß, wie Abs. 1 daselbst vorschreibt, auch gegen sie eine etwaige Reklamation binnen der ersten drei Monate jedes Jahres angebracht werden. Es handelt sich hier also um Steuern, bei denen sich die Veranlagung deshalb erübrigt, weil ihr Betrag von vornherein feststeht und dem Steuerpflichtigen bekannt ist. Das trifft hinsichtlich der Freikuxgelder nicht zu. Sie sind ihrem Ursprung und Inhalt nach Gewinnbeteiligung an der durch den Bergbau erzielten Ausbeute, können daher begriffsmäßig nicht für das laufende Jahr zur Hebung gestellt, sondern nur für verflossene Jahre berechnet und eingezogen werden. An die Stelle der Vorausveranlagung tritt hier die in der Vergangenheit sich bewegende, mit dem Wesen der Steuer durchaus unverträgliche Rechnunglegung.

Nun würde freilich diese Gegensätzlichkeit noch nicht dazu führen, die Anwendbarkeit des Gesetzes vom 18. Juni 1840 zu verneinen, wenn es richtig wäre, was der Berufungsrichter weiterhin zugunsten seiner Rechtsauffassung geltend macht, daß nämlich die Tendenz des bezeichneten Gesetzes dahin gehe, eine erschöpfende Regelung der Verjährung aller öffentlichen Abgaben zu geben. Letzteres ist indessen nicht richtig. Ein Anhalt für eine solche Annahme könnte höchstens in der allgemeinen Überschrift des Gesetzes, sowie in dem Vorkommen desselben allgemeinen Ausdrucks in § 14 gefunden werden. Daß letzterer Umstand nicht für eine generalisierende Gesetzesauslegung verwertet werden darf, ergibt sich aus der oben erwähnten Entstehungsgeschichte dieses Paragraphen. Die Überschrift des Gesetzes aber ist lediglich dem § 14 angepaßt worden. Sie lautete in dem ursprünglichen, diesen Paragraphen noch nicht enthaltenden Entwurf: „Gesetzentwurf wegen Verjährung der Steuern und der Ansprüche wegen Steuerüberhebungen." Dementsprechend hat denn auch bereits das Preußische Oberverwaltungsgericht für den Bereich seiner Rechtsprechung wiederholt entschieden, daß öffentliche Abgaben, denen die begrifflichen Merkmale der Steuerabgabe fehlen, nicht unter das Verjährungsgesetz vom 18. Juni 1840 fallen; so insbesondere nicht die auf Grund des Straßenfluchtliniengesetzes vom 2. Juli 1875 zu entrichtenden Straßenanliegerbeiträge, und die bestimmten gewerblichen Unternehmern in bezug auf die Wegeunterhaltung obliegenden Vorausleistungen.

Vgl. Entsch. des Oberverwaltungsgerichts Bd. 19 S. 238 Anm., Bd. 23 S. 50 und S. 110, Bd. 37 S. 52.

Auch das vom Berufungsrichter für seine Auffassung angezogene reichsgerichtliche Urteil vom 16. Juni 1902, Entsch. in Zivils. Bd. 52 S. 29, steht keineswegs auf einem abweichenden Standpunkte. Wenn darin das Gesetz von 1840 auf Knappschaftskassenbeiträge für anwendbar erklärt wird, so rechtfertigt sich dies durch die besondere Natur der erwähnten Beiträge, die gleich den eigentlichen Steuern in ihrer Höhe im voraus bestimmt oder bestimmbar und dem Entrichtungspflichtigen bekannt sind. Hieraus folgt, daß die in Rede stehenden Freikuxgelder schon deshalb, weil sie keinen steuerartigen Charakter haben, nicht der Verjährung nach dem Gesetz von 1840 unterliegen. Es braucht deshalb nicht auf die andere Frage eingegangen zu werden, ob sie, was von beiden Vorinstanzen übereinstimmend angenommen wird, überhaupt die Natur einer öffentlichen Abgabe haben, oder, wie die Revision darzulegen versucht hat, unter den Begriff der gemeinen Lasten zu bringen sind." ...

24. 1. Was ist in § 91 des preußischen Gesetzes, betr. die Dienstvergehen der nichtrichterlichen Beamten usw., vom 21. Juli 1852 unter der „schließlichen Verfügung über die erfolgte Versetzung in den Ruhestand" zu verstehen?
2. Erfordernisse der Zustellungen nach § 13 des genannten Gesetzes.

III. Zivilsenat. Urt. v. 26. Juni 1908 i. S. K. (Kl.) w. preußischen Fiskus (Bekl.). Rep. III. 2/08.

I. Landgericht Ratibor.
II. Oberlandesgericht Breslau.

Gründe:

„Der Kläger bekleidete als auf Lebenszeit angestellter Staatsbeamter die Stelle eines Werkmeisters bei der Strafanstalt in Ratibor. Sein Gehalt betrug einschließlich der Mietsentschädigung jährlich 1652 *M*. Auf Grund eines ärztlichen Gutachtens wurde gegen ihn das Verfahren auf unfreiwillige Versetzung in den Ruhestand eingeleitet. Durch Verfügung des Ministers des Innern vom 20. August 1906 wurde er vom 1. Dezember 1906 ab mit einer Pension von 744 *M* jährlich in den Ruhestand versetzt. Hiergegen erhob er den Rekurs an das Staatsministerium. Der Rekurs wurde durch Beschluß vom 27. Februar 1907 zurückgewiesen. Mit der vorliegenden Klage verlangt der Kläger von dem Beklagten Fortzahlung seines Gehalts für die Zeit vom 1. Januar bis 1. August 1907, während der Beklagte ihm auf diese Zeit nur die Pension gezahlt hat. Der Kläger beruft sich für seinen Anspruch auf § 91 des Gesetzes, betr. die Dienstvergehen der nichtrichterlichen Beamten, die Versetzung derselben auf eine andere Stelle oder in den Ruhestand, vom 21. Juli 1852, wonach „dem Beamten, dessen Versetzung in den Ruhestand verfügt ist, das volle Gehalt bis zum Ablaufe desjenigen Vierteljahres fortgezahlt wird, welches auf den Monat folgt, in dem ihm die schließliche Verfügung über die erfolgte Versetzung in den Ruhestand mitgeteilt worden ist". Der Kläger versteht diese Bestimmung dahin, daß der Beschluß des Staatsministeriums vom 27. Februar 1907, der ihm am 5. April 1907 zugestellt worden ist, als die schließliche Verfügung seiner Pensionierung angesehen werden müsse; der Beklagte hingegen vertritt den Standpunkt, daß die schließliche Verfügung der Pensionierung bereits in der Verfügung des Ministers des Innern vom 20. August 1906 enthalten sei, die dem Kläger am 27. August 1906 zugestellt worden sei. Der Kläger wiederum bestreitet die Gültigkeit dieser Zustellung.

Das Berufungsgericht hat die Klage, abgesehen von einigen Zinsansprüchen, die dem Kläger wegen Verspätung in der Pensionszahlung zuerkannt sind, abgewiesen.

Mit der Revision rügt der Kläger in erster Linie Verletzung des § 91 des Gesetzes vom 21. Juli 1852. Die Rüge ist nicht begründet. Der Zusammenhang des Gesetzes ergibt, daß als die schließliche Verfügung, von deren Zustellung an der in § 91 bestimmte Zeitraum zu rechnen ist, nicht die Rekursentscheidung des Staatsministeriums, sondern die Verfügung des dem Beamten vorgesetzten Ministers anzusehen ist, durch die die unfreiwillige Versetzung in den Ruhestand gemäß § 90 Abs. 1 ausgesprochen wird. Das Verfahren der Zwangspensionierung beginnt nach § 89 in allen Fällen mit einer „Eröffnung" an den Beamten, daß der Fall seiner Versetzung in den Ruhestand vorliege. Erhebt der Beamte innerhalb bestimmter Frist keine Einwendungen gegen die Eröffnung, so wird über seine Pensionierung in derselben Weise verfügt, als wenn er sie selbst nachgesucht hätte (§ 92 Abs. 1). Erhebt er aber Einwendungen, so entscheidet bei den nicht vom König ernannten Beamten der vorgesetzte Minister über die Pensionierung (§ 90 Abs. 1). In diesem Falle steht dem Beamten der Rekurs an das Staatsministerium offen (§ 90 Abs. 2). In beiden Fällen aber dauert die Zahlung des vollen Gehalts innerhalb des in § 91 bestimmten Zeitraums fort, der nach dem Tage zu berechnen ist, an welchem dem Beamten die schließliche Verfügung über die erfolgte Versetzung in den Ruhestand mitgeteilt wird (§ 92 Abs. 2 und § 91). Die „schließliche Verfügung" der Pensionierung bildet also den Gegensatz zu der das Verfahren einleitenden „Eröffnung". Es ist diejenige Verwaltungshandlung gemeint, die nach staatsrechtlichen Grundsätzen die Rechtsstellung des Beamten verändert, ihn aus dem Dienststande in den Ruhestand versetzt. Das geschieht durch die in § 90 Abs. 1 bezeichnete Verfügung des Ministers. Daß noch eine Nachprüfung im Rekursverfahren stattfindet, ändert an der Wirksamkeit der Verfügung nichts; wird der Rekurs zurückgewiesen, so bleibt sie bestehen, wie sie wirksam vorher schon bestanden hat.

Nach den ausführlichen Darlegungen, die das preußische Obertribunal in seiner Entscheidung vom 1. Mai 1874 (Bd. 72 S. 107 flg.) über die Entstehungsgeschichte des Gesetzes gegeben hat, erklärt sich der Ausdruck „schließliche Verfügung" in § 91 daraus, daß man in den parlamentarischen Verhandlungen über den Gesetzentwurf, der in § 98 im Anschlusse an das frühere Recht die Dauer der Gehaltszahlung ausdrücklich nach dem Zeitpunkte bestimmte, in dem die Verfügung des Verwaltungschefs dem Beamten bekannt gemacht wurde, den § 64 des Gesetzes, betr. die Dienstvergehen der Richter usw., vom 7. Mai 1851 in das Gesetz vom 21. Juli 1852 übernommen hat. In § 64 ist der Ausdruck „schließliche Verfügung" gebraucht, um damit die Verfügung zu bezeichnen, durch welche der vorhergehende gerichtliche Beschluß über die Versetzung in den Ruhestand zur Ausführung gebracht wird. In den Verhandlungen der Kommission der zweiten Kammer ist ausdrücklich betont worden, daß diejenige Verfügung maßgebend sein müsse, durch die die Pensionierung wirklich erfolgt (Stenographische Berichte der zweiten Kammer 1850/51 Bd. 3 Anl. S. 340). Somit bestätigt auch die Entstehungsgeschichte des Gesetzes, daß die Rekursentscheidung des Staatsministeriums als die schließliche Verfügung im Sinne von § 91 des Gesetzes vom 21. Juli 1852 nicht in Betracht kommt. In dieser Auffassung des Gesetzes befinden sich Rechtslehre und Rechtsprechung in Preußen mit der Verwaltungspraxis in Übereinstimmung (vgl. v. Rheinbaben, Die preußischen Disziplinargesetze, § 90 Anm. XII, § 91 Anm. I und die dort gebrachten Nachweise). Sie ist um so mehr gerechtfertigt, als auch für die (nicht vom Kaiser ernannten) Reichsbeamten gemäß der ausdrücklichen Vorschrift des § 67 des Reichsbeamtengesetzes das Vierteljahr fortdauernder Gehaltszahlung durch den Zeitpunkt bestimmt wird, in welchem dem Beamten die Entscheidung der obersten Reichsbehörde über seine Versetzung in den Ruhestand zugestellt worden ist, ohne daß dabei auf den zulässigen Rekurs (§ 66 des Reichsbeamtengesetzes) an den Bundesrat Rücksicht genommen wird. Aus § 90 Abs. 3 des Gesetzes vom 21. Juli 1852 und § 30 Abs. 3 des Pensionsgesetzes vom 27. März 1872, die die Revision für sich anführen zu können glaubt, lassen sich begründete Bedenken gegen die hier vertretene Auffassung des § 91 nicht herleiten.

Demnach ist für den Kläger und seinen Gehaltsanspruch die Verfügung des Ministers des Innern vom 20. August 1906 maßgebend, vorausgesetzt, daß sie ihm in rechtswirksamer Weise zugestellt worden ist. Letzteres hat das Berufungsgericht bejaht. Der Kläger erhebt hier den Vorwurf, daß das Berufungsgericht den § 13 des Gesetzes vom 21. Juli 1852 verletzt habe.

Auch dieser Revisionsangriff kann keinen Erfolg haben. Die Verfügung des Ministers ist dem Kläger am 27. August 1906 in der Weise mitgeteilt worden, daß ihm die Urschrift laut eines vom Vertreter des Strafanstaltsdirektors und dem Vertreter seines Sekretärs mit ihm am 27. August 1906 aufgenommenen Protokolls, welches der Kläger unterschrieb, ausgehändigt worden ist. § 13 des Gesetzes verlangt für eine gültige und wirksame Mitteilung oder Zustellung, daß sie „demjenigen, an den sie ergeht, unter Beobachtung der für gerichtliche Insinuationen vorgeschriebenen Formen in Person zugestellt, oder daß sie in seiner letzten Wohnung an dem Orte insinuiert werde, wo er seinen letzten Wohnsitz im Inlande hatte". Unter den für gerichtliche Insinuationen vorgeschriebenen Formen sind die jeweils zur Zeit der Vornahme der Zustellung geltenden Formen für gerichtliche Zustellungen zu verstehen, demnach für den vorliegenden Fall gemäß § 37 St.P.O. die Formen der Zustellung von Amts wegen in den §§ 208flg. Z.P.O. Der Kläger hält diese Formen in mehrfacher Hinsicht für nicht gewahrt: es sei ihm keine Ausfertigung oder beglaubigte Abschrift, sondern die Urschrift der Verfügung übergeben worden; die Übergabe sei nicht in der durch § 211 Z.P.O. vorgeschriebenen Weise bewirkt, und die Beurkundung nicht in der durch § 212 Z.P.O. erforderten Form erfolgt. Gegenüber diesen Ausstellungen ist jedoch dem Berufungsgerichte darin beizutreten, daß der Vorschrift des § 13 des Gesetzes vom 21. Juli 1852 genügt ist. In Satz 2 des § 13 wird nämlich bestimmt, daß bei den Zustellungen „die vereideten Verwaltungsbeamten den Glauben der Gerichtsboten haben". Hieraus folgt, daß nicht eine wörtliche Übertragung der Vorschriften über die gerichtliche Zustellung gemeint ist, daß vielmehr die Anwendung nur eine entsprechende sein kann. Jeder vereidete Verwaltungsbeamte ist Zustellungsbeamter. Welche Beamten, und ob mehrere mitzuwirken haben, ist nicht bestimmt. Es genügt daher, wenn durch einen vereideten Verwaltungsbeamten diejenigen Handlungen vorgenommen werden, die das Wesen einer gerichtlichen Zustellung ausmachen. Bei der Verschiedenheit in der Beamtenorganisation des Verwaltungsdienstes können die Vorschriften über die Verteilung der einzelnen Zustellungshandlungen auf Gerichtsschreiber und Gerichtsdiener, die nach § 211 Z.P.O. gelten, nicht auf die Verwaltungszustellung übertragen werden (vgl. Entsch. des R.G.'s in Zivils. Bd. 52 S. 11flg.); ebensowenig aber auch die Bestimmung des § 211, daß der Gerichtsschreiber das zu übergebende Schriftstück in einem in bestimmter Weise verschlossenen und beschriebenen Briefumschlage dem Gerichtsdiener oder der Post zur Zustellung auszuhändigen hat. Denn auch diese Bestimmung beruht auf der Verteilung der einzelnen Zustellungshandlungen unter die gerichtlichen Beamten, deren Mitwirkung dem Grade nach verschieden geregelt ist, während für die vereideten Verwaltungsbeamten eine solche Verschiedenheit nicht besteht. Das Wesen der gerichtlichen Zustellung besteht darin, daß das zuzustellende Schriftstück durch einen Zustellungsbeamten übergeben, und die Übergabe in gehöriger Weise beurkundet wird (§§ 170, 190, 208 Z.P.O.). Daß es der Gültigkeit der Zustellung keinen Eintrag tut, wenn statt einer Ausfertigung oder einer beglaubigten Abschrift des Schriftstücks die Urschrift selbst übergeben wird, ist in der Rechtsprechung des Reichsgerichts anerkannt (Entsch. in Zivils. Bd. 4 S. 425; Bd. 15 S. 411). Wie feststeht, ist die Ministerialverfügung dem Kläger durch den Stellvertreter des Strafanstaltsdirektors, also durch einen vereideten Verwaltungsbeamten, übergeben worden. Diese Übergabe ist auch in gehöriger Weise beurkundet. Denn das am 27. August 1906 aufgenommene Protokoll über die Aushändigung der Verfügung enthält alle Angaben, die nach den §§ 212, 195 Abs. 2, 191 Nr. 1, 3—5 und 7 Z.P.O. für eine Zustellungsurkunde wesentlich sind. Sonach ist dem § 13 des Gesetzes vom 21. Juli 1852 Genüge geschehen." ...

25. Unter welchen Voraussetzungen sind Maschinen wesentliche Bestandteile einer Fabrik? [1]

B.G.B. §§ 93, 97, 98.

[1] Vgl. das Urteil des VII. Zivils. in diesem Bande S. 150 flg. D. R.

II. Zivilsenat. Urt. v. 26. Juni 1908 i. S. Gasmotorenfabrik D. (Kl.) w. H. (Bekl.). Rep. II. 51/08.

I. Landgericht Dortmund.
II. Oberlandesgericht Hamm.

Durch einen Vertrag vom 28. Oktober 1905 verkaufte die Klägerin dem Kaufmann H. einen Gasmotor mit Sauggasanstalt, Fundamentteilen und Rohrleitung und behielt sich hieran bis zur gänzlichen Tilgung des in Raten zahlbaren Kaufpreises von 4900 ℳ das Eigentum vor. Mit der Behauptung, daß auf den fälligen Kaufpreis erst $^1/_3$ gezahlt worden sei, klagte sie gegen den Verwalter des im September 1906 über das Vermögen des H. eröffneten Konkurses auf Herausgabe des Motors. Der Beklagte beantragte Abweisung der Klage; er behauptete, der Motor sei durch Einbauen in das zur Fabrikation von Fleischwaren und Wurst dienende Fabrikgebäude wesentlicher Bestandteil des Grundstücks geworden, und es sei dadurch das Eigentum der Klägerin an demselben untergegangen. Das Landgericht verurteilte nach dem Klagantrage; das Berufungsgericht dagegen wies die Klage ab. Auf Revision der Klägerin wurde das Berufungsurteil aufgehoben, und die Sache an das Berufungsgericht zurückverwiesen.

Aus den Gründen:

„Das Berufungsgericht hat festgestellt, der Motor sei in dem Fabrikgebäude auf ein eigens zu diesem Zwecke hergestelltes Fundamente aufgestellt und durch mehrere Fundamentschrauben mit dem Grund und Boden verbunden worden. Durch die so erfolgte Einbringung des Motors in das Gebäude, das zum Betriebe der Fleischwaren- und Wurstfabrikation mittels durch den Motor zu treibender Maschinen eingerichtet und durch die Herrichtung des Fundaments zur Aufnahme des Motors geeignet gemacht sei, sowie durch die Verbindung des Motors mit dem Grund und Boden mittels Fundamentschrauben sei ein neues einheitliches Ganzes, nämlich die aus dem Gebäude und dem Motor (mit den Maschinen) bestehende Fleischwaren- und Wurstfabrik gebildet. Hierdurch sei das Gebäude als Teil des Ganzen dergestalt beeinflußt, daß mit der Fortnahme des Motors das Gebäude nicht mehr das bleibe, was es nach seiner Bestimmung sein solle und durch die Einbringung des Motors geworden sei. Bei der Entfernung der Motoranlage würden die sämtlichen Maschinen zum Stillstand kommen; es würde dann nicht nur die Fleischwaren- und Wurstfabrik aufgehoben, sondern es würde auch das Gebäude in seinem Wesen verändert, da es seinem bestimmungsmäßigen Zwecke nicht mehr würde dienen können. Daher sei das Eigentum der Klägerin nach den §§ 93 und 946 B.G.B. untergegangen. An dieser rechtlichen Beurteilung ändere auch der Umstand nichts, daß die Fundamentschrauben ohne allzu große Mühe gelöst werden könnten, und daß alsdann der Motor sich wegnehmen lasse; ebenso sei es unerheblich, daß nach der Entfernung der Maschinen das Grundstück zu jedem anderen wirtschaftlichen Zwecke verwendet werden könne, ohne daß eine Veränderung im Wesen erfolgen müßte. Denn es komme nicht auf die Möglichkeit an, nach der Trennung des Motors das Gebäude ohne wesentliche Änderung anderweit zu benutzen, sondern vielmehr darauf, ob das Gebäude, gerade in seiner Eigenschaft als Teil des durch die Verbindung mit dem Motor hergestellten Ganzen, durch die Trennung des Motors eine wesentliche Änderung erleiden würde. Dies sei aber der Fall. Übrigens seien auch die zur Beseitigung der Räucherkammer erforderlichen Umbauten keineswegs von geringem Umfange. Nach Lage der Sache könne dahingestellt bleiben, ob auch § 94 B.G.B. anwendbar wäre.

Die Erwägungen des Berufungsgerichts sind, wie zutreffend gerügt wird, von rechtsirrtümlicher Auffassung der Begriffe „Bestandteile" und „Sache", soweit sie eine Fabrik betreffen, beeinflußt und stehen auch mit der Rechtsprechung des Reichsgerichts nicht im Einklange.

Vgl. Urteile des V. Zivilsenats, Entsch. Bd. 67 S. 30, vom 26. Februar 1908, Rep. V. 237/07, und vom 25. April 1908, Rep. V. 438/07.

Gemäß § 93 B G.B. können Bestandteile einer Sache, die voneinander nicht getrennt werden können, ohne daß der eine oder der andere zerstört, oder in seinem Wesen verändert wird (wesentliche Bestandteile), nicht Gegenstand besonderer Rechte sein. Unter einer Sache ist nach der Begriffsbestimmung des § 90 B.G.B. nur ein körperlicher Gegenstand zu verstehen. Eine Sache kann eine natürliche Einheit bilden, oder aus mehreren Teilen zusammengesetzt sein. Dem § 93 liegt die in der Natur der Dinge begründete Unterscheidung zwischen wesentlichen und unwesentlichen Bestandteilen zugrunde. Der Begriff des Bestandteils ist im Bürgerlichen Gesetzbuch nicht bestimmt. Nach dem natürlichen Wortsinne setzt der Begriff voraus, daß der Bestandteil einer Sache einen Teil der Sache ausmacht und eine selbständige Existenz nicht besitzt. Von dem Bestandteile einer Sache kann nur mit Beziehung auf ein und dieselbe Sache die Rede sein, also nicht bezüglich einer Mehrheit von Sachen, die ein wirtschaftliches Ganzes bilden. Nur die wesentlichen Bestandteile einer Sache in dem vorangegebenen Sinne des § 93 können nicht Gegenstand besonderer Rechte sein. Dieser Grundsatz findet, wie die Motive III S. 41 ausführen, seine Rechtfertigung darin, daß die wesentlichen Bestandteile ihren wirtschaftlichen Zweck und damit ihren Wert regelmäßig nur in der von ihnen gebildeten Sache haben, und daß ihre Trennung voneinander nicht bloß zu einer Auflösung des Ganzen, sondern auch zur Beschädigung und wesentlichen Verminderung der zu gewinnenden Stücke, mithin zur Entwertung oder wenigstens Herabminderung des Wertes von Vermögensgegenständen führt. Die unwesentlichen Bestandteile teilen zwar im allgemeinen das rechtliche Schicksal der Sache. Aber es können an ihnen schon vor der Trennung besondere Rechte obligatorischer oder dinglicher Natur begründet werden; sie können Gegenstand eines Sondereigentums und eines Sonderpfandrechts sein. Von dem Bestandteile einer Sache verschieden, aber für die richtige Würdigung des rechtlichen Verhältnisses einer Maschine zur Fabrik bedeutsam ist das Zubehör. Der Begriff Zubehör betrifft nach § 97 B.G.B. nur bewegliche Sachen, die nicht Bestandteile der Hauptsache sind, sondern eine selbständige Existenz haben. Das Zubehör muß die Bestimmung haben, dem wirtschaftlichen Zwecke der Hauptsache dauernd zu dienen, und in einem dieser Bestimmung entsprechenden räumlichen Verhältnisse stehen; die Eigenschaft als Zubehör darf ferner der Verkehrsauffassung nicht widersprechen. Dem wirtschaftlichen Zwecke der Hauptsache zu dienen bestimmt sind nach § 98 u. a. bei einer Fabrik die zu dem Betriebe bestimmten Maschinen und sonstigen Gerätschaften. Das Institut des Zubehörs beruht auf dem wirtschaftlichen Interesse, nach Möglichkeit zu verhüten, daß Sachen, die zufolge ihrer gemeinsamen Zweckbestimmung zueinander gehören, voneinander getrennt werden. Körperliche Verbindung beider Sachen miteinander ist für das Zubehörverhältnis nicht erforderlich; vielmehr steht das Vorhandensein einer festen Verbindung regelmäßig der Annahme der Zubehöreigenschaft entgegen. Hiernach beruht der Unterschied zwischen Bestandteil und Zubehör im wesentlichen darauf, daß die Bestandteile einer Sache zu ihrer Vollendung dienen, in ihr aufgehen und damit ihre körperliche Selbständigkeit einbüßen, während das Zubehör, unter Wahrung seiner Selbständigkeit, der Hauptsache hinzugefügt wird, weil diese sonst ihrer wirtschaftlichen Bestimmung nur unvollkommen entsprechen würde. Vgl. Motive III S. 62.

Aus dem Ausgeführten folgt, daß es von den Umständen des einzelnen Falles, insbesondere von der Beschaffenheit und der Zweckbestimmung des Fabrikgebäudes sowohl, als auch der Maschine, von der Art ihres Zusammenhanges, sowie von der Verkehrsauffassung der beteiligten Kreise in ihrer überwiegenden Mehrheit, abhängt, ob eine Maschine als wesentlicher, oder als unwesentlicher Bestandteil, oder als bloßes Zubehör eines Fabrikgebäudes anzusehen ist. Nur soviel läßt sich als Regel aufstellen, daß eine Maschine, die für einen Fabrikationsbetrieb (Fabrik in diesem Sinne) von wesentlicher Bedeutung ist, doch als wesentlicher Bestandteil des Fabrikgebäudes (Fabrik in diesem Sinne, in welchem auch der § 98 dieses Wort versteht), als einer körperlichen Sache nur dann in Betracht kommen kann, wenn sie durch die Art ihrer Verbindung oder, im Falle einer bloß losen Verbindung, durch ihre besondere Anpassung an die bauliche Beschaffenheit, oder an die Zweckbestimmung des Fabrikgebäudes einen Teil desselben ausmacht und ihre Selbständigkeit verloren hat, derart daß sie mit dem Fabrikgebäude in wesentlichem Zusammenhange steht und nach der Verkehrsauffassung als ein und dieselbe Sache gilt. Auch im Falle einer leicht lösbaren Verbindung könnte nämlich eine Maschine, die dem Bau oder dem Betriebe einer bestimmten Fabrik besonders angepaßt ist, mit der Trennung ihre eigentliche Zweckbestimmung und damit ihren Wert einbüßen. Dagegen reicht der Umstand, daß eine Maschine zum Betriebe einer Fabrik dient, und als ein Teil des das Fabrikunternehmen bildenden wirtschaftlichen Ganzen von wesentlicher Bedeutung für den Betrieb, sowie auch mit dem Fabrikgebäude lose verbunden ist, für sich allein nicht aus, um die Eigenschaft der Maschine als wesentlichen Bestandteil des Fabrikgebäudes zu begründen. Denn auch ein bloßes Zubehör kann für den Fabrikbetrieb von wesentlicher Bedeutung sein, und eine bloß lose Verbindung schließt die Zubehöreigenschaft nicht aus. Wie erwähnt, sind im § 98 die zum Betriebe einer Fabrik dienenden Maschinen und Gerätschaften, die nicht Bestandteile derselben sind, d. h. die eine selbständige Existenz haben, ausdrücklich als Zubehör bezeichnet. Die Trennung einer mit der Fabrik nur lose verbundenen und beliebig durch eine andere ersetzbaren Maschine von der Art einer Marktware kann weder für das Fabrikgebäude noch für die Maschine von wesentlichem Nachteile sein. Denn nach wie vor bleibt das Fabrikgebäude zur Aufnahme einer solchen Maschine, und diese zu gleichem Zwecke wie vor der Trennung weiter verwendbar. Eine bloß geringfügige Wertverminderung aber, welche durch die Trennung der Bestandteile einer Sache entsteht, erfüllt die Voraussetzungen des § 93 nicht; vielmehr wird hierzu die Zerstörung oder wesentliche Veränderung des einen oder des anderen Bestandteils erfordert.

Von der hier vertretenen Auffassung ist das Berufungsgericht bei seiner Entscheidung nicht ausgegangen. Nach den tatsächlichen Feststellungen scheint es sich um einen gewöhnlichen Motor zu handeln, der bloß zur Herstellung eines festen Standortes durch Schrauben an dem Fundament befestigt ist. Der Zusammenhang der Entscheidungsgründe läßt darauf schließen, daß der entscheidende Grund für die Annahme, der Motor sei ein wesentlicher Bestandteil der Fleischwaren- und Wurstfabrik, zu Unrecht in der wesentlichen Bedeutung desselben für den Fabrikbetrieb als eines wirtschaftlichen Ganzen gefunden worden ist. Fabrik und Fabrikbetrieb sind aber, soweit die Anwendung des § 93 in Frage steht, verschiedene Dinge.

Hiernach kann das Berufungsurteil so, wie es begründet ist, nicht aufrecht erhalten werden. Daher war die Sache, zumal sie aus § 94 B.G.B. überhaupt noch nicht geprüft ist, zur anderweiten Verhandlung und Entscheidung an das Berufungsgericht zurückzuverweisen."

26. Wirkung einer einstweiligen Verfügung, durch die dem Wechselgläubiger untersagt wird, den Wechsel geltend zu machen, auf den Wechselprozeß.

I. Zivilsenat. Urt. v. 29. Juni 1908 i. S. M. (Kl.) w. L. (Bekl.). Rep. I. 75/08.

I. Landgericht II Berlin.
II. Kammergericht daselbst.

Geklagt war im Wechselprozesse aus zwei Sichtwechseln über 110000 *M* und über 60000 *M*, die der Kläger am 9. Mai 1906 auf die Beklagte gezogen, und die der Prokurist der Beklagten, W. L., im Namen der Firma akzeptiert hatte. Die Wechsel waren am 12. Januar 1907 mangels Zahlung protestiert worden. Die am 22. Januar 1907 zugestellte Klage forderte Verurteilung der Beklagten zur Bezahlung der Wechselsummen nebst Zinsen und der Protestkosten.

Die Beklagte hatte ihrerseits nach der Protestierung der Wechsel gegen den Kläger Klage erhoben auf die Feststellung, daß beide Wechsel nicht zu Recht beständen, indem sie geltend machte, daß den Wechseln Wuchergeschäfte zugrunde lägen, die der Kläger mit W. L. vorgenommen habe, und daß dem Kläger bekannt gewesen sei, daß W. L. mit der Akzeptierung der Wechsel seine Prokura für persönliche Zwecke mißbraucht habe. In diesem Rechtsstreite erwirkte die Beklagte am 14. Januar 1907 gegen Sicherheitsleistung eine einstweilige Verfügung, durch die dem Kläger aufgegeben wurde, die beiden Wechsel bis zur Beendigung des Hauptprozesses weder zu veräußern noch geltend zu machen, sondern sie an einen Gerichtsvollzieher zum Zwecke amtlicher Verwahrung herauszugeben. Auf erhobenen Widerspruch hatte das Landgericht II zu Berlin durch Urteil vom 20. Februar 1907 die einstweilige Verfügung bestätigt, und dieses Urteil war, nachdem die Berufung des Klägers am 29. April 1907 vom Kammergerichte zurückgewiesen war, rechtskräftig geworden.

Auf Grund dieser urkundlich nachgewiesenen Tatsachen hatte die Beklagte die Abweisung der Wechselklage beantragt.

Das Landgericht wies diesem Antrage gemäß die Klage ab. Die Berufung des Klägers war ohne Erfolg geblieben. Seine

Revision wurde mit der Maßgabe zurückgewiesen, daß die Klage nur „zur Zeit" abgewiesen wurde.

Gründe:

„In den von der Revision angezogenen Urteilen des VI. und des III. Zivilsenats (Entsch. des R.G.'s Bd. 17 S. 327 und Bd. 21 S. 392) ist ausgesprochen, daß der Beklagte gegenüber einer im Urkundenprozesse erhobenen Klage die Einrede der Rechtshängigkeit nicht darauf stützen könne, daß er den Kläger bereits mit einer Klage auf Feststellung des Nichtbestehens des mit dem Urkundenprozesse verfolgten Anspruchs überzogen habe. Diesem — als richtig anzuerkennenden — Rechtssatze tritt die angefochtene Entscheidung nicht entgegen. Nicht die Anhängigkeit des andern Hauptprozesses ist der Grund für die Abweisung der Wechselklage, sondern die in diesem andern Prozesse erlassene einstweilige Verfügung, die dem Kläger die Geltendmachung des Wechsels bis zur Beendigung des Hauptprozesses verbietet.

Ob diese einstweilige Verfügung zu Recht oder zu Unrecht erlassen ist, kann in dem gegenwärtigen Verfahren nicht untersucht werden. Solange sie in Kraft ist, schafft sie eine vorläufige Regelung des Rechtsverhältnisses, die von beiden Parteien zu beachten ist. Der Versuch des Klägers, die Verfügung nach §§ 936, 924 Z.P.O. durch Erhebung des Widerspruchs zu beseitigen, ist durch die rechtskräftige Erledigung des Widerspruchsverfahrens fehlgeschlagen. Daher bleibt ihm nur die Beendigung des andern Hauptprozesses, oder — unter besonderen Umständen — der durch § 939 Z.P.O. gewiesene Weg offen, um ihre Beseitigung zu erwirken. Wenn er aber, wie hier, unter Außerachtsetzung der einstweiligen Verfügung die Wechselklage verfolgt, so wird dieses Vorgehen durch die verzögerliche Einrede zurückgeschlagen, die der Beklagten aus der einstweiligen Verfügung erwachsen ist.

Um außer Zweifel zu stellen, daß es sich nur um eine Abweisung zur Zeit handelt, ist die Urteilsformel entsprechend berichtigt worden. Auf die Kostenentscheidung mußte dies ohne Einfluß bleiben, da die Urteile der Vorinstanzen ihrer sachlichen Bedeutung nach schon in dem gleichen Sinne zu verstehen sind."

27. Verpflichtet die Klausel „Netto Kasse gegen Faktura" den Käufer zur Zahlung des Kaufpreises nach Eingang der Faktura? Darf der Verkäufer, wenn diese Klausel ausbedungen ist, mit Absendung der Ware bis nach Eingang des Kaufpreises zuwarten?

II. Zivilsenat. Urt. v. 30. Juni 1908 i. S. G. (Bekl.) w. Ö. (Kl.). Rep. II. 27/08.

I. Landgericht Hamburg, Kammer für Handelssachen.
II. Oberlandesgericht daselbst.

Am 5. Dezember 1906 kaufte der Beklagte von der Klägerin 400 Tonnen Leinkuchen, lieferbar Januar/April 1907, monatlich 100 Tonnen zu 143,50 *M*, netto Kasse gegen Faktura. Nachdem die Klägerin die Januarrate ohne Vorleistung des Beklagten geliefert hatte, verlangte sie unter Hinweis auf die vereinbarte Zahlungsweise von da an Zahlung gegen Faktura vor Absendung der Ware. Der Beklagte vertrat dagegen die Meinung, „netto Kasse gegen Faktura" bedeute, daß die Klägerin die Faktura erst nach Abfertigung der Ware an den Beklagten ausstellen dürfe; er brauche daher erst nach Versendung der Ware zu bezahlen. Die Klägerin setzte dem Beklagten Fristen zur Abnahme und Zahlung der Februar-, März- und Aprilraten gegen Faktura unter der Androhung, daß sie die fälligen Raten nach Ablauf der Fristen gemäß § 373 H.G.B. öffentlich versteigern lassen werde. Dieser Androhung entsprechend ist die Klägerin verfahren. Sie klagte den Ausfall aus drei Selbsthilfeverkäufen gesondert ein und erwirkte drei entsprechende Urteile auf Zahlung von 1027, 2225 und 400 *M* mit Zinsen.

Gegen diese drei Urteile legte der Beklagte Berufung mit dem Antrag ein, die angegriffenen Urteile aufzuheben, die Klage abzuweisen und die Klägerin zur Rückzahlung des auf Grund dieser Urteile Geleisteten zu verurteilen. Der Beklagte machte geltend, die Klausel über die Zahlung des Kaufpreises sei in dem von ihm oben angegebenen Sinne zu verstehen, sie sei eine ungewöhnliche und jedenfalls von ihm so verstanden worden.

Das Oberlandesgericht wies die Berufung zurück. Auch die Revision war erfolglos.

Aus den Gründen:

„Der Berufungsrichter versteht die streitige Klausel „netto Kasse gegen Faktura" auf Grund der Gutachten der Handelskammern Berlin und Breslau, ebenso wie die mit Handelsrichtern besetzte Vorinstanz dahin, daß sie den Käufer, also hier den Beklagten, zur Vorleistung nach Eingang der Faktura verpflichtete, und dem Verkäufer, also hier der Klägerin, das Recht gab, mit Absendung der Ware bis nach Eingang des Kaufpreises zuzuwarten. In dieser Auffassung findet sich der Berufungsrichter durch die vom Beklagten beigebrachten zehn gutachtlichen Äußerungen, die er einzeln würdigt, noch bestärkt.

Auf Grund dieses Beweisergebnisses stellt der Berufungsrichter weiter fest, daß es sich nicht um einen lokalen Handelsgebrauch, sondern um die Auslegung einer im Handelsverkehr allgemein vorkommenden Vertragsbestimmung handelt. Deshalb erachtet der Berufungsrichter auch den Beklagten an diesen Sinn der allgemein gebräuchlichen Klausel für gebunden, so daß der Beklagte durch seine Weigerung der schuldigen Vorleistung in Annahme- und Zahlungsverzug geraten sei, die Klägerin aber deshalb berechtigt erscheine, die bereitgehaltene Ware gemäß § 373 H.G.B. öffentlich zu versteigern, und den Ausfall als „Schadensersatz wegen Nichterfüllung", wie eingeklagt, vom Beklagten zu fordern. Gegen diese Darlegungen wendet sich der Beklagte mit der Behauptung, die Auslegung des Berufungsrichters könne nicht die richtige sein, weil die Faktura bei oder nach Absendung der Ware ausgestellt zu werden pflege; deshalb könne die Klausel „netto Kasse gegen Faktura" nur besagen, daß die Ware abzusenden, dann Faktura auszustellen sei, und Beklagter erst dann zu zahlen habe; hier sei die Ware aber nicht abgesendet. Es ist dem Beklagten zuzugeben, daß der Klausel, wenn man allein auf den Wortlaut achtet, dieser Sinn gegeben werden könnte. Allein an dem Wortlaut einer Klausel darf nicht gehaftet werden. Nach § 346 H.G.B. ebenso wie nach §§ 133, 157 B.G.B. ist der wirkliche Wille zu erforschen, den die Parteien nach Treu und Glauben mit Rücksicht auf die Anschauungen der in Betracht kommenden Kreise mit einem gewissen Ausdruck verbunden wissen wollten. Diesem Grundsatz ist der Berufungsrichter gerecht geworden, indem er sich an die Anschauung der maßgebenden Handelskreise gehalten hat und hinzufügt, es ändere sich auch nichts, wenn die Faktura mit den Worten „Sandten

Ihnen . . ." beginne; denn die Faktura sei kein Verladungsdokument, wenn sie meist auch erst nach der Absendung der Ware ausgestellt und abgeschickt werde; die formularmäßig gebrauchten Worte „Sandten Ihnen . . ." seien daher kein Beleg über die bereits erfolgte Absendung der Ware. Auch gegen diese Schlußerwägung des Berufungsrichters läßt sich nichts erinnern.

Der Beklagte rügt weiter, daß er als in Rathenow wohnender Kaufmann mit in Hamburg üblichen Ausdrücken nicht vertraut sei und auch nicht vertraut zu sein brauche. Der Kläger, der nach der Bezeichnung im Rubrum in Rathenow und in Hamburg ansässig ist, übersieht, daß eine allgemein übliche Vertragsbestimmung mit allgemein bekanntem Inhalt festgestellt ist. In einem solchen Falle müssen sich die Vertragschließenden dem unterwerfen, was nach der Verkehrssitte allgemein gilt. Das haben die Parteien gewollt. Somit ist die Revision kostenfällig zurückzuweisen." . . .

---

28. Deckt die Frachtversicherung das Mietgeld, das der Reeder auf Grund einer Vermietung des Schiffes und der Dienste der Schiffsmannschaft zu beanspruchen hat?

I. Zivilsenat. Urt. v. 1. Juli 1908 i. S. H. (Kl.) w. M. Versicherungsgesellschaft u. Gen. (Bekl.). Rep. I. 463/07.

I. Landgericht Lübeck, Kammer für Handelssachen.
II. Oberlandesgericht Hamburg.

Laut „Seeversicherungspolice auf Kasko" mit dem Datum „Lübeck, den 8. Oktober 1904" hatte die Klägerin bei den Beklagten für die Zeit von 12 Monaten Versicherung genommen für 40000 ℳ „Frachtgelder u. / oder Frachtvorschuß u. / oder behaltene Fahrt" des Dampfschiffes Portonia. Die Versicherung war nach den Allgemeinen Seeversicherungs-Bedingungen von 1867 „für Rechnung wen es angeht" geschlossen.

Über den ihr gehörigen Dampfer Portonia hatte die Klägerin am 14. Januar 1903 zu Lübeck mit der Firma P. & C. daselbst eine Charter-Party nach englischem Formulare abgeschlossen, wonach sie den Dampfer dieser Firma zu beliebigen Fahrten in der Ost- und Nordsee und andern näher bezeichneten Gewässern überließ. Als Vergütung war unter Zugrundelegung einer Ladefähigkeit von 3500 Tonnen eine monatliche Zahlung von 650 £ festgesetzt, die bei höherer Beladung entsprechend vergrößert werden sollte. Tatsächlich hatte der Dampfer im Durchschnitt 4226 Tonnen geladen, so daß die monatliche Vergütung 784 £ 16 sh 7 d betrug.

Unter Nr. 15 war in der Charter festgesetzt, daß, wenn das Schiff infolge eines Unfalls länger als 24 Stunden außerstande sein sollte, zu arbeiten, bis zur Wiederherstellung des Schiffes keine Vergütung zu zahlen sei. Dieser Fall war im August 1905 eingetreten auf einer Frachtreise von Lulea nach Stettin, zu der die Firma P. & Co. den Dampfer benutzt hatte. Er geriet bald nach dem Verlassen des Abgangshafens auf Strand, mußte einen Teil der Ladung werfen und zur Reparatur nach Lulea zurückkehren. Für den hierdurch entstandenen Zeitverlust von 13 Tagen 22 3/4 Stunden brachte die Firma P. & Co. der Klägerin einen Betrag von 364 £ 19 sh von der monatlichen Vergütung für August und September 1905 in Abzug.

Die Klägerin sah diese Kürzung als einen Frachtverlust an, für den ihr die Beklagten nach dem Versicherungsvertrage aufkommen müßten. Sie erhob Klage mit dem Antrage, die Beklagten zur Zahlung dieser Summe nebst Verzugszinsen zu verurteilen. Die Beklagten bestritten, daß ein durch die Versicherung gedeckter Schaden vorliege.

Die Klage wurde in beiden Instanzen abgewiesen. Auch die Revision der Klägerin hatte keinen Erfolg.

Gründe:

„Die von der Klägerin geschlossene Versicherung stellt sich dar als eine Versicherung der Fracht im Sinne der §§ 797, 798, 825, 855, 878 H.G.B. in Verbindung mit einer sich auf das Schiff beziehenden Versicherung unter der Klausel „für behaltene Ankunft" im Sinne des § 850 H.G.B. Die Parteien sind darüber einverstanden, daß diese zweite Versicherung für die Klage nicht in Betracht kommt. Die Entscheidung hängt daher von der Frage ab, ob der Verlust, dessen Ersatz die Klägerin fordert, ein den Frachtversicherer treffender Schade ist.

Fracht ist die Vergütung, die der Verfrachter für eine von ihm übernommene Beförderung von Gütern zu beanspruchen hat. Die Versicherung der Fracht hat daher zur Voraussetzung, daß ein Frachtvertrag zur Beförderung von Gütern abgeschlossen ist, und sie ist gegenstandslos, wenn dies nicht der Fall ist — abgesehen nur von dem hier unstreitig nicht vorliegenden Falle, wenn Güter für Rechnung des Reeders verschifft sind (§ 797 Abs. 2).

Der Vertrag, den die Klägerin mit der Firma P. & Co. abgeschlossen hat, ist aber kein Frachtvertrag. Die Klägerin übernimmt darin nicht die Beförderung von Gütern, sondern sie überläßt ihr Schiff der Firma zeitweise zur Benutzung für die Ausführung beliebiger, von dieser zu bestimmender Reisen, wobei der Firma zugleich die Dienste der von der Klägerin weiter zu besoldenden Schiffsmannschaft, einschließlich des Kapitäns, zur Verfügung gestellt werden. Der Vertrag deckt sich inhaltlich vollständig mit dem, der dem Urteile des Senats vom 27. März 1901 (Entsch. Bd. 48 S. 89) zugrunde lag (vgl. auch Bd. 56 S. 360). Er ist damals charakterisiert worden als locatio navis et operarum magistri et nauticorum, als Sachmiete in Verbindung mit einem Dienstverschaffungsvertrage.

Verträge dieser Art, die weder reine Sachmiete sind, wobei der Mieter zum Ausrüster würde (§ 510), noch sich als Hauptfrachtvertrag, der Unterfrachtverträge ermöglichen soll (§ 662), darstellen, mögen gegenüber den positiven Bestimmungen des Handelsgesetzbuchs, das sie nicht besonders berücksichtigt, in manchen Beziehungen zu Zweifeln und Bedenken Anlaß bieten.[1] Auf diese Streitfragen einzugehen bietet der vorliegende Rechtsfall keinen Anlaß. Es genügt, daß ein Vertrag dieses Inhaltes jedenfalls nicht als Frachtvertrag, und die Vergütung, die der Mieter dem Vermieter zu gewähren hat, nicht als Fracht erscheint.

---

[1] Vgl. hierüber Wüstendörfer, Studien zur modernen Entwicklung des Seefrachtvertrages, und die Besprechung dieser Schrift von Boyens in der Ztschr. f. d. ges. Hand.-R. Bd. 58 S. 332. D. E.

Es mag sein, daß im wirtschaftlichen Sinne die Miete, die der Reeder für die Überlassung des Schiffs bezieht, Verwandtschaft mit der eigentlichen Fracht hat. Die eine wie die andere dient ihm dazu, die Nutzung des Schiffes in Geld umzusetzen, das im Schiffsvermögen angelegte Kapital zu verzinsen. Für das hier allein interessierende Gebiet des Seeversicherungsrechts aber kann dieser Gesichtspunkt nicht dahin führen, die Miete der Fracht gleichzustellen. Die Seeversicherung beruht auf dem Grundsatze, daß der Versicherungsnehmer dafür Sorge tragen muß, daß das Interesse, das versichert werden soll (der Gegenstand der Versicherung), im Versicherungsvertrage richtig bezeichnet werde. Eine Versicherung, deren Gegenstand unrichtig bezeichnet wird, ist für den Versicherer unverbindlich (See-Vers.-Bed. § 2 Abs. 2). Es kann aber nicht bezweifelt werden, daß das Mietgeld für die Gebrauchsüberlassung eines Schiffes ein anderer Gegenstand ist als die durch den Abschluß von Güterbeförderungsverträgen zu verdienende Fracht. In beiden Fällen decken sich weder das Interesse des Versicherten, noch das Risiko, das der Versicherer zu übernehmen hat.

Mit Recht haben daher die Vorinstanzen auf Abweisung der Klage erkannt."

29. Muß, wenn ein Erbverzichtsvertrag beurkundet wird, ohne daß beide Teile gleichzeitig anwesend sind, die notarielle Urkunde über das Angebot bereits fertig gestellt sein, ehe die Annahme erfolgt?

B.G.B. §§ 2348, 128.

IV. Zivilsenat. Urt. v. 2. Juli 1908 i. S. Sch. (Bekl.) w. K. (Kl.). Rep. IV. 583/07.

I. Landgericht Düsseldorf.
II. Oberlandesgericht daselbst.

Der Kläger hatte nach einer am 26. März 1900 aufgenommenen notariellen Urkunde durch Vertrag mit seiner Mutter auf sein gesetzliches Erbrecht verzichtet. Nach dem im Jahre 1906 erfolgten Tode der Erblasserin begehrte er Feststellung seines Erbrechts, indem er geltend machte, der Vertrag sei nichtig. Das Landgericht wies die Klage ab. Das Oberlandesgericht dagegen stellte fest, daß der Kläger an dem Nachlasse seiner Mutter als gesetzlicher Erbe beteiligt sei.

Das Reichsgericht hob das Berufungsurteil auf, aus folgenden

Gründen:

„Das Berufungsgericht hat festgestellt, daß bei der Beurkundung des Erbverzichts die Beteiligten nicht gleichzeitig vor dem Notar anwesend waren, daß vielmehr zuerst die Erblasserin vor demselben erschien und ihre Erklärung abgab, nach dem Weggang der Erblasserin aber der Kläger vor dem Notar sich einfand. Die Erklärungen der Beteiligten sind jedoch in einem einzigen Protokoll beurkundet, an dessen Schluß sich, nach der Angabe, daß das Protokoll in Gegenwart des Notars den Beteiligten vorgelesen, von ihnen genehmigt und eigenhändig unterschrieben worden sei, die Unterschriften der Erblasserin, des Klägers und des Notars befinden.

Das Berufungsgericht hat angenommen, der Erbverzicht sei mangels Beobachtung der gesetzlich vorgeschriebenen Form nichtig; das Gesetz kenne für die Beurkundung durch Notar zwei Formen, nämlich die Beurkundung des von den Beteiligten bei gleichzeitiger Anwesenheit erklärten Einverständnisses, und die Form des § 128 B.G.B.; weder jene noch diese Form sei gewahrt. „Die Erblasserin hat zwar", führt das Oberlandesgericht aus, „ihre Erklärung zeitlich früher abgegeben als der Kläger; auch lag dem Kläger, als er seine Erklärung vor dem Notar abgab, bereits die unterzeichnete Erklärung der Erblasserin vor. Dagegen war, als Kläger seine Erklärung abgab, die schriftliche Erklärung der Erblasserin vom Notar noch nicht unterzeichnet; sie war also noch nicht notariell beurkundet (§ 177 Abs. 3 Fr.G.Ges.). Das Gesetz stellt aber als Mindesterfordernis für eine ordnungsmäßige notarielle Vertragsurkunde auf, nicht nur daß Angebot und Annahme notariell beurkundet sind, sondern auch daß die notarielle Urkunde des Angebots bereits fertiggestellt ist, wenn die Annahme erfolgt."

Mit Recht rügt die Revision, daß das Berufungsgericht mit diesen Erwägungen das Gesetz verletzt hat.

Nach § 2346 B.G.B. kann auf das gesetzliche Erbrecht durch Vertrag verzichtet werden. Der Erbverzichtsvertrag bedarf nach

§ 2348 der gerichtlichen oder notariellen Beurkundung. Die Beurkundung eines Vertrags erfordert — wenn von der Vorschrift des § 128 vorerst abgesehen wird — die Beurkundung der einzelnen Vorgänge, durch die der Vertrag zustande kommt. Regelmäßig sind demnach zu beurkunden: der Antrag, das Zugehen des Antrags, die Annahme und das Zugehen der Annahme (vgl. Kommissions-Protokolle 5 S. 440). Nach der Urkunde vom 26. März 1900 ist diesen sämtlichen Erfordernissen durch Erklärungen, welche die Beteiligten vor dem Notar abgaben, genügt worden. Wie das Berufungsgericht jedoch festgestellt hat, ist die Beurkundung insoweit unrichtig, als sie das Zugehen der Annahmeerklärung des Klägers an die Erblasserin betrifft. Richtig dagegen ist nach den Darlegungen des Berufungsgerichts die Beurkundung:

1. hinsichtlich der Erklärung der Erblasserin, die, wenn nicht auf den buchstäblichen Sinn des Ausdrucks das Gewicht gelegt, sondern der wirkliche Wille erforscht wird (§ 133), als Vertragsantrag des Inhalts aufgefaßt werden kann, daß die Erblasserin, wenn der Kläger auf sein Erbrecht verzichte, zur Zahlung einer Summe von 18000 *M* sich verpflichte;

2. hinsichtlich des Zugehens dieser Erklärung an den Kläger, welche Beurkundung allerdings nicht in der (unrichtigen) Feststellung, die Erschienenen hätten „gegenseitig" die Erklärungen angenommen, wohl aber in der — nach der Annahme des Berufungsgerichts noch nicht widerlegten — Beurkundung zu finden ist, die Erklärung der Erblasserin sei dem Kläger vorgelesen worden;

3. hinsichtlich der Annahmeerklärung des Klägers.

Der Erbverzicht ist sonach den Vorschriften des Bürgerlichen Gesetzbuchs entsprechend notariell beurkundet, wenn die notarielle Beurkundung dieser drei Punkte zur Beurkundung des Vertrags hinreicht. Nach § 128 B.G.B. aber genügt es, wenn zunächst der Antrag und sodann die Annahme des Antrags beurkundet wird.

Das Berufungsgericht ist der Ansicht, die notarielle Urkunde über den Antrag müsse durch die Unterschrift des Notars vollzogen sein, ehe die Annahme erfolge. Dieser Auffassung läßt sich nicht beitreten. Wenn die Beteiligten gleichzeitig vor der Urkundsperson anwesend sind, wird die Beurkundung über den Antrag ebenfalls nicht vor der Beurkundung der Annahmeerklärung vollzogen, sondern die Beurkundung des Antrags erfolgt gleichzeitig mit der Beurkundung der Annahme durch ein einmaliges Unterschreiben der Urkundsperson. Es ist kein Grund ersichtlich, warum die Anforderungen, die im § 128 für die gerichtliche oder notarielle Beurkundung festgesetzt sind, im Vergleiche zu den Anforderungen, die für einen die gleichzeitige Anwesenheit der Beteiligten erfordernden Vertragsschluß (vgl. §§ 1434, 1750, 2276 B.G.B.) bestehen, verschärft sein sollten. Wohl ist es richtig, daß die Vorschrift des § 128 nach dem von der Kommission für die zweite Lesung angenommenen Entwurf lauten sollte: „Ist gerichtliche oder notarielle Beurkundung eines Vertrags vorgeschrieben, so genügt es, wenn der Antrag gerichtlich oder notariell beurkundet, und sodann die Annahmeerklärung des beurkundeten Antrags von einem Gericht oder einem Notar beurkundet wird" (Kommissions-Protokolle 5 S. 436, vgl. die Denkschrift S. 615). Auch ist es zutreffend, daß gegenüber Bedenken, die in der Kommission in der Richtung erhoben worden waren, ob nicht das unzweckmäßige und an sich widerspruchsvolle Resultat möglich sei, daß die Annahmeerklärung vor der Beurkundung der Antragserklärung beurkundet werde, darauf hingewiesen wurde, daß es sich immer um die Annahme eines wirksamen, nämlich eines nach Maßgabe des Gesetzes beurkundeten, Antrags handle, daß also der Antrag in entsprechender Form zur Zeit der Annahme bereits beurkundet sein müsse, wenn er auch bei der Annahmeerklärung nicht vorliegen sollte (Kommissions-Protokolle 5 S. 442). Die Erwägungen der Kommission sind für die Entscheidung der vorliegenden Frage um deswillen von keiner ausschlaggebenden Bedeutung, weil an den Fall, daß in einem und demselben Protokoll ohne gleichzeitige Anwesenheit der Beteiligten Antrag und Annahme beurkundet würden, nicht gedacht worden ist. Auch bei der Beurkundung des Antrags und der Annahme in einem und demselben Protokoll tritt der Fall nicht ein, daß die Annahmeerklärung vor der Beurkundung der Antragserklärung beurkundet wird.

Es mag ungewöhnlich sein, daß ein Notar Vertragserklärungen, die nicht bei gleichzeitiger Anwesenheit beider Teile vor ihm abgegeben werden, in einem einzigen Protokoll beurkundet. Unzulässig ist ein solches Verfahren nicht; keine der Vorschriften des Gesetzes über die Angelegenheiten der freiwilligen Gerichtsbarkeit (§§ 168 flg.) steht entgegen. In dieser Hinsicht hat auch das Berufungsgericht

— abgesehen von der noch zu entscheidenden Frage, ob das Protokoll dem Kläger vorgelesen worden ist — kein Bedenken erhoben. Zu beanstanden ist das Verhalten des Notars nur in der Richtung, daß er das Protokoll so faßte, daß es den Anschein hat, als ob die Vertragserklärungen bei gleichzeitiger Anwesenheit der Beteiligten vor ihm abgegeben worden seien. Soweit aber die Beurkundung unrichtig ist, handelt es sich — bei der Beurkundung eines Vertrages nach § 2348 B.G.B. — um keinen wesentlichen Punkt. Die Vorgänge, die richtig beurkundet sind, genügen, die Erfordernisse zu erfüllen, die das Gesetz für die gerichtliche oder notarielle Vertragsbeurkundung verlangt." ...

30. Verstößt ein Vertrag, welchen der Gesellschafter einer Ges. m. b. H., nachdem er seinen Geschäftsanteil an einen Dritten veräußert hat, für den Fall, daß diese Veräußerung die nach dem Gesellschaftsvertrag erforderliche Genehmigung des Aufsichtsrats nicht findet, mit dem Käufer dahin eingeht, daß er zwar der Gesellschaft gegenüber Gesellschafter bleiben, seine Rechte aber als solcher nur nach dem Willen des Käufers ausüben, insbesondere bei Ausübung des Stimmrechts seinen eigenen Willen demjenigen des Käufers hintansetzen solle, gegen die guten Sitten?

II. Zivilsenat. Urt. v. 7. Juni 1908 i. S. Sch. u. K. (Bekl.) w. K. (Kl.). Rep. II. 632/07.

I. Landgericht Karlsruhe, Kammer für Handelssachen.
II. Oberlandesgericht daselbst.

Im Januar 1905 wurde die „K.'er Schiffahrtsgesellschaft, Ges. m. b. H." mit einem Kapital von 500000 *M* gegründet, das in der Folge auf 600000 *M* erhöht wurde. Der Beklagte K. und der Beklagte Sch. hatten Stammanteile von je 27000 *M*. Gemäß notarieller Urkunde vom 30. Juni 1906 verkauften K. und Sch. ihre Geschäftsanteile mit Genußscheinen um den am 10. Juli 1906 bar zu zahlenden Kaufpreis von je 27000 ℳ an den Kläger. Der Kaufpreis wurde am genannten Tage bezahlt. Mit Schreiben vom 28. Juli 1906 gab der Kläger der K.'er Schiffahrtsgesellschaft Kenntnis von dem Ankauf der Geschäftsanteile der beiden Beklagten. Unterm 4. September 1906 wurde ihm seitens des Aufsichtsrats mitgeteilt, daß die Übertragung der Geschäftsanteile auf ihn nicht genehmigt werde.

Durch die gegen Sch. und K. getrennt erhobenen Klagen wurde die Rückzahlung des bezahlten Kaufpreises verlangt, und die Verurteilung jedes der Beklagten zur Zahlung von 27000 ℳ mit 5 Prozent Zinsen seit dem 8. September 1906 beantragt.

In erster Instanz wurden beide Klagen abgewiesen. Auf die Berufungen des Klägers wurden beide Beklagte verurteilt, an den Kläger je 27000 ℳ mit Zinsen zu zahlen. Die Revision der Kläger wurde zurückgewiesen.

Aus den Gründen:

„Aus der unstreitigen Tatsache, daß die nach dem Gesellschaftsvertrage zur Übertragung eines Stammanteils notwendige Genehmigung des Aufsichtsrats versagt wurde, leitet das Berufungsgericht ab, dadurch sei der Kläger an und für sich berechtigt worden, die mit der Klage verlangte Rückzahlung des Kaufpreises nach § 812 B.G.B. zu verlangen. Diese rechtliche Auffassung ist von der Revisionsbegründung nicht angegriffen; sie gibt auch von der hier gegebenen Sachlage aus zu rechtlichen Bedenken keinen Anlaß.

Die Beklagten hatten indes geltend gemacht, bereits bei dem Vertragsabschlusse und jedenfalls nachher sei unter den Parteien für den Fall, daß die notwendige Genehmigung des Aufsichtsrats versagt würde, vereinbart worden, die Beklagten sollten dann zwar der Gesellschaft gegenüber den Geschäftsanteil behalten, den Kläger aber als den Berechtigten hieraus behandeln. Das Berufungsgericht geht von der unter den Parteien unstreitigen Tatsache aus, es sei bei dem Abschlusse des obligatorischen Veräußerungsvertrags allen Beteiligten bekannt gewesen, daß die Übertragung der Geschäftsanteile von der Genehmigung des Aufsichtsrats abhängig sei. Es verneint indes, daß die Parteien bereits bei dem Vertragsabschlusse den, wenn auch unausgesprochenen, Willen hatten, für den

Fall, daß die Verwirklichung des von ihnen abgeschlossenen Vertrages durch Versagung der Genehmigung unmöglich werde, eine Abrede des von den Beklagten behaupteten Inhaltes zu treffen.

Dagegen nimmt das Berufungsgericht an, unter den Parteien sei nachträglich, und zwar nach der Auszahlung des Kaufpreises an die Beklagten, für den Fall, daß die Übertragung der Geschäftsanteile nicht genehmigt würde, eine Vereinbarung des Inhaltes zustande gekommen, die Beklagten sollten zwar der Gesellschaft gegenüber Gesellschafter bleiben, ihre Rechte als Gesellschafter aber für den Kläger ausüben. Die erwähnte Vereinbarung wird sodann dahin ausgelegt, nach ihrem wahren Sinne habe sie auch die Verpflichtung der Beklagten in sich geschlossen, bei den Versammlungen der Gesellschafter — sei es durch Bevollmächtigung der Kläger mit ihrer Vertretung, sei es durch eigene Abstimmung — nur die Interessen des Klägers wahrzunehmen, danach ihre Rechte als Gesellschafter nur nach dem Willen des Klägers auszuüben und bei Ausübung ihres Stimmrechts ihren eigenen Willen dem des Klägers hintanzusetzen. Dann führt das Berufungsgericht aus: ein Vertrag des erwähnten Inhaltes verstoße jedenfalls insoweit gegen die guten Sitten und sei nach § 138 B.G.B. nichtig, als die Beklagten sich verpflichteten, ihre Rechte als Gesellschafter in den Mitgliederversammlungen nur nach dem Willen des Klägers auszuüben und bei Ausübung ihres Stimmrechts ihren eigenen Willen dem des Klägers hintanzusetzen. Die Nichtigkeit dieses Teiles der Vereinbarung begründe aber nach § 139 B.G.B. die Nichtigkeit des ganzen nachträglichen Vertrages, den der Kläger in dem Bestreben abgeschlossen hatte, dadurch größeren Einfluß auf die Geschäftsführung zu gewinnen.

Die Revisionsbegründung bekämpft die Annahme, daß hier ein Verstoß gegen die guten Sitten vorliege. Sie führt aus, es sei durchaus zulässig, daß ein Gesellschafter einer Ges. m. b. H. mit einem Dritten ein Rechtsverhältnis dahin eingehe, der Veräußerer solle zwar den Geschäftsanteil der Gesellschaft gegenüber behalten, den Dritten aber als den Berechtigten hieraus behandeln.

Diese Ausführungen treffen indes den hier allein entscheidenden Gesichtspunkt nicht. Das Berufungsgericht bezeichnet nicht den Teil der nachträglichen Vereinbarung, wonach die Beklagten die wirtschaftlichen Nutzungen ihrer Geschäftsanteile an den Kläger abzuliefern hatten, als gegen die guten Sitten verstoßend. Gegen die guten Sitten verstößt aber die vertragliche Bindung des Gesellschafters einer Ges. m. b. H., seine Rechte als Gesellschafter und insbesondere sein Stimmrecht unter Hintansetzung seines eigenen Willens nur nach dem Willen eines Dritten auszuüben, und zwar jedenfalls dann, wenn in dem Gesellschaftsvertrag die Übertragung der Geschäftsanteile von der Genehmigung eines Gesellschaftsorgans — hier des Aufsichtsrates — abhängig gemacht, und danach durch eine gesetzlich zugelassene autonomische Satzung der Gesellschaft die rechtsgeschäftliche Verfügung über den Geschäftsanteil der privatgeschäftlichen Willkür entzogen ist. Eine solche vertragliche Bindung eines Gesellschafters zu derartigem satzungswidrigen Mißbrauche seiner Vertrauensrechte in der Gesellschaft und deren Mitgliederversammlungen, sowie zu derartiger Verletzung seiner Gesellschafterpflichten ist in gleichem Maße nach der Sittenanschauung des Volksganzen wie auch nach der Sittenanschauung des ehrbaren Kaufmanns im Handelsverkehr verwerflich. Das Berufungsgericht hat daher mit Recht angenommen, daß die nachträgliche Vereinbarung nach § 138 verb. mit § 139 B.G.B. nichtig sei.

Die Beklagten haben in den Vorinstanzen und in der Revisionsinstanz nicht geltend gemacht, daß die Rückforderung des in Erfüllung des ursprünglichen Kaufvertrags vor jener nachträglichen Vereinbarung gezahlten Kaufpreises nach § 817 Satz 2 B.G.B. ausgeschlossen sei. Die Stellung der erwähnten nachträglichen Vereinbarung im Rahmen des Hauptvertrages schließt im Zusammenhange mit dem übrigen vom Berufungsgerichte hierher festgestellten Sachverhalte die Anwendung des § 817 Satz 2 aus."

---

31. Trägt ein Kaufmann, der gegenüber der Postverwaltung die Erklärung abgegeben hat, daß er die für ihn eintreffenden Postsendungen abholen lasse, die Gefahr für das Abhandenkommen einer an ihn adressierten Wertsendung, die ein Dritter unter Benutzung jener Abholungserklärung sich rechtswidrig zugeeignet hat?

B.G.B. § 270.

II. Zivilsenat. Urt. v. 7. Juli 1908 i. S. Sch. (Kl.) w. B. (Bekl.). Rep. II. 64/08.

I. Landgericht Chemnitz.
II. Oberlandesgericht Dresden.

Die Beklagte schickte zur Begleichung einer Schuld an den Kläger mittels Einschreibebriefes einen Scheck, worin die Filiale der Dresdener Bank in Ch. angewiesen war, aus dem Guthaben der Beklagten an den Kläger oder Überbringer den näher angegebenen Geldbetrag zu bezahlen.

Der Kläger ließ damals gemäß seiner Abholungserklärung vom 25. November 1886 die für ihn eingehenden Ablieferungsscheine über Wert- und Einschreibsendungen sowie Postanweisungen bei der Postanstalt in Ch. abholen. Der Einschreibebrief ging am Abend des 31. Mai 1906 bei der Post ein. Noch an demselben Abend, oder am 1. Juni erschien ein nicht ermittelter Mann an dem Postschalter und erhielt auf seine Nachfrage nach den für den Kläger eingegangenen Postsendungen den Ablieferungsschein über den Einschreibebrief ausgehändigt. Nach Rückgabe des Scheins mit der gefälschten Quittung wurde ihm im Laufe des 1. Juni der Einschreibebrief übergeben. Am Nachmittag dieses Tages legte ein gleichfalls nicht ermittelter Mann den Scheck mit der auf der Rückseite angebrachten gefälschten Quittung des Klägers der Zahlstelle der Ch'.er Filiale der Dresdener Bank, an die anscheinend aus dem klägerischen Geschäft eine bezügliche telephonische Mitteilung erfolgt war, zur Einlösung vor und erhielt den Betrag ausbezahlt.

Der Kläger hat den durch den Scheck übermittelten Geldbetrag nicht erhalten. Seine Klage auf Verurteilung der Beklagten zur Bezahlung eines Teils des Scheckbetrages wurde in den beiden Vorinstanzen abgewiesen; seine Revision wurde zurückgewiesen.

Aus den Gründen:

„In Frage steht ein sogenannter weißer Scheck, worin als Zahlungsempfänger der Kläger „Sch. oder Überbringer" angegeben war; es war ein Scheck auf den Inhaber. Nicht der Scheck, sondern die Quittung des Sch. auf dem Scheck über den Empfang des angewiesenen Geldbetrages war gefälscht, als er von dem Unbekannten und Unberechtigten der Filiale der Dresdener Bank zur Auszahlung vorgelegt und daraufhin ausbezahlt wurde.

Wie das Oberlandesgericht festgestellt hat, beruht die Nichtbefriedigung des Klägers durch den ihm von der Beklagten zugesandten Scheck ursächlich auf der von ihm getroffenen Einrichtung, wonach er damals die für ihn bei der Post in Ch. eingehenden Ablieferungsscheine über Wert- und Einschreibesendungen sowie Postanweisungen bei der Postanstalt abholen ließ; ohne die Abholungserklärung des Klägers würde er den Scheck bekommen und auch die angewiesene Summe von der Bank ausbezahlt erhalten haben. Das Oberlandesgericht hat nun nicht verkannt, daß die Beklagte als Schuldnerin bei der Übersendung des Schecks, den sie im vorliegenden Falle als Zahlungsmittel ihrer Geldschuld dem Kläger zuschickte, an sich die aus der Übermittelung durch die Post sich ergebende Gefahr zu tragen hatte (§ 270 B.G.B.); es hat aber ausgeführt, es entspreche den Anforderungen von Treu und Glauben und dem allgemeinen Rechtsbewußtsein, daß ein Kaufmann — beide Parteien sind Kaufleute —, der von der postalisch zulässigen Einrichtung der Abholung Gebrauch mache, die aus der hierdurch verminderten Sicherheit hervorgehende Gefahr zu tragen, und dem Absender für den dadurch herbeigeführten Verlust einer Postsendung aufzukommen habe, da in der Schaffung und Benutzung dieser Einrichtung dem Publikum gegenüber die stillschweigende Garantie dafür liege, daß sie nicht schädlich wirke; der Kläger müsse sich bei der ihm hiernach obliegenden Schadensersatzpflicht gemäß § 249 B.G.B. so behandeln lassen, als habe er Scheck und Zahlung darauf erhalten, weshalb er die Kaufpreisforderung gegen die Beklagte nicht mehr geltend machen könne.

Ob dieser Begründung in allen Einzelheiten für den vorliegenden Fall beizutreten ist, bedarf keiner Erörterung, da sich die Entscheidung des Berufungsgerichts jedenfalls aus folgenden Erwägungen rechtfertigt. Hätte der Kläger von seiner Abholungsbefugnis keinen Gebrauch gemacht, so würde der Scheck, wie festgestellt, in seine Hände gelangt sein, und er durch seine Versilberung für seine Forderung an die Beklagte Befriedigung erlangt haben; dadurch, daß er von jenem Rechte Gebrauch machte, verhinderte er die Weiterbeförderung der Sendung, wie sie sonst gemäß Aufgabe der Beklagten zur Post postordnungsmäßig stattgefunden haben würde. Die Verbindlichkeit der Postverwaltung für den Verlust der Sendung bestand der Beklagten gegenüber vom Augenblick der Aushändigung der Schecksendung an den abholenden Betrüger an nicht mehr; die Postverwaltung hatte ihre Vertragspflicht auch gegenüber der Beklagten erfüllt. Der Schade, der hierdurch in Verbindung mit dem Abhandenkommen des Schecks durch dessen Einlösung bei der Bank seitens des Unberechtigten, und durch Belastung des Kontos der Beklagten bei der Bank der Beklagten entstanden ist, fällt daher dem Kläger zur Last, welcher die schädlichen Folgen der von ihm geschaffenen Einrichtung vertreten und den Schaden in Gemäßheit des § 249 B.G.B. in der Weise ersetzen muß, daß der Scheckbetrag als an ihn ausbezahlt anzusehen ist. Die Sache könnte vielleicht zugunsten des Klägers beurteilt werden, wenn die Beklagte gewußt hätte, daß der Kläger die für ihn eingehenden Postsendungen abholen ließ; es würde dann in Betracht kommen, ob nicht die Beklagte verpflichtet gewesen wäre, durch einen Vermerk auf dem Scheck „zur Verrechnung" oder durch Bezeichnung des Einschreibebriefes als „Eigenhändig" der Abholung und Verwertung durch einen Unberechtigten vorzubeugen. Allein der Kläger hat im Verlaufe des Rechtsstreites eine solche Kenntnis der Beklagten nicht behauptet, und wenn auch in Ch. eine größere Zahl kaufmännischer Firmen von dem Abholungsrecht Gebrauch machen sollte, so kann doch hieraus eine Verpflichtung der Beklagten zur Vornahme von Sicherungsmaßregeln in dem vorerwähnten Sinne nicht hergeleitet werden. Die Rüge der Verletzung der §§ 270 und 249 B.G.B. entbehrt hiernach der Begründung.

Der Kläger rügt sodann Mangel in der Begründung, nämlich insofern, als der Berufungsrichter nicht geprüft habe, ob die Beklagte bei dem Umstande, daß die Geschäftslokale der Parteien in Ch. nahe beieinander liegen, und die Beklagte an dem Geschäftslokale des Klägers habe vorübergehen müssen, um zur Post zu gelangen, Anlaß gehabt habe, den immerhin nicht ganz sicheren Weg des Posttransports zur Übermittelung des Schecks zu wählen. Auch dieser Angriff kann keinen Erfolg haben. Die Post dient allgemein zur Befriedigung der Verkehrsinteressen, sowohl für den Verkehr von Ort zu Ort, als auch für den Verkehr innerhalb des Postortes selbst (Gesetz, betr. einige Änderungen von Bestimmungen über das Postwesen, vom 20. Dezember 1899); die Beklagte war mithin gesetzlich nicht gehindert, den Posttransport zu wählen, und der Posttransport der Einschreibesendung war für sie mindestens ebenso sicher, wie die Übersendung des Schecks durch einen Boten. Das Berufungsgericht brauchte sich hierüber nicht noch besonders auszusprechen."

---

32. Kann die Befugnis der Gewerken, ihre Kuxe der Gewerkschaft zur Verfügung zu stellen, wirksam durch das Gewerkschaftsstatut ausgeschlossen werden?

Preuß. Allg. Berggeſ. §§ 94, 130.

V. Zivilsenat. Urt. v. 8. Juli 1908 i. S. H. u. Gen. (Bekl. u. Nebeninterv.) w. Callerstollengewerkschaft C. (Kl.). Rep. V. 401/07.

I. Landgericht Aachen.
II. Oberlandesgericht Köln.

Gegenüber der von der Klägerin gegen die drei Beklagten als Gewerken erhobenen Klage auf Bezahlung ausgeschriebener Zubußen wandte der für die Beklagten auftretende Nebenintervenient ein, die Beklagten hätten gemäß § 130 Allg. Berggeſ. ihre Kuxe der Gewerkschaft zur Verfügung gestellt, während die Klägerin sich auf die ein solches Recht der Beklagten ausschließende Bestimmung des Gewerkschaftsstatuts berief. Der Einwand des Nebenintervenienten wurde in beiden Vorinstanzen verworfen. Auch die vom Nebenintervenienten eingelegte Revision wurde zurückgewiesen, aus folgenden

Gründen:

„Der Nebenintervenient erachtet die Beklagten zur Zahlung der gegen sie eingeklagten Zubußen deshalb nicht für verpflichtet, weil sie, wie unstreitig, nach Ausschreibung der Zubußen ihre Kuxe auf Grund des § 130 Allg. Berggeſ. der Gewerkschaft zur Verfügung gestellt haben. Er meint weiter, die gegenteilige der Klage zugrunde gelegte Bestimmung des Gewerkschaftsstatuts, inhalts deren die Geltendmachung des durch den zitierten Paragraphen den Gewerken gesetzlich gewährten sog. Abandonrechts für unstatthaft erklärt ist, sei nach § 94 Abs. 3 Allg. Berggeſ. unwirksam. Zwar sei unter den hier aufgezählten unabänderlichen Gesetzesvorschriften § 130 nicht ausdrücklich mitaufgeführt. Jedoch enthalte der mitaufgeführte § 102 in der Parenthese seines zweiten Absatzes eine Bezugnahme auf den erwähnten Paragraphen, und das müsse genügen, um auch diesen Paragraphen als nach dem Willen des Gesetzgebers der Abänderung durch das Gewerkschaftsstatut entzogen anzusehen. Mit Recht sind beide Vorinstanzen dieser Rechtsauffassung entgegengetreten. Der Berufungsrichter entnimmt für die gegenteilige Ansicht ein Argument zunächst aus dem Wortlaut und der Fassung des Gesetzes. Er führt aus: es wäre mehr als auffällig, wenn das Gesetz seinen Willen, daß § 130 ebenfalls unter § 94 Abs. 3 fallen solle, in so versteckter Weise kundgegeben hätte, während es doch ungemein nahe gelegen habe, im Anschluß an die Aufzählung der übrigen in § 94 Abs. 3 erwähnten Paragraphen auch den § 130 mitzuerwähnen und dadurch dem Willen, daß auch dieser Paragraph unabänderlich sein solle, einen unmittelbaren Ausdruck zu geben. In Wirklichkeit wolle die in § 102 Abs. 2 sich findende Bezugnahme auf § 130 nichts weiter besagen, als daß die Beitragspflicht der Gewerken unter der Einwirkung dieses Paragraphen stehe, mithin insoweit wegfalle, als die Gewerken von der Befugnis des § 130 Gebrauch zu machen berechtigt seien. Ob ein solches Recht bestehe, lasse § 102 völlig unentschieden; und demgemäß könne auch der aus § 94 Abs. 3 herauszulesende mittelbare Hinweis auf § 130 nicht als Beweis dafür verwertet werden, daß letzterer Paragraph von der die Parteidisposition ausschließenden Vorschrift des § 94 Abs. 3 habe mitgetroffen werden sollen. Weiterhin prüft der Berufungsrichter, ob etwa die Zulassung einer Abänderung des § 130 durch Gewerkschaftsstatut dem Wesen der Gewerkschaft widerstreiten würde und aus diesem Grunde zu versagen sei. Auch das verneint er. Er legt dabei entscheidendes Gewicht auf den Umstand, daß im Gegensatz zum früheren Recht, wonach der Gewerke unmittelbar den Bergwerksgläubigern persönlich haftbar war und sich von dieser Haftung nur durch das sog. Kaduzierungsverfahren (§§ 280 flg. A.L.R. II. 16) befreien konnte, gegenwärtig die Gewerkschaft eine juristische Person ist, deren Gläubiger sich nur an das Gewerkschaftsvermögen halten dürfen (§ 99 Allg. Bergges.), während die Zubußepflicht lediglich im inneren Verhältnis der Gewerken zur Gewerkschaft besteht. In diesem Verhältnis die Interessen der Gewerken gegenüber der Gewerkschaft zu wahren und die Gewerken vor ungemessener Inanspruchnahme zu Gewerkschaftszwecken zu sichern, sei die Tendenz des § 130 Allg. Berggef. Es handle sich also nicht um eine Lebensbedingung der Gewerkschaft, sondern nur um den Schutz der einzelnen Gewerken. An sich wäre es freilich möglich gewesen, diesen Individualschutz ebenso zu einem wesentlichen Bestandteil der Gewerkschaftsverfassung zu machen, wie dies bezüglich der Gesellschaften mit beschränkter Haftung durch § 27 Abs. 4 des Reichsgesetzes vom 20. April 1892 in der Fassung der Bekanntmachung vom 20. Mai 1898 (R.G.Bl. S. 846) geschehen sei. Dazu hätte es indessen einer positiven gesetzlichen Bestimmung bedurft. An einer solchen fehle es im Allgemeinen Berggesetz.

Diesen von der Revision bekämpften Ausführungen war durchweg beizutreten. Weder ergeben die Motive zum Allg. Berggef. etwas Gegenteiliges, noch kann darin, daß abgesehen von der Aufzählung unabänderlicher Gesetzesvorschriften in § 94 Abs. 3 auch noch in § 124 Bestimmungen über die Unabänderlichkeit von Gesetzesvorschriften enthalten sind, eine Ungenauigkeit der Gesetzesredaktion gefunden werden, die, wie die Revision meint, den Schluß zulasse, auch im Falle des § 94 Abs. 3 habe der Gesetzgeber dem, was er unzweifelhaft gewollt, keine völlig einwandfreie Fassung gegeben." ...

33. 1. Können fraudulöse Rechtsgeschäfte, denen kein anderer Mangel anhaftet als der, daß sie in der dem anderen Teile bekannten Absicht geschlossen sind, die Gläubiger des einen Teiles zu benachteiligen (§ 3 Nr. 1 des Anfechtungsgesetzes, § 31 Nr. 1 K.O.), aus diesem Grunde auch auf Grund der §§ 134 und 138 B.G.B. als nichtig angefochten werden?

2. Zur Frage, ob lediglich ein nach Tarifst. 71 Abs. 1 des preuß. Stempelsteuergesetzes vom 31. Juli 1895 zu versteuernder Aufhebungsvertrag oder eine der Tarifst. 32 a. a. O. unterliegende Rückveräußerung vorliegt.

VII. Zivilsenat. Urt. v. 28. April 1908 i. S. Konkurs L. (Kl.) w. preuß. Fiskus (Bekl.). Rep. VII. 349/07.

I. Landgericht Königsberg i. Pr.
II. Oberlandesgericht daselbst.

Am 30. März 1906 verkauften der Bauunternehmer L. und seine mit ihm in Gütergemeinschaft lebende Ehefrau in K. an ihren Sohn und an ihre Tochter je ein Grundstück. Die Auflassung der Grundstücke an die Käufer folgte alsbald nach. Am 19. Mai 1906 schlossen die genannten Eheleute mit den beiden Käufern zwei schriftliche Verträge ab, in denen es heißt: da die Verkäufe von einer Anzahl der Gläubiger der Eheleute L. angefochten würden, welche die Rückauflassung verlangten, und für die genannten Eheleute keine Aussicht vorhanden sei, diesen Anfechtungsprozeß zu gewinnen, so seien sie gezwungen, die (mit ihren Kindern geschlossenen) Verkaufsverträge aufzuheben; sie höben deshalb diese Verträge in allen ihren Bestimmungen wieder auf; die Rückauflassung an die Eheleute L. habe unverzüglich zu geschehen. Zu diesen beiden Verträgen verwendete der beurkundende Notar den Kaufstempel. L. begehrte, nachdem er diese Stempelbeträge entrichtet hatte, bei dem Provinzialsteuerdirektor deren Rückzahlung, da die Verträge nach seiner Meinung als reine Aufhebungsverträge nicht mit dem Kaufstempel zu belegen gewesen seien. Bevor über diesen Antrag von der Stempelsteuerbehörde entschieden worden war, nämlich am 30. Juni 1906, wurde über das Vermögen des L. das Konkursverfahren eröffnet, und der jetzige Kläger zum Verwalter bestellt. Am 14. August 1906 wurde dem Gemeinschuldner von dem Provinzialsteuerdirektor mitgeteilt, daß der Wertstempel für die beiden Verträge vom 19. Mai 1906 durch den Finanzminister auf $^1/_{20}$ v. H. ermäßigt sei. Das Hauptsteueramt wurde demgemäß angewiesen, an den Gemeinschuldner den übrigen Betrag zurückzuzahlen. Nunmehr verlangte der Konkursverwalter die Zahlung dieses Betrages zur Konkursmasse. Der Provinzialsteuerdirektor machte die Zahlung an die Konkursmasse von der Beibringung der Genehmigung des Gemeinschuldners abhängig und hinterlegte, da der Gemeinschuldner diese Genehmigung zu erteilen verweigerte, am 15. November 1906 den Betrag. Am 16. November 1906 wurde dem Provinzialsteuerdirektor als Vertreter des Fiskus die Klage des Konkursverwalters zugestellt, mit welcher dieser beantragte, daß der Beklagte zur Zahlung des vorbezeichneten Betrages verurteilt werde. Begründet wurde dieser Antrag mit der Ausführung, daß die beiden Aufhebungsverträge keinem Wertstempel, sondern nur dem Vertragsstempel von 1,50 M unterlägen, und daß der Anspruch auf Rückzahlung des Stempels der Konkursmasse und nicht dem Gemeinschuldner zustehe. Der Fiskus beantragte Abweisung der Klage. Der erste Richter verurteilte unter Abweisung der Mehrforderung den Beklagten zur Zahlung eines Teilbetrages von 2574 M. Der Berufungsrichter erkannte auf gänzliche Abweisung der Klage.

Die Revision des Klägers wurde zurückgewiesen, aus folgenden

Gründen:

„Der Berufungsrichter nimmt an, daß die Aufhebungsverträge vom 19. Mai 1906 nach Tarifstelle 32a des Stempelsteuergesetzes zu versteuern gewesen seien, daß es aber rechtlich zweifelhaft sei, ob der Anspruch auf Rückzahlung des Betrages von $^{19}/_{20}$ des verwendeten Stempels, um welchen Betrag der Finanzminister den Stempel ermäßigt hatte, zur Konkursmasse gehöre, oder dem Gemeinschuldner und dessen Ehefrau persönlich zustehe, und daß deshalb der Provinzialsteuerdirektor nach § 372 B.G.B. berechtigt gewesen sei, jenen Betrag zu hinterlegen. Da die gegen den Beklagten gerichtete Klage einen Tag nach der Hinterlegung erhoben ist, so weist der Berufungsrichter diese mit dem Hinzufügen ab, daß der Kläger den Streit über das Recht an dem oben erwähnten Betrage durch Klage gegen die Eheleute L. hätte zum Austrag bringen sollen. Nach allen diesen Richtungen greift die Revision das Berufungsurteil an; sie ist indessen in keinem Punkte begründet. In erster Reihe macht die Revision geltend, sowohl die Kaufverträge vom 30. März 1906, wie die auf Grund dieser erfolgten Auflassungen an die Kinder der Eheleute L. verstießen wegen ihres fraudulösen Charakters gegen die guten Sitten (§ 138 B.G.B.) und gegen die in den Strafvorschriften der Konkursordnung, insbesondere in den §§ 239 Nr. 1, 241 und 242 Nr. 1, enthaltenen Verbotsgesetze (§ 134 B.G.B.); die Auflassungen seien daher nichtig; das Eigentum sei also bei den L.'schen Eheleuten geblieben, und es könnten demnach die Aufhebungsverträge vom 19. Mai keine stempelpflichtigen Veräußerungsgeschäfte darstellen.

Diese Ausführungen gehen fehl, da ihre Grundlage rechtsirrig ist. Durch das Einführungsgesetz vom 17. Mai 1898 zum Gesetz vom selbigen Tage, betr. Änderungen der Konkursordnung, sind die

Konkursordnung und das Anfechtungsgesetz in ihrer jetzigen Gestaltung gleichzeitig mit dem Bürgerlichen Gesetzbuch in Kraft gesetzt worden. Aus diesen beiden Gesetzen in Verbindung mit Art. 32 Einf.-Ges. zum B.G.B. ergibt sich, daß die Konkursordnung und das Anfechtungsgesetz nicht nur gleichberechtigt neben dem Bürgerlichen Gesetzbuch stehen, sondern daß, sofern sie Sonderbestimmungen enthalten, die von den allgemeinen Grundsätzen des Bürgerlichen Gesetzbuchs abweichen, allein diese Sonderbestimmungen, und nicht die Grundsätze des Bürgerlichen Gesetzbuchs für die hiervon betroffenen Rechtsverhältnisse maßgebend sind. Dieser Fall liegt hier vor. Es mag sein — einer bestimmten Entscheidung bedarf die Frage nicht —, daß die fraudulösen Rechtsgeschäfte im Sinne des § 31 Nr. 1 K.O. und des § 3 Nr. 1 Anf.-Ges. eben wegen ihres fraudulösen Charakters gegen die guten Sitten und vielleicht auch gegen gewisse in den Strafbestimmungen der Konkursordnung enthaltene gesetzliche Verbote verstoßen, so daß, wenn das Bürgerliche Gesetzbuch anzuwenden wäre, allerdings jene Rechtsgeschäfte gemäß den §§ 134, 138 B.G.B. nichtig sein möchten. Allein hier greifen die Bestimmungen der Konkursordnung und des Anfechtungsgesetzes ein. Beide Gesetze erklären jene fraudulösen Rechtsgeschäfte für anfechtbar (§ 29 bzw. § 1), und zwar ist dies dahin zu verstehen, daß sie dieselben nur für anfechtbar erklären. Durch diese Sonderbestimmungen ist ausgeschlossen, daß jene fraudulösen Rechtsgeschäfte, sofern ihnen kein anderer Mangel anhaftet als eben der, daß sie in der dem anderen Teil bekannten Absicht geschlossen sind, die Gläubiger des Veräußerers zu benachteiligen, aus diesem Grunde zugleich auch noch nach den §§ 134 und 138 B.G.B. nichtig sein könnten. Denn es würden alsdann — wenn man ganz von der Beantwortung der allgemeinen Frage absieht, ob anfechtbare Rechtsgeschäfte überhaupt zugleich noch nichtig, und umgekehrt nichtige Geschäfte auch noch anfechtbar sein können — die Bestimmungen des § 31 Nr. 1 der Konkursordnung und des § 3 Nr. 1 des Anfechtungsgesetzes bezüglich der fraudulösen Geschäfte völlig überflüssig sein, da die Nichtigkeit den benachteiligten Gläubigern nicht nur dieselbe, ja sogar noch wirksamere Hilfe gewähren, sondern auch weniger Voraussetzungen, nämlich nicht den Nachweis der tatsächlich eingetretenen Benachteiligung, erfordern würde. Es würde, wenn die fraudulösen Geschäfte, neben ihrer Anfechtbarkeit nach der

Konkursordnung und dem Anfechtungsgesetz, noch nach dem Bürgerlichen Gesetzbuch für nichtig zu erachten wären, das unannehmbare Ergebnis eintreten, daß die Gläubiger, um das engere und beschränktere Recht, nämlich das Anfechtungsrecht, auszuüben, mehr nachweisen müßten, als wenn sie das weitergreifende und wirksamere Mittel der Geltendmachung der Nichtigkeit zur Anwendung brächten. Da dem Gesetzgeber, der das Bürgerliche Gesetzbuch und die Konkursordnung sowie das Anfechtungsgesetz in ihrer jetzigen Gestalt zu gleicher Zeit hat in Kraft treten lassen, nicht zugetraut werden kann, daß er völlig überflüssige Bestimmungen hat treffen wollen, so sind die Vorschriften des Bürgerlichen Gesetzbuchs einerseits, und der Konkursordnung und des Anfechtungsgesetzes andererseits in der Weise miteinander zu vereinigen, daß, wenn die fraudulösen Geschäfte des § 31 Nr. 1 K.O. und des § 3 Nr. 1 Anf.-Ges. gegen die guten Sitten und gesetzlichen Verbote verstoßen sollten, mit diesem Mangel nach dem Willen des Gesetzgebers, in Ausnahme von den Bestimmungen der §§ 134 und 138 B.G.B., nicht die Nichtigkeit, sondern nur die Anfechtbarkeit jener Rechtsgeschäfte verknüpft sein soll.

In diesem Sinne ist anscheinend auch die Entscheidung des VI. Zivilsenats des Reichsgerichts vom 23. Juni 1904 (Gruchot, Beitr. Bd. 49 S. 351) zu verstehen, in der gleichfalls eine Nichtigkeit der fraudulösen Rechtsgeschäfte nach Maßgabe des Bürgerlichen Gesetzbuchs abgelehnt wird, sofern der Mangel der an sich normalen Veräußerungsgeschäfte nur in der Absicht der Gläubigerbenachteiligung und der Kenntnis hiervon besteht. Ferner haben der II. Zivilsenat des Reichsgerichts in einem Urteil vom 15. Dezember 1903 (Entsch. in Zivils. Bd. 56 S. 230) und der V. Zivilsenat in einem Urteil vom 22. September 1906 (Rep. V. 661/05) den §§ 134 und 138 B.G.B. die Anwendung auf die nach dem Anfechtungsgesetz und der Konkursordnung anfechtbaren Rechtsgeschäfte versagt. Ob der Begründung dieser Entscheidungen beizustimmen wäre, kann hier dahingestellt bleiben. Gegenüber der Annahme des V. Zivilsenats, daß der Gesetzgeber eine Zuwiderhandlung gegen das Anfechtungsgesetz nicht als einen Verstoß gegen die guten Sitten im Sinne des § 138 B.G.B. angesehen wissen wolle, sei nur bemerkt, daß es in erheblichem Grade zweifelhaft erscheint, ob für eine solche Ansicht des Gesetzgebers, soweit es sich um die fraudulösen Rechtsgeschäfte des § 3 Nr. 1 Anf.=Ges. und des § 31 Nr. 1 K.O. handelt, aus den Gesetzen und deren Begründung ein sicherer Anhalt entnommen werden kann.

Sind hiernach — was das Berufungsgericht hatte dahingestellt sein lassen — die Kausalgeschäfte vom 30. März 1906 nicht nichtig, so sind selbstverständlich auch die auf Grund jener Verträge erfolgten Auflassungen nicht nichtig. Das Eigentum an den vorerwähnten Grundstücken war daher auf die Kinder der Verkäufer übergegangen, und es genügte deshalb, wie der Berufungsrichter mit Recht ausführt, zur Rückgängigmachung dessen, was geschehen war, nicht mehr die einfache Erklärung der früheren Vertragsparteien, daß die Verträge vom 30. März 1906 aufgehoben würden; sondern es bedurfte noch der besonderen Vereinbarung, daß auch die vollzogenen, in der Auflassung bestehenden Erfüllungshandlungen rückgängig gemacht werden, d. h. die Rückauflassungen vorgenommen werden sollten. Es lagen daher in der Tat in den Aufhebungsverträgen wirkliche (Rück=) Veräußerungsgeschäfte vor. Diese sind auch als lästige zu erachten. Allerdings hat der erkennende Senat in einem früheren Urteil (Entsch. in Zivils. Bd. 47 S. 305) ausgesprochen, daß, wenn eine gesetzliche Verpflichtung zur Rückgängigmachung eines Kaufgeschäftes bestehe, in dem der Erfüllung dieser gesetzlichen Verpflichtung dienenden Vertrage ein lästiges Veräußerungsgeschäft nicht zu erblicken sei. Allein dieser Fall ist, wie der Berufungsrichter zutreffend darlegt, hier nicht gegeben. Die L.'schen Eheleute und deren Kinder hatten gegeneinander keinen gesetzlichen Anspruch auf Rückgängigmachung der Verträge vom 30. März 1906. Die Ausführung der Revision, die Eheleute L. hätten wegen der Nichtigkeit der Kausalgeschäfte eine Kondiktion auf Rückauflassung gehabt, und die Annahme des Berufungsrichters, daß ihnen diese — wenn wirklich das Kausalgeschäft nach § 138 B.G.B. nichtig gewesen sein sollte — wegen der Bestimmung des § 817 Satz 2 B.G.B. versagt sei, sei rechtsirrig, scheitert schon allein daran, daß das Kausalgeschäft, wie oben erörtert ist, nicht nichtig war. Im übrigen sei hierzu erwähnt, daß der dem Berufungsrichter gemachte Vorwurf der rechtsirrigen Auslegung und Anwendung des § 817 Satz 2 mit Unrecht erhoben ist.

Es kann sich schließlich nur noch fragen, ob denn das für die Begriffe des „lästigen" Veräußerungsgeschäftes notwendige Merkmal der Gegenleistung bei den Aufhebungsverträgen vorhanden ist. Der Berufungsrichter bejaht diese Frage, indem er in dem in den Aufhebungsverträgen ohne weiteres enthaltenen Verzicht der L.'schen Eheleute auf den aus der Übernahme der Hypothekenschulden ihnen gegen ihre Kinder erwachsenen Schuldbefreiungsanspruch die Gegenleistung für die Rückgewähr der Grundstücke findet. Darin ist dem Berufungsrichter lediglich beizupflichten. Wenn die Gegenleistung der Käufer nach den Kaufverträgen vom 30. März 1906 in der Übernahme der Hypothekenschulden und der daraus sich ergebenden Verpflichtung, die Verkäufer von den Schuldverbindlichkeiten gegen die Hypothekengläubiger zu befreien, bestand, so ist es selbstverständlich, daß in der Wiederübernahme der Hypotheken und der daraus sich gegenüber den Käufern ergebenden Wiederübernahme der Schuldverbindlichkeiten gegen die Hypothekengläubiger wiederum die Gegenleistung gegen die Rückgabe der Grundstücke enthalten ist. Was die Revision hiergegen vorgebracht hat, beruht auf der widerlegten Annahme der Richtigkeit der Verträge vom 30. März 1906.

Waren hiernach die für die Wiederaufhebungsverträge erforderten Stempelbeträge mit Recht von der Stempelsteuerbehörde beansprucht worden, so ist weiter dem Berufungsrichter auch darin beizutreten, daß diese berechtigt war, den durch den Finanzminister festgesetzten Teil der entrichteten Steuer, der zurückgezahlt werden sollte, zu hinterlegen, weil es in der Tat rechtlich zweifelhaft sein kann, ob dieser Betrag zur Konkursmasse gehört, oder den L.'schen Eheleuten persönlich gebührt. Das von der Revision erhobene Bedenken, ob die Befugnis einer Behörde zur Hinterlegung aus dem § 372 B.G.B. herzuleiten sei, wenn nur der Inhalt des objektiven Rechts zweifelhaft sei, ist nicht gerechtfertigt. Auch wenn die Ungewißheit des Schuldners über die Person des Gläubigers auf begründeten Zweifeln über die Auslegung und Anwendung des objektiven Rechts beruht, muß § 372 B.G.B. Platz greifen. Irgend ein Grund, weshalb insofern eine Ausnahme von der ganz allgemeinen Bestimmung dieses Paragraphen zu machen sein sollte, ist nicht ersichtlich."

34. Zur Frage der Wirksamkeit des Eigentumsvorbehalts an Maschinen.[1]

VII. Zivilsenat. Urt. v. 29. Mai 1908 i. S. Elektrizitäts-Aktiengesellschaft, vorm. L. (Kl.) w. Flensburger Privatbank (Bekl.). Rep. VII. 185/07.

I. Landgericht Kiel.
II. Oberlandesgericht daselbst.

Die Klägerin verkaufte im Jahre 1901 an die inzwischen in Konkurs geratene Aktiengesellschaft, Schleswig-Holsteinsche Kokswerke in Rade, Maschinen und Gegenstände, die der Erzeugung und Verteilung von elektrischer Kraft und elektrischem Licht zu dienen bestimmt waren, mit der Abmachung, daß bis zur vollständigen Bezahlung des Kaufpreises der Klägerin das Eigentum daran vorbehalten bleiben solle. Die verkauften Gegenstände wurden der Käuferin geliefert und von ihr in Benutzung genommen. Von dem Kaufpreis wurde nur ein verhältnismäßig kleiner Teil bezahlt. Die Beklagte betrieb als Hypothekengläubigerin die Zwangsversteigerung des früher der Käuferin gehörigen Grundbesitzes. Die von der Klägerin begehrte Freigabe der von ihr unter Eigentumsvorbehalt gelieferten Gegenstände wurde von der Beklagten abgelehnt, weil diese wesentliche Bestandteile des Grund und Bodens geworden seien. Die Klägerin beantragte darauf klagend, die von der Beklagten betriebene Zwangsvollstreckung in die in den Verzeichnissen A und B aufgeführten Maschinen und Materialien für unzulässig zu erklären und demgemäß die Beklagte zu verurteilen, diese Gegenstände der Klägerin freizugeben. Sie begründete diesen Anspruch mit der Behauptung, daß jene Gegenstände nicht Bestandteile der Fabrikgebäude und damit des Grund und Bodens, sondern nur Zubehörteile der Fabrik geworden seien; sie seien daher auf Grund des Eigentumsvorbehalts Eigentum der Klägerin geblieben. Die Beklagte beantragte Abweisung der Klage. Der erste Richter wies durch Teilurteil die Klage bezüglich der in dem Verzeichnis B aufgeführten Gegenstände auf Grund der Annahme ab, daß sie die Eigenschaft von wesentlichen Bestandteilen des Grundstücks erlangt hätten. Die Berufung und Revision der Klägerin blieben erfolglos, die Revision, aus folgenden

[1] Vgl. das Urteil des II. Zivils. in diesem Bande S. 117 flg. D. R.

Gründen:

„I. Was zunächst die grundsätzliche Seite des vorliegenden Rechtsstreits angeht, so muß der erkennende Senat auch nach erneuter Prüfung der in der Literatur hervorgetretenen abweichenden Anschauungen im wesentlichen an dem Standpunkte festhalten, den er bezüglich der Frage des Eigentumsvorbehalts an Maschinen im Anschluß an die Rechtsprechung des V. Zivilsenats des Reichsgerichts in seinen früheren Entscheidungen eingenommen hat. Daß diese schwierige Frage verschiedener rechtlicher Beurteilung fähig ist, hat der erkennende Senat stets anerkannt; insbesondere hat er in der Entscheidung vom 2. Mai 1905 (Gruchot, Beitr. Bd. 50 S. 92) ausgesprochen, daß der entgegengesetzten Auffassung Erwägungen von nicht zu unterschätzender Bedeutung zur Seite ständen. Allein er hat sich nach wie vor nicht davon überzeugen können, daß diesen Erwägungen das überwiegende Gewicht beizumessen sei. Die ganze Frage hier wieder aufzurollen, ist kein Anlaß gegeben, da sie in den veröffentlichten Entscheidungen, insbesondere des V. Zivilsenats, so umfassend erörtert worden ist, wie solche Fragen überhaupt nur in gerichtlichen Entscheidungen, die keine wissenschaftlichen Abhandlungen darstellen sollen, erörtert werden können. Der erkennende Senat beschränkt sich daher hier darauf, im folgenden gewisse Grundlinien festzustellen, die für seine Auffassung maßgebend sind.

1. Es kann nicht der Ansicht beigepflichtet werden, daß im Bürgerlichen Gesetzbuch, insbesondere in den §§ 97, 98, der Wille des Gesetzgebers zum Ausdruck gebracht sei, daß Maschinen in der Regel als Zubehör der Fabrik („des für einen gewerblichen Betrieb dauernd eingerichteten Gebäudes"), also als bewegliche Sachen, und nur ausnahmsweise als Bestandteile, insbesondere als wesentliche Bestandteile, der Fabrik zu betrachten seien. Die Fassung des § 97, insonderheit das Verhältnis des Hauptsatzes „Zubehör sind bewegliche Sachen" zu dem Zwischensatz „ohne Bestandteile der Hauptsache zu sein", gibt keinen Grund zu der Annahme, daß hier Regel und Ausnahme aufgestellt seien. Ebensowenig bietet der Inhalt des § 98 jener Auffassung eine Stütze, da er nur in Unterordnung unter den allgemeinen Grundsatz des § 97 verstanden werden darf. Es kann aber weiter auch nicht anerkannt werden, daß der § 98 deshalb in dem oben erwähnten Sinne auszulegen sei, weil in den Motiven

zum ersten Entwurfe des Bürgerlichen Gesetzbuchs jene Auffassung Vertretung gefunden habe. Wenn das Gesetz selbst einen solchen Grundsatz nicht zum Ausdruck gebracht hat, darf dieser nicht deshalb in das Gesetz hineingelegt werden, weil die Verfasser des ersten Entwurfs eine derartige Ansicht gehegt haben. Im übrigen ist es, wenn man auf die weiteren Grundlagen, insbesondere den Johow'schen Teilentwurf und die Protokolle über die Beratungen der ersten Kommission, zurückgeht, jedenfalls nicht mit Sicherheit erweislich, daß bei dieser eine solche Meinung bezüglich des Verhältnisses der Bestandteilseigenschaft der Maschinen zu deren Zubehöreigenschaft bestanden hat. Da auch nicht etwa aus dem Wesen und Zweck der Maschinen ein Grundsatz des obigen Inhalts hergeleitet werden kann, so muß der erkennende Senat bei der Ansicht verharren, daß die Frage, ob Maschinen den Charakter von Bestandteilen oder von Zubehör tragen, an der Hand der Bestimmungen der §§ 93, 94, 97, 98 B.G.B. nur nach Maßgabe der Beschaffenheit des einzelnen Falles entschieden werden kann.

2. Die Bestandteilseigenschaft setzt das Vorhandensein einer Sache, d. h. eines einheitlichen körperlichen Gegenstandes, voraus, zu dessen Teilen Bestandteilen) der betreffende Gegenstand gehört. Es genügt also nicht, wie beim Zubehör, ein gewisses räumliches Verhältnis, um einem Gegenstande die Eigenschaft des Bestandteiles einer Sache beizulegen; sondern es ist hierzu, sofern es sich um zusammengesetzte Sachen handelt, ein physischer oder mechanischer Zusammenhang, eine unmittelbare körperliche Verbindung erforderlich (Entsch. des R.G.'s in Zivils. Bd. 63 S. 173). Auf die Festigkeit dieser Verbindung kommt es nicht an; sie kann eine lose oder leicht lösliche sein. In den Fällen, in denen die Maschinen Bestandteilseigenschaft haben, ist nach Ansicht des erkennenden Senats das aus dem Grund und Boden, dem Gebäude und den Maschinen gebildete körperliche Ganze diejenige einheitliche Sache (Fabrik), als deren einer Bestandteil die Maschinen sich darstellen. Als Zubehör können die Maschinen nur dann gelten, wenn sie „ihre individuelle Selbständigkeit als bewegliche Sachen bewahrt haben" (Urteil des V. Zivilsenats des Reichsgerichts a. a. O.), d. h. also nur dann, wenn sie auch nach ihrer Verbringung in die Fabrik selbständige, bewegliche Sachen geblieben sind; das ergibt die Begriffsbestimmung

des Zubehörs in § 97 unbedingt. Bei der Frage, ob Maschinen auch weiterhin als selbständige, bewegliche Sachen, oder vielmehr als Bestandteile des oben bezeichneten einheitlichen körperlichen Ganzen, dieser einen Sache, zu betrachten sind, hat der Richter allerdings bestehende Verkehrsanschauungen zu berücksichtigen. Es ist hierbei indessen hervorzuheben, daß von Verkehrsanschauungen nur insoweit die Rede sein kann, als bei allen an dem betreffenden Zweige des Verkehrslebens beteiligten Kreisen sich einheitliche Anschauungen herausgebildet haben. Es kann daher nicht einseitig den Ansichten der Maschinenfabrikanten und der in den Bahnen dieser Ansichten sich bewegenden Sachverständigen maßgebliche Bedeutung beigemessen werden; sondern es erscheint ebenso wesentlich, welche Auffassung hinsichtlich dieser Fragen bei den Eigentümern der Fabriken und den Realberechtigten bestehen, da deren Ansichten bei der Feststellung, welche Anschauungen „der Verkehr" hegt, genau der gleiche Anspruch auf Beachtung zusteht, wie den Ansichten der Maschinenfabrikanten. Erweist sich, daß die Auffassung in den verschiedenen beteiligten Kreisen nicht übereinstimmt, so entfällt damit das Vorhandensein einer Verkehrsanschauung, der der Richter zu folgen hat.

3. Was die Frage betrifft, ob und wann die Maschinen wesentliche Bestandteile der Fabrik sind, so wird in dieser Beziehung auf die früheren Entscheidungen des V. Zivilsenats und des erkennenden Senats, insbesondere auf das Urteil des V. Zivilsenats vom 2. März 1902 (Entsch. in Zivils. Bd. 50 S. 241 flg.) Bezug genommen.

4. Die Frage nach der Wirksamkeit des Eigentumsvorbehalts bei dem Verkauf von Maschinen ist nach Inkrafttreten des Bürgerlichen Gesetzbuchs deshalb eine so lebhaft umstrittene geworden, weil die Maschinenfabrikanten geltend machten, daß ihre wirtschaftlichen Interessen durch die Rechtsprechung, insbesondere die des Reichsgerichts, in starkem Maße geschädigt würden. Wirtschaftliche Interessen können nur im Rahmen der bestehenden Rechtsordnung Berücksichtigung heischen und finden. Das geltende Recht bietet keine Unterlage für die Aufstellung eines Rechtsgrundsatzes des Inhaltes, daß der Eigentumsvorbehalt bei der Veräußerung von Maschinen in der Regel wirksam sei und nur ausnahmsweise der Wirksamkeit entbehre. Es kann stets nur von Fall zu Fall darüber entschieden

werden, ob die eingebrachten Maschinen die Eigenschaft von Zubehör, oder von unwesentlichen Bestandteilen, oder von wesentlichen Bestandteilen der Fabrik haben. Sollten berechtigte wirtschaftliche Interessen einen derartigen rechtlichen Normalzustand bezüglich des Eigentumsvorbehalts an Maschinen, wie die Maschinenfabrikanten ihn wünschen, erfordern, so kann ein solcher Zustand nur durch das Eingreifen der Gesetzgebung geschaffen werden. Das bestehende Recht kann ihn nicht gewährleisten. In diesem Sinne hat sich auch der Ausschuß des Deutschen Handelstages ausgesprochen, indem er den Antrag der Leipziger Handelskammer annahm, der dahin lautete: „in der Frage des Eigentumsvorbehalts an Maschinen vermöge sich der Ausschuß des Deutschen Handelstages dem Vorgehen der Handelskammer zu Frankfurt a. M. insoweit nicht anzuschließen, als es sich gegen die Rechtsprechung des Reichsgerichts in rechtlicher und tatsächlicher Beziehung wende; dagegen erkenne er an, daß die zufolge der gegenwärtigen gesetzlichen Bestimmungen notwendige Entscheidung der Gültigkeit des Eigentumsvorbehalts von Fall zu Fall eine Rechtsunsicherheit hervorgerufen habe, die den Interessen der Maschinenindustrie, ebenso wie denjenigen der Grundeigentümer und Hypothekengläubiger zuwiderlaufe; eine Änderung der einschlägigen Gesetzgebung zur deutlichen Abgrenzung des rechtlichen Verhältnisses zwischen Eigentumsvorbehalt und Grund- und Hypothekenrechten, sowie zur Herbeiführung einer einheitlichen Rechtsprechung werde daher für notwendig gehalten". Im übrigen möge nicht unbemerkt bleiben, daß, während auf der einen Seite eine ganze Reihe von Handelskammern, an ihrer Spitze diejenige von Frankfurt a. M., den Standpunkt der Maschinenfabrikanten vertritt, auf der anderen Seite auch eine größere Zahl von Handelskammern (unter anderen die von Köln, Frankfurt a. O., Kassel, Stuttgart, Trier, Neuß, Lennep, Handel und Gewerbe Bd. 13 S. 643, 812, 813, Bd. 14 S. 33, 34, 49, 50, 111, 288) und ihnen voran die Ältesten der Berliner Kaufmannschaft (Korrespondenz der Ältesten der Kaufmannschaft Berlin 30. Jahrgang [1907] Nr. 9 S. 254) den von den Maschinenfabrikanten vorgebrachten wirtschaftlichen Rücksichten andere wirtschaftliche Erwägungen entgegengestellt haben, von denen sie zu der Ansicht geführt worden sind, daß eine Änderung der Rechtsprechung und Gesetzgebung zugunsten der Maschinenfabrikanten nicht gerechtfertigt sei.

5. Die in neuerer Zeit ergangenen Urteile des V. Zivilsenats des Reichsgerichts, insbesondere das vom 2. November 1907, Rep. V. 53/07, und die Urteile, die sich hieran angeschlossen haben, geben dem erkennenden Senat keinen Anlaß, gemäß § 137 G.V.G. eine Entscheidung der vereinigten Zivilsenate herbeizuführen; denn es sind in ihnen, wie der V. Zivilsenat am Schlusse des Urteils vom 2. November 1907 selbst bemerkt, neue Rechtsgrundsätze, die von der eigenen Rechtsprechung des V. Senats oder derjenigen des jetzt erkennenden Senats und des II. Zivilsenats abweichen, nicht aufgestellt worden. Ohne Anwendung der Bestimmung des § 137 a. a. O. hätte dies auch nicht geschehen können. Da der erkennende Senat sich von der bisherigen Rechtsprechung ebenfalls nicht entfernen will, liegt ein Zwiespalt nicht vor.

II. Die Sachlage ist im vorliegenden Falle die folgende.

Die R.'er Kokswerke liegen am Audorfer See, durch den der Kaiser-Wilhelm-Kanal hindurchführt. Die Kohlen werden auf dem Wasserwege durch den Kanal angefahren. Die Entlöschung und die Förderung zur Kohlenwäsche geschieht mit elektrischer Kraft, ebenso wie die Trennung der Kohlen vom Schiefer in der Kohlenwäsche. Das hier, wie das sonst im Betriebe der R.'er Werke erforderte Wasser wird durch elektrisch betriebene Pumpen befördert. Von der Kohlenwäsche werden die Kohlen mittels Handbetriebs zu den Koksöfen geführt. Nach Verbrauch der Kohlen werden die Koks aus den Öfen mittels einer Dampfausdruckmaschine ausgestoßen und mit Wasser abgelöscht; der Teer wird mit einer durch Dampf betriebenen Pumpe weiter befördert. Die Verladung der Koks geschieht mit elektrischer Kraft, desgleichen ihre Zerkleinerung mittels eines elektrisch betriebenen Koksbrechers. Die mit der Verbrennung der Kohlen entstandenen Gase werden durch die mittels Dampfkraft betriebenen Pumpen in die Kühl- und Reinigungsbehälter geleitet. Nachdem die Gase gereinigt, gekühlt und von Ammoniak befreit sind, gehen sie zu einem Teile in die Öfen zur Heizung, zum anderen Teile in die elektrische Zentrale zum Antrieb der Gasmotoren. Die elektrische Zentrale ist ein für sich allein stehendes Gebäude, in dem die zum elektrischen Antrieb eines Teiles der Fabrikmaschinen dienenden elektrischen Maschinen aufgestellt sind. In einem großen Raume befinden sich die Gasmotore und die auf Achsen aufgesetzten Drehstromdynamomaschinen. An die Maschinenhalle schließt sich der sog. Schaltraum an, in dem sich die Transformatoren befinden. Von dieser Zentrale erfolgt die Verteilung der elektrischen Kraft teils durch Motore zu den Zwecken des Antriebs in den einzelnen Betrieben, teils durch Umformer zu Zwecken der Beleuchtung. Diese elektrische Beleuchtung wird für das gesamte Werk geliefert. Die Maschinen wie die Gasmotore, die Dynamos, die Umformer, die Drehstrom- und sonstigen Motore, die Anlaßwiderstände und Kuppelungen sind durch Schrauben mit den gemauerten und verputzten Fundamenten verbunden; die Schwungradvorrichtungen sind auf den Achsen der Motore eingebaut; die Schalttafeln sind mit den Mauern und die Sicherungen, Aus- und Umschalter, die Ampere- und Voltmeter, die Indikatoren, die Zähler mit den Tafeln durch Schrauben verbunden. Die Kabel sind mit den Maschinenfundamenten, die Isolatoren und Kappenschuhe mit der Schaltanlage und den Wänden, die Bogenlampenwiderstände, die Seillampen, Winden und sonstigen Teile der Beleuchtungsanlagen durch Rollen, Schrauben, Einfügungen mit den Wänden verbunden.

Wenn der Berufungsrichter unter diesen Umständen annimmt, daß die von der Klägerin gelieferten, für die Erzeugung und Verteilung der elektrischen Kraft und des elektrischen Lichtes erforderlichen Maschinen und sonstigen Teile, wie sie in dem Verzeichnis B Blatt 103 flg. der Prozeßakten im einzelnen näher aufgeführt sind, nicht Zubehör, sondern Bestandteile, und zwar wesentliche Bestandteile, der R.'er Koksfabrik geworden seien, und daß damit das vorbehaltene Eigentum der Klägerin daran untergegangen sei, so ist ein Rechtsirrtum in dieser Auffassung nicht zu finden; vielmehr steht sie völlig in Einklang mit der Rechtsprechung des Reichsgerichts. Der Berufungsrichter hat hierbei keineswegs, wie die Revision meint, verkannt, daß es für die Frage der Bestandteilseigenschaft der Maschinen nicht auf das Fabrikunternehmen, die Fabrikanlage im ganzen ankommt; denn er betont ausdrücklich, die R.'er Kokswerke kämen hier als die „körperliche Sache", deren Bestandteile zu ermitteln seien, in Betracht. Demgemäß stellt der Berufungsrichter zunächst fest, daß die von der Klägerin gelieferten Maschinen und Gegenstände, die in dem Verzeichnis B aufgeführt sind, Bestandteile der R.'er Koksfabrik in ihrer Eigenschaft als eines körperlichen Gegenstandes geworden seien. Das will ein Zweifaches besagen: erstens daß diese Maschinen und Gegenstände nach ihrer Verbindung mit der Koksfabrik nicht selbständige bewegliche Sachen geblieben sind, also nicht die Eigenschaft von bloßem Zubehör gewonnen haben; dem kann weder in rechtlicher noch in tatsächlicher Beziehung entgegengetreten werden. Zweitens daß die von der Klägerin gelieferten Maschinen und Gegenstände, soweit die Koksfabrik in einzelne selbständige Teile (Gebäude, Anlagen, Krane usw.) zerfällt, Bestandteile dieser einzelnen Teile geworden sind. Auch hiergegen ist nichts zu erinnern. Erst nach Feststellung der Bestandteilseigenschaft beschäftigt sich der Berufungsrichter mit der Frage, ob den streitigen Maschinen und sonstigen Gegenständen die Eigenschaft von wesentlichen Bestandteilen beiwohne, und in diesem Zusammenhange findet sich die von der Revision ganz besonders beanstandete Äußerung, die elektrische Anlage bilde mit den übrigen Anlagen eine wirtschaftliche Einheit.

Die Annahme der Revision, daß der Berufungsrichter hiermit gegen die Ausführungen verstoße, die in dem Urteil des V. Zivilsenats vom 19. April 1906 (Entsch. in Zivils. Bd. 63 S. 172, 173) enthalten seien, ist nicht gerechtfertigt. Der V. Zivilsenat legt hier dar, daß der Gesichtspunkt der wirtschaftlichen Einheit für sich allein unzureichend sei, um die Unterscheidung zwischen Bestandteilen und Zubehör zu begründen; die Herabsetzung der wirtschaftlichen Bedeutung könne für sich allein kein sicheres Merkmal für die Anwendung des § 93 B.G.B. bieten; erst müsse eine Sache Bestandteil sein, ehe entschieden werden könne, ob sie wesentlicher Bestandteil sei. Diesen Sätzen ist der Berufungsrichter nicht entgegengetreten. Er hat vielmehr zunächst die Bestandteilseigenschaft der in Streit befindlichen Maschinen und sonstigen Gegenstände festgestellt und ist dann erst zur Beantwortung der Frage nach der Beschaffenheit dieser Eigenschaft geschritten. Daß bei der Entscheidung dieser Frage die wirtschaftliche Seite mit zu berücksichtigen ist, kann nicht geleugnet werden; denn allerseits wird bei der Auslegung des § 93 B.G.B. gerade darauf verwiesen, daß in den Motiven zum ersten Entwurf bei § 93 (damals § 782) das entscheidende Gewicht für die Beantwortung der Frage nach der Wesentlichkeit der Bestandteile darauf gelegt ist, ob die Trennung das den volkswirtschaftlichen Interessen zuwiderlaufende Ergebnis habe, daß die zu gewinnenden Stücke entwertet oder in ihrem Werte gemindert würden. Das eigenartige, wirtschaftlich besondere Gepräge der R.'er Koksfabrik besteht darin, daß ein Teil der Abgase aus den Koksöfen zur Erzeugung elektrischer Energie verwendet wird, die ihrerseits wieder dazu benutzt wird, sowohl die Beleuchtung für das ganze Werk als auch die Betriebskraft für eine ganze Anzahl wichtiger Teile der Fabrik zu liefern. Dieses Ineinandergreifen der Erzeugung und Verwendung elektrischer Energie mit den übrigen Teilen des Werkes bildet das charakteristische Wesen der R.'er Kokerei. Wenn hiernach die elektrische Anlage, die aus den von der Klägerin gelieferten Maschinen und Gegenständen hergestellt ist, mit den übrigen Anlagen der Fabrik eine wirtschaftliche Einheit bildet, so erscheint die Annahme des Berufungsrichters, daß eine Beseitigung der elektrischen Anlage eine Wesensänderung nicht nur des ganzen Werkes, sondern auch des übrigbleibenden Teiles herbeiführen würde, als unbestreitbar richtig. Diese wirtschaftliche Einheit der ganzen elektrischen Anlage mit dem ganzen anderen Werke erstreckt sich aber selbstverständlich und notwendig auch auf die einzelnen selbständigen körperlichen Teile (Gebäude usw.), aus denen das ganze Werk besteht. Soweit mit diesen Teilen Teile der elektrischen Anlage verbunden sind, bilden diese zusammen ein körperliches Ganzes, aus dem die einen wesentlichen Bestandteil desselben darstellenden, dem elektrischen Betriebe dienenden Maschinen und sonstigen Gegenstände nicht losgelöst werden können, ohne daß das, was übrig bleibt, in dem vom V. Zivilsenat des Reichsgerichts wiederholt dargelegten Sinne des § 93 B.G.B. sein Wesen verändert. Die Annahme des Berufungsrichters, daß die von der Klägerin gelieferte elektrische Anlage in dem in dem Verzeichnis B aufgeführten Umfange ein wesentlicher Bestandteil der R.'er Koksfabrik geworden sei, ist hiernach wohl begründet.

Wenn der Berufungsrichter der Ersatzmöglichkeit für die Frage, was wesentlicher Bestandteil sei, keine Bedeutung eingeräumt hat, so ist er damit der Bahn gefolgt, die das Reichsgericht in dieser Beziehung bereits gewiesen hat (Entsch. in Zivils. Bd. 62 S. 409, Bd. 63 S. 420)."

35. 1. Kann das Verlangen der Gemeinde auf Abtretung der durch einen Fluchtlinienplan zu Straßen und Plätzen bestimmten Grundflächen (§ 13 Abs. 1 Nr. 1 des preuß. Fluchtliniengesetzes vom 2. Juli 1875) durch Maßnahmen, die sie an diesen Grundflächen vornimmt (Kanalisation usw.), stillschweigend erklärt werden?

2. Welche Bedeutung hat in solchem Falle die Behauptung der Gemeinde, daß der Eigentümer der Grundflächen diese schon vorher dem öffentlichen Verkehr gewidmet und den Besitz daran der Gemeinde überlassen habe?

VII. Zivilsenat. Urt. v. 12. Juni 1908 i. S. Stadtgemeinde Essen (Bekl.) w. L. (Kl.). Rep. VII. 348/07.

I. Landgericht Essen.
II. Oberlandesgericht Hamm.

Der Kläger ist Eigentümer mehrerer Parzellen des Gemeindebezirks Essen. Diese Parzellen bilden die Dürerstraße in Essen-West, die unstreitig eine dem öffentlichen Verkehr dienende Straße ist und früher zur Gemeinde Altendorf gehörte, deren Rechtsnachfolger die Beklagte ist. Auf Grund des Fluchtliniengesetzes vom 2. Juli 1875 wurde der die Dürerstraße enthaltende Bebauungsplan von der Gemeinde Altendorf am 21. September 1896 offen gelegt und am 2. Juli 1897 förmlich festgestellt. Der Kläger behauptete nun, er habe diese Parzellen an die Rechtsvorgängerin der Beklagten auf deren Verlangen abgetreten, und zwar habe sie solches Verlangen dadurch zum Ausdruck gebracht, daß sie die Dürerstraße mit Kanalisation sowie mit Gas- und Wasserleitung versehen, und ferner auf Grund ihres Ortsstatuts vom 4. Dezember 1890 gegen Sicherstellung der Kosten für Kanalisation und Pflasterung dem Bauunternehmer F. die Errichtung von fünf Wohnhäusern an der Dürerstraße gestattet habe. Kläger beanspruchte Entschädigung für das nach seiner Angabe von ihm abgetretene Land und beantragte deshalb klagend, die Beklagte zu verurteilen, das Enteignungsverfahren einzuleiten und zu diesem Zwecke bei dem zuständigen Regierungspräsidenten den Antrag auf Feststellung der Entschädigung zu stellen. Die Beklagte beantragte Abweisung der Klage, indem sie bestritt, daß in den vom Kläger angegebenen, nicht in Abrede gestellten Maßnahmen ihrer Rechtsvorgängerin das stillschweigende Verlangen auf Abtretung zu erblicken sei; der Kläger selbst sei es vielmehr gewesen, der bereits vorher die Straße dem öffentlichen Verkehr gewidmet habe. Der erste Richter wies die Klage ab; der zweite gab ihr statt.

Die Revision wurde zurückgewiesen, aus folgenden

Gründen:

„Nach § 13 des Fluchtliniengesetzes kann wegen Entziehung des von der Festsetzung neuer Fluchtlinien betroffenen Grundeigentums Entschädigung, abgesehen von zwei anderen, hier nicht in Betracht kommenden Fällen, nur gefordert werden, wenn die zu den Straßen und Plätzen bestimmten Flächen auf Verlangen der Gemeinde für den öffentlichen Verkehr abgetreten werden. Daß dieses Abtretungsverlangen auch stillschweigend erklärt werden kann, ist unzweifelhaft und schon wiederholt vom Reichsgericht anerkannt. Im vorliegenden Falle findet der Berufungsrichter ein solches stillschweigendes Abtretungsverlangen der Gemeinde Altendorf darin, daß sie, nicht etwa auf Antrag oder im Einvernehmen mit dem Straßeneigentümer, d. i. mit dem Kläger, sondern vielmehr lediglich auf Antrag eines Anliegers, dem an der Straße keinerlei Rechte zustanden, auf ihre Kosten in der Dürerstraße Kanalisation sowie Gas- und Wasserleitung angelegt, und dem vorbezeichneten Anlieger zur Erbauung von fünf Wohnhäusern an der Dürerstraße gegen Sicherstellung der Kosten für Pflasterung und Kanalisation in Gemäßheit des geltenden Ortsstatuts die Genehmigung erteilt hat. Dieser Auffassung kann nur beigepflichtet werden. Mit Recht macht der Berufungsrichter geltend, durch diese Handlungen habe die Gemeinde unzweideutig zum Ausdruck gebracht, daß sie die Straße für den öffentlichen Verkehr gebraucht wissen wolle, und darüber wie eine Eigentümerin verfügt. Damit sind die Erfordernisse des § 13 Nr. 1 Fl.L.G. erfüllt.

Was die Beklagte sowohl in den Vorinstanzen wie in der Revisionsinstanz dagegen vorgebracht hat, trifft die Sache nicht. Sie beruft sich hauptsächlich darauf, daß der Kläger bereits vor den von ihr an der Straße getroffenen Maßnahmen als Eigentümer den Grund und Boden, wie sie sagt, „dem öffentlichen Verkehr gewidmet habe“. Allein daraus folgt nichts gegen ihre Entschädigungspflicht. Von der Widmung von Grund und Boden für den öffentlichen Verkehr pflegt gewöhnlich in dem Zusammenhange und in dem Sinne die Rede zu sein, daß erklärt wird, allein dadurch, daß der Eigentümer eines Weges diesen dem öffentlichen Verkehr widme, werde dieser noch nicht zu einem öffentlichen Wege; damit dieser den Anordnungen der Wegepolizeibehörde und der Unterhaltungspflicht des Wegebaupflichtigen unterliege, sei es vielmehr erforderlich, daß diese mit der Widmung des Weges für den öffentlichen Verkehr einverstanden seien, insbesondere also auch der Wegebaupflichtige mit diesem Zuwachs seiner Wegebaupflicht. Über das Verhältnis des Wegeeigentümers zu der wegebaupflichtigen Gemeinde ist damit gar nichts gesagt. Wie dieses beschaffen ist, kann sich allein nach Lage des einzelnen Falles richten. Ist der Wille des Grundeigentümers darauf gerichtet, daß er das Eigentum am Grund und Boden behalten will, so ist damit ein Anspruch gegen die Gemeinde oder den sonstigen Wegebaupflichtigen dahin, daß er Entschädigung für sein Eigentum erhalte, selbstverständlich ausgeschlossen. Die Frage, ob und gegen wen er eventuell einen Anspruch wegen Entschädigung für die ihm entgehende Nutzung des Grund und Bodens erheben kann, kommt hier nicht in Betracht; denn von allen diesen Dingen steht gegenwärtig nichts in Frage. Der vorliegende Fall ist nämlich der häufig vorkommende, daß der Eigentümer von solchem Grund und Boden, der im Ortsbereich gelegen ist, im Interesse der Verwertung seines übrigen Besitzes als Baugelände wünscht, daß auf einem Teile seines Besitzes zur Aufschließung des anderen eine öffentliche Straße angelegt werde. Daß er die Absicht hegen sollte, in solchem Falle Eigentümer des Grund und Bodens zu bleiben, ist gewiß in der Regel nicht anzunehmen; hier ist solche Annahme ausgeschlossen, da der Kläger stets von der „Abtretung" des Grund und Bodens, die demnächst erfolgen solle, gesprochen hat. Wenn in solchem Falle der Eigentümer eines derartigen Grundbesitzes damit einverstanden ist, daß auf dem zur Straße bestimmten Teile die zur Straßenanlage erforderlichen Maßnahmen getroffen werden, während er noch Eigentümer des Grund und Bodens ist, und daß die Straße nach Fertigstellung dem öffentlichen Verkehr übergeben wird, so ist hieraus mit nichten zu schließen, daß er den Grund und Boden dem öffentlichen Verkehr mit dem Willen oder der Wirkung gewidmet habe, daß er für die Verwendung seines Eigentums zur Straße von der

Gemeinde keine Entschädigung zu beanspruchen habe. Ob ihm Entschädigung zusteht oder nicht, kann sich nur nach den mit der Gemeinde getroffenen Abmachungen bestimmen. Der Gesichtspunkt der zuerst durch den Kläger erfolgten Widmung der Dürerstraße für den öffentlichen Verkehr, der von der Beklagten jedenfalls seinem sachlichen Kerne nach dahin verwertet werden sollte, daß damit ihre Entschädigungspflicht entfalle, erscheint deshalb als verfehlt. Wenn auch der Kläger, wie die Revision bemerkt, damit selbst die Initiative zu der ihm in seinem eigenen Interesse erwünschten Umgestaltung des Privateigentums in öffentliches Eigentum ergriffen haben sollte, so ist die Folgerung der Revision, daß deshalb hier keiner der Fälle vorliege, in denen ein Privater im Interesse des öffentlichen Wohles seine Rechte aufopfern müsse, ungerechtfertigt.

Ebensowenig hat die Frage für die Entschädigungspflicht der Beklagten Bedeutung, ob schon vor den von der Beklagten an der Dürerstraße getroffenen Maßnahmen eine Besitzübertragung auf sie stattgefunden hat. Der Berufungsrichter legt hierauf Wert, führt indessen aus, daß eine vor jener Maßnahme geschehene Besitzübertragung von der Beklagten selbst nicht behauptet sei, und in der Widmung für den öffentlichen Verkehr eine Besitzübertragung an die Gemeinde nicht zu finden sei. Ob letzteres zutreffend ist, erscheint zweifelhaft; es kommt jedoch hierauf nicht an. Wenn die Gemeinde das den Entschädigungsanspruch zur Fälligkeit bringende Verlangen der Abtretung der zu einer Straße bestimmten Grundflächen für den öffentlichen Verkehr stellt, so ist es für jene Wirksamkeit dieses Verlangens selbstverständlich völlig gleichgültig, ob die Abtretung freiwillig geschieht oder nicht. Nicht minder gleichgültig muß es hierfür aber auch sein, ob die Initiative zur Abtretung von der Gemeinde ausgeht oder von der anderen Seite. Ob die Gemeinde die Besitzabtretung verlangt, und der Eigentümer ihr darauf den Besitz freiwillig überträgt, oder ob dieser der Gemeinde die Besitzübertragung anbietet, und letztere den Besitz übernimmt, kann rechtlich keinen Unterschied begründen. Man darf das Wort „Verlangen" in § 13 Nr. 1 Fl.L.G. nicht pressen. Entscheidend ist allein der Sinn dieser Bestimmung, der dahin geht, daß die Eigentümer der zu Straßen und Plätzen bestimmten Grundflächen nicht berechtigt sein sollen, sie den Gemeinden aufzunötigen, solange diese davon zu dem betreffenden

Zweck, nämlich zur Herstellung öffentlicher Straßen und Plätze, keinen Gebrauch machen wollen. Geschieht aber letzteres tatsächlich, d. h. verwenden die Gemeinden den zu Straßen und Plätzen bestimmten Grund und Boden zu diesem Zweck, so ist der Entschädigungsanspruch fällig geworden, und es kann dessen Durchführung nicht davon abhängen, ob die Gemeinde formell die Abtretung „verlangt" hat. Ob daher eine Besitzübertragung vor den von der Gemeinde an der Dürerstraße vorgenommenen Maßnahmen ausdrücklich stattgefunden hat, oder ob sie in einer etwa vorher durch den Kläger erfolgten Widmung der Dürerstraße für den öffentlichen Verkehr zu finden wäre, würde den Klaganspruch nicht berühren; er würde dann durch diese Tatsache begründet sein.

Das Schicksal der Klage ist hiernach nur noch von der Beantwortung der Frage bedingt, ob etwa der Kläger verpflichtet ist, den Grund und Boden der Dürerstraße der Beklagten unentgeltlich abzutreten; denn alsdann würde sein Verlangen auf Einleitung eines Entschädigungsfestsetzungsverfahrens gegenstandslos und überflüssig sein. Allein für eine Bejahung dieser Frage ist kein Anhalt gegeben. Die Gemeinde selbst hat niemals mit dem Kläger Grunderwerbsverhandlungen über den zur Dürerstraße bestimmten Grund und Boden gepflogen, und wenn der Kläger anderen, insbesondere einer Kirchengemeinde, gegenüber sich zur unentgeltlichen Hergabe des Straßengeländes verpflichtet haben sollte, so kann die Beklagte daraus kein Recht für sich herleiten, da die Merkmale eines wirksamen Vertrages zugunsten Dritter, nämlich zugunsten der Gemeinde, fehlen."

---

36. Unter welchen Voraussetzungen sind Vollstreckungsakte gegen den Schuldner als Rechtshandlungen desselben auf Grund des Anfechtungsgesetzes vom 20. Mai 1898 anfechtbar?

VII. Zivilsenat. Urt. v. 12. Juni 1908 i. S. Eheleute K. (Bekl.) w. P.'er Spar- und Darlehnskassenverein (Kl.). Rep. VII. 384/07.

I. Landgericht I Berlin.
II. Kammergericht daselbst.

Der Rentner F. M. wurde auf die ihm am 16. Oktober 1905 zugestellte Klage am 2. November 1905 verurteilt, an den klägerischen Verein 24000 *M* zu zahlen. F. M. ist der Vater der verklagten Ehefrau K. Die Eheleute K. hatten am 19. Oktober 1905 gegen ihn den Erlaß eines Zahlungsbefehls wegen 10000 *M* Restforderung der der verklagten Ehefrau versprochenen Mitgift von 15000 *M* beantragt. Auf Grund des für vorläufig vollstreckbar erklärten Zahlungsbefehls ließen die verklagten Eheleute K. zuerst am 10. November 1905 in das Barvermögen des F. M. vollstrecken und sich später verschiedene Hypothekenforderungen desselben im Wege der Zwangsvollstreckung überweisen. Der Kläger focht diese Vollstreckungsakte mit der Behauptung, die Mitgiftforderung bestehe nicht zu Recht, als ihn benachteiligende Rechtshandlungen seines Schuldners an und verlangte von den Beklagten die Herausgabe der durch die Pfändungen an sie gelangten Geldbeträge.

Die Beklagten wurden vom Landgericht nach dem Klagantrage verurteilt; die von ihnen eingelegte Berufung wurde zurückgewiesen.

Auf ihre Revision wurde das Berufungsurteil aufgehoben, aus folgenden

Gründen:

„Gegen die Annahme des Berufungsgerichts, daß die Voraussetzungen des § 2 Anf.G. für die vom Kläger erhobene Anfechtungsklage vorliegen, sind Angriffe nicht erhoben; sie ist auch nicht zu beanstanden. Die weiteren Ausführungen des Urteils, es seien auch die Tatbestandsmerkmale anfechtbarer Rechtshandlungen des Schuldners, wie sie im § 3 des Gesetzes unter Nr. 1, 2, 3 aufgestellt sind, gegeben, sind dagegen nicht bedenkenfrei, und es hat deshalb die Entscheidung in ihrer jetzigen Begründung den Revisionsangriffen gegenüber nicht aufrecht erhalten werden können; vielmehr bedarf es in dieser Beziehung noch weiterer Erörterungen.

Angefochten sind die von den Beklagten zu ihrer Befriedigung aus dem Zahlungsbefehle veranlaßten Vollstreckungsakte. Vollstreckungspfändungen als solche sind als Rechtshandlungen des Schuldners im Sinne des Anfechtungsgesetzes nur anzusehen, wenn sie im kollusiven Einverständnisse des Schuldners mit dem Gläubiger zustande gebracht sind. Während bei der Anfechtung im Konkurse (§ 30 K.O.) eine Mitwirkung des Gemeinschuldners nicht erforderlich ist, und deshalb auch Vollstreckungsakte anfechtbar sind, die wider den Willen des Schuldners geschehen, ist die Anfechtung außerhalb des Konkurses, da bei ihr der die Konkursordnung beherrschende Grundsatz der Gleichberechtigung der persönlichen Gläubiger wegfällt, eine beschränktere. Ohne ein Mitwirken des Schuldners ist eine Rechtshandlung desselben, wie sie das Anfechtungsgesetz verlangt, nicht festzustellen. Aus § 6 des Gesetzes ist eine andere Auffassung nicht herzuleiten; er spricht nur aus, daß an sich anfechtbare Rechtshandlungen dadurch nicht unanfechtbar werden, daß sie in die Form von Vollstreckungsakten gekleidet sind.

Die vorstehenden Grundsätze sind vom erkennenden Senate schon in dem Urteile vom 1. Februar 1901 (Entsch. Bd. 47 S. 223) ausgesprochen; an ihnen ist festzuhalten. Das angefochtene Urteil läßt aber nicht mit der erforderlichen Deutlichkeit erkennen, ob auch das Berufungsgericht bei der Prüfung des Streitstoffes von diesen Rechtssätzen ausgegangen ist und das Erfordernis der Mitwirkung des Schuldners ausreichend geprüft hat.

Wenn festgestellt wäre, daß das Mitgiftversprechen überhaupt nicht, oder nicht in der behaupteten Höhe abgegeben wurde, so könnte eventuell das Mitwirken des Schuldners schon darin gefunden werden, daß er, wie das Berufungsgericht sich ausdrückt, alles ruhig über sich ergehen ließ. Aber eine solche Feststellung ist nicht getroffen; vielmehr ist, wie der Eingang des Tatbestandes ergibt, das in der ersten Instanz bestrittene Versprechen der Mitgift als tatsächlich abgegeben angesehen worden.

Entscheidendes Gewicht legt das Berufungsgericht darauf, daß das Versprechen, weil es in mündlicher Form im Jahre 1899 abgegeben, die Ehe der Beklagten aber erst am 2. Januar 1900 geschlossen sei, der Klagbarkeit entbehre. Die Erheblichkeit dieses Umstandes ist auch nicht zu verkennen, und zu Unrecht greift die Revision die rechtliche Auffassung des Berufungsurteils als nicht zutreffend an; sie schließt sich an die Rechtsprechung des Reichsgerichts an. Durch das unter der Herrschaft des Allgemeinen Landrechts abgegebene und bei einer Zuwendung im Werte von über 150 ℳ formungültige mündliche Versprechen wird auch, wenn es angenommen ist, ein Schuldverhältnis noch nicht begründet; erst durch Hinzutritt der Erfüllung, die hier in der Schließung der Ehe besteht, wird ein solches Versprechen klagbar. Diese Klagbarkeit aber ist unter der Herrschaft des alten Rechts nicht mehr eingetreten.

Vgl. Urteil des IV. Zivilsenats des Reichsgerichts vom 29. Oktober 1903, Rep. IV. 43/03.

Aber die Feststellung der objektiven Rechtsunwirksamkeit des Mitgiftversprechens genügt nicht, um die vom Berufungsgericht daraus für die Anfechtung gezogenen Folgerungen zu rechtfertigen.

Mit Recht vermißt die Revision Erörterungen darüber, ob sich F. M. dessen bewußt geworden sei, daß ein klagbarer Anspruch gegen ihn nicht bestehe; Feststellungen nach der subjektiven Seite hin sind für keinen der drei vom Berufungsgerichte angenommenen Anfechtungsfälle entbehrlich. Wenn F. M. das Mitgiftversprechen, das ja zum Teil von ihm auch schon früher erfüllt war, für verbindlich und den im Mahnverfahren gegen ihn erhobenen Anspruch für gerechtfertigt hielt, kann dies bei Beachtung des rechtlichen Gesichtspunktes, daß erst kollusives Einverständnis des Schuldners und der Beklagten die Vollstreckungsakte zu Rechtshandlungen des Schuldners macht, zu einer von der jetzigen Entscheidung abweichenden Beurteilung führen. Es kann sich dann ergeben, daß für F. M., der nach der Behauptung der Beklagten auch einer anderen Tochter die gleiche, seinen Vermögensverhältnissen bei Eingehung der Ehe der Beklagten entsprechende, Ausstattung gewährt haben soll, kein Grund vorlag, die versprochene Mitgift den Beklagten noch länger vorzuenthalten und deshalb ihrem Vorgehen zu widersprechen. Sein passives Verhalten allein kann dann eventuell nicht mehr für ausreichend angesehen werden, ein kollusives Einverständnis festzustellen, und die bis jetzt nicht berücksichtigte Behauptung der Beklagten, ihr schroffes Vorgehen habe F. M. erzürnt und zu einem Abbruche jeglichen Verkehrs mit ihnen geführt, kann ebenfalls für die Entscheidung von Bedeutung werden. In dieser Hinsicht sind also noch weitere Feststellungen erforderlich.

Bedeutungsvoll für die Beurteilung bleibt allerdings auch dann noch der Umstand, daß das Vorgehen der Beklagten ein sehr eiliges war, und daß es zeitlich mit der gegen F. M. vom Kläger erhobenen Klage zusammenfiel.

Beide Beklagte haben den Zahlungsbefehl beantragt; für sie ist die Vollstreckung erfolgt; die Anfechtungsklage konnte deshalb auch gegen beide gerichtet werden. Diese von der Revision angefochtene

Annahme des Berufungsgerichts ist nicht zu beanstanden. Auch darin, daß, soweit es auf die Kenntnis der obwaltenden Umstände ankommt, die verklagten Eheleute vom Berufungsgerichte gleich behandelt sind, ist der von der Revision gerügte Verstoß nicht zu finden. Ohne eine ausdrückliche Feststellung hierüber zu treffen, durfte das Berufungsgericht nach Lage der Sache annehmen, daß die dem Ehemanne durch seine Reise nach P. bekannt gewordene Vermögenslage des F. M. auch zur Kenntnis seiner Tochter, der Ehefrau K., gelangt sei." ...

---

37. 1. **Unter welchen Voraussetzungen kann ein in einer Versicherungssache von einer Ärztekommission erstattetes Schiedsgutachten wegen offenbarer Unbilligkeit angefochten werden?**

Einf.=Ges. zum B.G.B. Art. 75.

2. **Ist eine offenbare Unbilligkeit oder eine Verletzung der Vertragstreue schon dann als vorhanden anzunehmen, wenn die Versicherungsgesellschaft zum Mitgliede der Schiedskommission oder zum Obmann ihren Vertrauensarzt berufen hat, auf dessen Rat sie den Schadensanspruch des Versicherten abgelehnt hatte?**

VII. Zivilsenat. Urt. v. 12. Juni 1908 i. S. Allg. Versicherungs=Akt.=Ges. V. (Bekl.) w. L. (Kl.). Rep. VII. 565/07.

I. Landgericht II Berlin.
II. Kammergericht daselbst.

Aus den Gründen:

„Über das Schiedsgutachten glaubt der Berufungsrichter hinweggehen zu dürfen, weil er der Behauptung des Klägers, dieses Gutachten beruhe auf „offenbarer Unbilligkeit", meint beitreten zu müssen. Nun ist zwar die rechtliche Möglichkeit, ein in einer Versicherungssache erstattetes Schiedsgutachten wegen offenbarer Unbilligkeit anzufechten, für das hier maßgebende Allgemeine Landrecht in ständiger Rechtsprechung anerkannt, und es bedarf deshalb nicht erst einer Entscheidung darüber, ob die von der Revision bekämpfte Meinung des Berufungsrichters zu billigen sei, daß dieses An=

fechtungsrecht auch durch den § 319 B.G.B. gegeben sei. Es fehlt aber im vorliegenden Falle an den Erfordernissen eines solchen Rechts. Der Berufungsrichter gibt für seine Annahme, daß die Anfechtung gerechtfertigt sei, zwei selbständige Gründe, die aber beide nicht als durchgreifend anerkannt werden können.

Die offenbare Unbilligkeit folgert der Berufungsrichter in erster Reihe aus dem Umstande, daß die Beklagte als den von ihr zu bestimmenden Sachverständigen ihren Vertrauensarzt, den Medizinalrat Dr. K., in die Kommission berufen habe, der bereits dasjenige Gutachten erstattet hatte, auf Grund dessen sie ihre, eine weitere Entschädigung ablehnende Entschließung gefaßt hatte. Mag aber auch aus diesem Umstande eine gewisse Voreingenommenheit des Dr. K. zunächst gefolgert werden können, so schließt er doch die Möglichkeit nicht aus, daß das von Dr. K. erstattete Gutachten selbst lediglich als das Ergebnis eines unparteiischen und vernünftigen Ermessens, also nicht als ein offenbar unbilliges Gutachten sich darstellt. Dies kann selbst dann zutreffen, wenn sich hinterher herausstellt, daß das Gutachten ein objektiv unrichtiges und sachwidriges ist. Denn für die Beantwortung der Frage, ob ein Gutachten „offenbar unbillig" sei, muß der zur Zeit der Erstattung erkennbare tatsächliche Zustand als Grundlage genommen werden. Nur wenn damals bei unparteiischer und sachgemäßer Prüfung einem Sachverständigen hätte sofort in die Augen fallen müssen, daß dem erstatteten Gutachten wesentliche Mängel anhafteten, läßt es sich als ein offenbar unbilliges bezeichnen. Solche Mängel kann auch ein zunächst befangener Sachverständiger vermeiden, wenn er gezwungen ist, im Zusammenwirken mit einem anderen, vom Gegner bestimmten, unbefangenen, oder nach der entgegengesetzten Richtung hin befangenen Sachverständigen den maßgebenden Sachverhalt einer nochmaligen Prüfung zu unterziehen, und das Ergebnis der Prüfung schriftlich zu begründen. Wird von beiden Sachverständigen, wie im vorliegenden Falle, ein übereinstimmendes Gutachten abgegeben, so ist damit sogar eine gewisse Gewähr gegeben, daß der Wert des Gutachtens von einer Befangenheit der Sachverständigen nicht beeinträchtigt wird, vorausgesetzt daß nicht eine ungehörige Beeinflussung des einen Sachverständigen durch den anderen oder beider durch einen Dritten stattgefunden hat.

Der Berufungsrichter will das Gutachten auch aus dem Grunde

nicht gelten lassen, weil die Berufung des Dr. K. als Schiedsgutachter gegen die das Versicherungsverhältnis beherrschende Vertragstreue verstoße. Aber auch aus diesem Gesichtspunkt ist für die Anfechtung des Gutachtens nichts zu entnehmen. Keiner der Vertragsparteien kann die Berufung eines bestimmten Sachverständigen schon deshalb verschränkt werden, weil bereits bekannt ist, daß der Sachverständige eine dem Berufenden günstige Auffassung vertritt und sie bereits im Interesse des Berufenden kundgegeben hat. Gerade zur Ausgleichung der Gegensätze in der Auffassung der von beiden Gegnern berufenen Sachverständigen ist ihr Zusammenwirken in der Kommission bestimmt. Erweist sich eine solche Ausgleichung als nicht erreichbar, so fällt die Entscheidung dem nach Nr. 62 der Versicherungsbedingungen von beiden Sachverständigen zu wählenden Obmanne zu. Zwar muß jeder Partei das Recht gewährt werden, einen vom Gegner berufenen Sachverständigen abzulehnen, wenn erhebliche Gründe für seine Befangenheit sprechen, wenn er also z. B. in einem besonderen Abhängigkeits- und Unterordnungsverhältnis zu der anderen Partei steht. Ein derartiges Verhältnis ist aber bei einem im übrigen wirtschaftlich unabhängigen Arzt nicht schon deshalb als vorhanden anzunehmen, weil er die Stellung eines Vertrauensarztes der in Anspruch genommenen Versicherungsgesellschaft einnimmt. Der Kläger hat auch vor der Erstattung des Schiedsgutachtens gegen die Berufung des Dr. K. in die Kommission nicht Widerspruch erhoben, obschon ihm das Verhältnis des Dr. K. zur Beklagten bekannt war, wie sein Schreiben vom 10. Juli 1905 und die Klageschrift ergibt. Er hat seinerseits den ihn behandelnden Arzt Dr. O. in die Kommission gesendet, von dem er offenbar annahm, daß dieser seine Interessen am erfolgreichsten vertreten werde. Auch in dieser Berufung ist eine Verletzung der Vertragstreue ebensowenig zu finden, wie in der des Dr. K. Ein Widerspruch der vorstehenden Ausführungen mit dem von dem Berufungsrichter angezogenen Urteil des erkennenden Senats vom 27. Oktober 1899 (Entsch. Bd. 45 S. 350 flg.) besteht nicht, da der Sachverhalt dort ein wesentlich abweichender war. Es handelte sich damals um die Frage, ob zum Obmann von der Versicherungsgesellschaft ein Sachverständiger berufen werden dürfe, obschon er das Gutachten erstattet hatte, auf dessen Grundlage die ablehnende Entschließung gefaßt war. Zu einem Obmann aber, der bei einander widersprechenden Gutachten der beiden von den streitenden Parteien berufenen Sachverständigen die Entscheidung regelmäßig allein in seiner Hand hat, ohne dabei durch einen ihm gleichgeordneten Sachverständigen kontroliert zu werden, eignet sich, wie der Revision zuzugeben ist, nur eine bei dem Streite der Parteien bisher nicht beteiligte, ihm völlig unbefangen gegenüberstehende Person. Auf denselben Standpunkt hat sich der erkennende Senat auch in dem Urteil vom 6. Dezember 1904, Rep. VII. 218/04, gestellt, auf dessen eingehende Begründung hier Bezug genommen wird.

In zweiter Reihe folgert der Berufungsrichter die offenbare Unbilligkeit des nach seiner Feststellung objektiv unrichtigen Schiedsgutachtens aus den von Dr. O. bei seiner Zeugenvernehmung bekundeten Tatsachen, welche ergäben, daß er sich in seinem Gutachten von Dr. K. habe beeinflussen lassen, und daß er dieses Gutachten, bei dessen Abgabe er sich im Irrtum befunden habe, nach seiner jetzigen Ansicht für offenbar unrichtig halte. Diese Annahme des Berufungsrichters findet in der Aussage des Zeugen keine Stütze. Die Aussage geht dahin: er habe mit Dr. K. den Kläger mehrfach untersucht. Er habe dann das von Dr. K. entworfene schriftliche Gutachten geprüft, dasselbe für diagnostisch richtig gehalten und es deshalb abgeschrieben und unterzeichnet, nachdem im beiderseitigen Einverständnis kleine Änderungen an dem Entwurfe vorgenommen worden seien. Als dann später der Kläger noch stärkere nervöse Beschwerden vorgebracht und auch objektiv einen weniger guten Eindruck gemacht habe, sei dem Zeugen damals der Gedanke gekommen, daß er sich bei Abgabe des Gutachtens in einem diagnostischen Irrtume befunden haben könnte. Über den jetzigen Zustand des Klägers könne er nichts bekunden. Hiernach gibt der Zeuge nur die Möglichkeit eines früheren diagnostischen Irrtums zu, nicht aber, daß ein solcher Irrtum ein für einen anderen Sachverständigen in die Augen fallender gewesen sei, und daß er sich eines Kunstfehlers bei der Erstattung des Gutachtens schuldig gemacht habe. Daß sich der Zeuge anders als durch die sachlichen Gründe des Dr. K. habe von diesem beeinflussen lassen, ist nicht erkennbar. Der bloße Umstand aber, daß das Schiedsgutachten auf einer objektiv unrichtigen Diagnose beruht, läßt dies Gutachten als ein offenbar unbilliges um so weniger erscheinen, als erfahrungsgemäß bei Nervenerkrankungen die Diagnose häufig eine schwierige und zweifelhafte ist, und nicht einmal festgestellt ist, daß der Irrtum nach der damaligen Lage der Sache vermeidbar gewesen sei."

---

38. Wie ist die Stempelabgabe für einen Kaufvertrag zu berechnen, wenn inhalts des Vertrages das als Kaufpreis bezeichnete Barentgelt an den Verkäufer in mehreren jährlichen Teilzahlungen zu entrichten ist?

Preuß. Stempelsteuergesetz vom 31. Juli 1895, Tarifst. 32 und 36.

VII. Zivilsenat. Urt. v. 12. Juni 1908 i. S. preuß. Fiskus (Bekl.) w. Hamburger E.-H.-Werke (Kl.). Rep. VII. 77/07.

I. Landgericht Hannover.
II. Oberlandesgericht Celle.

Zwischen der klagenden Gesellschaft und dem Kätner R., der gleichzeitig mit einer Stammeinlage von 6000 ℳ ihr Mitgesellschafter wurde, kam am 6. März 1906 ein schriftlicher Vertrag zustande, wonach R. an die Klägerin Grundstücke für den Preis von 86000 ℳ verkaufte. Hiervon sollten ihm 6000 ℳ auf seine Stammeinlage verrechnet werden, während der Rest von 80000 ℳ in 16 unverzinslichen Jahresraten zu zahlen war, die am 31. Dezember 1907 beginnen sollten. Auf Erfordern des Beklagten hat die Klägerin für den Vertrag einen Stempel in Höhe von 1 vom Hundert des Kaufpreises von 80000 ℳ entrichten müssen. Sie ist der Meinung, der Kaufstempel sei in der Weise zu berechnen, daß ein Zwischenzins von 4 vom Hundert von den einzelnen Preisraten von der Zeit des Vertragsschlusses bis zur Fälligkeit der einzelnen Raten in Abzug zu bringen sei, und daß der hiernach sich auf nur 56410 ℳ berechnende Wert des Kaufpreises der Stempelberechnung zugrunde zu legen sei. Hiernach ergebe sich ein Stempel von 565 ℳ. Die Klägerin verlangt mit der Klage den darüber hinaus entrichteten Stempelbetrag von 235 ℳ zurück. Der Beklagte wurde durch das Landgericht dem Klagantrag entsprechend verurteilt, und seine Berufung zurückgewiesen.

Auf die Revision des Beklagten wurde die Klage abgewiesen, aus folgenden

Gründen:

„Der Berufungsrichter leitet seine Entscheidung, daß hier für die Stempelberechnung der unter Berücksichtigung des Zwischenzinses festzustellende Wert des in 16 unverzinslichen Raten zu zahlenden Kaufpreises von 80000 *M* zu entrichten sei, aus der Vorschrift des § 6 Abs. 1 des preuß. Stempelsteuergesetzes vom 31. Juli 1895 her, wonach die Ermittelung des Wertes eines Gegenstandes zum Zwecke der Berechnung der Stempelsteuer auf seinen gemeinen Wert zur Zeit der Beurkundung des Geschäfts zu richten ist. Diese Vorschrift schreibt nur vor, auf welche Weise der Wert in den Fällen, in denen er für die Stempelberechnung maßgebend ist, seinem Betrage nach zu ermitteln ist, nicht aber, ob und wann der Wert des Gegenstandes überhaupt für die Stempelberechnung von Bedeutung und deshalb festzustellen ist. Hierüber trifft vielmehr der Stempeltarif in der letzten Spalte bei den einzelnen dem Stempel unterworfenen Geschäften Bestimmung. Die Frage, welche Tarifstelle hier anzuwenden ist, muß gemäß der Vorschrift des § 3 Abs. 1 des Stempelsteuergesetzes, nach der die Stempelpflichtigkeit einer Urkunde sich nach ihrem Inhalt richtet, dahin beantwortet werden, daß lediglich die Tarifstelle 32 („Kauf- und Tauschverträge und andere lästige Veräußerungsgeschäfte enthaltende Verträge"), und zwar die Bestimmung der Spalte 4, betr. „Kaufverträge", die Stempelpflichtigkeit bestimmt.

Für die beabsichtigte Veräußerung der Grundstücke des R. an die Klägerin standen zwar wahlweise verschiedene Wege offen. Sie konnte in der Form des Rentenvertrages dahin erfolgen, daß der Eigentümer gegen die sechzehnmal wiederkehrende Zahlung einer Jahresrente von je 5000 *M* die Grundstücke der Klägerin überließ; in diesem Falle, der freilich zur Voraussetzung hat, daß nicht der Erwerb des Grundstücks, sondern der Erwerb der Rente den Hauptgegenstand des Vertrages bildete, bestimmte sich der Stempel nach dem Kapitalwerte der Rente, und für die Ermittelung dieses Wertes war die von der Revision in Bezug genommene Vorschrift des § 6 Abs. 1 und Abs. 12 des Stempelsteuergesetzes maßgebend, nach denen der Wert der Rente unter Berücksichtigung des Zwischenzinses nach der dem Stempelsteuergesetze beigefügten Hilfstabelle zu berechnen gewesen wäre. Inhalts des Vertrages bildet aber nicht die Rente, sondern der Grundbesitz den Hauptgegenstand des Vertrages; die Grundstücke wurden „verkauft", und der in sechzehn Raten zerlegte, als „Preis" bezeichnete Geldbetrag von 80000 *M* ist nur die Gegenleistung für den Erwerb der Grundstücke. Wäre die Veräußerung der Grundstücke unmittelbar gegen die Gewährung von Gesellschaftsrechten der Klägerin erfolgt, so hätte ein nach der Tarifst. 25c zu versteuerndes Einbringen von Grundstücken in eine Gesellschaft mit beschränkter Haftung vorgelegen. Aber auch diesen Weg haben die Vertragschließenden nicht eingeschlagen. Der Vertrag vom 6. März 1906 bezeichnet sich zwar selbst als „Gesellschaftsvertrag"; die Veräußerung des Grundstücks bildet aber hier rechtlich nicht einen Bestandteil dieses Gesellschaftsvertrages, sondern ein neben diesem stehendes selbständiges Geschäft (Entsch. des R.G.'s in Zivils. Bd. 51 S. 386, 384, 340; Bd. 53 S. 319 flg.). R. hatte sich nämlich verpflichtet, als Gegenwert für die Gewährung von Gesellschaftsrechten eine bare Stammeinlage von 6000 *M* zu zahlen (§ 2 des Vertrages). Außerdem „verkaufte" er sein Grundstück an die Klägerin, verrechnete auf den ihm zu zahlenden Barbetrag von 86000 *M* diese Stammeinlage und erhielt den Rest in Jahresraten. R. stand also bei dieser Veräußerung der Gesellschaft lediglich als Dritter gegenüber.

Daß die Veräußerung lediglich in der Form eines nach der Tarifst. 32 zu versteuernden Kaufvertrages erfolgt ist, nimmt auch der Berufungsrichter an. Inhalts dieser Tarifstelle ist aber die Stempelabgabe bei Kaufverträgen nicht vom Werte des Kaufpreises, sondern vom Kaufpreise selbst zu berechnen; nur bei „anderen" lästige Veräußerungsgeschäfte enthaltenden Verträgen bestimmt sich der Stempel nach dem „Gesamtwert" der Gegenleistung, wenn dieser Wert aus dem Vertrage hervorgeht, andernfalls nach dem Wert des veräußerten Gegenstandes. Im Vertrage vom 6. März 1906 ist aber der Betrag von 86000 *M* ausdrücklich als Preis bezeichnet. Daß nicht dieser Betrag, sondern ein geringerer Betrag nach der Absicht der Vertragschließenden der „Preis" sein sollte, ist von der Klägerin nicht behauptet. Die sechzehn Einzelzahlungen von je 5000 *M* sind im Vertrage ausdrücklich als Raten des „Restes des Preises" bezeichnet. Das ergibt, daß die Vereinbarung der Jahresraten nur eine besondere Bestimmung über die Art der Entrichtung des Kaufpreises hat sein sollen. Der Betrag dieses Preises ist hiernach mit Recht vom Beklagten der Stempelberechnung zugrunde gelegt worden. Ob zu demselben Ergebnis zu gelangen wäre, und ob überhaupt von der Vereinbarung eines einheitlichen Kaufpreises gesprochen werden könnte, wenn von vornherein nur sechzehn Jahreszahlungen von je 5000 ℳ als unmittelbare Gegenleistung bestimmt worden wären, ist nicht zu erörtern, da dieser Sachverhalt hier nicht gegeben ist.

Auch der vom Berufungsrichter in Bezug genommene Abs. 3 des § 6 des Stempelsteuergesetzes steht seiner Entscheidung nicht zur Seite. Danach ist bei Geldforderungen der aus der Urkunde ersichtliche Geldbetrag als „Wert" anzusehen. Auch diese Vorschrift findet nur dann Anwendung, wenn der Stempel sich nach dem „Wert" einer Geldforderung, nicht nach dem Nennbetrag, wie beim Kaufpreise, bestimmt. Überdies würde im vorliegenden Falle als der aus der Urkunde ersichtliche Geldbetrag nur der in ihr angegebene Betrag von 86000 ℳ angesehen werden können, nicht aber der erst durch umständliche Rechnungen feststellbare Gesamtwert der einzelnen Jahresraten zur Zeit des Vertragsschlusses.

Der Gesichtspunkt, daß vielleicht die Anwendung des Stempelgesetzes im vorliegenden Falle zu einer Unbilligkeit führe, ist dem bestehenden Gesetz gegenüber ohne Bedeutung und könnte nur für eine künftige Abänderung des Gesetzes verwertet werden. Offenbar hat aber der Gesetzgeber mit Absicht aus steuertechnischen Gründen für die Versteuerung der Kaufverträge, die einen großen Teil der überhaupt stempelpflichtigen Urkunden bilden, eine durchschlagende, weitläufige Berechnungen ersparende und deshalb den Stempeleingang erleichternde Regel aufstellen wollen, ohne Rücksicht darauf, ob dadurch im einzelnen Falle der Steuerpflichtige stärker belastet wird, als er bei Aufstellung einer anderen Steuervorschrift belastet sein würde. Ist im einzelnen Falle der bestimmte Kaufpreis in zwei oder drei Monatsraten zu zahlen, so würde der Steuerpflichtige kaum auf den Gedanken kommen, daß nicht der Nennbetrag des Kaufpreises, sondern der Gesamtwert der Einzelraten für die Stempelberechnung maßgebend sei. Rechtlich liegt aber gegenüber der Vorschrift der Spalte 4 der Tarifst. 32 die Sache nicht anders, wenn, wie im vorliegenden Falle, der Preis in sechzehn Jahresraten zerlegt ist. Auch in anderen Fällen kann die Anwendung des auf Erzielung sicherer Einnahmen für den Staat gerichteten Stempelsteuergesetzes eine anscheinend unbillige Belastung des Steuerpflichtigen mit sich bringen, ohne daß deshalb die Berechtigung des Staats zur Erhebung der Abgabe anzuzweifeln wäre; so z. B. bei der Versteuerung einer Schuldverschreibung über eine erst nach langen Jahren zu zahlende Schuld, wobei der Stempelberechnung trotzdem nach der Tarifst. 58 der Kapitalbetrag der Schuld zugrunde zu legen ist, und bei der Abtretung einer bedingten, betagten oder gänzlich unsicheren Forderung, falls die Gegenleistung in der Urkunde nicht enthalten ist, und deshalb der Stempel nach dem Geldbetrage des abgetretenen Rechts zu berechnen ist (Tarifst. 2).

Wie die Stempelberechnung in dem vom Berufungsrichter für seine Auffassung in Bezug genommenen Fall sich gestalten würde, daß der Hinausschiebung der Fälligkeit des unverzinslichen Kaufpreises die Vereinbarung gegenübersteht, daß die nach der Spalte 4 der Tarifst. 32 in diesem Falle für die Stempelberechnung zu berücksichtigenden Nutzungen dem Verkäufer vorbehalten bleiben, kann dahingestellt bleiben, da ein solcher Vorbehalt hier nicht erfolgt ist.

Nach den vorstehenden, im Ergebnis auch mit der Literatur übereinstimmenden Ausführungen mußte die Aufhebung des Berufungsurteils erfolgen, und der Kläger mit seiner Klage abgewiesen werden."

---

39. Kann das Unterlassen einer in den Versicherungsbedingungen bei Meidung des Verlustes jeglichen Anspruchs vorgeschriebenen telegraphischen Anzeige aus allgemeinen Erwägungen, oder nur mit Rücksicht auf besondere Umstände mit der Wirkung, daß eine Verwirkung nicht eintritt, als entschuldigt angesehen werden?

VII. Zivilsenat. Urt. v. 16. Juni 1908 i. S. Versicherungsgesellschaft N. (Bekl.) w. Witwe A. u. Gen. (Kl.). Rep. VII. 364/07.

I. Landgericht Frankfurt a. M.
II. Oberlandesgericht daselbst.

Der bei der verklagten Gesellschaft gegen Unfall versicherte Kaufmann A. hatte sich am 30. April 1906 an das Schienbein gestoßen und war nach mehrfachen Operationen am 13. Juni 1906 verstorben. Seine Witwe teilte durch Schreiben vom 14. Juni 1906, das bei der Beklagten am 16. dess. Monats eintraf, dieser das Ableben ihres Mannes mit. Auf die Revision der Beklagten wurde das Berufungsurteil, das der Klage stattgab und die Verpflichtung der Beklagten zur Entschädigung der Klägerinnen nach Maßgabe der Versicherungsbedingungen anerkannte, aufgehoben, und die Sache zur anderweiten Verhandlung und Entscheidung zurückverwiesen.

Aus den Gründen:

„... Dagegen kann die Annahme des Berufungsrichters, daß auch der auf die Unterlassung der telegraphischen Anzeige (§ 9 Abs. 3 und § 11 der Versicherungsbedingungen) gestützte Verwirkungseinwand wegen Entschuldbarkeit der Unterlassung unbegründet sei, nicht aufrecht erhalten werden. Nach den angezogenen Bestimmungen ist die Beklagte „bei Todesfällen seitens der Ansprucherhebenden innerhalb 24 Stunden nach Bekanntwerden des Ereignisses oder nach Aufhören der nachzuweisenden Unmöglichkeit telegraphisch zu benachrichtigen", widrigenfalls der Verlust aller Ansprüche eintritt. Obgleich der Berufungsrichter anerkennt, „daß es im Interesse der Versicherungsgesellschaft liegt, möglichst umgehend den Tod zu erfahren, um rechtzeitig etwa durch Obduktion feststellen zu können, ob sie eine Ersatzpflicht trifft oder nicht", erblickt er doch in einer Bestimmung, durch die verlangt werde, daß die Hinterbliebenen sich unmittelbar nach dem Tode des Versicherten näher mit den einzelnen Paragraphen der Versicherungspolice befassen sollen, eine „unbillige Härte". Der Berufungsrichter zieht aber hieraus nicht etwa die übrigens keinesfalls zu billigende Folgerung, daß eine rechtswirksame Vertragsabrede nicht vorliege, sondern er verneint die Verwirkung mit der sich anschließenden Ausführung, daß die Klägerin dadurch, daß sie, „die offenbar aufgeregt und mit anderen dringenden Obliegenheiten beschäftigt" gewesen sei, am Tage nach dem Tode briefliche Anzeige erstattet habe, exkulpiert sei. Diese Begründung reicht nicht aus, um die Zurückweisung der Berufung der Beklagten auf das unbestrittene Unterbleiben der telegraphischen Anzeige zu rechtfertigen. Die Geltendmachung des Anspruchs auf die Kapitalentschädigung ist zur Wahrung berechtigter Interessen der Beklagten im Vertrag mit voller Rechtsverbindlichkeit davon abhängig gemacht, daß der Anspruchserhebende die telegraphische Anzeige erstattet. Das Reichsgericht hat deshalb in ständiger Rechtsprechung nur dann, wenn im einzelnen Fall durch besondere Umstände die Unterlassung der Anzeige ohne Verschulden des Anzeigepflichtigen unterblieben ist, eine Berufung auf die Verwirkungsklausel als gegen Treu und Glauben im Versicherungsverkehr verstoßend angesehen und deshalb für unzulässig erklärt. Das Vorliegen solcher besonderer Umstände hat der Anzeigepflichtige nachzuweisen. Vorliegend hat aber der Berufungsrichter keineswegs besondere, gerade dem vorliegenden Fall eigene Umstände festgestellt, aus denen eine Entschuldbarkeit der Versäumung zu entnehmen wäre, vielmehr sieht er diese aus ganz allgemeinen Erwägungen mit Rücksicht auf die von den Klägerinnen nicht einmal behauptete, regelmäßig bei dem Tode des Hausvaters eintretende Erregung und Beschäftigung mit dringenden Geschäften als gegeben an. Das würde dahin führen, daß die vertragsmäßig getroffene Bestimmung ganz allgemein jeder Wirksamkeit entkleidet würde, was nicht angängig ist."

40. Kann der mit seiner Ehefrau in Errungenschaftsgemeinschaft lebende Ehemann bei Erwerb eines Grundstückes zum Gesamtgut an diesem ohne Zustimmung der Frau für den Erwerbspreis Hypothek bestellen?

B.G.B. §§ 1445, 1519 Abs. 2.

V. Zivilsenat. Beschl. v. 8. Juli 1908 i. d. Grundbuchs. Sch. u. Gen. Beschw.-Rep. V. 97/08.

I. Amtsgericht Blieskastel.
II. Landgericht Zweibrücken.

Die Frage wurde bejaht aus folgenden

Gründen:

„Durch notariellen Kaufvertrag vom 2. April 1908 hat N. Sch. in L. das Grundstück Pl. Nr. 1708 für 160 *M* an den mit seiner Ehefrau nach Ehevertrag in Errungenschaftsgemeinschaft lebenden H. R. in L. verkauft. Die Urkunde enthält die beiderseitigen Auflassungserklärungen und die Erklärung des Käufers, daß er die Eintragung einer Sicherungshypothek auf dem Grundstücke mit Unterwerfung des jeweiligen Eigentümers unter die sofortige Zwangsvollstreckung für die mit 2 Prozent verzinsliche Kaufpreisrestforderung von 60 ℳ bewillige (Art. 143 Einf.-Ges. zum B.G.B., Art. 81 bayer. Ausf.-Ges. zum B.G.B.).

Das Grundbuchamt Bl. hat zwar, der vorsorglichen Bewilligung der Beteiligten entsprechend, das Grundstück auf die Eheleute R. überschrieben, aber die Eintragung der Sicherungshypothek wegen nicht geschehener und sogar ausdrücklich verweigerter Beibringung der Zustimmung der Ehefrau R. mit Verfügung vom 7. April 1908 abgelehnt.

Die vom Bevollmächtigten des Sch. und der R.'schen Eheleute hiergegen eingelegte Beschwerde ist auf Grund des § 1445 B.G.B. durch Beschluß des Landgerichts vom 24. April 1908 kostenpflichtig zurückgewiesen worden. Ebenso würde das Bayerische Oberste Landesgericht München laut seiner im Beschlusse vom 8. Mai 1908 niedergelegten Ausführungen die weitere Beschwerde der Beteiligten vom 30. April 1908 zurückweisen, wenn es sich nicht infolge eines gegenteiligen Beschlusses des Oberlandesgerichts zu Colmar vom 14. Oktober 1907 (O.L.G. Rechtspr. Bd. 15 S. 407) daran gehindert sähe.

Das Reichsgericht, dem aus diesem Grunde die weitere Beschwerde vorgelegt wurde, nimmt nicht nur an, daß sie formell bedenkenfrei ist, und daß der Fall des § 79 Abs. 2 G.B.O. vorliegt, sondern es erachtet die weitere Beschwerde auch für sachlich begründet.

Es ist eine seit Einführung der neuen Gesetzgebung viel erörterte Streitfrage, ob der Ehemann, der — sei es in allgemeiner Gütergemeinschaft, oder in Errungenschaftsgemeinschaft lebend — neue Grundstücke zum Gesamtgut nach §§ 1438 Abs. 1, 1519 Abs. 1 B.G.B. hinzuerwirbt, sie gleichzeitig ohne Zustimmung der Ehefrau mit einer Hypothek für den Kaufpreis oder dessen Rest belasten kann. Der § 1443 daselbst gibt ihm im allgemeinen freies einseitiges Verfügungsrecht über das Gesamtgut, welches Recht aber durch die Ausnahmen in den folgenden §§ 1444, 1445, 1446 eingeschränkt ist. Insbesondere bedarf der Mann nach § 1445 der Einwilligung der Frau zur Verfügung über ein zu dem Gesamtgute gehörendes Grundstück sowie zur Eingehung der Verpflichtung zu einer solchen Verfügung. Mag man auch zugeben, daß der Wortlaut des § 1445 an sich die Verfügung über erst künftig aufzulassende Grundstücke in sich begreift und daher für die Meinung der Vorderrichter spricht, so muß man doch im Wege der Auslegung dahin gelangen, daß das Gesetz die Hypothekbestellung des Ehemannnes für den Erwerbspreis des Grundstückes oder dessen Rest nicht treffen wollte.

Der § 1443 B.G.B. stellt den Grundsatz auf, daß dem in Gütergemeinschaft lebenden Ehemanne im allgemeinen die freie Verwaltung des Gesamtgutes und die Verfügung darüber zusteht. Ein solcher Ehemann ist auch zum Erwerb beweglicher und unbeweglicher Sachen und zur Eingehung von Verbindlichkeiten hierbei unzweifelhaft befugt. Wenn die §§ 1444—1446 Ausnahmen von jenem Grundsatz festsetzen, so ist ausdehnende Auslegung und Anwendung dieser Ausnahmebestimmungen schon nach allgemeinem Rechtssatze, um so mehr aber deshalb unzulässig, weil die den § 1445 begleitenden §§ 1444 und 1446 dem Ehemanne nur besonders schwerwiegende und eingreifende einseitige Maßnahmen, nämlich Verfügungen über das Gesamtgut im ganzen, Verpflichtungen dazu, Schenkungen, Schenkungsversprechen u. dgl. verbieten. Es muß hieraus gefolgert werden, daß sich auch der inmitten der letztbezeichneten Vorschriften stehende § 1445 nur auf Geschäfte erstreckt, die eine ähnliche einschneidende Wirkung auf das Gesamtgut möglicherweise üben können, und die daher im gewöhnlichen Geschäftsverkehr auch nur selten vorkommen. Zu solchen Geschäften kann aber die von jeher und alltäglich geübte Pfandbestellung für den Erwerbspreis oder Resterwerbspreis aus einem Grundstückerwerbsvertrage nicht gerechnet werden. Sie ändert nichts an dem Wesen eines solchen Vertrages als eines Erwerbsgeschäftes und wird unter gewöhnlichen Umständen, namentlich bei billigem oder doch preiswertem Erwerb von Grundstücken, der fast immer zu vermuten ist, von niemand für gefährlich erachtet.

Der in Gütergemeinschaft oder Errungenschaftsgemeinschaft lebende Ehemann ist zum Erwerb von Grundstücken für das Gesamtgut nach § 1443 befugt; er muß ohne ausdrückliches Verbot auch zur alleinigen Festsetzung der notwendigen oder zweckmäßigen, eine Schenkung nicht enthaltenden Vertragsbedingungen dem Veräußerer gegenüber als ermächtigt gelten, und wenn er dem Gesamtgute ein — wie es meistens geschieht — mit dem Rest des Erwerbspreises oder auch mit dem ganzen Erwerbspreis belastetes Grundstück hinzufügt, so vermehrt er jedenfalls das Grundvermögen und läßt bei preiswertem Erwerb das Reinvermögen des Gesamtgutes ebenso unverändert, wie wenn er, wie ihm auch freistand, den Wert des erworbenen Grundstückes bar ausbezahlt hätte Mit den im ganzen seltenen Ausnahmefällen, daß der Ehemann Grundstücke zu übermäßigem Preis oder zwar preiswert, aber im Verhältnis zu den Kräften des Gesamtgutes in zu großer Zahl rc erwirbt, kann hierbei nicht gerechnet werden, und es bedarf hier der Untersuchung jener Rechtsbehelfe nicht, die hiergegen der Frau etwa zustehen könnten.

Ist schon aus vorstehenden allgemeinen Erwägungen nicht anzunehmen, daß das Gesetz in § 1445 die einseitige Hypothekbestellung des Ehemannes für den Grundstückserwerbspreis verbieten wollte, so spricht dafür auch die Geschichte der Entstehung des Bürgerlichen Gesetzbuchs. Die Begründung zum ersten Entwurf geht davon aus, daß das Gesamtgut der unbeschränkten Verwaltung des Ehemannes unterliegen soll, und sie will nicht, daß dieser Grundsatz durch die ihn beschränkenden Ausnahmen wieder umgestoßen wird. Darum gibt sie dem Ehemanne z. B. die Verfügung auch über Hypotheken frei. Zu solcher Umstoßung des Grundsatzes würde es aber nahezu führen, wenn dem Ehemanne eine der wichtigsten und alltäglichsten Verfügungen beim Grundstückserwerb, wie es die Verpfändung des Kaufgegenstandes für den rückständig bleibenden Kaufpreis ist, verboten wäre. Dann wäre er überhaupt an der Abschließung von solchen Verträgen ohne Zustimmung der Frau in sehr vielen Fällen gehindert, da beim Grundstückserwerb die Voraussetzung des § 1447 Abs. 1 B.G.B. wohl nur selten gegeben sein wird. Der wesentliche Inhalt der Begründung zum jetzigen § 1445 (§ 1353 des ersten Entwurfs) geht ferner dahin, daß der schon vorhandene Grundstock des unbeweglichen Gesamtgutes vom Ehemann ohne Zustimmung der Frau nicht veräußert und belastet werden soll, was auf den Neuerwerb von Grundstücken unter deren gleichzeitiger Verpfändung für den Kaufpreis nicht zutrifft.

Vgl. Motive Bd. 4 S. 348 flg. insbesondere S. 351, 355.

Zwar kann zugegeben werden, daß an sich die Möglichkeit, eine Gesetzesvorschrift zu umgehen, nicht als besonders zwingender Grund für die eine oder andere Auslegung dieser Vorschrift gelten muß, und die Motive führen unter anderem aus, daß das Verbot einseitiger Belastung der unbeweglichen Bestandteile des Gesamtgutes (auf dem Wege der §§ 1459 B.G.B., 740, 866 Z.P.O.) umgangen werden kann und sich gleichwohl empfiehlt.

Wenn man aber erwägt, daß die Belastung des neuzuerwerbenden Grundstücks mit dem geschuldeten Kaufpreis besonders leicht durch Unterwerfung des kaufenden Ehemannes unter die sofortige Zwangsvollstreckung, ferner durch vorgängige Bestellung einer vom Erwerber zu übernehmenden Grundschuld, vielleicht auch durch Eintritt des Ehemannes in die Kaufrechte eines Dritten ersetzt werden kann, so muß man ein Verbot solcher Belastung des Kaufgegenstandes als nahezu wirkungslos, möglicherweise zur Verschleierung des wahren Sachverhalts führend, und daher vom Gesetzgeber nicht gewollt erachten.

Wenn nach dem allem noch ein Zweifel über die Auslegung des § 1445 bestehen könnte, so müßte dieser bei Berücksichtigung der älteren Hauptrechte schwinden. Nach gemeinem Rechte hatte sich, trotz der wohl dagegen sprechenden Quellenstelle l. 1 § 4, l. 2 Dig. de rebus eorum etc. 27, 9 seit Jahrhunderten die Rechtsübung herausgebildet, daß das Pfandrecht für den rückständigen Kaufpreis auch dem später entstandenen privilegierten Pfandrecht vorgehe. Damit gelangte die Anschauung zur Geltung, daß das Pfandrecht für den Kaufpreis, wenn es auch ein vom Erwerber erst bestelltes sein möge, dennoch als ein solches gelten müsse, mit dem schon belastet die erworbene Sache in das Vermögen des Erwerbers übergehe. Vgl. Entsch. des R.G.'s in Zivils. Bd. 3 S. 176, **Dernburg**, Pandekten Bd. 1 § 288 Anm. 13.

Für die deutschrechtliche Gütergemeinschaft bestand wohl vielleicht im allgemeinen die Vorschrift, daß der Ehemann das unbewegliche Gut nicht allein veräußern und belasten dürfe; aber damit war erstlich die vorwürfige Streitfrage noch nicht entschieden. Sodann bestanden in diesen Richtungen so verschiedene, bald den Mann besonders einschränkende, bald ihn mit freiestem Verfügungsrechte ausstattende örtliche Sonderrechte, daß sich allgemeine sichere Rechtssätze des deutschen Privatrechts über jene Streitfrage kaum gewinnen lassen. Vgl. v. **Roth**, Deutsches Priv.-Recht Bd. 2 S. 83. 85. Preußen, der größte deutsche Staat, hatte aber in § 378 II. 1 seines A.L.R.'s angeordnet, daß der in Gütergemeinschaft lebende Ehemann Grundstücke und Gerechtigkeiten nicht ohne Einwilligung der Frau verpfänden oder veräußern dürfe. Alsbald erhoben sich über diese Bestimmung die nämlichen Zweifel, wie sie jetzt gegen § 1445 B.G.B. angeregt wurden; sie sind jedoch fast vollständig durch den preußischen Justizministerialerlaß vom 23. März 1821 (v. Kamptz, Jahrb. für preuß. Gesetzgebung Bd. 17 S. 19 u. 25) beseitigt worden. Dieser Erlaß verneint mit dem Oberlandesgericht für Pommern die Frage, ob bei bestehender Gütergemeinschaft die Einwilligung der Ehefrau zur Verpfändung von Grundstücken auch alsdann erforderlich ist, wenn das vom Ehemann verpfändete Grundstück mit den Schulden, wofür es verpfändet wurde, erkauft oder sonst erworben worden ist. Diese Entscheidung bezog sich selbstverständlich und laut ausdrücklicher Bemerkung in ihrer Begründung namentlich auch auf Verpfändung des erkauften Grundstückes für den Kaufgeldrückstand. Seit dieser besonders gewichtigen Auslegung des § 378 A.L.R. II. 1 tauchte die Streitfrage erklärlicherweise in der preußischen Rechtsprechung kaum jemals wieder auf, und soweit es doch geschah, war diese Rechtsprechung mit der preußischen Rechtslehre darin einig, daß dem Ehemann die Verpfändung des zu erwerbenden Grundstückes für den rückständigen Kaufpreis gestattet sei.

Vgl. Striethorst, Archiv Bd. 67 S. 149; Rehbein, Entsch. Bd. 4 S. 213 Anm.; Dernburg, Preuß. Pr.-R. Bd. 3 § 37 Anm. 11; Förster-Eccius, Bd. 3 § 209 Anm. 63.

Die Begründung des jetzigen § 1445 B.G.B. bezieht sich ausdrücklich auf den angezogenen § 378 A.L.R. II. 1. Es ist fast undenkbar, daß sie die frühere Streitfrage hierzu und deren Lösung übersehen haben sollte, oder gar, ohne dies auszusprechen, sie wieder einführen oder im entgegengesetzten Sinne, als nach preußischer Rechtsübung entschieden wissen wollte.

Mag auch die vom beschließenden Senat hiermit gebilligte einschränkende Auslegung des § 1445 zurzeit in der Rechtswissenschaft von vielen gewichtigen Stimmen bekämpft sein, so spricht doch eine gleich beachtenswerte Mehrheit von Auslegern für sie.

Vgl. gegen die Ansicht des Senats: Planck, v. Staudinger, Achilles-Greiff, Fischer-Henle zu § 1445; O.L.G. Karlsruhe, in O.L.G.Rechtspr. Bd. 6 S. 161; Sammlung Bayr. Oberstr. Entsch. n. F. Bd. 2 S. 119, 795, Bd. 4 S. 602, 752, 782; Seuffert, Bl. f. R.A. Bd. 65 S. 150; Deutsche Jur.-Ztg. 1900 S. 272. Für die obige Meinung: Dernburg, Bürgerl. R. Bd. 4 S. 187; Turnau-Förster, Bd. 2 S. 235; Predari, G.B.O. S. 320; Schmidt, Familienrecht zu § 1445 Bem. 3 α; Lenel, Deutsche Jur.-Ztg. 1900 S. 290; Enneccerus-Lehmann, Bd. 2 S. 478; Brachvogel, Deutsche Jur.-Ztg. 1900 S. 392; Schäfer u. Sonnenberg, in der Bayerischen Notariatszeitschrift 1901 S. 182, 1902 S. 154; Kammergericht in R.Just.A. Bd. 2 S. 89; Kerkhoff u. Jöckel in der Deutschen Notariatszeitschrift 1908 S. 77, 315; Seuffert, Bl. f. R.A. Bd. 65 S. 300.

Ausdrücklich ist hervorzuheben, daß darüber, ob der in allgemeiner Gütergemeinschaft oder Errungenschaftsgemeinschaft lebende Ehemann das zu erwerbende Grundstück auch für andere Schulden als den Erwerbspreis, z. B. auch für ein zu dessen Tilgung aufgenommenes Darlehen, belasten kann, hier nicht entschieden wird, weil kein Anlaß dazu vorliegt. Doch sei auf den leicht erkennbaren Unterschied zwischen Verfügungen, die aufs engste mit dem Erwerbsvertrage selbst zusammenhängen, und solchen Geschäften, die gar nicht oder nur lose in Beziehung zu ihm stehen, hingewiesen."

41. 1. Ist der Rechtsweg für die Gehaltsansprüche der mittelbaren Staatsbeamten in Preußen beschränkt?
2. Ist der § 7 des preuß. Kommunalbeamtengesetzes vom 30. Juli 1899 auf die Beamten der Landesversicherungsanstalten anwendbar?

III. Zivilsenat. Urt. v. 10. Juli 1908 i. S. Landesversicherungsanstalt B. (Bekl.) w. Z. (Kl.). Rep. III. 555/07.

I. Landgericht I Berlin.
II. Kammergericht daselbst.

Gründe:

„Es handelt sich nur um die Zulässigkeit des Rechtswegs. Der Kläger, Kartenverwaltungssekretär der Landesversicherungsanstalt

Brandenburg, behauptet, als Büreaubeamter der genannten Anstalt angestellt, und durch die in Ausführung des § 98 des Invalidenversicherungsgesetzes vom 13. Juli 1899 erlassene Verfügung des preußischen Handelsministers und des Ministers des Innern vom 30. November 1899 den entsprechenden Beamten des Kommunalverbandes der Provinz Brandenburg im Gehalt gleichgestellt zu sein. Trotzdem sei ihm nicht das Gehalt der Büreausekretäre, sondern nur das der Kanzleisekretäre ausgezahlt, und er hat daher auf Zahlung der Differenz dieser Gehälter Klage erhoben. Das Landgericht hat die Klage wegen Unzulässigkeit des Rechtswegs abgewiesen, weil dem Kläger tatsächlich nicht das Amt eines Büreausekretärs verliehen sei, und Ansprüche aus einem Amt, welches ihm nicht verliehen sei, sondern welches ihm nur hätte verliehen werden müssen, im Rechtswege nicht verfolgt werden könnten. Das Berufungsgericht hat diese Ausführung des Landgerichts aus dem zutreffenden Grunde zurückgewiesen, weil für die Zulässigkeit des Rechtswegs lediglich die Behauptungen der Klage maßgebend sind, in dieser aber ausdrücklich behauptet ist, daß dem Kläger das Amt eines Büreaubeamten übertragen sei. Das Berufungsgericht hat aber überhaupt verneint, daß der vorliegenden Klage der Einwand der Unzulässigkeit des Rechtswegs entgegenstehe, hat daher den Einwand verworfen und die Sache zur weitern Verhandlung in die erste Instanz zurückverwiesen. Es führt aus: da Kläger durch den erwähnten Ministerialerlaß vom 30. November 1899 die Rechte und Pflichten der Beamten des Kommunalverbandes der Provinz Brandenburg übertragen erhalten habe, so sei er damit Staatsbeamter, aber, ebenso wie die Beamten der Provinz, mittelbarer Staatsbeamter geworden. Die Gehaltsansprüche der mittelbaren Staatsbeamten unterlägen aber in Preußen an sich, d. h. soweit nicht für einzelne Beamtenkategorien besondere Vorschriften gegeben seien, nach §§ 104 flg. A.L.R. II. 10 keiner Beschränkung des Rechtswegs, da die Kabinettsorder vom 7. Juli 1830 und das spätere Gesetz vom 24. Mai 1861 lediglich die unmittelbaren Staatsbeamten beträfen. Von sonstigen Bestimmungen, welche den Rechtsweg für die mittelbaren Staatsbeamten beschränkten, könne aber lediglich der § 7 des Kommunalbeamtengesetzes vom 30. Juli 1899 in Betracht kommen, der eine Beschränkung des Rechtswegs insoweit eingeführt habe, als er denselben von einer Vorentscheidung des Bezirksausschusses abhängig gemacht habe. Dieser § 7 sei aber auf die Beamten der Landesversicherungsanstalten nicht anwendbar. Denn diesen Beamten seien zwar die Rechte und Pflichten der Kommunalbeamten übertragen; sie seien aber nicht Kommunalbeamte im eigentlichen Sinne, und in dem Ministerialerlaß vom 30. November 1899 und ebenso in der späteren erläuternden Ministerialverfügung vom 28. November 1900 sei mit keinem Worte angedeutet, daß auch hinsichtlich der Voraussetzungen, unter welchen die Gehaltsansprüche der Kommunalbeamten im Rechtswege verfolgt werden könnten, eine Gleichstellung stattfinden solle. Vor allem aber spreche der Inhalt des § 7, wonach der Bezirksausschuß zu entscheiden habe, dagegen, daß er auf die Beamten der Landesversicherungsanstalten Anwendung finden solle. Denn der Bezirksausschuß sei eine Behörde der allgemeinen Landesverwaltung. Die Landesversicherungsanstalten ständen aber als besondere Behörden mit eigenem Vermögen und eigener selbständiger Vermögensverwaltung neben den Behörden der allgemeinen Landesverwaltung, und es erscheine ausgeschlossen, daß eine Behörde der allgemeinen Landesverwaltung über Ansprüche, die gegen andere selbständige Behörden von ihren Beamten erhoben würden, entscheiden solle.

Gegen diese Entscheidung hat nunmehr die Beklagte Revision eingelegt; dieselbe muß auch für begründet erachtet werden. Zutreffend ist allerdings, daß die Beamten der Landesversicherungsanstalten als mittelbare Staatsbeamte anzusehen sind, und daß in Preußen die mittelbaren Staatsbeamten prinzipiell Beschränkungen hinsichtlich des Rechtswegs nicht unterliegen. Zu Unrecht hat aber das Berufungsgericht die Anwendbarkeit des § 7 des Kommunalbeamtengesetzes verneint. Wenn durch eine Gesetzesbestimmung die „Rechte und Pflichten" einer Beamtenkategorie auf andere übertragen werden, so liegt es, da sich die Stellung eines Beamten im wesentlichen in seinen Rechten und Pflichten erschöpft, am nächsten das dahin zu verstehen, daß ihnen überhaupt dieselbe rechtliche Stellung gewährt werden soll, wie dies bei Entstehung des neuen Invalidenversicherungsgesetzes (vgl. Motive zu § 62a des Entwurfes, Kommissionsbericht S. 136) auch zum Ausdrucke gekommen ist. Übrigens läßt sich auch gerade hinsichtlich der Rechtsverfolgung von Rechten und Pflichten sprechen: dem Beamten steht das Recht der gerichtlichen Geltendmachung seiner Ansprüche zu; er hat die Pflicht, vorher den Bezirksausschuß anzugehen. Wenn das Berufungsgericht weiter daran Anstoß nimmt, daß der Bezirksausschuß, eine Behörde der allgemeinen Landesverwaltung, die vorentscheidende Behörde sein soll, so übersieht es, daß der Bezirksausschuß für das gesamte Verwaltungsstreitverfahren das ordentliche Verwaltungsgericht ist, und daß hinsichtlich der Beamten seine Kompetenz nicht auf die Bezirksbeamten beschränkt ist. Außerdem sind aber auch die Landesversicherungsanstalten keineswegs ohne alle Verbindung mit dem Kommunalverband. Die Geschäfte des Vorstandes der Versicherungsanstalten werden nach § 74 des Invalidenversicherungsgesetzes von einem oder mehreren Beamten des weiteren Kommunalverbandes wahrgenommen, und diese beamteten Vorstandsmitglieder werden von dem Kommunalverbande gewählt. Ferner findet, worauf die Revision mit Recht hingewiesen hat, nach § 2 des Gesetzes vom 17. Juni 1900 (G.S. S. 251) gegen Disziplinarverfügungen des Vorsitzenden des Vorstandes der Landesversicherungsanstalten die Klage bei dem Bezirksausschusse statt. Nach alledem kann es keineswegs, wie das Berufungsgericht meint, als auffällig oder abnorm erscheinen, daß auch bei Streitigkeiten der Versicherungsanstalten mit ihren Beamten der Bezirksausschuß als die im Verwaltungsverfahren vorentscheidende Behörde bestellt ist, und fällt daher auch dieser gegen die Anwendbarkeit des § 7 geltend gemachte Grund. Da nun, wie unstreitig ist, der Bezirksausschuß von dem Kläger noch nicht angerufen ist, so ist der Rechtsweg für die vorliegende Klage noch nicht eröffnet, und mußte daher, wie geschehen, erkannt werden."

42. Zulässigkeit der Eideszuschiebung bei Klagen aus § 844 Abs. 2 B.G.B. gegenüber den Klägern bezüglich des Verhaltens des Getöteten bei dem Unfalle.

Z.P.O. § 445.
B.G.B. § 846.

VI. Zivilsenat. Urt. v. 13. Juli 1908 i. S. G. (Bekl.) w. Wwe. Br. (Kl.). Rep. VI. 411/07.

I. Landgericht Zwickau.
II. Oberlandesgericht Dresden.

Der Zimmermann Br. hatte, als er nachts aus einer Schankwirtschaft heimgehen wollte, in der Dunkelheit den Zugang zu einer Grabenbrücke, die von der Wirtschaft aus nach der öffentlichen Straße führte, verfehlt, war in das Wasser gestürzt und ertrunken. Seine Witwe forderte Schadensersatz von dem Eigentümer des Wirtschaftsgrundstückes, weil das Grabenufer unmittelbar neben der Brücke nicht verwahrt, auch der Zugang zu dieser nicht beleuchtet gewesen war. Der Beklagte, dessen Schadensersatzpflicht in allen Instanzen als an sich begründet angesehen wurde, schützte die Einrede eigenen Verschuldens des Getöteten vor, indem er unter Eideszuschiebung behauptete, Br. habe gewußt, daß unmittelbar neben der Brücke das Ufergeländer, das früher vorhanden gewesen war, schon seit einiger Zeit gefehlt habe.

Über diesen Einwand ist in dem Revisionsurteil folgendes ausgesprochen:

... „Das Berufungsgericht erachtet dieses Anführen für sachlich erheblich, sieht aber die erfolgte Eideszuschiebung als unzulässig an; bei der behaupteten Tatsache komme Br. nicht als Rechtsvorgänger der Klägerin in Betracht, da diese das von ihr verfolgte Recht auf Schadensersatz nicht von ihrem verstorbenen Manne ableite, sondern als ein unmittelbar ihr selbst erwachsenes geltend mache. Dem Umstande, daß die Klägerin nach § 846 B.G.B. ein etwaiges Verschulden ihres Mannes vertreten müsse, könne ein Einfluß auf die Zulässigkeit der Eideszuschiebung (§ 445 Z.P.O.) nicht beigemessen werden.

Dieser Meinung beizutreten, erscheint bedenklich. Allerdings gelangt in den Fällen des § 844 der Ersatzanspruch des mittelbar Geschädigten von vornherein in seiner eigenen Person zur Entstehung (vgl. Entsch. des R.G.'s in Zivils. Bd. 55 S. 24 flg.). Allein für die Frage, ob und in welchem Umfange er entsteht, ist das Verhalten des Getöteten von tiefgreifendem Einfluß; der mittelbar Geschädigte muß dieses Verhalten des Getöteten in weitgehendem Maße vertreten. Dies ist in § 846 bezüglich des eigenen schuldhaften Verhaltens des Getöteten ausdrücklich vorgeschrieben, und diese Bestimmung ist als Ausfluß eines allgemeinen Rechtsgrundsatzes anzusehen, nach welchem der mittelbar Geschädigte auch andere, nicht unter die Vorschrift des § 846 fallende Handlungen des Getöteten gegen sich gelten lassen muß (vgl. Entsch. des R.G.'s in Zivils. Bd. 65 S. 313 flg.; Jurist. Wochenschr. 1908 S. 143 Nr. 22). Es darf aber als eine zulässige und im Sinne des Gesetzes liegende Folgerung angesehen werden, daß, soweit nach der materiellrechtlichen Regelung der mittelbar Geschädigte das Verhalten des Getöteten in gleicher Weise wie dasjenige eines Rechtsvorgängers vertreten muß, ihm gegenüber auch die Eideszuschiebung statthaft ist." . . .

43. Zur Auslegung des § 10 Abss. 2 u. 3 des preußischen Stempelsteuergesetzes vom 31. Juli 1895.

VII. Zivilsenat. Urt. v. 23. Juni 1908 i. S. Preuß. Fiskus (Bekl.) w. J.-C.-Gas-Association (Kl.). Rep. VII. 403/07.

I. Landgericht I Berlin.
II. Kammergericht daselbst.

Zur Herstellung des Teltow-Kanals, einem Unternehmen, für welches dem Kreise Teltow durch Königliche Verordnung das Enteignungsrecht verliehen worden war, waren Teile des Grundbesitzes der Klägerin erforderlich. Durch Vertrag vom 19. November 1903 trat die Klägerin diese Grundstücksteile dem Kreise Teltow ab. Als Gegenleistung gewährte der Kreis unter anderem der Klägerin das Recht, auf dem südlichen Restgrundstücke ein Hafenbassin anzulegen und zu benutzen. Nach § 5 lit. b Nr. 5 des Vertrags hatte die Ausführung des Bassins durch die Teltowkanal-Bauverwaltung auf Kosten der Klägerin zu erfolgen. Die Steuerbehörde erblickte in dieser Bestimmung einen besonderen steuerpflichtigen Werkvertrag und forderte hierfür den mit $^1/_3$ Prozent von dem Werte der vom Kreise Teltow zum Hafenbassinbau gelieferten Materialien (120000 ℳ) berechneten Stempel. Den bezahlten Stempelbetrag forderte die Klägerin mit der Klage zurück. Beide Vorinstanzen gaben der Klage statt; das Reichsgericht dagegen wies die Klage ab, aus folgenden

Gründen:

„Der Vertrag zwischen der Klägerin und dem Kreise Teltow enthält in erster Linie ein Veräußerungsgeschäft; die Klägerin verpflichtete sich darin, die zum Bau des Teltowkanals erforderlichen Teile ihres Geländes dem Kreise Teltow zu übereignen. Im § 2 des Vertrags heißt es zwar, die Übereignung habe unentgeltlich zu geschehen; indessen ist dies sachlich unzutreffend; denn im § 5 werden die vom Kreise der Klägerin bewilligten Rechte auf eine Ladegerechtigkeit und auf Anlegung und Benutzung eines Hafenbassins ausdrücklich und zutreffend als Gegenleistung bezeichnet. Es handelt sich demnach um ein lästiges Veräußerungsgeschäft, das an sich gemäß Tarifst. 32 des preußischen Stempelsteuergesetzes zu verstempeln wäre, jedoch nach § 4 lit. c des Gesetzes Stempelfreiheit genießt. Derselbe § 5 lit. b der Vertragsurkunde, der die Einräumung des Rechtes auf das Hafenbassin enthält, bestimmt unter Nr. 5 weiter, daß die Ausführung des Hafenbassins durch die Kanalbauverwaltung — ein Organ des Kreises — auf Kosten der Klägerin nach den allgemeinen Bestimmungen vom 26. November 1900, und nur nach solchen Plänen und Kostenanschlägen, denen die Klägerin zugestimmt hat, zu erfolgen habe. Der gegenwärtige Rechtsstreit dreht sich nur um die Frage, ob die letztere Vertragsbestimmung nur einen Bestandteil des Veräußerungsgeschäfts, oder ob sie ein davon verschiedenes steuerpflichtiges Geschäft — einen Werkvertrag — darstellt. Im ersteren Falle ist die betreffende Abrede mit dem Hauptgeschäfte stempelfrei (§ 10 Abs. 3 des Stempelsteuergesetzes); im letzteren Falle unterliegt sie einem Stempel, über dessen Satz und Betrag kein Streit besteht (§ 10 Abs. 2 des Stempelsteuergesetzes).

Die Vorinstanzen haben den ganzen Vertrag als ein einheitliches Rechtsgeschäft im Sinne des § 10 Abs. 3 angesehen und dementsprechend erkannt. Das Berufungsgericht führt hierzu aus: offenbar habe der Kreis die Gegenleistung für das abzutretende Gelände — Ladegerechtigkeit und Hafenanlage — nur unter der Bedingung gewähren wollen, daß die Anlagen von ihm selbst auf Kosten der Klägerin ausgeführt würden. Ladegerechtigkeit und Hafenanlage seien also nicht an sich die Gegenleistung, sondern die unter ganz bestimmten, im § 5 näher ausgeführten Bedingungen auszuübende Ladegerechtigkeit und eine vom Kreise herzustellende Hafenanlage. Unzutreffend sei daher die Ausführung des Beklagten, daß der Kreis — unabhängig von der Gegenleistung — die Herstellung der Anlagen auf Kosten der Klägerin übernommen habe. Der Zusammenhang zwischen der Bewilligung der Hafenanlage und der Herstellung des Hafens durch den Kreis auf Kosten der Klägerin sei nicht ein wirtschaftlicher, sondern unmittelbar ein rechtlicher; der ganze Vertrag sei daher als ein einheitlicher anzusehen.

Das Berufungsgericht verkennt die Bedeutung der Abss. 2 u. 3 des § 10 des Stempelsteuergesetzes und das Verhältnis dieser Bestimmungen zueinander. Das hier vorliegende Veräußerungsgeschäft unterscheidet sich von einem Kaufvertrage dadurch, daß die Gegenleistung des Kreises nicht in Geld, sondern in Leistungen anderer Art besteht. Nun ist zuzugeben, daß diesen Leistungen der Charakter der Gegenleistung und damit der Charakter als Bestandteil eines einheitlichen Rechtsgeschäftes im stempelrechtlichen Sinne nicht schon deshalb abzusprechen ist, weil sie, losgelöst von dem Zusammenhange mit dem Gesamtvertrage, für sich je ein selbständiges Rechtsgeschäft darstellen würden, nämlich die Bestellung von Dienstbarkeiten und eine Werkverdingung. Hätte der Kreis den Bau des Hafenbassins neben der Einräumung der Ladegerechtigkeit und der Hafengerechtigkeit ohne weiteres Entgelt übernommen, so würde diese Übernahme unzweifelhaft nur Bestandteil des Veräußerungsgeschäftes sein. Der Kreis hatte aber den Hafenbau nicht unentgeltlich, sondern auf Kosten der Klägerin übernommen. Die Klägerin hatte für das Werk eine besondere, vollwertige Vergütung zu leisten. Damit scheidet die Möglichkeit aus, den Bau unter den Begriff der Gegenleistung für die Grundstücksüberlassung zu bringen. Setzt man an die Stelle der unbestimmten, erst später zu berechnenden Entschädigung von vornherein eine bestimmte Summe, etwa 120000 *M*, dann würde der Vertragsinhalt folgender sein: die Klägerin überläßt dem Kreis ihre Grundstücke und erhält hierfür die Lade- und die Hafengerechtigkeit; der Kreis führt ferner den Bau des Hafens aus und erhält hierfür von der Klägerin eine Vergütung von 120000 *M*. Es erhellt ohne weiteres und auf den ersten Blick, daß hierin der vollständige Tatbestand zweier verschiedener Rechtsgeschäfte enthalten ist, von denen jedes eine individuell bestimmte, vom bürgerlichen Rechte mit einem bestimmten Namen bezeichnete Vertragskategorie darstellt — der Tatbestand eines Veräußerungs- und der eines Werkvertrags. Daß beide Verträge nicht nur in einem wirtschaftlichen, sondern in einem rechtlichen Zusammenhange stehen, insofern als der eine nicht ohne den anderen geschlossen worden wäre und nicht ohne den anderen gelten sollte, mag richtig sein, und insofern mag auch die Annahme unbedenklich sein, daß ein einheitliches Rechtsgeschäft im Sinne des bürgerlichen Rechts vorliegt. Allein diese Einheitlichkeit ist nicht gleichbedeutend mit der Einheitlichkeit im Sinne des § 10 Abs. 3 des Stempelsteuergesetzes. Diese wird nicht schon durch den inneren Zusammenhang oder die gegenseitige Abhängigkeit der verbundenen Rechtsgeschäfte voneinander bewirkt; sie liegt nur vor, wenn die Summe der in der Urkunde enthaltenen Erklärungen nicht über den Rahmen eines im Rechtssysteme mit einem bestimmten Namen belegten individuellen Rechtsgeschäftes hinausgeht, wenn die einzelnen Geschäfte zur näheren Bestimmung des Inhaltes des seiner rechtlichen Natur nach unverändert bleibenden Hauptgeschäftes dienen.

Vgl. Entsch. des R.G.'s in Zivils. Bd. 42 S. 191, Bd. 58 S. 112 flg.
Von solcher Einheitlichkeit kann hier keine Rede sein; die Vertragsurkunde enthält vielmehr verschiedene Geschäfte, von denen wohl das Veräußerungsgeschäft stempelfrei ist, der Werkvertrag dagegen mangels eines Befreiungsgrundes dem tarifmäßigen Stempel unterliegt."

---

44. 1. Wie regelt sich die Besteuerung des gewerblichen Einkommens eines Deutschen, der einen Wohnsitz sowohl in seinem Heimatsstaat (Preußen) als auch in einem anderen Bundesstaat (Hamburg) hat, sein Gewerbe teils in dem letzteren Bundesstaat, von dem aus durch ihn die oberste Leitung des gesamten Geschäfts erfolgt, teils im Auslande betreibt, und der Einkommen auch aus ausländischem Grundbesitz bezieht?

Reichsgesetz vom 13. Mai 1870 wegen Beseitigung der Doppelbesteuerung §§ 1, 2 Abs. 2 und § 3.

2. Ist in der Revisionsinstanz ein Teilurteil aufrecht zu erhalten, wenn es zwar unschlüssig begründet, aber bei Anwendung der

zu billigenden in den Entscheidungsgründen des Schlußurteils, über das gleichzeitig in der Revisionsinstanz entschieden wird, enthaltenen Grundsätze und Feststellungen als sachlich zutreffend anzusehen ist?
Z.P.O. §§ 549 Abs. 1, 563.

VII. Zivilsenat. Urt. v. 23. Juni 1908 i. S. St. (Kl.) w. Hamburgischen Fiskus (Bekl.). Rep. VII. 387/07 u. 471/07.

I. Landgericht Hamburg.
II. Oberlandesgericht daselbst.

Der Sachverhalt ergibt sich aus dem in dieser Sache ergangenen früheren Revisionsurteile des erkennenden Senats (Entsch. Bd. 65 S. 322). In der jetzigen Revisionsinstanz handelt es sich nur noch um folgende Fragen:

1. ob und inwieweit der Ertrag der in Brasilien belegenen Grundstücke des Klägers zum gewerblichen Einkommen des Klägers zu rechnen und deshalb zur hamburgischen Einkommensteuer heranzuziehen ist;
2. für welchen Bruchteil des hiernach sich ergebenden gewerblichen Einkommens des Klägers Hamburg als Sitz der Einnahmequelle anzusehen ist.

Aus den Gründen:

„Die erste dieser Fragen beantwortet der Berufungsrichter dahin, daß zum gewerblichen Einkommen des Klägers das Einkommen aus seinem brasilianischen Grundbesitz nur insoweit gehöre, als dieser unmittelbar oder mittelbar dem Geschäftsbetriebe selbst diene, und daß deshalb der Ertrag aus den Grundstücken, der durch Überlassung des Gebrauchs und der Nutzung an Dritte, die bei dem Gewerbebetriebe nicht beteiligt seien, erzielt werde, nicht als gewerbliches Einkommen anzusehen sei. Den durch Überlassung von Grundstücken an Dritte auf diese Weise erzielten Gewinn an Mieten stellt der Berufungsrichter für das Jahr 1903 auf 65000 ℳ fest, während der Rest der auf 168156 ℳ sich belaufenden Gesamteinnahmen aus dem Grundbesitz sich mit 60000 ℳ auf den Ertrag durch Nutzung von Gebäuden für das eigene Geschäft des Klägers, und mit 43000 ℳ auf die im Lagergeschäfte des Klägers mit dritten Personen erzielten Lagermieten verteilt. Das gesamte gewerbliche Einkommen des Klägers berechnet hiernach der Berufungsrichter auf 268815,35 *M* abzüglich 65000 *M*, gleich 203815,35 *M*. Gegen diese Feststellungen, die auf dem Boden der im früheren Revisionsurteile ausgesprochenen Grundsätze stehen, sind rechtliche Bedenken nicht zu erheben.

Als berechtigt muß aber der gegen die weiteren Ausführungen des angefochtenen Teilurteils gerichtete Angriff der Revision anerkannt werden, auf Grund deren der Berufungsrichter zu der Annahme gelangt, der Kläger habe für das Jahr 1903 bei Zugrundelegung seiner eigenen Angabe, ein Fünftel seines gesamten gewerblichen Einkommens habe seine Quelle in dem in Hamburg sich vollziehenden Geschäftsbetriebe, für dieses Fünftel rechnungsmäßig 2998,80 *M* an Einkommensteuer zu zahlen, so daß, da er bisher 3880,80 *M* gezahlt hat, er höchstens den Unterschied mit 882 *M* zuviel entrichtet habe. Diese Annahme beruht auf einer nicht zu billigenden Art der Unterstellung von Behauptungen des Klägers. Dieser hat zwar selbst ausgeführt, für ein Fünftel seines gewerblichen Einkommens sei Hamburg als Sitz der Einnahmequelle anzusehen, und diese seine eigene Behauptung muß der Kläger gegen sich gelten lassen. Sie muß dabei aber in dem Sinne aufgefaßt werden, in dem sie der Kläger hat verstanden wissen wollen. Wenn er ein Fünftel in Hamburg versteuern wollte, so meinte er damit ein Fünftel des Betrages, den er als sein gewerbliches Einkommen ansah. Von diesem hat er aber nicht nur den Teilbetrag von 65000 *M*, sondern den gesamten aus dem brasilianischen Grundbesitz fließenden Einnahmebetrag von 168156 *M* ausgeschieden, so daß sich als gewerbliches Einkommen nur der Betrag von 100659,35 *M* ergab, wovon das Fünftel sich auf 20131,87 *M* berechnete. Nur diesen Betrag durfte der Berufungsrichter seiner für das Teilurteil angestellten vorläufigen Berechnung zugrunde legen, während er in Wirklichkeit das Fünftel von dem durch ihn selbst als gewerbliches Gesamteinkommen festgestellten Betrag von 203815 *M* auf 40763 *M* berechnet und der Entscheidung des Teilurteils zugrunde gelegt hat. Hätte der Kläger das Teilurteil vom 3. Juni 1907 allein zum Gegenstand der Beschwerde gemacht, und der Berufungsrichter das Schlußurteil vom 10. Juli 1907 nicht erlassen, so hätte das Teilurteil aufgehoben, und die Sache an den Berufungsrichter zur selbständigen sachlichen Ermittelung der Quote zurückverwiesen werden müssen, zu der das gewerbliche Einkommen auf Hamburg als Sitz der Einnahmequelle zurückzuführen war.

Die Rechtslage hat sich aber dadurch geändert, daß der Berufungsrichter das Schlußurteil vom 10. Juli 1907 erlassen, und der Kläger auch gegen dieses das Rechtsmittel der Revision eingelegt hat, über das gleichzeitig mit der gegen das Teilurteil gerichteten Revision zu verhandeln und zu entscheiden war. Im Schlußurteil hat der Berufungsrichter die Feststellung getroffen, daß das gewerbliche Einkommen des Klägers nicht bloß zu einem Fünftel, sondern zu einem Drittel durch die von ihm in Hamburg ausgeübte Erwerbstätigkeit gewonnen wird, daß hiernach von dem gewerblichen Gesamteinkommen des Jahres 1903 von 203815,35 ℳ der Betrag von 67938,45 ℳ auf Hamburg entfällt, und daß hiervon die Einkommensteuer 5278,80 ℳ beträgt, so daß dem Kläger, der nur 3880,80 ℳ gezahlt hat, ein Rückforderungsanspruch überhaupt nicht zusteht. Hieraus ergibt sich, daß, falls das Schlußurteil nicht zu beanstanden ist, die vom Berufungsrichter im Teilurteil gegebene Entscheidung zwar unschlüssig begründet, aber sachlich zutreffend und aufrecht zu erhalten ist. Dieser Rechtslage hat das Revisionsgericht durch seine jetzige Entscheidung in der Form Rechnung getragen, daß es die gegen das Teilurteil gerichtete Revision als unbegründet zurückgewiesen hat. Ein unnötiger und nicht zu rechtfertigender Formalismus würde es sein, wenn das Revisionsgericht sachlich dasselbe Ziel auf einem Umwege dadurch erreichen wollte, daß es die Sache zur anderweiten Verhandlung und Entscheidung an das Berufungsgericht zurückverwiese. Das letztere würde nichts anderes tun können, als die Entscheidung des Teilurteils aus den Entscheidungsgründen des Schlußurteils aufrecht erhalten.

Die dem Schlußurteil zugrunde liegende Feststellung des Berufungsrichters, von dem gewerblichen Einkommen des Klägers werde ein Drittel durch die von ihm in Hamburg ausgeübte Erwerbstätigkeit gewonnen, läßt einen Rechtsirrtum nicht erkennen. Sie beruht auf folgenden tatsächlichen Erwägungen. Das Hamburger Haus erscheine bezüglich eines Teiles der von ihm ausgeführten Einkäufe lediglich als eine Agentur des Brasilhauses, da sich hierbei seine Tätigkeit auf genaue Ausführung der von dem letzteren einlaufenden Aufträge beschränke. Die Einkäufe stellten aber zum andern Teil auch für Dritte gemachte sogenannte direkte Geschäfte dar. Bei letzteren habe im Jahre 1903 bei einem Umsatze von reichlich einer Million der Reingewinn 25831,73 M, und im Jahre 1904 bei einem Umsatze von mehr als 950000 M 30799,47 M betragen, während der Gesamtumsatz des Hamburger Hauses im Durchschnitt auf 15000000 M anzunehmen sei. Dem stehe aber bei dem Brasilhause ein jährlicher Warenumsatz gegenüber, der sich, ebenfalls einschließlich der direkten Geschäfte, auf rund 20 Millionen belaufe. Daneben betreibe aber das Brasilhaus noch in ausgedehntem Maße andere Geschäfte, nämlich See- und Feuerversicherung, Bankgeschäfte, Wassertransport, Reederei, Vertretungen, Beteiligung an industriellen Unternehmungen u. a. m.

Für die Frage, wieweit der in Brasilien erzielte Gewinn darauf zurückzuführen sei, daß der Kläger von Hamburg aus die Erwerbstätigkeit der für ihn in Brasilien unter Benutzungder dortigen Veranstaltungen arbeitenden Kräfte leitet und fördert, komme folgendes in Betracht. Der Kläger nehme zwar selten unmittelbar an den einzelnen drüben erfolgenden Abschlüssen teil; er werde aber fortlaufend über alle bedeutenderen Geschäftsvorgänge unterrichtet. Er sei auch aus eigener Anschauung mit dem Brasilgeschäft, dem er selbst lange Jahre vorgestanden habe, vertraut und übe einen sehr bedeutsamen Einfluß auf den dortigen Geschäftsbetrieb dadurch aus, daß er an die ihm gelieferten Berichte seine Direktiven für die Zukunft knüpfe, bezüglich noch ausstehender Unternehmungen die Entscheidung treffe, oder wenigstens seinen Rat erteile und durch Begutachtung getroffener Maßnahmen seinen Angestellten die eigenen Erfahrungen und Anschauungen zur Richtschnur gebe. Er fördere die in Brasilien sich abspielende Geschäftstätigkeit seiner dortigen Prokuristen auch dadurch, daß er von ihm engagierte Angestellte nach drüben sende und dem Brasilhause dessen Bankkredite eröffne. Seine von Hamburg ausgehende Leitung und Förderung des Brasilgeschäfts sei für die Erzielung des dortigen gewerblichen Einkommens ein so wesentlicher Faktor, daß ein Drittel davon auf diese in Hamburg entfaltete Erwerbstätigkeit auch dann zu rechnen sei, wenn man berücksichtige, daß dieses Einkommen zu einem sehr großen Teile in dem Ertrage aus der Nutzung von unmittelbar oder mittelbar dem brasilianischen Geschäftsbetriebe dienenden Grundstücken bestehe, zu deren Verwaltung die persönliche Leitung des Klägers nur in geringem Maße erfordert werde.

Diese Erwägungen des Berufungsrichters entsprechen den vom Reichsgericht in dem ersten Revisionsurteil und in dem Urteil vom 7. November 1885 (Entsch. Bd. 15 S. 27 flg.) festgelegten Grundsätzen. Ob die von Hamburg ausgehende geschäftliche Tätigkeit des Klägers auch dann als ein in Hamburg betriebener Teil der gewerblichen Tätigkeit und damit als eine Quelle des gewerblichen Einkommens anzusehen sein würde, wenn diese Tätigkeit sich auf diese Leitung beschränkte und eine sichtbare Betriebsstätte, also eine gewerbliche Niederlassung, in Hamburg nicht vorhanden wäre, kann dahingestellt bleiben, da unstreitig in Hamburg eine solche Niederlassung des Klägers besteht und sich mit der Ausführung einzelner Geschäfte befaßt. Deshalb ist auch die Rüge der Revision haltlos, der Berufungsrichter habe den Begriff des gewerblichen Einkommens verkannt, wenn er Hamburg als Quelle des gewerblichen Einkommens ansehe, obschon sich die Tätigkeit des Klägers nur auf die Erteilung gelegentlicher „allgemeiner Direktiven und Ratschläge" beschränke. Diese Beschränkung ist hier nicht gegeben. Insbesondere ermöglicht und fördert der Kläger den brasilianischen Geschäftsbetrieb durch Eröffnung der Bankkredite und Hinübersendung von Angestellten unmittelbar, und er übt durch seine Anweisungen mindestens auf die in Zukunft abzuschließenden einzelnen Geschäfte einen zwingenden Einfluß aus. Ein gleicher Einfluß besteht hinsichtlich aller von der Hamburger Niederlassung abgeschlossenen direkten Geschäfte. Es ist hiernach nicht ersichtlich, in welchem Punkte der Berufungsrichter sich der ihm von der Revision zum Vorwurf gemachten Verkennung des Rechtsbegriffs des gewerblichen Einkommens schuldig gemacht haben sollte. Ungerechtfertigt ist auch der von der Revision nicht näher begründete Vorwurf, der Berufungsrichter habe die Aussage des Zeugen K. nicht vollständig gewürdigt. Wenn schließlich der Berufungsrichter auf Grund seiner tatsächlichen Erwägungen den Anteil der in Hamburg sich vollziehenden Tätigkeit am gesamten gewerblichen Einkommen auf ein Drittel schätzt, so überschreitet er damit nicht die durch den § 286 Z.P.O. gezogenen Grenzen seiner Befugnisse."

45. 1. Erlangt der Verkäufer, der sich bei der Übergabe bis zur Tilgung des Kaufgeldes das Eigentum der verkauften Sache vorbehält, dadurch den mittelbaren Besitz an der Sache?

B.G.B. § 868.

2. Hat der § 869 Satz 1 B.G.B. die Bedeutung, daß dem mittelbaren Besitzer nicht nur gegebenenfalls die Klage aus § 861 Abs. 1, sondern auch, wenn er sich durch verbotene Eigenmacht den unmittelbaren Besitz verschafft hat, gegen die Klage aus § 861 Abs. 1 die Verteidigung aus § 861 Abs. 2 zusteht?

VII. Zivilsenat. Urt. v. 18. September 1908 i. S. S. (Kl.) w. E. (Bekl.). Rep. VII. 492/07.

I. Landgericht Hannover.
II. Oberlandesgericht Celle.

Aus den Gründen:

... „Der Berufungsrichter geht davon aus, daß der Kläger den unmittelbaren Besitz der Pferde erlangt hatte, daß der Beklagte, indem er ohne den Willen des Klägers, und sogar gegen den ausdrücklichen Widerspruch seines Besitzdieners B., die Pferde aus dem Stalle weg- und mit sich nahm, den unmittelbaren Besitz dem Kläger durch verbotene Eigenmacht (§ 858 B.G.B.) entzogen hat, und daß also an sich der gegen den Beklagten erhobene Anspruch auf Wiedereinräumung dieses Besitzes begründet ist (§ 861 Abs. 1 B.G.B.). Der Berufungsrichter nimmt aber für den Fall, daß durch Leistung des dem Beklagten auferlegten Eides bewiesen wird, daß der Beklagte als Verkäufer der Pferde bei deren Übergabe an W. sich bis zur Tilgung des Kaufpreises das Eigentum an den Pferden vorbehalten hatte, an, daß der Beklagte mittelbarer Besitzer geblieben sei, daß ferner der unmittelbare Besitz, den der Kläger (im April 1906, also nur zwei bis drei Monate vor der am 3. Juni 1906 erfolgten Entziehung dieses Besitzes durch den Beklagten) erlangt hatte, dem W. gegenüber fehlerhaft gewesen sei, und daß der Beklagte auf Grund seines mittelbaren Besitzes diese Fehlerhaftigkeit gemäß §§ 861 Abs. 2, 869 B.G.B. mit Erfolg dem Klaganspruch entgegensetzen könne.

In § 861 Abs. 2 wird der Anspruch auf Wiedereinräumung

des Besitzes als ausgeschlossen bezeichnet, „wenn der entzogene Besitz dem gegenwärtigen Besitzer . . . gegenüber fehlerhaft war und in dem letzten Jahre vor der Entziehung erlangt worden ist“. In § 869 ist bestimmt, daß, wenn gegen den Besitzer verbotene Eigenmacht verübt wird, „die in den §§ 861, 862 bestimmten Ansprüche auch dem mittelbaren Besitzer“ zustehen.

Die Revision wirft hier dem Berufungsrichter zunächst Verkennung des Rechtsbegriffs des mittelbaren Besitzes (§ 868 B.G.B.) vor, indem sie geltend macht, der bloße Eigentumsvorbehalt des Verkäufers bei der Übergabe der verkauften Sache an den Käufer könne jenem nicht die Eigenschaft als mittelbarer Besitzer verschaffen. Dem gegenüber genügt der Hinweis darauf, daß das Reichsgericht bereits in dem Urteile des II. Zivilsenats vom 28. April 1903 (Entsch. Bd. 54 S. 396), und zwar keineswegs, wie die Revision annimmt, nur in einer „gelegentlichen Bemerkung“, die entgegengesetzte Auffassung des Berufungsrichters gebilligt hat. Von diesem Standpunkt abzugehen findet der jetzt erkennende Senat keinen Grund.

Die Revision rügt weiter eine Verletzung des § 869 B.G.B., indem sie ausführt, diese Vorschrift gebe dem mittelbaren Besitzer keineswegs das Recht zu der Einwendung aus § 861 Abs. 2. Auch dieser Angriff geht fehl. Wollte man freilich den an der vorhin wiedergegebenen Stelle des § 869 angewendeten Ausdruck „Ansprüche“ im engsten Sinne (vgl. § 194 Abs. 1 B.G.B.) auffassen, so könnte es zweifelhaft sein, ob dem mittelbaren Besitzer auch die Rechte aus den Absätzen 2 der §§ 861, 862 haben eingeräumt werden sollen. Aus inneren Gründen kann aber nicht angenommen werden, daß das Gesetz dem mittelbaren Besitzer den Angriff (Abs. 1 der §§ 861, 862) habe gewähren, die Abwehr (Abs. 2 das.) aber habe versagen wollen. Hierzu kommt noch der äußere Umstand, daß in § 869 die §§ 861, 862 ohne Einschränkung genannt sind, während es doch, wenn die Vorschrift den von der Revision behaupteten Sinn haben sollte, nahegelegen hätte, zu sagen: . . . so stehen die in § 861 Abs. 1 und § 862 Abs. 1 bestimmten Ansprüche auch dem mittelbaren Besitzer zu. Es ist hiernach anzunehmen, daß man der Absicht des Gesetzes gerecht wird, wenn man die angezogene Bestimmung des § 869 dahin auffaßt, daß durch sie dem mittelbaren Besitzer die volle Rechtsstellung der §§ 861, 862 hat eingeräumt werden sollen.“ . . .

46. Was ist der den Nennbetrag übersteigende Ausgabewert der Aktien im Sinne der Tarifst. 1a zum Reichsstempelgesetz vom 14. Juni 1900? Ist für seine Feststellung grundsätzlich nur der Bilanzwert der die Gegenleistung für die neu ausgegebenen Aktien bildenden Vermögensgegenstände maßgebend, oder kann zur Ermittlung des Ausgabewertes der festgesetzte Emissionskurs gleichzeitig ausgegebener Aktien herangezogen werden? Wie ist der Ausgabewert zu berechnen, wenn die neuen Aktien zum Erwerbe von Aktien anderer Gesellschaften verwendet werden?

VII. Zivilsenat. Urt. v. 18. September 1908 i. S. Gelsenkirchener Bergwerksaktiengesellschaft (Kl.) w. preuß. Fiskus (Bekl.). Rep. VII. 151/08 u. 239/08.

I. Landgericht Münster.
II. Oberlandesgericht Hamm.

Die Klägerin hat durch Beschlüsse vom 29. Januar 1904 und vom 29. Oktober 1904 ihr Grundkapital erhöht.

1. Der erste Beschluß vom 29. Januar 1904 umfaßte einen Betrag von insgesamt 9000000 *M*, zerlegt in 7500 Stück Aktien zum Nennbetrage von je 1200 *M*. Davon sollten 5500 Stück zum Erwerbe der Kuxe der Gewerkschaften „Ver. Franziska und Hamburg" sowie „Prinz Schönaich" dergestalt verwendet werden, daß die Gewerken von Ver. Franziska und Hamburg nach ihrer Wahl für je einen Kux drei Aktien oder 7000 *M* bar zuzüglich 4 Prozent Zinsen seit dem 1. Januar 1904, die Gewerken von Prinz Schönaich dagegen für je einen Kux Aktienbeträge von 3000 *M* (nominal) zu erhalten hätten. Der Rest von 2000 Stück sollte den alten Aktionären der Klägerin zum Kurse von 180 Prozent angeboten werden. Die Diskontogesellschaft in B. übernahm sämtliche Aktien mit den sich aus vorstehendem ergebenden Verpflichtungen, und zwar die zum Erwerbe der Kuxe bestimmten Aktien zum Parikurse, die übrigen Aktien zum Kurse von 180 Prozent.

2. Die durch den Beschluß vom 29. Oktober 1904 angeordnete Kapitalserhöhung bezweckte den Erwerb von mindestens drei Vierteilen der Aktien der Gesellschaften „Aachener Hütten-Aktienverein zu Rote Erde bei Aachen" und „Schalker Gruben- und Hüttenverein zu Gelsenkirchen". Es sollten zu diesem Zwecke 41666 Stück neue

Aktien zum Nennbetrage von je 1200 *M* und ein Stück zu 2000 *M*, also insgesamt 50000000 *M* nominal, ausgegeben und zur Beschaffung jener Aktien verwendet werden. Der Betrag wurde von verschiedenen Bankinstituten zum Parikurse gezeichnet, wobei diese die sich aus der Bestimmung der Neuemission ergebende Verbindlichkeit übernahmen. Die Aktionäre des Aachener Hüttenvereins erhielten für je 4000 *M* Aktien je 10800 *M* neue Gelsenkirchener Aktien und 176 *M* bar, die des Schalker Gruben- und Hüttenvereins für je 12000 *M* Aktien je 30000 *M* junge Aktien der Klägerin und 600 *M* bar. Der Durchschnittskurs der Aktien des Aachener Vereins war Ende 1904 und Anfang 1905 601 Prozent, der der Aktien des Schalker Vereins 548 Prozent.

An Reichsstempelabgabe nach Tarifst. 1a des Reichsstempelgesetzes wurden für die Ausgabe der neuen Aktien der Klägerin erhoben: zu 1 von 2000 Stück, die zum Kurse von 180 Prozent übernommen waren, je 44 *M*, von den übrigen 5500 Stück je 24 *M*; zu 2 von 41665 Stück je 24 *M* und von dem letzten Stück 40 *M*, indem, mit Ausnahme der zuerst angeführten 2000 Stück, überall der Nennwert der Aktien zugrunde gelegt wurde. Der Beklagte forderte indessen von den zufolge des Beschlusses vom 29. Januar 1904 ausgegebenen Aktien durchweg 44 *M* für das Stück, da der wahre Wert der zum Erwerb der Kuxe bestimmten Aktien auch auf 180 Prozent zu beziffern sei, und von den auf dem Beschlusse vom 29. Oktober 1904 beruhenden Aktien 54 *M* für das Stück nach einem aus den Durchschnittskursen der eingetauschten Aktien ermittelten Werte von 217,12 Prozent. Die Klägerin bezahlte die mehrgeforderten Beträge für 130 Aktien der ersten Kategorie mit 2600 *M* und für 90 Aktien der zweiten Kategorie mit 2700 *M* und verlangte sie sodann vom Beklagten, mit dem sie vereinbart hatte, daß die in diesem Prozeß ergehende Entscheidung auch für die von den weiteren Aktien zu bezahlenden Steuerbeträge maßgebend sein solle, nebst Zinsen seit der Klagezustellung zurück. Der Beklagte begehrte Abweisung der Klage. Das Landgericht erkannte auch in diesem Sinne. Berufung und Revision der Klägerin hatten keinen Erfolg.

Gründe:

„I. Der erkennende Senat hat in ständiger Rechtsprechung an dem Grundsatze festgehalten, daß die Berechnung des Stempels für die Ausgabe inländischer Aktien nicht lediglich nach dem von der emittierenden Aktiengesellschaft festgesetzten Kurse zu erfolgen hat, sondern nach dem wirklichen inneren Werte, zu dem die Aktien über den ziffermäßig bestimmten Ausgabekurs hinaus von den ersten Erwerbern übernommen werden (vgl. z. B. Entsch. Bd. 61 S. 302, Bd. 67 S. 327). Die Revision verlangt eine abermalige Nachprüfung dieser Rechtsauffassung. Es lag indessen kein Anlaß vor, von ihr abzugehen. Wenn, wie in dem Urteile vom 26. September 1905 (Entsch. Bd. 61 S. 308) dargelegt ist, in Nr. 4 der das Gesetz erläuternden Ausführungsbestimmungen des Bundesrats vom 21. Juni 1900 unter dem „Werte", zu welchem die Aktien übernommen werden, nicht ein ziffermäßig festgesetzter Emissionskurs zu verstehen ist, so ist damit für die der Absicht des Gesetzes entsprechende Auslegung Raum gegeben, die es nicht den Beteiligten überläßt, durch die Bestimmung eines Ausgabewertes auch den Stempelbetrag festzulegen, die vielmehr eine Nachprüfung dahin für erforderlich und zulässig erklärt, ob jener Ausgabewert nach den obwaltenden Umständen nicht zu niedrig bemessen und in Wahrheit höher zu beziffern ist. Daß bei der Erwähnung des Wertes der Aktien (neben dem Preise) nur an Sacheinlagen mit bestimmtem Übernahmewerte gedacht sei, dafür spricht nichts. Es ist willkürlich, eine solche Beschränkung in das Gesetz hineinzutragen, die nicht durch seinen Wortlaut und vollends nicht durch seinen erkennbaren Zweck gerechtfertigt wird. Es bewendet daher dabei, daß der Stempel nach dem wirklichen Werte der neuen Aktien, nicht nach dem der Sachlage widersprechenden, ihnen äußerlich beigelegten Werte zu berechnen ist. Eine Abweichung von diesem Satze bedeutet es auch nicht, wenn der Senat bei Berechnung des Ausgabewertes den Stempel und die sog. Stückzinsen außer Betracht gelassen hat (Entsch. Bd. 55 S. 43).

II. Ist hiernach der Standpunkt, von dem das Landgericht und das ihm beitretende Berufungsgericht ausgegangen sind, zu billigen, so fragt es sich zunächst in dem den Erwerb der Kuxe betreffenden Falle, ob in der Art, wie hier die Vorderrichter den Ausgabewert der neuen Aktien der Klägerin ermittelt haben, ein rechtlicher Verstoß zu finden ist. Daß der Zeichnungszweck, die Zuführung der Kuxe in das Vermögen der Klägerin, überhaupt außer Betracht zu bleiben habe, wie die Revision will, kann nicht anerkannt werden. Sollte dieser Zweck aus dem Zeichnungsschein nicht zu ersehen sein, so hat doch unstreitig die Diskontogesellschaft nur mit der Verpflichtung des Erwerbs der Kuxe für die Klägerin die Aktien übernommen. Ob dies in einer besonderen Urkunde geschehen ist, erscheint unerheblich. Wesentlich ist nur, daß die Lieferung der Kuxe an die Klägerin die Gegenleistung für die der Übernehmerin gegebenen neuen Aktien bildete, und daß daraus sich mit Sicherheit eine höhere Bewertung der Aktien, als zum Nennbetrage ergibt (Entsch. Bd. 67 S. 347). Der Berufungsrichter schätzt nun die zur Anschaffung der Kuxe bestimmten jungen Aktien auf 180 Prozent, indem er sich dem Landgericht anschließt. Dieses erwägt, daß, wenn für die übrigen, den alten Aktionären zum Bezug angebotenen Aktien ein Emissionskurs von 180 Prozent festgesetzt worden sei, ohne weiteres mindestens derselbe Wert für die gleichzeitig als Preis der Kuxe ausgegebenen Aktien anzusetzen sei. Damit hat nach dem ganzen Zusammenhange der Gründe nicht ein Rechtssatz ausgesprochen werden sollen. Vielmehr handelt es sich um eine tatsächliche, auch in dem Urteile des Reichsgerichts (Entsch. Bd. 61 S. 306) angestellte Erwägung, mit der die Überzeugung des Gerichts begründet werden soll, daß der Ausgabewert auch der Aktien, welche die Diskontogesellschaft nur zum Nennbetrage übernahm, auf 180 Prozent zu schätzen sei. Rechtlich ist diese Erwägung nicht zu beanstanden. Es ist durchaus logisch, zu sagen, daß, wenn eine Gesellschaft neue Aktien ausgibt, und einem Teile derselben einen bestimmten in bar zu zahlenden Überpariwert beilegt, den anderen Teil aber für die Anschaffung eines gewissen Vermögens oder gewisser Vermögensgegenstände verwendet, sie auch diesem Teile keinen geringeren Wert beimessen wird, als jenem, und daß sie die eingetauschten Gegenwerte im wesentlichen für entsprechend erachten wird. Sie wird sich zu dem Tausch nur nach eingehender Prüfung aller in Betracht kommenden Verhältnisse entschließen und darum sich auch gefallen lassen müssen, daß es bei ihrer eigenen, in dem Tauschpreise zum Ausdruck gelangenden Schätzung bewendet, und eine mit dem Preise in Einklang stehende Vermögensvermehrung angenommen wird. Deshalb durfte auch im vorliegenden Falle ein Ausgabewert der dem Erwerbe der Kuxe dienenden jungen Aktien von 180 Prozent der Stempelberechnung zugrunde gelegt werden, wobei in Ansehung der Kuxe der Gewerkschaft „Vereinigte Franziska und Hamburg" noch unterstützend in Betracht kam, daß die Gewerken statt dreier Aktien zum Nennwerte von je 1200 ℳ 7000 ℳ bar fordern durften. Die Revision macht im Anschluß an den Aufsatz von Abraham in Holdheims Monatsschrift Bd. 15 S. 3 flg. geltend, daß der Emissionskurs der den alten Aktionären angebotenen Aktien keinen zutreffenden Maßstab für die Bewertung der anderen, gleichzeitig ausgegebenen Aktien bilde, daß vielmehr der bilanzmäßige Wert des Vermögens der Gewerkschaften nach dem Antrage der Klägerin hätte festgestellt, und danach der innere Wert jener Aktien hätte gefunden werden müssen. Es ist indessen nicht richtig, daß grundsätzlich nur die Bilanzwerte entscheidend seien. Sie können ebenso wie andere Umstände, insbesondere die gleichzeitige Emission von Aktien zum Überparikurse, als Anhalt für die Ermittlung des Ausgabewerts dienen. Aber eine rechtliche Verpflichtung, auf sie zurückzugehen, besteht nicht, mindestens so lange nicht, als kein Kalkulationsfehler behauptet, und danach die Annahme gerechtfertigt ist, daß die Klägerin richtig geschätzt habe. Im übrigen gewährt auch die Bilanz, worauf schon in früheren Urteilen hingewiesen ist, und wie auch schließlich in dem erwähnten Aufsatze nicht in Abrede gestellt wird (S. 10), nicht immer ein zutreffendes Bild von den wirklichen Verhältnissen, wie sie für die Bewertung eines Unternehmens, dessen Erwerb in Frage ist, in Betracht gezogen werden müssen. Abgesehen von den nicht verbotenen Unterbewertungen, erscheinen für die Preisbestimmung wesentliche Faktoren nicht in der Bilanz der aufgenommenen Gesellschaft (um der Kürze wegen bei dem hier nicht eigentlich vorliegenden Falle der Fusion zu bleiben). Es handelt sich um den Erwerb eines im Betriebe befindlichen Unternehmens, eines wirtschaftlichen Gutes, dessen Wert durch die Zusammenrechnung der für die einzelnen Gegenstände in der Bilanz ausgeworfenen Summen nicht erschöpft wird, weil sie nicht alle in dem Unternehmen als einem lebendigen Organismus wirksamen Kräfte und Vorteile darstellen. Gerade solche Dinge aber wie Kundschaft, Arbeitsweise usw. sind von wesentlichem Einfluß auf den Ertrag des Unternehmens, und nach dem Ertrage wiederum wird sein Wert geschätzt, wie er für die Preisbildung schließlich maßgebend ist. Es handelt sich hierbei nicht um bloße Erwartungen und Hoffnungen, welche den Erwerber veranlassen, eine höhere Leistung für eine geringere hinzugeben, sondern um durchaus der Wirklichkeit angehörende Umstände, die bei der Abschätzung berücksichtigt werden und berücksichtigt werden müssen. Wenn sich daher auch aus der Bilanz der Gewerkschaften nur ein Vermögensbestand ergeben sollte, der hinter dem angenommenen Werte der neuen Aktien zurückbleibt, so würde damit nichts für ein Mißverhältnis zwischen Leistung und Gegenleistung bewiesen sein. Man müßte immer noch sagen, daß die Klägerin, die ja das Gegenteil selbst nicht behauptet, den wirklichen Wert des gewerkschaftlichen Vermögens, das sie mittels des Erwerbes sämtlicher Kuxe in die Hände bekam, mit Rücksicht auf außerbilanzmäßige Faktoren höher geschätzt habe, und daß dies nicht zu beanstanden sei.

III. Was den auf dem Beschlusse der Generalversammlung vom 29. Oktober 1904 beruhenden Umtausch von einem Teile der Aktien des Aachener Hüttenvereins und des Schalker Hüttenvereins (kurz: der Hüttenaktien) gegen junge Aktien der Klägerin betrifft, so hat der Berufungsrichter im Anschluß an das Landgericht und den von diesem gehörten Sachverständigen aus dem Umtauschverhältnis der beiderseitigen Aktien und aus dem Durchschnittskurse der Hüttenaktien zur Zeit des Umtausches den Kurs ermittelt, zu welchem die Hüttenaktionäre die ihnen überlassenen jungen Aktien bewertet und angenommen haben müssen, um für ihre der Klägerin gegebenen Aktien ein entsprechendes Entgelt zu erhalten. Auch in dieser Berechnungsweise ist ein rechtlicher Verstoß nicht zu erblicken. Die Revision will, ebenso wie in dem zuerst erörterten Falle, daß das Vermögen der Hütten bilanzmäßig festgestellt werde; dieses sei zu einem den eingetauschten Hüttenaktien entsprechenden Teile auf die Klägerin übergegangen, und danach der Ausgabewert der jungen Aktien zu berechnen. Gegen eine solche Berechnungsweise sprechen zunächst die unter II angeführten Gründe. Von einer Heranziehung der Bilanz kann aber hier auch deshalb keine Rede sein, weil die Klägerin durch den Erwerb eines, wenn schon beträchtlichen, Teils der Hüttenaktien noch nicht das Vermögen der Aktiengesellschaften, die Hütten, zu einem verhältnismäßigen Teil erworben, vielmehr wie sie selbst erklärt, nur einen überwiegenden Einfluß auf die Geschäftsgebarung der Gesellschaften erlangt hat. Dies konnte sie nur, wenn sie die Hüttenaktien erwarb, und gegen die von den Instanzgerichten geteilte Auffassung des Sachverständigen, daß der Erwerb nicht anders zu bewerkstelligen war, als zu dem damaligen Börsenkurse, zu dem die Aktionäre ihre Aktien hätten verkaufen können, läßt sich rechtlich gewiß nichts einwenden. Wollte die Klägerin die Aktien nicht in bar bezahlen, sondern durch Hingabe von Sachen, insbesondere von Wertpapieren, in ihren Besitz bringen, so mußten diese Sachen einen dem Kurs der zu erwerbenden Aktien entsprechenden Wert haben. Daraus folgt von selbst, daß der Ausgabewert der jungen Aktien der Klägerin, wie geschehen, berechnet werden durfte. Daß der Erwerb der Hüttenaktien zu einem geringeren Preise als dem damaligen Börsenkurse möglich gewesen wäre, erhellt nicht." ...

---

47. Darf bei einem gezogenen Wechsel eine Zahlungszeit angegeben werden, die vor der Zeit der Ausstellung liegt? [1]

W.O. Art. 4 Nr. 4 u. 6.

I. Zivilsenat. Urt. v. 19. September 1908 i. S. O. (Bekl.) w. B. (Kl.). Rep. I. 400/08.

I. Landgericht Hamburg, Kammer für Handelssachen.
II. Oberlandesgericht daselbst.

In einem früheren Prozesse war der Beklagte verurteilt worden, dem Kläger ein am 24. Februar 1908 fälliges Akzept über 2515,14 *M* zu geben. Er erfüllte diese Auflage nach dem Verfalltage, worauf der Kläger, der als Aussteller gezeichnet hatte, den Wechsel einklagte. Als Ort und Zeit der Ausstellung stand auf dem Wechsel „Hamburg, den 19. März 1908". Der Beklagte wandte ein, der Wechsel sei nichtig, weil der Verfalltag vor dem Ausstellungstage liege, wurde aber in beiden Instanzen nach dem Klagantrage verurteilt. Das Reichsgericht dagegen erkannte auf Abweisung der Klage.

---

[1] Vgl. Rehbein, Wechsel-Ordnung (7. Aufl.) Art. 4 Bem. 12; Staub, Wechselordnung (5. Aufl.) Art. 4 Anm. 16; Bernstein, Wechselordnung Art. 4 § 4 B 3; Grünhut, Wechselrecht Bd. 1 § 43 Anm. 1; Lehmann, Lehrbuch des Wechselrechts § 95 S. 357; Thöl, Handelsrecht Bd. 2 § 35 Nr. 2; Dernburg, Bürgerl. Recht Bd. 2 (3. Aufl.) § 256 Nr. II; R.O.H.G. Bd. 1 S. 55. D. E.

Gründe:

„Das Oberlandesgericht hat den aus Art. 4 W.O. entnommenen Einwand des Beklagten zurückgewiesen. Die W.O. fordere zwar in Art. 4 Nr. 4 u. 6 die Angabe der Zeit, zu welcher gezahlt werden solle, und die Angabe des Ortes, Monatstages und Jahres der Ausstellung, nirgends aber, daß der Ausstellungstag dem Verfalltage des Wechsels zeitlich vorauszugehen habe, oder ihm jedenfalls zeitlich nicht nachfolgen dürfe. Dieses aus dem Rahmen der Wechselordnung herausfallende Erfordernis sei für den Regelfall ein Gebot des logischen Denkens. Wenn ... nach den hier vorliegenden Tatsachen trotz des scheinbaren Mißverhältnisses zwischen dem (späteren) Ausstellungstage und dem (früheren) Verfalltage ein logischer Widersinn nicht angenommen werden könne, so biete die Wechselordnung keine Handhabe, den Wechsel für ungültig zu erklären.

Diese Begründung verletzt ... den Art. 4 W.O. Jeder Wechsel enthält begrifflich ein Zahlungsversprechen, das bei dem gezogenen Wechsel üblicherweise in die Form eines Zahlungsauftrages gekleidet wird. Der Zahlungsauftrag wurde von der Leipziger Konferenz unter die wesentlichen Erfordernisse des gezogenen Wechsels zur Unterscheidung von dem eigenen Wechsel deshalb nicht aufgenommen, weil „man der Meinung war, daß die Hervorhebung solcher Unterscheidungen lediglich der Doktrin zu überlassen sei."

Vgl. Protokolle (Verlag von Hirschfeld) S. 14.

Indes fehlt in Art. 4 nur die Hervorhebung des Zahlungsauftrages unter einer besonderen Nummer. Das Erfordernis an sich ergibt sich klar aus Nr. 7, wonach der „Name der Person oder die Firma, welche die Zahlung leisten soll", anzugeben ist. Auch weisen die Nr. 2, 3, 4 und 8, die die Angabe der zu zahlenden Geldsumme, des Namens der Person, an welche, und der Zeit, zu welcher gezahlt werden soll, und die Angabe des Ortes fordern, wo die Zahlung geschehen soll, auf das vorzunehmende, also zukünftige Geschäft der Zahlung hin. Der Aussteller erteilt den Zahlungsauftrag dem Bezogenen durch die Ausstellung des Wechsels. Da sein Auftrag nur auf Zahlung nach der Ausstellung gehen kann, so kann die Zahlungszeit nicht vor der Zeit der Ausstellung liegen. Ein Wechsel, der eine vor dieser Zeit liegende Zahlungszeit angibt, enthält eine Unmöglichkeit im Willen des Ausstellers. Die Angabe eines solchen, nach dem Begriffe des Wechsels undenkbaren, Zahlungstages steht der gänzlichen Unterlassung der Angabe gleich und macht den Wechsel, weil ihm ein wesentliches Erfordernis fehlt, gemäß Art. 7 W.O. nichtig. Hierbei sind lediglich die aus dem Wechsel ersichtlichen Zeitangaben maßgebend. Es kommt nicht darauf an, ob sie auf einem Irrtume oder Schreibfehler beruhen, oder dem wahren Willen dessen, der sie auf den Wechsel setzte, entsprechen. Auch in diesem Falle enthält der Wechsel einen wechselrechtlich unmöglichen Zahlungstag. Es ist daher unerheblich, daß hier der zur Ausstellung eines am 24. Februar 1908 zahlbaren Akzepts verurteilte Beklagte den Wechsel mit diesem Verfalltage versehen und den 19. März 1908, an welchem Tage er den Annahmevermerk darauf gesetzt haben wird, als Tag der Ausstellung in die Urkunde hineingeschrieben hat. Diese Umstände können die äußerlich mangelhafte Urkunde nicht zu einem gültigen Wechsel machen. Nebenher läuft die Erwägung, daß die entgegengesetzte Ansicht tatsächlich die Umlauffähigkeit des Wechsels aufhebt, weil fast immer der Regreß mangels Zahlung durch die Unmöglichkeit, einen Protest ordnungsmäßig zu erheben, von vornherein ausgeschlossen sein würde (vgl. Art. 41 Abs. 2 W.O.).

Das angefochtene Urteil ist wegen Verletzung des Art. 4 W.O. aufzuheben. Da nach Art. 7 W.O. die auf eine Schrift, der eines der wesentlichen Erfordernisse eines Wechsels fehlt, gesetzte Annahmeerklärung keine Wechselkraft hat, so versagt die Klage schlechthin, mit der die Klägerin allein die Wechselrechte des Ausstellers gegen den Akzeptanten geltend macht. Sie behauptet zwar, der Beklagte handle arglistig, wenn er sich der Zahlung auf den von ihm angenommenen und mit dem Ausstellungsdatum versehenen Wechsel zu entziehen suche. Diese Behauptung würde — was nicht entschieden zu werden braucht — vielleicht einen Anspruch auf Schadensersatz begründen können, vermag aber nicht die erhobene Wechselklage zu stützen."

48. 1. Hat der Reeder eines Fischdampfers, der eine besitzlos gewordene Pontonscheibe der Marineverwaltung geborgen hat, Anspruch auf Bergelohn? Einfluß des Umstandes, daß der Fischdampfer die Scheibe nicht in einen Hafen verbracht, sondern sie auf dem Wege dahin an

ein Kriegsschiff abgeliefert hat, sowie des Umstandes, daß der Fischdampfer die vorgeschriebene Anzeige an die Polizeibehörde unterlassen hat.

2. Stellung des Gerichts gegenüber der Entscheidung des Strandamts. Ist die Entscheidung des Strandamts einer relativen Rechtskraft fähig? Muß der Berger die Entscheidung auch dann binnen 14 Tagen mittels gerichtlicher Klage anfechten, wenn sich das Strandamt für unzuständig erklärt hat? Fall, in dem das Strandamt dies zunächst getan, dann aber auf Weisung seiner vorgesetzten Behörde doch eine Entscheidung in der Sache selbst abgegeben hatte.

Strandungsordnung §§ 20, 21, 36—39.

I. Zivilsenat. Urt. v. 23. September 1908 i. S. Marinefiskus (Kl.) w. Firma E. S. (Bekl.). Rep. I. 571/07.

I. Landgericht Verden.
II. Oberlandesgericht Celle.

Der Fischdampfer „Georg Siebs" traf am Abend des 10. November 1903 in der Wesermündung eine in der See treibende Pontonscheibe an und nahm sie unter Lebensgefahr seiner Besatzung nach mühseligen Arbeiten ans Tau, um sie in Sicherheit zu bringen. Die Scheibe, die einen Wert von 35000 *M* hatte, war zu Schießübungen der deutschen Marine benutzt worden, hatte sich aber infolge stürmischen Wetters von dem schleppenden Tender gelöst und war ins Treiben gekommen. Die Kriegsschiffe hatten sie schließlich aus Sicht bekommen und die Bergung bis zum Eintritte besserer Witterung verschoben. Als der Fischdampfer mit der Scheibe nach Geestemünde zurückfuhr, begegnete ihm beim Rotesand-Leuchtturme der Tender „Ulan", dessen Kommandant die Auslieferung verlangte. Demgemäß erfolgte hier die Übergabe der Pontonscheibe, nachdem der Kommandant des „Ulan" eine Bescheinigung ausgestellt hatte, worin er bestätigte, daß der Dampfer „Georg Siebs" die verlorene Pontonscheibe geborgen und nach der Weser geschleppt, daß er sie dem Dampfer abgenommen, um sie nach Wilhelmshaven zu bringen, und daß er den Dampferführer wegen der Bergungsansprüche an das Kommando des Schulschiffes „Mars" verwiesen habe.

Als Eigentümer des Dampfers „Georg Siebs" suchte die verklagte Firma E. S. beim Strandamte zu Geestemünde die Festsetzung eines Bergelohns von 8000 ℳ nach und erwirkte einen Bescheid dieses Amtes vom 14. November 1906, inhalts dessen der Marinefiskus für verpflichtet erklärt wurde, der Beklagten einen Bergelohn von 5100 ℳ nebst Zinsen zu zahlen.

Der Fiskus focht den Bescheid innerhalb der Ausschlußfrist des § 39 Abs. 2 Strand.O. durch Klage beim Landgerichte zu Verden an mit dem Antrage, den Anspruch der Beklagten abzuweisen. Die Beklagte beantragte, die Klage abzuweisen und den Bergelohn auf einen höheren als den strandamtlich festgesetzten Betrag zu normieren.

Durch Zwischenurteil vom 5. März 1907 erkannte das Landgericht, daß der Anspruch der Beklagten gegen den Kläger auf Bergelohn dem Grunde nach gerechtfertigt sei. Das Oberlandesgericht wies die Berufung des Klägers gegen dieses Urteil zurück. Auch die Revision wurde zurückgewiesen.

Gründe:

„1. In materiellrechtlicher Beziehung geht das Oberlandesgericht mit Recht davon aus, daß der Reeder des Fischdampfers „Georg Siebs" einen begründeten Anspruch auf Gewährung eines angemessenen, nach § 749 H.G.B. zu bestimmenden Bergelohns hat. Es folgt dies aus § 21 der Strandungsordnung vom 17. Mai 1874, der, wenn „ein verlassenes Schiff oder sonstige besitzlos gewordene Gegenstände in offener See treibend" von einem Fahrzeuge geborgen werden, den Bergern Anspruch auf Bergelohn nach den Vorschriften des 9. Titels Buch 5 des A.D.H.G.B. gibt. Nach Art. 3 E.G. z. H.G.B. vom 10. Mai 1897 sind inzwischen an die Stelle dieses Titels die Vorschriften des 8. Abschnittes des 4. Buches des neuen H.G.B.s getreten, also die §§ 740—753, von denen § 749 durch das Gesetz vom 2. Juni 1902 (R.G.Bl. S. 221) eine, im einzelnen hier nicht weiter interessierende, Abänderung erfahren hat.

Die Einwendungen, die der Fiskus gegen den Anspruch erhoben hat, sind vom Oberlandesgerichte mit Recht zurückgewiesen worden. Sie bedürfen hier nur einer Erörterung, insoweit die Revision darauf zurückgekommen ist.

Die Aufstellung, daß sich § 4 Strand.O. nicht auf Kriegsschiffe, und folglich § 21 nicht auf das Zubehör eines Kriegsschiffes erstrecke, ist unrichtig. Das 4. Buch des Handelsgesetzbuchs handelt allerdings nur von Schiffen, die zum Erwerbe durch die Seeschiffahrt bestimmt sind (§ 474). Die Strandungsordnung aber spricht schlechtweg von Schiffen, und das Reichsgericht hat schon 1896 ausgesprochen, daß ihre Vorschriften sogar auf Schiffe, die nicht Seeschiffe sind, Anwendung finden (Entsch. in Zivils. Bd. 38 S. 86). Es würde auch offensichtlich den Zwecken, die die Strandungsordnung insbesondere mit den Bestimmungen der §§ 4 flg., 20 und 21 verfolgt, zuwiderlaufen, wenn man den Schiffen der deutschen Wehrmacht oder sonstigen nicht zum Erwerbe bestimmten Regierungsfahrzeugen eine Ausnahmestellung geben und ihnen bei Seeunfällen den erforderlichen allgemein-rechtlichen Schutz vor Beraubung und Plünderung versagen wollte.

Daß die Pontonscheibe besitzlos geworden war, ist in ausreichender Weise festgestellt, und ergibt sich zudem ohne weiteres aus der Bescheinigung, die der Kommandant des Tenders „Ulan" dem Führer des „Georg Siebs" bei Übernahme der Scheibe ausgestellt hat.

Dadurch, daß der „Georg Siebs" den Ponton ins Schlepptau nahm, wurde dieser freilich noch nicht „geborgen", d. h. „in Sicherheit gebracht" (vgl. § 740 H.G.B.), wohl aber dadurch, daß der „Ulan" den Ponton dem „Georg Siebs" abnahm und ihn seinerseits nach Wilhelmshaven brachte. Daß der „Georg Siebs" die Arbeit des völligen Einschleppens in einen Hafen, die er unternommen hatte, nicht selbst zu Ende gebracht hat, ist ein Umstand, der auf die Bemessung des Bergelohns Einfluß haben mag, der aber den Anspruch selbst nicht beseitigt, da die Arbeit nur deswegen unvollendet geblieben ist, weil sich ein Vertreter des Eigentümers schon vor dem Hafen zur Übernahme des Besitzes bereit fand und sie forderte.

Mit Rücksicht auf diesen Umstand würde die in § 20 Satz 2 Strand.O. vorgeschriebene Anzeige an die nächste Polizeibehörde oder den Strandvogt eine leere Formalität gewesen sein, zumal es ein staatliches Organ war, dem der geborgene Gegenstand zur Verfügung gestellt worden war. Nach Sinn und Zweck des Gesetzes würde die Unterlassung dieser Anzeige, die streitig geblieben ist, den Verlust des Anspruches nicht herbeiführen können. Das Gesetz will der Verheimlichung des geborgenen Gutes entgegentreten. Davon aber kann hier keine Rede sein.

2. In prozessualer Hinsicht kommt folgendes in Betracht.

Wenn der Fiskus seine gegen den Bescheid des Strandamts erhobene Klage u. a. auch darauf gestützt hat, daß nach der Belegenheit des Falles überhaupt kein Bergelohn zu zahlen sei, so war das ein einzelnes selbständiges Angriffsmittel, worüber das Landgericht im verneinenden Sinne durch ein Zwischenurteil nach § 303 Z.P.O. hätte erkennen können. Statt dessen hat das Landgericht ein Zwischenurteil nach § 304 erlassen und den Anspruch der Beklagten auf Bergelohn dem Grunde nach für gerechtfertigt erklärt. Daß das Oberlandesgericht das Gesetz über das Verfahren verletzt habe (§ 559 Z.P.O.), indem es das Urteil des Landgerichts in diesem Sinne als ein zulässiges, der Berufung fähiges Urteil ansah und behandelte, macht die Revision nicht geltend. Auch das Reichsgericht hat demnach davon auszugehen, daß ein Urteil über den Grund des Bergelohnanspruches der Beklagten vorliegt.

Den Inhalt und die Bedeutung dieses Urteils aber bestimmt das Oberlandesgericht — wie der Revision zugegeben werden muß — unrichtig, wenn es annimmt, es sei damit über den Anspruch der Beklagten auf Erhöhung des vom Strandamte zugebilligten Bergelohnes — also über die Widerklage — auch dem Grunde nach noch nicht entschieden. Die Formel des Landgerichts gibt zu einer solchen Trennung von Klage und Widerklage, die hier auch ganz unzweckmäßig gewesen sein würde, keinen Anlaß: sie unterscheidet nicht zwischen dem vom Strandamte schon festgesetzten Betrage und dem von der Beklagten verlangten Mehrbetrage, sondern billigt den streitigen Bergelohnanspruch schlechthin dem Grunde nach zu. Auf Grund des landgerichtlichen Urteils wird demnach in dem Verfahren über den Betrag jede Summe bis zu 8000 *M* zugesprochen werden dürfen, die sich als angemessen herausstellen wird, nicht etwa bloß eine Summe bis zu 5100 *M*.

Jener Irrtum würde der Revision aber nur zur Stütze dienen können, wenn das Oberlandesgericht aus seiner unrichtigen Ansicht über den Umfang des Urteils tatsächlich auch hergeleitet hätte, was an sich daraus folgen würde, daß nämlich die Berufung des Klägers, soweit sie sich auf den von der Beklagten geforderten Mehrbetrag über 5100 *M* miterstreckte, als unzulässig zu verwerfen sei. Das ist aber nicht geschehen. Die Formel des Berufungsurteils spricht ohne Unterscheidung von „Zurückweisung" der Berufung (vgl.

§ 535 Z.P.O.), und in den Entscheidungsgründen wird das Rechtsmittel auch insoweit ausdrücklich als „unbegründet“ und nicht etwa als „unzulässig“ bezeichnet. Für das Revisionsgericht liegt daher der Fall des § 563 Z.P.O. vor; die Entscheidungsgründe ergeben zwar eine Gesetzesverletzung, die Entscheidung selbst aber stellt sich aus anderen Gründen als richtig dar.

Diese anderen Gründe liegen einerseits in dem, was unter 1 ausgeführt worden ist, und was unter 3. ausgeführt werden wird, und andererseits darin, daß die besonderen gegen die Widerklage gerichteten Einwendungen des Fiskus hinfällig erscheinen. Zunächst darf der Schlußantrag der Beklagten, wenn er auch die Nennung einer bestimmten Summe vermissen läßt, unbedenklich an Hand der Anträge, die die Beklagte beim Strandamte gestellt hatte, dahin verstanden werden, daß die Beklagte innerhalb des dort verlangten Lohnes von 8000 *M* die Zubilligung eines 5100 *M* übersteigenden, vom Gerichte auszumittelnden Betrages fordern wollte. Und zweitens ist die Meinung des Fiskus unrichtig, daß der Antrag auf Erhöhung des Bergelohnes nur innerhalb der 14tägigen Ausschlußfrist des § 39 Abs. 2 Strand.O. hätte zugelassen werden dürfen. Nach Abs. 3 des § 39 verliert der Bescheid des Strandamtes durch rechtzeitige Erhebung der Klage zwischen den Prozeßparteien seine Kraft. Von einer relativen Rechtskraft gegen den nicht rechtzeitig klagenden Teil kann sonach keine Rede sein; vielmehr hat der Spruch infolge der rechtzeitigen Klage des Fiskus auch insofern seine Kraft eingebüßt, als er den Ausspruch mitenthält, daß der Beklagten ein höherer Bergelohn als 5100 *M* nicht gebühre.

3. Ein weiterer Angriff der Revision hat Bezug auf den eigentümlichen Verlauf, den die vorliegende Sache beim Strandamte gehabt hat. Die in Betracht kommenden Vorgänge sind die folgenden.

Auf die erste Eingabe der jetzigen Beklagten hatte das Strandamt zu Geestemünde — ohne die Sache mit den Beteiligten zu erörtern — am 27. Mai 1904 zunächst den Bescheid gegeben, daß es zur Entscheidung über den Antrag nicht zuständig sei, weil § 740 H.G.B. auf den vorliegenden Fall nicht zutreffe. Der Bescheid war der Firma nur brieflich mitgeteilt, nicht zugestellt und nicht zu Protokoll eröffnet (§ 39 Abs. 2 Strand.O.). Die Beklagte hatte darauf im Juni 1904 beim Landgerichte Aurich Klage gegen den Fiskus erhoben mit dem Antrage, ihn zur Zahlung von 8000 *M* nebst Zinsen zu verurteilen. Diese Klage ist wegen örtlicher Unzuständigkeit des Landgerichts Aurich abgewiesen worden. Die Berufung hatte keinen Erfolg. Da aber die Gründe des Berufungsurteils den Bergelohnanspruch selbst als rechtlich begründet hinstellten und auch die Zuständigkeit des Strandamts für seine Ausmittelung bejahten, brachte die Beklagte mit Eingabe vom 14. Januar 1906 unter Vorlegung dieses Urteils die Sache aufs neue vor das Strandamt, unter Wiederholung ihres früheren Antrages. Das führte zu einem am 2. Mai zugestellten (zweiten) Bescheide des Strandamts vom 30. April 1906, in dem der Firma eröffnet wurde, daß sich das Amt nicht in der Lage befinde, dem Antrage stattzugeben. Der erste Bescheid sei allerdings nicht ordnungsmäßig zugestellt; da dieser Umstand aber in dem Auricher Prozesse nicht nur nicht gerügt, sondern sogar die Zustellung von der Beklagten selbst behauptet worden sei, müsse es so angesehen werden, als sei die Zustellung in Wirklichkeit ordnungsmäßig erfolgt. Im übrigen werde „darauf hingewiesen, daß es einigermaßen zweifelhaft erscheine“, ob die Pontonscheibe als ein besitzloser Gegenstand im Sinne des § 21 Strand.O. angesehen werden könne.

Dieser Hergang veranlaßte die Beklagte zu zwei nebeneinander unternommenen Schritten. Sie erhob erstens beim Landgerichte Verden innerhalb der 14tägigen Frist des § 39 Abs. 2 Klage auf Zahlung von 8000 *M* Bergelohn. Verhandelt ist in dieser Sache noch nicht. Das Verfahren ruht. Und sie legte zweitens beim Regierungspräsidenten in Stade Beschwerde über das vom Strandamte eingeschlagene Verfahren ein. Infolge dieser Beschwerde wies der Regierungspräsident durch Verfügung vom 27. Juli 1906 das Strandamt an, „einen den Vorschriften des § 38 Strand.O. entsprechenden und ordnungsmäßig zuzustellenden Bescheid zu erlassen“. So ist es zu dem (dritten) Bescheide des Strandamts vom 14. November 1906 gekommen, der nach Anhörung der Beteiligten den Bergelohn auf 5100 *M* festsetzte.

Wenn der Fiskus, der nunmehr seinerseits gegen diesen Bescheid die in § 39 vorgesehene Klage erhoben hat, gestützt auf diese Vorgänge die „Einrede der Rechtshängigkeit“ geltend gemacht hat, so ist zunächst festzustellen, daß es sich hierbei nicht um die in § 263 Abs. 2 Nr. 1 Z.P.O. behandelte Einrede handelt. Der Fiskus tritt im vorliegenden Prozesse, formell wenigstens, als Kläger auf. Und wenn ein Kläger selbst behaupten wollte, die Streitsache sei bereits anderweitig anhängig gemacht, so würde dies nur den Erfolg haben können, daß die Klage abgewiesen werden müßte. Es würde also im vorliegenden Falle der Spruch des Strandamtes vom 14. November 1906 — den der Kläger doch beseitigt haben will — in Rechtskraft erwachsen. So verstanden, würde das Vorbringen also perplex und widersinnig sein.

Gemeint ist denn auch, wie die Ausführungen der Revision bestätigen, etwas anderes. Weil materiell die Beklagte als Klägerin anzusehen sei, die einen Bergelohnanspruch geltend mache, sei sie Veranlasser des gesamten Verfahrens beim Strandamte und in den verschiedenen Prozessen, die sich als Fortsetzung des strandamtlichen Verfahrens darstellten. Insonderheit habe sie den noch anhängigen zweiten Prozeß, der sich gegen den Bescheid des Strandamtes vom 30. April 1906 richte, erhoben und gleichzeitig mit diesem Prozesse das Verfahren beim Strandamte durch die Verwaltungsbeschwerde fortgesetzt. In Wahrheit könne aber über ihren Anspruch nur in jenem zweiten Prozesse entschieden werden, so daß der letzte Bescheid des Strandamtes wegen Rechtshängigkeit der Angelegenheit nicht habe ergehen dürfen. Deswegen soll das Gericht ihn jetzt aufheben.

Diese Ausführungen sind abzulehnen. Zwar ist richtig, daß der Senat in einem früheren Urteile (Entsch. Bd. 56 S. 393) ausgesprochen hat, daß die Anmeldung der Ansprüche des Bergers beim Strandamte (§ 36 Strand.O.) in gewissem Sinne der Klagerhebung gleichstehe, und daß die gerichtliche Klage gegen den Bescheid des Strandamtes (§ 39) etwas von der Natur eines Rechtsmittels habe und dem Einspruche der Zivilprozeßordnung gleiche. Hieraus ist die Folgerung gezogen, daß für die Aktiv- und Passivlegitimation der Parteien der Zeitpunkt maßgebend sei, wo die Anmeldung der Ansprüche beim Strandamte erfolge. Daran wird festgehalten. Es folgt daraus aber nicht, was die Revision aufstellt.

Das Verfahren beim Strandamte ist ein reines Verwaltungsverfahren, auf dessen Verlauf die Gerichte keinen Einfluß haben. Kommt es zu einem gerichtlichen Nachverfahren, so steht den Gerichten lediglich die Prüfung der materiellen Ansprüche zu, die in dem Vorverfahren zuerkannt oder aberkannt sind. Die Zulässigkeit und Ordnungsmäßigkeit des von der Verwaltungsbehörde eingeschlagenen Verfahrens aber steht, wie das Oberlandesgericht mit Recht bemerkt, nicht zur Kognition der Gerichte. Jedenfalls trifft dies für den vorliegenden Fall zu, wo es sich nur darum handelt, daß das Strandamt anfangs überhaupt abgelehnt hatte, die Angelegenheit als eine von ihm zu entscheidende Rechtssache in Gemäßheit der Strandungsordnung in Behandlung zu nehmen und nach Anhörung der Beteiligten zu entscheiden, später aber infolge einer Weisung der vorgesetzten Behörde dies doch getan hat. Mit dem dadurch zum ersten Male herbeigeführten Eingehen auf die Streitsache waren die beiden vorhergegangenen, ein Eingehen ablehnenden Bescheide des Strandamtes von selbst zurückgenommen, und es erscheint damit auch die gegen den zweiten Bescheid von der Beklagten nach § 39 Abs. 2 erhobene gerichtliche Klage nunmehr als gegenstandslos.

Die Revision meint, die Beschwerde derselben gegen den Bescheid des Strandamtes vom 30. April 1906 sei nach § 39 Abs. 1 Strand.O. unzulässig gewesen. Das ist unrichtig. Der Bescheid, von dem in Abs. 1 gesagt wird, daß gegen ihn nur der Rechtsweg stattfinde, ist der in dem vorhergehenden Paragraphen näher bezeichnete Bescheid, der die angemeldeten Ansprüche prüft und festsetzt, d. h. entweder zuspricht oder aberkennt. Lehnt das Strandamt die Einleitung des Verfahrens überhaupt ab, so ist hiergegen nicht etwa der Rechtsweg in dem Sinne eröffnet, daß die Gerichte nach Art einer höheren Instanz das Strandamt zum nachträglichen Eingehen auf die Sache nötigen könnten. Vielmehr läßt sich höchstens sagen, daß nunmehr der Bergungsanspruch selbst ohne weiteres im Rechtswege, wie eine sonstige Schuld- oder Pfandklage, verfolgt werden kann, da die Angehung der Verwaltungsinstanz vergeblich gewesen ist. Wenn dies nun auch dem so beschiedenen Bergungsgläubiger freistehen mag, so gibt es doch kein Gesetz, das ihm den Versuch verböte, die Weigerung des Strandamtes, auf die Sache einzugehen, durch eine Verwaltungsbeschwerde zu korrigieren. Und noch weniger ist ersichtlich, auf Grund welcher gesetzlichen Bestimmungen die Gerichte in der Lage sein sollten, die nachträgliche sachliche Erledigung der Angelegenheit durch das Strandamt aus dem Grunde beiseite zu schieben, weil sie erst infolge eines Einschreitens der vorgesetzten Verwaltungsbehörde erfolgt ist.

Hieraus geht zugleich hervor, daß es verfehlt ist, wenn die Revision weiter darzulegen versucht, daß schon mit dem ersten Bescheide des Strandamtes vom 27. Mai 1904 die Sache rechtskräftig entschieden sei, weil die Beklagte diesen Bescheid damals nur durch Klage bei einem unzuständigen Gerichte angefochten habe. Es kann dahingestellt bleiben, ob dieser Bescheid schon deswegen außer Betracht bleiben muß, weil er der Beklagten nicht in den durch § 36 Strand.O. vorgeschriebenen Formen — Zustellung oder Bekanntmachung zu Protokoll — mitgeteilt worden ist. Auch wenn man davon absieht, ist der Bescheid schon seinem Inhalte nach nicht geeignet, gegenüber der Geltendmachung des Bergelohnanspruches die Einrede der rechtskräftig entschiedenen Sache zu begründen. Denn ausgesprochen hat das Strandamt in diesem Bescheide lediglich, daß es sich nicht für zuständig erachte, über den Antrag der Firma auf Festsetzung eines Bergelohns zu entscheiden. Wenn diesem Ausspruche auch eine Begründung beigegeben ist, aus der man entnehmen kann, daß das Strandamt damals annahm, der Firma stehe überhaupt ein Anspruch auf Bergelohn nicht zu, so ändert dies doch nichts daran, daß das Strandamt den Anspruch nicht aberkannt, sondern sich bloß für unzuständig erklärt hat. Eine Notwendigkeit, diesen Bescheid binnen der Ausschlußfrist des § 39 durch Klage bei dem für den Ort des Strandamtes zuständigen Gerichte anzufechten, lag für den Berger nicht vor. Er konnte nunmehr seinen Anspruch auf Bergelohn (innerhalb der gesetzlichen Verjährungsfrist) bei jedem für die Klage zuständigen Gerichte erheben. Er konnte aber ebensowohl auch den Versuch machen, das Strandamt doch noch zu einem materiellen Eingehen auf die angemeldeten Ansprüche zu bewegen.

Bemerkt wird noch, daß der Senat, insoweit aus seinem Urteile vom 14. Februar 1891 (Hans. Ger.-Ztg. Hauptbl. Nr. 54) eine mit den vorstehenden Ausführungen nicht übereinstimmende Ansicht über die Bedeutung eines die Zuständigkeit ablehnenden Bescheides des Strandamtes entnommen werden kann, an dieser Ansicht nicht festhält."

49. 1. Stehen auch den Kreisärzten in Berlin für diejenigen medizinalpolizeilichen Verrichtungen, die sie im ortspolizeilichen Interesse vornehmen, Gebühren gemäß § 1 Abs. 3 des preuß. Gesetzes über die den Medizinalbeamten für die Besorgung gerichtsärztlicher, medizinal- oder sanitätspolizeilicher Geschäfte zu gewährenden Vergütungen vom 9. März 1872 zu?

2. Bedeutung des § 17 Abs. 1 der vom Polizeipräsidenten in Berlin erlassenen Instruktion für die Polizeiphysiker zu Berlin vom 20. August 1859.

3. Was ist unter den „bereits bestehenden besonderen Bestimmungen", wonach die Medizinalbeamten zu unentgeltlicher Dienstleistung verpflichtet sind, im Sinne des § 3 des Gesetzes vom 9. März 1872 zu verstehen?

Kabinettsorder vom 14. April 1832.
Instruktion vom 20. August 1859 für die Polizeiphysiker zu Berlin.
Gesetz vom 9. März 1872 über die den Medizinalbeamten für die Besorgung gerichtsärztlicher, medizinal- oder sanitätspolizeilicher Geschäfte zu gewährenden Vergütungen §§ 1 und 3.
Gesetz, betr. die Dienststellung des Kreisarztes und die Bildung von Gesundheitskommissionen, vom 16. September 1899.
Dienstanweisung für die Kreisärzte vom 23. März 1901, § 23 Nr. 3.

III. Zivilsenat. Urt. v. 25. September 1908 i. S. preuß. Fiskus (Bekl.) w. v. K. (Kl.). Rep. III. 529/07.

I. Landgericht I Berlin.
II. Kammergericht daselbst.

Der Kläger ist für einen Bezirk der Stadt Berlin, in der die Ortspolizei von einer Königlichen Behörde verwaltet wird, als nicht voll besoldeter Kreisarzt angestellt. Er hatte als solcher in den Jahren 1901—1903 medizinalpolizeiliche Verrichtungen im ortspolizeilichen Interesse vorgenommen und hierfür von dem verklagten Fiskus, der nach dem Gesetze vom 20. April 1892 in den Städten mit Königlicher Verwaltung die hierdurch der Ortspolizei entstehenden Kosten mit Hilfe eines von der Stadtgemeinde zu leistenden Beitrages zu bestreiten hat, nur teils den verausgabten Fuhrlohn, teils Fuhrkostenentschädigung erhalten. Gebühren für die Verrichtungen zu zahlen, hat der Beklagte sich geweigert, weil für die Berliner Kreisärzte noch der § 17 der vom Polizeipräsidenten erlassenen Instruktion für die Polizeiphysiker zu Berlin vom 20. August 1859 Geltung habe, der den Physikern für alle im Interesse der Medizinalpolizei und der öffentlichen Gesundheitspflege vorgenommenen Amtshandlungen Gebühren versage. Der Kläger beantragte deshalb wegen der in den einzelnen Jahren von ihm seiner Meinung nach erworbenen Gebührenforderungen die Verurteilung des Beklagten zur Zahlung von 2112,05 ℳ. Dieser berief sich zunächst auf den § 17 der Instruktion vom 20. August 1859, bestritt außerdem in bezug auf einzelne Verrichtungen ihre Vornahme, bemängelte ferner die Angemessenheit einzelner Ansätze und erhob endlich gegen einige Gebührenforderungen die Einrede der Verjährung.

Das Landgericht hat durch Zwischenurteil den Anspruch dem Grunde nach für gerechtfertigt erklärt.

Im Rechtszuge der Berufung erklärte der Beklagte, in bezug auf die klägerische Gebührenforderung für die am 22. April 1901 beim 60. Polizeirevier vorgenommene Revision von Rettungskasten nicht bestreiten zu wollen, daß der Kläger diese Verrichtung im ortspolizeilichen Interesse und im Auftrage der Polizeibehörde ausgeführt habe. Er wolle gegen diese Gebührenforderung, abgesehen von der Bemängelung ihrer Höhe, nur geltend machen, daß für die im ortspolizeilichen Interesse ausgeführten Verrichtungen nach der Instruktion vom 20. August 1859 die Forderung von Gebühren unzulässig sei. Gegenüber der Begründung der vom Landgerichte in Bezug genommenen Entscheidung des jetzt erkennenden Senats des Reichsgerichts vom 23. Mai 1905 in einer ähnlich liegenden Sache, daß die Anwendung des § 17 jener Instruktion durch das Gesetz, betr. die Dienststellung des Kreisarztes und die Bildung von Gesundheitskommissionen, vom 16. September 1899 in Verbindung mit der vom Minister der Medizinalangelegenheiten auf Grund des § 17 Abs. 2 des Gesetzes erlassenen Dienstanweisung vom 23. März 1901 ausgeschlossen sei, berief er sich auf amtliche Auskunft dieses Ministers dafür, daß er bei Erlaß der Dienstanweisung nicht die Absicht gehabt habe, an dem bestehenden Zustande, wonach die Polizeiphysiker in Berlin für Dienstleistungen im ortspolizeilichen Interesse keine Gebühren zu beanspruchen gehabt hätten, etwas zu ändern. Der Minister habe den Entwurf der

Dienstanweisung den Ministern der Finanzen und des Innern mit der Anfrage mitgeteilt, ob sie mit ihm darüber einverstanden seien, daß ihre Geschäftsbereiche durch den Erlaß nicht berührt würden, und er daher zu diesem allein befugt sei. Beide Minister hätten dieser Ansicht zugestimmt. Darauf habe jener in dem Erlasse bemerkt, daß die Dienstanweisung „im Einverständnisse" mit den anderen Ministern erlassen werde, um darzutun, daß diese ihre Geschäftsbereiche nicht für beteiligt hielten, und er daher zu dem Erlasse allein berechtigt sei. Dies werde eine amtliche Auskunft der drei Minister ergeben.

Durch Teilurteil des Kammergerichts wurde die Berufung des Beklagten gegen das Urteil des Landgerichts in Ansehung der Gebührenforderung des Klägers für die am 22. April 1901 beim 60. Polizeirevier bewirkte Revision von Rettungskasten zurückgewiesen.

Die Revision des Beklagten wurde zurückgewiesen, aus folgenden

Gründen:

„Der erkennende Senat hat in dem Urteile vom 23. Mai 1905 (Entsch. Bd. 61 S. 18), das in einem gleichartigen Falle ergangen ist, seine Entscheidung, durch die dem klagenden Kreisarzte der streitige Gebührenanspruch zuerkannt wurde, mit der Ausführung begründet, es könne dahingestellt bleiben, ob aus dem Gesetze vom 16. September 1899 ohne weiteres zu folgern sei, daß die in § 17 der Instruktion vom 20. August 1859 getroffene Bestimmung auf die Kreisärzte keine Anwendung finde; jedenfalls werde eine solche durch dieses Gesetz in seiner Verbindung mit der vom Minister der Medizinalangelegenheiten auf Grund des § 17 Abs. 2 des Gesetzes erlassenen Dienstanweisung vom 23. März 1901 ausgeschlossen. Diese ordne die amtliche Stellung des Kreisarztes, seine Obliegenheiten und seine vertrauensärztliche Tätigkeit eingehend und für den ganzen Umfang des Staates gleichmäßig; sie regele insbesondere auch die Diensteinkommensverhältnisse der nicht vollbesoldeten Kreisärzte ohne Rücksicht auf deren Amtssitz in durchaus einheitlicher Weise. Das führe zu der Annahme, daß mit den unter Nr. 2 des § 25 der Anweisung als Teil des Diensteinkommens aufgeführten Gebühren die Gebühren gemeint seien, die auf Grund des Gesetzes vom 9. März 1872 in Ermangelung besonderer, zu unentgeltlicher Dienstleistung verpflichtender Bestimmung liquidiert würden, und daß deshalb bis dahin geltende Normen, durch welche die Erhebung der nach diesem Gesetze zu liquidierenden Gebühren für einzelne Bezirke ausnahmsweise ausgeschlossen worden sei, außer Anwendung gesetzt seien. Diese Annahme wäre nur abzulehnen, wenn der sonstige Inhalt des Gesetzes vom 16. September 1899 oder der Dienstanweisung ihr widersprechende Bestimmungen enthielte. Daß dies aber nicht der Fall sei, wird im weiteren dargelegt.

Mit Rücksicht darauf, daß in dem jetzt zur Entscheidung gestellten Falle der Beklagte eine Reihe von neuen rechtlichen Gesichtspunkten geltend gemacht, auch das Berufungsgericht sein Urteil unter anderem ausdrücklich darauf gegründet hat, es sei schon aus dem Gesetze vom 16. September 1899 selbst zu entnehmen, daß der § 17 der Instruktion vom 20. August 1859 auf die Kreisärzte keine Anwendung finde, ist der erkennende Senat in eine nochmalige Prüfung aller einschlägigen Rechtsfragen eingetreten. Sie führt im Ergebnisse wiederum zu der Entscheidung, daß auch die Kreisärzte in Berlin berechtigt sind, für die im ortspolizeilichen Interesse ausgeführten Dienstverrichtungen Gebühren gemäß § 1 Abs. 3 des Gesetzes vom 9. März 1872 zu berechnen. Diese Entscheidung wird wie folgt begründet.

Bis zum Erlasse des Gesetzes vom 16. September 1899 beruhte die Stellung der örtlichen Medizinalbeamten als Staatsbeamte auf dem Reskripte des Ministers des Innern vom 12. Januar 1813. Dieses sprach aus, daß nach der Bestimmung des Edikts wegen Errichtung der Kreisdirektorien und der Gendarmerie vom 30. Juli 1812 (G.S. S. 141 flg.), das nach der Entscheidung des Staatskanzlers hierbei analog angewandt werden müsse, die Anstellung der Kreisphysiker, die polizeiliche Beamte seien und gesetzlich qualifiziert sein müßten, nicht mehr, wie bisher, von der Wahl der Kreisstände abhängen dürfe, daß vielmehr die zu den Physikatsstellen geeigneten Personen ohne diese Wahl von den Regierungen dem Ministerium bei Erledigung von Stellen in Vorschlag gebracht werden sollten. Auch das nach Einführung der Städteordnung vom 19. November 1808 durch ein Reskript des Ministers des Innern vom 4. September 1809 anerkannte Recht der Stadtverordnetenversammlung, die Stadtphysiker und Chirurgen zu wählen, wurde durch das Königliche Reskript vom 30. Januar 1810 wieder aufgehoben, und es wurde durch dieses ausdrücklich bestimmt, „daß die Ansetzung der Stadtphysiker und Chirurgen, als wirklicher Polizeioffizianten, ohne Konkurrenz der Stadtverordnetenversammlungen und der Magistrate, als Verwaltungsbehörden des städtischen Gemeinwesens, den Polizeideputationen der Regierungen ... vorbehalten bleiben soll." Seit dieser Zeit gehörten die Physiker in den Stadt- wie in den Landkreisen zu den unmittelbaren Staatsbeamten.

Vgl. v. Rönne u. Simon, Das Medizinalwesen des preußischen Staates Bd. 1 S. 116 u. 117, sowie die Begründung zu dem Entwurfe eines Gesetzes, betr. die Dienststellung des Kreisarztes und die Bildung von Gesundheitskommissionen, Drucksachen des Abgeordnetenhauses Bd. 3 Nr. 136 S. 9.

Auf dieser allgemeinen gesetzlichen Grundlage erging dann in Ansehung des hier in Betracht kommenden Unterschiedes zwischen solchen medizinal- und sanitätspolizeilichen Verrichtungen, die im allgemeinen staatlichen Interesse, und solchen, die in ortspolizeilichem Interesse vorgenommen werden, die Königliche Kabinettsorder vom 14. April 1832, deren entscheidender Satz dahin lautet:

„Ich bin damit einverstanden, daß von denselben" — nämlich den Kreisphysikern — „in ihrer Eigenschaft als Kreisphysiker keine unentgeltliche Leistung begehrt werden dürfe, die ihnen nicht als Organe der Medizinal- und Sanitätspolizei obliegt, daß sie dagegen in ihrer Eigenschaft als praktische Ärzte, auch in Beziehung auf Armenkuren, derselben Verbindlichkeit unterworfen sind, die jeder Arzt nach dem bei seiner Promotion und Approbation zu leistenden Eide mit seinem Berufe übernimmt."

Hierzu bemerkte die darauf hin ergangene Rundverfügung des Ministers der geistlichen, Unterrichts- und Medizinalangelegenheiten, des Ministers des Innern und des Justizministers vom 30. Juni 1832 erläuternd:

„Demgemäß sind die Physiker als solche zu allen ihnen übertragenen, zum Gebiete der Medizinal- und Sanitätspolizei gehörenden Geschäften von Amts wegen verpflichtet und haben daher solche ohne Ausnahme an ihrem Wohnorte unentgeltlich, bei damit verknüpften Reisen aber gegen die ihnen damit bewilligte reglementsmäßige Vergütung zu verrichten. Was dagegen die kurative Behandlung armer Kranken betrifft, so sind die Kreisphysiker in dieser Beziehung, der oben gedachten Allerhöchsten Bestimmung gemäß, allen übrigen praktischen Ärzten ganz gleichgestellt, daher durch ihre Stellung als Physiker von der allen praktischen Ärzten gemeinsam hierunter obliegenden Verpflichtung nicht entbunden, ebensowenig aber auch zur unentgeltlichen Behandlung armer Kranken von Amts wegen verpflichtet."

Siehe v. Rönne und Simon, a. a. O. S. 124.

In diesen Bestimmungen tritt bereits die Unterscheidung, die später den drei Absätzen des § 1 des Gesetzes, betreffend die den Medizinalbeamten für die Besorgung gerichtsärztlicher, medizinal- oder sanitätspolizeilicher Geschäfte zu gewährenden Vergütungen, vom 9. März 1872 zugrunde liegt, wenigstens in den allgemeinen Umrissen hervor: die Unterscheidung zwischen solchen „medizinal- oder sanitätspolizeilichen Verrichtungen, welche die Medizinalbeamten im allgemeinen staatlichen Interesse zu vollziehen haben", ferner solchen, die „durch ein Privatinteresse veranlaßt" werden, und solchen, die für „ortspolizeiliche Interessen in Anspruch genommen" werden, „deren Befriedigung den Gemeinden gesetzlich obliegt". Denn die Sorge für die ärztliche Behandlung armer Kranken bildete schon damals eine den Gemeinden obliegende Pflicht, die mindestens teilweise auch einen polizeilichen Charakter hatte. Dem entsprechend führen auch schon v. Rönne und Simon in ihrem erwähnten, 1844 erschienenen Werke Bd. 1 S. 187 aus: „Die Gebühren und Auslagen der Medizinalpersonen für Leistungen, die in das Gebiet der Medizinalpolizei gehören, sind aus Staatskassen zu zahlen. Außerhalb dieser Grenzen liegt das eigentliche Heilverfahren. Die dafür entstandenen Kosten haben die beteiligten Personen zu tragen, und es sind bei deren Unvermögen die Grundsätze der allgemeinen Armenpflege in betreff der subsidiarischen Kostentragung maßgebend. Selbst bei Epidemien und Epicootien ist zwischen den Maßregeln, die das allgemein polizeiliche Interesse erforderte, und denen, die das Bedürfnis der gefährdeten Kommune oder das einzelner Kranker hervorrief, zu unterscheiden."

Dies war der Rechtszustand in bezug auf den hier in Frage stehenden Gegenstand, als der Polizeipräsident von Berlin mit ministerieller Genehmigung die „Instruktion für die Polizeiphysiker zu Berlin" vom 20. August 1859 erließ. Diese Instruktion, abgedruckt bei Klette, Die Medizinalgesetzgebung des Preußischen Staates, Bd. 2 S. 103 flg., handelt in ihrem Titel I „von den

Polizeibezirksphysikern", in ihrem Titel II „von dem Polizeistadtphysikus", und gibt in Titel III „Allgemeine Bestimmungen". Im § 1 wird die Gliederung des „Polizeiphysikats" geordnet, im § 2 bestimmt, daß seine Wirksamkeit die Sanitätspolizei innerhalb seines Bezirks umfasse, in den §§ 3—5 werden seine Aufgaben im allgemeinen und im einzelnen aufgezählt; der § 6 verordnet, daß die Polizeiphysiker ärztliche Untersuchungen von Beamten im Interesse des Königlichen Dienstes sowohl im Auftrage des Polizeipräsidiums als auch anderer Königlichen Behörden vorzunehmen haben. Der § 7 regelt ihre Verpflichtung zur Teilnahme an den von dem Polizeistadtphysikus anzuberaumenden amtlichen Konferenzen; der § 8 überträgt ihnen die Revision der Tagebücher der in ihrem Bezirke wohnenden Hebammen und deren periodische Nachprüfung. Der § 9 bestimmt, daß einer der zehn Bezirksphysiker zugleich zum Stadtphysikus ernannt werde, und daß er als solcher Organ der Medizinalpolizei für den gesamten engeren Polizeibezirk von Berlin sei; die §§ 10—13 regeln die Tätigkeit des Stadtphysikus im einzelnen. Unter den „allgemeinen Bestimmungen" enthält der § 14 Vorschriften über die Führung eines Tagebuches und die Anlegung von Akten über die amtliche Tätigkeit von seiten jedes Physikus; der § 15 ordnet ihr Verhältnis zu dem Polizeiexekutivpersonale, der § 16 dasjenige zwischen den Bezirksphysikern und dem Stadtphysikus, und endlich folgt der hier hauptsächlich in Betracht kommende § 17, dem nur noch ein § 18 sich anschließt, wonach es vorbehalten bleibt, eintretendenfalls die Bezirksphysiker zu gerichtlich-medizinischen Geschäften heranzuziehen. Jener § 17 lautet aber in Abs. 1 wörtlich:

> „Bei Ausführung aller im Interesse der Medizinalpolizei und der öffentlichen Gesundheitspflege geschehenden Amtshandlungen haben die Physiker auf Gebühren keinen Anspruch, ebensowenig für ärztliche Untersuchung des Gesundheitszustandes von Beamten im Interesse des Königlichen Dienstes."

Die Abss. 2 und 3 des Paragraphen weisen lediglich darauf hin, daß für ärztliche Hilfeleistung den Physikern gleich jedem anderen Arzte die gesetzlichen Gebühren nach Maßgabe der Medizinaltaxe, und daß ihnen für Untersuchungen, mit denen sie auf Veranlassung des Gerichts vom Polizeipräsidium oder der Exekutivpolizei beauftragt werden, die den Gerichtsärzten gesetzlich zustehenden Gebühren zukommen.

Die Instruktion vom 20. August 1859 stellt sich demgemäß, sowohl nach ihrer eigenen Bezeichnung als „Instruktion", wie nach ihrem Inhalte, als eine Anordnung zur Ausführung der vorher erörterten, nach dem damaligen Staatsrechte mit Gesetzeskraft ausgestatteten allgemeinen Erlasse über die Stellung und die Anstellung der Kreis-, Stadt- und Polizeiphysiker sowie der Kreiswundärzte dar. Sie konnte deshalb gar nicht bezwecken, neue, von jenen allgemeinen gesetzlichen Vorschriften abweichende Bestimmungen, wie über die Dienstverhältnisse der Polizeiphysiker in Berlin überhaupt, so insbesondere über die ihnen für ihre Tätigkeit zustehende Vergütung aufzustellen. Vielmehr ist davon auszugehen, daß auch für sie in dieser Beziehung lediglich die Grundsätze der Königlichen Kabinettsorder vom 14. April 1832 und der zu ihrer Erläuterung erlassenen Rundverfügung der drei beteiligten Minister vom 30. Juni 1832, wie sie oben dargelegt sind, als für den Umfang des ganzen Staats erlassen und, ohne daß für einzelne Bezirke eine Ausnahme zugelassen wäre, maßgebend blieben. Vgl. die ältere allgemeine Instruktion „für die Stadtphysici hiesiger Residenzien" vom 18. Januar 1812 (abgedruckt bei Kletke, a. a. O. S. 92 flg.), und die zwar teilweise veraltete, aber bis zur Geltung des Gesetzes vom 16. September 1899 durch keine neuere allgemeine — im Gegensatze zu den von einzelnen Bezirksregierungen erlassenen Instruktionen — ersetzte, vom Obermedizinalkollegium erlassene Instruktion für die Land-, Kreis- und Stadtphysici in den Königlich Preußischen Ländern vom 17. Oktober 1776 bei v. Rönne und Simon, a. a. O. Bd. 1 S. 199 flg. Vgl. auch Kletke, a. a. O. S. 85 Anm. Es ist deshalb anzunehmen, daß der § 17, wie es jetzt der Beklagte selbst von der Dienstanweisung für die Kreisärzte vom 23. März 1901 behauptet, ebenso wie die übrigen Bestimmungen der Instruktion vom 20. August 1859, nur den durch bereits bestehende gesetzliche Vorschriften geschaffenen Rechtszustand zusammenfassend und erläuternd darzustellen bezweckte. Daraus folgt, daß die Bestimmung:

> „Bei Ausführung aller im Interesse der Medizinalpolizei und der öffentlichen Gesundheitspflege geschehenden Amtshandlungen haben die Physiker auf Gebühren keinen Anspruch,"

nur den Grundsatz wiedergab, den die Königliche Kabinettsorder vom 14. April 1832 und die sie erläuternde Rundverfügung vom 30. Juni 1832 dahin ausgesprochen hatten, daß die Physiker alle zum Gebiete der Medizinal- und Sanitätspolizei gehörenden Geschäfte ohne besonderes Entgelt wahrzunehmen verpflichtet seien, im Gegensatz zu den Geschäften, deren Vornahme das Interesse der beteiligten Gemeinde oder einer bloßen Privatperson erheischten. Daß diese Auffassung zutrifft, wird auch dadurch bestätigt, daß der zweite Teil des § 17 noch ausdrücklich hinzufügt:

„ebensowenig für ärztliche Untersuchung des Gesundheitszustandes von Beamten im Interesse des Königlichen Dienstes.“

Denn dieser Teil wiederholte unzweifelhaft nur eine bereits bestehende allgemeine Vorschrift, wonach die seit 1844 angestellten Medizinalbeamten verpflichtet waren, ohne besonderes Entgelt den Gesundheitszustand Königlicher Beamter im Interesse des Dienstes an ihrem Wohnorte zu untersuchen, auch Zeugnisse darüber auszustellen (Rundverfügung vom 16. Februar 1844 bei Kletke, a. a. O. Bd. 1 S. 201).

Aus dieser Würdigung der Bedeutung der Instruktion vom 20. August 1859 ergibt sich aber weiter die Unrichtigkeit der von dem Beklagten als Hauptbeweisgrund für seine Ansicht geltend gemachten Auffassung des Zwischensatzes im Eingange des § 3 des Gesetzes vom 9. März 1872 „soweit sie nicht gemäß § 1, oder durch bereits bestehende besondere Bestimmungen, oder vermöge privatrechtlichen Titels zu unentgeltlicher Dienstleistung verpflichtet sind“. Dieses Gesetz über die den Medizinalbeamten für die Besorgung gerichtsärztlicher, medizinal- oder sanitätspolizeilicher Geschäfte zu gewährenden Vergütungen bestimmt in seinem § 1 Abs. 1, daß die Medizinalbeamten „für medizinal- oder sanitätspolizeiliche Verrichtungen, welche sie im allgemeinen staatlichen Interesse an ihrem Wohnorte oder innerhalb einer Viertelmeile von demselben zu vollziehen haben, außer ihrer etatsmäßigen Besoldung keine andere Vergütung aus der Staatskasse als eine Entschädigung von 15 Sgr. für Fuhrkosten bei jeder einzelnen Amtsverrichtung“ erhalten. Der Absatz 2 gewährt ihnen dagegen, wenn „die Verrichtung durch ein Privatinteresse veranlaßt“ ist, eine von den Beteiligten zu erlegende „Gebühr bis zu 5 Talern für den Tag“, und der Absatz 3 verordnet, daß das gleiche gegenüber den Gemeinden gelte, „wenn die Tätigkeit der Medizinalbeamten für solche ortspolizeilichen Interessen in Anspruch genommen“ werde, „deren Befriedigung den Gemeinden gesetzlich obliegt“. Die Begründung zu dem Entwurfe erklärte dazu ausdrücklich: der § 1 halte in Abs. 1 den Grundsatz der Kabinettsorder vom 14. April 1832 fest, wonach die Medizinalbeamten die ihnen als Organen der Medizinalpolizei obliegenden Leistungen an ihrem Wohnorte unentgeltlich zu verrichten hätten. Für diese Leistungen würden sie als durch ihr Gehalt aus der Staatskasse bezahlt erachtet. Der Grundsatz jener Kabinettsorder könne jedoch füglich nur bei denjenigen Geschäften für zutreffend erachtet werden, welche die Medizinalbeamten im allgemeinen staatlichen Interesse zu verrichten hätten. Wo ihre Tätigkeit im Interesse von Privatpersonen, oder für solche ortspolizeiliche Interessen, für welche die Gemeinden oder selbständigen Gutsbezirke gesetzlich zu sorgen hätten, in Anspruch genommen werde, sei kein Grund vorhanden, ihnen einen Gebührenanspruch gegen die beteiligte Privatperson oder Gemeinde zu versagen. Schließlich wird ausgeführt, daß es auch an einem inneren Grunde fehle, in letzterer Beziehung zwischen Dienstleistungen im ortspolizeilichen Interesse für Gemeinden mit eigener und mit Königlicher Polizeiverwaltung zu unterscheiden. Vgl. übrigens hierzu § 2 des Gesetzes vom 20. April 1892, betreffend die Kosten Königlicher Polizeiverwaltungen in Stadtgemeinden (G S. S. 97). Vgl. Drucksachen des Herrenhauses 1871/72 Bd. 1 Nr. 20 S. 8 und 9.

Es kann hiernach, da die Bestimmungen des § 1 Abss. 1—3 in der Fassung der Vorlage zum Gesetze erhoben worden sind, keinem Zweifel unterliegen, daß mit ihnen ganz allgemein gültige Vorschriften darüber haben erlassen werden sollen, in welchen Fällen die Medizinalbeamten für ihre im medizinal- oder sanitätspolizeilichen Interesse ausgeführten Verrichtungen außer ihrer etatsmäßigen Besoldung keine andere Vergütung aus der Staatskasse als eine Fuhrkostenentschädigung von 1,50 ℳ, und in welchen sie von den Trägern der Kosten der örtlichen Polizeiverwaltung die besondere Gebühr bis zu 15 ℳ für den Tag sollten beanspruchen können, und daß hierfür der Unterschied zwischen Verrichtungen im allgemeinen staatlichen Interesse und solchen im ortspolizeilichen Interesse maßgebend sein sollte. Es sollte ersichtlich die bereits durch die Königliche Kabinettsorder vom 14. April 1832 und die zu deren Erläuterung erlassenen Ministerialverfügungen angebahnte Entwickelung in fester Gestalt und in allgemein gültiger Weise abgeschlossen werden.

Betrachtet man nun in Verbindung hiermit den Eingang des

§ 3 des Gesetzes: „Für alle von Gerichten oder anderen Behörden ihnen aufgetragenen Geschäfte haben die Medizinalbeamten, soweit sie nicht gemäß § 1, oder durch bereits bestehende besondere Bestimmungen, oder vermöge privatrechtlichen Titels zu unentgeltlicher Dienstleistung verpflichtet sind, nach folgenden Sätzen zu liquidieren," so springt in die Augen, daß mit den „bereits bestehenden besonderen Bestimmungen" nicht solche gemeint sein können, durch welche die soeben erst in § 1 allgemein geordnete Art der Abgeltung der im allgemeinen staatlichen oder im ortspolizeilichen Interesse vorgenommenen medizinal- oder sanitätspolizeilichen Verrichtungen der Medizinalbeamten wieder durchbrochen werden würde. Denn sonst hätte diese Abänderung sogleich in § 1 oder im unmittelbaren Anschluß an ihn ausgesprochen, oder an dieser Stelle ein Vorbehalt zugunsten „bereits bestehender besonderer Bestimmungen" erklärt werden müssen. Vielmehr können mit diesen nur solche schon in Geltung befindliche Vorschriften gemeint sein, für die neben den Bestimmungen des § 1 Raum ist, nur solche also, welche diese unberührt lassen. Es kann daher nicht die Absicht bei Erlaß jenes Gesetzes gewesen sein, auch nur für einzelne Bezirke Vorschriften in Geltung zu lassen, aus denen, abweichend von den allgemeinen Normen des § 1, die Verpflichtung der Medizinalbeamten, in größerem Umfange, als dort bestimmt, medizinal- und sanitätspolizeiliche Verrichtungen ohne besonderes Entgelt auszuführen, abgeleitet werden könnte, also zuzulassen, daß sie auch Verrichtungen, die nur im ortspolizeilichen Interesse zu bewirken wären, ohne besondere Vergütung vorzunehmen gezwungen wären. Dies wird auch durch die Begründung zu § 3 des Entwurfs des Gesetzes bestätigt. Sie bemerkt zu jenem Zwischensatze des Entwurfs nur ganz kurz: „Einzelne Geschäfte, z. B. die Untersuchung des Gesundheitszustandes von auf dem Transport befindlichen Gefangenen, sowie die Untersuchung erkrankter Königlicher Beamten, haben die Kreisphysiker unentgeltlich zu besorgen. Hieran etwas zu ändern, liegt nicht in der Absicht." Bei den von den Medizinalbeamten in Berlin im ortspolizeilichen Interesse vorzunehmenden Dienstverrichtungen aber, die nach der Meinung des Beklagten von ihnen ohne besonderes Entgelt zu bewirken sind, handelt es sich nicht bloß um „einzelne Geschäfte", sondern um alle medizinal- oder sanitätspolizeiliche Verrichtungen irgendwelcher Art, die im ortspolizeilichen Interesse auszuführen sind.

Zudem zeigen die von der Begründung selbst angegebenen Beispiele, an welche Arten von einzelnen Geschäften bei jener Bestimmung gedacht ist. Übrigens sind die aufgeführten Beispiele zugleich die einzigen Fälle, die in der einschlägigen Literatur überhaupt als solche erwähnt werden, in denen durch bereits früher ergangene Bestimmungen die Verpflichtung der Medizinalbeamten ausgesprochen war, die betreffenden Dienstverrichtungen ohne besonderes Entgelt vorzunehmen (vgl. **Kletke**, a. a. O. Bd. 2 S. 108 und **Wernich**, Zusammenstellung der gültigen Medizinalgesetze Preußens, 3. Aufl. Anm. zu § 3 des Gesetzes vom 9. März 1872 S. 573). Sie stellen sich als ärztliche Verrichtungen dar, die nicht medizinal- oder sanitätspolizeilicher Natur sind, auf die deshalb weder der Abs. 1 noch der Abs. 3 des Gesetzes vom 9. März 1872 zutrifft, die aber doch im allgemeinen staatlichen Interesse von den beamteten Ärzten vorzunehmen sind, und für die ihnen deshalb die Gebührensätze des § 3 des Gesetzes, weil dabei „von Gerichten oder anderen Behörden" — also nicht bloß Polizeibehörden — „ihnen aufgetragene Geschäfte" in Frage stehen, zustehen würden, wenn nicht „bereits bestehende besondere Bestimmungen" sie „zu unentgeltlicher Dienstleistung verpflichteten". Bezeichnend ist es auch, daß die Instruktion vom 20. August 1859 selbst die ärztliche Untersuchung des Gesundheitszustandes von Beamten im Interesse des Königlichen Dienstes, neben „allen im Interesse der Medizinalpolizei und der öffentlichen Gesundheitspflege geschehenden Amtshandlungen", als von den Physikern unentgeltlich zu leisten aufführt, daß sie also, wenn man die vorher gegebene geschichtliche Entwicklung berücksichtigt, sich ähnlich ausdrückt wie der hier in Frage stehende Zwischensatz des § 3 des Gesetzes vom 9. März 1872 mit seiner Verweisung einerseits auf die allgemeine Vorschrift des § 1, und andererseits auf die bereits bestehenden besonderen Bestimmungen. Endlich aber wäre es kaum erklärlich, daß die Begründung zu dem Entwurfe dieses späteren Gesetzes die außerordentlich bedeutsame Ausnahme von dem in § 1 Abs. 3 aufgestellten Grundsatze, die darin gelegen hätte, daß die Polizeiphysiker in Berlin verpflichtet seien, die im ortspolizeilichen Interesse vorzunehmenden Dienstverrichtungen ohne besondere Vergütung zu bewirken, neben den von ihr selbst genannten, im Verhältnisse dazu zurücktretenden Beispielen nicht erwähnt hätte.

Das bisher gewonnene Ergebnis geht demnach dahin, daß der Instruktion vom 20. August 1859 und ihrem § 17 insbesondere überhaupt nicht die Bedeutung einer selbständigen Rechtsnorm zukommt, daß aber, wenn dies der Fall wäre, und der § 17 den ihm vom Beklagten und anscheinend auch von den übrigen Beteiligten noch über den Eintritt der Geltung des Gesetzes vom 9. März 1872 hinaus beigelegten Sinn hätte, daß die Polizeiphysiker in Berlin verpflichtet seien, die ihnen im ortspolizeilichen Interesse aufgetragenen Dienstverrichtungen ebenso ohne besonderes Entgelt zu vollziehen wie die ihnen im allgemeinen staatlichen Interesse obliegenden, er schon durch die allgemeine und keine Ausnahme zulassende Vorschrift des § 1 eben dieses Gesetzes aufgehoben wäre.

Allein selbst wenn alles dies nicht zuträfe, wäre jene Instruktion und damit auch ihr § 17 durch das Gesetz, betr. die Dienststellung des Kreisarztes und die Bildung von Gesundheitskommissionen, vom 16. September 1899 aufgehoben worden. Dieses Gesetz bezweckt nicht, eine bloße Ergänzung und Ausgestaltung der zur Zeit seines Erlasses bestehenden Organisationen der staatlichen Medizinalbehörden in der Kreis- und Lokalinstanz durchzuführen, sondern es stellt diese Behörden in ihrer Gliederung und Einrichtung, in ihren Aufgaben und Befugnissen auf eine neue Grundlage, wenn es dabei auch, wie es nur natürlich ist, an die geschichtliche Entwicklung anknüpft. Dies muß besonders betont werden, weil der Beklagte schon in den früheren Rechtszügen, namentlich aber auch zur Begründung der Revision ausgeführt hat, daß den Kreisärzten eine im wesentlichen gleiche Rechtsstellung zukomme, wie sie bis zum Inkrafttreten des Gesetzes vom 16. September 1899 die Physiker innegehabt hätten. Das Unzutreffende dieser und die Richtigkeit der vorher hervorgehobenen Auffassung des Inhalts und des Zweckes des neuen Gesetzes ergibt sich schon daraus, daß es an die Stelle der beiden bisherigen Kreismedizinalbeamten, des Kreisphysikus und des Kreiswundarztes, den einen Kreisarzt setzt, dem nur nach § 5 „ein oder mehrere kreisärztlich geprüfte Ärzte widerruflich als Assistenten beigegeben werden“ können, die ihm dienstlich unterstellt sind, daß es ferner, wo besondere Verhältnisse es erfordern, die Einrichtung vollbesoldeter Kreisärzte zuläßt, und daß es bei Gefahr im Verzuge dem Kreisarzte das Recht verleiht, wenn ein vorheriges Benehmen mit der Ortspolizeibehörde nicht angängig ist, die zur Verhütung, Feststellung, Abwehr und Unterdrückung einer gemeingefährlichen Krankheit erforderlichen vorläufigen Anordnungen selbständig zu treffen (§ 8). Sie folgt aber des weiteren vor allem auch daraus, daß der § 14 ausdrücklich verordnet: „Die Kreisphysikus- und Kreiswundarztstellen werden aufgehoben." Das entspricht auch alles nur der erklärten Absicht beim Erlasse des Gesetzes. Die Begründung zu dem Entwurfe schildert in ihrem allgemeinen Teile zuvörderst die Dienststellung, die Vorbildung und die Stellung des bisherigen Physikus als eines nicht vollbeschäftigten Staatsbeamten, seine Aufgaben und seine Einkommensverhältnisse, insbesondere den Mangel der Ruhegehaltsberechtigung, und kommt daraufhin zu dem Ergebnisse, daß das Physikat in seiner vorher dargelegten Organisation nicht geeignet sei, dem Physikus, dem in erster Reihe die Sorge für die Volksgesundheit anvertraut sei, eine den Anforderungen der öffentlichen Gesundheitspflege entsprechende Wirksamkeit zu sichern (vgl. Drucksachen des Abgeordnetenhauses 1899 Bd. 3 Nr. 136 S. 8—12). Sie erörtert dann die Ziele der Reform und faßt ihre Ausführungen hierüber dahin zusammen: gemäß der vorstehenden Erörterungen bezwecke der Entwurf, in bezug auf die Ausgestaltung der Dienststellung des Kreisarztes gegenüber dem bestehenden Rechte nachstehende Neuerungen zur Einführung zu bringen: Steigerung der Vorbildung, Aufbesserung der materiellen Stellung durch Erhöhung der Besoldung, soweit es erforderlich sei, und Anerkennung ihrer Pensionsfähigkeit, Anerkennung eines größeren Maßes an Bewegungsfreiheit auf hygienischem Gebiete, Ausstattung mit einem beschränkten Maße obrigkeitlicher Anordnungsbefugnisse, Angliederung an die Organe der Selbstverwaltung (vgl. a. a. O. S. 13—15). Es kann nach alledem keinem Zweifel unterliegen, nicht nur daß die ältere Organisation der Kreis- und Lokalmedizinalbehörden mit dem Inkrafttreten des Gesetzes vom 16. September 1899 aufgehoben ist, sondern auch daß dem Kreisarzte eine wesentlich veränderte Rechtsstellung gegenüber der des früheren Physikers beigelegt ist.

Nun hatte aber die Instruktion vom 20. August 1859 und damit auch ihr § 17 Abs. 1, auch wenn diesem die vom Beklagten behauptete Bedeutung zugekommen wäre, immer das Bestehen jener früheren Organisation, insbesondere die Einrichtung der Stadt- und Polizeiphysiker und deren eigentümliche Rechtsstellung zur Voraussetzung. Nur hierfür waren ihre Bestimmungen berechnet und gegeben. Wurde diese Organisation aufgehoben und durch eine neue mit wesentlich veränderten Aufgaben und Einrichtungen ersetzt, so wurde sie eben dadurch auch ohne ausdrückliche Aufhebung gegenstandslos, wie denn auch das neue Gesetz in § 17 Abs. 2 ausdrücklich dem Minister der Medizinalangelegenheiten die Aufgabe zuweist, die zu seiner Ausführung erforderlichen Bestimmungen, und zwar, soweit der Geschäftsbereich des Finanzministers oder des Ministers des Innern beteiligt sei, in Gemeinschaft mit diesen, zu erlassen. Das neue Gesetz selbst hat also den Erlaß neuer Bestimmungen zu seiner Ausführung für erforderlich erachtet, also früher erlassene Instruktionen für die Zukunft für bedeutungslos erklärt, ohne in Ansehung der Instruktion vom 20. August 1859 eine Ausnahme zu machen. Demgemäß bedarf es in der Tat nicht mehr der Erörterung, ob auch durch die dementsprechend vom Minister der geistlichen, Unterrichts- und Medizinalangelegenheiten erlassene Dienstanweisung für die Kreisärzte vom 23. März 1901 (Ministerial-Blatt für die Medizinal- und medizinischen Unterrichtsangelegenheiten 1901 S. 2 flg.) jene Instruktion außer Kraft gesetzt worden ist.

Ist aber hiernach der § 17 Abs. 1 der letzteren, selbst wenn er den ihm vom Beklagten zugeschriebenen Inhalt und die ihm beigelegte Bedeutung hätte, jedenfalls seit der Geltung des Gesetzes vom 16. September 1899 aufgehoben, so sind mindestens seit dieser Zeit auch die Kreisärzte der einzelnen Bezirke in Berlin berechtigt, gemäß § 1 Abs. 3 des Gesetzes vom 9. März 1872, das allgemein die Vergütung der „Medizinalbeamten" regelt, für diejenigen medizinal- und sanitätspolizeilichen Verrichtungen, die sie im ortspolizeilichen Interesse vornehmen, Gebühren zu verlangen (§ 25 Nr. 3 der Dienstanweisung vom 23. März 1901).

Hiernach erledigen sich alle nicht schon erörterten Angriffe der Revision. Nur gegenüber der Ausführung: mit Rücksicht darauf, daß zur Zeit des Erlasses der Instruktion vom 20. August 1859 die sämtlichen Kosten der Polizeiverwaltung in Berlin von der Stadtgemeinde allein getragen worden seien, während dies durch das Polizeikostengesetz vom 20. April 1892 geändert worden sei, hätte es der ausdrücklichen Zustimmung des Finanzministers zum Erlasse der Dienstanweisung bedurft, sei bemerkt — wenn der § 17 Abs. 1 der

Instruktion von 1859 die ihr in der tatsächlichen Übung beigelegte Bedeutung auch rechtlich gehabt hätte, so wäre er nach dem oben Dargelegten schon durch das Gesetz vom 9. März 1872 aufgehoben worden. Weder bei den Vorarbeiten noch beim Erlasse der Ausführungsbestimmungen zu dem Gesetze vom 16. September 1899 lag deshalb ein rechtlicher Anlaß vor, zu prüfen, ob durch dieses Gesetz oder seine Ausführung der Staatskasse neue Lasten auferlegt würden. Höchstens die bis dahin weiter beobachtete tatsächliche Übung konnte mit Rücksicht darauf, daß spätestens mit diesem Gesetze die Voraussetzung für die Anwendung des § 17 Abs. 1 jener Instruktion auch in der bis dahin ihm beigelegten unrichtigen Bedeutung wegfiel, einen Anlaß bieten, jene Frage aufzuwerfen. Ist dies infolge unzutreffender Auffassung unterblieben, so kann dies an der Rechtslage nichts ändern. Die Beweisanträge, über deren Ablehnung die Revision sich beschwert, sind daher vom Berufungsgerichte mit Recht für unerheblich erklärt worden."

50. Ist eine formell gesetzmäßige Vollmacht zur Beitrittserklärung zu einer Gesellschaft m. beschr. Haftung trotz des Widerrufs rechtswirksam, wenn der Widerruf der beim Abschluß des Gesellschaftsvertrages vorgelegten Vollmacht nur einem Teile der Vertragschließenden bekannt, und das der Vollmacht zugrunde liegende Rechtsgeschäft nichtig war?

B.G.B. §§ 167, 172, 173, 139.

Gesetz, betr. die Ges. m. beschr. Haftung, §§ 2 und 15.

II. Zivilsenat. Urt. v. 29. September 1908 i. S. J. N. Gesellschaft m. b. H. (Kl.) w. G. (Bekl.). Rep. II. 154/07.

I. Landgericht I Berlin.
II. Kammergericht daselbst.

Gemäß Privaturkunde mit notariell beglaubigter Unterschrift vom 10. Januar 1905 verpflichtete sich der Beklagte unter näher angegebenen Bedingungen, an der Gründung der klagenden Gesellschaft sich mit 10000 ℳ zu beteiligen und 50 Prozent seiner Stammeinlage vor der Gründung der Gesellschaft an den Geschäftsführer der J. N.-Ges. m. b. H., oder an den von diesem bezeichneten Notar zu behändigen. Gleichzeitig bevollmächtigte er den H., ihn bei der Gründung der Klägerin zu vertreten und alle erforderlichen Erklärungen für ihn abzugeben. Unter dieser Urkunde verpflichtete sich andererseits die J. N.-Ges. m. b. H. unter Privatunterschrift, dem Beklagten, nachdem er seine Stammeinlage voll eingezahlt habe, von der von ihr übernommenen Stammeinlage 50 Prozent als Bonifikation ohne weitere Entschädigung abzutreten. Auf Grund der erwähnten Vollmachtsurkunde hat nun H. in dem Gesellschaftsvertrage vom 14. März 1905, betreffend die Gründung der Klägerin eine Stammeinlage von 10000 ℳ namens des Beklagten übernommen. Der Gesellschaftsvertrag wurde in das Handelsregister eingetragen, und der Beklagte in der Liste der Gesellschafter als solcher aufgeführt. Die Klägerin erhob Klage mit dem Antrage, den Beklagten zur Zahlung von 10000 ℳ nebst 4 Prozent Zinsen seit dem Klagetage zu verurteilen. Die Klage wurde auf die Behauptung gestützt, die J. N.-Ges. m. b. H. habe die ihr aus der Beteiligungsverpflichtung vom 10. Januar 1905 zustehende Forderung gegen den Beklagten der Klägerin abgetreten; dieser stehe der Klaganspruch auch auf Grund des Gesellschaftsvertrages zu.

Beide Instanzgerichte haben die Klage für unbegründet erachtet. Das Berufungsurteil wurde aufgehoben aus folgenden, das Sachverhältnis näher ergebenden

Gründen:

„Das Berufungsgericht hat zunächst erwogen, der Beklagte habe die Vollmacht vom 10. Januar 1905 vor Abschluß des Gesellschaftsvertrages widerrufen. Den Widerruf habe H., und damit hätten auch die 91 von ihm vertretenen Personen bei Abschluß des Gesellschaftsvertrages gemäß § 166 B.G.B. den Widerruf gekannt. Die von H. für den Beklagten im Gesellschaftsvertrage abgegebenen Erklärungen seien daher diesen 91 Personen gegenüber nicht verbindlich. Da nun der Beklagte die Rechte und Pflichten eines Gesellschafters nur dann habe erlangen können, wenn er allen übrigen Kontrahenten gegenüber sich zur Leistung einer Stammeinlage von 10000 ℳ verpflichtet hätte, und auch die sieben außer H. bei dem Vertragsabschlusse vor Notar erschienenen Beteiligten nur unter dieser Voraussetzung den Gesellschaftsvertrag abgeschlossen hätten, diese Voraussetzung aber nicht zutreffe, so könne die Klägerin aus dem Gesellschaftsvertrage keine Rechte gegen den Beklagten herleiten.

Ein weiterer Entscheidungsgrund besteht in der Erwägung, die Vollmacht vom 10. Januar 1905 entspreche zwar, für sich allein betrachtet, der Formvorschrift des § 2 Abs. 2 des Gesetzes vom 20. Mai 1898. Es sei auch denkbar, daß eine Vollmacht, losgelöst von der causa, als ein abstraktes Rechtsgeschäft erscheine und alsdann für sich allein beurteilt werden müßte. Im vorliegenden Falle sei aber die Vollmacht durch ihre Stellung mitten unter den sonstigen Erklärungen und durch die Eingangsworte „Hierdurch und unter diesen Angaben“ als ein integrierender Teil des von den Parteien am 10. Januar 1905 abgeschlossenen Rechtsgeschäfts anzusehen. Da nun aber dieses nach den §§ 2 und 15 des Gesetzes wegen Formmangels nichtig sei, so sei auch die Vollmacht gemäß § 139 B.G.B. nichtig.

Beide Entscheidungsgründe werden von der Revisionsklägerin mit Recht als rechtsirrtümlich bekämpft. Was zunächst die Nichtigkeit der Vollmacht betrifft, so ist zwar die Ausführung des Berufungsgerichts, daß die Beteiligungsverpflichtung des Beklagten sowie die sog. Bonifikationszusage der J. N.=Ges. m. b. H. vom 10. Januar 1905 wegen Formmangels gemäß §§ 2 und 15 a. a. O. nichtig seien, rechtlich nicht zu beanstanden. Allein hieraus folgt die Nichtigkeit der Vollmacht nicht. Denn die Ungültigkeit des der Vollmacht zugrunde liegenden Vertrages, sei es wegen eines Willensfehlers, oder wegen eines Formmangels, hat jedenfalls gegenüber dem gutgläubigen Dritten, der auf Grund formell ordnungsmäßig erscheinender Vollmacht mit dem Bevollmächtigten kontrahiert hat, die Nichtigkeit der Vollmacht nicht zur Folge. Der selbständige Charakter der Vollmacht kommt schon durch die Fassung des § 167 B.G.B. zum Ausdrucke, wonach die Erteilung der Vollmacht schlechthin und ohne jede Rücksicht auf ein ihr zugrunde liegendes Rechtsverhältnis durch Erklärung gegenüber dem zu Bevollmächtigenden oder dem Dritten erfolgt, dem gegenüber die Vertretung stattfinden soll. Auch spricht hierfür der Umstand, daß nach § 167 Abs. 2 die Vollmacht nicht der Form bedarf, welche für das Rechtsgeschäft bestimmt ist. Jedenfalls verbietet die Sicherheit des Rechtsverkehrs, daß dem gutgläubigen Dritten, der mit dem Bevollmächtigten auf Grund einer ordnungsmäßig erscheinenden Vollmacht kontrahiert, die manchmal schwierige, oft kaum mögliche Prüfung der Gültigkeit des der Vollmacht zugrunde liegenden Rechtsverhältnisses zugemutet wird; vielmehr muß es in solchem Falle zur Rechtswirksamkeit der Vollmacht genügen, daß der Bevollmächtigungsakt selbst von einer in der Geschäftsfähigkeit nicht beschränkten Person mängelfrei und in gesetzlicher Form erfolgt ist. Dieser Grundsatz muß bezüglich einer Vollmacht zum Abschluß eines Vertrages über die Gründung einer Gesellschaft mit beschränkter Haftung um so mehr zur Anwendung kommen, als die Willenserklärungen der Beteiligten nicht bloß für das innere Verhältnis der Gesellschafter untereinander von Wichtigkeit sind, sondern hierüber hinaus eine das öffentliche Interesse berührende allgemeine Bedeutung haben und die Grundlage für die Existenz der Gesellschaft und ihren Rechtsverkehr mit dritten Personen bilden. Nach den Feststellungen des Berufungsgerichts ist nun die dem H. vom Beklagten erteilte Vollmacht an und für sich mängelfrei und in gesetzlicher Form erfolgt.

Ebensowenig kann der weitere Entscheidungsgrund dem Berufungsurteile zur Stütze dienen. Nach den Feststellungen des Berufungsgerichts ist die Vollmachtsurkunde von H. bei Abschluß des Gesellschaftsvertrages den übrigen Beteiligten vorgelegt worden, und ihre Vorlegung ist im Gesellschaftsvertrage beurkundet. Der Widerruf der Vollmacht war den sieben außer H. erschienenen Beteiligten nicht bekannt. Das Berufungsgericht hat angenommen, daß ihnen der Widerruf nicht habe bekannt sein müssen (§§ 172 Abs. 2 und 173 B.G.B.). Ihnen gegenüber könnte somit der Beklagte sich auf den Widerruf nicht berufen. Dies hat nun aber die Folge, daß der Beklagte sich auf den Widerruf der Vollmacht der Klägerin gegenüber **überhaupt** nicht berufen kann, da seine Teilnahme an der Ges. m. b. H. nicht einem Gesellschafter gegenüber bestehen, einem anderen gegenüber nicht bestehen kann, sondern mit Rücksicht auf die der Beteiligung am Stammkapital nach außen und für den Bestand der Gesellschaft zukommende Wirksamkeit ein nur einheitlich festzustellendes Rechtsverhältnis vorliegt. Vielmehr ist er wegen eines etwaigen Mißbrauchs seiner Vollmacht auf Schadensersatzansprüche gegen den Bevollmächtigten angewiesen."

51. Kann für die Beantwortung der Frage, ob Umstände vorliegen, aus denen sich ergibt, daß der Inhalt des Warenzeichens den tatsächlichen Verhältnissen nicht entspricht, auch die Zweckbestimmung der Ware von Bedeutung sein?

W.Z.G. § 9 Abs. 1 Nr. 3.

II. Zivilsenat. Urt. v. 29. September 1908 i. S. R. & Co. (Bekl.) w. Bürgerl. Bräuhaus (Kl.). Rep. II. 114/08.

I. Landgericht Leipzig.
II. Oberlandesgericht Dresden.

Für den Kläger ist auf Anmeldung vom 24. Februar 1898 das Wort „Urquell" als Warenzeichen für Bier, und für die Beklagte auf Anmeldung vom 27. Januar 1906 ebenfalls das Wort „Urquell" als Warenzeichen für Siphons in die Zeichenrolle des Patentamtes eingetragen. Der Kläger erhob Klage auf Verurteilung der Beklagten zur Einwilligung in die Löschung ihres Warenzeichens.

Die Beklagte wurde, entgegen ihrem Antrage auf Klagabweisung, gemäß der Klage in den Vorinstanzen verurteilt, und die von ihr eingelegte Revision zurückgewiesen.

Aus den Gründen:

„Die Entscheidung der beiden Vorinstanzen beruht auf Anwendung des § 9 Abs. 1 Nr. 3 W.Z.G.; beide Vorderrichter haben angenommen, das Warenzeichen der Beklagten „Urquell" für Siphons sei trügerisch im Sinne dieser Gesetzesvorschrift.

Das Oberlandesgericht hat als gerichtskundig festgestellt, das Bier trinkende und Bier vertreibende Publikum verstehe unter „Urquell" nur das vom Bürgerlichen Bräuhause in Pilsen gebraute Bier und nehme an, daß, wenn auf Fässern, Flaschen u. dergl. dieses Wort angebracht sei, das Gefäß Bier aus dem Bürgerlichen Bräuhause enthalte. Nun sei, wie das Oberlandesgericht weiter ausgeführt hat, der Beklagten das Wort „Urquell" ganz allgemein für Siphons als Warenzeichen eingetragen; Siphons würden aber nicht nur zur Aufnahme von Selterswasser, sondern auch zur Aufbewahrung von Bier seit langer Zeit hergestellt und benutzt; die Beklagte selbst habe in ihrer Reklamebroschüre die von ihr hergestellten Biersiphons empfohlen. Unausbleiblich werde das Publikum beim Erblicken der Siphons der Beklagten mit dem Zeichen „Urquell“ meinen, sie enthielten Bier aus dem Bürgerlichen Bräuhause, was aber nicht der Fall sein müsse, da sie auch zur Aufnahme von anderem Bier verwendet werden könnten.

Vergeblich greift die Beklagte die auf dieser Begründung beruhende Entscheidung als rechtsirrig an. Der § 9 Abs. 1 Nr. 3 W.Z.G. stellt für seine Anwendung zwei Erfordernisse auf: einmal muß der Inhalt des Zeichens den tatsächlichen Verhältnissen nicht entsprechen, und sodann muß hierdurch die Gefahr einer Täuschung begründet sein. Ob diese Erfordernisse vorliegen, ist, wie das Gesetz selbst sagt, nach den Umständen des Falles zu beantworten, und es kommen dabei, namentlich was den Inhalt des Zeichens betrifft, alle Momente in Betracht, die für die Beurteilung der Ware, für die das Zeichen eingetragen ist, von Bedeutung sein können, also nicht allein die Beschaffenheit, sondern auch die Zweckbestimmung der Ware, und zwar so, wie sie nach der Auffassung beteiligter Verkehrskreise durch den Inhalt des Zeichens erkennbar gemacht wird. Nun versteht, wie festgestellt ist, das beim Bierverbrauch in Betracht kommende Publikum unter „Urquell“ das aus dem Bürgerlichen Bräuhause in Pilsen stammende Bier, und es werden, wie ebenfalls feststeht, bereits seit längerer Zeit Siphons zum Aufbewahren und Ausschänken von Bier benutzt. Hiernach und wenn weiter berücksichtigt wird, daß das Warenzeichen für Bier nicht auf der Ware selbst angebracht werden kann, vielmehr, abgesehen von Geschäftsbriefen und Reklameschriften u. dergl., regelmäßig auf den das Bier enthaltenden Gefäßen angebracht wird, ist es naheliegend, daß das Bier trinkende Publikum in mit Urquell bezeichneten Siphons solche erblickt, die zur Aufnahme von Bier des Bürgerlichen Bräuhauses dienen und solches Bier enthalten. Da aber die Siphons der Beklagten auch anderes Bier enthalten können, so entspricht hiernach der Inhalt des auf ihnen angebrachten Zeichens „Urquell“ nicht den tatsächlichen Verhältnissen, und daß es die Gefahr einer Täuschung begründet, ergibt sich aus dem vorstehend Gesagten von selbst.“ ...

52. Seeversicherung. Rechtliche Bedeutung der Klausel: „frei von Beschädigung außer im Strandungsfalle". Hat die Kausel: „free of particular average, unless the vessel be stranded" nach englischem Rechte dieselbe Bedeutung?

I. Zivilsenat. Urt. v. 30. September 1908 i. S. Versicherungsgesellschaft . . . (Bekl.) w. T. S. (Kl.). Rep. I. 205/07.

I. Konsulargericht Shanghai.

Der Kläger hatte bei der Agentur der Beklagten in Shanghai am 5. März 1906 Versicherung genommen auf eine Sendung von 812 Fässern Öl, die auf dem japanischen Dampfer „Gensang Maru" von Tschinkiang, einer am Yangtse gelegenen Stadt, nach Yokohama verschifft werden sollten. Eine Police war über die Versicherung nicht ausgestellt worden. Die Agentur der Beklagten hatte aber dem Kläger den Abschluß unter Benutzung eines gedruckten Briefformulars bestätigt: „subject to all clauses and conditions of the Company's printed Form of Policy." In diesem Bestätigungsschreiben wurden die 812 Fässer Öl mit dem Zusatze „On Deck" in drei Posten mit ihren Merkzeichen angegeben: „B B 446, Y Y 228, W W 118", und es war durch Blaustempel die Klausel:

„Free of particular average, unless the vessel be stranded, sunk or burnt"

aufgedruckt. Als Versicherungswert der 812 Fässer waren 19000 Taels, und als Prämie 10 Promille oder 190 Taels angegeben.

Auf der Fahrt des Schiffes nach Yokohama wurden von den 812 Fässern 528 infolge starken Seeganges über Bord gespült und gingen verloren.

Der Kläger forderte Ersatz dieses Schadens und beantragte, die Beklagte zur Zahlung von 12355,52 Taels nebst Zinsen zu verurteilen, während die Beklagte Abweisung der Klage verlangte, weil sie die Gefahr des Überbordspülens der Deckladung nicht übernommen habe. Lediglich hierum drehte sich der Streit.

Das Konsulargericht verurteilte die Beklagte nach dem Klagantrage. Das Reichsgericht wies die Berufung zurück, aus folgenden

Gründen:

„Das Konsulargericht scheint angenommen zu haben, daß die Beklagte kraft der Klausel „Free of particular average etc." den

Ersatz der über Bord gespülten 528 Fässer an sich ablehnen könne. Es ist aber gleichwohl zur Verurteilung der Beklagten gelangt, indem es aus der Höhe der Prämie in Verbindung mit dem Umstande, daß die Beklagte der in Shanghai bestehenden Vereinigung von Seeversicherern, der Shanghai Marine Underwriters Association, angehört, ableitet, daß durch die ausdrückliche Bezeichnung der Fässer als Decklabung die Gefahr des Überbordspülens von der Beklagten besonders übernommen sei. Die Mitglieder der genannten Assoziation übernähmen regelmäßig bei Verschiffungen von Öl auf Deck das Risiko des Überbordspülens, kraft der Klausel:

„Warranted Free of all Average, but to cover riks of Jettison and Washing Overboard. To pay Total Loss only on such Bags, Baskets or other Packages, as do not reach their destination."

Obwohl nun diese Klausel hier in das Bestätigungsschreiben nicht aufgenommen sei, müsse es nach der Belegenheit des Falles doch so angesehen werden, daß durch die Worte „On Deck" auf diese Klausel hingewiesen werden sollte.

Nach dem, was die Beklagte hiergegen jetzt vorbringt, würde das Reichsgericht eine Ergänzung der Beweisaufnahme herbeiführen müssen, wenn die Entscheidung von der Richtigkeit dieser Ausführung abhinge. Das ist aber nicht der Fall. Vielmehr nimmt das Reichsgericht an, daß die Beklagte mit Unrecht aus der Klausel „Free of particular average etc." ihre Befreiung herleitet, und daß sie für den eingeklagten Schaden auch dann zu haften hat, wenn man die Worte „On Deck" bloß als Anzeige eines Umstandes ansieht, der für die Beurteilung der zu übernehmenden Gefahr von Bedeutung war.

Auszugehen ist davon, daß nach dem gedruckten Policenformular der Beklagten, das nach dem Bestätigungsschreiben maßgebend ist, die Gefahr des Überbordspülens an und für sich zu den von der Beklagten übernommenen Seegefahren gehört, wie dies auch das Konsulargericht darlegt, und die Beklagte selbst nicht in Abrede nimmt. Die nach den Hamburger Allg. Seevers.Bed. von 1867 (§ 107) bei Deckladungen regelmäßig eintretende Befreiung „von Werfen und Überbordspülen" greift daher nach dem vorliegenden Vertrage nicht Platz. Demnach fragt sich bloß, ob der Beklagten darin beigetreten werden muß, daß sie kraft der Klausel „Free of particular average etc." — weil unstreitig ein Strandungsfall, oder ein dem gleichstehender

Unfall nicht vorliegt — für das Überbordspülen nur haften würde, wenn sämtliche 812 Fässer hierdurch in Verlust geraten wären, also ein Totalverlust des ganzen versicherten Gutes vorliegen würde.

Nach deutscher Rechtsauffassung zielt die Klausel „frei von Beschädigung außer im Strandungsfalle“ (§ 851 H.G.B., § 103 Allg. Seevers.Bed.) auf eine Unterscheidung nach der schadenstiftenden Ursache ab. Liegt ein Ereignis vor, das seiner Natur nach bloß geeignet ist, die Güter in ihrer Beschaffenheit anzugreifen, so ist dies im Sinne des Versicherungsrechts immer „Beschädigung“ und wird auch dadurch nicht zum „Verlust“, daß die Einwirkung so nachhaltig auftritt, daß die Güter in ihrer ursprünglichen Beschaffenheit zerstört oder gänzlich entwertet werden. „Verlust“ aber, und nicht „Beschädigung“, liegt vor, wenn die Güter von einem Ereignisse betroffen werden, das ihre Existenz im wirtschaftlichen Sinne unmittelbar bedroht.

Vgl. Voigt, Seevers.R. S. 599; Entsch. des R.G.'s in Zivils. Bd. 56 S. 400.

Daß das Überbordspülen von Fässern mit Öl in diesem Sinne nicht Beschädigung, sondern Verlust ist, kann einem Zweifel nicht unterliegen. Nach deutschem Rechte würde sonach die Freizeichnung von Beschädigung den Versicherer nicht befreien, den hier eingetretenen Schaden, der sich als Totalverlust eines Teiles der versicherten Güter darstellt (§§ 854, 876 H.G.B.), zu ersetzen.

Es ist jedoch der Beklagten zuzugeben, daß für den vorliegenden Fall nicht das deutsche, sondern das englische Recht zur Anwendung zu kommen hat. Denn aus der Klausel des gedruckten Policenformulars:

„It is agreed that the practice of Lloyds shall be recognised as the Standard for adjusting claims of particular average or partial loss“

kann mit Recht abgeleitet werden, daß sich die Parteien dem für Loyds, d. h. für die Londoner Versicherer, maßgebenden Rechte unterwerfen wollten.

Grundsätzlich hat aber die englische Klausel „Free of particular average, unless the vessel be stranded“ keine andere Bedeutung, als die deutsche Klausel „frei von Beschädigung außer im Strandungsfalle“. Dies wird zwar durch den Wortlaut insofern etwas verschleiert, als sich der Ausdruck „particular average“ scheinbar mit dem deutschen Ausdrucke „Beschädigung" nicht deckt. Particular average (Partikular-Havarie) kann auch den Gegensatz zu general average (große Havarie) bezeichnen, also den Schaden, der einen einzelnen Reiseinteressenten trifft, im Gegensatze zu dem, der auf alle Reiseinteressenten zu verteilen ist (§§ 700 flg. H.G.B.). Daß die Klausel aber das Wort nicht in diesem Sinne verwendet, ist ohne weiteres einleuchtend und wird auch von der Beklagten nicht beansprucht, da sie sonst sogar beim Überbordspülen aller 812 Fässer ihre Befreiung behaupten müßte. Die Literatur über das englische Seeversicherungsrecht lehrt denn auch, daß der Ausdruck particular average auch als Gegensatz zu dem Begriffe des total loss verwertet wird, und in diesem Sinne ist er hier zu verstehen. Darüber kann nach dem, was insbesondere Arnould, Marine Insurance (7. Aufl.) Bd. 2 unter Nr. 882 flg. über die Entstehung der zunächst bei den sog. Memorandum-Articles aufgekommenen Klausel anführt, ein Zweifel nicht bestehen. Tendenz und Zweck der Klausel stimmen, wie auch Lowndes (Marine Insurance) und Mc Arthur (Marine Insurance) bestätigen, durchaus mit der dargelegten Bedeutung der deutschen Klausel überein: die Versicherer zu entlasten von der Deteriorierung der Güter, wie sie mehr oder weniger stark im regelmäßigen Verlaufe jeder längeren Seereise aufzutreten pflegt. Was aber den zur Beschädigung im Gegensatze stehenden Begriff des Totalverlustes anlangt, so ist auch dem englischen Rechte ein total loss of a part sehr wohl bekannt, und der Begriff des Totalverlustes keineswegs eingeschränkt auf das Verlorengehen sämtlicher versicherter Güter (vgl. Arnould, a. a. O. Nr. 1082).

Ob nun in einem gegebenen Falle Verlust eines Teiles der versicherten Güter, oder Beschädigung anzunehmen ist, kann zweifelhaft erscheinen. Wie aus Arnould Nr. 1082—1086 hervorgeht, hat die Rechtsprechung der englischen Gerichte in dieser Frage geschwankt. Die einzelnen Entscheidungen, die dort mitgeteilt werden, sind schlecht miteinander in Einklang zu bringen und lassen eine grundsätzliche Erörterung vermissen. Es kann nicht darauf ankommen, ob in dieser Kasuistik der eine oder andere Fall zugunsten der Versicherer entschieden worden ist, der dem hier vorliegenden ähnlich ist. Vielmehr hat das Gericht die vorhin entwickelten Grundsätze, auf denen die Klausel beruht, zur Anwendung zu bringen. Nach diesen Grundsätzen aber muß anerkannt werden, daß bei der Versicherung einer bestimmten Anzahl von Behältern mit flüssiger Ware, von denen für jeden einzelnen Behälter Marke und Nummer dem Versicherer aufgegeben sind, die vollständige Zerstörung mehrerer einzelner Behälter als total loss of a part anzusehen ist, also ein Totalverlust vorliegt, der dem Versicherer zur Last fällt. Es würde ein geradezu widersinniges Ergebnis sein, in einem solchen Falle den Versicherer zwar haften zu lassen, wenn sämtliche Behälter über Bord gegangen sind, ihn aber für nicht haftbar zu erklären, wenn auch nur ein einziger Behälter von dem Unfalle nicht betroffen und gesund angekommen ist. Der von der Beklagten angeregten Vernehmung Sachverständiger bedurfte es bei dieser Sachlage nicht; vielmehr konnte ohne weiteres auf Zurückweisung der Berufung erkannt werden."

53. 1. Hat der Urheber eines Schriftwerks die ausschließliche Befugnis, über den Bestand und die Form des Werkes zu verfügen? Verbleibt ihm diese Befugnis, auch wenn er das Werk in den Verkehr gebracht hat?

2. Liegt eine unzulässige Abänderung des Werkes vor, wenn der Veranstalter eines Lesezirkels den Zeitschriften Annoncen beiheftet?

Gesetz, betr. das Urheberrecht an Werken der Literatur, vom 19. Juni 1901 §§ 9 und 11.

I. Zivilsenat. Urt. v. 16. September 1908 i. S. D. (Kl.) w. Fr. & L. (Bekl.). Rep. I. 499/07.

I. Landgericht Dresden.
II. Oberlandesgericht daselbst.

Die Beklagte betrieb einen Journallesezirkel und heftete den darin umlaufenden Exemplaren der Zeitschrift D., die im Verlage der Klägerin erschien, Reklamen und Anzeigen von Firmen bei. Die Klägerin forderte die Unterlassung dieses Verfahrens. Ihre Klage wurde vom Oberlandesgericht abgewiesen. Die Revision war erfolglos.

Aus den Gründen:

„Das Oberlandesgericht verneint, daß die Klage auf das Gesetz, betr. das Urheberrecht an Werken der Literatur, vom 19. Juni 1901 gestützt werden könne, weil weder die Beklagte in die der Klägerin als Verlegerin der Zeitschrift D. nach den §§ 4 und 11 des Gesetzes zustehende ausschließliche Befugnis, das Werk zu vervielfältigen und gewerbsmäßig zu verbreiten, eingegriffen habe, noch der Klägerin der sich auf die Übertragung des Urheberrechts beziehende § 9 zur Seite stehe, außerdem die Beklagte die Zeitschrift nur durch Verleihen gewerbsmäßig verbreite, worauf sich nach § 11 der Einfluß des Urhebers nicht erstrecke. Ein außerhalb der Vorschriften dieses Gesetzes stehendes Persönlichkeitsrecht des Urhebers, das durch jede Veränderung der Gestalt des Schriftwerks verletzt werde, erkennt das Oberlandesgericht nicht an.

Die Revision vertritt die Ansicht, daß der Urheber durch die Veräußerung eines Exemplars seines Werkes dem Erwerber stillschweigend das Recht gebe, es zu verbreiten, insofern in der Übertragung des Eigentums am Exemplare auch die Übertragung des Urheberrechts liege, und daß der Klägerin daher gegen die Beklagte das dem Urheber in § 9 des Gesetzes vom 19. Juni 1901 gegebene Recht zustehe, Verkümmerungen der Individualität seines Werkes nicht dulden zu brauchen.

Allein die dem Urheber in § 11 dieses Gesetzes erteilte ausschließliche Befugnis, sein Werk gewerbsmäßig zu verbreiten, ist in betreff des einzelnen Exemplars erschöpft, sobald es von ihm in den Verkehr gebracht und Eigentum eines anderen geworden ist (vgl. Entsch. des R.G.'s in Zivils. Bd. 63 S. 398). Ein Verbreitungsrecht, das ihm selbst nicht zusteht, kann der Urheber auf den Erwerber des Exemplars nicht übertragen. Damit ist hier die Anwendung des § 9, der die Übertragung des Urheberrechts voraussetzt, ausgeschlossen. Seine Bestimmung:

„Im Falle der Übertragung des Urheberrechts hat der Erwerber . . . nicht das Recht, an dem Werke selbst . . . Zusätze, Kürzungen oder sonstige Änderungen vorzunehmen",

ergibt aber, daß die in § 11 aufgezählten Befugnisse des Urhebers den Begriff des Urheberrechts nicht abschließend umgrenzen. Es entspricht dies insofern dem früheren Rechte, als auch das Reichsgesetz vom 11. Juni 1870, betr. das Urheberrecht an Schriftwerken, nicht bloß das Vermögensinteresse, sondern auch das geistige Interesse des Schriftstellers, welches er daran hat, daß sein Werk nur so, wie es verfaßt ist, veröffentlicht werde, schützen wollte (vgl. Entsch. des R.G.'s in Zivils. Bd. 12 S. 51, Bd. 41 S. 47). Die Vorschrift des § 9 soll nach der Begründung des Gesetzes (S. 18) nur den Zweifel heben, ob das persönliche Interesse des Verfassers an der unveränderten Wiedergabe seines Werkes auch dann noch einen Rechtsschutz genieße, wenn er das Urheberrecht selbst übertragen habe. Die in § 9 zum Ausdrucke gekommene Bejahung der Frage setzt daher die ausschließliche Befugnis des Urhebers, über den Bestand und die Form des Werkes zu verfügen, als selbstverständlich voraus.[1] Diese Befugnis verbleibt ihm, auch wenn er das Werk in den Verkehr gebracht hat. Er kann zwar nicht mehr die gewerbsmäßige Verbreitung der abgesetzten Exemplare des Werkes untersagen, wohl aber fordern, daß sie unter Wahrung der ursprünglichen Gestalt geschieht, und die Verbreitung des abgeänderten Werkes verbieten. Auch das nach § 11 des Gesetzes vom 19. Juni 1901 der ausschließlichen Befugnis des Urhebers entzogene Verleihen trifft nur das Werk in der ihm vom Urheber gegebenen Gestalt.

Im vorliegenden Falle sind aber von der Beklagten an den ihrem Journallesezirkel einverleibten Nummern der Zeitschrift D. weder nach Inhalt noch Form Änderungen vorgenommen, die sich als Änderungen des Sammelwerkes bezeichnen lassen, das die einzelne Nummer darstellt. Sie hat lediglich den einzelnen Nummern Annoncen als Beiblätter einheften lassen, deren Färbung und Format sie als fremde Zutaten ohne weiteres kenntlich machen, wie das Oberlandesgericht tatsächlich feststellt. Der in bestimmter Form in die äußere Erscheinung tretende Gedankeninhalt des Sammelwerkes wird hierdurch nicht geändert.

Da die Beklagte sonach das Urheberrecht nicht verletzt hat, so kann dahingestellt bleiben, ob die Klägerin im Sinne des § 4 des Gesetzes vom 19. Juni 1901 als Herausgeber gelten und Urheberrechte verfolgen kann, obwohl andere Personen als Herausgeber der Zeitschrift D. in deren Nummern genannt sind." . . .

[1] Vgl. Allfeld, Kommentar zum Gesetze vom 19. Juni 1901, betr. das Urheberrecht, § 9 Bem. 1. D. E.

54. Haftet der Hypothekengläubiger, der infolge irrtümlicher Löschung einer ihm vorgehenden Hypothek aus dem Grundstück befriedigt wird, dem ausgefallenen Inhaber der gelöschten und an späterer Stelle wieder eingetragenen Hypothek aus Bereicherung?
B.G.B. §§ 812 Abs. 1, 819 Abs. 1.

IV. Zivilsenat. Urt. v. 21. September 1908 i. S. S. u. Sp. (Kl.) w. B. (Bekl.). Rep. IV. 637/07.

I. Landgericht Hamburg.
II. Oberlandesgericht daselbst.

Im Grundbuche waren als 2. bis 4. Post für den Kläger S. zusammen 23000 *M*, unter den folgenden Nummern 5—9 zusammen 80500 *M* Hypotheken auf den Namen des Beklagten eingetragen. Der Kläger S. hatte sich gegenüber der O.'schen Bank verpflichtet, gegen ein Darlehn von 23000 *M* zur Sicherheit der Bank die Hypothekenposten 2—4 auf deren Namen umschreiben zu lassen. Er beauftragte den Mitkläger Sp., diese Umschreibung in der Weise zu besorgen, daß für die Bank nur eine Post eingetragen werde. Auf Veranlassung Sp.'s wurden demnächst, nachdem die Löschung von S. bewilligt, und von dem Grundstückseigentümer C. beantragt war, die Hypotheken unter Nr. 2—4 am 21. Oktober 1904 gelöscht. Hierauf wurde für die O.'sche Bank am 1. November 1904 eine neue Hypothek von 23000 *M* eingetragen, die jedoch unter Nr. 10 erst nach den 80500 *M* des Beklagten Platz fand. Diese Hypothek der Bank ist demnächst bei der Zwangsversteigerung ganz ausgefallen, während sie volle Deckung gefunden hätte, wenn sie an der Stelle der Posten unter 2—4 eingetragen worden wäre. Kläger S. hat der O.'schen Bank für den Ausfall aufkommen müssen. Er hat in einem Vorprozesse den Mitkläger Sp. wegen schuldhafter Ausführung des Auftrages auf Schadensersatz in Anspruch genommen und seine rechtskräftige Verurteilung zur Zahlung von 17250 *M* erzielt. Im gegenwärtigen Rechtsstreite behauptete er, der Beklagte hafte ihm für den Ausfall als Bürge; derselbe habe ihm ferner durch seine Mitwirkung bei den Grundbuchseintragungen oder doch dadurch, daß er sie mit Kenntnis des hierbei untergelaufenen Irrtums geschehen ließ, widerrechtlich geschädigt; er hafte endlich auch wegen ungerechtfertigter

Bereicherung. Er beanspruchte deshalb die Verurteilung des Beklagten zur Zahlung von 5750 *M*, während der Mitkläger Sp. auf Grund einer von S. erklärten Abtretung, im übrigen unter der gleichen Begründung, gegen den Beklagten den Anspruch auf Zahlung von 17250 *M* erhob. Das Landgericht hat den Beklagten nach dem Antrage des Klägers S. verurteilt, dagegen den Mitkläger Sp. abgewiesen. Das Oberlandesgericht hat auch den von S. verfolgten Anspruch abgewiesen. Die Revision der Kläger wurde zurückgewiesen, aus folgenden

Gründen:

„Die Revision ficht das Berufungsurteil nur insoweit an, als darin auch der Klagegrund der ungerechtfertigten Bereicherung zurückgewiesen ist. Allein selbst wenn zuzugeben wäre, daß der Beklagte den in der Verbesserung seines Hypothekenranges liegenden Vermögensvorteil aus dem Vermögen des Klägers S. und auf dessen Kosten durch eine Leistung S.'s oder in anderer Weise erlangt hätte, so hat doch der Berufungsrichter ohne Rechtsirrtum verneint, daß diesem der fragliche Vorteil „ohne rechtlichen Grund" im Sinne von § 812 B.G.B. zugeflossen sei. Es ist Grundsatz des geltenden Immobiliarsachenrechts, daß die mehreren Hypothekengläubiger ihre Befriedigung aus dem Grundstücke in derjenigen Reihenfolge zu beanspruchen haben, welche durch die fortlaufenden Eintragungen im Grundbuche ausgewiesen ist. Es ist deshalb eine selbstverständliche, gewollte und gebilligte Folge eben dieser Rechtsordnung, daß die bloße Tatsache der Löschung einer Vorhypothek ohne weiteres den Nachhypothekariern zugute kommt. Namentlich ist es im Verhältnis der mehreren Hypothekengläubiger zueinander, wenn nicht besondere obligatorische Beziehungen zwischen ihnen bestehen, ohne Bedeutung, aus welchem kausalen Grunde der Vorhypothekarier sein dingliches Recht am Grundstücke preisgibt, und der Eigentümer die Löschung herbeiführt. Dies würde freilich nicht ausschließen, daß das Gesetz ein solches auf Grund seiner formalen Bestimmungen zustande gekommenes Ergebnis aus höheren Gesichtspunkten mißbilligte und hierfür einen Ausgleich durch den Bereicherungsanspruch gewährte. Allein eine ausdrückliche Vorschrift dieses Inhalts, wie sie dem Bürgerlichen Gesetzbuche in ähnlichen Fällen nicht fremd ist (Zusammenstellung bei Planck, Bem. 2, c vor § 812), besteht nicht. Bloße Billigkeitserwägungen aber können niemals dazu führen, einen unter dem Schutze der Rechtsordnung erlangten Erwerb dennoch als des Rechtsgrundes ermangelnd zu behandeln (Entsch. des R.G.'s in Zivils. Bd. 53 S. 286); dies um so weniger, als hierdurch die mit besonderen Garantien umgebene Sicherheit gerade des Grundbuchverkehrs in bedenklicher Weise in Frage gestellt würde.

Den Klägern steht ferner auch § 812 Abs. 1 Satz 2 nicht zur Seite. Es mag sein, daß der Kläger S. und der Grundstückseigentümer C. mit Löschung der streitigen Hypotheken den Erfolg bezweckt haben, die hierdurch freiwerdende Rangstelle der O.'schen Bank zu sichern, und dieser Erfolg ist jedenfalls nicht eingetreten. Allein wenn das Gesetz an der angezogenen Stelle von dem nach dem Inhalte des Rechtsgeschäfts bezweckten Erfolge der Leistung spricht, so hat es dabei, wie bei der römischrechtlichen condictio causa data causa non secuta, ein Rechtsgeschäft im Auge, das unmittelbar zwischen dem Leistenden und dem Empfänger der Leistung, dem angeblich Bereicherten, zustande gekommen ist. Nicht aber ist damit ein Bereicherungsanspruch des Leistenden gegen den am Rechtsgeschäft selbst nicht beteiligten Dritten gegeben, dem ohne sein Dazutun der wirtschaftliche Erfolg des Geschäfts schließlich zugute kommt. Der Bereicherungsanspruch wird auch dadurch nicht begründet, daß der Beklagte, wie die Kläger behaupten, den ihnen untergelaufenen Irrtum schon während der auf die Eintragungen im Grundbuch bezüglichen Verhandlungen bemerkt und hierzu geschwiegen hat. Die Kenntnis des Empfängers vom Mangel des rechtlichen Grundes ist zwar nach § 819 Abs. 1 B.G.B. geeignet, den Umfang seiner Herausgabeverpflichtung zu steigern; sie vermag aber für sich allein die Herausgabepflicht nicht zu erzeugen, wenn sie ihm Mangels eines Rechtsgrundes nicht schon ohnedies obliegt." ...

---

55. Erstreckt sich die Hypothek auf die Schadensersatzforderung wegen Beschädigung durch Bergbau, und geht daher in der Zwangsversteigerung des Grundstückes die Forderung auf den Ersteher über?

E.G. z. B.G.B. Artt. 52, 53, 67 Abs. 2.

Preuß. A.G. z. B.G.B. Art. 37.

B.G.B. §§ 1127, 1128.

Z.V.G. §§ 20, 55, 90, 91, 92.

V. Zivilsenat. Urt. v. 26. September 1908 i. S. M. (Kl.) w. H. (Bekl.). Rep. V. 550/07.

I. Landgericht Beuthen.
II. Oberlandesgericht Breslau.

In einem Vorprozesse des Klägers gegen H. wurde dieser, weil durch dessen Bergbau ein Grundstück, das der Kläger damals besaß, beschädigt worden war, verurteilt, den früheren Zustand der Gebäude wiederherzustellen, die Mietausfälle zu ersetzen und an den Kläger 4706 ℳ zu zahlen. Nachdem das Grundstück zur Zwangsversteigerung gebracht, und von der Beklagten, die jetzt den Bergbau als Rechtsnachfolgerin des H. betreibt, erstanden worden war, machte der Kläger einen weiteren Anspruch wegen Beschädigung des Grundstückes durch den Bergbau gegen die Beklagte geltend. Der erste Richter wies die Klage, der zweite Richter die Berufung zurück. Auch die Revision des Klägers wurde zurückgewiesen, aus folgenden

Gründen:

„Der Berufungsrichter erachtet den Kläger zur Geltendmachung des Schadensersatzanspruches wegen angeblicher Beschädigung des demselben früher gehörigen Grundstückes durch den Bergbaubetrieb der Beklagten für nicht legitimiert, weil sich nach Artt. 52, 53, 67 Abs. 2 E.G. z. B.G.B., § 1128 B.G.B. die Hypothek der die Zwangsversteigerung des Grundstückes betreibenden Sparkasse auch auf den angeblichen Schadensersatzanspruch erstrecke, und daher gemäß §§ 20, 55, 90 Abs. 2 Z.V.G. der Anspruch auf die Beklagte selbst als Ersteherin des Grundstückes mitübergegangen sei. Die Revision macht hiergegen geltend, die Artt. 52, 53 E.G. enthielten keine Vorschrift, durch die der Kreis der in den §§ 1120 flg. B.G.B. aufgeführten Gegenstände, auf die sich die Hypothek erstrecke, erweitert werde; diese Bestimmungen des Bürgerlichen Gesetzbuches seien nur teilweise für entsprechend anwendbar erklärt auf das durch jene Gesetzesvorschriften geordnete Teilungsverfahren. Es ist jedoch dem Berufungsrichter beizutreten.

Nach Artt. 52, 53 Abs. 1 Satz 1 E.G. z. B.G.B. hat im Falle der Enteignung einer Sache auf Grund eines Reichsgesetzes ein Dritter, dem an der Sache ein Recht zusteht, wofür eine besondere Entschädigung nicht gewährt wird, nach dem Maße der Beeinträchtigung seines Rechtes an dem Entschädigungsanspruche dieselben Rechte, die ihm im Falle des Erlöschens seines Rechtes durch Zwangsversteigerung an dem Erlöse zustehen, und es finden, wenn die Entschädigung dem Eigentümer eines Grundstückes zu gewähren ist, auf den Entschädigungsanspruch die Vorschriften des § 1128 B.G.B. entsprechende Anwendung. Da nach dem durch Art. 37 preuß. A.G. z. B.G.B. dem § 148 preuß. Allg. Berggesetzes vom 24. Juni 1865 hinzugefügten Abs. 2 den Hypotheken-, Grundschuld- und Rentenschuldgläubigern für Beschädigung des Grundeigentums durch den Betrieb eines Bergwerkes eine besondere Entschädigung nicht gewährt wird, haben die Gläubiger von Hypotheken, die auf einem durch Bergbau beschädigten Grundstücke eingetragen sind, hinsichtlich des dem Grundstückseigentümer zustehenden Entschädigungsanspruches die vorgenannten Rechte. Der § 1128 B.G.B. aber bezeichnet erschöpfend die Rechtswirkungen, die damit verbunden sein sollen, daß die Hypothek sich gemäß § 1127 Abs. 1 B.G.B. auf die Forderung gegen den Versicherer aus einer Gebäudeversicherung erstreckt. Insbesondere sind nach Abs. 2 des § 1128 hinsichtlich der Rechte der Hypothekengläubiger auf die Forderung aus der Versicherung die für eine verpfändete Forderung geltenden Vorschriften zur Anwendung zu bringen, soweit nicht Abs. 1 Abweichendes bestimmt.

Danach kann die in Art. 53 Abs. 1 E.G. z. B.G.B. über die entsprechende Anwendung des § 1128 B.G.B. gegebene Vorschrift in Verbindung mit Art. 67 Abs. 2 E.G. nicht anders aufgefaßt werden, als daß die Hypothek auf den Entschädigungsanspruch, der dem Eigentümer wegen Enteignung des belasteten Grundstückes oder wegen Beschädigung durch Bergbau zusteht, sich ebenso „erstreckt“, wie auf die Forderung aus der Gebäudeversicherung. Dies findet eine wesentliche Bestätigung in den Bestimmungen des Art. 53 Abs. 1 E.G. Im Satze 1 des Abs. 2 ist ausdrücklich von einer „Haftung“ des Entschädigungsanspruches die Rede, die unter gewissen Voraussetzungen bezüglich einer Reallast oder eines hypothekarischen Rechtes erlöschen soll; und diese Voraussetzungen sind die gleichen, unter denen hinsichtlich der Forderung aus einer Versicherung, auf die nach § 1127 Abs. 1 B.G.G. die Hypothek sich „erstreckt“, gemäß § 1127 Abs. 2 die „Haftung“ erlischt. Ferner bestimmt Art. 53 Abs. 2 Satz 2 E.G., daß, wenn die Entschädigung wegen Benutzung des

Grundstückes oder wegen Entziehung oder Beschädigung von Früchten oder von Zubehörstücken zu gewähren ist, die Vorschriften des § 1123 Abs. 2 Satz 1 und des § 1124 Abss. 1, 3 B.G.B. entsprechende Anwendung finden; diese Vorschriften betreffen aber ebenfalls das Freiwerden von Forderungen, auf die sich die Hypothek „erstreckt", nämlich der Miet- und Pachtzinsforderungen von der „Haftung" für die Hypothek. Daraus ist zu entnehmen, daß die den Hypothekengläubigern durch die Artt. 52, 53, 67 Abs. 2 EG., Art. 37 preuß. A.G. z. B.G.B. hinsichtlich der fraglichen Entschädigungsansprüche gewährten Rechte den Inhalt haben, daß die Hypothek sich auf die Entschädigungsansprüche als Gegenstände der Haftung „erstreckt". Dieser Annahme steht der Wortlaut des Art. 52 E.G., der für sämtliche Rechte Dritter, die durch die Enteignung beeinträchtigt werden, die an den Entschädigungsansprüchen erwachsenden Rechte durch eine zusammengefaßte Verweisung auf andere, entsprechende Gesetzesvorschriften bestimmt, nicht entgegen.

Die danach dem an der Sache berechtigten Dritten zugewiesenen gleichen Rechte, wie sie ihm im Falle des Erlöschens seines Rechtes durch Zwangsversteigerung an dem Erlöse zustehen, ergeben sich, wenn es sich um ein Pfandrecht an einer beweglichen Sache handelt, aus § 1247 Satz 2 B.G.B. dahin, daß der Entschädigungsanspruch an die Stelle der Sache tritt, und also wie diese dem Pfandrecht unterworfen wird. Handelt es sich um Rechte an einem Grundstücke, so bestimmen sich die an dem Entschädigungsanspruche erwachsenden Rechte nach §§ 91, 92 Z.V.G. Ist das betreffende Recht nicht auf Zahlung eines Kapitals gerichtet, wie beispielsweise ein Nießbrauchsrecht, eine Grunddienstbarkeit, eine Reallast, und erlischt das Recht gemäß § 91 Z.V.G. durch den Zuschlag, so tritt nach § 92 Z.V.G. an die Stelle des Rechtes der Anspruch auf Ersatz des Wertes aus dem Versteigerungserlöse; mithin hat in diesen Fällen der Dritte, soweit er durch die Enteignung in seinem Rechte beeinträchtigt wird, einen Anspruch auf entsprechenden Werterſatz aus dem Entschädigungsanspruche. Ist aber das durch den Zuschlag erlöschende Recht auf Zahlung eines Kapitals gerichtet, wie insbesondere die Hypothek, kraft deren gemäß § 1113 B.G.B. die Zahlung einer bestimmten Summe aus dem Grundstücke gefordert werden kann, so setzt sich der Anspruch auf Zahlung an der Forderung aus dem Meistgebote fort.

Der Hypothekengläubiger erlangt also an Stelle der als dingliches Recht an dem Grundstücke erlöschenden Hypothek ein Recht, das materiell gerichtet ist auf Erfüllung seines Hypothekenrechtes durch Auszahlung des nach dem Range der Hypothek auf diese entfallenden Erlöses (vgl. Entsch. des R.G.'s in Zivils. Bd. 55 S. 264, Bd. 63 S. 216, Bd. 64 S. 216). Daraus ergibt sich, daß an dem Entschädigungsanspruche wegen Enteignung dem Hypothekengläubiger ein Recht auf Befriedigung zusteht. Dieses Recht schließt aber als selbstverständlich ein, daß von dem Hypothekenrechte der Entschädigungsanspruch im Augenblicke seines Entstehens als Gegenstand der Sicherung ergriffen wird, daß also kraft der Hypothek der Entschädigungsanspruch dem Gläubiger haftet. Der gesetzgeberische Grund für diese Haftung ist, daß den Hypothekengläubigern zum Ersatze für die Minderung der Sicherheit durch die Entziehung oder Beschädigung des belasteten Grundstückes der Entschädigungsanspruch als Mittel der Befriedigung gewährt werden soll. Im Art. 31 des Entwurfes (Art. 52 E.G.) war auch bezüglich aller Rechte Dritter ausdrücklich erklärt, daß den Rechten auch der Entschädigungsanspruch „unterworfen" werde, und in den Motiven dazu wurde bemerkt:

> „Eine Konsequenz des Surrogationsprinzipes ist es, daß die Natur des beeinträchtigten Realrechtes am Entschädigungsanspruche nicht geändert wird. Insbesondere behält eine Hypothek diesen Charakter auch in Ansehung des haftenden Entschädigungsanspruches, was namentlich wegen des Ranges und der Art der Geltendmachung des Rechtes von Bedeutung ist" (Mugdan, Materialien Bd. 1 S. XIII, 15).

Auch in der zweiten Kommission, auf deren Beschlüssen die Fassung der Artt. 52, 53 E.G. beruht, wurde bezüglich der hypothekarischen Rechte der Grundsatz gebilligt, daß den Rechten auch der Entschädigungsanspruch unterworfen werde, und dieser im Falle der Enteignung an die Stelle des Grundstückes trete. Den anderen Rechten aber sollte, ebenso wie im Falle der Zwangsversteigerung hinsichtlich des Erlöses, ein Anspruch auf Werterſatz aus dem Entschädigungsanspruche gewährt werden. Deshalb wies man im Hinblick auf § 140 des Entw. des Z.V.G. (§ 92 Ges.) allen Realberechtigten an dem Entschädigungsanspruche dieselben Rechte wie am Erlöse in der Zwangsversteigerung zu (Mugdan, a. a. O. S. 135). Der Abs. 1

des § 140 des Entw. enthielt aber die ausdrückliche Bestimmung, daß der Versteigerungserlös in Ansehung der durch den Zuschlag erlöschenden Rechte an die Stelle des Grundstückes und der übrigen Gegenstände trete. Diese Bestimmung, die sich hauptsächlich auf hypothekarische Rechte bezog, da bezüglich der anderen Rechte Dritter die jetzt im § 92 Z.V.G. enthaltenen Bestimmungen über Wertersatz vorgesehen waren, ist zwar in das Gesetz nicht aufgenommen worden, jedoch nur deshalb nicht, weil sie nach den sonstigen Vorschriften des Gesetzes für überflüssig erachtet wurde.

Diese Geschichte der Gesetzesentstehung bestätigt ebenfalls, daß nach dem Willen des Gesetzes der Entschädigungsanspruch wegen Enteignung dem Hypothekenrechte unterworfen sein, daß er, um den Sprachgebrauch des Entw. I z. B.G.B. § 1067 hinsichtlich des Umfanges der Haftung für die Hypothek hier anzuwenden, kraft der Hypothek dem Gläubiger haften sollte. Letzteres aber bedeutet nach dem Sprachgebrauche des Bürgerlichen Gesetzbuches, daß die Hypothek sich auf den Entschädigungsanspruch „erstreckt". Gemäß Art. 67 Abs. 2 E.G., Art. 37 preuß. A.G. z. B.G.B. erstreckt sich daher die Hypothek auch auf den dem Grundstückseigentümer wegen Beschädigung durch Bergbau gegen den Bergbautreibenden zustehenden Entschädigungsanspruch.

Vgl. Westhoff, Bergbau S. 283 flg.; Planck, Bem. 1 zu § 1127 B.G.B; Gierke, Deutsch. Privatr. Bd. 2 S. 867; Gaupp-Stein, Bem. I[5] zu § 865 Z.P.O.; Turnau u. Förster, Bd. 1 S. 789, 59.

Ist dies aber der Fall, so ist aus § 20 Abs. 2 Z.V.G., wonach die Beschlagnahme zugunsten des die Zwangsversteigerung betreibenden Gläubigers auch diejenigen Gegenstände umfaßt, auf die sich bei einem Grundstücke die Hypothek erstreckt, in Verbindung mit § 55 Abs. 1, § 90 Abs. 2 Z.V.G., wonach die Versteigerung sich auf alle beschlagnahmten Gegenstände erstreckt, und der Ersteher mit dem Grundstücke zugleich die Gegenstände erwirbt, auf die sich die Versteigerung erstreckt hat, die unabweisbare Folgerung zu entnehmen, daß die Entschädigungsforderung zur Immobiliarmasse im Sinne des § 865 Abs. 1 Z.P.O. gehört und durch den Zuschlag des zwangsversteigerten Grundstückes auf den Ersteher kraft Gesetzes übergeht. Die in der Rechtslehre (vgl. Fischer-Schaefer, Z.V.G. S. 126) vertretene Ansicht, daß die Entschädigungsansprüche keinen Teil der von der Versteigerung umfaßten Immobiliarmasse bildeten, weil sie nicht, wie die Versicherungsgelder, zugleich zur Wiederherstellung des früheren Zustandes zu dienen bestimmt seien, und daß die Entschädigung nur als gesonderter Versteigerungserlös auf Antrag in einem besonderen Verfahren zur Verteilung zu bringen sei, findet im Gesetze keinen Boden. Allerdings ist in den Artt. 52, 53 E.G. z. B.G.B. ein besonderes Verteilungsverfahren, das auf Antrag einzutreten hat, vorgesehen. Solange aber eine Verteilung noch nicht stattgefunden hat, und der Entschädigungsanspruch von dem Entschädigungspflichtigen durch Zahlung an den Eigentümer oder den sonst Berechtigten noch nicht rechtswirksam getilgt ist, unterliegt der Anspruch dem Hypothekenrechte und wird daher im Falle der Zwangsversteigerung von dem Ersteher des Grundstückes miterworben.

Dieses Ergebnis ist auch befriedigend. Mit einem Falle, in dem zur Zeit der Versteigerung eine Beschädigung durch Bergbau schon eingetreten, aber noch nicht offenbar geworden ist, braucht kaum gerechnet zu werden. Sollte einmal ein solcher Fall gegeben sein, so wäre es nur billig, daß dem Ersteher, der das Meistgebot für ein seiner Meinung nach unbeschädigtes Grundstück abgegeben hat, der Entschädigungsanspruch zufällt. Ist der Bergschaden zur Zeit der Versteigerung schon erkennbar hervorgetreten, so ist es einesteils nicht unbillig, daß der Entschädigungsanspruch als Ersatz für die eingetretene Wertsminderung dem Hypothekenrechte unterworfen und zur Immobiliarmasse gezogen wird, anderenteils ist auch den bei der Zwangsversteigerung Beteiligten durch § 65 Z.V.G. das Recht gegeben, eine gerichtliche Anordnung auf Ausschließung des Entschädigungsanspruches von der Versteigerung des Grundstückes und auf besondere Versteigerung herbeizuführen, wenn sie dadurch ein ihnen günstigeres Versteigerungsergebnis zu erreichen hoffen.

Hiernach hat der Berufungsrichter mit Recht angenommen, daß der fragliche Entschädigungsanspruch durch den Zuschlag des in Rede stehenden durch den Bergbau beschädigten Grundstückes auf die Beklagte als Ersteherin übergegangen, und daher der Kläger als früherer Eigentümer des Grundstückes nicht mehr zur Geltendmachung des Entschädigungsanspruches legitimiert ist."

56. Ist die Anfechtung einer Rechtshandlung aus § 30 Nr. 2 K.O. ausgeschlossen, wenn von der Zahlungseinstellung bis zur Konkurseröffnung mehr als sechs Monate verflossen sind?

K.O. §§ 30 Nr. 2, 33.

VII. Zivilsenat. Urt. v. 2. Oktober 1908 i. S. B. H. Konk. (Kl.) w. F. (Bekl.). Rep. VII. 549/07.

I. Landgericht I Berlin.
II. Kammergericht daselbst.

Die Beklagte hatte von der offenen Handelsgesellschaft B. H., über deren Vermögen am 17. April 1905 der Konkurs eröffnet wurde, am 12. Oktober 1904 Sicherstellung für eine Wechselforderung durch Abtretung einer Forderung erlangt. Der Konkursverwalter focht die Abtretung aus § 30 Nr. 2 K.O. an. Die erste Instanz gab der Klage statt; die zweite wies sie ab. Auf die Revision des Konkursverwalters wurde das Berufungsurteil aufgehoben, aus folgenden

Gründen:

... „In Frage kommt nur die Anfechtung aus § 30 Nr. 2 K.O., die das Berufungsgericht in Anwendung des § 33 K.O. abgewiesen hat. Die Erwägungen des Berufungsgerichts beruhen indessen in wesentlichen Punkten auf Rechtsirrtum.

Zur Begründung der Anfechtung aus § 30 Nr. 2 ist zunächst erforderlich, daß die anzufechtende Rechtshandlung dem verklagten Konkursgläubiger eine Sicherung oder Befriedigung gewährt, die er nicht oder nicht in der Art oder nicht zu der Zeit der Rechtshandlung zu beanspruchen hatte. Dieses Erfordernis ist hier einwandfrei festgestellt. Sodann verlangt das Gesetz einen gewissen zeitlichen Zusammenhang der Rechtshandlung mit der Zahlungseinstellung oder dem Antrage auf Konkurseröffnung: sie muß nach oder wenigstens in den letzten zehn Tagen vor der Zahlungseinstellung oder dem Eröffnungsantrage erfolgt sein. Der Eröffnungsantrag kommt vorliegendenfalls nicht in Betracht. Was die Zahlungseinstellung betrifft, so fehlt es an einer bestimmten Feststellung des Zeitpunktes, in dem sie eingetreten ist. Das Landgericht hatte sich mit der Darlegung begnügt, daß die Gesellschaft spätestens am 22. Oktober 1904 ihre Zahlungen eingestellt habe, und daß demnach die am 12. Oktober 1904 geschehene

Rechtshandlung, wenn nicht nach, so doch in den letzten zehn Tagen vor der Zahlungseinstellung vorgenommen sei. Das Berufungsgericht befaßt sich nicht weiter mit dem Zeitpunkt der Zahlungseinstellung, nimmt aber offenbar gleichwohl an, sie sei schon vor der angefochtenen Abtretung, also schon vor dem 12. Oktober 1904 erfolgt. Für die Revisionsinstanz kann nur als festgestellt gelten, daß die Zahlungseinstellung nicht später als am 22. Oktober 1904 eingetreten ist, nicht hingegen, daß sie über sechs Monate vor der Konkurseröffnung zurückliegt, was nur dann zuträfe, wenn sie vor dem 17. Oktober erfolgt wäre. Für die hier zu treffende Entscheidung ist diese Unsicherheit bedeutungslos; von dem Rechtsstandpunkte aus, den das Berufungsurteil einnimmt, wäre ihre Beseitigung nötig gewesen. Das Berufungsgericht zieht nämlich aus dem § 33 K.O. die Folgerung, daß die Anfechtung aus § 30 Nr. 2 nicht stattfinde, wenn die Zahlungseinstellung länger als sechs Monate vor der Konkurseröffnung eingetreten ist; es hätte demnach auch feststellen müssen, daß dies zutrifft.

Die Rechtsanschauung des Berufungsgerichts kann indessen nicht gebilligt werden. Weder aus dem § 30 noch aus dem § 33 K.O. läßt sich ein Rechtssatz des bezeichneten Inhalts ableiten. Der § 30 Nr. 2 stellt, wenn ein Gläubiger nach oder in den letzten zehn Tagen vor der Zahlungseinstellung die dort bezeichnete sog. inkongruente Deckung erhalten hat, gewisse Vermutungen auf: es wird vermutet, daß dem Gläubiger die Zahlungseinstellung bekannt war, und es wird weiter vermutet, daß der Gemeinschuldner in der Absicht gehandelt hat, ihn vor den übrigen Gläubigern zu begünstigen, und daß er diese Absicht gekannt hat. Nach beiden Richtungen muß der Gläubiger seine vermutete Kenntnis widerlegen; gelingt ihm der Entlastungsbeweis nach der einen, nicht auch nach der anderen Richtung, so ist die Anfechtung gleichwohl begründet. Eine zeitliche Schranke für die Anfechtbarkeit setzt der § 30 Nr. 2 überhaupt nicht. Wenn nun der § 33 bestimmt, daß Rechtshandlungen, welche früher als sechs Monate vor der Eröffnung des Verfahrens erfolgt sind, „aus dem Grunde einer Kenntnis der Zahlungseinstellung" nicht angefochten werden können, so läßt diese Fassung des Gesetzes keinen Zweifel über seine Bedeutung. Einmal geht aus ihr hervor, daß es nicht auf die Zeit der Zahlungseinstellung, sondern auf die Zeit der angefochtenen Rechtshandlung ankommt. Freilich schlägt der § 33 nur ein, wenn die Zahlungseinstellung früher als sechs Monate vor der Konkurseröffnung erfolgt ist, weil eben sogar die angefochtene Rechtshandlung erfolgt sein muß, und weil diese mit Kenntnis der Zahlungseinstellung nur nach, nicht vor der Zahlungseinstellung vorgenommen sein kann. Dagegen findet die Folgerung, daß im Falle einer über sechs Monate vor der Konkurseröffnung erfolgten Zahlungseinstellung die Anfechtung aus § 30 Nr. 2 ausgeschlossen sei, in den Worten des Gesetzes keine Stütze. Die entgegenstehende Ausführung der Motive zum § 26 (ältere Fassung) kann nicht hierher verwertet werden; denn sie ist, wie Jaeger, Konkursordnung Anm. 1 zu § 33, zutreffend darlegt, wörtlich aus den Motiven zu § 32 des Entwurfs einer Gemeinschuldordnung entnommen, und nach diesem Entwurf sollte die Anfechtung „aus dem Grunde der Zahlungseinstellung" ausgeschlossen sein, wenn sie, die Zahlungseinstellung, früher als sechs Monate vor der Eröffnung des Verfahrens erfolgt war. Die geänderte Fassung des geltenden Gesetzes verbietet es, die Anfechtung deshalb auszuschließen, weil die Zahlungseinstellung über sechs Monate vor der Konkurseröffnung erfolgt ist. Sodann spricht der § 33 nur von der Anfechtung aus dem Grunde einer Kenntnis der Zahlungseinstellung, schließt also nur diesen Anfechtungsgrund aus. Nun enthält aber jede Anfechtung aus § 30 Nr. 2 kraft der gesetzlichen Vermutung zugleich die Anfechtung „aus dem Grunde einer Kenntnis der Begünstigungsabsicht" des Gemeinschuldners, und von diesem Anfechtungsgrunde ist in § 33 überhaupt keine Rede; er kann also auch nicht durch diese Gesetzesbestimmung für den Fall einer über sechs Monate zurückliegenden Zahlungseinstellung ausgeschlossen sein.

Das Ergebnis, daß die Kenntnis der Zahlungseinstellung als Anfechtungsgrund auszuscheiden hat, wenn sechs Monate nach der angefochtenen Rechtshandlung das Verfahren noch nicht eröffnet ist, während im gleichen Falle die Kenntnis der Begünstigungsabsicht als Anfechtungsgrund bestehen bleibt, mag auf den ersten Blick wenig befriedigend erscheinen, läßt sich aber sehr wohl rechtfertigen. Im Falle einer auf die Benachteiligung der Gläubiger gerichteten Absicht des Gemeinschuldners (§ 31 Nr. 1 K.O.) ist die Anfechtung erst nach 30 Jahren ausgeschlossen (§ 41 Abs. 1 Satz 2). Nun besteht gewiß zwischen dieser Absicht und der Absicht, einen Gläubiger zu begünstigen, ein wesentlicher Unterschied, aber immerhin eine gewisse Verwandtschaft, die es rechtfertigt, den letzteren Anfechtungsgrund nicht schon durch den Ablauf von sechs Monaten hinfällig werden zu lassen. Die Befürchtung einer daraus folgenden ungemessenen zeitlichen Ausdehnung der Anfechtbarkeit aus § 30 Nr. 2 widerlegt sich aus dem Anfechtungstatbestande selbst: die Rechtshandlung muß in zeitlichem Zusammenhange mit der Zahlungseinstellung stehen, wobei natürlich nicht an eine beliebige, wieder beseitigte Zahlungseinstellung zu denken ist, sondern nur an eine solche, auf die die spätere Konkurseröffnung zurückzuführen ist. Steht aber der innere Zusammenhang zwischen Zahlungseinstellung und Konkurseröffnung fest, dann ist kein ausreichender Grund ersichtlich, die Anfechtung einer nach oder höchstens zehn Tage vor der Zahlungseinstellung vom Gemeinschuldner in der dem Gläubiger bekannten Absicht, ihn zu begünstigen, vorgenommenen Rechtshandlung deshalb auszuschließen, weil sechs Monate nach der Zahlungseinstellung das Konkursverfahren noch nicht eröffnet war. Der Senat verkennt nicht, daß diese Erwägungen nicht in allen Punkten mit der Begründung, die der VI. Zivilsenat seinem Urteile vom 10. März 1890 (Entsch. Bd. 25 S. 86) gegeben, in Einklang stehen. Zur Anrufung der vereinigten Zivilsenate besteht jedoch kein Anlaß. Denn dort beruhte die Anfechtung auf der vermuteten Kenntnis der Zahlungseinstellung. Diese kann auch vorliegendenfalls nicht als Anfechtungsgrund verwertet werden; darin ist dem Berufungsgerichte beizutreten. Als rechtsirrig erachtet der Senat die Ansicht des Berufungsgerichts nur insoweit, als es auch den Anfechtungsgrund der Kenntnis der Begünstigungsabsicht ausschließt, und diesen Fall hat der VI. Zivilsenat ausdrücklich von der Erörterung ausgeschieden."

57. 1. Muß die Befreiung des Vorerben von allen in § 2136 B.G.B. aufgeführten Beschränkungen mit ausdrücklichen Worten angeordnet werden?

2. Erfordernis der Einwilligung des Nacherben bei Löschungsanträgen des befreiten Vorerben. Unter welchen Voraussetzungen

kann davon abgesehen werden und wer hat sie erforderlichen Falles beizubringen?

B.G.B. §§ 2136 flg., 2113 flg., 1144, 2120.
G.B.O. §§ 52, 29.

V. Zivilsenat. Urt. v. 3. Oktober 1908 i. S. K. (Bekl.) w. Wwe. Schr. (Kl.). Rep. V. 595/07.

I. Landgericht Verden.
II. Oberlandesgericht Celle.

Der Beklagte hatte von dem früheren Kupferschmiedemeister Karl Schr. in H. ein mit $4^1/_2$ Prozent seit dem 1. Februar 1905 verzinsliches und nach halbjähriger Kündigung rückzahlbares Darlehn von 4200 *M* erhalten und dieses auf seinem Grundbesitz in H. Bd. 13 Bl. 488 in Abt. III Nr. 6 eintragen lassen.

Der am 12. März 1905 mit Hinterlassung eines am 2. Dezember 1903 in gerichtliche Verwahrung übergebenen Testaments verstorbene Karl Schr. hatte in § 1 dieses Testaments bestimmt, daß seine Ehefrau — die Klägerin — „für ihre Lebenszeit den kautions- und rechnungsfreien Besitz und Nießbrauch seines gesamten Nachlasses bekommen und nicht verpflichtet sein soll, irgend jemandem irgend welche Rechnung abzulegen." § 2 verordnet, „daß nach dem Tode der Ehefrau deren Großkinder, die Kinder von Klara Z., Erben des Nachlasses werden" sollen. Zum Pfleger dieser Kinder wurde der Zementwarenfabrikant St. in H. bestellt.

Nach dem Tode des Ehemannes, am 1. Oktober 1905, kündigte die Klägerin das Darlehn zum 1. April 1906 und klagte dann auf Zahlung von 4200 *M* nebst $4^1/_2$ Prozent Zinsen seit dem 1. Februar 1905, sowie auf Duldung der Zwangsvollstreckung in den Grundbesitz.

Der Beklagte wandte ein, daß die Klägerin ohne Zustimmung des Pflegers zur Einziehung des Kapitals nicht befugt sei. Die Klägerin stellte dies in Abrede, brachte jedoch eventuell eine schriftliche Erklärung vom 20. Mai 1906, unterzeichnet mit C. St., bei, wonach der Pfleger gegen die Kündigung nichts einzuwenden hatte. Der Beklagte erkannte dieses Schreiben nicht an, behauptete vielmehr, daß St. noch im Jahre 1907 ihm geschrieben habe, das Geld solle stehen bleiben.

Das Landgericht erkannte nach dem Klagantrage. Die Berufung des Beklagten wurde zunächst durch Versäumnisurteil zurückgewiesen. In dem Endurteil vom 26. Oktober 1907 hielt dann das Oberlandesgericht die in dem Versäumnisurteil getroffene Entscheidung aufrecht. Die Revision blieb ohne Erfolg, aus folgenden

Gründen:

„Das Berufungsgericht legt, übereinstimmend mit dem Landgericht, das Testament dahin aus, daß die Klägerin bis zu ihrem Tode befreite Vorerbin ihres Ehemannes werden sollte. Der Berufungsrichter weist dabei namentlich darauf hin, daß die Geschwister Z. erst nach dem Tode der Klägerin Erben werden sollten, und daß es der Willensmeinung des Erblassers ohne Zweifel nicht entsprechen würde, bis dahin etwa die gesetzlichen Erben des Karl Schr. als Vorerben gelten zu lassen. Die Befreiungsvorschrift des Testaments faßt der Berufungsrichter, ebenfalls in Übereinstimmung mit dem Landgericht, so auf, daß die Befreiung in ihrem ganzen nach § 2136 B.G.B. zulässigen Umfang, und namentlich auch die Befreiung von der Vorschrift des § 2114 B.G.B. ausgesprochen werden sollte. Ein Rechtsirrtum ist in den Ausführungen des Berufungsrichters nicht enthalten; insbesondere erfordert § 2136 B.G.B., wie die Vorschrift des folgenden § 2137 ergibt, nicht, daß die Befreiung von allen in § 2136 aufgeführten Beschränkungen in dem Testamente mit ausdrücklichen Worten angeordnet werde. Die Ausführungen der Revision, soweit sie gegen die Auslegung des Testamentes sich richten, waren daher nicht zu berücksichtigen.

Der Revisionskläger hat jedoch in den Vorinstanzen die Notwendigkeit der Zuziehung des Pflegers auch auf die Ausführungen in dem Beschlusse des Reichsgerichts vom 23. Februar 1907 (Entsch. in Zivils. Bd. 65 S. 214) gegründet. In diesem Beschlusse ist angenommen, daß die Eintragung des Nacherbenrechts nach § 52 G.B.O., die ein früherer Beschluß des Reichsgerichts (Entsch. in Zivils. Bd. 61 S. 228) bei Umschreibungen eingetragener Rechte auf Bewilligung befreiter Vorerben in allen Fällen für erforderlich erklärt hatte, wo die Entgeltlichkeit der Verfügung (§ 2113 Abs. 2 B.G.B.) dem Grundbuchrichter nicht entweder offenkundig sei (§ 29 Satz 2 G.B.O.), oder ihr Nachweis durch Beibringung einer beglaubigten Einwilligung der Nacherben ersetzt werde, im Falle einer Löschung von Nachlaßhypotheken nicht Platz greifen könne; bei Löschungen von Hypotheken soll vielmehr nach diesem Beschlusse, soweit nicht Offenkundigkeit in Betracht kommt, als Ersatz für den Nachweis des Nichtvorhandenseins der Voraussetzungen des § 2113 Abs. 2 B.G.B. nur die bereits in dem früheren Beschlusse erwähnte Einwilligung der Nacherben in Betracht kommen. Der Berufungsrichter faßt diese Entscheidung dahin auf, daß damit nicht eine materielle Einschränkung des Rechts des befreiten Vorerben auf Kündigung und Einziehung der Hypothek, sondern nur eine formelle Voraussetzung für die Löschung im Grundbuch geschaffen werden sollte, und folgert daraus, daß zur Kündigung und Einziehung der Hypothek jene Einwilligung noch nicht erforderlich sei. Mit Recht weist indessen die Revision auf den § 1144 B.G.B. hin, wonach der Schuldner schon bei der Befriedigung des Hypothekengläubigers die Aushändigung aller zur Löschung der Hypothek erforderlichen Urkunden verlangen kann. Gehört dazu im konkreten Falle die beglaubigte Einwilligung des Nacherben, so ist auch der befreite Vorerbe in seiner Eigenschaft als Hypothekengläubiger verpflichtet, sie dem zahlenden Schuldner nach Maßgabe des § 1144 B.G.B. zu beschaffen. Die Möglichkeit dazu bietet ihm die Vorschrift des § 2120 B.G.B., die den Nacherben zur Ausstellung der Einwilligung bei ordnungsmäßigen Verwaltungsgeschäften des Vorerben verpflichtet, und die um so mehr zur Anwendung kommen muß, wenn dem Nacherben ein materielles Widerspruchsrecht überhaupt nicht zusteht.

Gegen den Beschluß des Reichsgerichts vom 23. Februar 1907 hat sich lebhafter Widerspruch erhoben; doch kommt es darauf im vorliegenden Falle nicht an, weil der Beschluß die Beibringung einer Einwilligung des Nacherben nur dann für erforderlich erklärt, wenn es eines Nachweises des Nichtvorhandenseins der Voraussetzungen des § 2113 Abs. 2 B.G.B. überhaupt bedarf. Die Notwendigkeit fällt nach dem erwähnten Beschluß und nach der gesetzlichen Vorschrift des § 29 Satz 2 G.B.O. ohne weiteres fort, wenn das Gegenteil beim Grundbuchamte offenkundig ist. Der Offenkundigkeit gleichzustellen aber sind (vgl. den Beschluß des erkennenden Senats vom 9. November 1907, Rep. V B. 148/07, im Zentralbl. f. freiw. Gerichtsbarkeit Bd. 8 S. 554) Fälle, in denen die Unentgeltlichkeit durch die Natur der Sache oder die Sachlage ausgeschlossen wird. Wenn, wie im vorliegenden Falle, über die Zahlungspflicht ein kontradiktorischer Prozeß mit dem Schuldner geführt wird, kann von einer unentgeltlichen Verfügung füglich nicht die Rede sein. Auf solche Fälle bezieht sich der Beschluß vom 23. Februar 1907 nicht, und er müßte, wenn er darauf bezogen werden könnte, jedenfalls entsprechend eingeschränkt werden. Damit entfällt die Notwendigkeit einer Einwilligung des Nacherben, und das Vorderurteil stellt sich im Ergebnis als richtig dar." ...

58. Wird eine Eidesweigerung dadurch schlechthin ungültig, daß der Eidespflichtige der Weigerung einen nicht stichhaltigen Grund hinzufügt? Unter welchen Voraussetzungen kann die in der Erklärung an sich vorliegende Eidesweigerung angefochten werden?

B.G.B. § 783.
Z.P.O. §§ 464 Abs. 2, 290.

I. Zivilsenat. Urt. v. 10. Oktober 1908 i. S. B. & Co. (Kl.) w. R. (Bekl.). Rep. I. 245/08.

I. Landgericht Potsdam.
II. Kammergericht Berlin.

Beklagt war im Wechselprozesse aus einer Urkunde, die nach amerikanischem Rechte einen von der Klägerin an eigene Order auf die Beklagte gezogenen, von dieser akzeptierten Wechsel darstellen würde. Die Beklagte wandte ein, die Urkunde sei nicht, ihrer Datierung „Akron, O. Dez. 31, 1904" entsprechend, in Amerika, sondern in Hamburg ausgestellt, daher nach deutschem Rechte zu beurteilen, und nach diesem in Ermangelung der Bezeichnung als Wechsel ungültig. Die Klägerin bestritt dies und behauptete Ausstellung in Akron, Ohio.

Das Landgericht verurteilte die Beklagte nach der Klage. Das Berufungsgericht legte durch Beweisbeschluß M., dem Aussteller der Urkunde und Schatzmeister der Klägerin, folgenden Eid auf: „Es ist nicht wahr, daß ich den Klagewechsel in Hamburg ausgestellt habe." Laut Protokolls des zum Commissioner ernannten Notars H. zu Akron vom 18. November 1907 hat M. vor ihm erklärt: er sei niemals in Deutschland, bzw. in Hamburg gewesen und verweigere aus diesem Grunde den Eid. Es erging darauf gegen die Klägerin ein Versäumnisurteil. Mit Einspruch machte sie geltend, die Erklärung des M. beruhe auf Irrtum; er habe gemeint, der Rechtsstreit betreffe nicht die Klägerin, sondern eine andere Firma A., M. & Co. Sie beantragte, unter Bezugnahme auf Affidavits des M. und die durch Schriftsatz erklärte Anfechtung, den Eid nochmals zu erfordern. Hierauf ging indes das Berufungsgericht nicht ein, sondern hielt in dem Endurteile das Versäumnisurteil aufrecht.

Die Revision der Klägerin wurde zurückgewiesen, aus folgenden

Gründen:

... „Es ist ... nicht zu beanstanden, daß das Kammergericht den ... Eid als verweigert angesehen hat. Das Protokoll vom 18. November 1907 stellt an sich die Weigerung unzweideutig fest, und es ist deshalb unerheblich, daß M. einen nicht stichhaltigen Grund hinzugefügt hat. Wenn dies auch dafür sprechen mag, daß M. den Eid leisten konnte, so kommt es darauf nicht allein an; vielmehr handelt es sich vor allem darum, ob er ihn leisten wollte, und die jetzigen Angaben der Klägerin, wonach M. irrtümlich angenommen haben soll, daß der Beweisbeschluß die Firma A., M. & Co., die zu jener Zeit keine ihn interessierende Sache in Deutschland hatte, betreffe, sprechen eher dafür, daß dies nicht der Fall war. Damit erledigt sich der erste Angriff der Revision.

Diese macht ferner geltend, daß die Eidesweigerung nach § 119 B.G.B. anfechtbar sei, und daß die Klägerin sie mit genügender Begründung angefochten habe. In dieser Beziehung ist dem Kammergerichte darin beizutreten, daß ein Widerruf der einmal erklärten Eidesweigerung, insbesondere aus dem Grunde, weil der Eidespflichtige sich nachträglich davon überzeugt habe, daß er den Eid mit gutem Gewissen leisten könne, unzulässig ist (Entsch. des R.G.'s in Zivils. Bd. 18 S. 403, Bd. 23 S. 388). Prozessuale Erklärungen sind überhaupt nicht nach Maßgabe des § 119 B.G.B. anfechtbar, sondern unterliegen in dieser Beziehung, wie die Bestimmung des § 290 Z.P.O. zeigt, besonderen Regeln. Bezüglich der Eidesweigerung fehlt es an einer dem § 290 entsprechenden Bestimmung, und auch dies spricht dafür, daß sie nicht auf Grund des Nachweises, daß der Eid geleistet werden könne, und daß die Weigerung durch Irrtum veranlaßt sei, widerrufen werden kann.

Dagegen kann dem Kammergerichte in der Annahme, daß eine gemäß der Erklärungstheorie an sich vorliegende Eidesweigerung unter keinen Umständen angefochten werden könne, nicht beigetreten werden, weil diese Auffassung zu erheblichen Verletzungen des materiellen Rechts führen müßte und daher nicht als dem Geiste der Prozeßordnung entsprechend erachtet werden kann. Wenn nachgewiesen wird, daß der Eidespflichtige über den Inhalt der erklärten Weigerung im Irrtume war, oder diese Weigerung in Wirklichkeit nicht erklären wollte, so kann eine Eidesweigerung im Sinne der Zivilprozeßordnung überhaupt nicht als vorliegend angesehen werden. Mit Unrecht hat daher das Berufungsgericht den Umstand für unerheblich erklärt, daß der Vertreter der Klägerin bei der erklärten Weigerung der Meinung war, daß es sich dabei um eine andere, seine Gesellschaft gar nicht angehende Rechtssache handle. Vielmehr würde, wenn dies bewiesen wäre, die Eidesweigerung, mit der die Abweisung der Klage begründet ist, nicht gegeben sein. Indes wird die Entscheidung dadurch getragen, daß das Berufungsgericht in zweiter Linie in rein tatsächlicher Erwägung, gegen welche diesseits nichts zu erinnern ist, ausführt, der behauptete Irrtum des M. sei nicht bewiesen. Danach muß es bei der durch das Protokoll vom 18. November 1907 an sich dargetanen Eidesweigerung sein Bewenden behalten."

59. 1. Kann die Übertragung einer Hypothek, wenn sie von dem Bevollmächtigten des wegen Geisteskrankheit geschäftsunfähigen Gläubigers erklärt worden ist, durch Genehmigung des für den Gläubiger demnächst bestellten Vormundes rechtswirksam werden?

2. Steht dem Zessionar, falls die Bestellung der Hypothek nichtig ist, gegenüber dem Grundstückseigentümer Schutz des Grundbuchglaubens nicht zur Seite, wenn er zwar nicht zur Zeit der Übertragungserklärung, wohl aber in der Zwischenzeit bis zur Genehmigung des Vormundes Kenntnis von der Nichtigkeit erlangt hat,

oder wenn in der Zwischenzeit bei der Hypothek wegen ihrer Nichtigkeit ein Widerspruch zugunsten des Eigentümers eingetragen worden ist?
B.G.B. §§ 177, 178, 184, 892, 894.

V. Zivilsenat. Urt. v. 14. Oktober 1908 i. S. T. (Bekl.) w. W. (Kl.). Rep. V. 546/07.

I. Landgericht Stade.
II. Oberlandesgericht Celle.

Auf dem Grundstücke des Klägers in W. steht eine Hypothek von 15000 ℳ eingetragen. Diese Hypothek ist ursprünglich für die unverehelichte F. auf Grund der vom Kläger ausgestellten Schuldurkunde und Eintragungsbewilligung vom 29. November 1901 eingetragen worden. Am 25. Juni 1903 trat Sp. im Namen der F. auf Grund der ihm von dieser am 30. Mai 1902 erteilten Generalvollmacht die Hypothek an den Beklagten ab, der im Grundbuch als Gläubiger eingetragen wurde. Der Kläger behauptet, sowohl die Hypothekbestellung als auch die Abtretung der Hypothek sei nichtig. Die am 18. November 1904 wegen Geistesschwäche entmündigte F. habe sich zur Zeit des Erwerbes der Hypothek, der ebenfalls durch den damals schon von ihr bevollmächtigten Sp. erfolgt sei, sowie zur Zeit der Übertragung der Hypothek in einem die freie Willensbestimmung ausschließenden Zustande krankhafter Störung der Geistestätigkeit befunden. Ferner sei das der Hypothekbestellung zugrunde liegende Rechtsgeschäft wegen Wuchers nichtig, sowie wegen arglistiger Täuschung anfechtbar und angefochten worden. Dies sei dem Beklagten bei dem Erwerbe der Hypothek bekannt gewesen. Der Kläger beantragte, festzustellen, daß die Hypothek nicht zu Recht bestehe, und den Beklagten zu verurteilen, die Löschung der Hypothek zu bewilligen.

Am 11. Mai 1906 wurde auf Grund einer auf Antrag des Klägers gegen den Beklagten erlassenen einstweiligen Verfügung bei der Hypothek ein Widerspruch gegen die Richtigkeit des Grundbuchs zugunsten des Klägers eingetragen. Der erste Richter verurteilte demnächst den Beklagten nach dem Klagantrage. In zweiter Instanz wurde unstreitig, daß der für die F. inzwischen bestellte Vormund den zwischen Sp. als Bevollmächtigten der F. und dem Beklagten geschlossenen Vertrag vom 25. Juni 1903, durch den die F. vom Beklagten dessen Grundstücke in L. gekauft hatte, und in dem zur teilweisen Berichtigung des Kaufpreises die Zession der Hypothek an den Beklagten erfolgt war, mit Genehmigung des Vormundschaftsgerichts in notarieller Urkunde vom 6./7. August 1906 genehmigt und diese Genehmigung auch dem Beklagten gegenüber erklärt hatte. Der zweite Richter wies die Berufung des Beklagten zurück. Auf die Revision des Beklagten wurde dieses Urteil aufgehoben.

Aus den Gründen:

„Der Berufungsrichter erachtet ... für erwiesen, daß die F. bei Bestellung der streitigen Hypothek für sie, sowie bei der Ausstellung der Generalvollmacht für Sp. und bei dem mit dem Beklagten durch Sp. geschlossenen Kaufvertrage vom 25. Juni 1903, bei dem die Einigung über den Übergang der Hypothek auf den Beklagten erfolgte, wegen Geisteskrankheit geschäftsunfähig im Sinne des § 104 Nr. 2 B.G.B. gewesen sei. Ferner führt der Berufungsrichter aus, der Beklagte müsse die aus dieser Geschäftsunfähigkeit für seinen Rechtserwerb sich ergebenden Mängel unmittelbar, und ohne daß es auf seine Kenntnis hierüber ankomme gegen sich gelten lassen; die Berufung auf den öffentlichen Glauben des Grundbuchs versage in dieser Beziehung. Sodann erklärt der Berufungsrichter den Vertrag vom 25. Juni 1903, weil Sp. wegen der Geschäftsunfähigkeit der F. durch die ihm erteilte Generalvollmacht keine Vertretungsmacht erlangt habe, und der Vertrag für eine geschäftsunfähige Person geschlossen sei, in erster Linie für überhaupt nichtig, und ferner daß § 177 B.G.B. auf den Vertrag keine Anwendung finde, da die Vertretene überhaupt gar nicht in der Lage und fähig sei, eine Genehmigung zu erklären. Deshalb könne die nachträgliche Genehmigung des inzwischen bestellten Vormundes der F. höchstens als eine Bestätigung des nichtigen Vertrages angesehen werden, und daher habe der Beklagte die Hypothek erst im Zeitpunkte der Genehmigung erworben. Zu dieser Zeit aber habe der Beklagte, da die Genehmigung erst nach Beendigung des Rechtsstreites in erster Instanz erfolgt sei, von der Unrichtigkeit des Grundbuches hinsichtlich der F.'schen Hypothek Kenntnis gehabt, und außerdem sei inzwischen der Widerspruch in das Grundbuch eingetragen gewesen, so daß der Beklagte die Unrichtigkeit gegen sich gelten lassen müsse. Aber auch wenn anzunehmen wäre, daß § 177 B.G.B. auf den gegebenen Fall Anwendung finde, könne sich der Beklagte auf die Genehmigung des Vormundes nicht mit Erfolg berufen. Allerdings würde dann gemäß § 184 Abs. 1 B.G.B. die Genehmigung auf den Zeitpunkt des Abschlusses des Vertrages und der Zession zurückwirken, so daß der gute Glaube des Beklagten zur Zeit des Vertragsschlusses als allein maßgebend, und seine in der Zwischenzeit eingetretene Kenntnis der Nichtigkeit der Hypothek für unerheblich zu erachten wäre. Jedoch infolge des in Vollziehung einer einstweiligen Verfügung vor der Genehmigung des Vormundes eingetragenen Widerspruchs gegen die Hypothek werde dieser die sonst durch den öffentlichen Glauben des Grundbuchs gewährleistete Fiktion, daß sie zu Recht bestehe, genommen, und der neue Erwerber erlange nur ein mit Einwendungen, die gegenüber dem ursprünglichen Gläubiger bestanden, belastetes Recht. Gegenüber der ursprünglichen Gläubigerin F. aber habe der Einwand bestanden, daß die Hypothekbestellung wegen der Geisteskrankheit der F., sowie wegen des durch ihren Bevollmächtigten Sp. verübten Betruges und Wuchers nichtig sei. ... Der Revision war stattzugeben.

Zunächst ist, wie die Revision zutreffend geltend macht, die Ansicht des Berufungsrichters rechtsirrtümlich, daß die durch Sp. erklärte Übertragung der Hypothek der F. auf den Beklagten wegen der Geschäftsunfähigkeit der F. nichtig sei, und § 177 B.G.B. darauf keine Anwendung finde. Ist die F., wie der Berufungsrichter annimmt, zur Zeit der von ihr dem Sp. im Mai 1902 erteilten Generalvollmacht wegen Geisteskrankheit gemäß § 104 Nr. 2 B.G.B. geschäftsunfähig gewesen, so war nach § 105 B.G.B. die Willenserklärung der Vollmachtserteilung allerdings nichtig. Jedoch hatte das von dem geschäftsfähigen Sp. im Namen der F. vorgenommene Rechtsgeschäft der Hypothekenübertragung hinsichtlich der Rechtswirksamkeit selbständige Bedeutung. Durch die Nichtigkeit der Vollmacht wurde die Hypothekenübertragung nicht derart nichtig, wie wenn sie gar nicht geschehen wäre; vielmehr hatte die Nichtigkeit der Vollmacht auf die von Sp. erklärte Übertragung nur insofern Einfluß, als die beabsichtigte Wirkung gegenüber der F. nicht eintrat. Die von seiten der F. ausgestellte Vollmachtsurkunde hatte dem Sp. wegen der Geschäftsunfähigkeit der Vollmachtgeberin tatsächlich keine Befugnis zur Vertretung der F. gegeben. Demnach hatte Sp. trotz der formell erteilten Generalvollmacht rechtlich keine Vertretungsmacht bei der Übertragung der Hypothek der F. an den Beklagten. Daraus aber folgt, daß § 177 Abs. 1 B.G.B. hier Anwendung findet, wonach die Wirksamkeit eines von jemanden ohne Vertretungsmacht im Namen eines anderen geschlossenen Vertrages für und gegen den Vertretenen von dessen Genehmigung abhängt. Die F. selbst konnte allerdings wegen ihrer Geschäftsunfähigkeit diese Genehmigung nicht erteilen. Auch konnte an sie, solange sie nicht einen gesetzlichen Vertreter hatte, von seiten des Beklagten eine Aufforderung zur Erklärung über die Genehmigung gemäß § 177 Abs. 2 B.G.B. nicht ergehen. Deshalb ist aber nicht, wie der Kläger auszuführen versucht hat, die Anwendung des § 177 Abs. 1 B.G.B. auf den gegebenen Fall ausgeschlossen. Der Beklagte war nach § 178 B.G.B. zum Widerrufe des Übertragungsgeschäftes berechtigt. Nur dann, wenn ihm der Mangel der Vertretungsmacht des Sp., also die Geschäftsunfähigkeit der F., beim Abschlusse des Übertragungsgeschäftes bekannt war, stand ihm das Recht zum Widerrufe nicht zu. Er mußte dann aber als Folge dessen, daß er sich wissentlich mit einem Bevollmächtigten eingelassen hatte, dessen Vollmacht wegen Geschäftsunfähigkeit der Vollmachtgeberin nichtig war, es hinnehmen, daß die Wirksamkeit des Übertragungsgeschäftes von der Genehmigung des etwa demnächst für die Geschäftsunfähige bestellten gesetzlichen Vertreters abhängig blieb. Nachdem nun die F. am 18. November 1904 wegen Geistesschwäche entmündigt, und ihr am 6. März 1905 K. zum Vormunde bestellt worden war, hat dieser den Kaufvertrag vom 25. Juni 1903, worin Sp. zur teilweisen Deckung des Kaufpreises für die vom Beklagten an die F. verkauften Grundstücke in L. die fragliche Hypothek an den Beklagten abgetreten hat, am 6./7. August 1906 unstreitig in vormundschaftsgerichtlich genehmigter notarieller Urkunde und auch dem Beklagten gegenüber genehmigt. Dadurch wurde die Abtretung gemäß § 184 Abs. 1 B.G.B. rückwirkend bereits mit dem Zeitpunkte der Vornahme der Abtretung der F. gegenüber rechtswirksam. Auch der Kläger muß nun die Abtretung als von diesem Zeitpunkte ab rechtswirksam erfolgt gegen sich gelten lassen.

Ferner galt gemäß § 892 B.G.B. zugunsten des Beklagten die für die F. eingetragene, durch die Abtretung erworbene Hypothek als zu

Recht bestehend im Zeitpunkte der Übertragung der Hypothek, es sei denn, daß der Beklagte damals von den nach der Behauptung des Klägers die Nichtigkeit der Hypothekbestellung begründenden Tatsachen, insbesondere der Geisteskrankheit der F. oder der arglistigen Täuschung oder der Bewucherung des Klägers durch Sp., Kenntnis hatte. Zwar konnte der Beklagte sich, solange die vormundschaftliche Genehmigung nicht erfolgt war, für die Rechtsgültigkeit der Übertragung der Hypothek nicht auf den öffentlichen Glauben des Grundbuchs berufen. Denn der Schutz des Glaubens an die Richtigkeit des Grundbuches erstreckt sich nicht auf die Mängel des zum Erwerbe der Hypothek erforderlichen Übertragungsgeschäftes, insbesondere nicht auf die Geschäftsunfähigkeit der eingetragenen Hypothekengläubigerin. Wohl aber umfaßt der öffentliche Glaube die Rechtsbeständigkeit der Hypothekeintragung, so daß der gutgläubige Erwerber die Hypothek auch dann als eine rechtsgültig begründete erwirbt, wenn die Hypothek auch von vornherein nicht rechtswirksam bestellt worden ist. Der Berufungsrichter erachtet jedoch diese Wirkung der nachträglichen Genehmigung des Vormundes vorliegend gemäß § 184 Abs. 2 B.G.B. deswegen für ausgeschlossen, weil vor der Genehmigung zugunsten des Klägers in Vollziehung einer einstweiligen Verfügung ein Widerspruch gegen die Richtigkeit des Grundbuchs in bezug auf die Hypothek vom 11. Mai 1906 eingetragen worden ist. Das ist, wie die Revision zutreffend ausführt, rechtsirrtümlich.

Wenn § 184 Abs. 2 B.G.B. vorschreibt, daß durch die Rückwirkung der Genehmigung Verfügungen nicht unwirksam werden sollen, die vor der Genehmigung über den Gegenstand des Rechtsgeschäftes von dem Genehmigenden getroffen worden, oder im Wege der Zwangsvollstreckung oder der Arrestvollziehung, oder durch den Konkursverwalter erfolgt sind, so sind nach dem allgemeinen Sprachgebrauche des Bürgerlichen Gesetzbuchs unter den genannten Verfügungen nur solche Rechtsakte zu verstehen, die entweder von dem Genehmigenden selbst oder mit seinem, im Wege der Zwangsvollstreckung oder der Arrestvollziehung, oder durch den Konkursverwalter nach Gesetzesvorschrift, ersetzten Willen in der Zwischenzeit vorgenommen worden sind, und wodurch zugunsten eines Dritten an dem Gegenstande des der Genehmigung bedürfenden Rechtsgeschäftes unmittelbar eine Rechtsänderung, wie beispielsweise eine Belastung, eine Übertragung auf einen anderen, herbeigeführt worden ist. Eine solche Verfügung ist die in der Zwischenzeit erfolgte Eintragung des Widerspruchs gegen die Richtigkeit des Grundbuches nicht. Der gesetzgeberische Grund für die bezeichnete Einschränkung der Genehmigungsrückwirkung ist, daß es unbillig und ungerecht wäre, dem Genehmigenden die Macht einzuräumen, den von ihm selbst oder im Wege der Zwangsvollstreckung usw. gegen ihn in der Zwischenzeit gültig getroffenen Verfügungen hinsichtlich des betreffenden Gegenstandes die Wirksamkeit wieder zu entziehen (Motive Bd. 1 S. 247, Prot. Bd. 1 S. 176, 178). Die vorliegend erfolgte Eintragung des Widerspruchs gegen die Hypothekeintragung hat aber eine Rechtsänderung an der Hypothek zugunsten eines Dritten gegen den Genehmigenden nicht bewirkt. Abgesehen davon, daß die vom Kläger beantragte, die Eintragung des Widerspruchs anordnende einstweilige Verfügung nicht gegen die durch ihren Vormund genehmigende F., sondern gegen den Beklagten, also gegen den Vertragsgegner bei dem der Genehmigung bedürfenden Übertragungsrechtsgeschäfte, erlassen worden ist, hat der Kläger durch die Widerspruchseintragung kein neues Recht an der Hypothek erlangt. Vielmehr hatte der Widerspruch nach § 892 Abs. 1 Satz 1 B.G.B. nur die Wirkung, daß sich derjenige, der nach Eintragung desselben die Hypothek oder ein Recht an ihr durch Rechtsgeschäft, sei es von der ursprünglichen Gläubigerin F., falls diese noch Gläubigerin wäre, sei es von dem Beklagten, als dem gegenwärtig eingetragenen Gläubiger, neu erwarb, auf seinen Glauben an die Richtigkeit des Grundbuches, also an die Rechtsbeständigkeit der Hypothekeintragung, nicht berufen konnte, sondern, wenn ihm von dem aus dem Widerspruche Berechtigten die Unrichtigkeit des Grundbuches nachgewiesen wurde, diese Unrichtigkeit, also das Nichtbestehen der Hypothek, gegen sich ebenso gelten lassen mußte, als ob er die betreffenden Tatsachen beim Erwerbe gekannt hätte. Eine Verfügung über die den Gegenstand des (der Genehmigung bedürfenden) Übertragungsaktes bildende Hypothek im Sinne des § 184 Abs. 2 B.G.B. ist also durch die in der Zwischenzeit erfolgte Widerspruchseintragung nicht vorgenommen worden. Auch hat der Beklagte durch die vormundschaftliche Genehmigung nicht ein neues Recht an der Hypothek mit dem Zeitpunkte der Genehmigung erworben, so daß der vorher eingetragene Widerspruch die Berufung auf den Grundbuchglauben ausschließen würde. Vielmehr ist der Mangel der Vertretungsmacht (des im Namen der ursprünglichen Gläubigerin F. handelnden Sp.) der ursprünglich der vor der Widerspruchseintragung erklärten Hypothekübertragung anhaftete, gemäß § 184 Abs. 1 B.G.B. mit der Wirkung geheilt worden, daß die Übertragung der Hypothek als von vornherein rechtsgültig bewirkt zu gelten hat.

Demnach kann der Kläger mit seinem Anspruche auf Feststellung des Nichtbestehens der hier streitigen Hypothek und auf Verurteilung des Beklagten zur Bewilligung der Löschung der Hypothek nur durchdringen, wenn er nicht nur beweist, daß die Tatsachen, die von ihm für die Nichtigkeit der ursprünglich zugunsten der F. erfolgten Hypothekbestellung geltend gemacht sind, auf Wahrheit beruhen, sondern ferner auch, daß dem Beklagten die betreffenden Tatsachen zur Zeit der am 25. Juni 1903 bewirkten Übertragung der Hypothek an ihn bekannt gewesen sind.

Der Kläger hat allerdings noch geltend gemacht, die im § 184 Abs. 1 B.G.B. vom Gesetze aufgestellte Fiktion, daß die Genehmigung auf den Zeitpunkt der Vornahme des Rechtsgeschäftes zurückwirke, könne nicht die Bedeutung haben, daß nach der in § 892 B.G.B. vom Gesetze aufgestellten anderen Fiktion der Inhalt des Grundbuches zugunsten des Beklagten auch dann noch als richtig zu gelten habe, wenn dem Beklagten die Unrichtigkeit des Grundbuches in der Zwischenzeit bekannt geworden sei; tatsächlich habe der Beklagte die fragliche Hypothek erst in dem Zeitpunkte der Genehmigung rechtswirksam erworben, und daher könne er sich auf den Schutz des öffentlichen Glaubens des Grundbuches nicht berufen, wenn er in diesem Zeitpunkte von den die Nichtigkeit der Hypothek ergebenden Tatsachen Kenntnis gehabt habe. Dies ist jedoch nicht zutreffend. Das Übertragungsrechtsgeschäft war zur Zeit seiner Vornahme durch Sp. einerseits und den Beklagten andererseits an sich bereits völlig abgeschlossen; insbesondere hatte der Beklagte alles von seiner Seite Erforderliche damals schon getan, um die Hypothek zu erwerben. Dem Rechtsgeschäfte haftete nur der Mangel an, daß dem die Übertragung der Hypothek im Namen der Hypothekengläubigerin erklärenden Sp. eine rechtswirksame Vollmacht nicht erteilt war. Dieser Mangel ist durch die Genehmigung des der Hypothekengläubigerin bestellten Vormundes gemäß § 184 Abs. 1 B.G.B. mit der Rechtsfolge behoben, daß er als zur Zeit der Vornahme des Rechtsgeschäftes überhaupt nicht vorhanden gewesen anzusehen ist. Dem Beklagten ist also nach dem Gesetze in allen rechtlichen Beziehungen die Rechtsstellung zuzuweisen, die er eingenommen hätte, wenn der Übertragungsakt von vornherein rechtswirksam gewesen wäre. Daraus aber folgt, daß es auch hinsichtlich der Frage, ob der Erwerb der Hypothek im guten Glauben an die Richtigkeit des Grundbuches von seiten des Beklagten erfolgt ist, auf den Zeitpunkt der Vornahme des Übertragungsaktes ankommt. Aus der vom Kläger in bezug genommenen Entscheidung des erkennenden Senates in den Entsch. Bd. 65 S. 245 ergibt sich eine abweichende Rechtsauffassung nicht. Vielmehr ist auch dort ausgesprochen, daß zufolge der Rückwirkung der Genehmigung das Rechtsgeschäft so zu behandeln sei, als wenn es schon zur Zeit seiner Vornahme rechtswirksam abgeschlossen wäre. Es ist dort lediglich die Erstreckung der Rückwirkung auf den Beginn der Verjährungsfrist für Gewährleistungsansprüche aus dem Grunde abgelehnt, weil eine rechtliche Fiktion nicht die Kraft habe, tatsächliche Unmöglichkeiten zu überwinden und die Zeitrechnung umzustoßen.

Hiernach war unter Aufhebung des Berufungsurteils die Sache zur anderweiten Verhandlung und Entscheidung an das Berufungsgericht zurückzuverweisen." ...

60. Darf ein Amtsgericht ein Ersuchen um Rechtshilfe ablehnen, weil nach Landesrecht die Amtsgerichte für die den Nachlaßgerichten obliegenden Verrichtungen nicht zuständig sind? Darf ein Ersuchen um Vernehmung eines Erben darüber, ob er die Erbschaft annehme, und ob eine Verfügung von Todes wegen vorhanden sei, abgelehnt werden, weil die Abgabe der Erklärung im Belieben der zu vernehmenden Person stehe?

IV. Zivilsenat. Beschl. v. 15. Oktober 1908 i. S. Nachlaß S. Beschw.=Rep. IV. 373/08.

I. Amtsgericht und Notariat Mannheim.
II. Oberlandesgericht Karlsruhe.

Gründe:

„Am 4. Juni 1908 ist zu K. der Packmeister S. gestorben. Als Nachlaßgericht ordnete das Bayerische Amtsgericht Kaiserslautern die Vernehmung der in K. wohnenden Angehörigen des Erblassers an. In dem Termin erteilten die Witwe und zwei Kinder des Erblassers Auskunft über die Güterrechtsverhältnisse der Eheleute S. und erklärten, der Verstorbene habe keine Verfügung von Todes wegen hinterlassen, Liegenschaften gehörten nicht zum Nachlasse, die amtliche Vermittlung der Auseinandersetzung des Nachlasses solle nicht erfolgen. Das Nachlaßgericht übersandte das Vernehmungsprotokoll an das Badische Amtsgericht zu Mannheim mit dem Ersuchen, eine in M. wohnende Tochter des Erblassers darüber zu vernehmen, ob sie den Erklärungen der übrigen Erbbeteiligten beitrete. Das Amtsgericht zu Mannheim erwiderte unter Bezugnahme auf eine Entscheidung des Oberlandesgerichts zu Karlsruhe vom 20. Februar 1908, die badischen Amtsgerichte seien für die den Nachlaßgerichten obliegenden Verrichtungen nicht zuständig; deshalb werde das Ersuchen an das Notariat in Mannheim als Nachlaßgericht abgegeben. Das Notariat lehnte das Ersuchen um Vernehmung der Tochter des Erblassers ab, weil die Abgabe der verlangten Erklärung im freien Belieben der Beteiligten stehe, daher kein Ersuchen um Rechtshilfe vorliege. Das Notariat beharrte auch auf der Ablehnung, nachdem das Nachlaßgericht auf die §§ 2 und 12 des Gesetzes über die Angelegenheiten der freiwilligen Gerichtsbarkeit hingewiesen und geltend gemacht hatte, nach Art. 3 des Bayerischen Gesetzes vom 9. August 1902, das Nachlaßwesen betreffend, habe das Nachlaßgericht die Erben von Amts wegen zu ermitteln. Darauf wurde die Entscheidung des Oberlandesgerichts zu Karlsruhe herbeigeführt. Durch Beschluß vom 27. Juli 1908 wies das Oberlandesgericht die Beschwerde des Amtsgerichts Kaiserslautern zurück. Das Oberlandesgericht führte aus, es liege ein Rechtshilfefall überhaupt nicht vor. Es handle sich um Abgabe von Erklärungen, bezüglich deren es lediglich im Belieben der in M. wohnenden Tochter des Erblassers liege, ob sie solche abgeben wolle, oder nicht. Um bei dieser anzuregen, daß sie in der von dem ersuchenden Gerichte gewünschten Richtung tätig werde, dazu diene die Rechtshilfe nicht. Das könne von dem ersuchenden Gericht selbst unmittelbar schriftlich bewirkt werden. Der Beteiligten bleibe dann überlassen, ob und in welcher Weise sie die Erledigung herbeiführen wolle, zumal sie ein besonderes Interesse daran haben könne, ihre Erklärung nicht durch einen Beamten des Bezirks, in dem ihr Wohnort liege, beurkunden zu lassen.

Gegen die Entscheidung des Oberlandesgerichts hat das Amtsgericht Kaiserslautern Beschwerde erhoben.

Die Beschwerde ist zulässig und begründet.

Die Amtshandlung, die das Nachlaßgericht vornehmen lassen will, fällt in den Bereich der den Nachlaßgerichten nach Reichsrecht zustehenden Verrichtungen. Nach § 1960 B.G.B. hat das Nachlaßgericht bis zur Annahme der Erbschaft für die Sicherung des Nachlasses zu sorgen, soweit ein Bedürfnis besteht; diese Sorge liegt ihm auch ob, wenn der Erbe unbekannt, oder wenn ungewiß ist, ob er die Erbschaft angenommen hat. Es ist nicht zu beanstanden, wenn ein Nachlaßgericht (gemäß § 12 Fr.G.G.) Ermittlungen veranstaltet, um sich Gewißheit zu verschaffen, ob die Erben die Erbschaft annehmen, oder ob etwa Sicherungsmaßregeln zu ergreifen sind. Die Befragung der Angehörigen des Erblassers, ob eine Verfügung von Todes wegen vorhanden sei, fällt auch nach § 2259 B.G.B. in Verbindung mit §§ 83 und 12 Fr.G.G. in den Bereich der Amtstätigkeit des Nachlaßgerichts.

Gemäß § 2 Fr.G.G. in Verbindung mit § 159 G.V.G. darf das Ersuchen um Rechtshilfe nur abgelehnt werden, wenn dem ersuchten Gerichte die örtliche Zuständigkeit mangelt, oder die vorzunehmende Handlung nach dem Rechte des ersuchten Gerichts verboten ist. Ersucht wurde das Amtsgericht zu Mannheim. Zur Vernehmung der in seinem Bezirke wohnenden Person fehlt ihm nicht die örtliche Zuständigkeit. Die vorzunehmende Handlung ist ihm auch nicht verboten. Der Umstand, daß in Baden für die dem Nachlaßgericht obliegenden Verrichtungen die Notare zuständig sind, ist unerheblich; denn nach § 194 Abs. 4 Fr.G.G. bleibt von dieser landesgesetzlichen Zuständigkeitsbestimmung die Verpflichtung der gerichtlichen Behörde, gemäß § 2 Rechtshilfe zu leisten, unberührt.

In der angefochtenen Entscheidung hat das Oberlandesgericht die Ablehnung für gerechtfertigt erachtet, 1. weil es sich um Abgabe von Erklärungen handle, bezüglich deren es lediglich im Belieben der

Tochter des Erblassers liege, ob sie solche abgeben wolle oder nicht, 2. weil die Anregung zur Abgabe der Erklärungen von dem Amtsgericht Kaiserslautern selbst unmittelbar schriftlich bewirkt werden könne. Keiner dieser Gründe vermag die Ablehnung zu rechtfertigen. Ob die Tochter des Erblassers die von ihr verlangte Erklärung wird abgeben wollen, ist für die Frage der Zulässigkeit der Rechtshilfe nicht von Bedeutung. Um die bloße Anregung zur Abgabe einer Erklärung handelt es sich nicht; das ersuchende Gericht hält in Ausübung der ihm als Nachlaßgericht zustehenden Tätigkeit eine Vernehmung für erforderlich. Die Zweckmäßigkeit des Ersuchens hat das ersuchte Gericht nicht nachzuprüfen." ...

61. Besteht die Verpflichtung zur Inkenntnissetzung, die der § 2262 B.G.B. dem Nachlaßgericht auflegt, nur gegenüber den Beteiligten, deren Aufenthalt im Testament angegeben oder dem Gericht ohne weitere Erkundigung bekannt ist?

III. Zivilsenat. Urt. v. 16. Oktober 1908 i. S. K. (Kl.) w. H. (Bekl.). Rep. III. 583/07.

I. Landgericht Stendal.
II. Oberlandesgericht Naumburg a. S.

Die unverehelichte M. R. errichtete am 10. Mai 1901 ein Testament, in dem sie die Witwe L. geb. R. in K. nebst der Witwe Sch. geb. K. in U. zu ihren Erben einsetzte, und die Verfügung traf: „Meine Erben sind verpflichtet, an die einzige Tochter meines verstorbenen Bruders R. R., namens Anna R., welche schon verheiratet ist, und deren jetzigen Namen ich nicht kenne, ein Vermächtnis von 300 *M* auszuzahlen." Nach Ableben der M. R. eröffnete der Beklagte als Nachlaßrichter im Beisein der Miterbin Sch. das Testament; von der Benachrichtigung der Anna R. über den sie betreffenden Inhalt des Testaments nahm er Abstand, ohne Erkundigungen nach ihrem Aufenthalt bei der anwesenden Miterbin oder sonstwie anzustellen. Der Ehemann der Vermächtnisnehmerin nahm in der Folge mit der Behauptung, daß seine Ehefrau, deren derzeitigen Namen und Aufenthalt der Beklagte alsbald erfahren hätte, wenn er bei den Erben Nachfrage gehalten oder andere Ermittelungen angestellt hätte, erst am 22. Juni 1905 von dem Vermächtnis Kenntnis erhalten habe, den Beklagten auf Ersatz des ihm infolge der entgangenen Nutzung des Kapitals erwachsenen Schadens in Anspruch und verlangte im Wege der Klage Zahlung vierprozentiger Zinsen für die Zeit vom 16. September 1901 bis zum 22. Juni 1905. In beiden Instanzen wurde er mit seiner Klage abgewiesen. Die von ihm eingelegte Revision wurde zurückgewiesen, aus folgenden

Gründen:

„Mit Recht bekämpft die Revision die Annahme des Berufungsgerichts, daß der § 2262 B.G.B., welcher lediglich davon spreche, daß die Beteiligten in Kenntnis zu setzen seien, in seiner Ausdrucksweise begrifflich nichts weiter bedeute, als eine Benachrichtigung Beteiligter, deren genaue urkundliche Kennzeichnung vorausgesetzt sei, und daß die Bekanntgabepflicht aus § 2262 B.G.B. eine Nachforschungspflicht nach dem Aufenthalt unbekannter Beteiligter, welche bei Eröffnung des Testaments nicht zugegen gewesen, nicht in sich schließe. Dieser Annahme steht in gleicher Weise Wortlaut wie Zweck der in § 2262 B.G.B. getroffenen Bestimmung entgegen. Der Wortlaut beschränkt die Pflicht des Nachlaßrichters zur Inkenntnissetzung der Beteiligten nicht auf diejenigen, die urkundlich so genau gekennzeichnet sind, daß er die Benachrichtigung ohne jede weitere Erkundigung nach ihrem derzeitigen Aufenthalt ausführen kann; der Wortlaut stellt die Pflicht ohne Ausnahme auf gegenüber jedem Beteiligten, der als solcher erkennbar ist, unter der alleinigen Voraussetzung, daß er bei Eröffnung des Testaments nicht zugegen gewesen ist. Der Zweck der Bestimmung, der auf den Schutz der Interessen der Beteiligten geht, wird offensichtlich nur in unvollkommenem Maße erreicht, wenn die Inkenntnissetzungspflicht sich auf den Kreis der Beteiligten beschränkt, deren Aufenthalt ohne weitere Erkundigung dem Nachlaßrichter bekannt ist. Die Pflicht des Nachlaßrichters, welche der § 2262 B.G.B. ihm auferlegt, schließt daher für den Fall, daß der Aufenthaltsort der in Kenntnis zu setzenden Beteiligten weder urkundlich gekennzeichnet noch ohnehin ihm bekannt ist, die Pflicht zur Erkundigung nach denselben, ohne daß es einer ausdrücklichen Vorschrift bedarf, als Selbstfolge in sich. Danach ist es auch ohne Belang, daß das Vermächtnis, welches der Ehefrau des Klägers ausgesetzt ist, weder den Familiennamen ihres Ehemannes noch ihren Wohnort benennt, und der Umstand, daß die Erblasserin, wie das Berufungsgericht ausführt, selbst sich nicht veranlaßt gesehen hat, Nachforschungen nach der Bedachten anzustellen, enthebt den Nachlaßrichter nicht der Erkundigungspflicht. In welcher Weise die Erkundigungspflicht im gegebenen Falle auszuüben ist, unterliegt dem sachverständigen Ermessen des Nachlaßrichters. Im Zweifel wird, nach erfolgloser Anfrage bei den ihrem Aufenthalt nach bekannten und unschwer erreichbaren letztwillig Bedachten, von denen eine Auskunft den Umständen nach zu erwarten ist, eine Nachfrage bei der Polizeibehörde am Orte des letzten Domizils des Erblassers oder am Orte des letztbekannten Aufenthalts des Beteiligten, eventuell eine Bekanntmachung durch die Zeitung, falls der Wert der Kenntnisnahme für den Beteiligten entsprechend ist, und die Kosten den Nachlaß nicht unverhältnismäßig belasten, genügen. Der Beklagte hat einen Ermittelungsversuch überhaupt nicht angestellt; er hat daher seine Amtspflicht der Vermächtnisnehmerin und dem Kläger gegenüber verletzt.

Gleichwohl muß der Revision der Erfolg versagt werden. Das Berufungsgericht verneint, daß dem Beklagten auch für den Fall, daß ihm objektiv Verletzung seiner Amtspflicht zur Last gelegt werden sollte, Fahrlässigkeit zum Vorwurf zu machen ist; und diese Verneinung läßt sich auf einen Rechtsirrtum nicht zurückführen. Die Erkundigungspflicht ist nicht mit ausdrücklichen Worten vorgeschrieben, sondern nur mittels Schlußfolgerung festzustellen und zu erkennen; die Unterlassung solcher Schlußfolgerung ist dem Beklagten nicht ohne weiteres als Fahrlässigkeit anzurechnen, zumal wenn berücksichtigt wird, daß im angefochtenen Urteil wie im Urteil der ersten Instanz die gegenteilige Ansicht von dem Nichtbestehen der Ermittelungs- oder Nachforschungspflicht vertreten ist.

Die Revision war deshalb als unbegründet zurückzuweisen."

62. 1. Unter welchen Voraussetzungen kann der Erwerb durch Zuschlag in der Zwangsversteigerung eine Schadensersatzpflicht nach § 826 B.G.B. begründen?
2. Kann Arglist durch mitwirkende Fahrlässigkeit des anderen Teils nach § 254 B.G.B. ganz oder teilweise aufgewogen werden?

V. Zivilsenat. Urt. v. 17. Oktober 1908 i. S. Viktoria (Kl.) u. preuß. Justizfiskus (Nebeninterv.) w. Genossenschaftsbank B. R. (Bekl.). Rep. V. 582/07.

I. Landgericht I Berlin.
II. Kammergericht daselbst.

Für die klagende Versicherungsgesellschaft war auf dem Grundstück St. Bd. 33 Bl. 1026 an erster Stelle eine Darlehnshypothek von 130000 *M* nebst $4^1/_2$ Prozent Zinsen eingetragen, die sie durch Zession von einem gewissen Max D. im Jahre 1901 erworben hatte, und in Höhe eines nicht valutierten Teilbetrages von 10000 *M* am 17. Juli 1902 „unter Vorbehalt des Vorzugsrechts für den Überrest" der Konkursmasse desselben Max D. wieder abtrat. Von diesen 10000 *M* erwarb noch an demselben Tage der Kaufmann W. einen Teilbetrag von 5000 *M*. Die Abtretungen der 10000 und 5000 *M* wurden auf den Stamm- und Teilhypothekenbriefen sowie im Grundbuch, jedoch infolge eines Versehens des Grundbuchrichters ohne Erwähnung des Rangverhältnisses, vermerkt.

Die verklagte Genossenschaftsbank besaß eine nachstehende Hypothek von 24000 *M* und eine Grundschuld von 30000 *M*, die sie in den Jahren 1902 und 1904 erworben hatte. Von den 5000 *M* hatte sie im Jahre 1904 einen Teilbetrag von 1840 *M* abgetreten erhalten, dann aber an W. zurückübertragen. Durch Urkunde vom 7. April 1905 trat ihr W. die ganzen 5000 *M* nebst Zinsen seit dem 1. Oktober 1904 ohne Erwähnung des Rangverhältnisses wieder ab, und diese Abtretung wurde am 18. April 1905, wiederum ohne Angabe des Rangverhältnisses, im Grundbuch und auf den Hypothekenbriefen vermerkt. Die Beklagte beantragte wegen dieser 5000 *M* die Zwangsversteigernng des Grundstücks und ersuchte am 6. Mai 1905 die Klägerin, in Angelegenheit des von dieser zur ersten Stelle mit

120000 *M* beliehenen Hauses in St., worauf sie eine nachstehende Eintragung besitze, um eine Rücksprache. Die Klägerin sollte sich verpflichten, für den Fall, daß die Beklagte das Grundstück in der Zwangsversteigerung erwerbe, ihre Hypothek von 120000 *M* nicht fällig zu machen, sondern zu einem geringeren Zinsfuß stehen zu lassen. Infolge dieser Rücksprache, die zwischen einem Vorstandsmitglied der Beklagten und dem Vorsteher der Hypothekenabteilung der Klägerin stattfand, erklärte sich die Klägerin bereit, das Kapital zu $4^{3}/_{8}$ Prozent stehen zu lassen. Nach ihrer Behauptung soll die Beklagte dabei die Verpflichtung übernommen haben, die Hypothek der Klägerin „herauszubieten".

Im Bietungstermin ließ sich die Klägerin, die keine unnötigen Kosten verursachen wollte, nicht vertreten. Sie ging von der Annahme aus, daß ihre 120000 *M* in das geringste Gebot aufgenommen werden würden, weil der Notar Sch., den sie nach Abzweigung von 10000 *M* mit der Prüfung der Erststelligkeit beauftragt hatte, ihr diese am 31. Januar 1903 nach der Einsicht der Hypothekenbriefe bestätigt hatte. Der Vollstreckungsrichter ließ aber, weil der Grundbuchauszug von dem Vorrecht der Klägerin nichts enthielt, deren Hypothek in das geringste Gebot nicht aufnehmen und blieb dabei, obwohl der im Termin anwesende W. auf den Vorrechtsanspruch aufmerksam machte. Die Beklagte gab ein Gebot von 1000 *M* ab und erhielt dafür das Grundstück, das einen Wert von mehr als 200000 *M* hatte, am 3. Oktober 1905 zugeschlagen. Die Beschwerde gegen den Zuschlagsbeschluß und die weitere Beschwerde blieben ohne Erfolg. Die Klägerin fiel aus; ihre Hypothek und ein Widerspruch zur Erhaltung des Vorrangs, den der Grundbuchrichter am 9. Februar 1906 hatte eintragen lassen, wurden auf Ersuchen des Vollstreckungsrichters am 19. Juni 1906 gelöscht.

Die Klägerin machte geltend, daß der Zuschlag nichtig, und daß der frühere Zustand auch deshalb wiederherzustellen sei, weil die Beklagte wegen Verletzung einer vertragsmäßigen Vereinbarung und wegen arglistiger, gegen die guten Sitten verstoßender Schädigung ihr zum Schadensersatz verpflichtet, auch ungerechtfertigt bereichert sei. Sie klagte mit dem Antrage, es solle das Fortbestehen ihrer zu Unrecht gelöschten Hypothek festgestellt, eventuell die Beklagte verurteilt werden, an erster Stelle 120000 *M* nebst $4^{1}/_{4}$ Prozent Zinsen seit dem 3. Oktober 1905 wieder eintragen zu lassen oder diesen Betrag nebst Zinsen zu zahlen.

Das Landgericht wies die Klage ab. Das Kammergericht erachtete den Schadensersatzanspruch aus § 826 B.G.B. für begründet, verurteilte aber wegen Mitverschuldens der Klägerin die Beklagte nur zur Wiedereintragung einer erststelligen Hypothek von 60000 *M* nebst $4^1/_4$ Prozent Zinsen seit dem 3. Oktober 1905; mit der Mehrforderung wurde die Klägerin abgewiesen.

Die Revision der Beklagten wurde zurückgewiesen. Auf die Revision der Klägerin wurde dagegen das Berufungsurteil, soweit es der Klägerin ungünstig war, aufgehoben, und die Beklagte zur Wiedereintragung weiterer 60000 *M* mit Zinsen verurteilt.

Gründe:

„Die Revision der Beklagten konnte nicht für begründet erachtet werden; dagegen war der Revision der Klägerin der Erfolg nicht zu versagen. Den ersten Klagegrund, der den Zuschlag im Zwangsversteigerungsverfahren und die Löschung im Grundbuch als nichtig behandeln will, hat allerdings der Berufungsrichter mit Recht verworfen. Es mag zweifelhaft sein, ob der Vollstreckungsrichter richtig verfahren ist, wenn er lediglich der Eintragung im Grundbuch ausschlaggebende Bedeutung beigelegt hat; denn der Rangvorbehalt der Klägerin war bei Gelegenheit der Abtretung einer Briefhypothek erfolgt, und bei Abtretung von Briefhypotheken hat die Eintragung nach den §§ 1154 Abs. 1, 2, 1155 für den dinglichen Rechtserwerb nicht die Bedeutung, die ihr sonst nach den §§ 873 flg. B.G.B. zukommt. Der Zuschlagsbeschluß ist indessen rechtskräftig geworden und kann infolgedessen im Rechtswege nicht mehr angefochten werden; da er einen selbständigen Rechtsgrund bildet, so kann ihm gegenüber, wie der Berufungsrichter des weiteren mit Recht angenommen hat, auch von einer grundlosen Bereicherung der Beklagten (§§ 812 flg. B.G.B.) nicht die Rede sein (vgl. Entsch. des R.G.'s in Zivils. Bd. 1 S. 96 flg., Bd. 26 S. 313, Bd. 46 S. 77, Bd. 61 S. 362).

Unanfechtbar und unangefochten ist sodann die Feststellung des Berufungsrichters, daß ein Vertrag zwischen der Beklagten und der Klägerin über die „Ausbietung" der 120000 *M* nicht zustande gekommen ist. Damit erledigt sich der vertragsmäßige Schadensersatzanspruch der Klägerin, und es bleibt nur der Deliktsanspruch aus

§ 826 B.G.B., den der Berufungsrichter zum Teil für begründet erachtet hat.

Diesem Schadensersatzanspruch steht der rechtskräftige Zuschlagsbeschluß nicht entgegen; denn es ist in der Rechtsprechung des Reichsgerichts anerkannt (s. die oben aufgeführten Urteile), daß auch der durch rechtswidrige Erwirkung formell rechtskräftiger Urteile verursachte Schaden beim Vorhandensein der sonstigen Voraussetzungen des § 826 B.G.B. ersetzt werden muß. Der Schaden, der der Klägerin erwachsen ist, könnte im vorliegenden Falle schon in der Nichtberücksichtigung ihres Vorzugsrechts gefunden werden, und es würde dabei nicht einmal darauf ankommen, ob die Klägerin ein dinglich wirksames Vorrecht oder nur einen persönlichen Anspruch darauf besaß; denn auch in dem letzteren, vom Berufungsrichter angenommenen Falle durfte nach der ständigen Rechtsprechung des Reichsgerichts (Entsch. in Zivils. Bd. 62 S. 137; Gruchot, Beitr. Bd. 50 S. 971, Bd. 51 S. 987) die Beklagte sich nicht in einer gegen die guten Sitten verstoßenden Weise darüber hinwegsetzen. Man kann aber mit dem Berufungsrichter den Schaden auch darin finden, daß die Klägerin von ihrem Bietungsrechte keinen Gebrauch gemacht und ihre Hypothek von 120000 *M* nicht herausgeboten hat.

Den Verstoß gegen die guten Sitten hat der Berufungsrichter als vorhanden angenommen und wie folgt begründet: es seien beide Teile bis zum Bietungstermin stets der Überzeugung gewesen, daß der Klägerin für ihre 120000 *M* das Vorrecht zustehe; die Beklagte habe gewußt, daß die Klägerin von dieser Annahme ausgehe, und habe sie bei den Verhandlungen, die dem Bietungstermin vorangingen, noch darin bestärkt. Als sie dann im Bietungstermin erfahren, daß der Vollstreckungsrichter diese Annahme als irrtümlich behandle, habe sie sich den Irrtum in bewußter Weise zunutze gemacht, anstatt die Klägerin, wie es nach den vorangegangenen Vertragsverhandlungen das Anstandsgefühl jedes billig und gerecht denkenden Menschen mit sich gebracht hätte, durch den Fernsprecher zu benachrichtigen. Zieht man noch in Betracht, daß jene Verhandlungen vor dem Bietungstermin, wie der Berufungsrichter feststellt, zu dem Versprechen der Klägerin geführt hatten, der Beklagten, wenn sie das Grundstück erstehe, die Hypothek von 120000 *M* zu $4^3/_8$ Prozent stehen zu lassen, so kann in den Ausführungen des Berufungsrichters, die mit der Rechtsprechung des Reichsgerichts durchaus im Einklang stehen (vgl. außer den angeführten Urteilen auch Jurist. Wochenschr. 1906 S. 16 Nr. 15), ein Rechtsirrtum nicht gefunden werden. Daraus ergibt sich aber, da die Klägerin im Falle ihrer Benachrichtigung nach der Annahme des Berufungsrichters sofort für die Ausbietung ihrer Forderung Sorge getragen hätte, die Verurteilung der Beklagten, und zwar, wie die Revision der Klägerin ... mit Recht verlangt, im vollen Umfange.

Der Berufungsrichter will der Klägerin die Hälfte des Schadens nach § 254 B.G.B. auferlegen, weil den von ihr mit der Prüfung des Hypothekenbriefes beauftragten Notar Sch. (§ 278 B.G.B.) und sie selbst mangels eigener Nachprüfung des Hypothekenbriefs ein Mitverschulden treffe. Es kann indessen dahingestellt bleiben, ob, was die Revision in Abrede stellt, Sch. als Hilfsperson bei Abwendung des Schadens anzusehen wäre, und ob man unter den obwaltenden Umständen von einem Verschulden der Klägerin überhaupt sprechen könnte, weil die von dem Berufungsrichter angenommenen Versehen auf seiten der Klägerin gegenüber der Arglist der Beklagten jedenfalls nicht ins Gewicht fallen (vgl. die Urteile des R.G.'s, Rep. II. 466/07 und Rep. I. 118/07; Jurist. Wochenschr. 1908 S. 9 Nr. 10; auch Rep. VI. 16/05, Jurist. Wochenschr. 1905 S. 717 Nr. 6).

Hiernach lag keine Veranlassung vor, die Beklagte von dem Ersatz des durch sie verursachten Schadens ganz oder teilweise zu entbinden, und es war ihre Revision als unbegründet zurückzuweisen, auf die Revision der Klägerin dagegen das Berufungsurteil insoweit, als es der Klägerin ungünstig ist, aufzuheben. Da die Sache zur Entscheidung reif ist, so war nach § 565 Z.P.O. sogleich in der Sache selbst zu entscheiden, und die Beklagte, wie geschehen, zur Wiedereintragung weiterer 60000 ℳ nebst Zinsen zu verurteilen."

63. Ist die Zulässigkeit der Eintragung einer Vormerkung zur Sicherung des aus einem Wiederkaufsrecht herzuleitenden Anspruchs auf Rückübertragung des Eigentums davon abhängig, daß zuvor der Verkäufer die Erklärung, das Wiederkaufsrecht auszuüben, abgegeben hat?

B.G.B. §§ 497, 883.

V. Zivilsenat. Urt. v. 17. Oktober 1908 i. S. R. & J. (Bekl.) w. Graf v. A. (Kl.). Rep. V. 194/08.

I. Landgericht Magdeburg.
II. Oberlandesgericht Naumburg a. S.

Der Kläger hatte im Jahre 1901 ein zu seinem Rittergute N. gehöriges Kalkwerk an die Firma L. & M. verpachtet und gleichzeitig dieser Firma die Grundstücke L. Bd. 3 Bl. 74 des Grundbuchs unter Vorbehalt des Wiederkaufsrechts für den Fall der Aufhebung des Pachtverhältnisses aufgelassen. Zur Sicherung des Rechts auf Rückauflassung für den Fall der Ausübung des Wiederkaufsrechts war eine Vormerkung eingetragen worden. Die Firma L. & M. belastete demnächst die Grundstücke mit einer für die Beklagte eingetragenen Hypothek von 33000 ℳ. Im Jahre 1906 erwarb der Kläger auf Grund des von ihm inzwischen ausgeübten Wiederkaufsrechts die Grundstücke zurück. Er klagte nunmehr gemäß § 883 B.G.B. gegen die Beklagte auf Bewilligung der Löschung der erwähnten Hypothek und erstritt in beiden Vorinstanzen ein obsiegendes Urteil. Auch die Revision der Beklagten wurde zurückgewiesen, aus folgenden

Gründen:

„Die Entscheidung des Rechtsstreits in gegenwärtiger Instanz hängt ... ausschließlich von der Beantwortung der Frage ab, ob die Eintragung einer Vormerkung gemäß § 883 B.G.B. zur Sicherung des aus einem Wiederkaufsrecht hergeleiteten Anspruchs auf Rückauflassung eines veräußerten Grundstücks erfolgen darf, bevor der Berechtigte die Erklärung, daß er das Wiederkaufsrecht ausübe, abgegeben hat. Mit dem Berufungsrichter war die Frage zu bejahen. Nach § 497 Abs. 1 B.G.B. hat die Ausübung des Wiederkaufsrechts nicht etwa die Bedeutung, daß dadurch derjenige, gegen den sich das Recht richtet, verpflichtet wird, mit dem Berechtigten einen Rückverkaufsvertrag über die den Gegenstand des Wiederkaufs bildende Sache abzuschließen; vielmehr entsteht schon durch die Einräumung des Wiederkaufsrechts selbst ein auf Rückübertragung des Eigentums gerichtetes bedingtes Rechtsverhältnis zwischen den Vertragschließenden, kraft dessen der Berechtigte bei Eintritt der Bedingung — Erklärung, das Wiederkaufsrecht auszuüben — die Eigentumsrückgewähr verlangen darf. Allerdings ist die Bedingung, da es lediglich vom

Belieben des Wiederkäufers abhängt, ob er von seinem Recht Gebrauch machen will oder nicht, eine reine Potestativbedingung. Ihre Zulässigkeit kann indessen mit Rücksicht darauf, daß bei ihr ein Recht, nicht eine Verpflichtung in Abhängigkeit von dem reinen Wollen gesetzt ist, einem Bedenken nicht unterliegen.

Vgl. das Urteil des erkennenden Senats vom 5. November 1907, Entsch. Bd. 67 S. 45.

Bedarf es aber nicht erst eines neuen Vertrages, um dem Wiederkaufsberechtigten den Anspruch auf Wiedereinräumung des Eigentums an der Sache zu verschaffen, so steht der Umstand, daß der Berechtigte sein Recht noch nicht ausgeübt hat, beim Wiederkauf der grundbuchmäßigen Sicherung des Rechts ebensowenig entgegen, wie dies beim Vorkauf der Fall ist. Hinsichtlich des Vorkaufs hat der erkennende Senat in dem angeführten Urteil ausgesprochen, daß der Vorkaufsberechtigte sein Recht als ein doppelt — durch Verkauf der Sache von seiten des Verpflichteten an einen Dritten, und durch die Abgabe der Vorkaufsausübungserklärung von seiten des Berechtigten — bedingtes Recht auf Eigentumserwerb unmittelbar mit dem Abschluß des Vorkaufsvertrages erwirbt. Hieraus rechtfertigt sich gleichmäßig für das Wiederkaufsrecht, wie für das Vorkaufsrecht die Zulassung der Sicherungsvormerkung des § 883 B.G.B. Auf diese Notwendigkeit einer gleichen Behandlung beider Rechtsinstitute hat schon das erwähnte Reichsgerichtsurteil hingewiesen. Völlig belanglos ist dabei, daß, weil das Vorkaufsrecht — anders als das Wiederkaufsrecht — zugleich als dingliches Recht begründet werden kann, bei ihm auch aus diesem Gesichtspunkte die Anwendbarkeit des § 883 B.G.B. sich herleiten läßt." ...

---

64. 1. Begriff der Übernahme eines Vermögens nach § 419 B.G.B.
2. Verhältnis der Vermögensübernahme des § 419 B.G.B. zu der Übernahme eines Handelsgeschäfts im Sinne von § 25 H.G.B.
3. Beschränkung der Haftung auf den Bestand des übernommenen Vermögens gemäß § 419 Abs. 2 B.G.B.
4. Wie ist über die Kosten der Revisionsinstanz zu entscheiden,

wenn sowohl der Nebenintervenient als die von ihm unterstützte Hauptpartei das Rechtsmittel eingelegt haben, und beide Revisionen zurückgewiesen werden?

B.G.B. § 419.

H.G.B. § 25.

Z.P.O. §§ 97, 101.

VI. Zivilsenat. Urt. v. 22. Juni 1908 i. S. Deutsche Bierbrauerei u. Gen. zu B. (Bekl. u. Nebeninterv.) w. Preuß. Eisenbahnfiskus (Kl.). Rep. VI. 394/07.

I. Landgericht I Berlin.
II. Kammergericht daselbst.

Die Aktiengesellschaft Radeberger Exportbierbrauerei in B. hatte durch schriftlichen Vertrag vom 16./29. August 1898 vom Kläger einen am Hamburger Bahnhof zu B. gelegenen Lagerplatz zum jährlichen Mietzinse von 9645 *M* gemietet; sie wurde in einem vom Kläger gegen sie angestrengten Prozesse rechtskräftig zur Zahlung der rückständigen Mietzinsen verurteilt. Befriedigung erlangte der Kläger von der Radeberger Exportbierbrauerei nicht; diese hatte während des Prozesses durch Vertrag vom 1. Juli 1903 ihre gesamten Geschäftsaktiven nach dem Stande vom 30. September 1902 einschließlich des Rechtes zur Fortführung der Firma an die jetzige Beklagte veräußert, unter Ausschluß nur einiger Grundstücke, über die sie anderweitig verfügte. Der Kläger nahm auf Grund der Bestimmung des § 419 B.G.B. die Beklagte, der ein Aktionär der alten, nach Durchführung der Liquidation erloschenen, Gesellschaft als Nebenintervenient beitrat, auf Zahlung der rechtskräftig erstrittenen Forderung in Anspruch.

Die Beklagte und der Nebenintervenient widersprachen diesem Klagebegehren; die Beklagte wurde aber in beiden vorderen Instanzen verurteilt, in der zweiten jedoch unter Vorbehalt der Beschränkung der Haftung gemäß § 419 Abs. 2 B.G.B. Die Revision, wie auch die Anschließung des Klägers, wurden zurückgewiesen, aus folgenden

Gründen:

... „Nach der Bestimmung des § 419 B.G.B. macht die Übernahme des Vermögens eines anderen durch Vertrag (§ 311 B.G.B.)

den Übernehmer den Gläubigern des Übertragenden neben diesem mit dem Bestande des übernommenen Vermögens (Abs. 2 des § 419) haftbar, und diese Haftung des Übernehmers kann auch durch Vertrag zwischen ihm und dem Schuldner nicht ausgeschlossen werden (Abs. 3 des § 419). Die Revision der Beklagten und die des Nebenintervenienten sucht auszuführen, daß die Vorschrift des § 419 nur den Sinn habe, daß im Falle der vertragsmäßigen Übernahme eines Vermögens unter Mitübernahme der Schulden den Gläubigern des Übertragenden ein unmittelbares Klagerecht gegen den Übernehmer gegeben werden solle. Da die Beklagte in dem von ihr mit der Radeberger Bierbrauereigesellschaft geschlossenen Vertrage nur das Aktivvermögen der letzteren, nicht aber die Schulden übernommen habe, liege ein Fall der Anwendung des § 419 B.G.B. nicht vor, und sei die Annahme einer Haftung der Beklagten für die Schulden der Radeberger Brauereigesellschaft nicht begründet.

Diese Auffassung ist rechtsirrig; die Haftung nach § 419 B.G.B. setzt eine Übernahme der Schulden im Vertrage nicht voraus, und § 419 Abs. 3 B.G.B. läßt ausdrücklich die Haftung des Übernehmers für die Schulden des Übertragenden selbst in dem Falle eintreten, wenn diese nicht mit übernommen sind, und die Haftung des Übernehmers dafür zwischen beiden vertraglich ausgeschlossen wurde.

Unter dem Vermögen einer Person kann an sich sowohl die Gesamtheit der ihr zustehenden Vermögens*rechte*, das Aktivvermögen, verstanden werden, wie auch der Vermögenswert, der nach Abzug der Schulden übrig bleibt (*reines Vermögen*). Die letztere Auffassung des Vermögensbegriffes darf als die römischrechtliche, die erstere als die deutschrechtliche bezeichnet werden (vgl. *Windscheid-Kipp*, Pandektenrecht Bd. 1 § 42). Es kann hier unerörtert bleiben, ob das Bürgerliche Gesetzbuch, wie insbesondere *Hellwig* (Das Wesen und die subjektiven Grenzen der Rechtskraft S. 310 flg.) und *Kipp* (a. a. O. 9. Aufl. S. 180), denen sich *Dernburg* angeschlossen hat (Bürgerl. Recht Bd. 1 § 103 unter 2), mit Entschiedenheit vertreten, grundsätzlich und überall sich auf den Standpunkt der deutschrechtlichen Auffassung gestellt hat und demzufolge unter dem Vermögen einer Person schlechtweg nur die Gesamtheit der ihr zugehörigen Vermögensgegenstände und Rechte begreift, denen die Schulden als eine Belastung gegenüberstehen, so daß diese als ein Bestandteil des Vermögens selbst nicht angesehen werden können. Die Bestimmung des § 419 B.G.B. hat jedenfalls diesen Begriff des Vermögens zur Unterlage, wie ihre geschichtliche Entwickelung beweist, und wie auch namentlich aus ihren Abss. 2 und 3 hervorgeht.

Das Urteil des Berufungsgerichts hat die Ausbildung des in § 419 B.G.B. verkörperten Gesetzesgedankens zutreffend dargelegt. Das gemeine Recht, auch das deutsche Handelsrecht, kannte einen Rechtssatz, daß die Schulden dem (Aktiv-)Vermögen folgen, und der Übernehmer eines solchen den Gläubigern des Übertragenden haftet, nicht. Als das Bedürfnis einer solchen Haftung im Rechtsleben sich geltend machte, so insbesondere bei der jetzt in § 25 H.G.B. besonders geordneten Übernahme eines Handelserwerbsgeschäfts, oder bei der Übertragung des Vermögens einer juristischen Person, half die Praxis mit der Konstruktion nach, daß die Übernahme der Schulden als Vertragswille zu unterstellen sei, da andernfalls eine Arglist der Vertragsparteien angenommen werden müßte, was nicht zulässig erscheine (vgl. insbesondere Entsch. des R.G.'s Bd. 17 S. 96, 100 flg., Bd. 28 S. 358, 360 flg., Bd. 43 S. 181). Partikularrechte, namentlich das preuß. Allgemeine Landrecht und das württembergische Recht, entwickelten den Rechtssatz an besonderen Instituten, so das preuß. Allgemeine Landrecht beim Erbschaftskaufe (§§ 454 flg. A.L.R. I 11), beim sog. Vitalizienvertrage (Anh. § 19 zu § 646 dieses Titels). Die Rechtsprechung übertrug ihn ferner auf den Fall der Schenkung eines ganzen Vermögens (Entsch. des R.O.H.G.'s Bd. 13 S. 382). Auf dieser gesetzlichen Grundlage gelangte man, über die Rechtsprechung des gemeinen Rechts hinaus, zur Anerkennung des Satzes, daß, sofern ein Vermögensinbegriff Gegenstand des Übernahmevertrages (Vitalizienvertrages) war, mit dem Aktivvermögen auch die Schulden auf den Übernehmer von selbst übergehen, und ein entgegenstehender Wille der Vertragschließenden, also der Wille, daß die Schulden nicht auf den Erwerber übergehen sollten, nicht von Bedeutung sei. „Der Beklagte haftet den Gläubigern, auch wenn die Vertragschließenden den Übergang der Schulden auf den Beklagten haben ausschließen wollen, und ohne Rücksicht darauf, ob der Übergang der Schulden im Vertrage vereinbart ist, oder nicht" (Entsch. des R.G.'s in Zivils. Bd. 24 S. 256 flg., 261). „Diese Folge des Vertragsinhalts ist eine dergestalt zwingende, daß ein entgegenstehender Wille der Vertragschließenden wirkungslos ist" (ebenda Bd. 25 S. 276 flg., 281, unter Bezugnahme auf die vorbezogene Entscheidung).

Das Bürgerliche Gesetzbuch hat den an einzelnen Rechtsinstituten entwickelten Rechtssatz mit vollem Vorbedacht auf alle Fälle der vertragsmäßigen Übernahme eines Vermögensganzen ausgedehnt. Die Motive zum ersten Entwurf, der die dem § 419 des Gesetzbuchs entsprechende Bestimmung in § 319 enthielt, bemerken (Bd. 2 S. 151 flg.) zu diesem Paragraphen, daß derselbe, der modernen Auffassung, die auch in der Spruchpraxis vielfach Eingang gefunden habe, folgend, den Übernehmer eines ganzen gegenwärtigen Vermögens, ohne Beschränkung der Bestimmung auf gewisse Verträge, für die kein Grund vorliege, den Gläubigern des Übertragenden, unbeschadet der Fortdauer der Haftung des letzteren, jedoch nicht über den Wert des Aktivvermögens hinaus, direkt und persönlich haften lasse. Erfahrungsgemäß, heißt es S. 152 der Motive a. a. O., gehe die Parteiintention, insbesondere bei der Schenkung eines ganzen Vermögens, meist dahin, daß der Übernehmer das ganze Aktivvermögen erhalte und aus dessen Mitteln die Schulden zu tilgen habe. Aber auch bei gegenteiliger Parteiintention werde bei einer wirklichen Vermögensübernahme an der gesetzlichen Haftung des Übernehmers nichts geändert.

Vgl. für die Entwickelung des Rechtssatzes noch v. **Blume**, Novation, Delegation und Schuldübernahme S. 136 flg.; **Rehbein**, B.G.B. Bd. 2 S. 432—433; **Stobbe-Lehmann**, Deutsch. Pr.R. Bd. 3 S. 282—284; **Hellwig**, Die Verträge auf Leistung an Dritte S. 390 flg.

Die zum Gesetz erhobene Bestimmung des § 419 B.G.B. setzt hiernach nicht den Tatbestand einer wirklichen Schuldübernahme nach §§ 414, 415 voraus, sondern lediglich den der Übernahme eines Vermögensinbegriffs, eines Aktivvermögens, kraft welcher, einerlei was die Vertragsparteien über die Übernahme der Schulden gewollt und bestimmt haben, selbst entgegen einem diese ausschließenden Parteiwillen (Abs. 3), der Übernehmer des Vermögens neben dem bisherigen Schuldner für dessen Schulden mit dem Bestande des übernommenen Vermögens, d. i. mit den Gegenständen, aus denen das Aktivvermögen besteht (Abs. 2), den Gläubigern unmittelbar verhaftet wird. Diese Haftung ist, wie das Berufungsurteil mit Recht hervorhebt, durchaus verschieden von der aus einer vertragsmäßigen Schuldübernahme nach §§ 414, 415 B.G.B. hervorgehenden, die im Falle der Genehmigung des Gläubigers den bisherigen Schuldner befreit, den Übernehmer aber mit seinem ganzen Vermögen für die übernommene Schuld einstehen läßt. Von der von seiten der Revision der Beklagten vertretenen Rechtsauffassung aus würde nicht nur diese abweichende Regelung nicht wohl verständlich erscheinen, sondern insbesondere auch § 419 Abs. 3 eines vernünftigen Sinnes überhaupt entbehren. Denn der Fall, daß in einem Vertrage über die Übernahme eines ganzen Vermögens der Übernehmer auch die Schulden des Übertragenden ausdrücklich übernimmt, gleichwohl aber seine Haftung gegenüber den Gläubigern ausgeschlossen bleiben soll, ist kaum denkbar und deshalb auch einer besonderen Regelung nicht bedürftig. Daß nach dem dargelegten Inhalte der Vorschrift des § 419 B.G.B. ebensowenig von einem Vorwegabzuge der Schulden von dem übernommenen Aktivvermögen, wie von einem Abzuge des dafür von dem Übernehme entrichteten Entgeltes die Rede sein kann, ist ohne weiteres ersichtlich. Das Gesetz will, daß da, wo die Vermögensmasse geblieben ist, die die natürliche Unterlage des einem Schuldner gewährten Kredites bildete, auch die Befriedigung von den Gläubigern soll gesucht werden können. Ob der Übernahmevertrag ein entgeltlicher oder unentgeltlicher ist, ist vor dem Gesetze gleich, und es schenkt Billigkeitsrücksichten gegenüber dem Erwerber so wenig Raum, daß es dessen Haftung bereits mit dem Abschlusse des Vertrages beginnen läßt, so daß er für die Schulden im Rahmen des Abs. 2 des § 419 selbst dann eintreten muß, wenn er von dem übernommenen Vermögen, das auf ihn nicht in einer Universalsukzession, sondern nur durch Übergabe, Auflassung und Abtretung der einzelnen Vermögensgegenstände und Rechte übergeht, noch gar nichts erhalten hat. Der Übernehmer hat gegen die Schuldenhaftung aus § 419 B.G.B. nur den Schutz des Abs. 2 des Gesetzes, die Beschränkung auf den Bestand des übernommenen Aktivvermögens; seine Gegenleistung für die Übertragung kommt nicht in Betracht. Sie kommt auch nicht, wie die Revision der Beklagten auszuführen versucht, insofern in Betracht, als sie dem Veräußerer zugeflossen ist und für diesen einen neuen Vermögensstock gebildet hat. Wäre diese Meinung der Revisionsklägerin zutreffend, so würde damit die Bestimmung des § 419 B.G.B.

für alle entgeltlichen Verträge, sobald der Entgelt geleistet worden ist, wieder außer Kraft gesetzt werden. Aber das Gesetz hat nur die — entgeltliche oder unentgeltliche — Übertragung eines gegenwärtigen, zur Zeit des Vertragsabschlusses bestehenden Vermögensganzen im Auge. Die vermögensrechtliche Persönlichkeit des Übertragenden darf, was bei physischen Personen immer der Fall ist, fortbestehen und neues Vermögen erwerben; dazu gehört auch das aus dem Übertragungsvertrage als Gegenleistung ihr entrichtete Entgelt. Das neue Vermögen des Veräußerers haftet den Gläubigern neben dem alten, auf den Übernehmer übergegangenen. Daß dies keineswegs eine unbillige Verdoppelung der Befriedigungsobjekte für den Gläubiger bedeuten muß, zeigt gerade der vorliegende Fall. Das von der Beklagten gezahlte Entgelt ließ allerdings die Radeberger Brauereigesellschaft nach dem Vertrage noch fortbestehen, aber nur zum Zwecke der Liquidation, nicht als Vermögen erhaltende, werbende und nutzende Persönlichkeit. Der Umstand, daß die Liquidation das aus dem Übernahmeentgelt neu gebildete Vermögen in alle Winde verstreut, so daß bei der Liquidation übergangene Gläubiger nichts mehr vorfinden, läßt den Gesetzesgedanken des § 419 B.G.B. gerade hier fruchtbar erscheinen.

Durch den dem gegenwärtigen Rechtsstreite zugrunde liegenden notariellen Übernahmevertrag vom 1. Juli 1903 hat die Radeberger Bierbrauerei-Aktiengesellschaft „die gesamten Geschäftsaktiven" der Brauerei nach dem Stande vom 30. September 1902, einschließlich des Rechtes zur Fortführung der Firma, an die Beklagte veräußert. Die veräußerten Objekte sollen sich aus der Inventur vom genannten Tage und den Inventurbüchern ergeben; jedoch sind auch solche Geschäftsaktiven, und zwar ohne besonderes Entgelt, mitveräußert, die in der Inventur nicht aufgeführt sind. Der Übernahmepreis ist nach Maßgabe des buchmäßigen Bestandes der einzelnen Aktivkonten festgesetzt. Daß hiermit eine Übertragung und Übernahme des Gesamtvermögens der Radeberger Brauerei ausgesprochen ist, hat das Berufungsgericht mit Recht angenommen. Der Vertrag hat gerade die Übernahme des gesamten Aktivvermögens der Radeberger Brauerei ausdrücklich zum Gegenstande gemacht. Der Ausschluß einzelner, im Verhältnisse zum Ganzen unbedeutender Vermögensgegenstände, der in dem Vertrage vorgesehen ist, ändert an dem

Charakter der Vermögensübertragung und der Übernahme nichts, wie schon in den Entsch. des R.G.'s in Zivils. Bd. 24 S. 260 ausgeführt ist.

Vgl. Rehbein, a. a. O. S. 434; Oertmann, Recht der Schuldv. 2. Aufl. S. 297; Planck, B.G.B. 3. Aufl. Bem. 4 zu § 419.

Die Beklagte will, daß auf den Vertrag vom 1. Juli 1903 nicht § 419 B.G.B., sondern § 25 H.G.B. angewendet werde, und meint, der Umstand, daß nach dem Tatbestande des landgerichtlichen Urteils gerade die der Verkäuferin gehörigen Grundstücke, die nach dem Berichte des Aufsichtsrates zum Brauereibetriebe nicht erforderlich waren, von der Veräußerung ausgeschlossen blieben, stütze diese Annahme, weil hiernach lediglich das gewerbliche Unternehmen der Radeberger Brauerei, das als Handelsgeschäft im Sinne des § 25 H.G.B. zu gelten habe, auf die Beklagte übertragen worden sei. Dem ist nicht zuzustimmen. Die Vorschrift des § 25 H.G.B. läßt für den Fall der Übertragung eines Handelsgeschäftes durch Vertrag unter Lebenden dann eine gegenüber § 419 B.G.B. erweiterte Haftung für die Schulden des Handelsgeschäftes mit dem ganzen Vermögen des Erwerbers eintreten, wenn die bisherige Firma fortgeführt wird; falls dies nicht geschieht, soll (Abs. 3 des § 25) der Erwerber für die früheren Geschäftsverbindlichkeiten nur haften, wenn ein besonderer Verpflichtungsgrund vorliegt. Allein § 25 H.G.B. und § 419 B.G.B. decken sich nicht und schließen sich nicht aus. Letztere Bestimmung hat die Übertragung des Vermögens, des Vermögensganzen einer Person zur Voraussetzung, während das Handelsgeschäft des § 25 H.G.B. zwar auch einen Vermögensinbegriff, aber nicht immer das ganze Vermögen des Veräußerers darstellt. Insbesondere braucht und pflegt das Handelsgeschäft, das Geschäftsvermögen, des Einzelkaufmanns sein ganzes Vermögen nicht zu erschöpfen; dagegen liegt — vgl. Staub, Komm. zum H.G.B. Anm. 12 zu § 22 — regelmäßig der Fall der §§ 311, 419 B.G.B. vor, wenn eine juristische Person ihr Vermögen, das eben ein geschäftliches Zweckvermögen ist, veräußert (§ 303 H.G.B.). Wenn dies zutrifft, verliert der Ausschluß der Haftung nach § 25 Abs. 3 H.G.B., dessen Anwendung die Beklagte im Auge hat, seine Voraussetzung; es liegt dann eben einer der besonderen Verpflichtungsgründe nach Abs. 3 des § 25 H.G.B. vor, der diesen Ausschluß der Haftung des Erwerbers außer Kraft setzt (vgl. Staub, a. a. O. Anm. 24 zu § 25). So liegt der Fall hier; der Vertrag vom 1. Juli 1903 hat das gesamte Aktivvermögen der Radeberger Brauerei-Aktiengesellschaft auf die Beklagte übertragen; ausgeschlossen sind nur einige Grundstücke, die — im Werte von 63300 M, gegenüber einem Übernahmewerte von 5480000 M des übrigen Vermögens — nur etwa $^1/_{86}$ des Gesamtvermögens ausmachen; daß die ausgeschlossenen Grundstücke gerade solche sind, die für das Brauereiunternehmen ohne Wert erscheinen, hindert die Anwendung des § 419 B.G.B. nicht. ...

Das Urteil des Berufungsgerichts hat der Beklagten die Beschränkung ihrer Haftung auf den Bestand des übernommenen Aktivvermögens gemäß § 419 B.G.B. vorbehalten. Die Anschließung des Klägers beanstandet dies aus formellen und materiellen Gründen: sie vermißt einen Antrag der Beklagten, diesen Vorbehalt auszusprechen, und sie meint weiter, daß es an den materiellrechtlichen Voraussetzungen für den Vorbehalt fehle, da nach der von der Beklagten nicht angefochtenen Feststellung des Gerichts erster Instanz das übernommene Vermögen die Forderungen aller noch nicht befriedigten Gläubiger der veräußernden Gesellschaft decke, und da mangels einer ordnungsmäßigen Liquidation zu diesem Vermögen auch die Ansprüche der liquidierten Gesellschaft gegen die Liquidatoren auf Schadensersatz und gegen die Aktionäre auf Erstattung der zuviel gezahlten Beträge gehörten. Der prozessuale Angriff ist nicht begründet; denn die Beklagte hat die Beschränkung ihrer Haftung gemäß § 419 Abs. 2 B.G.B. in ihrem vorgetragenen Schriftsatze vom 30. März 1907 geltend gemacht; eines mehreren bedarf es zu dessen Wahrung nicht; eine Aufnahme des Verlangens auf Ausspruch des Vorbehalts in den verlesenen Antrag ist nicht erforderlich. Aber auch materiell ist für den Ausspruch des Vorbehaltes dessen einfache Geltendmachung zur Begründung genügend. Ob der Vorbehalt Erfolg haben wird und geeignet ist, den Angriff des Gläubigers auf das übernommene Vermögen abzuwehren, darf nach den Bestimmungen der §§ 780 flg. Z.P.O., die gemäß § 786 Z.P.O. auch für den Fall der Haftung des Übernehmers aus § 419 B.G.B. gelten, der Ausführung des Schuldners im Zwangsvollstreckungsverfahren überlassen werden.

Vgl. Gaupp-Stein, Z.P.O. 8. und 9. Aufl. Bem. II zu § 780;

v. Staudinger, Komm. zum B.G.B. 2. Aufl. Bem. B, 1 zu §§ 1990—1992 Bd. 5 S. 203, sowie Entsch. des VII. Zivilsenates des R.G.'s vom 9. April 1907, Rep. VII. 328/06.
Das Berufungsgericht war nicht gehindert, schon in dem Urteile über das Vorhandensein der materiellen Voraussetzungen der Beschränkung zu entscheiden; aber es war hierzu nicht verpflichtet, sondern konnte sich auf den Vorbehalt im allgemeinen beschränken und die sachliche Entscheidung der Zwangsvollstreckungsinstanz zuschieben, in der nach § 781 Z.P.O. der Gläubiger jedes beliebige Vermögensstück des Schuldners zu seiner Befriedigung in Angriff nehmen und dadurch den letzteren zwingen darf, die Unzulässigkeit dieses Vorgehens nach Maßgabe des ausgesprochenen Vorbehaltes darzutun. Nachdem im gegebenen Falle das Berufungsgericht in dieser Weise verfahren ist, mußte es in der Revisionsinstanz dabei verbleiben; ein Rechtsverstoß ist in dieser prozessualen Behandlung des Vorbehalts nicht zu finden. Es ist deshalb hier nicht darauf einzugehen, ob die vom Kläger zu der sachlichen Berechtigung des Vorbehaltes nach § 419 Abs. 2 B.G.B. für die Beklagte gemachten Ausführungen begründet sind oder nicht. . . .

Die Kostenlast für die Revisionsinstanz regeln die §§ 92, 97 101 Z.P.O. Der Nebenintervenient hat zwar selbständig von seiner Befugnis, Rechtsmittel einzulegen, Gebrauch gemacht; außerdem hat aber auch die von ihm unterstützte Partei selbst die Rechtsmittelinstanz beschritten. Sie ist deshalb nach den Grundsätzen der §§ 66, 67 Z.P.O. als die prozeßführende Partei der Revisionsinstanz anzusehen, die, soweit sie unterliegt, die Kosten des Rechtsmittels zu tragen hat, während dem Nebenintervenienten nur die durch die Nebenintervention verursachten Kosten zur Last fallen (§ 101 Z.P.O.; Entsch. des R.G.'s in Zivils. Bd. 59 S. 173)" . . .

---

65. Schadensersatzanspruch der Witwe, deren Ehemann durch eine unerlaubte Handlung des Beklagten getötet worden ist, nach § 844 B.G.B. Wie gestaltet sich dieser Anspruch bezüglich der Entziehung des Unterhalts, insbesondere bei gütergemeinschaftlicher Ehe?

VI. Zivilsenat. Urt. v. 6. Juli 1908 i. S. H. (Bekl.) w. P. Wwe. (Kl.). Rep. VI. 405/07.

I. Landgericht Lissa.
II. Oberlandesgericht Posen.

Aus den Gründen:

... „Zu rechtlichen Bedenken gibt ... die Beurteilung des von der Klägerin in Gestalt einer Rente wegen Verlustes des Rechts auf den Unterhalt nach § 844 B.G.B. erhobenen Schadensersatzanspruches ... durch das Berufungsgericht Veranlassung.

Die klagende Witwe hat einen Anspruch gegen den Beklagten, der durch seine Schuld den Tod ihres Ehemannes herbeigeführt hat, lediglich und ausschließlich nach Maßgabe des § 844 B.G.B.; der Beklagte hat ihr durch Entrichtung einer Geldrente Ersatz zu leisten für den Schaden, der ihr durch Wegfall der von ihrem Ehemann ihr geschuldeten Unterhaltsleistungen nach Maßgabe der besonderen Lebensverhältnisse des Getöteten erwachsen ist.

Die Klägerin hat nun mit ihrem Ehemann im Güterstande der in der Provinz Posen in Geltung gewesenen allgemeinen Gütergemeinschaft des preußischen Allgemeinen Landrechts gelebt, der gemäß Art. 47 preuß. A.G. z. B.G.B. seit Einführung des Bürgerlichen Gesetzbuchs nach dessen Vorschriften über die allgemeine Gütergemeinschaft zu beurteilen ist, mit der Maßgabe, daß eine fortgesetzte Gütergemeinschaft nur eintritt, wenn sie durch Ehevertrag vereinbart ist (§ 4 des angezogenen Art. 47). Wenngleich nun der Grundsatz des § 1360 B.G.B., wonach der Ehemann nach Maßgabe seiner Lebensstellung, seines Vermögens und seiner Erwerbsfähigkeit in der durch die eheliche Lebensgemeinschaft gebotenen Weise Unterhalt zu gewähren hat, für alle Ehen gilt, gleichviel welcher Güterstand sie beherrscht, so ergibt sich doch aus der Vermögenseinheit der allgemeinen Gütergemeinschaft von selbst und ist auch in § 1458 B.G.B. ausdrücklich ausgesprochen, daß der eheliche Aufwand dem Gesamtgute zur Last fällt, woraus folgt, daß auch der der Ehefrau gebührende Unterhalt aus dem Gesamtgute zu entnehmen ist (vgl. Jurist. Wochenschr. 1903 Beil. Nr. 284). Deshalb kann der Klägerin zunächst ein Schadensersatzanspruch gegen den Beklagten nur für den Teil des Unterhaltes zukommen, der ihr aus dem Vermögen des Ehemannes, aus seiner Hälfte des gütergemeinschaftlichen Vermögens, geleistet wurde. Insofern weiter im gegebenen Falle nach der Feststellung des Berufungsgerichts . . . das Gesamtgut ganz in die Nutzung der Klägerin übergegangen ist, die nach mit ihrem Ehemann errichtetem gemeinschaftlichen Testamente Fiduziarerbin der diesem gehörigen Hälfte der gütergemeinschaftlichen Masse geworden ist, ist ihr durch den Tod ihres Ehemannes ein Schade nach § 844 B.G.B. überhaupt nicht erwachsen, da ihr in den Erträgnissen des ungeteilten Gesamtgutes dieselben Mittel für ihren Unterhalt auch jetzt zu Gebote stehen, die zu diesem Zwecke bei Lebzeiten des Ehemannes von beiden Eheleuten gemeinschaftlich aufgebracht wurden (vgl. Entsch. des R.G.'s in Zivils. Bd. 64 S. 350, insbesondere S. 355—357). Diese Sach- und Rechtslage wird auch vom Berufungsgericht an sich nicht verkannt.

Das Berufungsgericht nimmt aber an, daß die Klägerin dennoch in der Weise durch den Tod ihres Ehemannes einen Schaden erlitten habe, daß ihr dadurch dessen Arbeitskraft und damit die Möglichkeit eines gleich hohen Ertrages der Güter wie bei seinen Lebzeiten verloren gegangen sei, der nur durch die Annahme eines besonders tüchtigen und erfahrenen Wirtschaftsinspektors auf derselben Höhe erhalten werden könne. Die für die Bestellung eines solchen Wirtschaftsinspektors aufzuwendenden Kosten würden deshalb den vom Beklagten der Klägerin zu vergütenden Schaden darstellen. Wenn die Klägerin, wie der Beklagte behaupte, einen neuen, besonders tüchtigen Wirtschaftsinspektor als Ersatz für die Arbeitskraft ihres Ehemannes nicht angestellt, sondern die Oberleitung des Gutes selbst in die Hand genommen habe, so habe der Beklagte ihr diese Arbeitsleistung zu vergüten.

Diesen Erwägungen ist nicht beizustimmen. Sie sind mit den dafür angezogenen Entscheidungen des erkennenden Senats, Jurist. Wochenschr. 1907 S. 23 Nr. 26 (Entsch. in Zivils. Bd. 64 S. 350) und S. 130 Nr. 10 nicht zu vereinigen und verkennen den Charakter des der Witwe aus der nicht an ihr, sondern gegenüber ihrem Ehemanne verübten unerlaubten Handlung des Schädigers zustehenden Schadensersatzanspruches. Der Beklagte hat der Klägerin keinerlei Vergütung für ihre Arbeitskraft zu leisten und keinerlei Kosten zu erstatten, die sie aufwenden muß, um die Güter in gleichem Ertrage wie früher zu erhalten. Das würde einen Schadensersatzanspruch darstellen, der dem Verletzten selbst zugekommen sein möchte, wenn er am Leben geblieben, aber durch den Unfall arbeits- und erwerbsunfähig geworden wäre (§ 843 B.G.B.). Als Entschädigung für die Klägerin kann nach § 844 B.G.B. nur diejenige Quote des aus der Arbeitskraft ihres Ehemannes erzielten Gewinnes in Rechnung kommen, die davon nach den besonderen Verhältnissen, insbesondere der Zahl der ebenfalls zu unterhaltenden Kinder, aber auch der Lebensweise des Ehemannes, auf den aus seinem Vermögen für die Klägerin zu leistenden Teil des Unterhalts entfallen sein würde, wogegen der Teil außer Betracht zu bleiben hat, der von dem Ehemann zur Befriedigung seiner persönlichen Bedürfnisse zurückbehalten, sowie zum Unterhalte der Kinder verwendet worden wäre. In demselben Verhältnis können deshalb auch nur die Kosten einer Ersatzkraft für die Arbeitsleistung ihres Ehemannes der Klägerin zur Ausgleichung des Verlustes an ihrem Unterhalt infolge des Wegfalles der Arbeitskraft ihres Ehemannes zugesprochen werden. Bei dieser auf der Grundlage des § 844 B.G.B. nach Maßgabe des § 287 Z.P.O. vom Gericht vorzunehmenden Schätzung sind, wie bereits bemerkt wurde, insbesondere auch die wirtschaftlichen Lebensgewohnheiten des Verstorbenen, sofern sie auf die Höhe des von ihm aus seinem Vermögen der Klägerin zu leistenden Unterhalts von Einfluß gewesen sein würden, wie von dem Beklagten behauptet wird, zu berücksichtigen. Einen Gewinn soll die Witwe aus der unerlaubten Handlung, die ein Dritter ihrem Ehemanne zugefügt hat, und die dessen Tod zur Folge hatte, nicht ziehen; sie erhält auch nicht allen und jeden Vermögensnachteil ersetzt, der ihr daraus entstanden sein könnte; sie soll nur in ihrem Recht auf Unterhalt nicht geschmälert werden (vgl. Jurist. Wochenschr. 1906 S. 747 Nr. 19). Stand etwa der persönliche Verbrauch des Getöteten zu dem normalen Anteile, der ihm als dem Ehemann und Familienhaupt an den Erträgnissen des Gutes nach den Lebensverhältnissen, in denen die Ehegatten sich bewegten, gebührte, in einem Mißverhältnis, und überwog er das durch seine Arbeitskraft und Arbeitsleistung erzeugte Mehrerträgnis des Gutes, dann wird von einem Schaden der Klägerin an ihrem Unterhalt infolge des Wegfalles der Arbeitskraft ihres Ehemannes überhaupt nicht mehr die Rede sein können (Jurist. Wochenschr. a. a. O.)." ...

66. Ist der Richter befugt, für die nach § 843 B.G.B. dem durch eine unerlaubte Handlung körperlich Verletzten vom Schädiger zu entrichtende Geldrente anstatt der in § 760 B.G.B. bestimmten vierteljährlichen Vorauszahlung eine andere Zahlungsart festzusetzen?

VI. Zivilsenat. Urt. v. 9. Juli 1908 i. S. v. Pf. (Kl.) w. Allg. Lokal- und Straßenbahn-Gesellschaft (Bekl.). Rep. VI. 490/07.

I. Landgericht Dortmund.
II. Oberlandesgericht Hamm.

Aus den Gründen:

... „Das Berufungsgericht hat ... dem Kläger auf Lebenszeit eine Kurrente von 2000 ℳ zugesprochen, die es jedoch nicht in vierteljährlich im voraus zu entrichtenden Raten, sondern in ganzer Höhe zu Anfang eines jeden Jahres fällig werden läßt. Es begründet diese Abweichung von der Regel der §§ 843, 760 B.G.B., § 7 H.Pfl.Ges. damit, daß der Kläger auf diese Weise „eines gerechten Ausgleichs wegen mit Rücksicht auf die jeweilige Lage seiner Gesundheit frei über die zum Kurgebrauch zu verwendende Zeit bestimmen kann". Die Revision der Beklagten rügt, daß die festgesetzte jährliche Vorauszahlung der Rente den angezogenen gesetzlichen Bestimmungen widerspreche.

Auch dieser Revisionsangriff der Beklagten, dessen praktische Bedeutung hauptsächlich in der Vorschrift des § 760 Abs. 3 B.G.B. ruht, war für begründet zu erachten.

Die sog. Kurrente ist dem Kläger zum Zwecke eines regelmäßigen Kurgebrauchs in jedem Jahre, den das Berufungsgericht zur Erhaltung seines Lebens für erforderlich erachtet, zugesprochen; sie erscheint unter dem Gesichtspunkt einer Rente wegen Vermehrung der Bedürfnisse nach § 843 B.G.B., § 7 H.Pfl.Ges. Zunächst ist nun nach dem Gesetz diese Rente nicht eine besondere neben der Rente wegen des Verlustes oder der Minderung der Erwerbsfähigkeit; vielmehr ist die Schadensersatzleistung durch Entrichtung einer Geldrente nach den angezogenen gesetzlichen Bestimmungen eine einheitliche Leistung, für deren Festsetzung der Höhe nach sowohl auf die Minderung der Erwerbsfähigkeit wie auch auf die Vermehrung der

Bedürfnisse des Verletzten Bedacht zu nehmen ist (vgl. Entsch. des R.G.'s in Zivils. Bd. 47 S. 405, Jurist. Wochenschr. 1906 S. 236 Nr. 23, S. 359 Nr. 21, S. 472 Nr. 33). Diese Rente ist nach dem Gesetz auf Grund der in den angezogenen Gesetzesbestimmungen für anwendbar erklärten Vorschrift des § 760 B.G.B. in vierteljährlichen Vorauszahlungen zu entrichten. Es fragt sich, ob der Richter befugt ist, eine andere Art der Zahlung, sei es in Gestalt einer Nachzahlung, sei es in anderen Zeitabschnitten, in dem über den Schadensersatz befindenden Urteile anzuordnen. Die Frage ist zu verneinen (a. A. Crome, System des bürgerl. Rechts Bd. 2 S. 1077).

Die Vorschriften des § 760 Abss. 1 und 2 sind zunächst für den Leibrentenvertrag gegeben. Sie sind nicht zwingender Natur; durch Vereinbarung der Vertragsparteien kann eine andere Zahlungsweise ausgemacht werden (vgl. Oertmann, Recht der Schuldv. 2. Aufl.; v. Staudinger, Komm. z. B.G.B. 2. Aufl. Bem. 1 zu § 760). Daraus folgt indessen nicht, daß auch das Gericht berechtigt wäre, bei Anwendung des § 760 B.G.B. auf die Rentenansprüche aus unerlaubter Handlung nach § 843 B.G.B. und § 7 H.Pfl.Ges. von der gesetzlichen Regel abzuweichen und eine andere Zahlungsart festzusetzen. Die Vertragsparteien des Leibrentenvertrages haben über die Ordnung ihrer Vermögensrechte frei zu bestimmen; sie nehmen freiwillig die rechtlichen Folgen der von ihnen gewollten anderen Ordnung auf sich. Der Richter hat aber nicht das Recht, von der gesetzlichen Regel abweichende Verfügungen zu treffen, sofern das Gesetz ihm dazu nicht selbst die Befugnis verleiht. Das ist jedenfalls nicht ausdrücklich geschehen. Es würde aber auch dem Sinn und Zwecke des Gesetzes widerstreiten, wenn es in das freie Ermessen des Gerichts gestellt würde, anstatt der Vorauszahlung auf eine Nachzahlung, anstatt einer vierteljährlichen periodischen Zahlung auf eine solche in Zeitabschnitten von einer Woche, einem Monat, einem halben oder einem ganzen Jahre, ja selbst von mehreren Jahren zu erkennen; damit würde die vom Gesetzgeber für zweckmäßig erachtete allgemeine und einheitliche Regelung aufgehoben, der gesetzlichen Bestimmung ihr Wert genommen sein. Das Recht, von der gesetzlichen Regel Ausnahmen zu machen, kann dem Richter um so weniger zugestanden werden, als die Bestimmung des Abs. 3 des § 760 B.G.B. der Periodisierung der Rente die rechtliche Wirkung beilegt, daß dem Gläubiger der volle auf den Zeitabschnitt entfallende Betrag gebührt, wenn er auch nur den Beginn des Zeitabschnittes erlebt hat. Diese Bestimmung hat im gegebenen Falle den Revisionsangriff der Beklagten veranlaßt, die, auf Grund der von ihr behaupteten Tatsache, daß der am 9. Januar 1908 verstorbene Kläger am 2. Januar 1908 nach Maßgabe des vorläufig vollstreckbaren Berufungsurteils den Rentenbetrag eines ganzen Jahres von 2000 *M* beigetrieben und gezahlt erhalten habe, die Rückzahlung von drei Vierteilen des gezahlten Betrages mit 1500 *M* in Antrag gebracht hat.

Die vom Berufungsgericht angeordnete Vorauszahlung der Kurrente auf ein ganzes Jahr war daher nicht für gesetzlich zulässig zu erachten. Der dafür vom Berufungsgericht angeführte Grund erscheint auch nicht geeignet, eine Abweichung von der gesetzlichen Regel unter Umständen als zweckmäßig darzutun; bei geordneter ökonomischer Lebensführung wird die Verteilung des in vierteljährlichen Zeitabschnitten bezogenen Renteneinkommens zur Befriedigung der verschiedenen Lebensbedürfnisse des Jahres keine Schwierigkeit machen." ...

---

67. Zum Begriffe des Generalbevollmächtigten im Sinne von § 173 Z.P.O. Kann als solcher der Vorsitzende einer örtlichen „Zahlstelle" eines Zentralverbandes von Berufsgenossen für Rechtsstreitigkeiten des Zentralverbandes angesehen werden?

VI. Zivilsenat. Urt. v. 24. September 1908 i. S. Sch. (Kl.) w. Zentralverband der Zimmerer usw. (Bekl.). Rep. VI. 546/07.

I. Landgericht Hamburg.
II. Oberlandesgericht daselbst.

Im Januar 1907 wurde gegen den Kläger von seiten des „Zentralverbandes der Zimmerer und verwandten Berufsgenossen Deutschlands, Zahlstelle Hamburg und Umgegend" eine Arbeitssperre verhängt. Der Kläger verklagte den Verband unter der gleichen Bezeichnung dahin, daß er die Sperre aufzuheben und die Aufhebung öffentlich bekannt zu machen habe. In der Klageschrift war als

Vertreter des Beklagten („Vorsitzender") A. L. benannt, welchem auch die Klage zugestellt wurde. Das Landgericht erließ eine vom Kläger beantragte einstweilige Verfügung und erkannte weiterhin dem Klagantrage entsprechend. Auf die Berufung des Beklagten wurde die Klage abgewiesen, und die einstweilige Verfügung aufgehoben. Die Revision des Klägers hatte den Erfolg, daß das Berufungsurteil aufgehoben, und die Sache an das Berufungsgericht zurückverwiesen wurde.

Aus den Gründen:

... „Der Anwalt der verklagten Partei hat in den Vorinstanzen zunächst vorgebracht, daß die Zahlstelle des Zentralverbandes der Zimmerer und verwandten Berufsgenossen in Hamburg, nicht der Zentralverband selbst verklagt sei, daß aber die Zahlstelle (die übrigens eventuell durch denselben Anwalt als Prozeßbevollmächtigten vertreten würde) nicht parteifähig sei. Weiterhin aber wurde geltend gemacht, daß, wenn der Zentralverband als verklagt angesehen werde, die Klagerhebung nicht wirksam erfolgt, und Rechtshängigkeit nicht begründet worden sei, da die Klage dem Vorsitzenden der Zahlstelle L. zugestellt wurde, dieser aber nicht gesetzlicher Vertreter des Zentralverbandes sei, als solcher vielmehr lediglich der Verbandsvorsitzende Schr. gelten könne. Der erste Richter hat die beiden Einwände für unbegründet erachtet. Das Berufungsgericht hat angenommen, daß die Klage, wie aus deren Begründung und dem Klagantrage, namentlich aber aus den wiederholten Erklärungen des klägerischen Anwalts im Prozesse sich als unzweifelhaft ergebe, gegen den Zentralverband, und nicht gegen die Zahlstelle gerichtet sei. Dagegen hat es dem Beklagten darin Recht gegeben, daß die gegen den Zentralverband gerichtete Klage nicht gesetzmäßig zugestellt sei. L. sei weder als gesetzlicher Vertreter des Zentralverbandes, noch auch als dessen Vorsteher im Sinne von § 171 Z.P.O. anzusehen. Vorsteher des Verbandes seien nach § 16 des Statutes nur die neun Personen des Zentralvorstandes, zu denen L. unstreitig nicht gehöre, und Vertreter des Verbandes gegen Dritte sei nach § 16 Nr. 3 nur einer dieser Neun, der Verbandsvorsitzende. Die Wirksamkeit der erfolgten Klagezustellung gegen den Zentralverband könne der Kläger auch nicht aus § 187 Z.P.O. herleiten. Aus diesem Grunde ist die Klage abgewiesen.

Nach den Ausführungen des Berufungsurteils und im Hinblick auf die erwähnten Bestimmungen des Statuts bestehen in betreff der Parteistellung, der Parteifähigkeit und der gesetzlichen Vertretung des verklagten Verbandes keine Zweifel. Daß der Zentralverband verklagt ist, steht fest. Dieser Verband hat als ein nicht rechtsfähiger Verein im Sinne von § 54 B.G.B. nach § 50 Abs. 2 der Z.P.O. passive Parteifähigkeit, und gemäß § 26 Abs. 2 B.G.B. wird er im Prozesse durch den Vorstand gesetzlich vertreten. Es handelt sich für die gegenwärtige Instanz allein um die Frage, ob die Klage rechtsgültig erhoben ist.

Die Revision verstellt zunächst zur Nachprüfung, ob nicht die Vorschrift des § 187 Z.P.O. vorliegend zur Anwendung komme. (Dies wird verneint, und dann fortgefahren:)

Nach § 171 Abss. 2 und 3 Z.P.O. hätte die Zustellung an die Vorsteher oder selbst an nur einen der mehreren Vorsteher des Vereines genügt, und es wäre diesfalls die Angabe des Vorstehers in der Adresse nicht unbedingt erforderlich gewesen (vgl. Gaupp-Stein, Z.P.O. zu § 171 Bem. III, IV 8./9. Aufl. S. 423 flg.). Allein dem Berufungsgericht ist darin nicht Unrecht zu geben, daß dem Zahlstellenvorsitzenden L. die Eigenschaft eines Vorstehers des Zentralverbandes nach dessen Statut nicht zukommt. Allerdings werden in § 13 des Statuts neben dem Zentralvorstande auch die Zahlstellenvorstände als „Organe" des Verbandes aufgeführt. Aber als Vorsteher des Zentralverbandes können doch wohl nur die neun Personen, aus denen nach § 16 der Zentralvorstand selbst besteht, in Betracht kommen; eine Stellung im Zentralvorstande selbst ist dem Zahlstellenvorsitzenden nicht angewiesen.

Nun wird aber von der Revision weiter geltend gemacht, es hätte geprüft werden müssen, ob nicht die Zustellung an L. gemäß § 173 Z.P.O. erfolgen konnte. Das sei in der Tat anzunehmen, da die Zahlstelle Hamburg und somit auch deren Vorsitzender L. die gesamten örtlichen Geschäfte des Verbandes, namentlich die Verhandlungen mit den Arbeitgebern, besorge. Es sei dies auch in der Vorinstanz vom Kläger geltend gemacht, und durch den Antrag auf Berichtigung des Tatbestandes vom 8. Juli 1907 die Aufnahme der bezüglichen Erklärungen in den Tatbestand beantragt worden. Der Zahlstellenvorsitzende, sei behauptet worden, habe, wenn er auch nicht als Vorsteher zu betrachten wäre, jedenfalls eine so weitgehende Vollmacht, daß er als legitimiert gelten müsse, in Rechtsstreitigkeiten über die Verhängung von Sperren den Verband vor Gericht zu vertreten. Davon sei offenbar auch das Landgericht ausgegangen, indem es annahm, daß die Zahlstelle innerhalb des ihr zugewiesenen Wirkungskreises zur Vertretung des Zentralverbandes und zur Empfangnahme von diesen Wirkungskreis betreffenden Klagen für den Verband befugt sei. Darauf, ob vom ersten Richter und vom Kläger der § 173 Z.P.O. ausdrücklich angezogen worden sei oder nicht, ... könne es nicht ankommen. Diesem Angriff ist die Beachtung nicht zu versagen.

Entscheidend kann allerdings nur sein, ob der Kläger, mag er sich auch nicht ausdrücklich auf den § 173 Z.P.O. berufen haben, sachlich einen Tatbestand dargelegt hat, welcher die Anwendung dieser Gesetzesvorschrift rechtfertigt. Der Begriff des „Generalbevollmächtigten" im Sinne von § 173 Z.P.O. (wie auch sonst im Rechtsleben) ist nicht auf den zur Verwaltung aller Vermögensangelegenheiten des Vollmachtgebers Berufenen (Motive zu § 159 des Entwurfs S. 146) zu beschränken, vielmehr auch dann anwendbar, wenn sich die Vollmacht nur auf einen bestimmten, durch objektive Merkmale begrenzten, größeren Kreis von Vermögensangelegenheiten des Vollmachtgebers bezieht, in diesem Umfange den Bevollmächtigten zur Besorgung aller Geschäfte des Vollmachtgebers ermächtigt, die Vertretungsmacht dieses ganze Genus von Geschäften umfaßt.

Vgl. Urteil des erkennenden Senats vom 30. Oktober 1907, Entsch. in Zivils. Bd. 67 Nr. 8 S. 22 flg.; Pfizer, in Gruchot's Beiträgen Bd. 27 S. 216 flg.; Seuffert, Z.P.O. § 173 Bem. 1, a 10. Aufl. S. 267; Petersen-Remelé, Z.P.O. § 173 Bem. 3 S. 373; Skonietzki u. Gelpcke, Z.P.O. § 173 Bem. 3 S. 415 (abweichend Gaupp-Stein, Z.P.O. § 173 Bem. II 8./9. Aufl. S. 425, vgl. Bem. III Note 11).

Für das Verhältnis des Zentralverbandes der Zimmerer und verwandten Berufsgenossen Deutschlands zu dessen Zahlstellen kommen nun die folgenden (in den Verhandlungen dieses Prozesses vorgetragenen) Bestimmungen des Statuts in Betracht. Unter der Überschrift „Lokalverwaltung" ist in den §§ 19—23 die Organisation der Zahlstellen, zu denen Mitglieder des Zentralverbandes zusammentreten können (§ 19 Nr. 1) geregelt. Nach § 19 Nr. 5 setzt jede Zahlstelle ihren Vorstand selber ein, der aus sechs Personen, einem Vorsitzenden, einem Schriftführer, einem Kassierer und je einem Stellvertreter derselben, bestehen muß; die Bestätigung dieser Personen unterliegt der Zentralleitung. Der § 21 bestimmt in Nr. 1 die Aufgabe der Zahlstellen dahin: Lohn- und Arbeitsbedingungen zu regeln, Statistiken aufzustellen, mit den Unternehmern in ihren Wirkungskreisen über Veränderungen der Lohn- und Arbeitsbedingungen zu unterhandeln und etwa vorkommende Streiks oder Ausschlüsse zu leiten. Nach Nr. 2 sind die Zahlstellenvorstände, bzw. Zahlstellen verpflichtet, den Beschlüssen der Generalversammlung und den Anordnungen des Zentralvorstandes entsprechend zu handeln. Der § 22 wiederum besagt, daß die Zahlstellen mit Berücksichtigung dieses Statuts ihre inneren Angelegenheiten selbst zu bestimmen und ihre Beamten ein- und abzusetzen haben, dem Zentralverbande aber die Pflicht obliege, bei Unterlassungen darauf aufmerksam zu machen. Es kann zweifelhaft erscheinen und ist auch vom Berufungsgerichte dahingestellt gelassen, ob die Zahlstelle ein dem Zentralverbande gegenüber selbständiges Rechtsgebilde darstellt, etwa als engere Personenvereinigung innerhalb des weiteren Verbandes. Immerhin ist aus dem Statut soviel zu entnehmen, daß die Zahlstelle, wenn ihr auch in gewissen Grenzen ein Selbstbestimmungs- und Selbstverwaltungsrecht eingeräumt ist, namentlich ein Verfügungsrecht über die örtlichen Fonds zusteht (§ 21 Nr. 4), doch dem Zentralverbande organisch eingegliedert ist und zu ihm in einem Abhängigkeitsverhältnisse steht. Sie übt die örtliche Vereinstätigkeit — „Lokalverwaltung" —, obzwar in bestimmtem Maße selbständig, zugleich im generellen Auftrage und unter der Aufsicht des Zentralverbandes aus, indem sie innerhalb ihres Wirkungskreises die zur Verfolgung der Zwecke des Gesamtverbandes dienenden Geschäfte mit umfassender Vertretungsmacht zu besorgen hat. Zu dem in § 21 des Statuts umschriebenen Wirkungskreise der Zahlstelle gehört, wie nach den Erklärungen des Beklagten im Prozesse anzunehmen ..., die Verhängung von Arbeitssperren. L. soll **deshalb** als Vorsitzender des Vorstandes der Zahlstelle berechtigt gewesen sein, die Sperre über den Bau des Klägers anzuordnen. Tatsächlich sind die betreffenden Ausschreiben in der Zeitung „Hamburger Echo" erlassen vom Vorstande unter der Überschrift

„Zentralverband der Zimmerer und verw. Berufsgenossen Deutschlands, Zahlstelle Hamburg und Umgegend“. Freilich stellt sich der Beklagte im Prozesse auf den Standpunkt, daß der Zentralverband nicht für die Handlungen der Zahlstelle aufzukommen brauche, die Zahlstelle, sofern sie selbständig die Sperre verhänge, auch allein dafür verantwortlich zu machen sei. (Andererseits wurde wieder geltend gemacht, daß die Zahlstelle als solche nicht parteifähig sei.) Indes für die gegenwärtige Entscheidung ist auf die materielle Frage der Verantwortlichkeit nicht einzugehen, aber zu unterstellen, daß die Sperre gegen den Kläger von dem Zahlstellenvorsitzenden auch im Namen des Zentralverbandes angeordnet worden ist. Wenn es danach dem Zahlstellenvorstand und dessen Vorsitzenden zusteht, Streiks, Ausschlüsse, Sperren anzuordnen und zu leiten, die Unterhandlungen darüber mit den Unternehmern zu führen, so läßt das den Schluß zu, daß es auch im allgemeinen Sache jener Organe sei, Streitigkeiten in Beziehung auf derartige Maßregeln mit den Unternehmern auszufechten und alle diese Angelegenheiten betreffenden Geschäfte wahrzunehmen. Und dies ist, wenn anders der Streik, die Sperre eine Angelegenheit nicht bloß der Zahlstelle, sondern des Gesamtverbandes darstellt, auch die Vermögensverhältnisse des letzteren berührt, eine insofern für den Zentralverband in dessen Vertretung geübte Geschäftsbesorgung.

Allerdings ist nach § 16 Ziff. 3 des Statuts „Vertreter des Verbandes gegen Dritte“ der Verbandsvorsitzende, der somit in Rechtsstreitigkeiten des Zentralverbandes als dessen gesetzlicher Vetreter nach § 26 Abs. 2 B.G.B., § 171 Abs. 1 Z.P.O. zu gelten hat. Aber dies steht der Annahme nicht entgegen, daß für solche Prozesse, welche den Wirkungskreis der örtlichen Zahlstelle betreffen, dem Vorstande der Zahlstelle und folgeweise dem Vorsitzenden dieses Vorstandes die Rechtsstellung eines Generalbevollmächtigten des Gesamtverbandes im Sinne von § 173 Z.P.O. zukommt. Der § 173 mag auf dem Gedanken beruhen, daß der Generalbevollmächtigte, der Prokurist nach dem Umfange ihrer Vollmacht befugt sind, den Vollmachtgeber insbesondere auch vor Gericht zu vertreten (vgl. Pfizer, a. a. O.; Skonietzki u. Gelpcke, a. a. O. § 173 Bem. 6). Aber diese positive Gesetzesvorschrift selbst hat zum Gegenstande nur die Vertretungsbefugnis für eine einzelne Prozeßhandlung, nicht für die Prozeßführung im ganzen, und verlangt namentlich nicht eine Ermächtigung zur Prozeßführung von der Art, wie sie dem gesetzlichen Vertreter der Partei nach §§ 51, 56 Z.P.O. und den entsprechenden Bestimmungen des bürgerlichen Rechtes eigen ist. Der Generalbevollmächtigte und der Prokurist werden in § 173 dem gesetzlichen Vertreter nur insoweit gleichgestellt, als sie jedem Dritten gegenüber kraft Gesetzes als Vertreter der Partei für die Zustellung, besonders die der Klage, gelten, wobei die Vollmacht zur Führung des Prozesses zunächst nicht in Frage kommt.

Vgl. Gaupp-Stein, Z.P.O. § 171 Bem. I Abs. 2, § 173 Bem. I 8./9. Aufl. S. 423, 425; Planck, Deutsches Zivilprozeßrecht Bd. 1 § 46 Nr. VII S. 225 und Anm. 27.

Im vorliegenden Falle darf angenommen werden, daß der Vorsitzende der Zahlstelle vermöge der ihm durch Statut und Bestallung übertragenen Aufgabe und der darin liegenden generellen Vollmacht zum mindesten für die Zustellung der Klage in Prozessen über die in § 21 des Statuts aufgeführten Angelegenheiten, insbesondere über Streiks oder Arbeitssperren, die von seiten der Zahlstelle verhängt worden sind, als Vertreter des Zentralverbandes legitimiert ist.

Da hiernach auf Grund der dem Revisionsgericht gemäß § 561 Abss. 1 und 2, § 554 Nr. 2, b, c Z.P.O. zukommenden Beurteilung die gegen den Zentralverband gerichtete Klage für rechtswirksam erhoben zu erklären ist, so war das angefochtene Urteil aufzuheben, und die Sache zur anderweiten Verhandlung und Entscheidung (über die Hauptsache sowie die einstweilige Verfügung) an das Berufungsgericht zurückzuverweisen." ...

---

68. Welche Bedeutung hat die Vertragsabmachung: „Lieferung bis zirka Ende eines bestimmten Monats (Juni)" für die Fälligkeit der Leistung, wenn es sich darum handelt, ob eine rechtswirksame Mahnung und Nachfristsetzung gemäß § 326 B.G.B. erfolgt ist?

II. Zivilsenat. Urt. v. 6. Oktober 1908 i. S. N. (Bekl.) w. H. (Kl.). Rep. II. 103/08.

I. Landgericht Hamburg.
II. Oberlandesgericht daselbst.

Der Kläger kaufte am 21. Februar 1905 vom Beklagten Redpine- und Pitchpine-Holz, Lieferung bis zirka Ende Juni in Dresden. Da das Holz bis dahin in Dresden nicht eintraf, setzte der Kläger mit Schreiben vom 1. und 4. Juli 1905 dem Beklagten Nachfrist bis zum 21. Juli 1905 und begehrte, als bis dahin das Holz nicht eingetroffen war, von demselben Schadensersatz wegen Nichterfüllung. Das Oberlandesgericht erklärte diesen Anspruch dem Grunde nach für berechtigt. Der Revisionsangriff, daß der Kläger die Rechte aus § 326 B.G.B. nicht geltend machen könne, weil zur Zeit der Mahnung und Nachfristsetzung die Lieferung noch nicht fällig gewesen sei, wurde zurückgewiesen.

Aus den Gründen:

... „An zweiter Stelle rügt der Beklagte Verletzung des § 326 B.G.B., da zur Zeit der Mahnung und der Setzung der Nachfrist von seiten des Klägers, nämlich am 4. Juli 1905, die Lieferungsfrist noch nicht abgelaufen gewesen sei, also von einem Verzuge seinerseits nicht die Rede sein könne. Auch dieser Angriff kann keinen Erfolg haben. Richtig ist, daß nach § 284 B.G.B. der zur Anwendung des § 326 erforderliche Verzug und die Setzung der Nachfrist die Fälligkeit der Leistung des Schuldners, im vorliegenden Falle der vom Beklagten zu machenden Lieferung, zur Voraussetzung haben. Das war aber Ende Juni 1905 der Fall, also vor den Schreiben des Klägers vom 1. und 4. Juli 1905, worin er dem Beklagten Nachfrist unter Androhung von Schadensersatz gewährte. Daran wird dadurch nichts geändert, daß die Lieferung zirka Ende Juni vereinbart war, und mit Rücksicht hierauf das Oberlandesgericht den dem Beklagten zukommenden Spielraum in der Lieferungsfrist unter Berücksichtigung der langen Zeit, die ihm seit dem Kontraktschluß bereits für die Regulierung zur Verfügung gestanden hatte, auf 10 Tage bemessen hat. Dieser nach dem Ermessen des Gerichts dem Beklagten für die Lieferung gewährte Zeitraum kann die Fälligkeit, die dem Gläubiger die Möglichkeit gibt, den Schuldner in Verzug zu setzen, nicht beeinflussen; die Fälligkeit tritt vielmehr in dem für die Parteien nach dem Vertrage ersichtlichen Zeitpunkte ein, und das „ungefähr" kann nur Bedeutung haben für die Bemessung der Nachfrist nämlich dafür, wann sie ihren Anfang zu nehmen hat. So hat denn auch das Oberlandesgericht gesagt, es erscheine unerheblich, daß, als die

Nachfrist gesetzt gewesen, die Lieferungsfrist mit Rücksicht auf die dem Beklagten zukommende Marge noch nicht abgelaufen gewesen sei, da die Nachfrist sich angemessen über den Ablauf der Lieferungsfrist hinaus erstreckt habe."

69. Inwieweit ist bei einem mittels Rentenzahlungen zu leistenden Schadensersatz auf einen späteren Berufswechsel des an seiner Erwerbsfähigkeit Geschädigten Rücksicht zu nehmen, insbesondere wenn es sich um eine Umwandlungsklage nach § 323 Z.P.O. handelt?

VI. Zivilsenat. Urt. v. 8. Oktober 1908 i. S. Sch. (Kl.) w. St. (Bekl.). Rep. VI. 521/07.

I. Landgericht Düsseldorf.
II. Oberlandesgericht daselbst.

Dem St. war früher eine von Sch. zu entrichtende Geldrente von jährlich 1300 ℳ als Schadensersatz für Körperbeschädigung zugesprochen worden. Sch. erhob gegen St. eine Klage nach § 323 Z.P.O. auf Herabsetzung der Rente. Während er damit zu einem kleineren Teile durchdrang, wurde er im übrigen auch in der Berufungsinstanz abgewiesen. Die Revision des Klägers wegen eines Betrages von 1000 ℳ jährlich ist vom Reichsgericht zurückgewiesen worden, aus folgenden

Gründen:

... „Das Berufungsgericht hat in bedenkenfreier Weise tatsächlich festgestellt, daß die Erwerbsfähigkeit des Beklagten infolge des fraglichen, vom Kläger zu verantwortenden Unfalles noch immer soweit vermindert ist, daß er im Vergleiche zu dem Erwerbe, den er jetzt gehabt haben würde, wenn der Unfall sich nicht ereignet hätte, eine Einbuße von mindestens 1000 ℳ jährlich erleidet. Damit ist die jetzt fragliche Entscheidung völlig gerechtfertigt. Der Kläger bestreitet dies aus dem Grunde, weil der Beklagte zur Zeit des Unfalles kaufmännischer Angestellter gewesen sei, und, wenn er dies geblieben und nicht Hotelbesitzer geworden wäre, seine jetzige Erwerbseinbuße sich auf einen geringeren Jahresbetrag gestellt haben würde. Hierzu ist zunächst zu bemerken, daß der Beklagte zur Zeit des Unfalles nicht bloß kaufmännischer Angestellter, sondern ebensowohl Gastwirt war. Sodann aber und hauptsächlich ist gar nicht abzusehen, weshalb der Schadensersatz, statt nach den wirklich vorliegenden Verhältnissen, auf einer fiktiven Grundlage ermittelt werden sollte. Das würde der Vorschrift in § 249 Satz 1 B.G.B. nicht, wie der Kläger gemeint hat, entsprechen, sondern direkt widersprechen. Der Schadensersatzpflichtige hat nicht etwa ein Recht darauf, daß der Beschädigte seinen Beruf nicht wechsle. Bei der Festsetzung der Jahresrente für die Zukunft wird freilich sehr gewöhnlich einfach der gegenwärtige Berufsstand des Verletzten zugrunde gelegt, aber nur deshalb, weil man in der Regel keinen Anlaß hat, eine künftige Änderung im voraus zu unterstellen. Allerdings würde eine solche Änderung dann nicht in Betracht kommen, wenn festzustellen wäre, daß sie ohne die in Rede stehende Schadenszufügung nicht erfolgt sein würde, sei es weil der Beschädigte den Berufswechsel eigens zu dem Zwecke vornähme, um einen höheren Schadensersatz zu erzielen, sei es aus einem anderen Grunde. Im vorliegenden Falle kann nun aber von einer solchen Sachlage nicht die Rede sein. Das Berufungsgericht hat nichts dergleichen festgestellt, noch auch hat der Kläger eine hier einschlagende Behauptung vorgebracht; vielmehr ist sogar positiv festgestellt, daß der Beklagte, wenn er jenen Unfall nicht erlitten hätte, sich jetzt in seinem Erwerbe um 1000 ℳ jährlich besser stehen würde." ...

---

70. Kann ein zur Aufnahme von Waren auf einer Ausstellung bestimmter Stand als Laden oder offenes Warenlager im Sinne des § 56 H.G.B. erachtet werden?

II. Zivilsenat. Urt. v. 20. Oktober 1908 i. S. Z.-Fahrradwerke K.A.-G. (Bekl.) w. G. (Kl.). Rep. II. 289/08.

I. Landgericht Köln.
II. Oberlandesgericht daselbst.

Auf einer Automobilausstellung zu Frankfurt a. M. im Herbst 1905 hatte die Beklagte auf einem mit ihrem Firmenschilde versehenen Stande Kraftfahrzeuge ausgestellt. Auf demselben war zeitweise einer ihrer Direktoren, zeitweise einer ihrer Angestellten anwesend. Dieser verkaufte am 25. Oktober 1905 eines der ausgestellten Zitomobile an den Kläger und stellte einen Garantieschein aus mit der Unterschrift: „Für Z.-Fahrradwerke K., W. Z.“ Der Anweisung des Z. gemäß zahlte der Kläger den Kaufpreis von 3500 ℳ an die Firma V. zu Frankfurt a. M. Nach Schluß der Ausstellung wurde das Zitomobil dem Kläger übergeben. Dieser erhob Klage auf Wandelung des Kaufes und Rückzahlung des Kaufpreises nebst Zinsen mit der Behauptung, das Zitomobil, besonders der Motor, sei entgegen den ihm gemachten Zusicherungen eines erstklassigen, tadellosen Fabrikats vollständig unbrauchbar gewesen. Die Beklagte beantragte Klagabweisung. Sie hat u. a. eingewandt, Z. sei von ihr nur mit der Überwachung und Auskunfterteilung auf der Ausstellung betraut gewesen und würde daher seine Vollmacht überschritten haben, wenn er für sie den Kauf abgeschlossen hätte. Es sei überhaupt nicht üblich, auf einer Automobilausstellung Verkäufe abzuschließen. Die Klage wurde in erster Instanz abgewiesen, in zweiter Instanz aber zugesprochen. Die Revision wurde zurückgewiesen, aus folgenden

Gründen:

„Das Berufungsgericht hat tatsächlich festgestellt, Z. habe das Zitomobil dem Kläger nicht im Namen der Firma V., sondern als Angestellter der Beklagten in deren Namen für diese verkauft.

Es hat ferner angenommen, Z., der von der Beklagten an dem Stande angestellt gewesen und vom Kläger als deren Vertreter angesehen worden sei, müsse auf Grund des § 56 H.G.B. zu dem Abschlusse des Kaufvertrages auch als ermächtigt gelten. Denn der Automobilstand der Beklagten auf der Ausstellung in Frankfurt a. M. sei als Laden oder offenes Warenlager im Sinne des § 56 anzusehen, d. h. als ein geschlossener Raum, der zum freien Eintritt für das Publikum und zum Abschlusse von Geschäften bestimmt sei. Diese Begriffsbestimmung ist rechtlich nicht zu beanstanden. Ein Laden oder offenes Warenlager im Sinne des § 56 setzt nicht eine Verkaufsstätte in fester Niederlassung und ebensowenig eine Einrichtung voraus, die das Dauerhafte des Geschäftsbetriebes erkennen läßt. Vielmehr ist hierunter ein jedes dem Publikum zugängliche, wenn auch nur vorübergehend benutzte, Verkaufslokal zu verstehen, gleichviel ob der betreffende Geschäftsraum hierzu besonders ausgestattet ist, oder nicht. Im Interesse der Sicherheit des Verkehrs stellt nämlich der § 56 die Rechtsvermutung auf, daß wer in einem Laden oder in einem offenen Warenlager angestellt ist, zu Verkäufen und Empfangnahmen, die in einem derartigen Laden oder Warenlager gewöhnlich geschehen, als ermächtigt gilt. Dritte Personen, die mit einem in einem Laden oder offenen Warenlager Angestellten abschließen, sollen nicht verpflichtet sein, zuvor noch in eine besondere Prüfung des **Umfanges** der Vertretungsmacht des Angestellten einzutreten. Den Bedürfnissen des Rechtsverkehrs entspricht es mehr, die Vorschrift weit als eng auszulegen. Sache des Geschäftsherrn ist es, nur zuverlässige Leute anzustellen, die sich in den Grenzen der Vertretungsmacht halten. Daher konnte das Berufungsgericht den von der Beklagten in der Ausstellungshalle für die Aufstellung ihrer Zitomobile benutzten Stand ohne Rechtsirrtum als einen Laden oder als offenes Warenlager im Sinne des § 56 a. a. O. ansehen, vorausgesetzt nur, daß dieser Stand zugleich als **Verkaufslokal** diente. Nun ist zwar der Revisionsklägerin zuzugeben, daß Ausstellungen im allgemeinen nicht zu Verkaufszwecken, sondern zu Zwecken der Reklame stattfinden. Die ausgestellten Waren sollen als **Muster** und als Beweis für die Leistungsfähigkeit des Ausstellers dienen. Auch soll nicht verkannt werden, daß bei Ausstellungen wertvoller Gegenstände, namentlich von Waren technischer Art, die Angestellten der Aussteller gewöhnlich nur die Aufgabe haben, Aufsicht zu üben, Auskunft zu erteilen und allenfalls Bestellungen entgegenzunehmen. Dies alles schließt aber nicht aus, daß Aussteller die Ausstellung **zugleich** als günstige Verkaufsgelegenheit betrachten und ihren Stand innerhalb des Ausstellungsgebäudes als eine offene Verkaufsstätte, als einen **Laden**, benutzen. Mit Recht hat daher das Berufungsgericht angenommen, es hänge von den Umständen des einzelnen Falles ab, ob ein Stand auf einer Ausstellung als ein Laden oder offenes Warenlager im Sinne des § 56 anzusehen sei oder nicht. Von diesem grundsätzlich richtigen Standpunkte ausgehend, hat es den Stand der Beklagten als einen Geschäftsraum im Sinne des § 56 angesehen und diese Auffassung tatsächlich begründet.... Hierbei ist zutreffend erwogen, keinenfalls könne auch der Verkauf, so wie er erfolgt sei, als etwas Ungewöhnliches angesehen werden."...

71. Kann, wenn eine allgemein üblich gewordene Warenbezeichnung ursprünglich von dem Namen eines bestimmten Fabrikanten abgeleitet ist, der Zusammenhang dieser Ableitung mit dem Namen des Fabrikanten aber völlig verschwunden ist, dieser oder sein Rechtsnachfolger anderen den Gebrauch der Warenbezeichnung in der Firma oder im geschäftlichen Verkehre untersagen?

I. Zivilsenat. Urt. v. 21. Oktober 1908 i. S. S. Liberty & Cie. Lim. (Kl.) w. B.'s Liberty-Haus (Bekl.). Rep. I. 641/07.

I. Landgericht I Berlin, Kammer für Handelssachen.
II. Kammergericht daselbst.

Nach dem Klagevortrage hatte A. L. Liberty im Jahre 1875 in London unter einer mit seinem Namen übereinstimmenden Firma ein Geschäft zur Fabrikation und zum Verkaufe von Seiden- und Manufakturwaren gegründet, das im Jahre 1894 unter der Firma Liberty & Cie. Lim. in eine Aktiengesellschaft umgewandelt wurde. Diese beantragte mit der Klage, die Beklagten, nämlich die offene Handelsgesellschaft „B.'s Liberty-Haus" in Berlin und deren Teilhaber, zu verurteilen, sich der Benutzung des Namens „Liberty" im geschäftlichen Verkehre, auf ihrem Firmenschilde und ihren Drucksachen zu enthalten, sowie das Wort „Liberty" aus ihrer im Handelsregister eingetragenen Firma „B.'s Liberty-Haus" zu entfernen oder die Firma löschen zu lassen. In rechtlicher Hinsicht war die Klage auf § 12 B.G.B., § 37 H.G.B., §§ 14, 15 des R.G. zum Schutze der Warenbezeichnungen, §§ 1 und 4 des R.G. zur Bekämpfung des unlauteren Wettbewerbs und auf die Pariser Übereinkunft für den internationalen Schutz des gewerblichen Eigentums gestützt. Die Beklagten behaupteten, daß „Liberty" eine Warenbezeichnung für leichte, weiche, glänzende Gewebestoffe darstelle und in der Auffassung des Publikums von der Fabrikation und dem Geschäftsbetriebe der Klägerin unabhängig sei.

Das Landgericht erkannte nach dem Klagantrage, das Kammergericht auf Abweisung der Klage. Die Revision der Klägerin wurde zurückgewiesen.

Gründe:

„Das Kammergericht ist auf Grund eingehender Würdigung des ihm vorgetragenen Beweismaterials zu dem Ergebnisse gelangt, daß das Wort „Liberty", wie in anderen Ländern, so auch in Deutschland sich als „Bezeichnung eines gewissen Gewebes von Stoffen ohne Rücksicht auf deren Herkunft", als eine „bloße Beschaffenheitsangabe für leichte, weiche, glänzende Gewebestoffe" allgemein eingebürgert hat, wobei nicht mehr an den ursprünglichen Hersteller dieser Stoffe oder seinen Geschäftsbetrieb gedacht wird. Ein Rechtsirrtum ist bei dieser Feststellung, welche wesentlich auf tatsächlichen Erwägungen beruht, nicht erkennbar. Mit Recht hat das Kammergericht insbesondere entscheidendes Gewicht auf die Auffassung des konsumierenden Publikums gelegt und es für unerheblich erklärt, wenn sich wirklich einzelne Händler des ursprünglichen Zusammenhangs des Wortes „Liberty" mit dem Geschäftsbetriebe des Gründers der klagenden Aktiengesellschaft noch bewußt sein sollten. ... Ist der Zusammenhang der Bezeichnung einer Ware als „Liberty" mit dem Namen des Gründers der Klägerin geschwunden, so kann die Benutzung dieser Bezeichnung im geschäftlichen Verkehre oder in der Firma weder das Namensrecht der Klägerin verletzen (§ 12 B.G.B., § 37 Abs. 2 H.G.B.), noch eine Täuschung oder Irreführung des Publikums im Sinne des § 18 Abs. 2 H.G.B., § 15 W.Z.G., §§ 1, 4, 8 U.W.G. bewirken. Mit Recht hat daher das Kammergericht das Vorliegen eines Klaganspruchs nach Maßgabe der angeführten Gesetzesbestimmungen verneint."

72. Welche Bedeutung hat ein vor dem Gerichte der Eidesleistung erklärter Widerruf der Leistung eines Parteieides?

Z.P.O. §§ 463, 464.

V. Zivilsenat. Urt. v. 21. Oktober 1908 i. S. St. (Kl.) w. S. (Bekl.). Rep. V. 612/07.

I. Landgericht Köslin.
II. Oberlandesgericht Stettin.

Der Beklagte behauptete, er habe eine gegen ihn eingeklagte Hypothekenforderung durch Zahlungen von 2000 *M*, zweimal 300 *M*, 800 *M* und 297 *M*, die er zu verschiedenen Zeiten entrichtet habe, getilgt. Der Kläger schwor am 2. August 1906 vor dem ersuchten Richter den ihm hierüber zugeschobenen Eid verneinend aus. Hierauf reichte der Beklagte Abschrift einer mit dem Namen des Klägers unterzeichneten Quittung vom 3. Oktober 1905 ein, wonach der Kläger vom Beklagten auf die in K. eingeklagte Forderung 2000 ℳ gezahlt erhalten haben sollte. Nach Mitteilung dieser Abschrift erklärte der Kläger in einer Eingabe vom 21. September 1906, wegen der ihm entstandenen Zweifel über die Richtigkeit des Eides sehe er sich veranlaßt, für alle Fälle auf Grund der Vergünstigung des § 163 Abs. 2 St.G.B. den geleisteten Eid zu widerrufen. Auf Veranlassung des Prozeßgerichts wurde darauf der Kläger vom ersuchten Richter über seinen Widerruf vernommen. Er erklärte nunmehr zum Protokoll vom 8. Oktober 1906 folgendes:

„Ich widerrufe hiermit den von mir am 2. August 1906 geleisteten Eid, da nach der mir vom Beklagten vorgelegten Quittung, welche ich unterm 3. Oktober 1905 ausgestellt haben soll, auf die Klageforderung vom 3. Oktober 1905 2000 ℳ gezahlt sein sollen, was ich jedoch nach wie vor in Abrede stelle. Ich könnte jedoch hinsichtlich der Zahlung dieser 2000 ℳ den Eid nur in der Überzeugungsform leisten."

Der erste Richter erklärte den Widerruf für unzulässig, erachtete durch die Eidesleistung die vom Beklagten behaupteten Zahlungen für widerlegt und verurteilte den Beklagten nach dem Klagantrage. Der zweite Richter sah den Eid als verweigert an und wies die Klage ab. Auf die Revision des Klägers wurde das Berufungsurteil aufgehoben, aus folgenden

Gründen:

„Der Berufungsrichter entnimmt aus der Erklärung des Klägers zum Protokolle des ersuchten Richters vom 8. Oktober 1906, daß der Kläger den von ihm abgeleisteten Eid widerrufen habe, daß der Widerruf den ganzen einheitlich auferlegten und einheitlich abgeleisteten Eid umfasse, daß die vom Beklagten beigebrachte Quittung über 2000 ℳ für den Kläger den Beweggrund abgegeben haben möge, die Eidesleistung zu widerrufen, daß aber der Widerruf auf die Zahlung der 2000 ℳ nicht eingeschränkt werden sollte und nicht eingeschränkt worden sei. Sodann legt der Berufungsrichter einem Widerrufe der Eidesleistung die Bedeutung bei, daß der Schwörende damit erkläre, er wolle die an die Eidesleistung geknüpfte, gesetzlich bestimmte Wirkung nicht eintreten lassen. Daraus folgert der Berufungsrichter, daß, weil es nur Leistung oder Verweigerung des Eides gebe, mit Ablehnung der Leistungsfolgen die Folgen der Weigerung einträten, daß danach der Kläger, der sich allerdings über die prozessualische Tragweite seiner Widerrufserklärung im Irrtum befunden haben möge, als den fraglichen Eid verweigernd anzusehen sei, und daß daher gemäß § 464 Abs. 2 Z.P.O. die vom Beklagten behaupteten Zahlungen als voll bewiesen zu gelten hätten.

Die Revision rügt Verletzung der §§ 463, 464, 286, 303, 554 Nr. 2 b, c Z.P.O. und macht geltend: für das Gebiet des Zivilprozesses müsse beim Fehlen einer entsprechenden Gesetzesvorschrift die Zulässigkeit und Wirksamkeit des Widerrufes der Leistung eines Parteieides verneint werden. Jedenfalls sei der Versuch eines Widerrufs der Eidesleistung weder der Auslegung, noch der Anfechtung wegen Irrtums, noch einem weiteren Widerrufe entzogen; es hätte daher der Berufungsrichter eventuell die vom Beklagten unter Berufung auf das Zeugnis der amtierenden Gerichtspersonen angetretenen Beweise darüber erheben müssen, daß der Beklagte den Eid nicht uneingeschränkt, sondern nur hinsichtlich der 2000 ℳ widerrufen habe.

Der Revision konnte der Erfolg nicht versagt werden.

Auf dem Gebiete des Strafrechts hat der Widerruf einer geschehenen Eidesleistung nach §§ 158, 163 Abs. 2 St.G.B. unter gewissen Voraussetzungen die Wirkung, daß, je nachdem der Eid wissentlich, oder aus Fahrlässigkeit falsch geleistet ist, Strafermäßigung oder Straflosigkeit eintritt. Erforderlich ist, daß der Widerruf bei derjenigen Behörde erfolgt, vor der die Eidesleistung stattgefunden hat. Eine bestimmte Form ist nicht vorgeschrieben. Es genügt jede Erklärung, durch die der Inhalt der abgegebenen eidlichen Erklärung als unrichtig anerkannt wird (Entsch. des R.G.'s in Strafs. Bd. 24 S. 260). Wird ein in einem Zivilprozesse geleisteter Parteieid bei demjenigen Gerichte, vor dem die Leistung des Eides erfolgt ist, widerrufen, so wird regelmäßig als nächstliegender Zweck des Widerrufs anzusehen sein, daß der Widerrufende hinsichtlich der Strafverfolgung die ihm günstige Wirkung des Widerrufs herbeizuführen sucht. Da jedoch der Widerrufende durch seine Widerrufserklärung sich mit der früheren eidlichen Erklärung in Widerspruch setzt, muß er es unter allen Umständen als notwendige Folge seiner Widerrufserklärung hinnehmen, wenn nach Maßgabe der prozeßrechtlichen Vorschriften die Widerrufserklärung bei der Entscheidung des Rechtsstreites zu seinen Ungunsten verwertet wird. Die Zivilprozeßordnung enthält keinerlei Bestimmungen über die Bedeutung und die rechtlichen Folgen einer solchen Widerrufserklärung für den Prozeß. Ob eine privatschriftliche Widerrufserklärung, wie die des Klägers in der Eingabe vom 21. September 1906, für das Zivilprozeßverfahren von Bedeutung ist, kann dahingestellt bleiben. Der Kläger hat demnächst am 8. Oktober 1906 zu Protokoll des ersuchten Richters, vor dem die Eidesleistung stattgefunden hat, die Widerrufserklärung wiederholt, und diese Erklärung vor dem Gerichte der Eidesleistung ist für das Zivilprozeßverfahren als die maßgebende zu erachten. Eine solche Erklärung, die in einer Form abgegeben worden ist, in der nach § 464 Abs. 2 Z.P.O. die Verweigerung der Leistung eines Eides in dem Termine zur Eidesleistung rechtswirksam erfolgt, und in der auch ein gerichtliches Geständnis mit der Wirkung des § 288 Z.P.O. abgegeben werden kann, schließt mit Rechtsnotwendigkeit zunächst die Erklärung in sich, daß der Widerrufende darauf verzichtet, daß an seine Eidesleistung die Rechtswirkung geknüpft wird, die das Gesetz zu seinen Gunsten damit verbindet; denn indem der Widerrufende seine eidliche Erklärung widerruft, gibt er zugleich seinen Willen kund, daß die ihm günstigen Rechtsfolgen seiner eidlichen Erklärung nicht eintreten sollen. Es verzichtet also der Widerrufende darauf, daß durch seine Eidesleistung gemäß § 463 Z.P.O. voller Beweis der von ihm beschworenen Tatsache begründet wird.

Da aber der Widerrufende die Tatsache, daß von ihm das Prozeßgericht einen Eid erfordert hat, durch seine Widerrufserklärung, die auch nur seine eidliche Erklärung betrifft, nicht zu beseitigen vermag, diese der Parteiwillkür entzogene Eidesauflage vielmehr bestehen bleibt, und da ferner die Eidesauflage, abgesehen von der Erlassung des Eides von seiten des Prozeßgegners, nur durch Leistung oder Verweigerung des Eides erledigt werden kann, so enthält der Widerruf der Eidesleistung vor dem Gerichte, vor dem die Eidesauflage erledigt werden sollte, weiter mit Rechtsnotwendigkeit die Erklärung, daß der Widerrufende es rechtlich so angesehen wissen wolle, als ob er in dem früheren Termine zur Eidesleistung den Eid nicht geleistet, sondern verweigert hätte (vgl. Entsch. des R.G.'s in Strafs. Bd. 16 S. 31). Insoweit ist also dem Berufungsrichter beizutreten.

Jedoch läßt der Berufungsrichter außer acht, daß die vorbezeichneten, in dem Widerruf enthaltenen Erklärungen, die allein für die Entscheidung des Rechtsstreites in Betracht kommen, rechtsgeschäftliche Willenserklärungen sind, wodurch der Widerrufende Rechte, die ihm auf dem Gebiete des Prozeßrechtes erwachsen sind, aufgibt und ferner Rechtsnachteile auf sich nimmt. Solche Erklärungen aber unterliegen, wie Willenserklärungen überhaupt, der Auslegung, insbesondere nach der Richtung, ob sie in Wirklichkeit die Bedeutung haben, die sie nach dem Wortlaute zu haben scheinen. Bei dieser Prüfung der Erklärung auf ihre Bedeutung ist der gesamte Inhalt des Erklärten in Betracht zu ziehen und auch auf die begleitenden Umstände Rücksicht zu nehmen. Enthält die Widerrufserklärung nichts weiteres als die Worte, die den Widerruf der Eidesleistung zum Ausdruck bringen, so werden allerdings, wenn sich nicht aus besonderen Umständen etwas Gegenteiliges ergibt, die vorgenannten Erklärungen ohne weiteres als mitabgegeben anzusehen sein. Anders aber verhält es sich, wenn sich an die Widerrufserklärung zusätzliche Erklärungen anschließen. Dann darf nicht der Widerruf für sich allein und losgelöst von den anderen Erklärungen in Betracht gezogen werden, sondern ist, wie § 289 Abs. 2 Z.P.O. hinsichtlich der Hinzufügungen zu gerichtlichen Geständnissen vorschreibt, das Erklärte in seiner Gesamtheit auf seine Bedeutung zu prüfen und in Erwägung zu ziehen, ob ungeachtet der zusätzlichen Erklärungen ein Widerruf vorliegt, ob also dem nach dem Wortlaute geäußerten Widerrufe mit Rücksicht auf die sich anschließenden Erklärungen in Wahrheit noch die Bedeutung eines Widerrufs der Eidesleistung, insbesondere eines solchen Widerrufs, mit dem die vorgenannte Erklärung des Verzichts auf die Rechte aus der Eidesleistung und die der nachträglichen Eidesverweigerung verbunden sind, beizumessen ist. Es mag sein, daß dann, wenn dies zu verneinen sein sollte, das Erklärte auch nicht die Wirkung haben würde, dem Widerrufenden die Anwendbarkeit der §§ 158, 163 St.G.B. zu sichern. Darauf kommt es aber für den Zivilprozeß nicht an. Vorliegend hat der Kläger zunächst erklärt, er widerrufe den von ihm geleisteten Eid. Demnächst aber hat er als Grund für den Widerruf angegeben: er solle nach der ihm vom Beklagten vorgelegten Quittung, die er ausgestellt haben solle, auf die Klageforderung 2000 ℳ gezahlt erhalten haben, was er jedoch nach wie vor in Abrede stelle. Während der Kläger also mit den Eingangsworten seine eidliche Erklärung widerruft, enthält das Nachfolgende eine Bestätigung der Richtigkeit desjenigen, was vom Kläger beschworen worden ist. Danach mußte der Berufungsrichter in die Erwägung darüber eintreten, ob und wie die beiden Erklärungen miteinander zu vereinigen sind, und ob ein Widerruf mit den vorbezeichneten Folgen wirklich erklärt werden sollte und nach dem Gesamtinhalte des Erklärten tatsächlich zum Ausdrucke gebracht worden ist. Ferner war vom Berufungsrichter bei der Auslegung zu berücksichtigen, daß der Kläger noch weiter bemerkt hat, er könnte jedoch hinsichtlich der Zahlung der 2000 ℳ den Eid nur in der Überzeugungsform leisten. Der Berufungsrichter aber hat lediglich aus den Eingangsworten des Erklärten den Widerruf der Eidesleistung entnommen, ohne sich einer Auslegung des Erklärten in seiner Gesamtheit zu unterziehen. . . .

Hiernach war der Revision stattzugeben und unter Aufhebung des Berufungsurteils die Sache an das Berufungsgericht zur anderweiten Verhandlung und Entscheidung zurückzuverweisen."

---

73. Wann findet der § 1128 B.G.B. über die Anzeigepflicht des Gebäudeversicherers bei Versicherung von Maschinen Anwendung?

V. Zivilsenat. Urt. v. 21. Oktober 1908 i. S. W. Sch. & Co. (Kl.) w. Akt.-G. C. (Bekl.). Rep. IV. 183/08.

I. Landgericht Köln.
II. Oberlandesgericht daselbst.

Auf dem Grundstück C. IV Bl. 198 des H. Schm. und auf dem anstoßenden Grundstücke daselbst V Bl. 215 der Firma F. L. Sch. betrieb letztere eine Lederfabrik. Die Klägerin hatte auf jedem dieser Grundstücke eine Sicherungshypothek von 25000 ℳ stehen. Die Grundstücke waren mit einigen maschinellen Einrichtungen bei der Landesbrandkasse, die übrigen Maschinen und die Vorräte waren bei der Beklagten versichert. Nach einem im Februar 1903 eingetretenen

Brandschaden zahlte die Beklagte ohne vorherige Anzeige nach § 1128 B.G.B. 45593,95 *M* dem Rechtsanwalt M. in E. aus. Die Klägerin erstand beide Grundstücke in der Zwangsversteigerung und erhob zunächst gegen den genannten Rechtsanwalt als Verwalter im Konkurse über das Vermögen der Firma F. L. Sch. Klage auf Auszahlung des auf die Maschinen angeblich fallenden Versicherungsbetrags zu 38000 *M*. Sie wurde mit dieser Klage rechtskräftig abgewiesen (vgl. Entsch. des R.G.'s in Zivils. Bd. 64 S. 28). Nunmehr klagte sie, gestützt auf § 1128 B.G.B., auf Zahlung jener 38000 *M* nebst 4 Prozent Zinsen seit dem 18. Juli 1904 gegen die jetzige Beklagte. Vom Landgericht wurde die Klage abgewiesen, und die Berufung der Klägerin zurückgewiesen. Auch die Revision wurde zurückgewiesen, aus folgenden

Gründen:

„Mit Recht hat der Berufungsrichter die Klagebefugnis (Aktivlegitimation) der Klägerin angenommen. An sich erstreckt sich die Hypothek nach § 1127 B.G.B. auf die Forderung gegen den Versicherer, und die Beschlagnahme und der Zuschlag gemäß §§ 20 Abs. 2, 55, 90 Z.V.G., 93, 94, 97, 1120 B.G.B. auf wesentliche Bestandteile und Zubehör, sowie auf die diese Gegenstände ersetzende Versicherungsforderung, soweit nicht Sonderbestimmungen entgegenstehen. Daß aber solche hier anzuwenden sind, führt das Berufungsurteil zutreffend aus, und der Revisionsangriff dagegen ist hinfällig. Wären die Sachen, wofür die 38000 *M* gefordert werden, bloßes Zubehör gewesen, so wäre, wie schon das hiermit in Bezug genommene Urteil des erkennenden Senats, Entsch. des R.G.'s in Zivils. Bd. 64 S. 28, ausführt, gemäß §§ 1129, 1124 Abs. 1 B.G.B. die Pfandhaftung der Versicherungsforderung erloschen, weil der Konkursverwalter schon vor der Grundstücksbeschlagnahme den Versicherungsbetrag in zulässiger Weise ausbezahlt erhalten hat. Die Klägerin stützt sich im gegenwärtigen Rechtsstreit auch nicht auf die Zubehöreigenschaft jener Sachen, behauptet dagegen, daß sie wesentliche Bestandteile der Fabrikgebäude gewesen seien. Aber auch diese bestrittene Frage kann auf sich beruhen, weil selbst wenn sie zu bejahen wäre, die verklagte Versicherungsgesellschaft dennoch von ihrer Versicherungsschuld befreit sein würde, und weil insbesondere der § 1128 B.G.B. im gegebenen Falle keine Anwendung finden kann. Dies scheint bei erster Betrachtung dieser Gesetzesstelle allerdings zu widersprechen. Denn wenn sie von Versicherung eines „Gebäudes“ spricht, so muß man zunächst an den gesetzlichen Begriff des Gebäudes denken und annehmen, daß sie diesen und insbesondere den von wesentlichen Bestandteilen des Gebäudes handelnden § 94 Abs. 2 B.G.B. im Auge hat, und dem Gebäude auch alle Gebäudeteile, gleichviel welcher Art, gleichsetzt.

In der Tat ist der § 1128 so aufgefaßt worden, neuerdings insbesondere auch auf S. 161 der Begründung zum Entwurf des Reichsgesetzes über den Versicherungsvertrag vom 30. Mai 1908. Indessen hat in diesem Gesetze selbst jene Meinung keinen Ausdruck gefunden; sie steht auch, wie zu zeigen, nicht im Einklang mit der Begründung zum Bürgerlichen Gesetzbuche, und es muß daher ohne Rücksicht auf sie der Sinn des § 1128 erforscht werden. Erwägt man hierbei zunächst, daß diese Gesetzesstelle, wenn sie alle Bestandteile von Gebäuden diesen hinsichtlich der Versicherung und der Haftung des Versicherungsbetrages zugunsten der Hypothekgläubiger vollständig hätte gleichstellen wollen, dies kurz und deutlich, etwa mit den Eingangsworten: „Sind Gebäude oder Bestandteile von solchen versichert“ hätte ausdrücken können, daß man ferner die wirklichen Eingangsworte des Gesetzes: „Ist ein Gebäude versichert“ immerhin auch dahin verstehen kann, daß eine Gebäudeversicherung im Sinne der Verkehrssitte vorliegen muß, so gibt der Wortlaut allein keinesfalls sicheren Aufschluß über den Willen des Gesetzgebers. Die Vorschrift ist zugunsten der Hypothekgläubiger gegeben, will aber vor allem auch dem Versicherer sagen, wie er sich bei Eintritt des versicherten Gebäudeschadens zu verhalten hat. Schon hiernach mußte sie in Anbetracht der heutigen ungemein großen Ausdehnung des Versicherungswesens und der Geschäftsmenge der Versicherungsanstalten möglichst deutlich und einfach sein. Sie durfte diese Anstalten nicht in Ungewißheit setzen und zu umständlichen und schließlich doch unsicheren Untersuchungen zwingen, was der Fall wäre, wenn sie etwa bei allen Anträgen auf Versicherung von Baustoffen, Maschinen und dergl. oder bei späterem Schadenseintritt an solchen prüfen müßten, ob diese Gegenstände Bestandteile eines Gebäudes werden sollten oder geworden sind. Daß man dieser, auf den wirtschaftlichen Verkehr Rücksicht nehmenden Meinung bei Abfassung des Bürgerlichen Gesetzbuches gewesen ist, dafür ist in den Vorarbeiten zu diesem Gesetzbuch genügender Anhalt zu finden.

Die Motive Bd. 3 S. 664 stellen an die Spitze ihrer einschlagenden Erörterungen den Satz, daß der Versicherer den Schaden nur nach Maßgabe der Versicherungsbedingungen zu ersetzen habe. Sie sagen weiter (S. 665), daß der Hypothekgläubiger die Versicherungsbedingungen gegen sich gelten lassen müsse, und daß bei der Gebäudeversicherung die Haftung des Versicherers aus dem Gebote des guten Glaubens zu beschränken sei. Schon das Landgericht hat auf die besonders wichtige Stelle der Entwurfsbegründung Bd. 3 S. 667 hingewiesen, wonach die Versicherung von Glas- und Spiegelscheiben, obschon diese meist zu wesentlichen Gebäudebestandteilen werden, von der Gebäudeversicherung ausgenommen sein soll. In den Protokollen a. a. O. S. 565 flg. ist von Grundstücksversicherung überhaupt die Rede und unter anderem ausgeführt, daß man von der erst in der Entstehung begriffenen Waldversicherung absehen wolle.

Aus diesen Stellen in ihrem Zusammenhalte geht mit Gewißheit hervor, daß der § 1070 des 1. Entw. zum B.G.B., jetzt § 1128, sich nicht in Gegensatz zu dem geschichtlich gewordenen, weit verbreiteten Versicherungswesen und dessen durch Einzelgesetze und Verkehrssitte geordneten Gestaltung setzen, vielmehr von dieser Gestaltung ausgehen, in sie nicht mehr als nötig störend eingreifen, sondern sie tunlichst schonen und berücksichtigen wollte. Hierzu bestand um so mehr Anlaß, als damals die dem Versicherungsrecht angehörigen landesgesetzlichen Vorschriften im allgemeinen unberührt gelassen werden sollten (Art. 75 E.G. z. B.G.B.). Nun war und ist es allgemein bekannt, daß schon zur Zeit der Entstehung des Bürgerlichen Gesetzbuchs und bereits lange zuvor sich ein Hauptzweig des Feuerversicherungswesens auf Gebäude, der andre auf bewegliche Sachen erstreckte, daß jedoch die Immobiliar- von der Mobiliarfeuerversicherung nicht überall streng geschieden war, und daß insbesondere Fabrikeinrichtungen, Maschinen und dergl. häufig als bewegliche Sachen der Mobiliarversicherung, mitunter aber, sogar bei Anstalten, die sich im allgemeinen nur mit Gebäudeversicherung befaßten, als Gebäudebestandteile auch der Immobilarversicherung einverleibt werden konnten und einverleibt wurden, wie dies ja auch hier laut des obigen Tatbestandes zum Teil geschehen ist. So haben z. B. auch preußische Provinzialfeuerversicherungen zwar die Doppelversicherung verboten, aber der Versicherung von solchen

Maschinen entweder bei ihnen, oder bei anderen (Mobiliar-) Versicherungsanstalten standen sie wohl nicht im Wege.

Vgl. den Nachtrag zum Reglement der Schlesischen Feuersozietät §§ 8 Nr. I und II mit §§ 10 und 11 (Preuß. Ges.S. 1871 S. 441), und revidiertes Reglement der Städte-Feuersozietät für Kur- und Neumark § 7 (Preuß. Ges.S. 1871 S. 417).

Das bayerische Gesetz, die Feuerversicherungsanstalt betr., vom 28. Mai 1852 (Bayer. Ges.Bl. 1851/52 S. 642) gestattet in seinem § 7 die Mobiliarversicherung von Maschinen, die, wenn sie Gebäudebestandteile sind, auch in die staatliche Landesversicherungsanstalt aufgenommen werden können, sogar ausdrücklich.

Diese Entwicklung des Feuerversicherungswesens hat der Gesetzgeber unzweifelhaft wohl berücksichtigt, und er kann daher den § 1128 B.G.B. nur in dem Sinne gemeint haben, daß seine Anwendung auf versicherte Maschinen von der Art der Versicherung, d. h. davon abhängen soll, ob sie in die Gebäudeversicherung mit aufgenommen, oder als bewegliche Sachen versichert sind. Eine derartige Ordnung des Rechtsverhältnisses, wonach im letzteren Fall der § 1129 B.G.B. Platz greift, entspricht auch allein den Anforderungen des täglichen Lebens und der Volkswirtschaft. Wenn auch zuzugeben ist, daß sie, wie die vorliegende Sache zeigt, in manchen Fällen zum Nachteil der Hypothekgläubiger ausschlagen kann, so sind diese doch meist imstande, bei Beleihung des Grundstückes nach der Art der Versicherung zu forschen, und wenn sie dies nicht können oder versäumt haben, so wird es ihnen jedenfalls bei zweckwidriger Verwendung der Versicherungssumme möglich sein, gemäß §§ 1133 flg. B.G.B. vorzugehen. In keinem Falle kann die durch die nunmehrige Auslegung des § 1128 hervorgerufene Gefährdung der Hypothekengläubiger für gewichtiger erachtet werden, als die große und schwerwiegende Belästigung, die für die Versicherungsanstalten und die Versicherten aus dem entgegengesetzten Sinne des Gesetzes erwachsen würde.

Nach allem Ausgeführten muß der erkennende Senat den § 1128 B.G.B. dahin auslegen, daß seine Vorschrift einen Versicherungsvertrag über ein G e b ä u d e zur Voraussetzung hat. Auf versicherte Maschinen kann sie daher nur dann Anwendung finden, wenn die Maschinen, sei es von vornherein, sei es nachträglich, in einen Gebäudeversicherungsvertrag einbezogen worden sind, nicht aber dann, wenn Maschinen, mögen sie Bestandteile eines Gebäudes sein oder nicht, als bewegliche Gegenstände versichert sind.

Daß die bestrittenen Maschinen im vorliegenden Falle als bewegliche Sachen versichert gewesen sind, stellt der Berufungsrichter, ohne daß Bedenken dagegen bestehen, fest; es ist diese Feststellung von der Revision auch nicht angegriffen worden. Hiernach findet der § 1128 B.G.B. auf sie keine Anwendung. Die Beklagte ist durch Zahlung des Versicherungsbetrags an den Konkursverwalter von ihrer Versicherungsschuld frei geworden, obschon sie das in der bezeichneten Gesetzesstelle vorgeschriebene Verfahren nicht eingeschlagen hat. Die Klage ist somit unbegründet, und ebenso die Revision."...

---

74. Sind für die Berechnung der Erbschaftssteuer die Bestimmungen eines ernstgemeinten Vergleichs maßgebend, den die Erbbeteiligten zur Beendigung eines Streits über die Rechtswirksamkeit einer letztwilligen Verfügung und die Teilung des Nachlasses untereinander geschlossen haben?

Preuß. Erbschaftssteuergesetz vom 30. Mai 1873/31. Juli 1895 §§ 5 und 29.

VII. Zivilsenat. Urt. v. 25. September 1908 i. S. Preuß. Fiskus (Bekl.) w. H. u. Gen. (Kl.). Rep. VII. 515/07.

I. Landgericht Kassel.
II. Oberlandesgericht daselbst.

Die verstorbene Witwe B. hat zwei privatschriftliche Testamente hinterlassen. Das erste verfügt die Errichtung einer Stiftung und ernennt zum Vollstrecker aller letztwilligen Verfügungen den Rechtsanwalt Dr. H. Das andere, später errichtete Testament bestimmt unter Widerruf jeder früheren letztwilligen Verfügung, daß der Nachlaß „ganz dem Dr. H. anfallen" solle, der die zum Nachlaß gehörigen Liegenschaften in bestimmter Weise zu verwenden habe. Auf Grund des letzteren Testaments beantragte Dr. H. bei dem zuständigen Gericht die Erteilung eines Erbscheins nach der Verstorbenen mit der Erklärung, daß er die Erbschaft annehme. Hiergegen erhoben die nächsten Verwandten der Erblasserin, die in Ermangelung eines Testaments ihre gesetzlichen Erben geworden wären, Widerspruch, indem sie die Gültigkeit des Testaments in Zweifel zogen. Zu ihnen gehörten die Kläger als Enkel und Urenkel von Geschwistern der Erblasserin. Die Kläger und zwei andere gesetzliche Erben schlossen am 18. Februar 1905 mit Dr. H. einen schriftlichen Vergleich. Im § 1 erkannten die gesetzlichen Erben an, daß das zweite Testament rechtsgültig und Dr. H. nach ihm alleiniger Erbe geworden sei. Nach dem § 2 hat dieser den gesetzlichen Erben den Betrag von einer Million Mark aus der Erbmasse zu zahlen. Im § 6 verzichteten die gesetzlichen Erben auf jeden weiteren Anspruch an den Nachlaß. Der § 7 endlich stellt als Beweggrund des Dr. H. zu diesem Vergleich sowohl den Wunsch hin, Prozesse bezüglich des Nachlasses zu vermeiden, als auch die Würdigung der Tatsache, daß ihm das Testament gegenüber den gesetzlichen Erben als hart und unbillig erscheine. Von seiten des Erbschaftssteueramts wurden von den Klägern die ihren Anteilen an jener Million Mark unter Berücksichtigung ihres Verwandtschaftsgrades zur Erblasserin entsprechenden Erbschaftssteuerbeträge erfordert. Die Kläger haben diese Beträge entrichtet und verlangen mit der jetzigen Klage die Verurteilung des Beklagten zur Rückzahlung nebst Zinsen.

Beide Vorinstanzen haben den Beklagten zur Rückzahlung der Abgabe verurteilt. Auf die Revision des Beklagten wurde die Klage abgewiesen, aus folgenden

Gründen:

„Nach den §§ 5 und 29 des preußischen Erbschaftssteuergesetzes vom 30. Mai 1873/19. Mai 1891 in der Fassung des Gesetzes vom 31. Juli 1895 wird die Erbschaftssteuer von dem Betrage entrichtet, um den diejenigen, denen der Anfall zukommt, durch diesen reicher werden; die Erbschaftssteuer trifft die Erwerber des steuerpflichtigen Anfalls. Hiernach wäre, falls das maßgebende Testament unbestritten geblieben wäre und für sich allein der Entscheidung zugrunde gelegt würde, der in diesem Testament eingesetzte Alleinerbe Dr. H., der die Erbschaft angenommen hat, zur Entrichtung der Erbschaftssteuer für die gesamte Erbmasse, also auch für die inhalts des Vergleichs vom 18. Februar 1905 aus dieser Erbmasse entnommenen und den Klägern überwiesenen Beträge verpflichtet. Der Berufungsrichter gelangt deshalb auch zu dem Ergebnis, daß die Kläger diese Beträge nicht zu versteuern hätten. Er führt aus: das Testament sei zwar von den Klägern durch Klage angefochten, aber nicht durch rechtskräftiges Urteil beseitigt worden; vielmehr hätten die Kläger den Rechtsstreit durch den mit Dr. H. geschlossenen Vergleich beendet, in dem sie diesen als Alleinerben anerkannt hätten. Hiernach stehe fest, daß Dr. H. Alleinerbe geblieben sei. Der Erwerb der im Vergleich den Klägern ausgewiesenen Beträge stelle daher, da er weder auf dem Testament noch auf gesetzlichen Bestimmungen beruhe, einen erbrechtlichen „Anfall" nicht dar, sondern einen auf obligatorischem Titel beruhenden Erwerb, der nicht der Erbschaftssteuer unterliege.

Diesen Ausführungen kann in dem entscheidenden Punkt nicht beigepflichtet werden. Soviel ist richtig, daß, wenn der Anfall oder dessen Betrag unter den Beteiligten streitig ist, und der Streit im ordentlichen Rechtswege durch Urteil entschieden wird, dieses Urteil, obwohl es die Streitfrage nur unter den Beteiligten entscheidet, regelmäßig auch bei der Steuererhebung zugrunde zu legen ist. Das kann freilich in dem Falle nicht gelten, daß der Rechtsstreit von den Beteiligten nur zum Schein geführt ist, ein Streit unter ihnen in Wirklichkeit nicht obgewaltet hat, und sie das ergangene Urteil durch arglistiges Zusammenwirken zum Zweck der Täuschung erschlichen haben. Anders liegt die Sache aber auch dann nicht, wenn der Streit oder die Ungewißheit der über das Erbrecht oder seinen Umfang uneinigen Parteien durch einen ernstgemeinten Vergleich beendet wird. Nach anfänglichem Schwanken der Rechtsprechung hat der erkennende Senat in fester Praxis die Meinung vertreten, daß die Steuerbehörde nicht befugt sei, eine von den Nachlaßbeteiligten in legaler Weise getroffene Vereinbarung über die Anerkennung und Ausführung einer letztwilligen Verfügung aus dem Grunde anzufechten, weil die Beteiligten von unrichtiger Rechtsauffassung ausgegangen seien und bei richtiger Auffassung zu einer anderen Regelung der Auseinandersetzung hätten gelangen sollen (Urteil vom 16. Oktober 1900, Rep. VII. 156/00, und Urteil vom 15. Februar 1901, Rep. VII. 356/00, Entsch. Bd. 48 S. 301). An dieser Ansicht ist festzuhalten. Selbstverständlich ist nicht jedes Abkommen zwischen den Erbbeteiligten auf die Steuer von Einfluß. Wenn der Testamentserbe freiwillig, aus Freigebigkeit oder aus Gründen der Billigkeit einem der Beteiligten einseitig eine von diesem angenommene Zuwendung aus der Erbmasse gemacht, z. B. ein Vermächtnis aus freien Stücken erhöht hat, so ist dies gewiß für die Steuerpflicht bedeutungslos. Deshalb hat auch der II. Zivilsenat des Reichsgerichts, der sich im übrigen ebenfalls auf den vom erkennenden Senat eingenommenen Standpunkt gestellt hat, einem unter Erbbeteiligten geschlossenen Vergleich einen Einfluß auf die Steuerpflicht deshalb versagt, weil nach den Feststellungen des Berufungsrichters die im schriftlichen „Vergleich“ den im Testament nicht eingesetzten gesetzlichen Erben zugewendeten Geldbeträge nicht vergleichsweise zur Beilegung eines Streits über die Rechtswirksamkeit und Ausführung der letztwilligen Verfügung, sondern nur scheinbar in der Form des Vergleichs, in Wirklichkeit aber in freigebiger Absicht von den Testamentserben aus dem ihnen ungeschmälert angefallenen Nachlaß bewilligt worden waren. Haben aber die von einem Erbfall betroffenen Personen in ernster Absicht das unter ihnen bestehende Verhältnis durch einen Vergleich, also in einer einem rechtskräftigen Urteil der Wirkung nach im wesentlichen gleichkommenden Weise, geordnet, so liegt kein Grund vor, diese Ordnung nicht auch der Besteuerung zugrunde zu legen. Dabei ist es selbstverständlich, daß der Fiskus, ebenso wie ihm die Bestimmungen eines solchen Vergleichs mit Erfolg entgegengehalten werden können, sich auch zu seinen Gunsten auf diese Bestimmungen berufen darf. Der Vergleich hat dieselbe Rechtswirkung, mag er zu einer Verminderung oder zu einer Vermehrung der Steuerabgabe führen, die ohne sein Dazwischentreten zu entrichten gewesen wäre. Beide Fälle werden sich in ihrer steuerlichen Wirkung für den Fiskus durchschnittlich im wesentlichen ausgleichen. Die Gefahr, daß durch vergleichsweise Anerkennung gänzlich haltloser Erbansprüche Dritter, die nur zu einem geringeren Steuersatz als der eigentlich Bedachte herangezogen werden könnten, der Steuerfiskus Nachteile erleiden könnte, ist überdies eine geringe, da Scheinvergleichen die Wirkung zu versagen ist, und gänzlich unbegründete Erbansprüche Dritter regelmäßig von den wirklichen Erben nicht werden anerkannt werden.

In dem dem oben erwähnten Reichsgerichtsurteil (Entsch. Bd. 48 S. 301) zugrunde liegenden Fall war zwar der für die Steuerpflicht maßgebende Vergleich von Erbbeteiligten geschlossen worden, deren Erbeseigenschaft unmittelbar aus dem Testament hervorging und unstreitig war, und es wurde nur über den Umfang der durch das Testament begründeten Vermögensrechte gestritten, während im vorliegenden Fall die aus dem Testament nicht ersichtliche Eigenschaft der Kläger als Erben der Witwe V. bestritten war. Diese tatsächliche Verschiedenheit begründet aber keinen grundsätzlichen rechtlichen Unterschied. Ist der Vergleich geeignet, entgegen den Bestimmungen des Testaments den Umfang von Erbrechten mit Rechtswirkung, auch für den Fiskus, zu regeln, so ist kein Grund ersichtlich, weshalb er eine solche Rechtswirkung nicht auch für die Entscheidung der Frage haben sollte, ob jemand zu den Erben gehört, und ob er deshalb einen bestimmten Teil der Erbmasse zu beanspruchen befugt ist. Ebenso macht es keinen Unterschied, daß, worauf der Berufungsrichter besonderes Gewicht legt, in jenem Fall der Testamentserbe vom Fiskus zur streitigen Steuer herangezogen war, während im jetzigen Fall die Steuer von den nur aus dem Vergleich berechtigten Erbbeteiligten erfordert worden ist. Die Frage, welcher von beiden Teilen zur Entrichtung der Abgabe verbunden ist, beruht in beiden Fällen auf denselben rechtlichen Erwägungen. Ein derartiger Vergleich hat entweder volle Rechtswirkung, oder er entbehrt der Rechtswirkung gänzlich.

Der Vergleich vom 18. Februar 1905, dessen Ernstlichkeit nicht angefochten ist, muß hiernach der Steuererhebung zugrunde gelegt werden, ohne daß hier zu erörtern wäre, ob die Erbansprüche der Kläger sachlich begründet waren. Im Ergebnis ist daher die durch den Vergleich geordnete Wirkung der letztwilligen Verfügung so anzusehen, als ob Dr. H. zwar als Alleinerbe eingesetzt, den gesetzlichen Erben aber ein steuerpflichtiges Vermächtnis von einer Million Mark ausgesetzt worden wäre. Wenn demgegenüber die Kläger hervorheben, sie selbst hätten im Vergleich den Dr. H. als Alleinerben aus dem Testament ohne Einschränkung anerkannt, er allein sei also durch den Anfall reicher geworden und steuerpflichtig, so ist dem entgegenzuhalten, daß dieses Anerkenntnis keineswegs schlechthin und ohne Rücksicht auf die Vergleichsnatur der geschlossenen Vereinbarung abgegeben worden ist, daß es vielmehr einen Bestandteil des Vergleichs bildet, dem als Gegenleistung die Verpflichtung des Dr. H. gegenübersteht, den Klägern aus der Erbmasse eine Million Mark zu überlassen. Die Vergleichsnatur des Vertrages, der sich selbst als

„Vergleich“ bezeichnet und die materielle Regelung des Erbverhältnisses bezweckt, ergibt sich aus seinem Inhalt, insbesondere aus dem § 7, wonach Dr. H. den Klägern das Vergleichsanerbieten gemacht hat, „um Prozesse bezüglich des Nachlasses der Frau V. zu vermeiden“. Wenn Dr. H. nebenher noch angibt, er handele in Würdigung der Tatsache, daß ihm das Testament gegenüber den gesetzlichen Erben als hart und unbillig erscheine, so wird damit seine Absicht, sich zu vergleichen, nicht beseitigt. Die Annahme, daß die gesetzlichen Erben die Million Mark durch Freigebigkeit des Dr. H. als eine Zuwendung unter Lebenden durch Schenkungsvertrag erworben haben, entbehrt schon deshalb der Grundlage, weil nichts dafür vorliegt, daß die gesetzlichen Erben diesen Geldbetrag anders als eine Vergleichssumme, insbesondere als freiwillige Zuwendung des Dr. H. haben annehmen wollen. Sie haben deshalb die ihnen zuteil gewordene vergleichsweise Erbabfindung mit der vom Beklagten erforderten, ihrer Höhe nach unbestrittenen Abgabe zu versteuern.

Es mag übrigens noch darauf hingewiesen werden, daß auch das neue Reichserbschaftssteuergesetz vom 3. Juni 1906 inhalts der Begründung (S. 22 oben) zu dem steuerpflichtigen Erwerbe von Todes wegen dasjenige rechnet, „was vergleichsweise zur Befriedigung eines zweifelhaften oder bestrittenen Anspruchs auf einen Erwerb von Todes wegen gewährt wird“. Daß hierdurch für Preußen in diesem Punkt eine Änderung gegen den früheren Rechtszustand hat herbeigeführt werden sollen, ist aus der Entstehungsgeschichte des neuen Gesetzes nicht zu entnehmen.“

75. 1. Genügt zur Entstehung der aus der Tarifstelle 74 (Vorrechtseinräumung) des preußischen Stempelsteuergesetzes vom 31. Juli 1895 sich ergebenden Stempelpflicht die bloße in grundbuchmäßiger Form abgegebene einseitige rechtsgeschäftliche Erklärung des zurücktretenden Gläubigers, daß er den Vorrang einräume, oder bedarf es dazu der Beurkundung der Gesamtheit der Tatsachen, durch welche die beabsichtigte Rechtsänderung herbeigeführt wird?

2. Ist eine Vorrangseinräumung wirksam, die für eine noch nicht zur Entstehung gelangte Hypothek erteilt wird?

Preuß. Stempelsteuergesetz vom 31. Juli 1895 Tarifstelle 74.
B.G.B. § 880.

VII. Zivilsenat. Urt. v. 2. Oktober 1908 i. S. Görlitzer Fürstentums-Landschaft (Kl.) w. Preuß. Fiskus (Bekl.). Rep. VII. 504/07.

I. Landgericht Breslau.
II. Oberlandesgericht daselbst.

Die Witwe N. hat am 9. Januar 1903 in einer gerichtlich beglaubigten Urkunde erklärt, daß sie vor ihrem auf dem Grundbuchblatt Nr. 27 von P. in Abt. II unter Nr. 7 eingetragenen Ausgedinge der Schlesischen Landschaft hinsichtlich eines für diese auf demselben Grundbuchblatt einzutragenden Darlehns von 2500 ℳ den Vorrang einräume und die Eintragung dieser Erklärung im Grundbuch bewillige. Unter Bezugnahme auf diese Urkunde beantragte der Eigentümer des Pfandgrundstücks am 15. Mai 1903 beim zuständigen Amtsgericht, die Vorrechtseinräumung in das Grundbuch einzutragen. Darauf wurde zunächst am 16. Mai 1903 in der Abt. II bei Nr. 7 in der Spalte „Veränderungen" durch das Grundbuchamt der Vermerk eingetragen, daß vor dem Ausgedinge der Schlesischen Landschaft hinsichtlich eines für sie einzutragenden Darlehns von 2500 ℳ nebst Zinsen der Vorrang eingeräumt sei. Am 27. Mai 1903 wurde dann in der Abt. III unter Nr. 12 ein Darlehn von 2500 ℳ nebst Zinsen für die Landschaft unter Bezugnahme auf die Eintragungsbewilligung vom 30. Dezember 1902 mit dem Vorrange vor der Last Abt. II Nr. 7 eingetragen. An demselben Tage wurde in der Abt. II bei Nr. 7 in der Spalte Veränderungen ein Vermerk dahin eingetragen, daß das Vorrecht für die Landschaft hinsichtlich des nunmehr in Abt. III unter Nr. 12 eingetragenen Darlehns von 2500 ℳ nebst Zinsen und Kosten eingeräumt sei. Zu der Urkunde vom 9. Januar 1903 ist ein Stempel von 1,50 ℳ erfordert und von der Klägerin zur Gerichtskasse gezahlt worden. Mit der Klage verlangt dieselbe die Rückzahlung dieser Abgabe. Die Vorinstanzen haben die Klage abgewiesen. Die Revision wurde zurückgewiesen, aus folgenden

Gründen:

„Nach der Tarifstelle 74 des preußischen Stempelsteuergesetzes vom 31. Juli 1895 sind „Vorrechtseinräumungen (Prioritätszessionen)" mit einer Abgabe von 1,50 ℳ zu versteuern. Zur Zeit des Inkrafttretens dieses Gesetzes genügte zur Einräumung des Vorrechts einer im Grundbuch eingetragenen Post vor einer anderen eine darauf gerichtete Erklärung des Einräumenden (§ 35 des preußischen Eigentumserwerbsgesetzes vom 5. Mai 1872 und § 86 Abs. 1 der preußischen Grundbuchordnung). Das Bürgerliche Gesetzbuch läßt im § 880 eine „nachträgliche" Änderung des Rangverhältnisses unter den ein Grundstück belastenden Rechten zu, erfordert aber hierfür die Eintragung des zurücktretenden und des vortretenden Berechtigten, sowie die Eintragung der Änderung in das Grundbuch, überdies auch in dem hier nicht vorliegenden Falle des Zurücktretens einer Hypothek, Grundschuld oder Rentenschuld die Zustimmung des Eigentümers. Hierdurch ist aber daran nichts geändert, daß der Gegenstand der Steuerpflicht die auf Rangänderung gerichtete, in grundbuchmäßiger Form abgegebene Erklärung des Einräumenden ist, hier also die gerichtlich beglaubigte Erklärung vom 9. Januar 1903. Des Nachweises der Beurkundung der Einigung, die rechtsgültig auch hinterher und formlos erfolgen kann, und der geschehenen Eintragung bedarf es nicht. Denn die Steuerpflicht ist regelmäßig nicht durch die Beurkundung der Gesamtheit der Tatsachen bedingt, welche die beabsichtigte Rechtswirkung herbeiführen; vielmehr knüpft sich der Urkundenstempel schon an die rechtsgeschäftliche Erklärung, die zur Herbeiführung der Rechtsänderung erforderlich ist, ohne daß es darauf ankommt, ob sie, wie z. B. bei der Abtretung, für sich allein die beabsichtigte Rechtswirkung zur Folge hat, oder ob dazu noch weitere Tatsachen hinzutreten müssen. Kommt es infolge Ausbleibens dieser Tatsachen nicht zur Ausführung des Geschäfts, so ist die Erstattung der entrichteten Abgabe (§ 2 Abs. 2 des Stempelsteuergesetzes) zulässig.

Die Revision hält aber die Versteuerung der Vorrechtseinräumungserklärung vom 9. Januar 1903 deshalb für nicht erforderlich, weil nach § 880 B.G.B. von einer „nachträglichen" Vorrechtseinräumung im Rechtssinne jetzt nur dann gesprochen werden könne, wenn die beiden bei der Rangänderung beteiligten Rechte schon einen grundbuchmäßigen Rang hätten, also beide schon im Grundbuch eingetragen seien, während im vorliegenden Fall zur Zeit der Einräumungserklärung nur die zurücktretende Post eingetragen gewesen sei, die im Vorrecht begünstigte aber erst habe eingetragen werden sollen. Dieser Rechtsansicht der Revision ist nicht beizutreten. Daß vor dem Inkrafttreten des Bürgerlichen Gesetzbuchs das Vorrecht nach preußischem Recht auch für eine erst noch einzutragende Post eingeräumt werden konnte, wurde nicht bezweifelt und ist von der Rechtsprechung anerkannt (Entsch. des R.G.'s in Zivils. Bd. 19 S. 341, 343). Auch die Motive zu dem jetzigen § 880 B.G.B. (§ 841 des Entwurfs) erkennen ausdrücklich an, es bestehe kein Zweifel darüber, daß das Gesetz den Beteiligten die Möglichkeit gewähren müsse, einem eingetragenen oder noch einzutragenden Recht einen besseren Rang als denjenigen zu verschaffen, der ihm an sich gebühre. An dem früheren Rechtszustande hat also in dem hier in Betracht kommenden Punkte nichts geändert werden sollen. Für die Absicht einer solchen Änderung kann auch aus der Fassung des jetzigen § 880 B.G.B., wonach das Rangverhältnis „nachträglich" geändert werden kann, nichts entnommen werden; denn auch schon die Fassung des § 841 des Entwurfs ging dahin, daß die aus dem Grundbuch sich ergebende Rangordnung „nachträglich" geändert werden könne. Diese Fassung ist auch keineswegs unvereinbar mit der Auslegung, daß die Einräumung der Änderung des Ranges nur bezüglich der zurücktretenden Post eine „nachträgliche" sein, nur diese Post also, über die durch die Vorrechtseinräumung verfügt wird, zur Zeit der Einräumung bereits eingetragen sein muß. Die nachträgliche Änderung des Ranges dieser Post tritt erst in Wirksamkeit, wenn die Post, für die der Vorrang eingeräumt worden ist, durch Eintragung entsteht. Um auch diese Post erkennbar mit der Eigenschaft auszustatten, daß ihr der Vorrang vor der früher eingetragenen zusteht, muß es genügen, wenn gleichzeitig mit ihrer Entstehung auch der ihr bewilligte Vorrang zur Eintragung gelangt. Fallen auch beide Momente äußerlich zeitlich zusammen, so ist logisch und rechtlich der Vorgang dahin aufzufassen, daß zunächst die neue Post zur Entstehung gelangt, und daß dann erst für diese bestehende Post das Rangverhältnis durch Eintragung „nachträglich" geändert wird. Daß aber die Einräumung des Vorrechts selbst gültig erst nach erfolgter Eintragung der vorrückenden Post erfolgen könne, wird vom Gesetz nicht erfordert. Ein solches Erfordernis würde auch den praktischen Bedürfnissen des Immobiliarkredits nicht entsprechen; denn die bei Vorrangseinräumungen in den meisten Fällen beteiligten Landschaften oder sonstigen Kreditinstitute, die satzungsgemäß Grundstücke nur an erster Stelle beleihen dürfen, haben ein Interesse daran, daß schon bei der Eintragung der von ihnen zu gewährenden Darlehen auch deren Vorrang eingetragen, und diese Eintragung nicht noch davon abhängig gemacht wird, daß nunmehr erst, nach erfolgter Eintragung des Darlehns, vom Gläubiger der zurücktretenden Post die Erklärung der Vorrangseinräumung urkundlich bewirkt werde, die als Grundlage für die Eintragung des Vorrangs zu dienen hat. Daß diese Erklärung schon vor der Eintragung der vortretenden Post mit Rechtswirkung abgegeben werden kann, ist auch in der Literatur mehrfach anerkannt (Turnau-Förster, Liegenschaftsrecht, 3. Aufl. S. 174 Bem. II⁴; v. Staudinger, Bürgerliches Gesetzbuch, 3. u. 4. Aufl. S. 108 Bem. I¹ᵇ; ebenso Kammergericht, I. Zivilsenat, bei Johow-Ring, Jahrbuch Bd. 21 S. 306 flg.). Ob sich der Einräumende im einzelnen über die Reihenfolge der Rechtsakte klar ist, die in ihrer Gesamtheit zur Änderung des Rangverhältnisses der beiden Posten führen, ist ohne Bedeutung; es genügt, wenn er bei der Erklärung den Willen hat, daß der anderen Post, sobald sie entsteht, der Vorrang vor der seinigen beiwohne. Dieser Wille ist selbstverständlich schon dann zum Ausdruck gebracht, wenn der Vorrang für eine bestimmte noch „einzutragende" Post eingeräumt wird.

Der jetzt streitige Stempelanspruch ist hiernach begründet, und es kommt nicht weiter darauf an, daß der Berufungsrichter irrtümlich auch unter der Voraussetzung, daß eine Vorrangseinräumung gültig erst nach der Eintragung beider Posten erklärt werden könne, die hier vorliegende Einräumung als ausreichend ansieht, weil sie von der Bedingung abhängig gemacht sei, daß die Eintragung des Darlehns noch erfolge, und weil nach § 3 Abs. 2 des Stempelsteuergesetzes für die Stempelpflichtigkeit die Hinzufügung von Bedingungen zu einer Willenserklärung ohne Bedeutung sei. Es würde sich in diesem Falle nicht um eine tatsächliche Bedingung, wie sie die genannte Vorschrift im Auge hat, handeln, sondern um eine sogenannte Rechtsbedingung (condicio iuris), d. h. ein gesetzliches Erfordernis der Erklärung, bei dessen Fehlen die Erklärung jeder Rechtswirkung ermangelt. Von der Anwendung des § 3 Abs. 2 könnte nur dann die Rede sein, wenn die Erklärung schon eine gültige Vorrangseinräumung darstellte, und deren Wirkung von einem zukünftigen ungewissen Ereignis abhängig gemacht wäre; hier aber würde unter jener Voraussetzung die Haupterklärung als eine gültige Vorrangseinräumung nicht angesehen werden können."

76. Beschränkung eines Gebrauchsmusters, wofür der Schutzanspruch allgemein gefaßt ist, auf den als neu erkannten Inhalt.

I. Zivilsenat. Urt. v. 3. Oktober 1908 i. S. E. (Kl.) w. Kr. (Bekl.). Rep. I. 448/07.

I. Landgericht Essen, Kammer für Handelssachen.
II. Oberlandesgericht Hamm.

Für die Beklagte war in der Gebrauchsmusterrolle das Gebrauchsmuster 161939, betr. eine Rücklaufbremse für Geschütze mit langem Rohrrücklauf eingetragen. Die Anmeldung enthielt einen besonders formulierten Schutzanspruch, dahin lautend:

„Für Geschütze mit langem Rohrrücklauf bestimmte Rücklaufbremse mit einer, rechteckigen Querschnitt besitzenden, aus mehreren hintereinander geschalteten Teilen bestehenden, und den mit dem Geschützrohr fest verbundenen Bremszylinder umhüllenden, Vorholfeder".

Die gegen dieses Gebrauchsmuster gerichtete, auf Neuheitsmangel gestützte Löschungsklage hatte die erste Instanz mit der Maßgabe abgewiesen, daß nicht die feste Verbindung des Bremszylinders mit dem Geschützrohre schlechthin, sondern daß die Verbindung des hinteren, der Rohrmündung abgelegenen Endes des Bremszylinders mit dem hinteren Ende des Geschützrohrs für schutzfähig erklärt wurde, und hatte dementsprechend die Fassung des Schutzanspruchs geändert.

In der zweiten Instanz hatte, nachdem inzwischen das Gebrauchsmuster auf Antrag der Beklagten gelöscht worden war, die Klägerin beantragt, festzustellen, daß das Gebrauchsmuster nicht rechtsgültig gewesen sei. Das Berufungsgericht ließ den Übergang zur Feststellungsklage zu, wies aber die Berufung der Klägerin zurück, indem es dabei feststellte, daß das Gebrauchsmuster nur mit der vom Landgerichte ausgesprochenen und der weiteren Einschränkung, wonach die Verbindung zwischen Bremszylinder und Geschützrohr „bei geschlossener Gleitbahn" stattfinde, rechtsgültig gewesen sei.

Die Revision der Klägerin ist ohne Erfolg geblieben. Zu der Frage, ob der Rechtsbestand des Gebrauchsmusters, statt nach dem im Schutzanspruche erklärten Inhalte, nach dem von den Instanzgerichten angenommenen, das Geltungsgebiet einschränkenden Inhalte beurteilt werden durfte, besagen die

Gründe:

. . . „Nach der Auffassung des Berufungsgerichts würde die beantragte Feststellung, daß das Gebrauchsmuster nicht rechtsgültig gewesen sei, begründet sein, wenn der Gegenstand des Gebrauchsmusters lediglich nach dem in der Anmeldung formulierten Schutzanspruche bestimmt wird. Der darin allein enthaltenen Kombination der vier Elemente, die es nach dem Vorgange des Sachverständigen bezeichnet mit I (viereckiger Querschnitt der Feder), II (Zerlegung der Feder in mehrere, hintereinander geschaltete Teile), III (den Bremszylinder umhüllend) und IV (Verbindung des Bremszylinders mit dem Geschützrohre), spricht es, in Übereinstimmung mit dem Landgerichte, die Neuheit ab. . . . Das Berufungsgericht hält es aber, wie die erste Instanz, für erforderlich und zulässig, den wirklichen Gegenstand des Gebrauchsmusters anders zu bestimmen, als es im Schutzanspruche geschehen ist, und zwar in dem Sinne, daß der Schutzanspruch durch Einfügung weiterer Kombinationselemente beschränkt werden soll. In dieser Richtung geht es über das Landgericht hinaus. Zu der von diesem ausgesprochenen Beschränkung, wonach die Verbindung des Bremszylinders „an seinem der Rohrmündung abgelegenen Ende mit dem hinteren Ende des Geschützrohrs“ stattfinden muß — Element IV „hinten“ —, fügt es die weitere Beschränkung hinzu, daß diese Verbindung nur „bei geschlossener Gleitbahn“ — Element V — geschützt sei. In der Verbindung der 5 Elemente — I, II, III, IV „hinten“ und V — verneint es, daß das Gebrauchsmuster bei der Anmeldung vorweggenommen gewesen sei. . . . (Folgt Ausführung, daß bei dieser Auffassung des Gebrauchsmusters die Vorwegnahme mit Recht verneint worden sei.)

Danach kommt es nur noch darauf an, ob das Berufungsgericht den Gegenstand des Gebrauchsmusters ohne Rechtsirrtum bestimmt hat. Die Auffassung des Berufungsgerichts beruht auf der Annahme, erstens daß die im Gebrauchsmuster enthaltene Neuerung in Wirklichkeit in der komplizierteren Kombination bestehe, und sodann daß aus der Gesamtheit der Anmeldung sich trotz der allgemeinen Fassung des Schutzanspruchs der Wille des Anmelders entnehmen lasse, die kompliziertere Kombination unter Schutz zu stellen. Unter der Voraussetzung, daß diese Annahme sich als sachlich gerechtfertigt erweist, ist rechtlich nichts dagegen einzuwenden, daß der Beurteilung des Gebrauchsmusters diese seine wirkliche Bedeutung zugrunde gelegt wird, und daß dementsprechend der zu weit gefaßte Schutzanspruch beschränkt wird. In bezug auf die Löschungsklage des § 6 des Gesetzes vom 1. Juni 1891 wird, obgleich hierfür nicht, wie in § 10 Abs. 2 des Patentgesetzes, eine ausdrückliche Bestimmung getroffen ist, in Rechtsprechung und Doktrin überwiegend anerkannt, daß eintretendenfalls auch die Löschung eines Teiles des Gebrauchsmusters ausgesprochen werden kann, wobei nach Bedürfnis für den bestehen bleibenden Teil die entsprechende neue Fassung festzustellen ist. Darin liegt eine Beschränkung des ursprünglichen Schutzumfangs.

Vgl. z. B. Urteile Rep. I. 97/00 vom 19. Mai 1900, Jurist. Wochenschr. S. 651 Nr. 27; Rep. I. 428/00 vom 20. März 1901, Entsch. des R.G.'s in Zivils. Bd. 48 S. 75; Rep. I. 298/01 vom 8. Januar 1902; Isay, Gebrauchsmusterges. Anm. 15 flg. zu § 6 (S. 390); Seligsohn ebenso unter 4 und 5; Allfeld, Anm. 5 (S. 412); Robolski unter b (S. 42).

Eine solche Beschränkung kann insbesondere auch erfolgen durch „Hinzufügung eines weiteren Merkmals zu den bisher im Schutzanspruche angegebenen Merkmalen, wodurch an Stelle des bisher beanspruchten ein engerer Begriff gesetzt wird“ (Isay, a. a. O.). Grundsätzlich erhebt auch die Revision gegen die rechtliche Zulässigkeit der Beschränkung eines Gebrauchsmusters keinen Einwand.

Die Revision greift aber die Grundlagen an, von denen aus das Berufungsgericht zur Beschränkung des streitigen Gebrauchsmusters gelangt ist. Sie verneint, daß gegenüber der klaren und bestimmten Fassung des Schutzanspruchs die Aufnahme der darin nicht enthaltenen Elemente IV „hinten“ und V in den Begriff des geschützten Gebrauchsmusters zulässig sei. Damit werde nicht das wirklich gewollte Gebrauchsmuster durch Korrektur der ungenauen Fassung herausgestellt, sondern ein neues, gar nicht gewolltes Gebrauchsmuster erteilt. Es ist zuzugeben, daß die Sache nicht unzweifelhaft ist. Der Senat glaubt sich aber doch der Auffassung des Berufungsgerichts anschließen zu müssen. Zwar wenn dieses den Schutzanspruch einfach durch die an sich richtige Erwägung, daß der formulierte Schutzanspruch kein gesetzliches Erfordernis der Gebrauchsmusteranmeldung sei, beiseite schieben will, so wird damit verkannt, daß, wenn einmal der Anmelder die Form eines besonderen

Schutzanspruchs gewählt hat, nach seinem eigenen Willen eben gerade dieser Schutzanspruch es ist, der die vom Gesetz erforderte und für die Bedeutung des erlangten Schutzes entscheidende — Entsch. des R.G.'s in Zivils. Bd. 39 S. 121 — Angabe darüber enthält, welche neue Gestaltung oder Vorrichtung dem Arbeits- oder Gebrauchszwecke dienen soll (§ 2 Abs. 2 des Gesetzes). Allein auch der formulierte Schutzanspruch ist der Auslegung zugänglich, und zur Beurteilung der Frage, ob und in welchem Sinne eine über den Wortlaut hinausgehende Auslegung erforderlich sei, ist der gesamte übrige Inhalt der Anmeldung heranzuziehen. Geht man hiervon aus, so ergibt sich das Folgende.

Was zunächst die Aufnahme des Elements IV „hinten" betrifft, die beide Vorinstanzen für notwendig erklärt haben, so liegt darin eine bestimmte Lokalisierung der Verbindung zwischen dem Bremszylinder und dem Geschützrohre. Der Schutzanspruch enthält nur die Verbindung, noch nicht die Lokalisierung. Nach dem Schutzanspruche fallen daher alle Konstruktionen, wo immer die Verbindung angeordnet sein mag, unter das Gebrauchsmuster. Durch die lokalisierende Beschränkung wird also nur aus dem ganzen Umfange des beanspruchten Gebrauchsmusters ein wesensgleicher Ausschnitt hergestellt, bei dem kein neues positives Kombinationselement hinzutritt, sondern nur ein bereits vorhandenes Element durch Ausschluß der anderen möglichen Anbringungsstellen negativ beschränkt wird. Von dieser Beschränkung läßt sich mit gutem Rechte behaupten, daß dadurch das Gebrauchsmuster nur einen geringeren Umfang erhalte, nicht qualitativ zu etwas anderem werde. Von dem Anmelder, der den Gebrauchsmusterschutz für einen größeren Umfang verlangt, ist im allgemeinen nicht anzunehmen, daß er dies in ausschließlichem Sinne tue. Regelmäßig wird man davon ausgehen dürfen, daß er eventuell auch den geringeren Umfang wolle. Ein Grund, weshalb im vorliegenden Falle der weiter gefaßte Schutzanspruch im Sinne der Ausschließlichkeit auszulegen wäre, ist nicht vorhanden. Daß die Beklagte bei der Anmeldung die Verbindung „hinten" schon gefunden hatte, das Element IV „hinten" also nichts erst nachträglich Hinzugekommenes ist, erhellt aus der der Anmeldung beigefügten Zeichnung. Bei dieser Bedeutung des Elements IV „hinten" darf anerkannt werden, daß die darauf gerichtete Beschränkung weder objektiv noch subjektiv mit dem Schutzanspruch in Widerspruch steht. Da aber für die Kombination I bis IV „hinten“ die Neuheit zur Zeit der Anmeldung nicht festgestellt, vielmehr die insoweit behauptete Vorwegnahme unentschieden gelassen ist, so genügt dieses Ergebnis noch nicht, und es muß weiter geprüft werden, ob auch die Hinzufügung des Kombinationselements V sich halten lasse.

Durch das Element V wird das im Schutzanspruche nicht enthaltene Merkmal hinzugefügt, daß die Verbindung IV „hinten“ bei geschlossener Gleitbahn stattfinden müsse. Festgestellt ist, daß in der der Anmeldung beigefügten Zeichnung die geschlossene Gleitbahn für jeden Sachverständigen erkennbar dargestellt war. Im Schutzanspruch ist von der geschlossenen Gleitbahn überhaupt nicht die Rede; in der Beschreibung wird für das Element III sogar ein besonderer Vorteil hervorgehoben, den es bei offener Gleitbahn gewähre. Dies führt nun freilich, wie das Berufungsgericht zutreffend bemerkt, nicht dazu, daß die Verwendung des Gebrauchsmusters bei geschlossener Gleitbahn als nicht gewollt anzusehen wäre. Aber gewollt ist ohne Zweifel auch die Verwendung des Gebrauchsmusters bei offener Gleitbahn. Man kann deshalb die Auslegung verteidigen, daß der Anmelder mit überlegter Absicht den Schutzanspruch so wie geschehen gefaßt habe, um den Unterschied zwischen der Konstruktion mit geschlossener und der mit offener Gleitbahn von dem Begriffe des Gebrauchsmusters ganz auszuschließen, so daß es für dieses völlig gleichgültig sein würde, ob es zur Verwendung bei der einen oder der anderen Form der Gleitbahn gelangt. Dann wäre als Gebrauchsmuster nur geschützt die Kombination der übrigen Elemente; die Gleitbahn würde nicht unter den Schutz fallen.

Zwingend ist aber doch diese Auslegung nicht. Man kann auch aus dem Gesamtinhalte der Anmeldung zu dem Ergebnis gelangen, daß nach dem wirklichen Willen des Anmelders die Konstruktion der Gleitbahn mit unter den Musterschutz gezogen werden sollte, und daß dieser Gedanke nur in der Fassung des Schutzanspruchs einen nicht zutreffenden Ausdruck gefunden habe. Dafür würde sprechen, daß wenigstens für die geschlossene Gleitbahn der Anmelder die Ausbildung seines Gebrauchsmusters in der vollen, vom Berufungsgericht als schutzfähig anerkannten Kombination bereits gefunden und in der Modellzeichnung offenbart hatte. Es ist nicht anzunehmen, daß diese Gestaltung des Gebrauchsmusters nach seinem Willen schutzlos bleiben sollte.

Bei dieser Auffassung würden eigentlich zwei Formen des angemeldeten Gebrauchsmusters in Frage stehen: bei offener und bei geschlossener Gleitbahn. Dies hätte im Anspruche durch Aufnahme der Worte: „bei offener oder bei geschlossener Gleitbahn" ausgedrückt werden können. Wäre dies geschehen, so dürfte es ohne weiteres einleuchten, daß durch Streichung der Worte: „bei offener oder" nicht eine qualitative Veränderung des angemeldeten Gebrauchsmusters, sondern nur eine Beschränkung seines Geltungsumfangs herbeigeführt würde. Der Umstand, daß der Zusatz im Schutzanspruche fehlt, ändert an dem Wesen der Beschränkung nichts, sobald man nur verneinen darf, daß das Schweigen des Schutzanspruchs die Frage nach der Konstruktion der Gleitbahn von dem gewollten Gebrauchsmuster gänzlich ausschließe. Daß diese Verneinung nicht rechtsirrtümlich ist, ergibt das Ausgeführte.

Zu dem gleichen Ergebnisse gelangt man auch auf dem Wege der schon beim Elemente IV „hinten" angestellten Erwägung. Nach Maßgabe des allgemein gefaßten Schutzanspruchs kann die Verbindung des Bremszylinders mit dem Geschützrohr (Element IV), wie an verschiedenen Stellen, so auch sowohl bei offener wie bei geschlossener Gleitbahn angeordnet sein. Die Beschränkung auf die geschlossene Gleitbahn kann, wie die Lagebeschränkung durch Element IV „hinten", als eine besondere Bestimmung über die Anordnung der unzweifelhaft zu den Merkmalen des Gebrauchsmusters gehörigen Verbindung aufgefaßt werden. Dann hat auch hier die Beschränkung nur eine quantitative Bedeutung, und es gilt auch hier für sie, was oben ausgeführt worden ist, daß im Zweifel das Verlangen eines ausgedehnteren Schutzes nicht den Verzicht auf den weniger umfangreichen einschließe. Ein besonderer Grund für die Annahme des Verzichtwillens ist aber auch hier nicht vorhanden." . . .

---

77. 1. Ist beim Anschaffungsstempel die Schlußnote der Gegenstand der Besteuerung?

2. Wie ist die Anschaffung von Aktien zu versteuern, die zur Zeit des Abschlusses des Anschaffungsgeschäfts noch nicht voll eingezahlt waren?

H.G.B. § 179.

Reichsstempelgesetz vom 14. Juni 1900 §§ 9 u. 10 u. Tarifnummer 4.

VII. Zivilsenat. Urt. v. 6. Oktober 1908 i. S. Preuß. Fiskus (Bekl.) w. B.-Handelsgesellsch. (Kl.). Rep. VII. 567/07.

I. Landgericht I Berlin.
II. Kammergericht daselbst.

Am 11. Dezember 1905 erhöhte die Aktiengesellschaft in Firma „A. E. G." in B. ihr Kapital um 14 Millionen Mark. Die jungen Aktien wurden zu einem Kurse von $194^1/_4$ v. H. von einem Bankkonsortium übernommen, zu dem auch die Klägerin gehörte. Zu dem gleichen Kurse wurden die Aktien von diesem Konsortium dem Publikum angeboten. Das Geschäft zwischen der Aktiengesellschaft und dem Konsortium hat die Klägerin, entsprechend der Anweisung des Bundesrats vom 25. September 1885 Nr. 6 Lit. B, nach dem ganzen Emissionspreise zum vollen Kurse von $194^1/_4$ v. H. versteuert. Die über das Ankaufsgeschäft zwischen dem Konsortium und den Abnehmern ausgestellten Schlußscheine versteuerte dagegen die Klägerin nur mit 25 v. H. des Nennbetrages, die sofort einzuzahlen gewesen waren, sowie mit dem vollen Betrage des gleichfalls sofort zu zahlenden Agios mit $94^1/_4$ v. H. Gegen diese Berechnung der Abgabe erhob der Beklagte Erinnerung; er forderte auch die Versteuerung des noch nicht eingezahlten Betrages von 75 v. H. des Nennbetrages der Aktien, der erst zu einem bestimmten späteren Termin einzuzahlen war. Die Klägerin zahlte den Stempel und fordert ihn mit der Klage zurück.

Die beiden Vorinstanzen haben der Klage stattgegeben. Auf die Revision des Beklagten wurde das Berufungsurteil aufgehoben, und die Sache zur anderweiten Verhandlung und Entscheidung in die Berufungsinstanz zurückverwiesen, aus folgenden

Gründen:

„Der Berufungsrichter gründet seine den Rückforderungsanspruch der Klägerin als gerechtfertigt anerkennende Entscheidung in erster Reihe auf die Erwägung, daß der vom Beklagten erforderte Stempel ein auf der Schlußnote ruhender Urkundenstempel sei, daß in der Schlußnote vom 7. Februar 1906 der Preis der erworbenen Aktie auf 25 v. H. des Nennbetrages und $94^1/_4$ v. H. Agio angegeben sei, und daß deshalb nach der Tarifnummer 4 des maßgebenden Reichsstempelgesetzes vom 14. Juni 1900 nur dieser Preis, ohne Hinzuziehung der noch einzuzahlenden weiteren 75 v. H. des Nennbetrages, der Stempelberechnung zugrunde gelegt werden dürfe. Der Ausgangspunkt dieser Ausführung ist unrichtig. Der erforderliche Reichsstempel ist zwar zur Schlußnote zu verwenden; den Gegenstand der Versteuerung bildet aber nicht die Schlußnote, sondern das ihrer Ausstellung zugrunde liegende Kauf- oder sonstige Anschaffungsgeschäft. Das ergibt sich unmittelbar aus den Überschriften zu Abschnitt II des Gesetzes und zur Tarifnummer 4, und aus dem Wortlaut der darin enthaltenen Bestimmungen. Nach der Vorschrift der Spalte 4 der Tarifnummer 4 ist daher, sobald Streit über die Höhe des Stempels entsteht, dieser nicht nach dem in der Schlußnote verzeichneten, sondern nach dem wirklich vereinbarten Kauf- oder Lieferungspreise zu berechnen. Daran ändert auch nichts der Umstand, daß in den §§ 9 und 10 des Gesetzes der Kürze halber von „unversteuerten" und „zu niedrig versteuerten" Schlußnoten die Rede ist, sowie daß regelmäßig die Preisangabe der Schlußnote mit dem wirklich vereinbarten Preise übereinstimmen wird, und deshalb, solange kein Streit besteht, der Inhalt der Schlußnote der Versteuerung zugrunde gelegt zu werden pflegt.

Hiernach bedurfte es der Feststellung des vereinbarten Preises. Diese ist auch aus den übrigen Ausführungen des Berufungsurteils nicht zu entnehmen. Der Berufungsrichter führt zwar aus, die dem Konsortium gegenüber vom Erwerber der Aktie übernommene Gegenleistung könne gar nicht jene 75 v. H. des Nennbetrages mit umfassen, da der Käufer nicht eine vollbezahlte Aktie, sondern nur die um diese 75 v. H. minderwertige Aktie erworben habe Diese Ausführung ist aber nicht zwingend. Gerade die Frage betrifft der Streit der Parteien, ob nicht das volle Aktienrecht und die dasselbe verkörpernde vollwertige Aktie nach der Absicht der Vertragschließenden den Gegenstand des Geschäfts hat bilden sollen. Für eine solche Absicht spricht die den Vertragschließenden zweifellos bekannt gewesene Bestimmung des § 179 H.G.B., wonach auf den Inhaber lautende Aktien — um solche handelt es sich hier höchst wahrscheinlich — vor der vollen Leistung des Nennbetrages nicht ausgegeben werden dürfen. Hier sollte die Vollzahlung der 75 v. H. bis zu einem bestimmten Tage, nach Angabe des Beklagten innerhalb drei Wochen nach dem Verkaufe, erfolgen. Es ist daher anzunehmen, daß auch die Lieferung der gekauften Aktien erst nach dieser in kurzer Frist zu erwartenden Vollzahlung an den Käufer erfolgen sollte; denn es kann nicht davon ausgegangen werden, daß das Konsortium, entgegen dem Gesetz, die Aktien vor der Volleinzahlung hat ausgeben wollen. Zur Zeit der Lieferung war hiernach die Aktie jedenfalls vollwertig; und es ist deshalb auch anzunehmen, daß die Gegenleistung diesem vollen Wert entsprechen sollte. Daß eine voll eingezahlte Aktie Gegenstand des Geschäfts sein sollte, wird auch nicht dadurch ausgeschlossen, daß der Käufer selbst dazu beitrug, die bisher noch nicht voll eingezahlte Aktie zu einer vollwertigen zu machen, da er vertragsmäßig die rückständigen 75 v. H. bis zu dem bestimmten Termin an die die Aktien ausgebende Aktiengesellschaft zu zahlen hatte. Diese Zahlung, zu der sich der Käufer nicht gegenüber der Aktiengesellschaft, sondern gegenüber dem Verkäufer, dem Konsortium, verpflichtet hatte, kann nach der Absicht der Vertragschließenden als ein Teil der für den Erwerb der vollwertigen Aktie zu gewährenden Gegenleistung gemeint gewesen sein. Daß die Zahlung nicht an das verkaufende Konsortium, sondern an die Aktiengesellschaft zu erfolgen hatte, steht dem nicht entgegen. Das Konsortium war seinerseits der Aktiengesellschaft gegenüber zur Volleinzahlung verpflichtet; die in ihrem Auftrage seitens des Erwerbers der Aktie an die Aktiengesellschaft zu entrichtenden Beträge wurden deshalb für Rechnung des Konsortiums zu dessen Gunsten bezahlt. Die Beträge, die zur Befreiung des Konsortiums von seiner gegenüber der Aktiengesellschaft bestehenden Schuld gezahlt wurden, konnten daher einen Teil des dem Konsortium zu gewährenden Kaufpreises darstellen. Die Aktiengesellschaft war dann nur die zwischen dem Käufer und dem Verkäufer für die Entrichtung des Kaufpreises vereinbarte Zahlstelle. Eine andere Auffassung wäre freilich möglich, wenn der Gegenstand des Kaufgeschäfts nicht die Aktie selbst, sondern nur das Recht auf den Bezug einer solchen gewesen wäre. Das hat aber die Klägerin selbst nicht behauptet.

Zur tatsächlichen Aufklärung des Sachverhalts und Feststellung des Vertragswillens der Beteiligten nach den vorstehend bezeichneten Richtungen hin mußte unter Aufhebung des Berufungsurteils die Sache in die Vorinstanz zurückverwiesen werden. Das von der Revision in Bezug genommene Urteil des IV. Zivilsenats des Reichsgerichts vom 21. September 1896 (Jur. Wochenschr. 1896 S. 613 Nr. 38, Zentralbl.

für die Abgaben- usw. Verw. 1897 S. 296) steht der jetzt getroffenen Entscheidung nicht im Wege. Denn in jenem Falle handelte es sich um ausländische Aktien, für welche die Vorschrift des § 179 H.G.B. und die entsprechende Vorschrift des Art. 215c des früheren Allg. D. H.G.B. keine Geltung hatte."

78. Kann der Ersatzanspruch der Berufsgenossenschaft gegen den Betriebsunternehmer usw. auf die Bestimmung im ersten Satze des § 136 Abs. 1 Gew.U.V.G. vom 30. Juni/5. Juli 1900 gestützt werden, wenn Ersatz für die infolge der Tötung des versicherten Arbeiters zu machenden Aufwendungen gefordert wird, der Betriebsunternehmer aber von dem Strafrichter nur wegen fahrlässiger Körperverletzung verurteilt worden ist? Sind im Falle des zweiten Satzes von § 136 Abs. 1 für den Zivilrichter bezüglich des Begriffes der Fahrlässigkeit die strafgesetzlichen Grundsätze maßgebend?

VI. Zivilsenat. Urt. v. 12. Oktober 1908 i. S. Schlesisch-Posensche Baugewerbe-Berufsgenossenschaft (Kl.) w. W. (Bekl.). Rep. VI. 547/07.

I. Landgericht Breslau.
II. Oberlandesgericht daselbst.

Bei dem vom Beklagten übernommenen Erweiterungsbau einer Spinnerei war am 27. Dezember 1904 der Maurer Tsch. mit anderen Maurern an dem Abputze der Innenwände eines Kesselhauses beschäftigt, während in diesem Kesselhause zwei brennende Kokskörbe aufgestellt waren. Als Tsch. nach Feierabend die Arbeitsstätte verließ, wurde er von Unwohlsein befallen; er starb noch an demselben Abend, wie festgestellt ist, infolge Vergiftung durch Kohlenoxydgas. Gegen den Beklagten und seinen Polier wurde Anklage wegen fahrlässiger Tötung erhoben. Die Angeklagten wurden jedoch von der Strafkammer nur wegen fahrlässiger Körperverletzung im Sinne von § 230 Abs. 2 St.G.B. zu Geldstrafe verurteilt. Die klagende Berufsgenossenschaft hatte für die Hinterbliebenen des Verunglückten Sterbegeld und Renten aufgewandt, hatte auch fernerhin Renten auszuzahlen und verlangte nun vom Beklagten Ersatz auf Grund von § 136 Gew.U.V.G. und § 46 BauU.V.G. Vom Landgericht wurde die Klage abgewiesen, und vom Oberlandesgericht die Berufung zurückgewiesen. Auch die Revision der Klägerin ist zurückgewiesen worden.

Aus den Gründen:

„I. Das Berufungsgericht verneint zunächst, daß der Klaganspruch, wie es die Klägerin in erster Linie wollte, auf Satz 1 im ersten Absatze des § 136 Gew.U.V.G. (vgl. § 46 BauU.V.G.) gestützt werden könne. Der Unfall, auf Grund dessen die Klägerin die Aufwendungen zugunsten der Hinterbliebenen des verunglückten Tsch. gemacht habe und weiter machen müsse, und deren Erstattung sie jetzt vom Beklagten verlange, sei der Tod, nicht eine bloße Körperverletzung des Tsch. Von diesem Unfall müßte nach § 136 Satz 1 a. a. O. festgestellt sein, daß er vom Beklagten vorsätzlich oder durch Fahrlässigkeit im Sinne von § 230 Abs. 2 (§ 222 Abs. 2) St.G.B. verursacht sei. Da aber die Strafkammer nur fahrlässige Körperverletzung, nicht fahrlässige Tötung dem Beklagten zur Last gelegt habe, so greife der Satz 1 a. a. O. nicht Platz.

Der Auffassung des Berufungsgerichts, die übrigens insoweit auch von der Revision nicht beanstandet wird, ist beizupflichten. Die dem § 96 U.V.G. vom 6. Juli 1884 entsprechende Bestimmung im ersten Satze des § 136 Gew.U.V.G. stellt die dort bezeichnete strafgerichtliche Feststellung, von den Fällen des § 139 des Gesetzes abgesehen, als einzige Voraussetzung für die Ersatzpflicht der Betriebsunternehmer und der ihnen gleichgestellten Personen gegenüber den Gemeinden, Armenverbänden, Krankenkassen und sonstigen Unterstützungskassen auf. Nach dem früheren Gesetze galt das gleiche auch für den Erstattungsanspruch der Berufsgenossenschaften (vgl. Entsch. des R.G.'s in Zivils. Bd. 33 S. 88 flg.). Für die letzteren ist durch das Gesetz vom 30. Juni 1900 der Ersatzanspruch, wie noch weiterhin zu erörtern sein wird, von der strafgerichtlichen Verurteilung des Unternehmers usw. unabhängig gemacht. Auch die Berufsgenossenschaft kann ihren Anspruch gegebenen Falles auf § 136 Satz 1 des Gesetzes stützen, aber selbstverständlich nur unter der Voraussetzung eines für diese Vorschrift genügenden strafgerichtlichen Urteils. Man darf nun nicht mit der Klägerin so argumentieren, jene Voraussetzung sei erfüllt, nachdem der Strafrichter festgestellt habe, daß der Beklagte durch Fahrlässigkeit eine Gesundheitsbeschädigung des verunglückten Arbeiters verursacht, also daß der Beklagte „den Unfall“ durch Fahrlässigkeit herbeigeführt habe. Bei Anwendung der §§ 135 flg. Gew.U.V.G. ist für den Begriff des Unfalles nicht lediglich das äußere schädigende Ereignis für sich und ohne Rücksicht auf die Art der Schadensfolgen maßgebend. Unfall ist das schädigende (Betriebs-) Ereignis, wodurch die Körperverletzung oder der Tod des Verletzten herbeigeführt worden ist (vgl. auch Laß und Maier, Haftpflichtrecht 2. Aufl. § 24 S. 160). Aber danach, ob die eine oder die andere Unfallsfolge eingetreten ist, bestimmt sich die gesetzliche Leistungspflicht der Berufsgenossenschaft oder der sonstigen in § 136 genannten Verbände und dementsprechend die Ersatzpflicht der Betriebsunternehmer usw. nicht bloß dem Umfange, sondern auch der Entstehung oder dem Inhalte nach. So war im vorliegenden Falle die klagende Berufsgenossenschaft zu Leistung von Sterbegeld an die Erben und von Renten an die Hinterbliebenen des Verunglückten, nur weil der Fall der Tötung eingetreten ist, — nach Maßgabe von §§ 15, 16, 20 Gew.U.V.G. (§ 9 BauU.V.G.) — verpflichtet. Wegen einer bloßen Körperverletzung wären Ansprüche dieser Personen gegen die Berufsgenossenschaft nicht zur Existenz gelangt. Im Falle der mehrerwähnten Gesetzesvorschrift sodann bildet allein das strafgerichtliche Urteil das Fundament für die Ersatzklage. Der über den Ersatzanspruch im Rechtsstreit erkennende Richter ist schlechthin an die strafgerichtliche Feststellung gebunden, hat über die Schuldfrage in keiner Weise selbständig zu entscheiden (vgl. v. Woedtke-Caspar, U.V.G. § 136 Bem. 3 S. 511). Durch die fragliche Bestimmung sollten nach der Absicht des Gesetzgebers „die Zivilprozesse über die Regreßpflicht als solche abgeschnitten werden, indem die Entscheidung der Regreßfrage, vorbehaltlich eines nachfolgenden Zivilprozesses über die Höhe des Schadensersatzes, durch die Feststellungen des Strafgerichts unmittelbar getroffen wird.“

Vgl. Motive zum III. Entwurf des Unfallversicherungsgesetzes von 1884, Drucks. des Reichstages Nr. 4 S. 81 flg.; Bescheid des Reichsversicherungsamtes vom 1. April 1885, Amtl. Nachr. 1885 S. 123 flg.

Es müßte also, um den Klaganspruch im vorliegenden Falle aus § 136 Abs. 1 Satz 1 Gew.U.V.G. zu rechtfertigen, ein strafgerichtliches Urteil ergangen sein, in dem der Tatbestand einer vom Beklagten durch Fahrlässigkeit verursachten Tötung des Tsch. festgestellt wäre, aus dem sich also unmittelbar und ohne weiteres die Regreßpflicht des Unternehmers für die infolge der Tötung von der Klägerin gemachten und zu machenden Aufwendungen ergäbe. Die Strafkammer hat aber nicht nur keine derartige Feststellung getroffen, sondern im Gegenteil angenommen, daß die Angeklagten W. und L. den Tod des Tsch., bei dem Mangel der Vorhersehbarkeit, nicht zu verantworten haben. Ob dies, wie die Zivilkammer es angesehen hat, der Sache nach einer Freisprechung von der Anklage der fahrlässigen Tötung gleichkommt, kann als hier belanglos (vgl. Entsch. des R.G.'s in Zivils. Bd. 62 S. 340 flg.) dahinstehen. Keinenfalls wäre es zulässig, für den Zivilprozeß die positive Entscheidung des Strafrichters — Verurteilung wegen fahrlässiger Körperverletzung — unter Beiseitelassen des verneinenden Teils der Entscheidung als strafgerichtliche Feststellung auch bezüglich des weiter reichenden Tatbestandes zu behandeln, durch den im konkreten Falle das Rückgriffsrecht der Berufsgenossenschaft bedingt wird.

II. Im Anschlusse an die Urteile des Reichsgerichts vom 29. Januar 1906, Entsch. in Zivils. Bd. 62 S. 340, und vom 20. Dezember 1906, Rep. VI. 211/06, Jurist. Wochenschr. 1907 S. 115 Nr. 18, geht das Berufungsgericht weiter davon aus, daß auch im Falle des Satzes 2 des ersten Absatzes von § 136 Gew.U.V.G. hinsichtlich des die Ersatzpflicht begründenden Tatbestandes die strafrechtlichen Grundsätze für den Zivilrichter geltend sein müßten, daß also von neuem zu untersuchen sei, ob der Beklagte den Tod des Tsch. verursacht, und ob er ihn im Sinne des § 230 Abs. 2 (richtig § 222 Abs. 2) St.G.B. verschuldet habe. Die Frage nach dem Kausalzusammenhange zwischen dem Tode des Tsch. und dem Vorhandensein der brennenden Kokskörbe in dem Kesselhause wird bejaht. Anlangend die Frage der Fahrlässigkeit des Beklagten, ist von der Klägerin Beweis ... angetreten. ... Es kann jedoch nach Ansicht des Berufungsgerichts auf diesen Beweisantritt nicht ankommen; denn auch wenn jene Behauptungen richtig wären, so würde doch eine Fahrlässigkeit des Beklagten in dem hier maßgebenden strafrechtlichen Sinne nicht vorliegen, da der Beklagte den Unfall — Tod des Tsch. —

als Folge seines Verhaltens nicht habe vorhersehen können. Dies wird alsdann im Berufungsurteil näher dargelegt.

Die Revision will die Frage, ob § 136 Gew.U.V.G. die Anwendung strafrechtlicher Normen für die Feststellung eines kausalen Verschuldens erfordert, einer erneuten Prüfung des Reichsgerichts unterbreiten. Nach ihrer Meinung würde die in dem Urteile vom 29. Januar 1906 (Entsch. in Zivils. Bd. 62 S. 340) wiedergegebene Entstehungsgeschichte des § 136 eine verneinende Antwort rechtfertigen. Denn sie lasse erkennen, daß mit der Fassung des Paragraphen beabsichtigt worden sei, den Regreßanspruch der Berufsgenossenschaft von der strafrechtlichen Verfolgung des Unternehmers unabhängig zu machen. Dann aber habe folgerichtig nicht dem Zivilgerichte die Aufgabe zugeteilt werden können, anstatt des Strafrichters eine nach strafrechtlichen Grundsätzen zu fällende Entscheidung abzugeben. Auch der Wortlaut des § 136 nötige nicht zu der Annahme, daß der Unternehmer von der Berufsgenossenschaft nur, soweit er kriminell hafte, auch zivilrechtlich verantwortlich gemacht werden könne. Die Bedeutung der Frage komme im vorliegenden Falle charakteristisch zum Ausdruck: bei Anwendung der Grundsätze des § 823 B.G.B. müßte der Unternehmer auch für die vermögensrechtlichen Folgen des Todes des Verletzten einstehen.

Das letztere kann der Revision ohne weiteres zugegeben werden. Zum Begriffe der Tötung im Sinne von §§ 823, 844 B.G.B. ist nicht erforderlich, daß der Ersatzpflichtige den tötlichen Erfolg der Handlung (Körperverletzung) hat voraussehen können. Und hier, für die zivilrechtliche Verantwortlichkeit nach § 276 B.G.B., hat sich das Verschulden, Vorsatz oder Fahrlässigkeit, nur auf die unerlaubte Handlung, nicht auch — zumal nicht bei Verstoß gegen ein Schutzgesetz im Sinne von § 823 Abs. 2 B.G.B. — auf die entfernteren Schadenswirkungen zu beziehen.

Vgl. Urteil des erkennenden Senats vom 1. Juli 1907, Entsch. in Zivils. Bd. 66 S. 251 flg.; Oertmann, Recht der Schuldverhältnisse § 844 Bem. 3 S. 994.

In dem seiner Aufgabe nach mehr das subjektive Moment berücksichtigenden Strafrechte dagegen ist für den Begriff der Fahrlässigkeit die Voraussehbarkeit des bestimmten deliktischen Erfolges, wenn auch nicht der Einzelheiten des konkreten kausalen Verlaufes, erforderlich, insbesondere also für die fahrlässige Tötung die Voraussehbarkeit des tödlichen Erfolges.

Vgl. Entsch. des R.G.'s in Strafs. Bd. 28 S. 272 flg., Bd. 29 S. 218 flg., Bd. 34 S. 91 flg.; Olshausen, Kommentar Bem. 4 zu § 222, Bem. 17 zu § 59; Franck, Strafgesetzbuch 5. Aufl. Bem. VII zu § 59 S. 138.

Die Frage aber, ob der Vorsatz und die Fahrlässigkeit des Betriebsunternehmers usw., von denen § 136 Gew.U.V.G. handelt, sich nach strafrechtlichen, oder nach zivilrechtlichen Grundsätzen bestimme, ist nicht nur vom erkennenden Senate (vgl. auch noch Entsch. in Zivils. Bd. 66 S. 248), sondern auch vom IV. Zivilsenate des Reichsgerichts in einem Urteile vom 3. Mai 1906, Rep. IV. 542/05, abgedruckt in der Jurist. Wochenschr. 1906 S. 403 Nr. 37, in dem ersteren Sinne entschieden worden. Die vorstehenden Ausführungen der Revision geben keinen Anlaß, von diesem Standpunkt abzugehen. Den erhobenen Bedenken gegenüber mag, indem im übrigen auf die Begründung der früheren Urteile verwiesen wird, hier folgendes besonders hervorgehoben werden.

Der Wortlaut des Gesetzes spricht, wenn man die Bestimmungen des § 136 im Zusammenhang betrachtet, entschieden für die hier vertretene Auslegung. Im ersten Satze des ersten Absatzes wird zunächst allgemein ein strafrechtlicher Tatbestand als Voraussetzung der Haftpflicht statuiert. Die „Fahrlässigkeit mit Außerachtlassung derjenigen Aufmerksamkeit, zu der sie vermöge ihres Amtes, Berufes oder Gewerbes besonders verpflichtet sind", ist die besondere, sog. qualifizierte Fahrlässigkeit, ein strafrechtliches Delikt: §§ 222 Abs. 2, 230 Abs. 2, 232 Abs. 1 St.G.B. (Auch die in § 46 BauU.V.G. vom 30. Juni 1900 eingefügte Herbeiführung des Unfalles durch einen Verstoß gegen die allgemein anerkannten Regeln der Baukunst bedeutet ein kriminelles Vergehen: § 330 St.G.B.) Dieselbe qualifizierte Fahrlässigkeit ist im dritten Satze des § 136 für die Befugnis der Genossenschaftsorgane, von der Verfolgung des Anspruches abzusehen, als Voraussetzung aufgestellt. Wenn der dazwischen stehende zweite Satz scheinbar allgemein eine Haftung des Unternehmers gegenüber der Berufsgenossenschaft ausspricht, so kann doch bei dem engen inneren Zusammenhange der Sätze hierunter kein anderer rechtlicher Maßstab für die Verantwortlichkeit als in den übrigen Bestimmungen des Paragraphen verstanden werden. Daß bei der Regreßpflicht nach § 136 prinzipiell nur das eigene Verschulden der in Satz 1 genannten Personen in Betracht kommt, die Anwendung der zivilrechtlichen Grundsätze über Haftung für Verschulden von Vertretern und Angestellten (§§ 31, 831 B.G.B.) ausgeschlossen ist, zeigt die Sonderbestimmung des zweiten Absatzes für Aktiengesellschaften, Innungen und eingetragene Genossenschaften. Die Fassung des zweiten Satzes des § 136 „auch ohne Feststellung durch strafgerichtliches Urteil" ist offenbar dem § 139 (früher § 97) nachgebildet, der sich auf strafrechtliche Delikte bezieht, die wegen bestimmter Hinderungsgründe nicht zur Aburteilung durch den Strafrichter gelangen konnten.

Die Entstehungsgeschichte des § 136 in der jetzigen Gestalt und der hieraus zu entnehmende Zweck des Gesetzes führen zu dem gleichen Ergebnisse. Aus welchem Anlasse und in welcher Weise die abgeänderten Vorschriften entstanden sind, ist in den reichsgerichtlichen Urteilen vom 29. Januar 1906 und 3. Mai 1906 näher dargelegt. Es sollten die Berufsgenossenschaften der von ihrer Seite äußerst unangenehm empfundenen Notwendigkeit, behufs Erlangung eines Ersatzes zuvor die strafgerichtliche Verfolgung des Genossenschaftsmitgliedes herbeizuführen, enthoben, und der Genossenschaft ein gütliches Abkommen mit dem Ersatzpflichtigen erleichtert werden. Dieser Zweck wurde durch die neuen Vorschriften in §§ 136, 137 erreicht, und mehr wollte man nicht. Namentlich ging die Absicht nicht dahin, an den bisherigen Grundlagen der Ersatzpflicht sonst etwas zu ändern. Verlangt war nur, den Anspruch der Genossenschaft von einer „strafgerichtlichen Verurteilung" des Unternehmers unabhängig zu machen (Kommissionsberichte, Drucks. Nr. 703a des Reichstags [10. Legislaturperiode, I. Session 1898—1900] S. 143); nicht aber war davon die Rede, daß der Anspruch unabhängig gemacht werden sollte von der Grundlage strafrechtlicher Verantwortlichkeit überhaupt. Auch dem erst zur dritten Lesung eingebrachten und alsdann ohne sachliche Debatte angenommenen Antrage von Dr. Opfergelt und Gen. (Drucksachen Nr. 857) darf eine weitergehende Intention nicht unterstellt werden. Es erscheint nach dem Gang und Inhalt der Verhandlungen die Annahme ausgeschlossen, daß der Gesetzgeber mit den Änderungen vom Jahre 1900 den Betriebsunternehmer durch Einführung des ihm ungünstigeren zivilrechtlichen Haftungsmaßstabes noch in weiterem Maße habe belasten wollen (vgl. Piloty, Gew.U.V.G. § 136 Bem. 4, 3. Aufl. S. 348). Darüber, daß es nichts auffälliges und regelwidriges ist, wenn der Zivilrichter mit einer Beurteilung des Falles nach strafrechtlichen Grundsätzen betraut wird, hat sich schon das Urteil des erkennenden Senats vom 20. Dezember 1906 ausgesprochen. Auch hierzu wäre noch auf § 139 Gew.U.V.G. hinzuweisen." . . .

79. Welcher Zeitpunkt ist für die Bestimmung des Wertes des im Wege der Enteignung entzogenen Grundstücks maßgebend, wenn die in § 16 des preuß. Enteignungsgesetzes vom 11. Juni 1874 vorgesehene Einigung zwischen den Beteiligten, jedoch nur „zum Zwecke der Überlassung des Besitzes", stattgefunden hat?

VII. Zivilsenat. Urt. v. 13. Oktober 1908 i. S. G. (Kl.) w. Preuß. Fiskus (Bekl.). Rep. II. 566/07.

I. Landgericht Danzig.
II. Oberlandesgericht Marienwerder.

Aus den Gründen:

. . . „Was die einzelnen erhobenen Angriffe betrifft, so hat die Revision an erster Stelle Beschwerde geführt über eine Verletzung der §§ 8 und 16 des Enteignungsgesetzes vom 11. Juni 1874, die sie darin findet, daß das Berufungsgericht der Wertbestimmung für das entzogene Landstück einen unrichtigen Zeitpunkt zugrunde gelegt habe. Der Sachverständige F., dessen Gutachten das Berufungsgericht größtenteils folgt, war durch den Beweisbeschluß vom 7. Januar 1907 angewiesen worden, nach den Verhältnissen des Jahres 1901 zu schätzen. In der Rechtsprechung des Reichsgerichts steht nun allerdings seit langer Zeit der Grundsatz fest, daß bei Enteignungen der Regel nach für die Wertbestimmung der Zeitpunkt des im Verwaltungsverfahren ergehenden Entschädigungsfeststellungsbeschlusses maßgebend ist. Dieser Beschluß des Bezirksausschusses ist im vorliegenden Falle im Juni 1904 erlassen worden, und es ist sicherlich, zumal in dem hier in Betracht kommenden Gebiete der Ansiedelungskommission, mit der Möglichkeit zu rechnen, daß in der Zeit von 1901 bis 1904 der Bodenwert erheblich gestiegen ist.

Allein der erwähnte Grundsatz, der hauptsächlich auf der Erwägung beruht, daß durch den Entschädigungsfeststellungsbeschluß die obligatorische Bindung zwischen Unternehmer und Eigentümer eintritt (§ 42 Abss. 1 u. 2 Enteignungsges., Urteil des Reichsgerichts vom 17. März 1891 Entsch. in Zivils. Bd. 27 S. 263 flg.), kann nicht Platz greifen, wenn, wie im gegenwärtigen Falle, zwischen den Beteiligten schon vor Erlaß jenes Beschlusses eine Einigung gemäß § 16 a. a. O. erfolgt ist. Dies hat das Reichsgericht bereits ausgesprochen für den Fall, daß die Beteiligten sich über sofortige Abtretung des Eigentums geeinigt haben (Urteil des jetzt erkennenden Senats vom 4. Februar 1908 Rep. VII. 356/07); in einem solchen Falle ist nach diesem Urteile der Zeitpunkt der Abtretung maßgebend. Das Berufungsgericht scheint in seinen Entscheidungsgründen davon auszugehen, daß ein solcher Fall auch hier gegeben sei, wobei es freilich doch nur von erfolgter Übergabe, nicht von Auflassung spricht. Die Revision macht demgegenüber geltend, daß die im Jahre 1901 erfolgte Einigung der Parteien nur die Überlassung des Besitzes zum Gegenstande gehabt habe. Hiervon muß nach den Tatbeständen der Instanzurteile auch ausgegangen werden. Dies bedarf keiner näheren Darlegung; denn auch in einem solchen Falle ist die in dem Urteile vom 17. März 1891 (Entsch. in Zivils. Bd. 27 S. 263) hervorgehobene gegenseitige Bindung der Regel nach als bereits vorhanden anzunehmen. Eine bloß prekaristische Besitzüberlassung und Besitzergreifung wird kaum jemals mit der Einigung (§ 16 a. a. O.) gemeint sein. Mit der Besitzüberlassung ist naturgemäß die Bauerlaubnis verbunden; der Unternehmer erhält zu seinen Zwecken die Verfügung über die überlassene Fläche. Die Besitzüberlassung bildet demnach eine Erfüllungshandlung für die bereits gewollte Veräußerung, mag auch für die Eigentumsübertragung selbst nicht die regelmäßige Form der Auflassung, sondern die besondere Form der Enteignung (§ 44 a. a. O.) zur Anwendung kommen. Auch das Enteignungsgesetz unterscheidet im § 16 von der Einigung „zum Zwecke der Überlassung des Besitzes“ nicht die Einigung zum Zwecke der Abtretung des Eigentums überhaupt, sondern nur die Einigung „zum Zwecke der sofortigen Abtretung des Eigentums“.

Das Gesetz geht also ersichtlich ebenfalls davon aus, daß die Eigentumsüberlassung an sich schon mit der bloßen Besitzüberlassung im Rahmen des Willens der Beteiligten, ihrer „Einigung", liegt, und daß in solchem Falle nur eine Hinausschiebung des Eigentumserwerbes bis zu dem im Gesetze (§ 44) bestimmten Zeitpunkte eintritt.

Die Erwägungen, auf denen das bereits erwähnte Urteil vom 17. März 1891 beruht, führen hiernach dazu, daß, ebenso wie nach dem Urteile vom 4. Februar 1908 bei der freiwilligen Eigentumsabtretung, auch bei der freiwilligen Besitzabtretung nicht der spätere Zeitpunkt des Entschädigungsfeststellungsbeschlusses, sondern der frühere jener Abtretung für die Wertbestimmung maßgebend sein muß. Die Zinsen von der Entschädigungssumme kann der Eigentümer, wie in der Rechtsprechung des Reichsgerichts feststeht, im Falle des § 16 a. a. O. schon von der Besitzüberlassung an fordern. Auch hierin findet das vorhin Ausgeführte Bestätigung. Denn wenn bis zum Zeitpunkte des Entschädigungsfeststellungsbeschlusses der Wert gestiegen, und dieser Zeitpunkt auch in jenem Falle für die Wertbestimmung maßgebend wäre, so ergäbe sich, was unmöglich richtig sein kann, daß der Eigentümer von einem Kapitalteile, nämlich von der Werterhöhung, Zinsen für einen Zeitraum erhielte, während dessen dieser Kapitalteil noch nicht zu seinem Vermögen gehörte. Die erste Revisionsrüge ist hiernach unbegründet." ...

80. Wird einem Reichspostbeamten, der einen Betriebsunfall erlitten hat und deswegen auf Grund des Reichs-Unfallfürsorgegesetzes vom 18. Juni 1901 Pension erhält, durch § 12 Abs. 2 dieses Gesetzes ein Anspruch auf Ersatz seines weitergehenden Schadens gegen die Betriebsverwaltung eines Bundesstaates als Urheberin des Unfalls schlechthin, oder nur dann versagt, wenn sich der Anspruch auf § 1 des Reichshaftpflichtgesetzes gründet?

VI. Zivilsenat. Urt. v. 15. Oktober 1908 i. S. L. (Kl.) w. Preuß. Eisenbahnfiskus (Bekl.). Rep. VI. 584/07.

I. Landgericht Kottbus.
II. Kammergericht Berlin.

Der Kläger war nach der Bestellung einer Postsendung in einem der Staatseisenbahn gehörigen Bahnwärterhause die Wendeltreppe hinabgestürzt, infolge der dabei erlittenen Verletzungen postdienstunfähig und nach Maßgabe des Unfallfürsorgegesetzes vom 18. Juni 1901 pensioniert worden. Er verklagte den Eisenbahnfiskus weil die fehlerhafte und gefährliche Anlage der Treppe seinen Sturz verursacht habe, auf Schadensersatz zur Ausgleichung seines Mindereinkommens.

Das Kammergericht wies die Klage auf Grund des § 12 Abs. 2 des Reichs-Unfallfürsorgegesetzes ab. Die Revision des Klägers ist zurückgewiesen worden, aus folgenden

Gründen:

... „Nach § 12 Abs. 1 des Unfallfürsorgegesetzes für Beamte usw. gehen die dem Verletzten auf Grund des § 1 Haftpfl.-Ges. gegen Eisenbahnbetriebsunternehmer zustehenden Ansprüche auf die Betriebsverwaltung, die dem Verletzten auf Grund des Fürsorgegesetzes oder anderweiter reichsgesetzlicher Vorschriften Pensionen, Kosten des Heilverfahrens, Renten oder Sterbegelder zu zahlen hat, in Höhe dieser Bezüge über. Abs. 2 lautet:

„Weitergehende Ansprüche als auf diese Bezüge stehen dem Verletzten . . . gegen das Reich und die Bundesstaaten nicht zu."

Gemäß Abs. 3 bestimmt sich die Haftung anderer, in § 10 nicht bezeichneter Personen (d. i. anderer als der Betriebsverwaltung, in deren Dienst der Unfall sich ereignet hat, und ihrer Betriebsbeamten) nach den sonstigen gesetzlichen Vorschriften. Jedoch soll die Entschädigungsforderung gegen den Dritten auf die Betriebsverwaltung insoweit übergehen, als sie zu den in Abs. 1 bezeichneten Zahlungen auf Grund des Fürsorgegesetzes verpflichtet ist.

Es handelt sich hier um die Frage, ob eine im Reichsdienste stehende Person, wie sie in § 1 Abs. 1 des Fürsorgegesetzes näher bezeichnet ist, die im Dienste, aber außerhalb der Betriebsverwaltung, bei der sie beschäftigt war, einen Betriebsunfall erlitten hat und deswegen nach § 1 des Fürsorgegesetzes oder nach sonstigen reichsgesetzlichen Vorschriften Pension (Heilungskosten, Renten oder Sterbegelder) erhält, gegen den Urheber des Unfalls einen Anspruch auf Ersatz ihres weitergehenden Schadens dann hat, wenn dieser Urheber eine Betriebsverwaltung des Reichs oder eines Bundesstaats ist.

Der erkennende Senat hat sich in dem Urteil vom 11. Februar 1907, Rep. VI. 232/06 (Jurist. Wochenschr. 1907 S. 287) der Auffassung zugeneigt, daß der weitergehende Ersatzanspruch des Verletzten gegen das Reich oder einen Bundesstaat nur dann ausgeschlossen sei, wenn er sich auf § 1 Haftpfl.-Ges. gründe.

Diese Auffassung findet ihre Stütze in der Stellung des Abs. 2 in § 12, in der Begründung und in den Reichstagsverhandlungen zu dem Unfallfürsorgegesetz vom 15. März 1886, das in dem Gesetz vom 18. Juni 1901 nur eine neue, an die abgeänderten Unfallversicherungsgesetze sich anschließende Fassung erhalten hat. Dort ist vornehmlich davon die Rede, daß die Schadensersatzpflicht auf Grund des § 1 Haftpfl.-Ges., soweit sie das Maß der in dem vorgeschlagenen Gesetze zu gewährenden Fürsorge übersteige, zugunsten des Reichs und der Bundesstaaten beseitigt werden solle. Die Begründung zu §§ 7—9 des Entwurfs (§§ 10—12 des jetzigen Gesetzes) sagt sogar ausdrücklich, daß dritte Personen, einschließlich anderer bei dem Unfall konkurrierender Betriebsverwaltungen des Reichs, in deren Dienst der Verletzte nicht gestanden habe, nach Maßgabe der bestehenden gesetzlichen Bestimmungen regreßpflichtig bleiben.

Nach nochmaliger Prüfung trägt der Senat indes kein Bedenken, jene Meinung, die auch Vertretung in der Literatur gefunden hat (Das Recht 1905 S. 665, und wohl auch v. Landmann, in den Erläuterungen zu §§ 8—10 des Gesetzes vom 15. März 1886), aufzugeben und der Ansicht des Berufungsgerichts beizutreten, daß nach § 12 Abs. 2 alle weitergehenden Ansprüche des Verletzten gegen das Reich oder einen Bundesstaat, nicht bloß die auf Grund des § 1 Haftpfl.-Ges. zu erhebenden, ausgeschlossen sein sollen.

Die Richtung der Reichsgesetzgebung in der Unfallversicherung geht dahin, den außerhalb des Beschäftigungsbetriebes durch einen Betriebsunfall Verletzten auf die durch die Unfallversicherungsgesetze gewährte Entschädigung dann zu beschränken und ihm weitergehende Ersatzansprüche zu versagen, wenn der Urheber des Unfalls dieselbe physische oder juristische Person ist, wie der Unternehmer des Beschäftigungsbetriebes (vgl. § 140 Gew.U.V.G., § 151 U.V.G. für Land- nnd Forstwirtschaft, § 46 Abs. 2 BauU.V.G., § 138 Abs. 2 SeeU.V.G.; Entsch. des R.G.'s in Zivils. Bd. 65 S. 205). Es liegt nahe, daß dieser Gedanke auf Entschädigungsansprüche der Beamten übertragen werden sollte, die in einem versicherungspflichtigen Betriebe des Reichs oder eines Bundesstaates beschäftigt sind und außerhalb dieses Betriebes eine Dienstbeschädigung erleiden, für die das Reich oder ein Bundesstaat verantwortlich ist.

Ein innerer Grund, warum die weitergehende Ersatzpflicht des Reichs oder eines Bundesstaates gegen den Beamten, wenn sie auf § 1 Haftpfl.-Ges. beruht, wegfallen, dagegen eintreten soll, wenn sie auf einer sonstigen gesetzlichen Vorschrift beruht, ist nicht einzusehen. Die Meinung, der Gesetzgeber habe das Reich und die Bundesstaaten bei der Gefährdungshaftung günstiger stellen wollen, als bei der Haftung aus Verschulden, und deshalb nur bei der letzteren die weitergehende Ersatzpflicht zugelassen, findet im Gesetz oder in den Vorarbeiten dazu nicht den mindesten Anhalt, wie denn auch § 1 Haftpfl.-Ges. nicht den einzigen Fall einer Gefährdungshaftung bildet.

Der Revision steht die Stellung des Abs. 2 in § 12 zur Seite, die auf eine innere Beziehung zu Abs. 1 hinzuweisen scheint, und es ist zuzugeben, daß, wenn man den Zusammenhang zwischen den Abss. 1 und 2 löst, der Zweck des Abs. 1, der lediglich für § 1 Haftpfl.-Ges. vorwegnimmt, was in Abs. 3 allgemein bestimmt ist, nämlich daß die Ansprüche des Verletzten in Höhe der ihm geschuldeten Bezüge auf die zu ihrer Leistung verpflichtete Betriebsverwaltung übergehen, aus dem Gesetz nicht wohl erkennbar ist. Hierüber gibt indes die Entstehungsgeschichte des § 12 Abs. 1 deutlichen Aufschluß.

Nach der Begründung zu §§ 7—9 des Entwurfs zum Gesetz vom 15. März 1886 (§§ 8—10 dieses, §§ 10—12 des jetzigen Ges.) sollten in diesen Vorschriften, entsprechend den §§ 95, 97, 98 Gew.U.V.G., die anderweiten Schadensersatzansprüche behandelt werden, die den auf Grund des Entwurfs zu entschädigenden Personen aus Anlaß des Unfalls zustünden. § 9 des Entwurfs betraf das Verhältnis des Verletzten zu Dritten. Er hatte in den Abss. 1 und 2, sowie im Satz 2 des Abs. 3 im wesentlichen den gleichen Wortlaut wie heute § 12. Dagegen lautete Satz 1 des Abs. 3, entsprechend dem Satz 1 in § 98 Gew.U.V.G.:

„Die Haftung anderer, in dem § 7 (jetzt § 10) nicht bezeichneter Personen, welche den Unfall vorsätzlich herbeigeführt oder durch Verschulden verursacht haben, bestimmt sich nach den bestehenden gesetzlichen Vorschriften."

Von diesem Wortlaut wurden die Ersatzansprüche aus § 1 Haftpfl.-Ges., der den Eisenbahnunternehmer unbeschränkt haften läßt, nicht betroffen. In der Tat war nach Erlassung des Gew.U.V.G. der Streit entstanden, ob die Eisenbahn als Dritte unabhängig von einem Verschulden dem Verletzten hafte (vgl. das Urteil des Reichsgerichts in den Entsch. in Zivils. Bd. 23 S. 52, das die Frage zugunsten des Verletzten beantwortet hat). In der angeführten Begründung wird nun bemerkt:

„Die Fassung des § 9 ist dazu bestimmt, etwaigen Zweifeln über die Haftpflicht der Eisenbahnen, die sich bei einer wörtlichen Hinübernahme des § 98 U.V.G. ergeben könnten, vorzubeugen."

Der § 9 des Entwurfs ist mit dem Satz 1 des Abs. 3 Gesetz geworden. Danach sollte Abs. 1 nur zum Ausdruck bringen, daß ein Eisenbahnunternehmer als Dritter dem Verletzten auch gemäß § 1 Haftpfl. Ges., und nicht bloß aus Vorsatz oder Fahrlässigkeit hafte. Abs. 1 ist dann in das Gesetz vom 18. Juni 1901 übergegangen, obwohl er wohl entbehrlich gewesen wäre, da Abs. 3 Satz 1, wiederum im Einklang mit § 140 (§ 98) Gew.U.V.G., die die Ersatzpflicht aus § 1 Haftpfl.-Ges. in sich schließende Fassung erhalten hat, daß die Haftung anderer, in § 10 nicht bezeichneter Personen, sich nach den sonstigen gesetzlichen Vorschriften bestimme.

Hieraus erhellt, daß Abs. 1 des § 12 keinen inneren Zusammenhang mit Abs. 2 hat. Fehlt aber ein solcher, so ist die Bestimmung des Abs. 2 nicht anders anzusehen, als stände sie in einem gesonderten Paragraphen. Nach ihrem klaren Wortlaut werden hierdurch weitergehende Ansprüche als auf die in Abs. 1 bezeichnete Entschädigung gegen das Reich und die Bundesstaaten dem Verletzten ganz allgemein versagt. Dem Wortlaute der Gesetzesbestimmung gegenüber können weder ihre Einfügung vor, statt richtiger nach Abs. 3, noch die Sätze in der Begründung, die für die Revision sprechen, in Betracht kommen. Übrigens hat schon das Berufungsgericht auf eine andere Stelle in der Begründung (abgedruckt bei v. Landmann, Die Unfallversicherungsgesetze S. 305) verwiesen, die nur im Sinne der angefochtenen Entscheidung verstanden werden kann.

Die landesgesetzlichen Fürsorgegesetze haben denn auch, soweit sie die Haftung Dritter behandeln, übereinstimmend weitergehende Ansprüche der Verletzten aus den Landesgesetzen gegen das Reich ohne jede Einschränkung ausgeschlossen. Die Begründung zu § 12 des preuß. Gesetzes vom 18. Juni 1887, der diese Vorschrift enthält, bemerkt:

„Der Entwurf folgt ... denjenigen Erwägungen, aus denen in dem Reichsgesetz die Ansprüche der Beamten, die über die nach dem Reichsgesetz zu gewährenden Bezüge hinausgehen, gegenüber dem Reich und den Bundesstaaten beseitigt worden sind.

Gegenüber dem Reich ist die Beschränkung der Ansprüche der preußischen Beamten aus preußischen Landesgesetzen unbedingt ausgesprochen, weil auch das Reichsgesetz die weitergehenden Ansprüche verletzter Reichsbeamten gegen den preußischen Staat aus Reichsgesetzen *unbedingt aufgehoben* hat."

Aus denselben Erwägungen haben auch die Unfallfürsorgegesetze der anderen Bundesstaaten weitergehende Ansprüche gegen das Reich versagt.

Vgl. neben §§ 12, 13 des preuß. Gesetzes die Artt. 14, 15 des württembergischen, §§ 15, 16 des badischen, §§ 12, 13 des hessischen Gesetzes und Art. II der Elsaß-Lothringischen Verordnung, auch §§ 10—12 des sächsischen Gesetzes.

Die Regierungen und die gesetzgebenden Körperschaften dieser Bundesstaaten standen also bei dem Vorschlage und der Erlassung der landesgesetzlichen Fürsorgegesetze auf dem Boden der hier vertretenen Auffassung des Reichsgesetzes.

Wenn es auch wünschenswert gewesen wäre, daß man bei der neuen Fassung des Gesetzes im Jahre 1901 für die §§ 10 und 12 eine Ausdrucksweise und Anordnung gewählt hätte, die Mißverständnisse verhütet haben würde, so kann doch aus dem Unterbleiben dieser Änderungen kein Schluß zugunsten der Revision gezogen werden.

Ob endlich das Gesetz, indem es den Beamten die Schadensersatzansprüche aus dem gemeinen Recht gegen die ihnen fremde Betriebsverwaltung des Reichs oder eines Bundesstaates abschneidet, namentlich im Hinblick auf die gewaltige Ausdehnung der *gewerblichen* Betätigung von Reich und Bundesstaaten ungeteilte Billigung verdient und nicht vielfach zu Härten führt, ist hier nicht zu erörtern." ...

81. Unvermögen zur Leistung, das bereits zur Zeit der Begründung des Schuldverhältnisses bestand, hat der Schuldner zu vertreten. Liegt dauerndes Unvermögen vor, so kann unmittelbar auf Schadensersatz geklagt werden.

B.G.B. §§ 275 Abs. 2, 325, 326, 440.

V. Zivilsenat. Urt. v. 21. Oktober 1908 i. S. G. (Kl.) w. H. (Bekl.). Rep. V. 598/07.

I. Landgericht II Berlin.
II. Kammergericht daselbst.

Der Kläger kaufte durch Vertrag vom 14. August 1903 vom Beklagten ein dem Landgerichtsgebäude zu D. gegenüber liegendes Grundstück. Vor der Auflassung wurde ihm mitgeteilt, daß das Grundstück nur in einer bestimmten Entfernung vom Landgerichtsgebäude bebaut werden dürfe. Dieser Beschränkung habe sich nämlich die Stadt D. als frühere Eigentümerin dem Justizfiskus gegenüber unterworfen, um dem Landgerichtsgebäude Luft und Licht zu sichern. Der Kläger nahm die Auflassung nur unter Vorbehalt seiner Ersatzansprüche entgegen und klagte dann, indem er noch behauptete, daß der Beklagte die Belastung beim Vertragsabschlusse gekannt habe, mit dem Antrage auf Ersatz allen durch richterliches Ermessen festzustellenden Schadens und Minderwerts. Das Landgericht wies die Klage ab. Das Berufungsgericht erachtete den Anspruch auf Ersatz des Minderwerts überhaupt nicht, und den Anspruch auf Schadensersatz nur dann für begründet, wenn der Beklagte den Mangel arglistig verschwiegen habe. Der Revision des Klägers wurde stattgegeben, aus folgenden

Gründen:

... „Nach der Feststellung des Berufungsgerichts hat die Stadt D. zugunsten des Justizfiskus eine privatrechtliche Grundgerechtigkeit bestellen wollen, und es ist dieser Wille auch unter Berücksichtigung der Vorverhandlungen im Vertrage vom 7. Oktober 1875 erkennbar zum Ausdruck gelangt. Die in § 135 I. 5 und in § 13 I. 22 A.L.R. vorgeschriebene schriftliche Form ist gewahrt.... Ist deshalb die Annahme, daß die Grundgerechtigkeit rechtswirksam bestellt worden sei, nicht zu beanstanden, so folgt, daß dem Kläger das Grundstück nicht frei von Rechten Dritter verschafft worden ist (§ 434 B.G.B.)... Mit Unrecht glaubt die Revision, daß nach den Umständen des vorliegenden Falles der Mangel zugleich auch als Sachmangel sich darstelle, weil die Bebaubarkeit des Grundstücks, das als Bauland gekauft sei, durch das Bestehen der Grundgerechtigkeit eine Einschränkung erleide. Richtig ist, daß, wie der erkennende Senat bereits häufig (Urteile i. S. Rep. V. 50/05, Rep. V. 226/05, Rep. V. 487/06) ausgesprochen hat, im „öffentlichen" Rechte beruhende Baubeschränkungen unter den Begriff des Sachmangels fallen; richtig ist auch, daß im vorliegenden Falle die Grundgerechtigkeit in gleicher oder ähnlicher Weise wie eine öffentlichrechtliche Baubeschränkung wirkt; allein sie ist eine privatrechtliche Last und daher nach § 439 als Rechtsmangel zu vertreten, so daß der Anspruch auf Ersatz von Minderwert mit Recht für unbegründet erachtet ist.

Anders aber verhält es sich mit dem Anspruche auf Schadensersatz. Nach dem unstreitigen Sachverhalte ist die Grundgerechtigkeit bestellt worden, um eine Schmälerung in der Zuführung von Licht und Luft für das Landgerichtsgebäude zu verhindern. Es ist auch nicht streitig, daß dieser Zweck zu der Zeit, als der Kläger das Grundstück erwarb, fortbestand, und daß er für die Dauer des Bestehens des Landgerichtsgebäudes als solchen fortbestehen wird. Mit der Möglichkeit, daß gleichwohl der Justizfiskus auf die Gerechtigkeit verzichten könnte, ist und war hiernach für absehbare Zeit nicht zu rechnen. Der Beklagte hat denn auch selbst nicht einmal behauptet, daß Aussicht bestanden habe oder bestehe, den Justizfiskus zu einem solchen Verzicht, der eine Schädigung der öffentlichen Interessen einschließen würde, zu bestimmen. Aus dem festgestellten Sachverhalte ergibt sich hiernach ohne weiteres, daß der Beklagte, wie bereits zur Zeit des Vertragsabschlusses, so auch zukünftig die Last wegzuschaffen außerstande ist. Im Sinne des Bürgerlichen Gesetzbuchs bedeutet dies nicht eine „Unmöglichkeit" der Leistung, sondern nur ein „Unvermögen" des Schuldners zur Leistung. War aber dies „Unvermögen" bereits zur Zeit des Vertragsabschlusses vorhanden, so folgt, daß nicht, wie die Revision glaubt, die Vorschrift des § 325 auf den vorliegenden Fall Anwendung finden kann. Diese Vorschrift behandelt den Fall, daß die Unmöglichkeit der Leistung oder (§ 275 Abs. 2) das Unvermögen nachträglich eintritt. Unanwendbar ist auch die von der Revision ebenfalls als verletzt bezeichnete Bestimmung des § 326; sie regelt nur den Fall des Leistungsverzugs. Für den Fall, daß, wie vorliegend, der Schuldner nicht leisten kann und hierzu auch bereits zur Zeit der Begründung des Schuldverhältnisses unvermögend war, enthält das Bürgerliche Gesetzbuch besondere Vorschriften überhaupt nicht. Indessen bedurfte es deren auch nicht, da sich die Vertretungspflicht des Schuldners unmittelbar aus dem Vertrage ergibt; denn mit der Verpflichtung zur Leistung übernimmt der Schuldner,

vgl. Planck, Bem. 3 zu § 440; Dernburg, Bürgerl. R. Bd. 2 Abt. 1 S. 142 II; Urt. des Reichsgerichts vom 13. Oktober 1903, Rep. III. 145/03, in der Deutschen Juristen-Zeitung 1903 S. 549,

zugleich auch die Haftung für seine Leistungsfähigkeit; er hat für diese einzustehen und kann sich deshalb auf das — subjektive — Unvermögen zur Leistung nicht berufen. Das dauernde Unvermögen des Schuldners zur Leistung berechtigt den Gläubiger, Schadensersatz zu fordern, und zwar ohne daß er gehalten ist, zuvor den Anspruch auf die Leistung selbst geltend zu machen;

vgl. Dernburg, a. a. O.; Planck, 3. Aufl. Bd. 2 Anm. 3 zu § 306.

Daß der Gesetzgeber eine für den Rechtsverkehr völlig zwecklose und überflüssige Handlung gewollt haben sollte, ist nicht anzunehmen. Hiernach ist der Anspruch auf Schadensersatz nicht von dem Nachweise eines dem Beklagten etwa zur Last fallenden arglistigen Verhaltens abhängig."

82. Ist, wenn in einem fahrenden Bahnzug ein Fahrgast durch einen anderen getötet oder körperlich verletzt wird, der Bahnunternehmer aus § 1 des Haftpflichtgesetzes vom 7. Juni 1871 haftbar? Zur Frage, wieweit ein Schadensersatzanspruch aus dem Beförderungsvertrage abgelehnt werden kann.

VI. Zivilsenat. Urt. v. 22. Oktober 1908 i. S. Cl. Wwe. (Kl.) w. Preuß. Eisenbahnfiskus (Bekl.). Rep. VI. 108/08.

I. Landgericht Altona.
II. Oberlandesgericht Kiel.

Am 9. November 1906 wurde der Zahnarzt Cl., als er nachmittags zwischen drei und vier Uhr auf der Eisenbahn von Altona nach Blankenese fuhr, von dem Gärtnergehilfen R. ermordet. Der von ihm benutzte Zug führte nur Wagen mit Abteilen, die vollständig voneinander abgeschlossen waren und keine Ausgänge nach einem die verschiedenen Abteile verbindenden Gange hatten. Er vermittelte den Verkehr nach Vororten von Hamburg und Altona und hielt bei der geringen Entfernung der einzelnen Stationen voneinander jeweils nach einer Fahrt von nur wenig Minuten an. R. hatte von vornherein die Absicht, einen Fahrgast, der allein in einem Abteil fahre, zu berauben; er hatte zu diesem Zwecke eine Fahrkarte II. Klasse gelöst und sich mit einem Beil, das er versteckt trug, versehen; er war unmittelbar vor dem Abgang des Zuges in den Abteil, in dem sich Cl. allein befand, eingestiegen und tötete diesen, nachdem der Zug die erste Haltestelle passiert hatte, durch Beilhiebe gegen den Kopf.

Die von der Witwe des Cl. gegen den Preußischen Eisenbahnfiskus erhobene Schadensersatzklage wurde in erster und zweiter Instanz abgewiesen; die Revision der Klägerin wurde zurückgewiesen, aus den nachstehenden

Gründen:

„Das Landgericht hat angenommen, daß ein Betriebsunfall im Sinne von § 1 des Haftpflichtgesetzes vorliege, aber die Haftung des Beklagten für ausgeschlossen erachtet, weil der Tod Cl.'s durch ein als höhere Gewalt anzusehendes Ereignis verursacht worden sei; es verneint ferner, daß dem Beklagten eine Verletzung seiner Vertragspflichten oder eine unerlaubte Handlung zur Last falle. Das Oberlandesgericht ist in den zuletzt erwähnten Beziehungen dem Landgerichte beigetreten; soweit die Klage auf das Gesetz vom 7. Juni 1871 gestützt worden, nimmt es an, daß ein unter dieses Gesetz fallender Betriebsunfall nicht vorliege, jedenfalls aber die Haftung des Beklagten aus dem vom Landgerichte geltend gemachten Grunde ausgeschlossen sei.

Den hiergegen gerichteten Revisionsangriffen war der Erfolg zu versagen.

Allerdings haben, wie auch von der Vorinstanz nicht verkannt wird, die Verhältnisse, die der Eisenbahnbetrieb im allgemeinen mit sich bringt, und die Art, wie er sich im vorliegenden Falle vollzog, darauf, daß der Mord begangen worden ist, mitbestimmend eingewirkt. Die ganze Einrichtung der für die Massenbeförderung eingerichteten Bahnzüge, bei denen die Zahl der Personen, die der einzelne Zug aufzunehmen haben wird, im voraus nur in beschränktem Maße übersehen werden kann, die Gliederung der Wagen in einzelne Abteile, die nach der Art der Ausstattung und der Höhe des Fahrpreises wieder in mehrere Klassen zerfallen, bringt es mit sich, daß namentlich in den teureren Klassen oft einzelne Abteile von nur wenig Personen besetzt sind, und auch das Zusammensein von nur zwei Fahrgästen in einem Abteil nichts seltenes ist. Unternimmt dann einer von diesen während der Fahrt einen Angriff auf den anderen, so ist dessen Lage zweifellos besonders gefährdet, wenn er sich in einem Abteil befindet, der völlig von den angrenzenden abgeschlossen ist und Ausgänge nur ins Freie, nicht auch nach einem für mehrere Abteile gemeinsamen Vorraum hat. Es liegt daher in der Natur der Sache, daß Menschen, die einen Eisenbahnraubanfall planen, zu dessen Ausführung solche Abteile wählen, und wenn sich keine Gelegenheit bietet, in einem derartigen Abteil mit nur einem anderen Fahrgast zusammen zu sein, von besonders gearteten, seltener vorkommenden Verhältnissen abgesehen, von der Ausführung des beabsichtigten Verbrechens Abstand nehmen werden. Auch im vorliegenden Falle hat, wie feststeht, R. seinen Plan gerade darauf gebaut, daß es ihm unter Ausnutzung der Verhältnisse, die bei Abteilen der bezeichneten Art bestehen, gelingen werde, den Cl., bei dem er auf lohnende Beute rechnen zu können meinte, zu überfallen und dann, ehe die Tat entdeckt werde, zu entkommen. Der Eisenbahnbetrieb und seine besondere Gestaltung im vorliegenden Falle ist daher ein Umstand gewesen, ohne den der Mord nicht geschehen wäre.

Schon nach allgemeinen Grundsätzen müßte es indes bedenklich erscheinen, das Bedingungsverhältnis, das sonach zwischen dem Bahnbetriebe und dem Ereignis bestand, durch das die Klägerin geschädigt worden ist, auch als einen Kausalzusammenhang im Rechtssinne anzusehen. Jedenfalls aber ist der Vorinstanz darin beizutreten, daß die Ermordung des Cl. nicht zu denjenigen Ereignissen zu rechnen ist, für die dem Bahnunternehmer durch § 1 des Gesetzes vom

7. Juni 1871 eine von seinem Verschulden unabhängige Haftung auferlegt worden ist.

Die angezogene Bestimmung ist ein Ausnahmegesetz; sie hat die Haftung des Bahnunternehmers für bei seinem Betriebe vorkommende Ereignisse über das Maß hinaus ausgedehnt, in dem sie ihn nach allgemeinen Rechtsgrundsätzen treffen würde, und es ist das geschehen, weil erfahrungsgemäß der Eisenbahnbetrieb in besonderer Weise Gefahr für das Leben und die Gesundheit von Menschen mit sich bringt. Das Berufungsgericht geht nun davon aus, der Gesetzgeber habe bei der erhöhten Gefährlichkeit, die dem Bahnbetriebe eigen sei, und der durch eine gesteigerte zivilrechtliche Verantwortlichkeit des Unternehmers Rechnung zu tragen sei, nur solche Gefahren im Auge gehabt, die durch die technische Seite dieses Betriebes, insbesondere durch die Schwere der Transportmittel und deren Bewegungsart sowie durch die dem Betrieb eigene außerordentliche Eile, begründet würden. Danach liege im vorliegenden Falle, in dem der Bahnbetrieb selbst auf die Gesundheit des Cl. in keiner Weise schädlich eingewirkt habe, ein Betriebsunfall, der durch § 1 des Haftpflichtgesetzes habe getroffen werden sollen, nicht vor.

Die Auffassung der Vorinstanz steht im Einklang mit dem, was aus der Begründung des Gesetzentwurfs und den Reichstagsverhandlungen über die Anschauungen zu entnehmen ist, von denen die gesetzgebenden Faktoren geleitet worden sind. Sie erscheint aber auch berechtigt, wenn man bei der Auslegung des Gesetzes nur dessen Grundgedanken, daß der erhöhten Gefährlichkeit des Eisenbahnbetriebes eine entsprechend gesteigerte Haftung des Unternehmers gegenüberstehen müsse, zur Richtschnur nimmt und bei der Würdigung dieser Gefährlichkeit auch die Erfahrungen der späteren Zeit berücksichtigt. Von der Klägerin ist geltend gemacht worden, daß in neuerer Zeit mehrfach in Deutschland und anderwärts Morde und Mordversuche in Eisenbahnzügen vorgekommen seien; sie will daraus herleiten, es habe sich herausgestellt, daß der Bahnbetrieb auch nach dieser Richtung für die Reisenden eine besondere erhöhte Gefahr mit sich bringe. Von der Vorinstanz ist dem entgegengehalten worden, solche Vorkommnisse gehörten in Deutschland zu den größten Seltenheiten; es habe denn auch die Klägerin für die Zeit vor der Ermordung ihres Mannes nur zwei mehrere Jahre auseinander liegende Fälle anzuführen vermocht. In der Tat ist es ganz unberechtigt, insoweit von einer neuerdings hervorgetretenen Gefährlichkeit des Eisenbahnbetriebes zu sprechen, wenn man das Verhältnis der vorgekommenen Fälle zu der Zahl der Reisenden in Betracht zieht; insoweit sei darauf hingewiesen, daß im Jahre 1905 allein in Preußen, ungerechnet den Verkehr auf Militärfahrscheine und Militärfahrkarten, mehr als 800 Millionen Personen auf den Eisenbahnen befördert worden sind, wobei die Zahl der Personenkilometer annähernd 19 Milliarden betragen hat (Statist. Jahrbuch für den Preuß. Staat 1907 S. 101). Somit haben die Erfahrungen der Neuzeit keineswegs gezeigt, daß, wer die Eisenbahn benutzt, sich damit der Gefahr aussetzt, durch Verbrecherhand den Tod oder eine Körperverletzung zu erleiden; vielmehr hat sich nur ergeben, daß die Gefahr, Gegenstand und Opfer eines verbrecherischen Überfalls zu werden, die für jedermann in den verschiedensten Lagen, seine eigene Wohnung nicht ausgenommen, besteht, selbst für den, der auf der Eisenbahn fährt, nicht absolut ausgeschlossen ist, insbesondere nicht, wenn er in einem Abteil der oben bezeichneten Art Platz genommen hat.

Danach hat die Vorinstanz den Klaganspruch, soweit er auf das Haftpflichtgesetz gestützt worden ist, mit Recht als unbegründet angesehen. Es ist ihr aber auch darin beizustimmen gewesen, daß die Klägerin auch nicht auf Grund des von ihrem Manne mit dem Beklagten geschlossenen Beförderungsvertrags Schadensersatzansprüche zu erheben in der Lage ist.

In dieser Richtung würde, da es sich um die Geltendmachung von Ansprüchen handelt, die in der Person des Cl. entstanden sein sollen, zunächst schon das Bedenken vorliegen, daß die Klägerin gar nicht behauptet hat, Erbin, bzw. alleinige Erbin ihres Mannes geworden zu sein; insbesondere aber würden solche Ansprüche doch nur insoweit erhoben werden können, als durch den Vorgang vom 9. November 1906 das Vermögen des Cl. geschädigt worden ist. Indes erscheint, ganz abgesehen hiervon, ein Anspruch aus dem Beförderungsvertrage überhaupt nicht begründet.

Die Klägerin will angenommen wissen, der Beklagte habe die ihm aus diesem Vertrage erwachsenen Pflichten dadurch verletzt, daß er auf der Fahrstrecke, die ihr Mann benutzt habe, nur Wagen mit abgeschlossenen Abteilen verwendet und es gleichwohl unterlassen habe, besondere Vorkehrungen zur Sicherung der Reisenden gegen Raubanfälle zu treffen. Dem steht, was die Bauart der Wagen anlangt, bei einem aus dem Vertrage abgeleiteten Anspruche schon die Erwägung entgegen, daß, wenn der Transportunternehmer denen, deren Beförderung zu übernehmen er sich erbietet, Wagen einer bestimmten Art zur Verfügung stellt, der Vertrag, der zwischen ihm und den Fahrgästen zustande kommt, gerade dahin geht, daß sie in solchen Wagen, wie sie allein angeboten waren, befördert werden sollten. Die Bauart der Wagen begründete auch für den Beklagten nicht die Verpflichtung zu besonderen Sicherungsmaßregeln nach der von der Klägerin bezeichneten Richtung. Schon das, was oben dargelegt worden, ergibt, daß man von einer Gefahr, der die Reisenden in Bahnzügen in erhöhtem, besondere Gegenmaßregeln erforderndem Maße ausgesetzt wären, nicht sprechen kann. Im vorliegenden Falle kommt aber, wie von den Vorinstanzen mit Recht hervorgehoben wurde, noch hinzu, daß der Mord auf einer Vorortbahn verübt worden ist, auf der die Züge je nach nur drei oder vier Minuten eine Station erreichten, auf der gehalten wurde, und ein Aussteigen und Einsteigen von Fahrgästen stattfand. Es lag außerhalb alles dessen, was der Beklagte bei der Gestaltung des Bahnbetriebes verständigerweise in Betracht zu ziehen hatte, damit zu rechnen, daß auf dieser Bahn am hellen Tage ein Mordanfall verübt werden könnte.

Aber auch noch andere Erwägungen stehen der jetzt in Rede stehenden Klagebegründung entgegen. Der Inhalt und Umfang der Pflichten, die der Beklagte durch den Beförderungsvertrag übernahm, sind nach Treu und Glauben unter Berücksichtigung der Verkehrssitte zu bestimmen. Wie die tägliche Erfahrung lehrt, besteht nun bei den Eisenbahnreisenden im allgemeinen gar nicht das Bestreben, möglichst in einem Abteil untergebracht zu werden, in denen sich andere Personen in größerer Zahl befinden. Viele Fahrgäste, man wird wenigstens bei der I. und II. Fahrklasse sagen dürfen, die große Mehrheit ziehen Abteile vor, in denen sie mit möglichst wenigen ihnen fremden Personen zusammentreffen; sie tragen auch nicht das mindeste Bedenken, sich allein oder mit einer fremden Person in einen Abteil zu setzen, auch wenn es ein vollständig abgeschlossener Abteil ist, der Ausgänge nur ins Freie hat; nicht wenige Reisende geben der größeren Ungestörtheit halber gerade dieser Art von Abteilen den Vorzug. Weitaus die meisten Reisenden tragen auch keinerlei Verlangen danach, daß der Abteil, in dem sie sich befinden, in kürzeren Zwischenräumen der Aufsicht wegen durch Bahnbeamte betreten oder auch nur von außen einer Kontrole unterzogen werde. Der Bahnunternehmer handelt daher nur nach dem mutmaßlichen Willen der Reisenden und trägt der Verkehrssitte Rechnung, wenn er, soweit die Raumverhältnisse es gestatten, den Fahrgästen überläßt, sich je nach ihren Wünschen einen Platz in einem stärker oder in einem möglichst wenig besetzten oder ganz leeren Abteil zu suchen, und seinerseits auch nichts tut, um zu verhindern, daß zwei Personen allein miteinander in einem Abteil fahren, und wenn er auch die Kontrolmaßregeln auf dasjenige beschränkt, was der Fahrdienst erfordert.

Aus dem bisher Ausgeführten ergibt sich zugleich, daß von einem dem Beklagten zur Last fallenden Verschulden im Sinne von § 823 B.G.B. nicht die Rede sein kann." ...

---

83. 1. Findet auf den sog. Kommissionsagenten der § 92 H.G.B. entsprechende Anwendung?
2. Kann auf das in § 627 B.G.B. statuierte Recht willkürlicher Kündigung verzichtet werden?

I. Zivilsenat. Urt. v. 24. Oktober 1908 i. S. Leipziger Spitzenfabrik B. & Co. (Kl.) w. S. (Bekl.). Rep. I. 53/08.

I. Landgericht Düsseldorf, Kammer für Handelssachen.
II. Oberlandesgericht daselbst.

Der Beklagte war durch Vertrag vom 17. Mai 1904 auf die Dauer von 5 Jahren von der Klägerin engagiert, um ihre Fabrikate für ihre Rechnung, aber im eigenen Namen, zu verkaufen. Am 27. September 1905 wurde er entlassen. Die Parteien stritten darüber, ob er durch sein Verhalten wichtige Gründe hierzu geboten habe. Die auf Feststellung der Berechtigung der Entlassung gerichtete Klage wurde in allen Instanzen abgewiesen. Daß es auf die streitige Frage ankomme, wurde vom Reichsgericht anerkannt, aus folgenden

Gründen:

... „Im Gegensatze zum Landgerichte, das dem Beklagten nach dem Vertrage vom 17. Mai 1904 die Stellung eines Handlungsagenten zuerkennt, erklärt ihn der Berufungsrichter für einen Kommissionär. Das ist insofern richtig, als der Beklagte es gewerbsmäßig übernommen hat, Waren für Rechnung der Klägerin im eigenen Namen zu verkaufen (§ 383 H.G.B.). Aber gerade von diesem Ausgangspunkte aus wäre Veranlassung gewesen zu prüfen, ob die Entlassung des Beklagten nicht auch ohne wichtigen Grund jederzeit zulässig war. In Übereinstimmung mit der Denkschrift zum neuen Handelsgesetzbuch S. 232 hat das Reichsgericht (Jurist. Wochenschr. 1905 S. 20 Nr. 17) allgemein ausgesprochen, daß auf den Kommissionsvertrag die Vorschrift des § 627 B.G.B. Anwendung finde. In dem hier zu entscheidenden Falle, in dem das Verhältnis der Parteien auf längere Dauer berechnet war, ist die erste Voraussetzung dieser Vorschrift, der Abschluß eines Dienstvertrages, einem Zweifel überhaupt nicht unterworfen. Aber auch die übrigen Voraussetzungen sind gegeben. Es handelt sich um Dienste höherer Art, die auf Grund besonderen Vertrauens übertragen zu werden pflegen. Und das Entgelt für die Dienste bestand nicht in festen Bezügen, sondern in einer Provision. Daran wird durch die Vertragsbestimmung, wonach der Beklagte auf sein Guthaben „monatlich 500 *M* à conto ausgezahlt und fest zugesichert" erhielt, nichts geändert. Auch wenn diese Bestimmung als Garantie eines Mindesteinkommens — nicht nur, wie die Klägerin will, als Vorschußzusage — aufzufassen sein sollte, würden feste Bezüge nicht gegeben sein.

Nichtsdestoweniger muß der Standpunkt der Vorinstanzen, die das Urteil auf das Vorhandensein eines wichtigen Grundes der Kündigung abstellen, gebilligt werden. Das Landgericht ging von zutreffenden Erwägungen aus, wenn es das interne Verhältnis des Beklagten zur Klägerin wie das eines Handlungsagenten ansah. Nach der Gestaltung des modernen Handelsverkehrs sind der Kommissions- und der Agenturvertrag keine einander ausschließende Typen. Es gibt Kaufleute, die ständig damit betraut sind, im eigenen Namen für Rechnung eines andern Handelsgeschäfte abzuschließen. Diese sog. „Kommissionsagenten" unterscheiden sich, was die Stellung zum Geschäftsherrn betrifft, in nichts von den Handlungsagenten der in § 84 H.G.B. definierten Art. Für die Handlungsagenten hat das Gesetz aus Gründen sozialer Fürsorge die Vorschrift getroffen, daß sie, abgesehen von dem Falle eines wichtigen Grundes, mit sechswöchiger Frist zu kündigen sind (§ 92 H.G.B.). Es wäre nicht zu verstehen, wenn die Kommissionsagenten nur deshalb, weil sie Dritten gegenüber im eigenen Namen auftreten, jederzeit entlassen werden könnten. Für die Frage der Kündigung kommt das Verhältnis nach außen nicht in Betracht. Daher erscheint es geboten, den § 92 H.G.B. analog auf den Kommissionsagenten anzuwenden. Eine analoge Anwendung des Abs. 2 dieses Paragraphen hat der Senat schon in dem im Bd. 65 S. 37 der Entsch. in Zivils. abgedruckten Urteile vorgenommen, wo es sich um einen sog. Generalvertreter handelte, der die Waren des Lieferanten für eigene Rechnung, aber innerhalb eines bestimmten Bezirks vertragsmäßig als einziger absetzte und daher zugleich das Interesse des Lieferanten wahrnahm.

Der vorliegende Fall bietet noch einen anderen Weg dasselbe Ergebnis zu gewinnen. Indem die Parteien eine fünfjährige Dauer des Vertrages verabredeten, brachten sie zum Ausdrucke, daß der Rechtssatz des § 627 B.G.B. für ihr Verhältnis nicht gelten solle. Freilich ist die dispositive Natur dieser Vorschrift nicht unbestritten. Lotmar, Arbeitsvertrag Bd. 1 S. 615, sowie die Kommentare zum B.G.B. von Oertmann und v. Staudinger halten das Recht willkürlicher Kündigung beim Vertrauensdienstverhältnis für so wichtig, daß sie einer gegenteiligen Abrede die Wirkung versagen. Aber dieser Meinung kann im Hinblick auf § 626 nicht beigepflichtet werden. Die letztere Vorschrift bleibt immer bestehen. Auf das Recht, jedes unter das Bürgerliche Gesetzbuch fallende Dienstverhältnis fristlos aus wichtigem Grunde zu kündigen, kann nicht im voraus verzichtet werden; der § 626 muß absolut sein, wenn ihm überhaupt eine Bedeutung zukommen soll. Gerade darum ist aber für § 627 die gleiche Unverzichtbarkeit nicht anzunehmen. Wurde doch schon in der zweiten Kommission für Beratung des Bürgerlichen Gesetzbuchs, der der § 627 seine Entstehung verdankt, das Bedürfnis für eine solche Bestimmung mit Rücksicht auf § 626 bezweifelt (Prot. Bd. 2 S. 303). Jedenfalls wird es nicht selten beiden Parteien eines Vertrauensdienstverhältnisses zum Vorteile gereichen, wenn sie sich auf die Möglichkeit der Kündigung aus wichtigem Grunde beschränken." ...

84. 1. Kann ein in der Liste eingetragener Genosse, dessen Ausscheiden aus der Genossenschaft aus Verschulden des Vorstands nicht angemeldet worden ist, vom Konkursverwalter der Genossenschaft bei der Vorschußberechnung selbst dann noch herangezogen werden, wenn eine von der Genossenschaft vor der Konkurseröffnung gegen ihn angestellte Klage auf Einzahlung des durch Generalversammlungsbeschluß erhöhten Geschäftsanteils rechtskräftig abgewiesen worden war?
2. Inhalt der Vorschußberechnung.

I. Zivilsenat. Urt. v. 26. Oktober 1908 i. S. H. (Kl.) w. Konkursverwalter der Spar- und Darlehnskasse zu C., e. G. m. u. H. (Bekl.). Rep. I. 630/07.

I. Landgericht Bromberg.
II. Oberlandesgericht Posen.

Der Kläger war Genosse der Spar- und Darlehnskasse zu C., einer eingetragenen Genossenschaft mit unbeschränkter Haftpflicht. Als er 1901 seinen Wohnsitz nach S. verlegte, erklärte er der Genossenschaft schriftlich seinen Austritt zum Schlusse des Geschäftsjahres. Der Vorstand der Genossenschaft unterließ es jedoch, die Austrittserklärung des Klägers dem Gerichte zur Liste der Genossen einzureichen, weshalb auch sein Ausscheiden nicht eingetragen wurde.

Als die Genossenschaft 1904 die Erhöhung der Geschäftsanteile von 500 *M* auf 2000 *M* beschlossen hatte, verweigerte der Kläger die von ihm verlangte Zahlung. Die daraufhin von der Genossenschaft gegen ihn erhobene Klage auf Zahlung von 2000 *M* Geschäftsanteil nebst Verzugszinsen war durch rechtskräftig gewordenes Urteil des Landgerichts B. vom 28. Juni 1905 abgewiesen worden.

Nachdem im September 1906 Konkurs über das Vermögen der Genossenschaft eröffnet worden war, stellte der Konkursverwalter eine Vorschußberechnung auf, die demnächst vom Konkursgerichte für vollstreckbar erklärt wurde. Der Kläger, der im Erklärungstermine nicht erschienen war, war darin mit 2820,43 *M* aufgeführt. Er beantragte, die Zwangsvollstreckung aus der Vorschußberechnung ihm gegenüber für unzulässig zu erklären.

Die Klage wurde in beiden Instanzen abgewiesen. Auch die Revision hatte keinen Erfolg.

Gründe:

„Die Revision geht von der Auffassung aus, durch das im Vorprozeß ergangene und rechtskräftig gewordene Urteil des Landgerichts in B. vom 28. Juni 1905 sei auch gegenüber der Konkursmasse rechtskräftig entschieden worden, daß der Kläger auf Grund seines Austritts nicht weiter zu den geforderten Nachschüssen verpflichtet sei. Diese Auffassung ist irrig; sie verkennt, daß nach § 322 Z.P.O. Urteile nur insoweit der Rechtskraft fähig sind, als über den durch die Klage oder Widerklage erhobenen Anspruch entschieden worden ist. Gegenstand jenes Rechtsstreits war ... nur der Anspruch der Genossenschaft auf Einzahlung des erhöhten Geschäftsanteils zu 2000 *M* nebst Zinsen. Dieser Anspruch ist der Genossenschaft durch das Urteil aberkannt worden, weil infolge einer unerlaubten Handlung des Vorstandes der Genossenschaft, welche die Genossenschaft selbst zu vertreten hätte, die Einreichung der Austrittserklärung des Klägers bei Gericht unterlassen worden sei, und niemand aus dem von ihm selbst verschuldeten Rechtsverluste eines anderen Vorteil ziehen dürfe. Rechtskräftig steht demnach fest, daß der Kläger den damals von ihm geforderten erhöhten Geschäftsanteil zu 2000 *M* nebst Zinsen der Genossenschaft nicht schuldete. Mehr ist in jenem Vorprozesse aber nicht entschieden worden, und insbesondere hat es der damalige Beklagte und jetzige Kläger unterlassen, im Wege der Widerklage, die ihm freistand, zu bewirken, daß die Pflicht der Genossenschaft, den Kläger auf Grund seiner zulässigen Austrittserklärung in der Liste der Genossen zur Löschung zu bringen, durch das Urteil festgestellt, und demgemäß dann die Löschung seines Namens in der gerichtlichen Liste der Genossen vollzogen worden wäre. Dies ist nicht geschehen; der Kläger blieb, wie unstreitig ist, bis zur Eröffnung des Konkursverfahrens in der Liste der Genossen eingetragen, und diese Tatsache hat, wie das Berufungsgericht zutreffend hervorgehoben hat, für seine Stellung im Konkurse und seine Beitragspflicht entscheidende Bedeutung.

Wie in § 15 Abs. 3 des Genossenschaftsgesetzes in der Fassung vom 20. Mai 1898 die Entstehung der Mitgliedschaft an die Eintragung des Genossen in die Liste, die auf Grund seiner Beitrittserklärung erfolgt, geknüpft ist, so tritt nach § 70 des Gesetzes die Beendigung der Mitgliedschaft erst dadurch ein, daß das Ausscheiden des Genossen in der Liste eingetragen wird. Beide Bestimmungen verfolgen, wie das in der allgemeinen Begründung des Gesetzentwurfs II (Drucksachen des Reichstags 1888/89 Bd. 1 Nr. 28 S. 45) hervorgehoben wird, gleichmäßig den Zweck, eine Sicherheit dafür zu schaffen, daß einerseits alle in der Mitgliederliste aufgeführten Personen wirklich als Genossen haften, und andererseits alle haftpflichtigen Genossen wirklich in der Liste eingetragen sind. Die Eintragung eines Mitglieds in der Liste der Genossen, die mit dessen Willen erfolgt ist, hat, solange sie besteht, die Bedeutung einer im Rechtsverkehr abgegebenen Erklärung, für die Verbindlichkeiten der Genossenschaft haften zu wollen, und wirkt nicht nur den Gläubigern der Genossenschaft gegenüber, sondern auch im Verhältnis des Genossen zur Genossenschaft. Daraus folgt einerseits, daß die auf Zahlung in Anspruch genommenen Genossen die Eintragung in die Liste nicht mit der Behauptung anfechten können, sie seien zur Abgabe ihrer Erklärung durch eine von der Genossenschaft zu vertretende arglistige Täuschung bestimmt worden, wie dies in dem Beschlusse der Vereinigten Zivilsenate vom 16. Mai 1904 (Entsch. des R.G.'s Bd. 57 S. 292) näher dargelegt ist. Andererseits ergibt sich daraus aber auch, daß, wenn die Aufkündigung des Genossen zu einem bestimmten Zeitpunkt in zulässiger Weise erfolgt ist, die Eintragung seines Ausscheidens in der Liste der Genossen aber unterbleibt, und nun das Konkursverfahren über die Genossenschaft eröffnet wird, die Mitgliedschaft trotz der erfolgten Kündigung noch fortbesteht, weil der im § 70 Abs. 2 festgesetzte Zeitpunkt ihrer Beendigung bei Eröffnung des Konkurses noch nicht eingetreten war. Hiermit steht es völlig im Einklang, daß nach § 106 Abss. 2 und 3 bei der Vorschußberechnung die sämtlichen Genossen, die sich aus der der Berechnung zugrunde zu legenden gerichtlichen Liste ergeben, vom Konkursverwalter zur vorschußweisen Deckung des bilanzmäßigen Fehlbetrags heranzuziehen sind.

Es ist demnach verfehlt, wenn die Revision mit Bezugnahme auf die Austrittserklärung des Klägers bestreitet, daß er überhaupt vom Konkursverwalter bei der Vorschußberechnung als beitragspflichtiger Genosse habe eingesetzt werden dürfen. Soweit es sich um die vorschußweise Deckung des bilanzmäßigen Fehlbetrages gehandelt hat, ist das Verfahren des Konkursverwalters nicht zu beanstanden. Das gilt auch dann, wenn er, wie der Kläger behauptet und unter Beweis gestellt hat, bei Aufstellung der Vorschußberechnung das Urteil des Landgerichts vom 28. Juni 1905 bereits kannte. Denn auch in diesem Falle war für ihn die Tatsache, daß H. in der Liste der Genossen noch eingetragen war, maßgebend, und die Vorschrift des § 106 Abs. 2, daß auf die sämtlichen Genossen die Beiträge zu verteilen seien, bindend. Die prozessuale Rüge der Revision, daß das Berufungsgericht die Eideszuschiebung an den Konkursverwalter über seine Kenntnis des Urteils unberücksichtigt gelassen habe, betrifft daher eine für die Beurteilung der Sache unerhebliche Tatsache und ist nicht zu beachten.

Die durch § 106 des Gesetzes gerechtfertigte Heranziehung des Klägers zur vorschußweisen Deckung des bilanzmäßigen Fehlbetrags gab dem Konkursverwalter aber noch nicht das Recht, gelegentlich der Vorschußberechnung dem Kläger auch diejenigen 2000 *M* zur Last zu schreiben, welche er auf den erhöhten Geschäftsanteil nach der Ansicht des Genossenschaftsvorstandes noch schuldig war, nach dem im Vorprozesse erwirkten rechtskräftigen Urteil aber an die Genossenschaft nicht zu bezahlen brauchte. Die Tatsache selbst, daß diese 2000 *M* ... vom Konkursverwalter in der Vorschußberechnung dem Kläger zur Last geschrieben wurden, ist unbestritten. ... Die Einbeziehung dieser 2000 *M* in die Vorschußberechnung verstößt aber gegen das Gesetz. Denn diese Berechnung hat nach der Aufgabe, die ihr durch § 106 Abs. 1 gestellt ist, lediglich den Zweck, unter Beachtung der näheren Bestimmungen des Abs. 2 rechnerisch darzulegen, wieviel die einzelnen Genossen zur Deckung des in der Bilanz bezeichneten Fehlbetrages vorschußweise beizutragen haben. Was darüber hinausgeht, liegt außerhalb des Zweckes der dem Konkursverwalter obliegenden Vorschußberechnung. Dies folgt schon aus den im Gesetze gebrauchten Worten, ist aber in der Begründung des Gesetzentwurfs S. 121 gelegentlich der Besprechung der Zusatzberechnung (§ 103 des Entwurfs, § 113 des Gesetzes) noch besonders zum Ausdrucke gelangt. Dort wird bemerkt, daß sich für einen Zusatz zur Vorschußberechnung die durch den Zweck der letzteren gezogenen Grenzen ergäben, und dann beigefügt: „Dieser Zweck besteht nur in der Aufbringung des in der Vorschußberechnung selbst schätzungsweise festgestellten oder durch Urteil im Anfechtungsprozesse bestimmten Fehlbetrages," woraus dann verschiedene hier nicht in Betracht kommende Folgerungen gezogen werden. Es ist demnach nicht angängig, daß der Konkursverwalter bei Aufstellung der Vorschußberechnung den Genossen außer den Vorschüssen Forderungen irgend welcher Art zur Last schreibt, welche die Genossenschaft gegen die einzelnen Genossen zu haben glaubt, und es dann darauf ankommen läßt, ob in dem anberaumten Termine die Genossen gegen diese Belastung Widerspruch erheben. Die Einbeziehung der 2000 *M*, die vom Kläger als rückständiger Geschäftsanteil gefordert wurden, in die Vorschußberechnung entsprach demnach den gesetzlichen Bestimmungen nicht.

Dies führt aber gleichwohl nicht zur Aufhebung des angefochtenen Urteils. Denn da der Kläger in der Liste der Genossen noch eingetragen gewesen ist, war der einzige Weg, auf dem er gegen die unzulässige Belastung, wie gegen jeden anderen Fehler in der Berechnung, ankämpfen konnte, der, daß er in dem zur Anhörung der Beteiligten bestimmten gerichtlichen Termine erschien, dort seine Einwendungen vorbrachte und, wenn sie keine Beachtung fanden, und die Berechnung ohne Rücksicht darauf für vollstreckbar erklärt wurde, rechtzeitig die Anfechtungsklage gemäß § 111 des Gesetzes erhob. Diesen Weg zu beschreiten hat aber der Kläger, der trotz richtiger Ladung in dem anberaumten Termine ... nicht erschienen ist, ... versäumt.

Der Kläger glaubt nun allerdings, sich gegenüber der ihm vom Konkursverwalter ... angedrohten Zwangsvollstreckung aus der ... Vorschußberechnung auf § 826 B.G.B. berufen zu können. Die Anwendung dieser Bestimmung ist aber schon deshalb ausgeschlossen, weil nach der dem tatsächlichen Gebiete angehörenden Feststellung des Berufungsgerichts nicht der geringste Anhaltspunkt dafür vorliegt, daß der Beklagte bewußt rechtswidrig den Kläger in die Berechnungsliste aufgenommen und dann die Vollstreckbarkeit des Urteils herbeigeführt habe, oder durch die Aufnahme des Klägers in die Berechnungsliste den Konkursgläubigern einen ihnen nicht zukommenden Vorteil habe zuwenden wollen." ...

---

85. Kommt den Allgemeinen Verfügungen des Preußischen Justizministers vom 10. Juli 1884 und vom 27. September 1904 über das Verfahren bei der Zuziehung von Sachverständigen, die in einem anderen Bundesstaate wohnhaft sind, die Bedeutung einer Rechtsnorm zu, durch die ein Verbot für ein Amtsgericht begründet wird, dem Ersuchen eines Prozeßgerichts um mündliche Vernehmung eines in seinem Bezirke wohnhaften Sachverständigen zu entsprechen? [1]

G.V.G. §§ 159, 165 Abs. 2.

Z.P.O. §§ 402, 375, 391—397, 410, 411.

Allgemeine Verfügungen des preuß. Justizministers vom 10. Juli 1884 und 27. September 1904 (Just.-Min.-Bl. 1884 S. 161, 1904 S. 655). Grundsätze über die Kosten der Rechtshilfe unter den Behörden verschiedener Bundesstaaten (am zuletzt angeführten Orte).

III. Zivilsenat. Beschl. v. 27. Oktober 1908 i. S. N. (Kl.) w. G. (Bekl.). Beschw.-Rep. III. 256/08.

I. Amtsgericht Erfurt.
II. Oberlandesgericht Naumburg a. S.

In einem bei ihm anhängigen Rechtsstreite hatte das Landgericht in Gotha unter anderem die Vernehmung des Taxators J. D. in Erfurt als Sachverständigen nach Maßgabe eines Beweisbeschlusses vom 23. März 1908 zu I 2 angeordnet und zugleich beschlossen, die Vernehmung der Zeugen und des Sachverständigen, wie es in dem Beschlusse wörtlich heißt, „durch die zuständigen Amtsgerichte erfolgen" zu lassen. Demgemäß ersuchte der Vorsitzende das Amtsgericht in Erfurt unter anderem auch um Vernehmung des Taxators J. D. als Sachverständigen. Dieses Ersuchen lehnte das Amtsgericht wegen nicht genügender Begründung ab, und stellte

---

[1] In gleichem Sinne entschieden vom II. Zivilsenat durch Beschluß vom 20. November 1908 Rep. II B 89/08. D. R.

dem Landgerichte in Gotha anheim, ein schriftliches Gutachten unmittelbar von dem Sachverständigen einzufordern und das Ersuchen an das Amtsgericht selbst darauf zu beschränken, den Sachverständigen lediglich über seine persönlichen Verhältnisse zu vernehmen und ihn als Sachverständigen zu beeidigen. Es verwies dabei auf die Allgemeinen Verfügungen des Preußischen Justizministers vom 10. Juli 1884 und vom 27. September 1904 (Just.-Min.-Bl. S. 161 und 655). Der von dem ersuchenden Gerichte in der Form der Beschwerde gestellte Antrag auf Abhilfe wurde durch Beschluß des Oberlandesgerichts in Naumburg vom 24. Juni 1908 zurückgewiesen. Das Oberlandesgericht trat der Ansicht des Amtsgerichts bei und sprach aus, daß die strenge Befolgung jener Verfügungen eine Pflicht sei, die jeden preußischen Richter binde. Es meinte aber, daß diese Verfügungen allein, da sie eine Anweisung lediglich für die preußischen Gerichte enthielten, die Verweigerung der Rechtshilfe insoweit gegenüber außerpreußischen Gerichten nicht zu rechtfertigen vermöchten. Das Oberlandesgericht habe aber auf eine Anfrage bei dem Oberlandesgerichtspräsidenten in Jena die Auskunft erhalten, daß mit jenen Allgemeinen Verfügungen des Preußischen Justizministers übereinstimmende Anweisungen von dem Großherzoglich sächsischen Staatsministerium in Weimar unter dem 18. August 1885 und dem 21. Oktober 1904 erlassen seien, die nach einer von diesem im Namen der Justizverwaltungen sämtlicher bei dem Thüringischen gemeinschaftlichen Oberlandesgerichte beteiligten Staaten erlassenen Verfügung vom 14. Dezember 1904 auch für das gemeinschaftliche Oberlandesgericht Geltung hätten. Offensichtlich beruhe der hiernach unzweifelhaft bestehende Erlaß einer mit der preußischen gleichlautenden Ministerialverfügung für das Herzogtum Sachsen-Coburg-Gotha auf einem gemeinsamen Beschlusse der beiden Bundesstaaten. Er erheische deshalb in gleicher Weise, wie diese Erlasse für die Gerichte der Einzelstaaten unter sich von bindender Bedeutung seien, die strengste Befolgung auch bei der Handhabung des Rechtshilfeverfahrens von Staat zu Staat, und ein Zuwiderhandeln dagegen ohne besondere Gründe müsse als eine Handlung aufgefaßt werden, die im Sinne des § 159 des Gerichtsverfassungsgesetzes verboten sei.

Gegen diese Entscheidung hat das Landgericht in Gotha Beschwerde an das Reichsgericht eingelegt.

Die Beschwerde ist für begründet erklärt worden, aus folgenden Gründen:

... „Nach § 159 G.V.G. darf das Ersuchen eines nicht im Instanzenzuge vorgesetzten Gerichts um Rechtshilfe nur abgelehnt werden, wenn dem ersuchten Gerichte die örtliche Zuständigkeit mangelt, oder die vorzunehmende Handlung nach dem Rechte des ersuchten Gerichts verboten ist. Da das Vorliegen des ersten Ausnahmefalls hier weder behauptet noch sonst ersichtlich ist, kann die Verweigerung der Rechtshilfe durch das Amtsgericht in Erfurt nur darauf gestützt werden, daß die Vernehmung des Taxators J. D. als Sachverständigen, um die das Prozeßgericht das Amtsgericht ersucht hatte, nach dem Rechte dieses Gerichts verboten sei, wie dies denn auch das Oberlandesgericht ausdrücklich ausgesprochen hat. Diese Annahme verstößt gegen den § 159 G.V.G. Die Allgemeine Verfügung des Preußischen Justizministers vom 10. Juli 1884, betreffend das Verfahren bei der Zuziehung von Sachverständigen, welche in einem anderen Bundesstaate wohnhaft sind, geht davon aus, daß nach § 165 Abs. 2 G.V.G. die durch Leistung der Rechtshilfe unter Behörden verschiedener Bundesstaaten entstehenden Kosten von der ersuchenden Behörde der ersuchten nicht erstattet würden. Sie bemerkt dann: der Umstand, daß gewisse Arten von Sachverständigen nicht in allen Landesteilen gleichmäßig vorhanden seien, bringe es mit sich, daß an die an solchen Orten befindlichen Amtsgerichte eine außergewöhnlich große Zahl von Ersuchen um Vernehmungen von Sachverständigen gerichtet werde; die hieraus entstehende Mehrbelastung einzelner Gerichtskassen mit Kosten der Rechtshilfe finde aber in dem zwischen den Behörden der Bundesstaaten bestehenden Rechtshilfeverkehre nicht diejenige Ausgleichung, welche bei der Aufstellung des § 165 Abs. 2 G.V.G. vorausgesetzt sei. Zur Beseitigung dieses in einigen Bundesstaaten als erheblicher Übelstand empfundenen Zustandes böten der § 82 St.P.O. und der § 376 (älterer Fassung) Z.P.O. das geeignete Mittel, da sie es dem Richter überließen, von dem Sachverständigen die schriftliche Erstattung des Gutachtens zu erfordern, und, wenn dies geschehe, die mit der Sache befaßte Behörde sich mit dem Sachverständigen **unmittelbar** in Verbindung setzen könne, ohne die Mitwirkung des Amtsgerichts seines Wohnorts in Anspruch nehmen zu müssen. Es wird wörtlich fortgefahren:

„Die Gerichte und Staatsanwaltschaften werden daher veranlaßt, in denjenigen Fällen, in denen in Strafsachen außerhalb der Hauptverhandlung von einem in einem anderen Bundesstaate wohnhaften Sachverständigen ein Gutachten erfordert werden soll, sich mit diesem selbst unmittelbar in Verbindung zu setzen und ein auf Vernehmung desselben gerichtetes Ersuchen an das betreffende Amtsgericht nur da zu erlassen, wo besondere Umstände die mündliche Abgabe oder eine mündliche Erläuterung des Gutachtens erheischen."

Nach einem hier nicht unmittelbar in Betracht kommenden weiteren Absatze heißt es schließlich weiter:

„Die vorstehenden Bestimmungen finden auch auf Zivilprozeßsachen Anwendung, sofern nicht im einzelnen Falle der Kostenbetrag durch Vorschuß gedeckt, oder als zweifelsfrei anzunehmen ist, daß demnächst die Einziehung der Kosten von der zahlungspflichtigen Partei (Abs. 3 des § 165 a. a. O.) erfolgen werde."

Mit der Allgemeinen Verfügung vom 27. September 1904 sind sodann die zwischen den Regierungen sämtlicher Bundesstaaten vereinbarten Grundsätze über die Kosten der Rechtshilfe unter den Behörden verschiedener Bundesstaaten bekannt gemacht worden, und die Verfügung bestimmt dazu:

„Da nach diesen Grundsätzen eine Erstattung der durch die Vernehmung von Sachverständigen entstehenden Auslagen nicht mehr stattfindet, sind in Zukunft die Bestimmungen der Allgemeinen Verfügung vom 10. Juli 1884 über das Verfahren bei der Zuziehung von Sachverständigen, welche in einem anderen Bundesstaate wohnhaft sind, in Zivilprozeßsachen und in Angelegenheiten der freiwilligen Gerichtsbarkeit, welche durch Reichsgesetz den Gerichten übertragen sind (Allgemeine Verfügung vom 16. Juli 1900), auch dann anzuwenden, wenn der Kostenbetrag durch Vorschuß gedeckt ist, oder die Annahme zweifelsfrei erscheint, daß demnächst die Einziehung der Kosten von dem Zahlungspfichtigen erfolgen werde."

In den als Anlage bekannt gemachten Grundsätzen, soweit sie hier in Betracht kommen, wird zunächst bestimmt, daß für die Erledigung der Ersuchen um Rechtshilfe Gebühren nicht erhoben werden, und es folgt dann eine mit dem Abs. 1 des § 165 G.V.G übereinstimmende Vorschrift, daß die baren Auslagen, die durch eine Ablieferung oder Strafvollstreckung entstehen, der ersuchten Behörde von der ersuchenden erstattet werden. Hieran schließt sich folgende Bestimmung:

„Im übrigen werden die durch die Erledigung der Ersuchen um Rechtshilfe erwachsenden Auslagen nicht erstattet. Der Betrag dieser Auslagen wird der ersuchenden Behörde mitgeteilt. Das Recht der ersuchenden Behörde, die Auslagen von der zahlungspflichtigen Partei einzuziehen, bleibt unberührt."

Es kann nun dahingestellt bleiben, wie diese Verwaltungsanordnungen im übrigen auszulegen sind. Denn in keinem Falle kommt ihnen die Bedeutung einer Rechtsnorm zu, durch die ein Verbot für ein Amtsgericht begründet würde, dem Ersuchen eines Prozeßgerichts um mündliche Vernehmung eines in seinem Bezirke wohnhaften Sachverständigen zu entsprechen. Nach § 402 Z.P.O. finden auf den Beweis durch Sachverständige die Vorschriften über den Beweis durch Zeugen entsprechende Anwendung, insoweit nicht in den nachfolgenden Paragraphen abweichende Bestimmungen enthalten sind. Der § 375 aber schreibt vor, daß „die Aufnahme des Zeugenbeweises", also die Gesamtheit der hierzu erforderlichen Handlungen, in den dort näher bezeichneten Fällen einem Mitgliede des Prozeßgerichts oder einem anderen Gerichte übertragen werden könne, und die §§ 391—397 regeln dann das Verfahren bei der Aufnahme des Zeugenbeweises dergestalt, daß zunächst der Regel nach die Beeidigung des Zeugen, dann seine Vernehmung über seine persönlichen Verhältnisse und zur Sache selbst erfolgt. Abweichungen von diesen Bestimmungen über die Erhebung des Zeugenbeweises enthalten für den Sachverständigenbeweis nur die §§ 410 und 411, jener insofern, als er für die Sachverständigen, wenn nicht beide Parteien auf seine Beeidigung verzichten, die vorgängige Leistung des Eides schlechthin anordnet, dieser insofern, als er vorschreibt, daß, wenn schriftliche Begutachtung angeordnet werde, der Sachverständige das von ihm unterschriebene Gutachten auf der Gerichtsschreiberei niederzulegen habe, daß das Gericht aber das Erscheinen des Sachverständigen anordnen könne, damit er das schriftliche Gutachten erläutere. Hieraus ergibt sich, daß zur Aufnahme des Sachverständigenbeweises, wie zu der des Zeugenbeweises, zunächst, wenn nicht auf die Beeidigung des Sachverständigen verzichtet wird, die Leistung des Eides durch diesen, sodann seine Vernehmung über seine persönlichen Verhältnisse, und schließlich die Erstattung des Gutachtens selbst gehört, und daß nur in letzterer Hinsicht neben der mündlichen Erklärung vor Gericht die Einreichung eines schriftlichen Gutachtens für zulässig erklärt ist. Ob aber die Begutachtung in der einen oder in der anderen Form erfolgen soll, ist, wie die Fassung des Gesetzes erkennen läßt, und wie auch die Begründung zu dem Entwurfe der Zivilprozeßordnung (vgl. Hahn, Materialien zur Z.P.O., 2. Aufl. Bd. 1 S. 319) bestätigt, zunächst lediglich in das pflichtmäßige Ermessen des Prozeßgerichts gestellt. Deshalb kann die Vernehmung eines Sachverständigen durch den ersuchten Richter in mündlicher Form auch über das von ihm in der Sache zu erstattende Gutachten selbst lediglich deswegen, weil die mündliche Form der Erstattung des Gutachtens gewählt sei, niemals eine durch eine Rechtsnorm nach dem Rechte des ersuchten Gerichts verbotene Handlung im Sinne des § 159 G.V.G. sein; denn sie ist von einem Reichsgesetze selbst ausdrücklich für zulässig erklärt und von keiner anderen Voraussetzung als dem Ermessen des Prozeßgerichts abhängig gemacht.

Der Beschwerde ist deshalb stattzugeben, und das Amtsgericht in Erfurt anzuweisen, dem Ersuchen um Vernehmung des Taxators J. D. als Sachverständigen zu entsprechen."

---

86. 1. Welche Bedeutung kommt nach dem Warenzeichengesetz der Farbe zu, die sich in einem eingetragenen Zeichen vorfindet?
2. Gewähren in die Zeichenrolle eingetragene sog. Defensivzeichen zeichenrechtlichen Schutz?

II. Zivilsenat. Urt. v. 30. Oktober 1908 i. S. L. & Co. (Kl.) w. E. (Bekl.). Rep. II. 160/08.

I. Landgericht Düsseldorf.
II. Oberlandesgericht Köln.

Beide Parteien vertreiben Seifen und Seifenfabrikate. Für die Klägerin ist eine große Menge Warenzeichen zur Kennzeichnung ihrer

Waren in die Zeichenrolle des Patentamtes eingetragen. Sie bringt ihre Seifen und Waschextrakte mit dem Zeichen Nr. 25609 in den Handel; dasselbe besteht aus einer in blau gehaltenen Etikette, über die sich ein roter Umbandstreifen hinzieht; sie weist in ihren Reklamen auf diesen roten Streifen hin, und namentlich befindet sich in ihrem als Einwickelpapier benutzten Zeichen Nr. 29786 der Vermerk: Nur echt mit Roland. Die übrigen Zeichen bringt sie auf ihren Waren nicht an; sie hat sich dieselben zum Schutze ihres Hauptzeichens Nr. 25609 eintragen lassen. Unter ihnen befindet sich das Zeichen Nr. 68814, Etikette, gelbe Überdruckstreifen auf weißem Untergrund. Die Beklagte bringt ihre Seifen in einer Verpackung in Verkehr, die mit ihrem Zeichen Nr. 83743 und gelben Umbandstreifen überdruckt ist. Die auf Unterlassung des Gebrauches der gelben Überdruckstreifen und auf Schadensersatz — §§ 12, 14 und 20 W.Z.G. — gerichtete Klage wurde in erster Instanz zugesprochen, in zweiter Instanz aber abgewiesen. Auf Revision der Klägerin wurde das Berufungsurteil aufgehoben, und die Sache in die Berufungsinstanz zurückverwiesen.

Aus den Gründen:

. . . „Das Oberlandesgericht hat die Verwechselungsgefahr zwischen dem Zeichen Nr. 25609 der Klägerin und der Ausstattung der Beklagten verneint, weil das klägerische Zeichen, entsprechend der mit der Anmeldung verbundenen Darstellung, mit rotem Umbandstreifen auf blauer Etikette in die Zeichenrolle eingetragen sei, und nicht nur zwischen den beiderseitigen Etiketten keine Verwechselungsgefahr bestehe, sondern namentlich auch die Farben der Umbandstreifen, rot, gelb, die das Charakteristische in dem Zeichen der Klägerin und der Ausstattung der Beklagten seien und den sich den Konsumenten einprägenden Gesamteindruck darstellten, so verschieden seien, daß die Käufer nicht in Gefahr kämen, sie zu verwechseln.

Diese Ausführung gibt, wie die Klägerin zutreffend hervorgehoben hat, zu rechtlichen Bedenken Anlaß. Anerkannten Rechtens steht dem Inhaber eines Zeichens in Schwarzdruck die ausschließliche Befugnis zu, es in jeder beliebigen Farbe zu gebrauchen. Wenn er es in einer bestimmten Färbung gebraucht, so hat die Nachahmung in einer anderen Farbe noch nicht die Bedeutung einer Abänderung des Zeichens oder der Benutzung eines anderen Zeichens. Hieraus folgt, daß derjenige, für den ein Zeichen koloriert eingetragen wird, hierdurch an sich des Rechtes nicht verlustig wird, das Zeichen als durch die Eintragung ihm geschütztes Zeichen auch in anderer Kolorierung zu gebrauchen und Rechte daraus herzuleiten. Anderenfalls würde er durch die *farbige* Eintragung das ihm ohne solche zustehende Recht vermindern; regelmäßig wird aber anzunehmen sein, daß er durch die Farbe seine ihm gemäß der Schwarzdruckeintragung zustehenden Zeichenrechte erweitern, nämlich dahin, daß ihm *auch* das durch die Farbe vielleicht erheblich beeinflußte Zeichenbild geschützt werde.

Anders würde die Sache liegen, wenn sich aus der *Anmeldung* und der Darstellung, eventuell in *Verbindung* mit der *Beschreibung*, ergeben sollte, daß der Anmelder das Zeichen *nur* der Darstellung entsprechend, also im vorliegenden Falle *nur* mit dem *roten* Umbandstreifen versehen, geschützt haben will. Das Oberlandesgericht hat dies angenommen, aber lediglich auf Grund der mit der Anmeldung verbundenen *Darstellung* des klägerischen Zeichens und der gleichen Eintragung; denn hinsichtlich der Beschreibung hat es ausgeführt, ihr Wortlaut stehe der Anmeldung nicht entgegen; die Beschreibung lasse die Farbe des Umbandstreifens überhaupt dahingestellt, sie erwähne nur, daß er andersfarbig sei, d. h. durch seine Färbung sich von dem Untergrunde abheben solle; daß aber in der *Anmeldung* gesagt sei, das Zeichen solle *nur* mit dem *roten* Umbandstreifen geschützt sein, ist nicht festgestellt. Die Entscheidung des Berufungsrichters beruht daher auf der rechtsirrigen Ansicht, daß die Klägerin schon allein durch die Darstellung und Eintragung des Zeichens mit dem roten Umbandstreifen gehindert sei, das Zeichen mit einem andersfarbigen, speziell *gelben* Umbandstreifen mit zeichenrechtlicher Wirkung zu gebrauchen. Hierzu kommt noch, daß in der Beschreibung ausdrücklich hervorgehoben ist, daß sich über die Gesamtfläche des Zeichens ein oder mehrere bandartige *buntfarbige*, die Rechtecke kreuzende Streifen ziehen, also hier eine bestimmte, namentlich die rote Farbe nicht angegeben ist. Da nach § 2 W.Z.G. soweit *erforderlich* eine Beschreibung des Zeichens der Anmeldung beigefügt werden soll, im vorliegenden Falle aber Anmeldung und Eintragung nicht zweifellos erkennen lassen, daß für das Zeichen *nur* mit dem roten Umbandstreifen Schutz beansprucht und gewährt worden ist, so war zur Klarstellung auch der *Inhalt* der *Beschreibung* eingehend zu würdigen. Daß die Klägerin im Verkehr gerade auf die rote Farbe des Umbandstreifens bisher Gewicht gelegt hat, zwingt für sich allein nicht zu dem Schlusse, daß ihr das Zeichen Nr. 25609 auch nur so koloriert geschützt sein sollte und geschützt ist. ...

Hinsichtlich des Zeichens Nr. 68814 — gelbe Überdruckstreifen auf weißem Untergrunde — hat das Oberlandesgericht zwar die Möglichkeit angenommen, daß Verwechselungsgefahr zwischen ihm und der Ausstattung der Beklagten infolge der in letzterer stark hervortretenden gelben Streifen bestehen könnte, hat aber dennoch den auf dieses Zeichen gegründeten Klaganspruch für nicht gerechtfertigt erklärt, mit einer zweifachen Begründung. Es hat zunächst das Zeichen als rechtlich unwirksam erachtet, weil sich die Klägerin seiner nicht bediene, und das Zeichen sich nur als sog. Defensivzeichen zum Schutze ihres Hauptzeichens Nr. 25609 habe eintragen lassen, von einem solchen Schutze aber nicht die Rede sein könne, da das charakteristische rote Band ein so sehr in die Augen fallendes Merkmal ihres Hauptzeichens sei, daß eine Verwechselung der mit ihm gekennzeichneten Waren mit Waren, die als Kennzeichen einen gleichfalls besonders auffallenden gelben Überdruckstreifen aufwiesen, ausgeschlossen sei. An zweiter Stelle hat es ausgeführt, eventuell komme zugunsten der Beklagten in Betracht, daß sie, als das klägerische Zeichen Nr. 68814 am 24. August 1903 in die Zeichenrolle eingetragen worden sei, einen Ausstattungsanspruch im Sinne des § 15 W.Z.G. bezüglich der gelben Streifen ihrer Verpackung besessen habe; wenn dem gegenüber ein Defensivzeichen der Klägerin in Frage stehe, das nicht einmal geeignet sei, das Hauptzeichen zu verteidigen, so könne nach den vorliegenden Umständen kein Zweifel darüber bestehen, daß die Klägerin bei der Eintragung des Zeichens Nr. 68814 es nur darauf abgesehen gehabt habe, die Beklagte durch Untersagung ihres durch die Ausstattung erlangten Schutzes in ihrem Geschäftsbetriebe erheblich zu schädigen und sich selbst die Früchte dieser Schädigung zunutze zu machen.

Beide Gründe sind rechtlich nicht haltbar. Das Zeichen Nr. 68814 ist von der hierzu zuständigen Behörde, dem Patentamte, eingetragen, ist daher, solange es eingetragen ist, zeichenrechtlich wirksam, und diese Wirksamkeit kann dadurch nicht beseitigt werden, daß der Berufungsrichter angenommen hat, die Klägerin bediene sich dieses

Zeichens nicht und wolle sich desselben auch nicht bedienen. Denn wenn auch das Warenzeichengesetz in seinem § 1 davon ausgeht, daß derjenige, welcher ein Zeichen für sich anmeldet, auch die Absicht hat, es in seinem Geschäftsbetriebe zu verwenden, so ist doch der durch die Eintragung gewonnene Schutz nicht von der Verwirklichung dieser Absicht abhängig. Selbst wenn der Eingetragene bei der Anmeldung gar nicht die Absicht gehabt haben sollte, das Zeichen zu gebrauchen, besteht doch die Eintragung und wirkt kraft der Bestimmungen des Warenzeichengesetzes, sofern nur der in der Anmeldung bezeichnete Geschäftsbetrieb besteht und Waren, wofür das Zeichen bestimmt ist, zum Gegenstande hat. Der Eingetragene kann dann immer noch in Abänderung seiner ursprünglichen Absicht zur Benutzung des Zeichens übergehen. So hat das Berufungsgericht selbst an einer anderen Stelle seiner Gründe ausgesprochen, die Klägerin habe sich eine große Menge Warenzeichen eintragen lassen, deren sie sich gar nicht bediene und vorläufig wenigstens nicht bedienen wolle. Der Ausdruck „Defensivzeichen" ist in dem Gesetze nicht enthalten; man versteht darunter solche Zeichen, die der Anmelder nur eintragen läßt, um den Schutz eines anderen, von ihm im Verkehr tatsächlich benutzten Zeichens nach allen Richtungen hin und gegen offene und versteckte Nachahmungsversuche sicher zu stellen; besondere Vorschriften bestehen für sie nicht. Daß übrigens in diesem Sinne das Zeichen Nr. 68814 zum besseren Schutze des Hauptzeichens Nr. 25609, wenn auch nicht erforderlich, so doch jedenfalls förderlich ist, ergibt sich schon daraus, daß unter den Parteien streitig ist, ob der Klägerin das Zeichen Nr. 25609 nicht nur mit roten, sondern auch mit gelben Überbandstreifen geschützt sei. Dem Oberlandesgericht ist darin beizutreten, daß die Ausübung des Rechts der Klägerin aus ihrer Zeicheneintragung gegenüber dem Beklagten unzulässig sein würde (§ 226 B.G.B.), wenn die Ausübung nur den Zweck haben könnte, der Beklagten Schaden zuzufügen. Allein daß dieser Fall vorliege, ist nicht einwandfrei begründet." . . .

87. Wie gestaltet sich beim Werkvertrag die Haftbarkeit des Unternehmers für Mängel des hergestellten Werkes, wenn dieses nur den Teil einer Anlage bildet, zu der der Besteller einen anderen Teil hergestellt hat, und auch dieser Teil Mängel aufweist, die für die Unbrauchbarkeit des Ganzen von mitwirkender Bedeutung gewesen sind?
B.G.B. §§ 634, 635, 320, 322, 254.

VII. Zivilsenat. Urt. v. 9. Oktober 1908 i. S. K. (Kl.) w. H. (Bekl.). Rep. VII. 120/08.

I. Landgericht Köln.
II. Oberlandesgericht daselbst.

Der Beklagte hatte für die Aktiengesellschaft F. & G. die Ausführung der Bedachung eines Fabrikgebäudes nach seinem System übernommen. Die hierzu erforderliche Bandeisenunterlage stellte er selbst her. Die Aufbringung der Betonschicht („Zementhautbedachung") übertrug er der Klägerin. Diese hat die Arbeit auch ausgeführt. Nach der Fertigstellung hat sich das Zementdach zwischen den Fetten durchgebogen. Der Beklagte, nach dessen Behauptung dies eine Folge vertragswidriger Ausführung des Werkes durch die Klägerin war, hat nach erfolglos an dieselbe gerichteter Aufforderung zur Beseitigung des Mangels die Betonschicht herunterreißen und eine neue Zementhautbedachung durch einen anderen Unternehmer herstellen lassen. Die Klägerin behauptete, sie habe das ihr übertragene Werk vertragsmäßig hergestellt; das Durchbiegen des Daches sei lediglich eine Folge der Mangelhaftigkeit der vom Beklagten ausgeführten Bandeiseneinlage. Mit der Klage wurde Zahlung der dem Betrage nach nicht streitigen Vergütung von 3905,56 ℳ nebst Zinsen gefordert. Der Beklagte widersprach dieser Forderung und verlangte, unter der Behauptung, daß ihm infolge des von der Klägerin zu vertretenden Mangels ihres Werkes ein Mehraufwand von 2378,69 ℳ erwachsen sei, widerklagend Zahlung dieser Summe nebst Zinsen. Das Landgericht hat den Beklagten nach Klagantrag verurteilt und die Widerklage abgewiesen. Auf die Berufung des Beklagten wies das Oberlandesgericht die Klage ab, erklärte den Anspruch der Widerklage zu $^1/_3$ dem Grunde nach für gerechtfertigt und verwies die Sache zur weiteren Verhandlung über die Höhe des Widerklaganspruchs an das Gericht erster Instanz zurück. Auf die Revision der Klägerin wurde das Berufungsurteil aufgehoben, soweit es zum Nachteile der Klägerin ergangen war.

Aus den Gründen:

„Das Berufungsgericht hat die Klage wegen Vertragswidrigkeit des von der Klägerin hergestellten Werkes abgewiesen. Die Vertragswidrigkeit wird in dem der Abmachung nicht entsprechenden Mischungsverhältnisse zwischen Sand und Zement und in dem die Erhärtung des Betons beeinträchtigenden Umstande, daß der verwendete Sand eisenhaltigen Ton enthielt, gefunden. Wegen dieser Mängel wird die Abnahmepflicht des Beklagten verneint (§ 640 B.G.B.).

Hierzu ist zunächst zu bemerken, daß die von der Klägerin herzustellende Betonschicht nicht ein zu einer selbständigen wirtschaftlichen Funktion berufenes Werk bilden sollte, sondern dazu bestimmt war, mit der vom Beklagten fertig aufzubringenden Eiseneinlage verbunden zu werden und zusammen mit dieser das Dach zu bilden. Nur im Hinblick auf diese Bestimmung kann deshalb beurteilt werden, ob die Betonschicht vertragsmäßig und tauglich war oder nicht. Auf diesem Standpunkte stehen auch die Parteien selbst; denn der Beklagte macht jene Mängel darum geltend, weil sie die alleinigen Ursachen des tatsächlich eingetretenen Mißerfolges (der Durchbiegung des Daches) seien, wie umgekehrt die Klägerin diesen Mißerfolg ausschließlich der Mangelhaftigkeit der vom Beklagten aufgebrachten Eiseneinlage zuschreibt. Wäre die Betonschicht trotz nicht genauer Innehaltung des zugesicherten Mischungsverhältnisses und trotz Tonhaltigkeit des Sandes dennoch geeignet gewesen, in Verbindung mit einer gehörigen Eiseneinlage ein brauchbares Dach zu bilden, so hätte jener Mängel wegen vielleicht Minderung der vereinbarten Vergütung in Betracht kommen können; dagegen wäre es mit Treu und Glauben nicht vereinbar, in einem solchen Falle die Abnahme und damit die Zahlung überhaupt zu verweigern.

Schon hiernach muß es Bedenken erregen, daß der Berufungsrichter, obwohl er bei Beurteilung der Widerklage zu dem Ergebnisse kommt, daß die Durchbiegung des Daches nicht ausschließlich auf jenen Mängeln der Betonschicht, sondern auch, und sogar in höherem

Maße, auf der Fehlerhaftigkeit der Eiseneinlage beruhe, dennoch in Ansehung der Klage die Nachteile des Mißerfolges allein der Klägerin aufbürdet.

Aber auch vom Standpunkte des § 320 B.G.B. erscheint die Abweisung der Klage nach den bisherigen Feststellungen nicht begründet. Nach dieser Vorschrift ist, wenn ein Teil nicht in solcher Art geleistet hat, wie er zu leisten verpflichtet war, der andere Teil berechtigt, die ihm obliegende Leistung bis zur vertragsmäßigen Bewirkung der Gegenleistung zu verweigern. Für diese verzögerliche Einrede (und also auch für eine Anwendung des § 322 B.G.B.) ist aber naturgemäß kein Raum mehr, wenn der Besteller nach Ablauf der gemäß § 634 B.G.B. gesetzten Nachbesserungsfrist die Beseitigung des Mangels ablehnt und das Werk überhaupt zurückweist. Dies hat der Beklagte getan, indem er die von der Klägerin hergestellte Betonschicht herunterreißen und durch eine andere ersetzen ließ. In einem Falle solcher Art muß der Besteller seine Einreden derart gestalten, daß eine endgültige Regelung des Rechtsverhältnisses möglich wird. Dies hat das Reichsgericht bereits in dem Urteile vom 27. Mai 1904 (Entsch. in Zivils. Bd. 58 S. 174) dargelegt. In dem damals entschiedenen Falle wurde gleichwohl die vom Berufungsgericht auf § 320 B.G.B. gegründete Abweisung der Klage des Unternehmers auf Zahlung der Vergütung aufrechterhalten. Nach den damaligen Feststellungen kam aber ein vom Besteller zu vertretender mitwirkender Umstand nicht in Frage; die objektive Mangelhaftigkeit des Werkes stand fest, und es fragte sich nur, ob der auch damals, wie im gegenwärtigen Streitfalle, vom verklagten Besteller mittels Widerklage erhobene Schadensersatzanspruch wegen Nichterfüllung begründet war oder nicht. Das Reichsgericht führte aus, daß, wenn der Schadensersatzanspruch sich als unbegründet herausstelle, weil der die Mangelhaftigkeit des Werkes bewirkende Umstand vom Unternehmer nicht zu vertreten sei (§ 635 B.G.B.), diese Mangelhaftigkeit doch immer objektiv bestehen bleibe, und daß alsdann die neben dem Schadensersatzanspruche jedenfalls kundgegebene endgültige Zurückweisung des Werkes den Anspruch auf die Vergütung ausschließe. Für den Fall aber, daß der Schadensersatzanspruch nach § 635 sich als begründet herausstelle, legte das Reichsgericht dar, daß zwar nicht (wie bei der Wandelung) der Vertrag als solcher rechtlich aufgehoben werde, daß aber gleichwohl nicht der durch die Nichterfüllung der geschuldeten Leistung entstandene Schaden für sich zu ermitteln, und sein Betrag sowie der der vereinbarten Vergütung bis zu gleicher Höhe gegeneinander aufzurechnen seien, daß vielmehr die Geltendmachung des Schadensersatzanspruchs wegen Nichterfüllung die beiderseitigen Leistungen unmittelbar berühre, und hierbei dem Betrage der vereinbarten Vergütung nur die Bedeutung eines Faktors für die Höhe der dem Gegner zustehenden Ersatzforderung beiwohne. Mit anderen Worten hat das Reichsgericht in einem früheren Urteile vom 11. April 1902 (Entsch. in Zivils. Bd. 50 S. 255) diesem Gedanken den Ausdruck gegeben, daß durch die Geltendmachung des Schadensersatzanspruches das gesamte Vertragsverhältnis sich auf das Recht und die Verbindlichkeit zum Schadensersatze konzentriere. An dieser Auffassung ist festzuhalten, und daraus ergibt sich schon die Unzulässigkeit der die Grundlage der angefochtenen Entscheidung bildenden Sonderung der Beurteilung der Klage von der der Widerklage. Die Folgerung aber, zu der das erstgenannte der beiden reichsgerichtlichen Urteile gelangt, daß der schadensersatzpflichtige Unternehmer keinesfalls noch eine Zahlung fordern könne, sondern daß er in dem für ihn denkbar günstigsten Falle nicht seinerseits zu einer Zahlung zu verurteilen sei, entsprach lediglich den schon hervorgehobenen Umständen des damaligen Falles. Eine andere Beurteilung muß in diesem Punkte eintreten, wenn, wie hier das Berufungsgericht annimmt, zu der in dem einleitend erwähnten Sinne zu verstehenden Mangelhaftigkeit des Werkes ein vom verklagten Besteller zu vertretender Umstand mitgewirkt hat. In solchem Falle muß gegen den Besteller, und zwar, wie sich aus dem früher Gesagten ergibt, bezüglich der beiderseitigen Leistungen, nicht, wie das Berufungsgericht annimmt, nur bezüglich des gesondert zu beurteilenden Widerklaganspruchs, die allgemeine Regel des § 254 B.G.B. Platz greifen, und das Ergebnis kann unter Umständen das sein, daß der Unternehmer die Vergütung, ganz oder zum Teil, doch zu erhalten hat." ...

88. Kann sich der Unternehmer eines Werks gegenüber der Klage des Bestellers, mit der die Rückzahlung einer auf den Werklohn geleisteten Anzahlung verlangt wird, auf die kurze Verjährung des § 638 B.G.B. berufen, wenn er vorher mit einer Klage auf einen Teil des Werklohns vermöge der vom Besteller erhobenen Wandlungseinrede rechtskräftig abgewiesen worden ist?

B.G.B. §§ 462, 465, 477, 634, 638, 639.

III. Zivilsenat. Urt. v. 30. Oktober 1908 i. S. B. (Kl.) w. Sch. (Bekl.). Rep. III. 594/07.

I. Landgericht Chemnitz.
II. Oberlandesgericht Dresden.

Die Frage wurde bejaht aus folgenden

Gründen:

„Durch Vertrag vom 11. September 1900 übernahm der Beklagte den Bau eines Wohnhauses für den Kläger. Er hat von ihm auf den Werklohn 5045 *M* gezahlt erhalten. Nach Vollendung des Baues berechnete er seine Gesamtforderung auf 7318,92 *M* und erhob im Jahre 1902 Klage auf Zahlung des Restes. Der Kläger machte der damaligen Klage gegenüber die Wandlungseinrede geltend, indem er verschiedene Mängel des Hauses rügte, insbesondere daß der Keller nicht die vertragsmäßig zugesicherte Höhe habe. Er erstritt in der Berufungsinstanz ein obsiegendes Urteil: die Klage wurde am 7. November 1906 auf Grund der Wandlungseinrede abgewiesen. Das Urteil wurde rechtskräftig. Mit der gegenwärtigen, im Februar 1907 erhobenen Klage verlangte der Kläger vom Beklagten die Rückzahlung der auf den Werklohn geleisteten Anzahlung in Höhe von 5000 *M* nebst Zinsen, indem er sich in erster Linie darauf berief, daß in dem Urteile des Vorprozesses sein Recht, Wandlung zu verlangen, rechtskräftig festgestellt, die Wandlung vollzogen sei, und hilfsweise von neuem solche geltend machte. Der Beklagte hat der Klage die Einrede der Verjährung des Wandlungsanspruchs entgegengesetzt, da das Haus bereits im Jahre 1901 abgenommen, die Klage aber erst im Februar 1907 erhoben sei.

Die Vorinstanzen haben die Klage auf Grund der Verjährungseinrede abgewiesen. Das Berufungsgericht geht davon aus, daß die

Wandlung eines Werkvertrags nach § 634 Abs. 4 und § 465 B.G.B. dann vollzogen sei, wenn sich der Unternehmer auf Verlangen des Bestellers mit ihr einverstanden erklärt habe, oder zu dieser Erklärung rechtskräftig verurteilt sei. Ein Einverständnis der Parteien über die Wandlung des Vertrags vom 11. September 1900 komme nicht in Frage, und das Urteil im Vorprozesse habe rechtskräftig nur über die Klage, nicht aber über die Wandlungseinrede entschieden, weil es nach § 322 Z.P.O. der Rechtskraft hinsichtlich dieser Einrede nicht fähig sei; eine Verurteilung des damaligen Klägers zur Wandlung enthalte es nicht. Danach könne der Kläger jetzt seinen Anspruch nicht auf eine vollzogene Wandlung stützen; der mit der Klage erneut geltend gemachte Wandlungsanspruch sei aber nach § 638 B.G.B. verjährt, da zwischen der Abnahme des Hauses und der Klagerhebung ein längerer Zeitraum als 5 Jahre liege.

Diese Ausführungen bekämpft die Revision mit der Darlegung, daß die Wandlung dadurch vollzogen sei, daß der Kläger im Vorprozesse das Recht auf Wandlung gerichtlich geltend gemacht habe, und der Beklagte (damalige Kläger) auf Grund dieser Einrede mit seinem Anspruche rechtskräftig abgewiesen sei. Das im Vorprozesse ergangene bedingte Urteil spreche in den Gründen ausdrücklich aus, daß der damalige Kläger im Falle der Eidesleistung „zu der begehrten Wandlung zu verurteilen sein werde." Wolle man in solchen Fällen die Wandlung nicht als vollzogen ansehen, so würden sich unabsehbare Schwierigkeiten, namentlich auch in bezug auf die Rechte des Verkäufers (Unternehmers) ergeben. Das Berufungsurteil verstoße also gegen die §§ 638, 639, 634, 465 B.G.B.

Der Angriff der Revision ist nicht begründet.

Wenn in der Rechtslehre vielfach die Meinung vertreten wird, daß die kurze Verjährung nur für den Anspruch auf Wandlung, nicht aber für die Ansprüche aus der vollzogenen Wandlung Platz greife, so wird dabei notwendig vorausgesetzt, daß die hier gemeinte „Vollziehung" der Wandlung einen Rechtsvorgang darstellt, der den Ansprüchen der Vertragsteile eine neue, von der Berechtigung zur Wandlung und ihrer Feststellung unabhängige Grundlage gibt. Denn solange der Käufer (oder der Besteller eines Werks) einen Anspruch verfolgt, dessen Grundlage die Mangelhaftigkeit der Sache (des Werks) bildet, zu dessen Begründung also die Darlegung der Mängel gehört, solange macht er einen Anspruch auf Wandlung geltend, der nach den Zwecken, die das Gesetz mit der kurzen Verjährung erreichen will, dieser unterworfen sein muß. Denn die kurze Verjährung beruht auf dem Gedanken, daß es nach Verlauf längerer Zeit erfahrungsmäßig kaum ausführbar ist, Mängel zu ermitteln und zuverlässig festzustellen, und daß es für den Verkehr eine kaum erträgliche Hemmung bedeutet, wenn nach längerer Zeit der Bestand derartiger Verträge durch Zurückgreifen auf solche Mängel in Frage gestellt werden kann (Motive zum ersten Entwurfe des B.G.B. Bd. 2 S. 238, 486; Protokolle der 2. Kommission Bd. 1 S. 676, Bd. 2 S. 311). Sollen also „Ansprüche aus der vollzogenen Wandlung" nicht dieser kurzen, sondern der regelmäßigen Verjährung unterliegen, so können nur Ansprüche gemeint sein, die von der Berechtigung zur Wandlung und ihrer Darlegung im Prozesse unabhängig sind.

Durch welche rechtlichen Vorgänge eine Wandlungsvollziehung mit dieser Wirkung herbeigeführt wird, ist Gegenstand lebhaften Streits. Einigkeit herrscht nur darüber, daß diese Wirkung durch einen besonderen darauf gerichteten Vertrag über die Wandlung herbeigeführt werden kann. Schon das wird nicht allgemein zugegeben, daß auch die in § 465 B.G.B. bezeichnete Einigung zwischen Verkäufer und Käufer über die Wandlung diese Wirkung enthalte und den Anspruch des Käufers auf Rückzahlung des Kaufpreises der kurzen Verjährung entrücke (Eccius, in Gruchot's Beiträgen Bd. 51 S. 529 flg.). Vollends zersplittert sind die Meinungen darüber, ob und mit welcher Tragweite durch das auf die Wandlungsklage oder auf die Wandlungseinrede ergehende, dem Käufer günstige Urteil die Wandlung „vollzogen" wird. Der Meinung[1], daß dem auf Grund der Wandlungseinrede die Kaufpreisklage abweisenden Urteile die vollziehende Wirkung überhaupt abgehe, weil durch die Entscheidung über die Wandlungseinrede Rechtskraft über den Wandlungsanspruch nicht erzeugt werde, ist das Berufungsgericht gefolgt. Auf der anderen Seite sucht man die Vollziehung der Wandlung durch ein solches Urteil in verschiedener Weise zu begründen. Soweit dabei jedoch der Begriff der Vollziehung in einem engeren Sinne

[1] Planck, B.G.B. Bem. zu § 478; Neumann, B.G.B. § 465 Bem. 6; Flechtheim, in Gruch. Beitr. Bd. 44 S. 65; Langheineken, Anspruch auf Einrede S. 235; Thiele, im Arch. f. d. ziv. Praxis Bd. 93 S. 418. D. E.

verstanden, und mit ihr nur die Wirkung verbunden wird, daß der Käufer das Wahlrecht zwischen Wandlung und Minderung verliere, und daß aus der in der Klagabweisung liegenden tatsächlichen Wiederherstellung des früheren Zustands zu seinen Gunsten ohne weiteres auch zu seinen Lasten die Pflicht der Wiederherstellung erwachse[2], sind diese Versuche für den vorliegenden Fall nicht zu verwerten. Denn hier handelt es sich nicht um die Frage, ob der Käufer (Besteller) das Wahlrecht zwischen Wandlung und Minderung verloren hat, und auch nicht darum, ob er auch seinerseits zur Rückgabe der ihm gemachten Leistung verpflichtet ist, sondern um die Frage, ob durch die Abweisung eines Teils der Kaufpreis-(Werklohns-)forderung, die mit der Wandlungseinrede erzielt wurde, dem Käufer (Besteller) selbständig und unabhängig von der Berechtigung zur Wandlung der Anspruch auf Rückzahlung seiner Anzahlung erwachsen ist. Diese Wirkung könnte man vielleicht dem bezeichneten Urteile dann, aber auch nur dann beilegen, wenn man in ihm nicht nur die Aberkennung des Klaganspruches, sondern zugleich — wie es in der Tat gelehrt wird[3] —, die Verurteilung des Klägers ausgesprochen findet, daß er sich mit dem Wandlungsverlangen einverstanden erklären müsse. Für die Möglichkeit und Zulässigkeit einer solchen stillschweigenden Verurteilung zur Abgabe einer Willenserklärung fehlt es aber an jeder Grundlage im Rechte. Zur Abgabe einer Willenserklärung kann der Schuldner nur ausdrücklich verurteilt werden.

Aus den Regeln über die Rechtskraft des Urteils ergibt sich sonach, daß der Käufer (Besteller), will er nach Abweisung eines Teils des Kaufpreis(Werklohn)-anspruchs einen anderen Teil mit der Einrede der Wandlung aus dem Felde schlagen oder, will er selbst klagend eine Anzahlung zurückverlangen, zur Begründung immer wieder auf die Mangelhaftigkeit der Sache (des Werks) zurückkommen und die Berechtigung seines Wandlungsverlangens dartun muß, da

[2] So mit verschiedener Begründung: Staub, H.G.B. § 377 Anm. 62; Eccius, in Gruch. Beitr. Bd. 43 S. 325; Dernburg, Bürgerl. Recht Bd. 2 § 191 I; v. Staudinger-Kober, B.G.B. § 478 Anm. II c; Matthiaß, in der Deutschen Juristen-Zeitung 1902 S. 208; Windscheid-Kipp, Pandekten Bd. 2 S. 704. Vgl. Schaper, in Iher. Jahrb. Bd. 52 S. 272 flg.

[3] Goldmann-Lilienthal, Bürg. Recht Bd. 1 § 135 Ziff. 4c. D. E.

dessen Anerkennung im Vorprozesse nur als Entscheidungsgrund vorkommt und als solcher nicht in Rechtskraft erwächst. Demnach handelt es sich auch im vorliegenden Falle bei der Klage des Klägers auf Rückzahlung der Anzahlung noch immer um einen Anspruch auf Wandlung (vgl. Entsch. des R.G.'s in Zivils. Bd. 58 S. 423 flg.), der nach den §§ 638, 639, 634, 477, 462 B.G.B. der kurzen Verjährung unterliegt. Die von der Revision hervorgehobenen Schwierigkeiten in bezug auf die endgültige Auseinandersetzung der Vertragsteile haben, wenn sie bestehen, ihren Grund nicht in der kurzen Verjährung, sondern in der Verjährung überhaupt, beweisen also nichts gegen jene." . . .

89. Hat ein Abkömmling, der auf Ergänzung des Pflichtteils klagt, sich die Hinzurechnung und Anrechnung eines Geschenks gefallen zu lassen, das ihm oder seinem Vorfahren länger als zehn Jahre vor dem Erbfall gemacht worden ist?

B.G.B. §§ 2325, 2327.

IV. Zivilsenat. Urt. v. 2. November 1908 i. S. K. (Kl.) w. v. T. u. Gen. (Bekl.). Rep. IV. 143/08.

I. Landgericht Halberstadt.
II. Oberlandesgericht Naumburg a. S.

Die beiden Beklagten sind die Söhne und Erben des am 18. Juli 1905 verstorbenen Generalleutnants v. T. Die Klägerin ist als einzige Tochter eines dritten verstorbenen Sohnes Enkelin des Erblassers und auf den Pflichtteil gesetzt. Sie erhob mit Rücksicht auf beträchtliche Schenkungen, die in den Jahren 1902—1905 vom Erblasser den Beklagten zugewendet worden waren, gegen diese den Pflichtteilsergänzungsanspruch. Der Berufungsrichter will ihr hierauf gewisse Schenkungen anrechnen, die ihr Vater in den Jahren 1854 bis 1859 vom Erblasser erhalten hat. Soweit sie sich gegen diese Anrechnungspflicht wendet, ist ihre Revision zurückgewiesen aus folgenden

Gründen:

„Der Berufungsrichter erachtet zwar den von der Klägerin geltend gemachten Pflichtteilsergänzungsanspruch hinsichtlich derjenigen

Schenkungen für begründet, welche die verklagten Söhne und Erben des Erblassers mit zusammen 57000 ℳ in den Jahren 1902—1905 vom Erblasser gewährt erhalten haben. Er will aber — die Eidesleistung des Zweitbeklagten vorausgesetzt — gemäß § 2327 B.G.B. dem Nachlaß auch diejenigen 7806,60 ℳ hinzurechnen, welche der Erblasser dem Vater der Klägerin in den Jahren 1854—1859 in Form der Schuldenbezahlung geschenkt habe. Zugleich will er diesen Betrag der Klägerin auf die Ergänzung anrechnen. Die Revision vertritt die Meinung, diese weit länger als 10 Jahre zurückliegende Schenkung hätte gemäß § 2325 Abs. 3 B.G.B. unberücksichtigt bleiben müssen. Es ist zuzugeben, daß die Fassung des § 2327 Abs. 1, wonach ein dem Pflichtteilsberechtigten selbst (oder seinem Vorfahren) gemachtes Geschenk „in gleicher Weise" wie das dem Dritten gemachte Geschenk dem Nachlasse hinzuzurechnen ist, dem Zweifel Raum gibt, ob mit der unverkennbaren Bezugnahme auf die Regel des § 2325 auch die in Abs. 3 derselben Gesetzesstelle getroffene Ausnahmebestimmung für die Fälle des § 2327 übernommen ist. Es ist ferner zuzugeben, daß § 2325 unter den mit einer Schenkung bedachten Dritten auch Pflichtteilsberechtigte versteht, wie namentlich die Erwähnung des Ehegatten am Schlusse des § 2325 außer Zweifel stellt. Endlich kann es, wie mehrfach in der Literatur hervorgehoben worden ist, in der Tat befremden, daß von zwei zu verschiedenen Zeiten beschenkten Pflichtteilsberechtigten der eine abgewiesen werden muß, wenn er vom andern Einwerfung einer weiter als zehn Jahre zurückliegenden Schenkung fordert, daß sich dagegen der andere die Hinzurechnung und Anrechnung eben dieser alten Schenkung gefallen zu lassen hat, wenn er seinerseits den Pflichtteilsergänzungsanspruch gegen denjenigen Teil erhebt, der erst innerhalb der letzten zehn Jahre vom Erblasser beschenkt worden ist. Allein der Wortlaut des § 2327 Abs. 1 spricht jedenfalls für die Annahme, der Gesetzgeber habe den Pflichtteilsergänzungskläger auch dann, wenn er seinen Anspruch gegen einen anderen Pflichtteilsberechtigten richtet, grundsätzlich für verpflichtet erklären wollen, alle, gleichviel wann, ihm selbst (oder seinem Vorfahren) gemachten Geschenke dem Nachlaß hinzurechnen zu lassen. Wenn es dort weiter heißt, diese Hinzurechnung habe „in gleicher Weise" zu geschehen, wie wenn es sich um das einem Dritten gemachte Geschenk handle, so ist nicht darüber ob, sondern wie die Hinzurechnung zu geschehen habe, Bestimmung getroffen. Offensichtlich nimmt das Gesetz dabei nur auf diejenigen Vorschriften Bezug, die an anderer Stelle von der Art und Weise dieser Hinzurechnung handeln. Solche Vorschriften sind aber lediglich im Abs. 2 des § 2325 bezüglich des für den Wertansatz maßgebenden Zeitpunktes erteilt. Dagegen ist nicht erkennbar, daß auch die Hinzurechnungspflicht selbst hätte eingeschränkt und, wie im Falle des dritten Absatzes, ganz verneint werden sollen, wenn der die Ergänzung verlangende Pflichtteilsberechtigte selbst vor länger als zehn Jahren beschenkt worden ist. Nimmt man hinzu, daß bei den Beratungen der zweiten Kommission (Protokolle Bd. 6 S. 104/105) ein Antrag, dem Pflichtteilsergänzungskläger bezüglich der selbstempfangenen, weit zurückliegenden Schenkungen ebenso günstig zu stellen wie den Dritten, unter Hinweis auf die außerordentliche Natur des Rechtsmittels abgelehnt worden ist, so kann eine ausdehnende, auch den Abs. 3 des § 2325 mit herübernehmende Auslegung des § 2327 nicht als dem Willen des Gesetzgebers entsprechend erachtet werden; vielmehr ist mit dem Berufungsrichter anzunehmen, daß bei Anwendung des § 2327 die in § 2325 gesetzte zeitliche Schranke außer Betracht zu bleiben hat. . . ."

90. 1. Kann ein Kirchenvorstand als solcher Prozeßpartei sein?
2. Wird nach gemeinem protestantischen Kirchenrecht, wenn auf die Erklärung eines Geistlichen, er lege sein Amt nieder, von der vorgesetzten Kirchenbehörde die Entlassung aus dem Amte gewährt wird, das Kirchenamt auch dann beendet, wenn die Erklärung der Amtsniederlegung in einem die freie Willensbestimmung ausschließenden Geisteszustande abgegeben ist?

III. Zivilsenat. Urt. v. 3. November 1908 i. S. Kirchengemeinde St. Gertrud (Bekl.) w. G. (Kl.). Rep. III. 19/08.

I. Landgericht Hamburg.
II. Oberlandesgericht daselbst.

Der Kläger war als Pastor der St. Gertrudgemeinde in Hamburg angestellt. Am 10. März 1904 richtete er an seine vorgesetzte

Kirchenbehörde, den Kirchenrat der evangelisch-lutherischen Kirche in Hamburg, ein Schreiben, worin er erklärte, daß er sein Amt niederlege, und der Kirchenrat hat dann auf Grund des § 30 Abs. 3 der Hamburger Kirchenverfassung nach Anhörung des Kirchenvorstandes die Entlassung gewährt, später die Stelle auch neu besetzt. Im gegenwärtigen Prozesse behauptet der Kläger, daß er sich zur Zeit der Niederlegung seines Amtes in einem seine freie Willensbestimmung ausschließenden Zustande krankhafter Störung der Geistestätigkeit befunden, außerdem auch unter Einwirkung unzulässigen Druckes von dritter Seite („oppressio") gehandelt habe. Seine Erklärung auf Amtsniederlegung sei daher nichtig und unwirksam, und damit dann auch die Entlassungsentscheidung des Kirchenrats. Bei seiner danach noch gegenwärtig fortbestehenden Amtsstellung bestehe sein Anspruch auf Gehalt — und zwar einschließlich der inzwischen erfolgten Gehaltsaufbesserung —, auf Wohnungsentschädigung und Ersatz der ihm entgangenen Akzidentalien noch fort, und er erhob daher auf Zahlung dieser Beträge bis zum 31. März 1907, die er auf insgesamt 41852 *M* berechnete, Klage und zwar gegen den Kirchenvorstand der Gemeinde St. Gertrud. Eventuell, wenn die Entlassungsentscheidung nicht ohne weiteres durch die Nichtigkeit der Amtsniederlegung unwirksam geworden, er danach nicht als noch im Amt befindlich anzusehen sei, forderte er dieselben Beträge als Schadensersatz, weil Kirchenrat und Kirchenvorstand es schuldhaft unterlassen hätten, das Entlassungsgesuch dem Kirchenrecht gemäß sorgsam daraufhin zu prüfen, ob es unbeeinflußt von Geisteskrankheit und Druck erfolgt sei, und, wenn dies geschehen wäre, die Unzulässigkeit der Gewährung der Entlassung sich herausgestellt haben würde.

Die Beklagte, der in der Berufungsinstanz der Kirchenrat als Vertreter der evangelisch-lutherischen Kirche in Hamburg als Nebenintervenient beigetreten ist, und ebenso dieser Nebenintervenient beantragten Abweisung der Klage. Sie bestritten die behauptete Geisteskrankheit des Klägers, leugneten jedes Verschulden ihrerseits und machten besonders geltend, daß, selbst wenn die Amtsniederlegungserklärung wegen Geschäftsunfähigkeit oder oppressio nichtig sein sollte, doch die Entlassungsentscheidung wirksam sei, da diese im Kirchenregiment ausgesprochene Entlassung Geltung behalte, solange nicht der Kirchenrat, als die einzige für die Aufhebung zuständige Behörde, sie aufgehoben habe, so daß daher Kläger seine Klage auf die noch fortbestehende Innehabung seines Amtes nicht gründen könne.

Das Landgericht entschied durch Teilurteil zunächst über den Gehalts- und Wohnungsgeldanspruch und sprach ersteren in Höhe von 18500 ℳ (18000 ℳ Gehalt bis 31. März 1907 und 500 ℳ Erhöhung) dem Kläger zu, letzteren erklärte es dem Grunde nach für berechtigt. Das Berufungsgericht hat, bis auf den von ihm gestrichenen Betrag der Gehaltserhöhung, die Berufung der Beklagten und des Nebenintervenienten zurückgewiesen.

Beide Instanzen erachteten zunächst auf Grund der übereinstimmenden Gutachten der vernommenen Ärzte und Psychiater für erwiesen, daß der Kläger bei seiner Erklärung der Amtsniederlegung tatsächlich sich in einem geisteskranken, seine freie Willensbestimmung ausschließenden Zustande befunden habe. Danach sei, führt das Berufungsgericht in wesentlicher Übereinstimmung mit dem ersten Richter aus, die Erklärung der Amtsniederlegung trotz ihres publizistischen Charakters nichtig, weil bezüglich des Einflusses der geistigen Gesundheit im öffentlichen Recht dieselben Grundsätze gälten, wie im Privatrecht. Es handle sich also darum, ob der Kläger der hier allein streitigen vermögensrechtlichen Ansprüche dadurch verlustig gegangen sei, daß auf seine nichtige Amtsniederlegungserklärung der Kirchenrat gemäß § 30 Abs. 3 der hamburgischen Kirchenverfassung die nachgesuchte Entlassung gewährt habe. Diese Frage unterliege der Prüfung des Gerichts. Es handele sich nicht darum, ob der Entlassungsbeschluß der Kirchenbehörde nichtig sei, was der Prüfung der Gerichte entzogen sei, sondern darum, ob derselbe nach der ihm gesetzlich zukommenden und von der Behörde beabsichtigten Bedeutung als Akt des Kirchenregiments für sich allein und losgelöst von dem Entlassungsantrage das Amtsverhältnis des Klägers beendet habe, oder ob er nur zusammenwirkend mit einer gültigen Amtsniederlegung diesen Erfolg herbeizuführen bestimmt gewesen sei. Die Prüfung dieser Frage, also der dem bestehenden Beschluß zukommenden Wirkung für das Amtsverhältnis des Klägers, sei deshalb Sache des Gerichts, weil die vermögensrechtlichen Ansprüche auf Gehalt und Wohnungsgeld, trotzdem sie aus dem öffentlichrechtlichen Beamtenverhältnisse hervorgingen, im ordentlichen Rechtswege verfolgbar seien, und weil die Gerichte Vorfragen des öffentlichen Rechts, von denen das Urteil über den streitigen Privatanspruch abhänge, mit zu entscheiden hätten. Da der Kläger nun vorliegend seine Ansprüche in erster Linie auf sein Amt, das er ungeachtet der Entlassungserklärung des Kirchenrats behalten habe, stütze, so sei vom Gericht zu prüfen, welche Bedeutung dieser Erklärung zukomme. Unzweifelhaft sei diese Erklärung eine einseitige öffentlichrechtliche Handlung des Kirchenregiments. Aber die formelle Rechtsnatur dieser Entscheidung sei nicht das Maßgebende, sondern ihr materieller Inhalt: ob sie nur die Amtsniederlegung des Klägers genehmigt, daher nur mit dieser das Amtsverhältnis beendigen konnte, oder ob sie eine für sich selbständig dastehende Aufhebung des Pfarramts bedeute. Diese dem Beschlusse zukommende Bedeutung lasse sich nur nach den Normen der Hamburgischen Kirchenverfassung und des ihr zugrunde liegenden evangelischen Kirchenrechts, mit dem auch die Hamburgische Kirchenverfassung in Einklang stehen wolle, beurteilen. Nach evangelischem Kirchenrecht werde aber das Kirchenamt durch die Entsagung (renuntiatio oder resignatio) ihres Inhabers erledigt. Damit nicht Störungen in der Kirchenverwaltung einträten, werde zwar die Genehmigung erfordert, und erst mit ihr die Niederlegung wirksam. Aber ihrem inneren Wesen nach sei die Entlassung nur die Annahme der Entsagung und könne daher nur zusammen mit dieser die vermögensrechtlichen Wirkungen des Amtes aufheben. Der eigentliche Beendigungsgrund sei die freiwillige Niederlegung des Amtes; ihre Wirkung werde nur im kirchlichen Interesse bis zur Genehmigung hinausgeschoben. Die Hamburgische Kirchenverfassung regle in § 30 Abs. 3 nur das Verfahren bei freiwilliger Amtsniederlegung und setze diese als zulässigen Grund der Beendigung des geistlichen Amtes voraus, damit auf die allgemeinen Normen des evangelischen Kirchenrechts zurückgreifend. Habe aber die Entlassungserklärung nur die Bedeutung der Genehmigung der Amtsniederlegung, bewirke sie nur mit dieser die Beendigung des Kirchenamts, so folge daraus, daß, wenn eine gültige Amtsniederlegung (wie hier wegen der mangelnden Geschäftsfähigkeit) nicht vorliege, auch die Genehmigungserklärung bedeutungslos sei, der Kläger also noch Inhaber des Pfarramts sei. Als solchem stehe ihm der vom ersten Richter zugesprochene Gehaltsanspruch und das Recht auf Wohnungsgeld zu. Die erst nach der Entlassungserklärung den Gemeindepastoren durch Beschluß der

Synode vom 20. Dezember 1906 gewährte Gehältserhöhung komme ihm aber nicht zugute. Denn sie sei nur den Gemeindepastoren gewährt. Unter diese sei im Sinne des Beschlusses der Kläger nicht zu zählen. Denn der Kläger habe öffentliche pfarramtliche Befugnisse und Pflichten nicht, gelte den in jeder öffentlichrechtlichen Beziehung mit ihrer Auffassung maßgeblichen Kirchenorganen nicht als Inhaber einer Pfarrstelle und gehöre daher nicht zu den Geistlichen, deren Gehalt die Aufbesserung hätte erfahren sollen. Nur wenn das zweite Klagfundament, der Anspruch auf Schadensersatz wegen Verschuldens des Kirchenrats oder Kirchenvorstandes begründet wäre, könnte der Anspruch auch für die Gehaltserhöhung begründet sein. Dieses Klagfundament zerfiele aber schon damit, daß für ein Verschulden des Kirchenrats bezüglich seiner Mitglieder, deren Geschäfte nicht zu den der kirchlichen Gemeindeverwaltung unterstehenden Angelegenheiten gehörten, und die nicht Gemeindebeamte seien, die Gemeinde nicht aufzukommen habe, und daß, anlangend das Verschulden des Kirchenvorstandes, es an einer gesetzlichen Bestimmung fehle, welche Kirchengemeinden für Verschulden ihrer Angestellten in Ausübung öffentlichrechtlicher Funktionen aufkommen lasse. Die Zubilligung der Gehaltserhöhung müsse daher gestrichen, im übrigen aber die Berufung zurückgewiesen werden.

Gegen diese Entscheidung haben nunmehr die Beklagte und der Nebenintervenient Revision eingelegt und dahin gerechtfertigt:

1. Die Klage und auch das Urteil seien gerichtet gegen den Kirchenvorstand. Dieser als solcher besitze aber gar keine Parteifähigkeit, er sei lediglich kollegialer Vertreter der Gemeinde. Es werde indes, wurde in der mündlichen Verhandlung ausgeführt, nicht verkannt, daß materiell Klage und Urteil, wie dessen Inhalt ergebe, gegen die St. Gertrud-Gemeinde gerichtet sei, und daher in dieser Beziehung lediglich begehrt, daß der Sachlage entsprechend das Urteilsrubrum berichtigt werde, womit sich denn auch der Kläger einverstanden erklärte.

2. Das Berufungsurteil nehme an, daß der Kläger durch die auf sein Ersuchen erfolgte Entlassung durch den Kirchenrat aus dem Gemeindedienste ausgeschieden und aller öffentlichen Funktionen seines Amtes entkleidet sei, seiner Ansprüche auf Gehalt und Wohnung aber nicht verlustig gegangen sei. Das sei rechtsirrig;

denn eine Scheidung der Wirkung der Entlassung dahin, daß damit publizistisch, hinsichtlich der öffentlichrechtlichen Pflichten und Befugnisse, das Amt erlösche, hinsichtlich der privatrechtlichen Ansprüche aber als bestehend angesehen werde, sei undenkbar, weil diese privatrechtlichen Ansprüche ausschließlich auf der Innehabung und Ausübung des Amtes, auf dem publizistischen Titel beruhten, Befugnis und Pflicht zur Verrichtung kirchlicher Handlungen und Seelsorge die Voraussetzung des Anspruches auf die Emolumente seien. Es sei aber auch die auf ein formell richtiges Gesuch in den gesetzlichen Formen ausgesprochene Entlassung in ihrem Rechtsbestande unabhängig von der Handlungsunfähigkeit des Entlassenen. Wolle man aber auch diese als Voraussetzung wirksamer Entlassung ansehen, so würde auch das ohne Belang sein, weil die Kirchenbehörde abschließend zu beurteilen habe, ob die Voraussetzungen der Entlassung vorlägen. Habe sich die Kirchenbehörde geirrt, so möge der Entlassene die Entlassung bei dem Kirchenregimente anfechten; solange sie noch bestehe, müsse sie als gegebene Tatsache respektiert werden. Es könne keine Ansprüche geben, die von den Gerichten nur zugesprochen werden könnten unter Ignorierung der mit kirchlicher Wirkung ausgesprochenen Entlassung und unter Fiktion des Fortbestandes des Amtes, das tatsächlich nicht mehr ausgeübt werden dürfe und nicht mehr bestehe.

3. Jedenfalls könne Kläger nicht die jetzt geforderten vollen Ansprüche geltend machen. Denn er könne, wenn sein Entlassungsgesuch nichtig wäre, doch nicht besser gestellt werden, als wenn er das Gesuch nicht gestellt hätte. Denn dann wäre er wegen seines Geisteszustandes und der damit in Verbindung stehenden Vorgänge, wie vom Beklagten vorgetragen sei, emeritiert worden, und er könne daher nicht mehr, als die ihm dann zustehenden Gebühren fordern. Habe das die Entlassung einleitende Gesuch an einem nicht zu erkennenden Mangel gelitten, so sei es nur billig, wenn der Erklärende und nicht die Gemeinde, deren Behörde fehlerfrei und korrekt gehandelt habe, die Konsequenzen trage.

Die Revision wurde zurückgewiesen, aus folgenden

Gründen:

„Der Revision ist im Resultat der Erfolg zu versagen. Allerdings ist dem ersten Angriff der Revision durchaus beizutreten, daß ein Kirchenvorstand, der lediglich kollegialer Vertreter der Gemeinde ist, nicht als Rechtssubjekt, als Träger der Rechte und Verpflichtungen, den Pastoren gegenübersteht, nicht mit eigenem Vermögen haftet, sondern überhaupt nur als Vertreter der Kirchengemeinden in Betracht kommt, nicht selbst als Partei angesehen werden kann. Aber die Revision gibt selbst zu, daß das Urteil materiell gegen die Kirchengemeinde, was auch durch den Inhalt des Urteils bestätigt wird, gerichtet ist, daß es sich daher nur um eine falsche Bezeichnung im Urteilsrubrum handelt, und daß daher auch nur eine der Sachlage entsprechende Berichtigung des Urteilsrubrums begehrt werde. Diesem Antrage, dem auch der Kläger beistimmte, war daher ohne weiteres stattzugeben.

Was sodann die Sache selbst anlangt, so geht das Berufungsgericht überall von zutreffenden Rechtsgrundsätzen aus. Seine Schlüsse und Ausführungen sind logisch richtig und damit zwingend. Vorauszuschicken ist, daß, soweit Hamburger Recht in Frage kommt, die bezüglichen Ausführungen irrevisibel sind. Daraus folgt aber nicht, wie der Revisionsbeklagte geltend macht, daß danach das ganze Urteil, weil auf Hamburger Recht beruhend, der Revision überhaupt entzogen sei. Denn das Berufungsgericht stellt fest, daß das gemeine protestantische Kirchenrecht in Hamburg subsidiär anwendbar ist, und daß insbesondere auch die in ihm hinsichtlich der freiwilligen Amtsniederlegung geltenden Rechtsgrundsätze auch in Hamburg gelten, daß der § 30 der Hamburger Kirchenverfassung die Rechtsgrundsätze des gemeinen protestantischen Kirchenrechts über die renuntiatio oder resignatio als geltend voraussetzt und nur das Verfahren regelt. Die Entscheidung des Berufungsgerichts stützt sich aber eben auf die im gemeinen protestantischen Kirchenrecht geltenden Grundsätze über resignatio oder renuntiatio, und eben gegen deren Anwendung ist die Revision gerichtet. Da das gemeine protestantische Kirchenrecht unzweifelhaft der Revision nicht entzogen ist, so kann keine Rede davon sein, daß ihr der Rechtsstreit überhaupt entzogen sei; es handelt sich vielmehr nur darum, ob eine Verletzung des gemeinen protestantischen Kirchenrechts vorliegt.

Das aber ist nicht der Fall. Denn zutreffend und in Übereinstimmung mit der gesamten kirchenrechtlichen Literatur führt das Berufungsgericht aus, daß nach gemeinem protestantischen Kirchenrecht, wie übrigens auch nach katholischem, die renuntiatio, der Verzicht, die freiwillige Amtsniederlegung dasjenige ist, was die Beendigung des Amtes bewirkt, die jedoch zu ihrer Wirksamkeit, damit durch unzeitige Niederlegung nicht kirchliche Interessen verletzt werden, der Genehmigung der Kirchenbehörde bedarf. Danach ist nicht der Genehmigungsbeschluß das, was einseitig das Amt beendigt, sondern die genehmigte Niederlegung. Liegt eine gültige Niederlegung nicht vor, dann ist auch eine wirksame Genehmigung gar nicht denkbar, und daher das Amt, das zu seinem Aufhören der Niederlegung und Genehmigung dieser Niederlegung bedarf, mangels einer gültigen Niederlegung auch noch nicht beendet.

Wenn die Revision zunächst ausführt, daß das Berufungsgericht eine undenkbare Scheidung der Wirkungen der Entlassung dahin vornehme, daß damit das Amt mit seinen öffentlichrechtlichen Befugnissen und Pflichten beendigt, in privatrechtlicher Beziehung aber die Ansprüche bestehen blieben, obwohl doch diese in dem öffentlichen Amt ihre Quelle und Voraussetzung hätten, so wird diese Ausführung dem Berufungsgericht nicht gerecht. Das Berufungsgericht nimmt an, daß mangels eines gültigen Endigungsgrundes das Amt des Klägers noch besteht, daß ihm daher die privatrechtlichen Bezüge, um die es sich vorliegend allein handelt, noch zustehen. Wenn es dagegen weiter bemerkt, daß er aller öffentlichen Funktionen des Amtes entkleidet und aus dem Gemeindedienst ausgeschieden sei, so steht in dieser Beziehung rechtlich fest, daß ein Privatrecht auf Ausübung der amtlichen Funktionen nicht besteht, daß jedenfalls eine Klage bei den ordentlichen Gerichten darauf nicht gegeben ist, und daß der Kläger daher diese Funktionen, da das Kirchenregiment sie ihm entzogen hat, tatsächlich nicht ausüben kann. Mehr hat das Berufungsgericht auch nicht gesagt, und rechtlich undenkbar ist diese Auffassung keineswegs. Die weitere Ausführung der Revision, daß, wenn auch die Handlungsfähigkeit des die Entlassung Nachsuchenden Voraussetzung der Entlassung sein möge, doch nur die Kirchenbehörde endgültig hierüber entscheiden könne, und von den Gerichten keine Ansprüche zugesprochen werden könnten mittels Ignorierung der mit kirchlicher Wirkung ausgestatteten Entlassung unter Fiktion des Fortbestandes des Amtes, das tatsächlich nicht mehr ausgeübt werden könne, wird dem Berufungsurteil nicht gerecht. Das

Berufungsurteil beruht darauf, daß das Amt des Klägers noch bestehe, und zwar deshalb, weil die Entlassungserklärung des Kirchenrats dem kirchlichen Recht entsprechend das Amt nicht habe beendigen, sondern nur die Niederlegung habe genehmigen können und wollen, diese Niederlegung aber in rechtsgültiger Weise nicht vorgelegen habe. Das Berufungsgericht hebt hervor, daß es den Beschluß des Kirchenrats nicht nachprüft und seinen rechtlichen Bestand nicht angreift, daß es vielmehr lediglich seine Bedeutung und Wirkung für den vorliegenden Rechtsstreit prüft. Daß an sich der Rechtsstreit, da es sich um Vermögensrechte des Klägers handelt, zur Kompetenz der ordentlichen Gerichte gehört, und daß, wenn die Entscheidung von Fragen des öffentlichen Rechts abhängt, auch diese den ordentlichen Gerichten nicht entzogen sind, ist anerkannten Rechtens.

Endlich macht die Revision noch geltend, daß der Kläger doch jedenfalls nicht mehr erhalten könne, als was er haben würde, wenn er das nichtige Gesuch nicht gestellt hätte. Es sei unter Beweis gestellt, daß er alsdann emeritiert sein und nur die Bezüge eines Emeritierten haben würde. Auch dieser Angriff ist nicht begründet. Er scheitert daran, daß Kläger nicht emeritiert ist. Trotz der Entlassungserklärung ist sein Amt nicht beendet, und hat er Anspruch auf das Gehalt. Es mögen Emeritierungsgründe vorliegen; solange sie, was auch gegenwärtig noch nicht ausgeschlossen ist, nicht geltend gemacht, und die Emeritierung nicht durchgeführt ist, kann sein Gehaltsanspruch dadurch nicht berührt werden.

Nach alledem war die Revision, wie geschehen, zurückzuweisen."

---

91. Haftet der Tierhalter für Beschädigungen, die durch einen an dem Tiere vorgenommenen Gewaltakt verursacht werden?

B.G.B. § 833.

IV. Zivilsenat. Urt. v. 5. November 1908 i. S. G. (Bekl.) w. Wwe. F. (Kl.). Rep. IV. 74/08.

I. Landgericht Kaiserslautern.
II. Oberlandesgericht Zweibrücken.

Als er Beklagte am 14. Februar 1906 durch den Viehschneider M. einen ihm gehörigen Hengst verschneiden ließ, war der Ehemann der Klägerin, Ackerer F., mit anderen Männern beim Niederwerfen des Tieres behilflich. Er kam dabei zu Fall und wurde, als gleichzeitig der niedergeworfene Hengst um sich schlug, von einem Hufschlage getroffen. Die erlittene Verletzung hatte am 17. Februar 1906 seinen Tod zur Folge. Die Klägerin verlangte, daß der Beklagte als Tierhalter ihr für den Unterhalt, den der Getötete, wenn er am Leben geblieben wäre, ihr zu gewähren verpflichtet gewesen sein würde, durch Entrichtung einer Geldrente Ersatz leiste. Der Anspruch wurde in erster und zweiter Instanz dem Grunde nach für gerechtfertigt erklärt. Auf die Revision des Beklagten wurde das Berufungsurteil aufgehoben.

Aus den Gründen:

„Das Berufungsurteil beruht, wie von der Revision mit Recht gerügt wird, auf einer fehlsamen Anwendung des § 833 B.G.B. Zwar handelt es sich nicht um bloße Passivbewegungen des Pferdes, insbesondere nicht um ein mechanisches Zurückschnellen der Hufe ohne tierische Kraftentfaltung. Der Berufungsrichter stellt vielmehr fest, daß die tödlichen Kopfverletzungen nach dem Niederwerfen des Hengstes durch seine, im Zustande „einer gewissen Bewegungsfreiheit" geführten Hufschläge „gesetzt" worden seien. Ebensowenig trifft der von der Revision aufgestellte Vergleich mit solchen Rechtsfällen zu, in denen sich das Pferd unter der Zügel- und Zaumgewalt eines Lenkers befand, als es durch sein Verhalten einen Schaden anrichtete (Entsch. des R.G.'s in Zivils. Bd. 50 S. 180 flg. und 221). Denn die Bewegung des gelenkten Pferdes steht unter dem Einfluß des Willens seines Lenkers, während es hier im Plane der Veranstaltung lag, die tierischen Bewegungen nicht hervorzurufen, sondern sie zu verhindern. Allein das Tier vollführte die Hufschläge, wie weiterhin von der Revision zutreffend bemerkt wird, unter der unwiderstehlichen Einwirkung ihm angetaner Gewalt. Seine Bewegungen waren die unmittelbare und unausbleibliche Folge des Niederwerfens, wobei durch das Nachlassen der Fesselung dem Tiere zwar für ein Umsichschlagen **äußerer Raum** gegeben, ihm aber damit nicht auch die **innere Freiheit** gelassen war, mit einer derartigen Kraftbetätigung zurückzuhalten. Jedes andere Pferd in gleicher Lage hätte in gleicher

Art sich der Gewalt erwehren und versuchen müssen, vermöge seiner Bewegungen in die natürliche aufrechte Stellung zurückzugelangen. Wurde dabei ein Mensch getroffen, so war dies lediglich eine Folge des an dem Tiere vorgenommenen Gewaltaktes. Im Rechtssinne wurde der Getroffene nicht durch das Tier verletzt; ebensowenig wie bei einer Operation jemand durch den Operierten, sei es ein Mensch, oder ein Tier, verletzt wird, wenn dieser unter der Einwirkung des Schmerzes krampfhafte Bewegungen ausführt, oder wie eine während des Schlachtens von dem Schlachttiere ausgehende Verletzung auf das Verhalten des Tieres als auf ihre Ursache zurückgeführt werden darf." ...

---

92. Gibt es, abgesehen vom Urheberrechte, ein subjektives Persönlichkeitsrecht an eigenen Briefen? Welches sind die Voraussetzungen des urheberrechtlichen Schutzes von Briefen? Kommt es darauf an, ob dem Verfasser bei der Abfassung der Briefe der Gedanke ihrer Vervielfältigung und Veröffentlichung vorgeschwebt hat? Kann gemäß § 809 B.G.B. die Vorlegung von Briefabschriften verlangt werden behufs Feststellung, ob dem Besitzer die Benutzung zur Veröffentlichung auf Grund eines Urheberrechts untersagt werden kann? Beschränkungen eines solchen Anspruches nach den Grundsätzen von Treu und Glauben.

I. Zivilsenat. Urt. v. 7. November 1908 i. S. Frau F.-N. (Kl.) w. D. und B. (Bekl.). Rep. I. 638/07.

I. Landgericht Weimar.
II. Oberlandesgericht Jena.

Die Klägerin war die alleinige Erbin ihres am 25. August 1900 verstorbenen Bruders, des Schriftstellers Friedrich Nietzsche; auf sie sind alle ihm zustehenden Urheberrechte übergegangen. Friedrich Nietzsche unterhielt in der Zeit von 1870 oder 1871 bis Anfang 1889 einen regelmäßigen freundschaftlichen Briefwechsel mit dem am 26. Juni 1905 verstorbenen Professor O. In einem Kodizille zu seinem Testamente hatte dieser den Mitbeklagten B. beauftragt, die in seinem Nachlasse befindlichen Briefe Friedrich Nietzsche's — mehrere Hundert an Zahl —

im Druck öffentlich herauszugeben; zugleich setzte er die Bibliothek der Universität Basel zur Erbin der Originalbriefe ein und ordnete an, daß sie von ihr dem B. zum Zwecke der Herausgabe nach Maßgabe ihrer Bestimmungen über Verleihung von Manuskripten auszuliefern seien. Die Originalbriefe befanden sich im Besitze der genannten Universitätsbibliothek; eine von O. selbst angefertigte Abschrift sollte sich nach Behauptung der Klägerin im Besitze der Beklagten, nach deren Behauptung im Besitze der Witwe O.'s befinden. B. beauftragte den Mitbeklagten D. mit dem Verlage der Briefe. Trotz Widerspruches der Klägerin waren die beiden Beklagten gewillt, die Briefe zu veröffentlichen, wurden hieran jedoch zurzeit durch eine auf Antrag der Klägerin erlassene einstweilige Verfügung gehindert.

Die Klägerin erhob Klage mit dem Antrage, die Beklagten zu verurteilen,

1. anzuerkennen, daß jede Vervielfältigung, jede Bearbeitung oder öffentliche Mitteilung und jede gewerbsmäßige Verbreitung, sowie jede Übersetzung der Briefe Friedrich Nietzsche's an Professor O. in Basel während der Dauer der gesetzlichen Schutzfrist von 30 Jahren seit Friedrich Nietzsche's Ableben ohne ihre Einwilligung sowohl im Deutschen Reiche, als in den bei der Berner Konvention beteiligten Staaten rechtlich unstatthaft sei;
2. bei Strafe jede Vervielfältigung, Bearbeitung, öffentliche Mitteilung, gewerbliche Verbreitung oder Übersetzung dieser Briefe, sowie auch jede Ankündigung darüber innerhalb der fraglichen Zeit und Gebiete zu unterlassen und etwa widerrechtlich bereits hergestellte Exemplare und die zur widerrechtlichen Vervielfältigung ausschließlich bestimmten Vorrichtungen zu vernichten.

Sie stützte diese Anträge in erster Linie auf ein ihr zustehendes Autorrecht, indem sie darzulegen suchte, daß sämtliche Briefe einen reichen, in origineller Art um seiner selbst willen formulierten Gedankeninhalt hätten, der, für sich betrachtet, auch ohne Rücksicht auf die Persönlichkeit des Verfassers hohen literarischen Wert habe. Sie behauptete ferner, daß ihr Bruder trotz Absendung der Briefe deren Eigentümer geblieben sei, so daß die Veröffentlichung durch die Beklagten in das jetzt ihr zustehende Eigentumsrecht eingreifen würde. Endlich würde diese Veröffentlichung ein von ihr zu vertretendes Persönlichkeitsrecht Friedrich Nietzsche's, sowie ein gleiches in ihrer Person begründetes Recht verletzen. Die Briefe seien mit Intimität und schrankenloser Offenheit geschrieben, so daß die Persönlichkeit des Absenders dadurch der Öffentlichkeit gegenüber bloßgestellt werde. In der Veröffentlichung liege ein Vertrauensbruch, da sie nur für den Adressaten bestimmt gewesen seien; auch enthielten sie Stellen, deren Bekanntgabe die Angehörigen Friedrich Nietzsche's verletzen würde.

Die Beklagten bestritten, daß die Briefe einen individuellen, um seiner selbst willen formulierten Gedankeninhalt hätten; die meisten enthielten nichts als unwichtige geschäftliche Mitteilungen. Von einer Verletzung der Persönlichkeit Friedrich Nietsche's oder seiner Angehörigen durch die Bekanntgabe könne keine Rede sein; übrigens versprächen die Beklagten, bei einer etwaigen Veröffentlichung alle Stellen zu unterdrücken, wodurch die Klägerin oder deren Angehörige irgendwie verletzt werden könnten. Das Eigentum an den Briefen habe auf Grund des Empfanges dem Professor O. zugestanden.

Das Landgericht wies die Klage ab. Die Berufung der Klägerin blieb ohne Erfolg. Auf ihre Revision hat das Reichsgericht das Berufungsurteil aufgehoben und die Sache an das Oberlandesgericht zurückverwiesen.

Gründe:

„Soweit die Klage auf angebliches Eigentum der Klägerin an den Briefen Friedrich Nietsche's gestützt ist, hat die Revision keinen Angriff gegen das Urteil erhoben. Das Eigentum der Klägerin ist in Übereinstimmung mit der in der Theorie herrschenden Meinung (vgl. Reichardt, Das Recht an Briefen S. 12 flg. und Zitate) mit Recht verneint worden. Das Eigentum an dem abgesandten Briefe geht regelmäßig auf den Empfänger über, während das etwa bestehende Urheberrecht dem Verfasser verbleibt.

Ebenso ist die Klage mit Recht abgewiesen, insoweit sie auf ein sog. Individual- oder Persönlichkeitsrecht der Klägerin gestützt war. Ein allgemeines subjektives Persönlichkeitsrecht ist dem geltenden bürgerlichen Rechte fremd. Es gibt nur besondere, gesetzlich geregelte Persönlichkeitsrechte, wie das Namensrecht, das Warenzeichenrecht, das Recht am eigenen Bilde, die persönlichkeitsrechtlichen Bestandteile des Urheberrechts. Ein Persönlichkeitsrecht an den eigenen Briefen — abgesehen von deren urheberrechtlichem Schutze —, dessen gesetzliche Anerkennung vielfach, unter anderem auch in dem ersten

Entwurfe zum gegenwärtigen Urheberrechtsgesetze vorgeschlagen war, ist bisher nicht durchgedrungen. Ein Rechtsschutz der Persönlichkeit ist daher auf diesem Gebiete nur gegen unerlaubte Handlungen gegeben, und zwar gegen begangene im Wege der Schadensersatz- und Wiederherstellungsklage, gegen in Aussicht stehende im Wege der Unterlassungsklage. In dieser Hinsicht stellt aber der Vorderrichter in rein tatsächlicher Erwägung ohne Rechtsirrtum fest, daß nach dem tatsächlichen Vorbringen der Klägerin in Verbindung mit den von den Beklagten erteilten Zusicherungen die Besorgnis, daß die Klägerin durch die Veröffentlichung in irgend einer Weise in einem rechtlich geschützten Interesse, insbesondere an ihrer Ehre oder an ihrem Vermögen, geschädigt werden könnte, unbegründet sei.

Begründet ist dagegen die Revision bezüglich des Klagegrundes des Urheberrechts.

Dem von der Klägerin überreichten Gutachten des Professors R. ist darin beizutreten, daß es für den Charakter der Briefe als urheberrechtlicher Erzeugnisse belanglos ist, ob auf seiten des Verfassers zur Zeit der Niederschrift ein erkennbares Interesse an Vervielfältigung und gewerbsmäßiger Verbreitung bestanden hat, ob die Briefe in solcher Vorstellung geschrieben sind, oder ob sich der Zweck der Niederschrift in der Mitteilung an den Adressaten erschöpfte. Indem sich die angefochtene Entscheidung auf die Verneinung eines bei der Abfassung der Briefe „im Hintergrunde stehenden Gedankens" ihrer Vervielfältigung stützt, beruht sie auf Rechtsirrtum. Der urheberrechtliche Schutz von Briefen, auch von Vertrauensbriefen, hat keine anderen Voraussetzungen als der von anderen Schriftwerken. Der Grund zum urheberrechtlichen Schutze kann nur in einer objektiven, inneren Eigenschaft des Schriftwerkes gefunden werden; wie er nicht abhängt von der Verwertungsmöglichkeit im Wege des Verlages (Entsch. des R.G.'s in Zivils. Bd. 41 S. 48), so auch nicht von den Absichten, die den Verfasser bei der Niederschrift geleitet haben.

Erforderlich ist auch bei Briefen, daß sie sich als eine individuelle Geistesschöpfung, als Ausfluß einer individuellen geistigen Tätigkeit darstellen. Daher genügt es nicht, daß sie wegen des darin enthaltenen Tatsachenmaterials als historische Urkunden, insbesondere als Belege für den Charakter und die Lebensschicksale des Verfassers, allgemein interessant und literarisch verwertbar sind. Unter Ausscheidung des etwaigen historischen oder biographischen Interesses ist vielmehr zu fragen, ob sie auch abgesehen von den bekundeten Tatsachen und als Erzeugnisse eines beliebigen Verfassers literarisch bedeutsam sein würden. Diese literarische Bedeutung, die den Urheberschutz begründet, kann beruhen auf einem originalen Gedankeninhalte; sie kann aber auch beruhen auf einer künstlerischen Formgebung, die auch bloßen Vertrauensbriefen ohne originalen Gedankeninhalt vermöge der besonderen Anmut und Kraft des Stiles einen ästhetischen Reiz und literarischen Wert verleiht.

In dieser Hinsicht sind zur Begründung der urheberrechtlichen Klage genügende Behauptungen aufgestellt worden; insbesondere ist angegeben, daß die Briefe Friedrich Nietzsche's an O. in ihrer rein literarischen Bedeutung mindestens auf gleicher Höhe stehen wie seine bereits in vier Bänden erschienenen übrigen Briefe, in denen er sich anerkanntermaßen als ein „Briefkünstler" betätigt habe. Es wird daher lediglich eine Frage des Beweises sein, ob und inwieweit den streitigen Briefen dieser Charakter zuzusprechen ist.

Was den Antrag auf Vorlegung der von O. angefertigten Briefabschriften anlangt, so kann er auf § 423 Z.P.O. nicht gestützt werden, weil die Beklagten zur Beweisführung auf diese Urkunden nicht Bezug genommen, vielmehr deren Benutzung im Prozesse stets abgelehnt haben (Entsch. des R.G.'s in Zivils. Bd. 35 S. 109).

Es kommt daher gemäß § 422 Z.P.O. darauf an, ob die Klägerin nach den Vorschriften des bürgerlichen Rechtes die Vorlegung der Abschriften verlangen kann. In dieser Beziehung steht ihr der § 810 B.G.B. nicht zur Seite; insbesondere kann sie nicht behaupten, daß die Abschriften im Interesse ihres Erblassers Friedrich Nietzsche gefertigt sind, d. h. um ihm als Beweismittel zu dienen. Dies läßt sich nicht einmal von den Originalbriefen behaupten (vgl. Planck, B.G.B. § 810 Bem. 3 b/α).

Dagegen kann sich die Klägerin auf § 809 B.G.B. berufen. Die Abschriften können den Beklagten dazu dienen, die Briefe im Drucke herauszugeben. Besteht aber an den Briefen ein Urheberrecht der Klägerin, so kann sie ihnen die Benutzung der Abschriften untersagen. Dasselbe Recht würde ihr auch gegenüber der Witwe O.'s zustehen. Befinden sich daher die Abschriften in deren Gewahrsam, so erscheint unter der Voraussetzung, daß deutsches Recht anzuwenden ist, der eventuell gestellte Antrag berechtigt, der Klägerin gemäß § 428 Z.P.O. eine Frist zur Herbeischaffung der Urkunden zu setzen. Denn die Besichtigung der Abschriften ist aus dem Grunde für die Klägerin von Interesse, weil sie sich Gewißheit verschaffen will, ob ihr in Ansehung der Abschriften der Anspruch zusteht, die Benutzung zum Zwecke der Veröffentlichung zu untersagen. Ein etwaiges Eigentum der Besitzer würde dem Anspruche aus § 809 B.G.B. an sich nicht entgegenstehen.

Wohl aber können sie nach § 242 B.G.B. geltend machen, daß sie die ihnen obliegende Leistung nur so zu bewirken haben, wie es Treu und Glauben mit Rücksicht auf die Verkehrssitte erfordern. Vor allem kommt hierbei in Betracht, daß, wenn ihr auch ein Urheberrecht an den Briefen zustehen sollte, die Klägerin doch von dem berechtigten Besitzer nicht verlangen könnte, daß er ihr zu dessen Verwirklichung im Wege einer von ihr zu veranstaltenden Veröffentlichung verhelfe; vielmehr würde sich ihr Anspruch gegen den Besitzer in der Untersagung einer von ihm vorzunehmenden Herausgabe erschöpfen. Es würde daher gegen Treu und Glauben verstoßen, das Recht auf Vorlegung zu benutzen, um selbst die Briefe zu veröffentlichen und die Rechtsposition der Besitzer, vermöge deren sie die Veröffentlichung durch die Klägerin verhindern können, zu beeinträchtigen. Es läßt sich auch nicht verkennen, daß die Vorlegung diese Rechtsposition der Besitzer gefährden würde. Daraus folgt, daß der Anspruch auf Vorlegung in diesem Falle nur unter gehörigen Kautelen — z. B. Sicherheitsleistung —, deren Bestimmung dem richterlichen Ermessen unterliegt, verfolgt werden kann (vgl. auch § 811 Abs. 2 B.G.B.). Selbst die Möglichkeit, die hier übrigens nach dem bisherigen Tatbestande nicht in Betracht kommt, ist nicht auszuschließen, daß ein nachgewiesenes berechtigtes Interesse des Besitzers, gewisse Teile der Korrespondenz auch der bloßen Kenntnis der Klägerin vorzuenthalten, die Verfolgung des Anspruches insoweit überhaupt als unzulässig erscheinen läßt. In dieser Hinsicht ist alles Nähere der demnächstigen Entscheidung des Berufungsgerichts vorzubehalten."

93. Wann hat derjenige, der eine nur der Gattung nach bestimmte Sache zu liefern verpflichtet ist, das zur Erfüllung dieser Verpflichtung Erforderliche getan, so daß sich demgemäß das Schuldverhältnis auf die tatsächlich gelieferte Sache beschränkt?

B.G.B. § 243.

II. Zivilsenat. Urt. v. 10. November 1908 i. S. K. (Bekl.) w. L. (Kl.). Rep. II. 169/08.

I. Landgericht Königsberg.
II. Oberlandesgericht daselbst.

Die Klägerin verlangte vom Beklagten Bezahlung des Kaufpreises für eine Dampfdreschmaschine einer näher bezeichneten Fabrikmarke nebst dazu passender Lokomobile. Die Klägerin hatte eine Maschine jener Marke nebst Lokomobile auf das Gut des Beklagten geliefert und hier von einem Monteur im Dezember 1905 in Betrieb setzen lassen. Bei einem Brande auf dem Gut des Beklagten am 4. Januar 1906 wurde die Dreschmaschine (der Dreschkasten) durch das Feuer zerstört, die Lokomobile erheblich beschädigt.

Die Klägerin führte mit der Klage auf Zahlung des Kaufpreises aus: wenngleich die Maschine bei der Abreise des Monteurs noch einige geringe Mängel aufgewiesen habe, und der Beklagte vielleicht auf Grund der vertraglichen Garantiebedingungen zur Übernahme nicht verpflichtet gewesen sei, so habe er sie doch abgenommen; es seien die Maschinen ihm übergeben, und sie seien von ihm angenommen. Der Beklagte bestritt sowohl den Abschluß eines Kaufgeschäfts mit der Klägerin als die Übergabe oder Abnahme der auf sein Gut gelieferten Maschinen; er machte geltend, er habe die Abnahme der Maschinen ausdrücklich abgelehnt gehabt. Der Dreschsatz sei mit wesentlichen Material- und Montagefehlern behaftet, namentlich der Funkenfänger vorschriftswidrig und feuergefährlich gewesen; die Maschinen seien von ihm erst abzunehmen gewesen, wenn sie tadellos arbeiteten. Nach dem Brande habe er sie der Klägerin sofort zur Verfügung gestellt. Durch die unrichtige Konstruktion des Funkenfängers, der das Hinausfliegen der Funken aus dem Schornstein ermöglicht habe, sei der Brand am 4. Januar 1906 verursacht. Die Klägerin entgegnete, daß dem Beklagten ein Recht zur Wandelung nicht zustehe, weil er den Untergang, jedenfalls eine wesentliche Verschlechterung der Maschinen verschuldet habe; der Brand sei durch vom Beklagten selbst zu vertretende Umstände entstanden.

Das Landgericht verurteilte den Beklagten dem Klagantrage gemäß. Die von ihm eingelegte Berufung wurde zurückgewiesen. Auf die Revision des Beklagten wurde das Berufungsurteil aufgehoben, aus folgenden

Gründen:

... „Der Berufungsrichter stellt unangefochten fest, daß ein Kaufabschluß zwischen den Parteien vorliege. Das Vorbringen des Beklagten, die Klägerin habe nicht erfüllt und könne daher auch den Kaufpreis nicht verlangen, verwirft der Berufungsrichter mit folgenden Erwägungen: die Klägerin habe bei dem eine Gattungssache betreffenden Kaufgeschäft durch Lieferung der Kaufsache das zur Leistung ihrerseits Erforderliche getan gehabt; dadurch habe sich das Schuldverhältnis nach § 243 B.G.B. auf die gelieferten Sachen beschränkt. Wenn es nun auch zu einer vollständigen Vertragserfüllung bezüglich der gelieferten Sachen von seiten der Klägerin noch nicht gekommen, und diese Erfüllung infolge des Brandes (der die Maschinen teils vernichtet, teils erheblich beschädigt hat) unmöglich geworden sei, so habe die Klägerin trotzdem nach § 324 B.G.B. den Anspruch auf den Kaufpreis behalten, sofern die Unmöglichkeit infolge eines vom Beklagten zu vertretenden Umstandes eingetreten sei. Das sei hier der Fall. Der Brand sei durch Fahrlässigkeit des Sohnes des Beklagten August K. entstanden; dessen Verschulden habe der Beklagte nach § 278 B.G.B. zu vertreten; ein von der Klägerin zu vertretendes Verschulden als Ursache des Brandes könne daneben nicht für vorliegend angesehen werden.

Diese Ausführungen sind nicht geeignet, das Berufungsurteil zu tragen; sie beruhen, wie der Revisionskläger mit Recht rügt, auf einer Verkennung des § 243 B.G.B. Der Berufungsrichter, der zutreffend von dem Vorliegen des Kaufs einer „nur der Gattung nach bestimmten Sache" ausgeht, nimmt an, daß die Klägerin schon dadurch, daß sie Maschinen von der im Vertrage vorgesehenen Gattung dem Beklagten tatsächlich geliefert habe, das zur Leistung ihrerseits Erforderliche getan und so das Schuldverhältnis auf die von ihr gelieferte Sache beschränkt habe. Das ist, in dieser Ausdehnung und Allgemeinheit, nicht zutreffend. Wer eine nur der Gattung nach bestimmte Sache schuldet, hat seinerseits die Sache, die er liefern will, aus der Gattung zu entnehmen; er kann aber nicht irgend eine beliebige Sache aussuchen, sondern er muß, wenn über die Beschaffenheit der Gattung sonst nichts bestimmt ist, eine brauchbare Sache, und zwar eine solche von mittlerer Art und Güte, und, wenn für die, obwohl nur der Gattung nach bestimmte, Sache noch besondere Eigenschaften innerhalb der Gattung vereinbart sind, eine Sache mit diesen Eigenschaften auswählen. Das zur Leistung seinerseits Erforderliche hat er nur dann getan, wenn die von ihm ausgewählte (und gelieferte) Sache den gesetzlichen und vertraglichen Erfordernissen entspricht; nur unter dieser Voraussetzung beschränkt sich das Schuldverhältnis auf die spezielle, von ihm individuell bestimmte Sache. Wo aber eine den Gesetzen oder dem Vertrage entsprechende Gattungssache nicht ausgewählt war, hat der Schuldner das seinerseits Erforderliche nicht getan; das Schuldverhältnis hat sich auf eine bestimmte Sache, die Spezies, noch nicht beschränkt (konzentriert), und der Schuldner kann daher auf die Gegenleistung noch keinen Anspruch erheben, wenn auch die Sache, durch deren Lieferung er den Vertrag erfüllen wollte, die aber dazu nicht geeignet war, infolge eines vom Gläubiger zu vertretenden Umstandes untergeht. Mit dem Geleisteten hatte der Schuldner das Erforderliche noch nicht getan; durch den Untergang des Geleisteten ist die ihm obliegende Leistung, nämlich die (vertragsmäßige) Leistung einer Gattungssache, nicht unmöglich geworden.

Im vorliegenden Falle hatte der Beklagte ausdrücklich bestritten, daß ihm eine den Vertragsbedingungen entsprechende und überhaupt eine brauchbare Sache geliefert worden sei, und der Berufungsrichter hat Gegenteiliges nicht festgestellt. Er führt im Verlaufe der von ihm für seine Entscheidung gegebenen Gründe selbst aus, daß die Klägerin für die vom Beklagten behaupteten Mängel nach den gesetzlichen Bestimmungen (§§ 459 flg. B.G.B.), und nach Maßgabe der im Vertrage zugesicherten Eigenschaften zu haften gehabt habe (bei deren Fehlen der Beklagte die Übernahme der Maschinen abzulehnen berechtigt gewesen sei); er hat sich aber, obwohl er auch die Übernahme als Erfüllung durch den Beklagten dahingestellt läßt, jeder weiteren Prüfung der Sache — insbesondere auch nach der Richtung hin, ob die Klägerin vertragsmäßig angeboten hatte, und der Beklagte durch Ablehnung der Annahme in Gläubigerverzug gekommen wäre (§ 300 Abs. 2 B.G.B.) — für überhoben erachtet, und dies lediglich um deswillen, weil das Schuldverhältnis sich durch Lieferung von Maschinen der vereinbarten Gattung auf die tatsächlich gelieferten Maschinen beschränkt gehabt, und die Klägerin trotz deren Untergangs den Anspruch auf die Gegenleistung nach § 324 B.G.B. behalten habe. Das ist nach dem Vorbemerkten rechtsirrtümlich.

Nun soll freilich, worauf die Revisionsbeklagte hingewiesen hat, die von der Klägerin dem Beklagten gelieferte Sache durch einen vom Beklagten zu vertretenden Umstand teils untergegangen, teils erheblich beschädigt sein. Das würde nicht den Klaganspruch rechtfertigen. Es könnten daraus für die Klägerin Schadensersatzansprüche entstanden sein; diese Schadensersatzansprüche würden sich aber in keiner Weise (nicht tatsächlich und nicht rechtlich) mit der hier geltend gemachten Kaufpreisforderung decken, so daß nicht zu prüfen ist, ob solche Schadensansprüche der Klägerin (gegen den Beklagten) nach der in dem Berufungsurteil getroffenen Feststellung für begründet zu erachten wären." ...

94. Hat die Bestätigung einer wegen Irrtums anfechtbaren Ehe nicht nur die Entdeckung des Irrtums, sondern auch die Kenntnis von dem Anfechtungsrechte selbst zur Voraussetzung?
B.G.B. §§ 144 Abs. 1, 1337 Abs. 2.

IV. Zivilsenat. Urt. v. 12. November 1908 i. S. H. (Kl.) w. Ehefr. H. (Bekl.). Rep. IV. 69/08.

I. Landgericht I Berlin.
II. Kammergericht daselbst.

Der Kläger hat sich am 14. Februar 1907 mit der Beklagten verheiratet. Mehrere Jahre vorher hatte die Beklagte ein von einem anderen Manne erzeugtes Kind geboren. Dies gestand sie in der

Hochzeitsnacht dem Kläger ein. Der Kläger hat jedoch das eheliche Zusammenleben und insbesondere auch den ehelichen Verkehr mit der Beklagten noch bis zum 27. März 1907 fortgesetzt. Dann aber erhob er im Mai 1907 Klage und beantragte, die Ehe für nichtig zu erklären, weil er sich bei der Eheschließung über die Jungfräulichkeit der Beklagten im Irrtum befunden habe.

Das Landgericht wies die Klage ab, weil es in dem Verhalten des Klägers nach der Entdeckung des behaupteten Irrtums eine Bestätigung der Ehe erblickte. Das Kammergericht wies aus gleichem Grunde die Berufung zurück.

Die Revision des Klägers wurde zurückgewiesen, aus folgenden

Gründen:

„Über die Frage, ob im gegebenen Falle die Voraussetzungen einer Anfechtung der Ehe wegen Irrtums gemäß § 1333 B.G.B. vorgelegen haben, ist in den Vorinstanzen keine Entscheidung getroffen. Dem Einwande aber, daß der Kläger nach der Entdeckung des behaupteten Irrtums die Ehe bestätigt habe (§ 1337 Abs. 1 B.G.B.), stellte der Kläger in den Vorinstanzen die Behauptung entgegen, er habe, als er die eheliche Lebensgemeinschaft mit der Beklagten trotz ihres Geständnisses fortsetzte, nicht gewußt, daß er dieses Irrtums wegen die Ehe anfechten könne. Er führte dabei Tatsachen an, aus denen seine damalige Nichtkenntnis von dem Anfechtungsrechte ersichtlich sein sollte. Der Berufungsrichter hat diesem Vorbringen des Klägers die rechtliche Erheblichkeit abgesprochen. Er nimmt an, daß die Bestätigung zwar eine Kenntnis von dem Anfechtungsgrunde, also von der das Anfechtungsrecht begründenden Tatsache, nicht aber auch die Kenntnis von dem Anfechtungsrechte selbst zur Voraussetzung habe.

Die Rüge der Revision, der Berufungsrichter habe die §§ 1337 flg. B.G.B., insbesondere durch unrichtige Anwendung des § 1337 Abs. 2, verletzt, ist nicht begründet.

Allerdings hat die Bestätigung eines anfechtbaren Rechtsgeschäfts ihrem Begriffe nach zur Voraussetzung, nicht nur daß der Anfechtungsberechtigte mit der ihn zur Anfechtung berechtigenden Tatsache bekannt, sondern auch daß er in gewissem Maße sich seines Anfechtungsrechtes selbst bewußt ist. Sie besteht in der Kundgebung des Willens, bei dem Rechtsgeschäfte ungeachtet seiner Anfechtbarkeit stehen zu bleiben. Die Bestätigung kommt daher sachlich einem Verzichte auf das Anfechtungsrecht gleich und erfordert wie dieser, daß der Bestätigende übersieht was er durch seine Willenskundgebung preisgibt, also entweder das Anfechtungsrecht kennt, oder doch zum mindesten von der Vorstellung aus handelt, es könne ihm möglicherweise ein Recht zustehen, dessen er sich für den Fall seines Bestehens begebe. Dies steht in der reichsgerichtlichen Rechtsprechung bereits insoweit fest, als es sich um eine Bestätigung anfechtbarer Rechtsgeschäfte nach § 144 Abs. 1 B G.B. handelt (vgl. Urteil des Reichsgerichts vom 20. Mai 1908, Rep. V. 372/07, Entsch. in Zivils. Bd. 68 S. 398flg. und die daselbst angegebenen weiteren reichsgerichtlichen Entscheidungen). Es gilt aber ebenso für die Bestätigung einer anfechtbaren Ehe. Denn in dieser Beziehung fehlt es an einem inneren Grunde, den Rechtsvorgang der Bestätigung seinem Wesen nach in einer von den allgemeinen Grundsätzen des Gesetzbuchs abweichenden Weise zu bestimmen, und es läßt sich auch nicht ersehen, daß eine derartige Abweichung in der Absicht der Gesetzgebung gelegen hätte (vgl. vielmehr die Motive zu § 1263 I. Entw. S. 90). Der anfechtungsberechtigte Ehegatte bestätigt also die Ehe im Sinne des § 1337 Abs. 2 B.G.B. dann, wenn er, nachdem er von der die Anfechtung begründenden Tatsache Kenntnis erlangt, oder von dem die Anfechtung begründenden Zwange befreit ist, im Hinblick auf das ihm möglicherweise zustehende Anfechtungsrecht den Entschluß faßt, die Ehe aufrecht zu erhalten und diesen Entschluß, wenn nicht in Worten, so doch stillschweigend durch sein äußeres Verhalten zu erkennen gibt.

Nun hat aber bereits in dem vorhin erwähnten Urteile vom 20. Mai 1908 der V. Zivilsenat des Reichsgerichts darauf hingewiesen, daß in gewissen Fällen mit der Kenntnis von der die Anfechtung begründenden Tatsache ohne weiteres auch die Kenntnis von der Anfechtbarkeit gegeben sei. Der jetzt erkennende Senat trägt kein Bedenken, dieses grundsätzliche Zusammenfallen der Kenntnis von dem Anfechtungsgrunde mit dem für die Bestätigung erforderlichen Mindestgrade einer Kenntnis von dem Anfechtungsrechte überall da als vorhanden anzunehmen, wo es sich um die Anfechtung einer Ehe wegen Irrtums handelt. Denn jeder Irrtum, der nach § 1333 B.G.B. einen geeigneten Grund zur Anfechtung der Ehe bildet, ist von so schwerwiegender Art, daß wer immer eine Ehe eingeht, bei seiner Entdeckung sich zum mindesten dessen bewußt sein muß, es bestehe nach der Rechtsordnung irgend ein Mittel, mittels dessen er sich von der Fessel einer unter solchen Umständen eingegangenen Ehe zu befreien vermöge. Daß dieses Bewußtsein sich bereits zu einer genaueren Vorstellung von dem Wesen, dem Inhalt und den gesetzlichen Bedingungen der Anfechtung entwickelt hat, ist zur Herstellung der Voraussetzungen einer Bestätigung nicht erforderlich. Legt daher ein Ehegatte, nachdem er einen derartigen Irrtum entdeckt hat, ein Verhalten an den Tag, worin der Wille, die Ehe fortzusetzen, seinen unzweideutigen Ausdruck findet, tut er dies insbesondere in der Weise, daß er, unbeirrt durch die gemachte Entdeckung, längere Zeit hindurch die Rechte eines Ehegatten dem anderen Teile gegenüber in Anspruch nimmt und ausübt, so bestätigt er damit die Ehe. Mag immerhin die Entdeckung einer Tatsache, die den Eheschließungswillen entscheidend zu beeinflussen geeignet gewesen wäre, noch nicht in allen Fällen ihm auch volle Klarheit über die sich aus dem Irrtum ergebenden Rechte verschaffen, so entspricht es doch sowohl dem allgemeinen sittlichen Empfinden wie auch den aus dem Wesen der Ehe herzuleitenden Rechtsgrundsätzen, daß ein Ehegatte bei einer derartigen Handlungsweise sich nicht darauf berufen kann, er habe ohne das Bewußtsein und ohne die Absicht gehandelt, jene Rechte, worin immer sie bestehen möchten, aufzugeben.

Hiernach ist der Senat dem Berufungsrichter, wenngleich nicht in der Begründung, so doch jedenfalls dem Ergebnisse nach darin beigetreten, daß der Kläger gegenüber dem Einwande, er habe nach der Entdeckung des von ihm behaupteten Irrtums durch wochenlange Fortsetzung der ehelichen Lebensgemeinschaft die Ehe bestätigt, mit der Behauptung, er sei über sein Anfechtungsrecht nicht unterrichtet gewesen, nicht gehört werden durfte. Es versagt darum auch die weitere Rüge der Revision, daß durch die Ablehnung des für diese Behauptung angebotenen Beweises § 286 Z.P.O. verletzt sei." ...

---

95. Kann der Widerruf eines Privattestaments durch Einreißen der Testamentsurkunde oder durch Entfernung eines aufgedruckten Privatsiegels erklärt werden?

B.G.B. § 2255.

IV. Zivilsenat. Urt. v. 12. November 1908 i. S. B. u. Gen. (Bekl.) w. B. u. Gen. (Kl.). Rep. IV. 93/08.

I. Landgericht Stettin.
II. Oberlandesgericht daselbst.

Aus den Gründen:

„Der Berufungsrichter stellt fest, daß der Erblasser selbst das im B.'schen Nachlasse vorgefundene Privattestament, im zusammengefalteten Zustande, von jeder Seite her einmal gewaltsam eingerissen hat, so daß es, ausgebreitet, vier durch den Text der Urkunde durchlaufende Risse aufweist. Er läßt überdies als möglich zu, daß auch ein am Fuße der Urkunde vorhanden gewesenes Lacksiegel, dessen Spuren noch erkennbar sind, vom Erblasser selbst entfernt worden ist. Endlich läßt er dahingestellt, ob der Erblasser mit alledem das Testament habe widerrufen wollen und der Meinung gewesen sei, hierdurch seine Widerrufsabsicht genügend deutlich zum Ausdruck gebracht zu haben. Er spricht den mit der Urkunde vorgenommenen Handgriffen die Widerrufswirkung ab, weil das Einreißen einer Urkunde sich nicht im Sinne von § 2255 Abs. 2 B.G.B. als eine Veränderung darstelle, durch die der Wille, eine schriftliche Willenserklärung aufzuheben, ausgedrückt zu werden pflege.

Dem Berufungsrichter ist zuzugeben, daß in den Fällen des § 2255 der bloße Aufhebungswille des Erblassers nicht ausreicht, daß dieser Wille vielmehr auch objektiv einen den Erfordernissen des Gesetzes entsprechenden Ausdruck gefunden haben muß. Wenn sich das Gesetz selbst in dieser Hinsicht näherer Bestimmungen enthält und statt dessen auf allgemeine Gepflogenheiten verweist, so erteilt es damit nichtsdestoweniger eine Formvorschrift. Die Frage, ob diese Vorschrift richtig angewendet worden ist, steht deshalb zur freien Beurteilung des Revisionsgerichts, um so mehr als der Berufungsrichter im Streitfalle keineswegs auf Gewohnheiten örtlich oder nach anderen Merkmalen abgegrenzter Personenkreise, sondern lediglich auf die allgemeine Übung Bezug nimmt.

Nun dürfen aber von vornherein nicht allzustrenge Anforderungen an den Umfang der hier in Betracht kommenden Gepflogenheiten gestellt werden. Das Aufheben schriftlicher Willenserklärungen gehört nicht zu den alltäglichen Vorkommnissen des Privatlebens. Auch kann zugegeben werden, daß man zu diesem Zwecke in der Regel Mittel anwendet, die wie Durchstreichen, Durchreißen, Zerschneiden, Austilgen, Unleserlichmachen (so Begründung zum ersten Entwurf des Bürgerlichen Gesetzbuchs Bd. 5 S. 301) den Aufhebungswillen nahezu unzweideutig zum Ausdruck bringen. Aber gegenüber der absichtlich allgemein gehaltenen Fassung des Gesetzes sind auch minder häufig vorkommende Anwendungsfälle in Betracht zu ziehen. Nun ist es z. B. eine bekannte Tatsache, daß bei den Behörden der freiwilligen Gerichtsbarkeit amtliche Urkunden, deren Zweck sich erledigt hat, deren Inhalt aber aus irgend welchem Grunde auch künftig wichtig werden kann, zur Kenntlichmachung der Ungültigkeit mit Scherenschnitten versehen („kassiert") und in dieser Gestalt bei den Akten aufbewahrt zu werden pflegen. Es kann auch nicht bestritten werden, daß im Geschäfts- wie im Privatverkehr gar nicht selten mit Wechseln, Briefen und anderen Urkunden zu gleichen Zwecken in gleicher Weise verfahren wird. Ebenso gewiß ist, daß eine solchergestalt verstümmelte Urkunde nach allgemeinen Verkehrsanschauungen den stärksten Zweifeln an ihrer Gültigkeit begegnet. Dies gilt in erhöhtem Maße von der Urschrift einer Verfügung von Todes wegen, bei der eine äußerlich unversehrte Beschaffenheit der Urkunde als für ihre Gültigkeit nahezu selbstverständlich vorausgesetzt wird.

Hierzu kommt, daß — wie für die Revision unterstellt werden muß — der Erblasser sich mit dem Einreißen des Testaments nicht einmal begnügt, sondern außerdem auch sein darauf gedrücktes Siegel von der Urkunde wieder entfernt hat. War auch das Siegel zur Gültigkeit des Testaments nicht erforderlich, so kann doch der Aufdruck kaum in anderer Absicht geschehen sein, als um nach einer von altersher verbreiteten Sitte die Rechtsbeständigkeit des Testaments mit einer gewissen Feierlichkeit zum Ausdruck zu bringen. Unter diesen Umständen konnte zum mindesten in Verbindung mit dem Einreißen der Urkunde auch die Entfernung des Siegels als Veränderung im Sinne des § 2255 aufgefaßt werden. Es ist mithin rechtsirrtümlich, wenn der Berufungsrichter in dieser letzteren Beziehung einer Feststellung überhoben zu sein glaubt, und wenn er das Einreißen der Testamentsurkunde grundsätzlich nicht als Veränderung im Sinne von § 2255 gelten lassen will. Das Berufungsurteil mußte aus diesen Gründen aufgehoben, und die Sache zur weiteren Verhandlung und Entscheidung, unter Berücksichtigung insbesondere der a. a. O. in Abs. 2 erteilten Beweisregel, an die Vorinstanz zurückverwiesen werden." ...

96. Übertragung des gegenwärtigen Vermögens einer Person auf einen Anderen im Sinne von § 419 B.G.B. Ist zur Gültigkeit eines solchen Vertrages immer die Beobachtung der Formvorschrift des § 311 B.G.B. erforderlich? Haftet der Vermögensübernehmer für Schulden des Veräußerers aus einer Ausfallbürgschaft auch dann, wenn zur Zeit der Übertragung noch ungewiß war, ob der Gläubiger an seiner Forderung bei dem Hauptschuldner einen Ausfall erleide?

VI. Zivilsenat. Urt. v. 12. November 1908 i. S. Sch. (Bekl.) w. van Dr. Wwe. (Kl.). Rep. VI. 633/07.

I. Landgericht Hagen.
II. Oberlandesgericht Hamm.

Aus den Gründen:

... „Der Metzger Johann Sch. in A. schuldet der Klägerin aus einem Darlehn 12000 *M* samt Zinsen, für das ein ihm gehörig gewesenes Grundstück verpfändet war. Durch Urkunde vom 5. April 1900 hat der Beklagte zu 1 für den Ausfall, den die Klägerin etwa an dieser Hypothek erleiden sollte, bis zur Höhe von 6000 *M* selbstschuldnerische Bürgschaft übernommen. Bei der im Dezember 1906 erfolgten Zwangsversteigerung des Pfandgrundstücks ist die Hypothek ausgefallen; der Schuldner ist völlig mittellos.

Die Klägerin hat im gegenwärtigen Prozesse den Beklagten zu 1 als Bürgen wegen Bezahlung der 6000 *M* s. A. in Anspruch genommen; er ist auch nach dem Klagantrage in erster Instanz verurteilt worden, und diese Entscheidung ist in Rechtskraft übergegangen.

Die Klägerin meint aber die Bezahlung der 6000 *M* auch von dem Beklagten zu 2 fordern zu können, und stützt sich hierfür auf einen zwischen den beiden Beklagten am 6. Februar 1906 privatschriftlich geschlossenen Vertrag. Nach diesem verkaufte und übertrug der Beklagte zu 1 „seine sämtlichen, das Landgut zu S. umfassenden Immobilien zum Werte von 15200 ℳ, sowie sämtliche vorhandenen Mobilien und Moventien, Vieh- und Feldinventarium zum Werte von 6000 ℳ" an seinen Neffen, den Beklagten zu 2, zu vollem und freiem Eigentum. Der Beklagte zu 2 akzeptierte „diese Vermögensübertragung", übernahm die auf dem Gute haftende Hypothek von 16200 ℳ und verpflichtete sich, den Beklagten zu 1 in gesunden und kranken Tagen vollständig zu alimentieren, ihm in dem Wohnhause des Gutes zwei Stuben nebst den zu ihrer Ausstattung erforderlichen Möbeln unentgeltlich einzuräumen, und ihm auf Verlangen auch ein Taschengeld bis zur Höhe von 30 ℳ monatlich zu entrichten, endlich ihn nach seinem Ableben standesgemäß beerdigen zu lassen. Bestimmt war dabei, daß „für diese Leibzucht und Präſtation" 5000 ℳ als Wert auf den Kauf- und Übernahmepreis angerechnet werden, und dieser hierdurch sowie durch die geschehene Schuldübernahme als vollständig ausgeglichen gelten solle. Der Beklagte zu 2 bekennt in der Urkunde, daß die Besitzübergabe bewirkt sei; die Auflassung ist am 13. Februar, die Eintragung im Grundbuche am 17. Februar 1906 erfolgt.

Die Klägerin macht geltend, daß danach der Beklagte zu 2 nach § 419 B.G.B. für die Bürgschaftsschuld des Beklagten zu 1 aufzukommen habe. Das Berufungsgericht hat, abweichend von der ersten Instanz, welche die Klage gegen den Beklagten zu 2 abgewiesen hat, den Klaganspruch gegen diesen auf Grund der angezogenen Gesetzesbestimmung für begründet erachtet und daher auch den Beklagten zu 2 zur Zahlung der geforderten 6000 ℳ nebst Zinsen verurteilt.

In dem Berufungsurteil ist in tatsächlicher Beziehung noch festgestellt, daß der Beklagte zu 1 durch den Vertrag vom 6. Februar 1906 sein gesamtes Aktivvermögen mit Ausnahme von nur einzelnen Gegenständen, wie Kleidungsstücken und ähnlichem, auf den Beklagten zu 2 übertragen habe und infolge der Vermögensübertragung unpfändbar geworden sei. In rechtlicher Beziehung gehen die Ausführungen der Vorinstanz im wesentlichen dahin:

Für die Anwendung des § 419 sei erforderlich, daß in rechtsgültiger Weise ein obligatorischer Vertrag zustande gekommen sei, durch den sich der eine Teil zur Übertragung seines ganzen Vermögens oder eines Bruchteils davon auf den andern Teil verpflichtet habe; solche Verträge könnten rechtswirksam nur durch gerichtliche oder notarielle Beurkundung geschlossen werden (§ 311 B.G.B.). Daraus folge streng genommen, daß, wenn diese Form nicht gewahrt sei, auch die zur Ausführung des getroffenen Abkommens vorgenommenen rechtsgeschäftlichen Akte, insbesondere die Übertragung von Eigentum durch Auflassung oder Übergabe, nichtig seien, soweit nicht anzunehmen sei, daß sie auch ohne die sonstigen Vereinbarungen vorgenommen worden wären.

Anders liege aber die Sache, wenn der Veräußerer sein Vermögen nicht als ganzes oder zu einem Bruchteile dem Erwerber übertrage, sondern diesem die einzelnen, das Vermögen bildenden Wertobjekte durch einzelne Übertragungsakte in der für diese genügenden Form übereigne. Wollte man annehmen, daß in solchen Fällen die Haftung dessen, dem in Wahrheit das ganze Vermögen übertragen worden sei, nicht begründet werde, so würde die Absicht, die der Gesetzgeber bei der in § 419 gegebenen Vorschrift verfolgt habe, leicht vereitelt werden können. Es müsse daher angenommen werden, daß zur Anwendung der Vorschrift des § 419 die tatsächliche Übertragung des Aktivvermögens genüge. Im vorliegenden Falle liege ein Vertrag, durch den das Vermögen des Beklagten zu 1 als ein ganzes mit Gut und Schuld auf den Beklagten übertragen wurde, nicht vor; wohl aber habe er sich dadurch seines ganzen Aktivvermögens mit geringfügiger Ausnahme zugunsten des Beklagten zu 2 entäußert.

Die hiergegen gerichteten Revisionsangriffe haben, obwohl den Erwägungen der Vorinstanz nicht in allen Punkten beigetreten werden kann, keinen Erfolg haben können. Der erkennende Senat hat schon in einem Urteil vom 22. Juni 1908, Rep. VI. 394/07 [1], ausgesprochen, daß die Anwendung der Vorschrift in § 419 B.G B. nicht auf Verträge zu beschränken ist, in denen derjenige, welchem ein anderer sein ganzes gegenwärtiges Vermögen oder einen Bruchteil davon übertragen hat, die Schulden des Verkäufers übernommen hat. Daran ist festzuhalten.

Das Abkommen, wonach der Vermögensübernehmer sich ver-

[1] Gedruckt oben als Nr. 64, S. 283. D. R.

pflichtet, die Gläubiger des Veräußerers zu befriedigen, ist eine sog. Erfüllungsübernahme, deren rechtliche Wirkungen nach den Bestimmungen in §§ 328, 329 B.G.B. zu beurteilen sind. Nach diesen ist im Zweifel nicht anzunehmen, daß durch eine solche Vereinbarung ein selbständiges Recht der Gläubiger gegen den Übernehmer begründet werden soll; andererseits hat, wenn die Absicht der Vertragschließenden auf die Begründung eines solchen Rechts gerichtet war, der Übernehmer, sofern der Vertrag oder die begleitenden Umstände nicht ein anderes ergeben, den Gläubigern mit seinem ganzen Vermögen zu haften. Durchaus abweichend sind in § 419 die rechtlichen Folgen des dort behandelten Rechtsgeschäfts geregelt. Die Haftung des Vermögensübernehmers tritt ganz unabhängig von dem Willen der Vertragschließenden ein, und sie beschränkt sich andererseits auf den Bestand des übernommenen Vermögens. Danach kann es nicht als der Sinn des § 419 angesehen werden, daß die dort bestimmten Verpflichtungen des Vermögensübernehmers Ausfluß einer zwischen ihm und dem Veräußerer vereinbarten Erfüllungsübernahme sein sollen; es ist vielmehr anzunehmen, daß sie ohne Rücksicht darauf entstehen, ob mit der Übertragung des Aktivvermögens des Veräußerers die Übernahme seiner Schulden von seiten des Erwerbers des Vermögens verbunden worden ist oder nicht. Zu dieser Auffassung führt auch, wie in dem angezogenen Urteile vom 22. Juni 1908 des näheren ausgeführt ist, die Entstehungsgeschichte des § 419; sie ergibt sich aus den Erwägungen, die zur Aufnahme des darin ausgesprochenen Rechtssatzes in das Bürgerliche Gesetzbuch geführt haben, und entspricht dem praktischen Bedürfnis, dem dieser Rechtssatz Rechnung tragen soll.

Eine Vermögensübertragung in dem vorstehend bezeichneten Sinne liegt nach dem festgestellten Sachverhältnis vor. Der Beklagte zu 1 hat das Gut, das ihm gehörte, mit allem Zubehör und auch seine sonstige Habe in der Weise an den Beklagten zu 2 überlassen, daß ihm nur die notwendigen Kleidungsstücke und einige wenige geringwertige, der Pfändung entzogene Sachen verblieben; die Beklagten waren sich dieses Sachverhalts, wie unbestritten ist, auch bewußt. Ebenso muß als unstreitig angesehen werden, daß der Vertrag vom 6. Februar 1906 nicht ein Verkauf in dem Sinne sein sollte, daß der Beklagte zu 1 für das, was er hingab, eine auch nur annähernd gleichwertige Gegenleistung empfangen sollte. Von der Klägerin ist behauptet worden, allein das veräußerte Gut habe einen Wert von 60000 bis 70000 *M* gehabt; der Beklagte hat sich darüber nicht ausdrücklich erklärt, und seine Auslassungen lassen zum mindesten erkennen, er wolle nicht bestreiten, daß was er durch den Vertrag erhalten hat, an Wert weitaus die Leistungen übersteige, die er seinerseits übernahm. Danach hat den Gegenstand des Vertrages die Übertragung des Vermögens des Beklagten zu 1 gebildet, indem er die Gesamtheit der unbeweglichen und beweglichen Sachen, die er besaß, mit verschwindenden Ausnahmen dem Beklagten zu 2 überließ, und zwar in der Weise, daß diese Vermögensobjekte nicht etwa gegen eine gleichwertige oder von den Beteiligten auch nur für gleichwertig erachtete Gegenleistung hingegeben wurden, der Beklagte zu 1 vielmehr sich der sein Vermögen bildenden Werte in der Hauptsache zugunsten des Beklagten zu 2 entäußerte. Auf ein derartiges Rechtsgeschäft hat die Bestimmung in § 419 unzweifelhaft Anwendung zu finden.

Die Revision meint, wenn dies der Fall sei, so habe der Vertrag vom 6. Februr 1906 der in § 311 B.G.B. vorgeschriebenen Form bedurft; er sei dann, weil diese nicht gewahrt worden sei, nichtig; es hätte aber geprüft werden müssen, ob nicht gemäß § 139 B.G.B. einzelne Teile des Vertrags, insbesondere die Gutsüberlassung, als rechtsgültig anzusehen seien; jedenfalls aber sei dann die Anwendung des § 419 ausgeschlossen. Dem ist nicht beizutreten. Die Bestimmung in § 311 ist nur auf Verträge zu beziehen, in denen sich jemand verpflichtet, die Gesamtheit seines gegenwärtigen Vermögens oder einen Bruchteil davon einem anderen zu übertragen. Die Wirksamkeit von Rechtsgeschäften, welche die Veräußerung eines einzelnen Vermögensstücks oder auch einer Mehrheit von solchen, die von den Beteiligten speziell ins Auge gefaßt und bezeichnet sind, zum Gegenstand haben, wird durch die Bestimmung in § 311 nicht berührt. Sie sind, sofern die sonstigen etwa in Betracht kommenden Formvorschriften beobachtet sind, oder ihr Mangel geheilt ist, gültig, auch wenn die einzelnen veräußerten Gegenstände tatsächlich das ganze Vermögen des Veräußerers ausmachen, und die Beteiligten sich dessen bewußt sind. Das Anwendungsgebiet des § 311 deckt sich nicht mit dem des § 419; das des letzteren geht vielmehr über dasjenige des § 311 hinaus. Es besteht auch zwischen ihnen kein innerer Zusammenhang; insbesondere haben die Gründe, auf denen die Formvorschrift des § 311 beruht, mit den Erwägungen, die zur Aufstellung des in § 419 enthaltenen Rechtssatzes geführt haben, nichts gemein.

Von der Revision ist weiter geltend gemacht worden, jedenfalls könne die Klägerin Bezahlung der ihr gegen den Beklagten zu 1 zustehenden Forderung nicht verlangen, da diese Forderung zu der Zeit, wo der Vertrag vom 6. Februar 1906 geschlossen wurde, noch nicht bestanden habe. Es handele sich um eine Ausfallbürgschaft; diese sei ein Rechtsgeschäft, bei dem die Entstehung der Verpflichtung des Bürgen durch den Eintritt des Ausfalls aufschiebend bedingt sei, und die Bedingung sei erst nach dem Abschluß jenes Vertrags eingetreten.

Auch dieser Angriff ist nicht begründet, selbst wenn man davon ausgeht, daß die Ausfallbürgschaft ein aufschiebend bedingtes Rechtsgeschäft ist. Allerdings wird, wenn eine Verpflichtung unter einer aufschiebenden Bedingung übernommen worden ist, diese Verpflichtung nach § 158 Abs. 1 B.G.B. erst mit dem Eintritt der Bedingung rechtswirksam. Allein der Rechtsgrund für sie ist schon durch den Abschluß des bedingten Vertrages gelegt; der bedingt Berechtigte ist auch für den Fall, daß die Bedingung eintritt, in gewissem Umfange gegen Verfügungen geschützt, die der bedingt Verpflichtete vor dem Eintritte der Bedingung getroffen hat (§§ 160, 161 B.G.B.). Dementsprechend unterscheidet das Gesetz ausdrücklich zwischen bedingten und zukünftigen Forderungen (§§ 765, 1113, 1204, 1209 B.G.B.) und behandelt die ersteren in verschiedenen Sonderbestimmungen als bereits bestehende Ansprüche. So werden im Konkurse, obwohl die Konkursmasse nur zur Befriedigung derjenigen persönlichen Gläubiger dienen soll, welche einen zur Zeit der Eröffnung des Verfahrens begründeten Vermögensanspruch an den Gemeinschuldner haben, aufschiebend bedingte Forderungen berücksichtigt (§ 67, verb. mit §§ 154, 156, 168 Nr. 2, 169, auch § 96 K.O.), und dasselbe geschieht im Zwangsversteigerungsverfahren (§§ 48, 119 Zw.Verst.Ges.). Ebenso werden im Konkurse bedingte Forderungen des Gemeinschuldners zur Konkursmasse gezogen, obwohl diese nur dasjenige Vermögen des Gemeinschuldners umfaßt, welches ihm zur Zeit der Eröffnung des Verfahrens gehört. In Übereinstimmung hiermit werden im Verkehrsleben Verpflichtungen einer Person, die von einer aufschiebenden Bedingung abhängen, als bereits bestehende Belastungen ihres Vermögens angesehen und behandelt, ausgenommen höchstens Fälle, in denen der Eintritt der Bedingung außerhalb des Bereichs jeder Wahrscheinlichkeit liegt. Danach ist der Annahme des Berufungsgerichts beizutreten, daß im Sinne des § 419 zu den zur Zeit des Abschlusses des auf die Vermögensübernahme gerichteten Vertrags bestehenden Ansprüchen auch Forderungen zu rechnen sind, die von einer zu dieser Zeit noch nicht eingetretenen Bedingung abhängig sind.

Vgl. auch Oertmann, Schuldverhältnisse, 2. Aufl. Bem. 4 zu § 419, und die Bemerkungen zu § 1086 B.G.B. in den Kommentaren von Planck, v. Staudinger, Biermann." ...

---

97. 1. Steht dem aus §§ 426 Abs. 1, 830 und § 840 Abs. 1 B.G.B. erhobenen Ausgleichungsanspruche der Umstand entgegen, daß in einem Vorprozesse die Klage des Verletzten gegen den jetzt als Gesamtschuldner auf Ausgleichung Belangten rechtskräftig abgewiesen worden ist?

2. Unterliegt der vorerwähnte Ausgleichungsanspruch der kurzen Verjährung nach § 852 B.G.B.?

VI. Zivilsenat. Urt. v. 16. November 1908 i. S. A. u. Gen. (Bekl.) w. G. (Kl.). Rep. VI. 607/07.

I. Landgericht Traunstein.
II. Oberlandesgericht München.

Am 29. Oktober 1902 wurde bei einer Treibjagd der als Treiber beteiligte Bauernsohn Josef M. durch einen Schrotschuß ins Auge getroffen. Er belangte mit einer im Oktober 1903 erhobenen Klage vier der am Treibjagen beteiligt gewesenen Schützen auf Schadensersatz. Das Landgericht wies durch Urteil vom 27. Juni 1904 die Klage ab. Dieses Urteil wurde gegenüber den Beklagten A. und Ludwig M. rechtskräftig. Dagegen wurde im weiteren Verlaufe jenes Rechtsstreites der damalige Mitbeklagte G. zur Zahlung von Kurkosten und einer jährlichen Rente an den Verletzten verurteilt. Sodann nahm G. den A. und den Ludwig M. als neben ihm haftende Gesamtschuldner auf Ausgleichung wegen der von ihm gezahlten und noch zu zahlenden Beträge in Anspruch. Das Landgericht wies die Klage ab. Dagegen verurteilte das Berufungsgericht die genannten Beklagten, dem Kläger G. je ein Drittel der von ihm bezahlten Beträge und weiterhin an den Verletzten zu entrichtenden Renten zu ersetzen. Die Revision der Beklagten wurde zurückgewiesen, aus folgenden

Gründen:

„Das Berufungsgericht nimmt an, daß die Beklagten A. und Ludwig M. zu dem Kläger G. in dem Verhältnisse von Beteiligten im Sinne von § 830 Abs. 1 Satz 2 B.G.B. ständen. Die vom Gesetze vorausgesetzte Gemeinsamkeit des Tuns habe hier darin bestanden, daß die unter sich und mit anderen Personen zu einer Jagdgesellschaft verbundenen Parteien beim Erscheinen eines aufgetriebenen Hasen in der ungefähren Richtung gegen den Hasen gleichzeitig oder fast gleichzeitig scharfe Schüsse abgaben. Eine unerlaubte Handlung liege auf seiten eines jeden der drei Beklagten vor....

Die Beklagten hatten dem Klaganspruch die Einrede der rechtskräftig entschiedenen Sache aus dem Urteile des Landgerichts in Sachen M. gegen G. und Gen. vom 27. Juni 1904 entgegengesetzt, die jedoch vom Berufungsgerichte verworfen worden ist. Die Einrede, führt dieses aus, wäre begründet, wenn sich die gegenwärtige Klage nur auf § 426 Abs. 2 B.G.B. stützte, in welchem Falle der zahlende Gesamtschuldner, auf den die Forderung des Gläubigers übergehe, als Rechtsnachfolger (§ 325 Z.P.O.) des letzteren erscheine. Hier sei aber der Ausgleichungsanspruch schlechthin, also auch derjenige aus § 426 Abs. 1 B.G.B., erhoben und insofern selbständig aus dem Gemeinschaftsverhältnisse der Gesamtschuldner begründet. Beide Ansprüche seien voneinander völlig unabhängig und könnten bis zur Befriedigung des Ausgleichungsanspruches ganz selbständig geltend gemacht werden. Es könne nicht gesagt werden, Kläger dürfe den ihm hiernach zustehenden Anspruch deshalb nicht mehr geltend machen, weil durch das in der früheren Sache ergangene rechtskräftige Urteil festgestellt sei, daß A. und Ludwig M. nicht „Gesamtschuldner" des fraglichen Schuldverhältnisses seien; denn diese Feststellung wirke eben nach der Natur der Rechtskraft nur im Verhältnisse des damaligen Klägers zu den genannten Beklagten; es sei nur die erfolgreiche Bestreitbarkeit der Richtigkeit unter den Parteien ausgeschlossen. Auch eine sog. Reflexwirkung des rechtskräftigen Urteils könne hier nicht in Frage kommen; denn der Anspruch des Klägers aus § 426 Abs. 1 B.G.B. sei nicht davon abhängig, ob Josef M. von A. und Ludwig M. tatsächlich etwas fordern könne, sondern ob eine Forderung objektiv bestehe.

Die Revision hat, indem sie Verletzung der §§ 426, 830, 840 B.G.B. rügt, die Richtigkeit der Deduktion des Berufungsgerichts zur Nachprüfung verstellt. Keinenfalls werde eine Bezugnahme auf § 425 B.G.B. genügen, um diese Ansicht zu rechtfertigen. Nach § 840 B.G.B. seien als Gesamtschuldner diejenigen haftbar, welche für den aus einer unerlaubten Handlung entstandenen Schaden „nebeneinander verantwortlich sind". Die Verantwortlichkeit der jetzigen Beklagten aber sei eben durch den rechtskräftigen Richterspruch im Vorprozesse verneint. Es ist indes — im Ergebnisse jedenfalls — der Auffassung des Berufungsgerichts beizutreten.

Durch Hinweis auf § 425 B.G.B. würde diese Auffassung allerdings noch nicht zu begründen sein. Diese Gesetzesvorschrift regelt im Zusammenhange mit §§ 422—424 die Einwirkung der die Erlöschung oder Veränderung einer Obligation herbeiführenden Tatsachen auf das Schuldverhältnis zwischen den Gesamtschuldnern und dem Gläubiger. Damit ist nicht entschieden, welchen Einfluß die betreffende Tatsache auf die Rechtsbeziehungen zwischen den Gesamtschuldnern hat. Dieses Rechtsverhältnis behandelt der § 426 B.G.B. Das Berufungsgericht hat aber darin Recht, daß der § 426 im ersten Absatze den Gesamtschuldnern gegeneinander einen selbständigen, von dem Rechtsübergang im Falle des zweiten Absatzes unabhängigen Ausgleichungsanspruch gewährt. Der Anspruch wurzelt in dem inneren Schuldverhältnisse, dem Gemeinschaftsverhältnisse, welches nach der den Bestimmungen des Bürgerlichen Gesetzbuchs zugrunde liegenden Anschauung zwischen den Gesamtschuldnern als solchen besteht (vgl. Motive zu § 337 des ersten Entwurfs Bd. 2 S. 169; Entsch. des R.G.'s in Zivils. Bd. 61 S. 60).

In dem Vorprozesse zwischen dem Verletzten und den von ihm als Schuldner in Anspruch Genommenen ist nicht über jenen Ausgleichungsanspruch und nicht zwischen den Gesamtschuldnern als Prozeßparteien entschieden worden. Daraus würde nach den Grundsätzen über die materielle Rechtskraft der Urteile (§§ 322, 325 Z.P.O.) ohne weiteres folgen, daß von einer Einrede der Rechtskraft aus dem klagabweisenden Urteile jenes Vorprozesses gegenüber der jetzt erhobenen Klage nicht die Rede sein kann. Die im Berufungsurteile berührte sog. Reflexwirkung des rechtskräftigen Urteils (vgl. Hellwig, Wesen und subjektive Begrenzung der Rechtskraft § 3 S. 21 flg.) das ist diejenige Bedeutung des rechtskräftigen Urteils, daß der durch dasselbe festgestellte Rechtszustand auch von Dritten als ein zwischen den Parteien des Prozesses bestehender anerkannt werden müsse,

vgl. Planck, Bürgerliches Gesetzbuch Bd. 1 Vorbemerkungen 3. Aufl. S. 43; Wach u. Laband, Zur Lehre von der Rechtskraft erstes Rechtsgutachten S. 9; vgl. auch Entsch. des R.G.'s in Zivils. Bd. 56 S. 77; anders Pagenstecher, in der Zeitschrift für Deutschen Zivilprozeß Bd. 37 S. 1 flg., 229 flg.,

würde in einem Falle der vorliegenden Art nicht die Folgerung rechtfertigen, der jetzige Kläger müsse als rechtskräftig festgestellt gegen sich gelten lassen, daß die Beklagten nicht Gesamtschuldner seien.

Ein Zweifel kann sich nur allenfalls aus den Vorschriften der §§ 426, 830, 840 B.G.B. selbst erheben; die Frage nämlich, ob nicht der Begriff des Gesamtschuldners und daher die Ausgleichungspflicht hier zur Voraussetzung haben, daß der Gläubiger gegen den betreffenden Schuldner einen wirklich verfolgbaren Anspruch hat, daß dieser dem Gläubiger auf Erfordern tatsächlich leisten muß. Diese Frage aber hat man mit dem Berufungsgerichte zu verneinen. Dem steht keinenfalls die Ausdrucksweise des § 840 B.G.B. entgegen. Das Bürgerliche Gesetzbuch behandelt das innere Schuldverhältnis der Gesamtschuldner als ein selbständig neben dem Rechtsverhältnisse zwischen dem Gläubiger und den Schuldnern hergehendes. Das zeigt sich auch in den Vorschriften des § 840 Abss. 2 und 3. In dem einen und dem anderen dieser getrennten Rechtskreise können sich die Beziehungen der Beteiligten verschieden gestalten; das bezüglich des einen Verhältnisses ergehende Urteil hat es mit dem anderen nicht zu tun (vgl. Motive a. a. O. zu § 327 des Entw. S. 160). Die Frage, ob und wieweit ein Ausgleichungsanspruch nach § 426 Abs. 1 B.G.B. besteht oder nicht besteht, ist in dem Streite über diesen Anspruch lediglich nach der in diesem Prozesse zu ermittelnden materiellen Rechtslage zu entscheiden. Wenn in dem früheren Prozesse einer der vom Gläubiger Belangten zu Unrecht als Gesamtschuldner verurteilt worden ist, so ist diese formelle Tatsache in seinem Verhältnisse zu dem mitverurteilten Schuldner rechtlich ohne Bedeutung (vgl. Urteil des Reichsgerichts vom 13. März 1906 i. S. A. w. K., Rep. VII. 304/05). Und ebenso kommt im umgekehrten Falle eines vorangegangenen freisprechenden Urteiles ohne Rücksicht hierauf das sachlich und objektiv bestehende Gesamtschuldverhältnis für den Ausgleichungsanspruch allein in Betracht. Das Gemeinschaftsverhältnis aber, das (abgesehen von einem konkreten zwischen den Gesamtschuldnern ohnehin bestehenden Rechtsverhältnisse) von Gesetzes wegen den Anspruch auf Ausgleichung begründet, gelangt schon von vornherein durch diejenige Tatsache zur Existenz, welche nach geltendem Rechte die gesamtschuldnerische Haftung erzeugt; also bei unerlaubten Handlungen sofort durch die gemeinsame Begehung des Deliktes; im Falle des § 830 Abs. 1 Satz 2 B.G.B. durch die schadenstiftende Handlung, bei der die mehreren möglichen Täter im Sinne jener Vorschrift (vgl. Entsch. des R.G.'s in Zivils. Bd. 58 S. 357 flg.) sich beteiligt haben.

Die so begründete Ausgleichungspflicht wird — sofern sich nicht aus besonderen Umständen ein anderes ergibt — nicht dadurch berührt, daß einer der Gesamtschuldner infolge eines nur für ihn wirksamen Umstandes dem Gläubiger gegenüber befreit wird. Und das muß namentlich auch von dem rechtskräftigen Urteile gelten, gleichviel ob man die Bedeutung der Rechtskraft auf prozessualem, oder materiellrechtlichem Gebiete zu suchen hat, und ob man dem Urteile eine rechtsschaffende, bzw. rechtsvernichtende Wirkung beimißt, oder nicht.

Vgl. hierzu Schollmeyer, Schuldverh. (Kommentar von Hölder) § 426 Bem. 3 S. 432; Rehbein, B.G.B. Bd. 2 zu §§ 420 flg. Bem. 18 S. 458, und besonders Planck, B.G.B. 3. Aufl. § 426 Bem. 1 Abs. 3 S. 318.

Die Beklagten haben ferner die Einrede der Verjährung aus § 852 B.G.B. vorgeschützt. Das Berufungsgericht erklärt sie für unbegründet. Auch diese Einrede könnte nur den Anspruch aus § 426 Abs. 2 B.G.B. treffen, nicht aber jenen aus Abs. 1 das. Letzterer sei nicht ein Anspruch aus unerlaubter Handlung, sondern ein solcher aus der vom Gesetze selbst statuierten Rechtsgemeinschaft zwischen den Gesamtschuldnern. Eine unerlaubte Handlung hätten sie alle nur gegenüber dem ursprünglichen Gläubiger begangen, und diese gebe die geschichtliche Grundlage ab, auf der sich ihre eigene Gemeinschaft aufbaue. Der Rechtsgrund der zwischen ihnen stattfindenden Ansprüche sei ausschließlich diese zwischen ihnen, gleichviel aus welcher historischen Unterlage, erwachsene Rechtsgemeinschaft. Wie wenig in der Tat von Anwendung des § 852 B.G.B. im gegebenen Falle die Rede sein könne, erhelle schon daraus, daß hiernach für den Beginn der Verjährung die Kenntnis des Verletzten maßgebend sein müßte, als welcher nur Josef M. in Betracht komme, während es doch rein vom Zufalle abhänge, ob und wann der regreßberechtigte Gesamtschuldner seinerseits von jener Kenntnis des Verletzten in zuverlässiger Weise erführe. Sofern man aber trotz des klaren Wortlautes des § 852 B.G.B. die Kenntnis des Klägers als für den Beginn der Verjährungsfrist entscheidend erachten wollte, so stehe jedenfalls der Zeitpunkt, in dem diese Kenntnis zuerst vorhanden gewesen sei, hier in keiner Weise fest (wie dann im Urteil des näheren dargelegt wird).

Die Revision hält den Rechtsstandpunkt des Berufungsgerichts für nicht unbedenklich. Das nach § 426 B.G.B. zwischen den Gesamtschuldnern bestehende Gemeinschaftsverhältnis könne nicht losgelöst werden von der Basis, auf der es beruhe, hier von der gemeinschaftlichen unerlaubten Handlung. Der Ausgleichungsanspruch sei ein „Anspruch aus unerlaubter Handlung", habe dieselbe rechtliche Natur wie der Anspruch des Verletzten. . . . Die Bedenken der Revision erscheinen nicht als berechtigt.

Die Vorschrift des § 852 B.G.B. paßt schon dem Wortlaute nach nicht auf den hier in Frage stehenden Anspruch. Sie statuiert die besondere kürzere Verjährung für den Anspruch „auf Ersatz des aus einer unerlaubten Handlung entstandenen Schadens", also für den Schadensersatzanspruch aus den im 25. Titel behandelten Haftungsgründen deliktischer oder quasideliktischer Natur gegen den Schadensstifter. Der Klageberechtigte, gegen den diese Verjährung läuft, ist der „Verletzte", auf dessen Kenntnis „von dem Schaden und der Person des Ersatzpflichtigen" es für den Beginn der Verjährungsfrist ankommt. Der Ausgleichungsanspruch der Gesamtschuldner gegeneinander läßt sich aber von dem Standpunkte des Bürgerlichen Gesetzbuchs aus nicht als ein Anspruch aus unerlaubter Handlung bezeichnen. Mit dem durch die unerlaubte Handlung Verletzten sodann ist offenbar der durch die Handlung selbst Geschädigte gemeint, dem allerdings der mittelbar Verletzte in den Fällen des § 844 Abs. 2 und § 845 B.G.B. (vgl. Entsch. des R.G.'s in Zivils. Bd. 55 S. 29 flg., Bd. 65 S. 316) gleichzustellen sein wird. Die im vorstehenden erörterte Rechtsnatur des Ausgleichungsanspruchs, aus der vom Berufungsgericht in zutreffender Weise die Konsequenz auch für die Frage der Verjährung gezogen wird, steht der Anwendung des § 852 B.G.B. entgegen, die auch nicht durch den Umstand gerechtfertigt würde, daß der Anspruch aus einer von den Gesamtschuldnern gegen den Dritten gemeinsam verübten unerlaubten Handlung erwachsen ist. Maßgebend sind in dieser Richtung nicht Entstehungsursache oder Voraussetzungen, sondern Rechtsgrund und Inhalt des Anspruchs (vgl. auch die Vorschriften in § 852 Abs. 2, § 853 B.G.B.).

Bei der Verschiedenartigkeit des gesetzlichen Ausgleichungsanspruchs der Gesamtschuldner und des dem Verletzten gegen den Schädiger zustehenden Ersatzanspruchs würde sich auch eine ausdehnende oder eine analoge Anwendung des § 852, sofern eine solche bei dieser Spezialvorschrift überhaupt in Frage kommen könnte, verbieten. Auch die Zweckbestimmung der die Verjährung von Deliktsansprüchen abkürzenden Gesetzesvorschrift (Motive, Bd. 2 S. 742) trifft auf den Ausgleichungsanspruch nicht in derselben Weise zu. Der Geltendmachung durch Leistungs- oder Feststellungsklage können hier, bei dem internen Schuldverhältnisse der Gesamtschuldner, wieder andere Hinderungsgründe im Wege stehen, als der Klage des Verletzten. Nicht mit Unrecht weist der Berufungsrichter darauf hin, wie schwierig es bei Anwendung des § 852 wäre, den Zeitpunkt des Beginnes der Verjährungszeit für den Ausgleichungsanspruch zu bestimmen. Man könne nicht objektiv den Zeitpunkt der unerlaubten Handlung entscheiden lassen; auch wohl nicht schlechthin die Erlangung der Kenntnis von seiten des Verletzten von den in § 852 genannten Umständen. Soll es aber auf die Kenntnis des Ausgleichungsberechtigten mit ankommen, so wäre schwer zu sagen, welche Momente Gegenstand dieser Kenntnis sein müssen. Diese Unsicherheit tritt gerade bei einem Falle des § 830 Abs. 1 Satz 2 B.G.B., wie dem vorliegenden, besonders augenfällig zutage.

Die Revision hat noch eingewendet, es würde die Ansicht des

Berufungsgerichts zu dem befremdlichen Resultate führen, daß jeder der Gesamtschuldner dem Gläubiger gegenüber durch eine dreijährige Verjährung befreit würde, während zur Befreiung gegenüber dem ausgleichungsberechtigten Mitschuldner der Ablauf einer Verjährung von 30 Jahren nötig wäre. Allein dieses Ergebnis würde sich eben aus der Verschiedenheit der beiden, voneinander unabhängigen, Ansprüche erklären. Eine ähnliche Divergenz kann auch sonst bei Regreßansprüchen, wie z. B. aus Geschäftsführung ohne Auftrag durch Erfüllung eines der kürzeren Verjährung unterliegenden Anspruchs, vorkommen.

Vgl. v. Staudinger, Kommentar 3./4. Aufl. Vorbemerkungen vor §§ 676flg. Nr. 6 S. 1062; Oertmann, Schuldverh. Vorbemerkungen zu Titel 11 Nr. 5 S. 719." ...

---

98. Können beim Kauf eines Erwerbsgeschäfts die Bestimmungen des § 459 Abs. 1 B.G.B. über die Gewährleistung von Fehlern dann analog angewendet werden, wenn der Weiterbetrieb dieses Geschäfts durch die Ausübung eines Untersagungsrechts verhindert wird, das einem Dritten auf Grund eines Patents schon zur Zeit des Geschäftsübergangs zugestanden hat?

II. Zivilsenat. Urt. v. 20. November 1908 i. S. Sch. (Kl.) w. St. (Bekl.). Rep. II. 199/08.

I. Landgericht Gotha.
II. Oberlandesgericht Jena.

Der Kläger kaufte vom Beklagten ein Grundstück und demnächst ein auf diesem betriebenes Schlackensteinwerk nebst Kundschaft. Der dem Beklagten bekannte Beweggrund des Klägers für den Erwerb des Grundstücks war dessen Absicht, dieses Schlackensteinwerk weiterzubetreiben. Nach der Übergabe der Kaufgegenstände wurde dem Kläger von dem Inhaber eines schon zur Zeit des Kaufs bestehenden Patents der Weiterbetrieb des Schlackensteinwerks untersagt, da dieser Betrieb gegen sein Patent verstoße. Die daraufhin vom Kläger gegen den Beklagten bezüglich des Grundstücks und des Schlackensteinwerks erhobene Wandelungsklage wurde in erster Instanz zugesprochen, in zweiter Instanz aber abgewiesen. Auf die Revision des Klägers wurde das Berufungsurteil aufgehoben, aus folgenden

Gründen:

„Das Berufungsgericht hat zunächst zum ersten Klagegrunde im wesentlichen folgendes angeführt: selbst wenn das F.'sche Patent der Fabrikation von Kunststeinen, wie sie der Beklagte bisher in seinem Steinwerke vorgenommen habe, und wie sie der Kläger nach den Absichten der Parteien künftig habe vornehmen sollen, entgegenstehe, so berechtige doch die Untersagung des Betriebs durch F. den Kläger nicht zu dem Wandelungsverlangen, vor allem nicht auf Grund des die gesetzliche Haftung des Verkäufers bestimmenden § 459 Abs. 1 B.G.B.; denn mit Fehlern, die den Wert oder die Tauglichkeit zu dem gewöhnlichen oder nach dem Vertrage vorausgesetzten Gebrauche aufhöben oder minderten, seien die verkauften Sachen nicht behaftet. Grundstück, Formen, Materialien seien so beschaffen, daß das Steinwerk so wie bisher betrieben werden könne. Aber auch von dem Gesichtspunkte aus, daß im vorliegenden Falle nicht körperliche Sachen, sondern ein Erwerbsgeschäft mit Kundschaft verkauft, und daß auf diesen Kaufgegenstand die §§ 459 flg. B.G.B. über die Mängelhaftung analog anwendbar seien, sei die Existenz des F.'schen Untersagungsrechts nicht als ein Mangel des Geschäfts anzusehen, der die analoge Anwendung des § 459 Abs. 1 rechtfertige. Was ein Fehler im Sinne des § 459 Abs. 1 sei, bestimme sich nach den Auffassungen des Verkehrs, speziell in den Kreisen der Beteiligten. Kaufe man ein Geschäft, in dem Steine nach einem bestimmten Verfahren hergestellt würden, so entspreche es der Verkehrsauffassung, daß die Möglichkeit der Ausnutzung gerade dieses Verfahrens eine res merae facultatis sei. Solle ein Recht auf das besondere, im Geschäft verwertete Verfahren gewährt werden, so sichere sich der Verkehr durch eine besondere Vertragsabrede.

Diese Ausführungen des Berufungsgerichts erscheinen nicht frei von Rechtsirrtum, jedenfalls nicht als genügend, um die Anwendung der Vorschriften des § 459 Abs. 1 B.G.B. insoweit auszuschließen, als es sich hier (nach der von dem Kläger geltend gemachten und von dem Berufungsgerichte trotz seines gelegentlichen

Hinweises auf den vorliegenden Verkauf „von Sachen und Rechten im Sinne des § 433 B.G.B." nicht verneinten Auffassung) um den einheitlichen Verkauf eines die zugehörigen einzelnen körperlichen Sachen, Rechte und Verkehrswerte in sich schließenden Erwerbsgeschäfts mit Kundschaft handelt. Zwar mag in dem Hinweise auf die erwähnte Verkehrsauffassung vielleicht eine hinreichende Begründung der Annahme liegen, daß das Bestehen des fraglichen Untersagungsrechts kein solcher Fehler des Erwerbsgeschäfts sei, welcher dessen Tauglichkeit zu dem gewöhnlichen Gebrauche aufhebe oder mindere. Im gegebenen Falle kommt es aber gemäß § 459 Abs. 1 außerdem auf die weitere Frage an, ob nicht das Bestehen dieses Untersagungsrechts ein solcher Fehler sei, welcher den Wert des verkauften Erwerbsgeschäfts oder dessen Tauglichkeit zu dem nach dem Vertrage vorausgesetzten Gebrauche aufhebe oder mindere. Die letztere, im Hinblick auf die Vorschrift des § 459 Abs. 1 und die im angefochtenen Urteile erwähnten Umstände besonders naheliegende, Frage hat aber das Berufungsgericht nirgends geprüft, jedenfalls in bezug auf das verkaufte Erwerbsgeschäft nicht verneint, obgleich für dieses, als einheitlicher Kaufgegenstand betrachtet, zum Teil andere Gesichtspunkte für die Anwendung des § 459 Abs. 1 in Betracht kommen als für die mitverkauften einzelnen Sachen und Rechte. Namentlich genügt in ersterer Hinsicht die Hervorhebung der angeblichen Verkehrsauffassung in bezug auf den Verkauf derartiger Geschäfte nicht, da es für die Prüfung der Frage, ob eine Aufhebung oder Minderung der Tauglichkeit des Erwerbsgeschäfts zu dem nach dem Vertrage vorausgesetzten Gebrauche infolge des fraglichen Umstandes vorliege, auf die besonderen Verhältnisse des gegebenen Falls und den hieraus bezüglich des vorausgesetzten Gebrauchs des Erwerbsgeschäfts zu entnehmenden Vertragswillen der Parteien ankam. Bezüglich des letzteren war vor allem der von dem Berufungsgerichte selbst festgestellte Umstand zu berücksichtigen, daß nach den Absichten der Parteien die bisher vom Beklagten in seinem Steinwerke vorgenommene Fabrikation von Kunststeinen künftig von dem Kläger vorgenommen, also der bisherige Fabrikationsbetrieb fortgesetzt werden sollte. Hiernach war aber die Prüfung der Frage geboten, ob nicht die tatsächliche und rechtliche Möglichkeit eines künftigen ungehinderten Betriebs des gekauften

Erwerbsgeschäfts als ein für dessen Wert oder den nach dem Vertrage vorausgesetzten Gebrauch erheblicher Umstand, und somit das Bestehen des fraglichen Untersagungsrechts zur Zeit des Gefahrübergangs als ein solcher dem Erwerbsgeschäfte selbst anhaftender Fehler anzusehen ist, durch welchen im Sinne des § 459 Abs. 1 der Wert und die Tauglichkeit des Geschäfts zu dem nach dem Vertrage vorausgesetzten Gebrauche aufgehoben oder gemindert wird. Nach der in den Urteilen des erkennenden Senats vom 13. März 1906 und 15. November 1907 (Entsch. Bd. 63 S. 57, Bd. 67 S. 86) näher dargelegten Rechtsansicht unterliegt auch die analoge Anwendung der Vorschriften des Bürgerlichen Gesetzbuchs über die Gewährleistung bei dem Kauf (§§ 459 flg.) auf den bei vorstehenden Ausführungen unterstellten Sachverhalt keinem Bedenken. Namentlich ist nicht erfindlich, inwiefern die vom Berufungsgerichte hervorgehobene angebliche Verkehrsauffassung bei Berücksichtigung des angeführten Inhalts des § 459 Abs. 1 der Annahme entgegenstände, daß das Bestehen des fraglichen Untersagungsrechts des F. ein Fehler des verkauften Erwerbsgeschäfts sei, der die analoge Anwendung der Vorschrift des § 459 Abs. 1 rechtfertige." . . .

99. Hat bei Schiffszusammenstößen der sog. Prima-facie-Beweis die Kraft einer gesetzlichen Vermutung; oder kann er schon durch Wahrscheinlichkeitsmomente ausgeräumt werden? Ist ein Rückmanöver fehlerhaft, wenn Unsicherheit über den Kurs des Gegenseglers besteht? Ist die Steuerwirkung der reversierenden Schraube beim Rückwärtsfahren eines Dampfers in Betracht zu ziehen? Kurshalten im engen und gewundenen Fahrwasser.

I. Zivilsenat. Urt. v. 21. November 1908 i. S. Ho. (Kl.) w. Ha. (Bekl.). Rep. I. 633/07.

I. Landgericht Stettin, Kammer für Handelssachen.
II. Oberlandesgericht daselbst.

Am 3. Juni 1903 früh gegen 1 Uhr fand bei gut feuersichtigem Wetter und steifer NNW-Brise auf der Oder bei Kratzwieck (unweit Stettin) zwischen der aufwärtssegelnden Yacht des Klägers „Anna" und dem vom Beklagten als Zwangslotsen geführten, nach See fahrenden Dampfer „Carlshamm" ein Zusammenstoß statt, indem der „Carlshamm" in die Backbordseite der „Anna" hineinfuhr und diese schwer beschädigte. Im Augenblicke der Kollision befanden sich beide Schiffe in der Nähe des linken Flußufers, und zwar lag der „Carlshamm" quer zum Fahrwasser.

Nach der Darstellung des Klägers war die „Anna" beständig am linken Ufer aufwärts gesegelt. In der Nähe zweier bei Kratzwieck an diesem Ufer vertäuten Kähne sei plötzlich der „Carlshamm" mit einer scharfen Wendung vom rechten Ufer her auf sie zugekommen und habe diese Richtung auch trotz lauten Zurufes beibehalten.

Dagegen war nach der Darstellung des Beklagten die „Anna" dem „Carlshamm" auf der östlichen (rechten) Flußseite, ihm ihr grünes Licht an Steuerbord zeigend, entgegengekommen. Das grüne Licht sei dann verschwunden, was er auf ein Gieren des Seglers zurückgeführt habe. Er habe darauf die Maschine des Dampfers auf „langsam" stellen und Linksruder geben lassen, was durch zwei kurze Töne mit der Dampfpfeife signalisiert worden sei. Jetzt sei aber schon das rote Licht des Seglers in Sicht gekommen, und er habe darauf stoppen und rückwärts gehen lassen. Da nun der Dampfer an sich die Neigung nach links gehabt und außerdem eine linksschlagende Schraube geführt habe, sei er durch das Rückwärtsschlagen ganz nach links hinübergedreht. Der in voller Fahrt seinen Bug kreuzende und von ihm getroffene Segler habe ihn dann vollends in die Querlage gedrängt.

Der Kläger schrieb die Schuld an dem Unfalle lediglich dem Beklagten zu und beantragte, ihn zur Erstattung des Schadens zu verurteilen. Der Beklagte bestritt jedes Verschulden.

Das Landgericht erklärte den Grund des Klaganspruches für gerechtfertigt. Dagegen wies das Oberlandesgericht die Klage ab. Auf die Revision des Klägers wurde das Berufungsurteil aufgehoben, und die Sache an das Oberlandesgericht zurückverwiesen.

Gründe:

... „Auch von der tatsächlichen Feststellung des Vorderrichters aus erheben sich Bedenken gegen seine Begründung.

Freilich kann der Revision darin nicht ohne weiteres beigetreten werden, daß die Beweislast verkannt sei, weil der Beklagte angesichts der Situation im Augenblicke der Kollision den Beweis hätte führen müssen, daß ihn kein Verschulden treffe, das Berufungsgericht sich mithin in dieser Beziehung nicht mit einer bloßen Wahrscheinlichkeit hätte begnügen dürfen. Die erwähnte Situation begründete zwar einen Prima-facie-Beweis für das behauptete Verschulden des Beklagten. Beide Schiffe befanden sich auf der linken Stromseite, und der Dampfer hatte dort den Segler angerannt. Der Verdacht eines Verstoßes gegen die Artt. 20 und 25 der Kaiserl. Verordnung vom 9. Mai 1897 auf seiten des Dampfers war daher an sich begründet. Die Folge ist aber nicht die, daß eine gesetzliche Vermutung für das Verschulden des Beklagten streitet, welche diesem den vollen Gegenbeweis auferlegt. Vielmehr sind eine solche und ähnliche Präsumtionen bei der Beratung des Allgemeinen Deutschen Handelsgesetzbuchs, zum Teil im Widerspruche mit dem preußischen Entwurfe, ausdrücklich abgelehnt worden, und es wurde nur die jetzt in § 737 H.G.B. enthaltene gesetzliche Vermutung aufgenommen (Protokolle S. 2788 flg.). Die von der Rechtsprechung gewohnheitsrechtlich ausgebildeten Regeln über den Prima-facie-Beweis in Kollisionssachen können somit dem Gesetze gegenüber nur die Bedeutung haben, daß derjenige, gegen den der Verdacht eines Verschuldens besteht, zu seiner Exkulpation Momente beibringen muß, durch die der Verdacht entkräftet wird, mag auch die bloße Möglichkeit seines Verschuldens nicht ausgeschlossen sein.

Auf diesen Standpunkt hat sich aber das Berufungsgericht gestellt; denn es lehnt ab, aus der im Augenblicke der Kollision bestehenden Situation den an sich gebotenen Schluß auf ein Verschulden des Beklagten zu ziehen, weil es dessen Darstellung der Vorgänge, die zu dieser Situation geführt haben, auf Grund der Beweisaufnahme, gegenüber der abweichenden Darstellung des Klägers, für die wahrscheinlichere hält, und demzufolge das Gesamtereignis an Hand der Darstellung des Beklagten rechtlich würdigt. In der Tat muß der Prima-facie-Beweis eines Verschuldens des Beklagten für beseitigt gelten, wenn dieser auch nur die Wahrscheinlichkeit eines Gesamtherganges dartut, in dem kein Verschulden auf seiner Seite zu erblicken ist. Den strengen Gegenbeweis verlangen hieße dem Prima-facie-Beweise die Bedeutung einer gesetzlichen Vermutung beilegen, die ihm nicht zukommt.

Dem Vorderrichter kann daher aus dieser Behandlung der Sache kein Vorwurf erwachsen; vielmehr kann es sich nur fragen, ob er bei dem von ihm als wahrscheinlich unterstellten Hergange mit Recht jedes Verschulden des Beklagten verneint hat. In dieser Beziehung ist aber der Revision darin beizutreten, daß nach der eigenen Darstellung des Beklagten das Linksrudergeben des Dampfers „Carlshamm" nicht ohne weiteres gerechtfertigt erscheint, vielmehr dem Beklagten prima facie zum Verschulden gereicht. Er ließ nämlich nicht, wie man nach der Urteilsbegründung vermuten könnte, Linksruder geben, als er das grüne Licht des Seglers erblickte, sondern, wie er ausdrücklich erklärt hat, erst nachdem das grüne Licht zu verschwinden schien und dann völlig verschwunden war. In diesem Momente konnte aber das Rudergeben nicht mehr mit der Erwägung gerechtfertigt werden, daß es zweckmäßig sei, die seitliche Entfernung beider Schiffe voneinander zu vergrößern. Vielmehr war die Sachlage nunmehr so ungewiß geworden, daß jedes Ruderlegen fehlerhaft war, da es dem demnächst sich als erforderlich herausstellenden Manöver vorgriff und es unter Umständen in seiner Wirkung beeinträchtigen mußte. Das Verschwinden des grünen Lichtes ohne weiteres aus einem Gieren des Seglers zu erklären, war unvorsichtig; denn es konnte mindestens ebensogut in einer Wendung des Seglers seinen Grund haben. Tatsächlich wurde diese Wendung unmittelbar nach dem Linksruder für den Dampfer durch Erscheinen des roten Lichtes des Seglers ersichtlich. Glaubte der Beklagte beim Verschwinden des grünen Lichtes sofort etwas tun zu müssen, so stand ihm Stoppen oder Rückwärtsgehen zur Verfügung; ob dies geboten war, läßt sich, da der Vorderrichter die Entfernung nicht feststellt, nicht beurteilen.

Aus diesem Grunde unterliegt das Urteil der Aufhebung.

Es erscheint aber ferner nach der Feststellung des Vorderrichters nicht ausgeschlossen, daß die Kollision mit darauf beruht, daß der Kopf des Schiffes beim Rückwärtsgang der Maschine unter der Wirkung der linksdrehenden Schraube, während das Schiff selbst noch in Vorwärtsbewegung war, heftig nach Backbord ausschlug. . . . Unterstellt man dies, so bliebe zu erörtern, ob der Beklagte gewußt hat oder wissen mußte, daß das Schiff eine linksdrehende Schraube hatte, und ob er nicht, wenn er überhaupt unter diesen Umständen reversieren ließ, statt durch einfache Umlegung des Ruders nach rechts der begonnenen Linksdrehung entgegenzuwirken, beim Reversieren das Ruder hart links hätte legen sollen, um die scharfe Wendung des Schiffes nach links zu verhüten.

Vgl. hierzu Hans. Ger.-Ztg. 1895 Hauptbl. Nr. 29; Deutsche Naut. Zeitschr. Hansa 1894 S. 319; Busley, Die Schiffsmaschine Bd. 2 S. 866 flg.; Dick u. Kretschmar, Handbuch der Seemannschaft 3. Aufl. Bd. 2 S. 431, 432.

Endlich rügt die Revision in prozessualer Beziehung mit Recht die Übergehung eines nicht ohne weiteres unwesentlichen Punktes. Der Kläger hatte geltend gemacht, daß der scheinbare Widerspruch in den Zeugenaussagen, wonach einerseits die „Anna" am linken Ufer aufwärts gegangen, andererseits ihr grünes Licht vom „Carlshamm" an Steuerbord gesichtet sei, ihre Erklärung in der Biegung fände, die die Oder an der fraglichen Stelle mache, und mit der der Beklagte hätte rechnen müssen. Unterstellt man einen solchen Sachverhalt, so muß die Gesamtbeurteilung selbstverständlich eine andere werden, als wenn man annimmt, daß die „Anna" am rechten Ufer fuhr und dann unvermutet mit Rechtsruder den Kurs des „Carlshamm" kreuzte. Insbesondere kommt dann ferner in Betracht, daß im engen und gewundenen Fahrwasser Kurshalten regelmäßig bedeutet: derjenigen Seite des Fahrwassers folgen, auf der man sich befindet.

Vgl. Urteil des R.G.'s vom 31. Januar 1903, Hans. Ger.-Ztg. 1903 Hauptbl. Nr. 58; Jurist. Wochenschr. 1898 S. 229."

Register.

Die beigesetzten Zahlen beziehen sich auf die Seiten.

A. Sachregister.

A

B

D

G

H

L

M

N

O

P

R

W

B. Gesetzesregister.

1. Reichsgesetze.

a. Bürgerliches Gesetzbuch.

b. Einführungsgesetz zum Bürgerlichen Gesetzbuche.

c. Allgemeines Deutsches Handelsgesetzbuch.

d. Handelsgesetzbuch von 1897.

e. Einführungsgesetz zum Handelsgesetzbuch.

f. Wechselordnung.

g. Gerichtsverfassungsgesetz.

h. Zivilprozeßordnung.

i. Konkursordnung von 1898.

k. Konkursordnung von 1877.

l. Gesetz über die Angelegenheiten der freiwilligen Gerichtsbarkeit.

m. Grundbuchordnung.

n. Strafgesetzbuch.

o. Strafprozeßordnung.

p. Einzelne Gesetze und Verordnungen.

2. Gemeines Recht.

3. Landesrecht.

Bayern.

Baden.

Elsaß-Lothringen.

Hessen.

Preußen.

a. Allgemeines Landrecht.

b. Einzelne Gesetze und Verordnungen.

Königreich Sachsen.

Württemberg.

4. Ausländisches Recht.

Frankreich.

C. Chronologische Zusammenstellung der Entscheidungen.

30*

Zusammenstellung

der

im neunundsechzigsten Bande, der neuen Folge neunzehnten Bande,

mitgeteilten Entscheidungen

nach

Oberlandesgerichtsbezirken.

Berlin	4. 7. 9. 10. 11. 12. 19. 20. 22. 26. 36. 37. 41. 43. 49. 50. 56. 58. 62. 64. 77. 80. 81. 94.	**Jena**	17. 92. 98.
		Karlsruhe	8. 30. 60.
		Kassel	74.
		Kiel	18. 34. 82.
Breslau	23. 24. 55. 75. 78.	**Köln**	13. 32. 70. 73. 86. 87.
Celle	38. 45. 48. 57. 59.		
Colmar	5.	**Königsberg**	16. 33. 93.
Dresden	31. 42. 51. 53. 88.	**Marienwerder**	79.
Düsseldorf	29. 69. 83.	**München**	97.
Frankfurt a. M.	39.	**Naumburg**	61. 63. 85. 89.
Hamburg	1. 3. 6. 14. 27. 28. 44. 47. 54. 67. 68. 90.	**Nürnberg**	2.
		Posen	65. 84.
Hamm	15. 21. 25. 35. 46. 66. 76. 96.	**Stettin**	72. 95. 99.
		Zweibrücken	40. 91.

Konsulatsgericht Shanghai 52

Berichtigungen.

Generalregister zu Bd. 51—60.

S. 485 Z. 4 v. o. statt „351" lies „353".

Siebenundvierzigster Band.

S. 244 Z. 13 v. o. statt „1. November" lies „30. Oktober".
„ „ „ 14 v. o. statt „195/00" lies „198/00".
„ 459 „ 18 v. u. statt „1. November" lies „30. Oktober".
„ „ „ 16 v. u. statt „195/00" lies „198/00".

Fünfundsechzigster Band.

S. 60 Z. 12 v. u. statt „S. 10" lies „S. 50".
„ 216 „ 1 und 2 v. u. statt „S. 228, Bd. 61" lies „Bd. 61 S. 228".

Siebenundsechzigster Band.

S. 86 Z. 8 v. o. statt „383/07" lies „283/07".
„ 459 „ 8 v. o. statt „383/07" lies „283/07".

Achtundsechzigster Band.

S. 13 Z. 9 v. o. statt „Nr. 19" lies „Nr. 9".
„ 45 „ 5 v. o. statt „2. März 1908" lies „24. Februar 1908".
„ 116 „ 11 v. u. statt „441/07" lies „221/07".
„ 462 „ 9 v. o. statt „2. März 1908" lies „24. Februar 1908".
„ 461 „ 11 v. u. statt „441/07" lies „221/07".

Neunundsechzigster Band.

S. 150 Z. 5 v. o. statt „185/07" lies „411/07".

MIX
Papier | Fördert
gute Waldnutzung
FSC® C083411

Kolibri 360 GmbH
Ferdinand-Jühlke-Straße 7
99095 Erfurt, Deutschland
produktsicherheit@kolibri360.de